吉林省自然科学基金长白山自然与人文主题引导项目"长白山边境地区族群变迁与自然环境响应关系研究"（20170101012JC）成果

松江丛书

丛书主编：姜维公

长白山
人地关系辑录
战争卷（上册）

付永正　辑注

科学出版社
北京

内 容 简 介

全书分为上、下两册，主要聚焦长白山边疆地区（地理学概念上的长白山山系）的历代战事与武装冲突。时间断限：上册始于辽朝建立，终于明崇祯十七年（1644 年）清军入关；下册始于民国元年，终于民国二十五年。上册史料，主要来自《高丽史》《辽史》《明实录》等；下册既有档案、报刊史料及各类旧地方志，还有 1949 年以后编纂的新地方志、文史资料等。这些史料多有抵牾之处，将这些史料辑录出来，并列刊行，以便研究者甄别真伪，进行对比研究。本书读者，包括对长白山山系范围内战争史、边疆学、民族史、移民史等感兴趣的高校、科研机构的研究者，以及东北地方历史文化爱好者。

图书在版编目（CIP）数据

长白山人地关系辑录. 战争卷 / 付永正辑注. —北京：科学出版社，2021.10
（松江丛书 / 姜维公主编）
ISBN 978-7-03-070063-6

Ⅰ. ①长⋯　Ⅱ. ①付⋯　Ⅲ. ①东北地区-地方史 ②战争史-东北地区　Ⅳ. ①K293 ②E29

中国版本图书馆 CIP 数据核字（2021）第 207217 号

责任编辑：王　媛　杨　静 / 责任校对：韩　杨
责任印制：张　伟 / 封面设计：润一文化

科学出版社 出版
北京东黄城根北街 16 号
邮政编码：100717
http://www.sciencep.com

北京盛通商印快线网络科技有限公司 印刷
科学出版社发行　各地新华书店经销

*

2021 年 10 月第 一 版　开本：720×1000　1/16
2021 年 10 月第一次印刷　印张：36 1/4
字数：580 000

定价：288.00 元（全两册）

（如有印装质量问题，我社负责调换）

凡　　例

一、为便于引用者精准查照核对各条史料的原文，故本书辑录史料中，除明确标注史料作者、古籍名、出版者、出版时间外，凡有明确页码的，均标注出原文页码。若原文未标明页码者，则准确标出原文献的卷数。

二、史料内残缺且无法辨认的文字，本书辑录时，均以"□"符号替代。

三、引用的史料中，正文后若有注，为便于读者区别，并利于阅读，凡注释性文字，俱加用"〔　〕"符号。

四、本书辑录的部分史料，囿于原文献内容的杂冗，有必要采用间接引用时，会对原文进行概括性总结、删减，为将此类史料与原文精准引用相区别，此类间接引用的史料，均不使用引号，并在出处注明"详见""参见"等字。

五、部分史料中无明确年、月、日，若史料内人名、地名需要标注出来，则标注后，加以小括号"（）"，并在标注性文字后加上"笔者按""笔者注"等字样。

六、本书中所采用的纪年，均是按照朝代、政权不同，采用年号纪年，并对涉及多个政权的年份，多个政权年号纪年并用，并在年号纪年后标注出公元纪年。纪月、纪日法，主体采用中国传统王朝的天干地支法，若原文用数字纪月、纪日，均循用阴历。

目　录

辽代至清入关前

凡例 ……………………………………………………………………………… i

第一章　辽代长白山地区战事 …………………………………………………… 3

第二章　金代长白山地区战事 …………………………………………………… 42

第三章　元代长白山地区战事 …………………………………………………… 52

第四章　明代长白山地区战事 …………………………………………………… 80

第五章　后金至清入关前长白山地区战事 ………………………………… 235

民国至伪满时期专辑

第六章　民国年间长白山地区战事 ································· 277

第七章　日伪时期长白山地区战事 ································· 350

参考文献 ··· 551

后记 ··· 558

辽代至清入关前

第一章 辽代长白山地区战事

辽太祖神册四年（高丽太祖二年，公元 919 年）

二月丙寅："修辽阳故城，以汉民、渤海户实之，改为东平郡，置防御使。"（元）托克托等奉敕撰：《辽史》卷二《本纪二》太祖下，载《景印文渊阁四库全书》（第 289 册），台北：商务印书馆，1986 年，第 30 页。

辽太祖神册六年（高丽太祖四年，公元 921 年）

二月："甲子，黑水酋长高子罗率百七十人来投。"（朝鲜）郑麟趾等撰：《高丽史》卷一《世家一》，太祖一，太祖四年二月甲子条，韩国国立汉城大学奎章阁档案馆藏本。

四月："乙酉，黑水阿于间率二百人来投。"（朝鲜）郑麟趾等撰：《高丽史》卷一《世家一》，太祖一，太祖四年四月乙酉条，韩国国立汉城大学奎章阁档案馆藏本。

辽太祖天赞四年（高丽太祖八年，公元 925 年）

九月："丙申，渤海将军申德等五百人来投。"（朝鲜）郑麟趾等撰：《高丽史》卷一《世家一》，太祖一，太祖八年九月丙申条，韩国国立汉城大学奎章阁档案馆藏本。

九月："庚子，渤海礼部卿大和钧、均老司政大元钧、工部卿大福谟、左右卫将军大审理等率民一百户来附。渤海本粟末靺鞨也，唐武后时高句丽人大祚荣走保辽东，睿宗封为渤海郡王，因自称渤海国，并有扶余、肃慎等十余国。有文字、礼乐、官府制度、五京、十五府、六十二州，地方五千余里，众数十万。邻于我境，而与契丹世雠。 至是，契丹主谓左右曰：'世雠未雪，岂宜安处。'乃大举攻渤海大諲譔，围忽汗城，大諲譔战败乞降，遂灭渤海。于是其国人来奔者相继。"（朝鲜）郑麟趾等撰：《高丽史》卷一《世家一》，太祖一，太祖八年九月庚子条，韩国国立汉城大学奎章阁档案馆藏本。

十二月："戊子，渤海左首卫小将冒豆干、检校开国男朴渔等率民一千户来附。"（朝鲜）郑麟趾等撰：《高丽史》卷一《世家一》，太祖一，太祖八年十二月戊子条，韩国国立汉城大学奎章阁档案馆藏本。

十二月乙亥："诏曰：'所谓两事，一事已毕，惟渤海世仇未雪，岂宜安驻！'乃举兵亲征渤海大諲譔。皇后、皇太子、大元帅耀库济从。"（元）托克托等奉敕撰：《辽史》卷二《本纪二》太祖下，载《景印文渊阁四库全书》（第289册），台北：商务印书馆，1986年，第33页。

闰十二月："丁巳，次商岭，夜围扶余府。"（元）托克托等奉敕撰：《辽史》卷二《本纪二》太祖下，载《景印文渊阁四库全书》（第289册），台北：商务印书馆，1986年，第33页。

辽太祖天显元年（公元926年）

正月庚申："拔扶余城，诛其守将。"（元）托克托等奉敕撰：《辽史》卷二《本纪二》太祖下，载《景印文渊阁四库全书》（第289册），台北：商务印书馆，1986年，第33页。

正月丙寅："命特哩衮安图、前北府宰相阿古齐等将万骑为先锋，遇諲譔老相兵，破之。皇太子、大元帅耀库济、南府宰相苏、北院额尔奇木实讷齐，南院额尔奇木迪里围辉罕城。"（元）托克托等奉敕撰：《辽史》卷二《本纪二》太祖下，载《景印文渊阁四库全书》（第289册），台北：商务印书馆，1986年，第33页。

正月己巳："諲譔请降。"（元）托克托等奉敕撰：《辽史》卷二《本纪二》太祖下，载《景印文渊阁四库全书》（第289册），台北：商务印书馆，1986年，第33页。

正月庚午："驻军辉罕城南。"（元）托克托等奉敕撰：《辽史》卷二《本纪二》太祖下，载《景印文渊阁四库全书》（第289册），台北：商务印书馆，1986年，第33页。

正月辛未："諲譔素服，槁索牵羊，率僚属三百余人出降。上优礼而释之。"（元）托克托等奉敕撰：《辽史》卷二《本纪二》太祖下，载《景印文渊阁四库全书》（第 289 册），台北：商务印书馆，1986 年，第 33—34 页。

正月丙子："遣近侍康末怛等十三人入城索兵器，为逻卒所害。"（元）托克托等奉敕撰：《辽史》卷二《本纪二》太祖下，载《景印文渊阁四库全书》（第 289 册），台北：商务印书馆，1986 年，第 34 页。

正月丁丑："諲譔复叛，攻其城，破之。驾幸城中，諲譔请罪马前。诏以兵卫諲譔及族属以出。祭告天地，复还军中。"（元）托克托等奉敕撰：《辽史》卷二《本纪二》太祖下，载《景印文渊阁四库全书》（第 289 册），台北：商务印书馆，1986 年，第 34 页。

辽太宗天显二年（高丽太祖十年，公元 927 年）

三月："甲寅，渤海工部卿吴兴等五十人、僧载雄等六十人来投。"（朝鲜）郑麟趾等撰：《高丽史》卷一《世家一》，太祖一，太祖十年三月甲寅条，韩国国立汉城大学奎章阁档案馆藏本。

辽太宗天显三年（高丽太祖十一年，公元 928 年）

三月："戊申，渤海人金神等六十户来投。"（朝鲜）郑麟趾等撰：《高丽史》卷一《世家一》，太祖一，太祖十一年三月戊申条，韩国国立汉城大学奎章阁档案馆藏本。

七月："辛亥，渤海人大儒范率民来附。"（朝鲜）郑麟趾等撰：《高丽史》卷一《世家一》，太祖一，太祖十一年七月辛亥条，韩国国立汉城大学奎章阁档案馆藏本。

辽太宗天显四年（高丽太祖十二年，公元 929 年）

六月："庚申，渤海人洪见等以船二十艘载人物来附。"（朝鲜）郑麟趾等撰：《高丽史》卷一《世家一》，太祖一，太祖十二年六月庚申条，韩国国立汉城大学奎章阁档案馆藏本。

九月："丙子，渤海正近等三百余人来投。"（朝鲜）郑麟趾等撰：《高丽史》卷一《世家一》，太祖一，太祖十二年九月丙子条，韩国国立汉城大学奎章阁档案馆藏本。

辽太宗天显六年（高丽太祖十四年，公元 931 年）

是年："诏有司曰：'北蕃之人，人面兽心，饥来饱去，见利忘耻，今虽服事，向背无常，宜令所过州镇筑馆城外待之。'"（朝鲜）郑麟趾等撰：《高丽史》卷二《世家二》，太祖二，太祖十四年条，韩国国立汉城大学奎章阁档案馆藏本。

辽太宗天显九年（高丽太祖十七年，公元 934 年）

七月："渤海国世子大光显率众数万来投，赐姓名王继，附之宗籍，特授元甫，守白州以奉其祀，赐僚佐爵、军士田宅有差。"（朝鲜）郑麟趾等撰：《高丽史》卷二《世家二》，太祖二，太祖十七年七月条，韩国国立汉城大学奎章阁档案馆藏本。

十二月："渤海陈林等一百六十人来附。"（朝鲜）郑麟趾等撰：《高丽史》卷二《世家二》，太祖二，太祖十七年十二月条，韩国国立汉城大学奎章阁档案馆藏本。

辽太宗天显十三年（高丽太祖二十一年，公元 938 年）

是年："渤海人朴昇以三千余户来投。"（朝鲜）郑麟趾等撰：《高丽史》卷二《世家二》，太祖二，太祖二十一年条，韩国国立汉城大学奎章阁档案馆藏本。

辽景宗保宁七年（公元 975 年）

七月："黄龙府卫将雅木不勒杀都监张琚以叛，遣敞史耶律噶勒毕讨之。"（元）托克托等奉敕撰：《辽史》卷八《本纪八》景宗一，载《景印文渊阁四库全书》（第 289 册），台北：商务印书馆，1986 年，第 74 页。

九月："败雅木不勒于治河，遣其弟安图追之。雅木不勒走保乌舍城，安图乃还，以余党千余户城通州。"（元）托克托等奉敕撰：《辽史》卷八《本纪八》景宗一，载《景印文渊阁四库全书》（第 289 册），台北：商务印书馆，1986 年，第 74 页。

辽景宗保宁八年（公元 976 年）

八月："是月，女直侵贵德州东境。"（元）托克托等奉敕撰：《辽史》卷八《本纪八》景宗一，载《景印文渊阁四库全书》（第 289 册），台北：商务印书馆，1986 年，第 74 页。

九月："辛未，东京统军使察喇、详衮古奏女直袭归州五寨，剽掠而去。"（元）托克托等奉敕撰：《辽史》卷八《本纪八》景宗一，载《景印文渊阁四库全书》（第 289 册），台北：商务印书馆，1986 年，第 74 页。

辽景宗保宁十一年（高丽景宗四年，公元 979 年）

是年："渤海人数万来投。"（朝鲜）郑麟趾等撰：《高丽史》卷二《世家二》，景宗，景宗四年条，韩国国立汉城大学奎章阁档案馆藏本。

辽圣宗统和二年（高丽成宗三年，公元 984 年）

二月："丙申，东路行军、宣徽使萧布琳奏讨女直捷，遣使执手奖谕。"（元）托克托等奉敕撰：《辽史》卷十《本纪十》圣宗一，载《景印文渊阁四库全书》（第 289 册），台北：商务印书馆，1986 年，第 83 页。

八月："辛卯，东京留守兼侍中耶律穆济奉，女直珠卜奇、萨里等八族乞举众内附，诏纳之。"（元）托克托等奉敕撰：《辽史》卷十《本纪十》圣宗一，载《景印文渊阁四库全书》（第 289 册），台北：商务印书馆，1986 年，第 84 页。

是年："命刑官御事李谦宜城鸭绿江岸以为关城，女真以兵遏之，虏谦宜而去，军溃不克城，还者三之一。"（朝鲜）郑麟趾等撰：《高丽史》卷三《世家三》，成宗，成宗三年条，韩国国立汉城大学奎章阁档案馆藏本。

辽圣宗统和三年（高丽成宗四年，公元 985 年）

五月："宋将伐契丹，收复燕蓟，以我与契丹接壤，数为所侵，遣监察御史韩国华赍诏来谕，曰：'朕诞膺丕构，奄宅万邦。草木虫鱼罔不被泽，华夏蛮夷罔不率从。蠢兹北虏，侵败王略，幽蓟之地，中朝土疆。晋汉多故，戎丑盗据。今国家照临所及，书轨大同，岂使齐民陷诸犷俗。今已董齐师旅，殄灭妖氛。元戎启行，分道间出，即期诛剪，以庆浑同。惟王久慕华风，素怀明略，效忠纯之节，抚礼义之邦。而接彼犬戎，罹于蛊毒。舒泄积忿，其在兹乎。可申戒师徒，迭相犄角，协比邻国，同力荡平。奋其一鼓之雄，歼此垂亡之虏。良时不再，王其图之。应虏获生口、牛羊、财物、器械，并给赐本国将士，用申劝赏。'

王迁延不发兵，国华谕以威德，王始许发兵西会，国华乃还。先是，契丹伐女真，路由我境，女真谓我导敌构祸，贡马于宋，因诬谮：'高丽与契丹倚为势援，摽掠生口。'韩遂龄之如宋也。帝出女真所上告急木契以示遂龄，曰：'归语本国，还其所俘。'王闻之忧惧。及国华至，王语曰：'女真贪而多诈，前冬再驰木契，言契丹兵将至其境，本国犹疑虚伪，未即救援。契丹果至，杀掠甚众，余族遁逃，入于本国怀昌、威化、光化之境，契丹兵追捕，呼我戍卒言：女真每寇盗我边鄙，今已复雠，整兵而回。于是女真来奔者二千余人，皆资给遣还。不意反潜师奄至，杀掠吾吏民，驱虏丁壮没为奴隶，以其世事中朝，不敢报怨。岂期反相诬告，以惑圣聪。本国世禀正朔，谨修职贡，深荷宠灵，敢有二心，交通外国？况契丹介居辽海之外，复有二河之阻，无路可从。且女真逃难，受本国官职者十数人尚在，望召赴京阙，令入贡之使庭辨，庶几得实，愿达天聪。'国华许诺。"（朝鲜）郑麟趾等撰：《高丽史》卷三《世家三》，成宗，成宗四年条，韩国国立汉城大学奎章阁档案馆藏本。

八月："癸酉朔，以辽泽沮洳，罢征高丽，命枢密使耶律色珍为都统，驸马都尉萧恳德为监军，以兵讨女直。"（元）托克托等奉敕撰：《辽史》卷十《本纪十》圣宗一，载《景印文渊阁四库全书》（第 289 册），台北：商务印书馆，1986 年，第 85 页。

九月辛巳："诏谕东征将帅乘水涸进讨。"（元）托克托等奉敕撰：《辽史》卷十《本纪十》圣宗一，载《景印文渊阁四库全书》（第 289 册），台北：商务印书馆，1986 年，第 85 页。

十一月丁丑："诏以东北路兵马监军妻布达拉存抚边民。"（元）托克托等奉敕撰：《辽史》卷十《本纪十》圣宗一，载《景印文渊阁四库全书》（第 289 册），台北：商务印书馆，1986 年，第 85 页。

十一月丙申："东征女直，都统萧达林、菩萨努以行军所经地里物产来上。"（元）托克托等奉敕撰：《辽史》卷十《本纪十》圣宗一，载《景印文渊阁四库全书》（第 289 册），台北：商务印书馆，1986 年，第 85 页。

辽圣宗统和四年（公元 986 年）

正月："甲戌，观渔土河。林牙耶律穆尔古、彰德军节度使萧达林上东征俘获，赐诏奖谕。"（元）托克托等奉敕撰：《辽史》卷十一《本纪十一》圣宗二，载《景印文渊阁四库全书》（第 289 册），台北：商务印书馆，1986 年，第 87 页。

正月："丙子，枢密使耶律色珍、林牙勤德等上讨女直所获生口十余万、马二十余万及诸物。"（元）托克托等奉敕撰：《辽史》卷十一《本纪十一》圣宗二，载《景印文渊阁四库全书》（第 289 册），台北：商务印书馆，1986 年，第 87 页。

正月："壬午，枢密使色珍、林牙勤德、穆尔古，节度使达林，统军使硕罗，侍中穆济，奚王府监军迪里与安吉等克女直还军，遣近侍尼勒坚诏旌其功，仍执手抚谕，赐酒果劳之。"（元）托克托等奉敕撰：《辽史》卷十一《本纪十一》圣宗二，载《景印文渊阁四库全书》（第 289 册），台北：商务印书馆，1986 年，第 87 页。

十二月壬申："女直请以兵从征，许之。"（元）托克托等奉敕撰：《辽史》卷十一《本纪十一》圣宗二，载《景印文渊阁四库全书》（第289册），台北：商务印书馆，1986年，第91页。

辽圣宗统和六年（公元988年）

八月："丁丑，濒海女直遣使萨喇勒来朝。西北路管押详衮舒僧格以伐哲琳、珠噜二部，上所俘获。东路林牙萧勤德及统军宝垙以击败女直兵，献俘。"（元）托克托等奉敕撰：《辽史》卷十二《本纪十二》圣宗三，载《景印文渊阁四库全书》（第289册），台北：商务印书馆，1986年，第94页。

辽圣宗统和九年（高丽成宗十年，公元991年）

十月："逐鸭绿江外女真于白头山外居之。"（朝鲜）郑麟趾等撰：《高丽史》卷三《世家三》，成宗，成宗十年十月条，韩国国立汉城大学奎章阁档案馆藏本。

辽圣宗统和十年（公元992年）

十年："以东京留守萧恒德伐高丽。"（元）托克托等奉敕撰：《辽史》卷一百十五《二国外纪四十五》高丽，载《景印文渊阁四库全书》（第289册），台北：商务印书馆，1986年，第727页。

辽圣宗统和十一年（高丽成宗十二年，公元993年）

三月丙午："高丽王治遣朴良柔奉表请罪，诏取女直鸭渌江东数百里地赐之。"（元）托克托等奉敕撰：《辽史》卷十三《本纪十三》圣宗四，载《景印文渊阁四库全书》（第289册），台北：商务印书馆，1986年，第101页。

五月："西北界女真报契丹谋举兵来侵。朝议谓其绐我，不以为备。"（朝鲜）郑麟趾等撰：《高丽史》卷三《世家三》，成宗，成宗十二年五月条，韩国国立汉城大学奎章阁档案馆藏本。

八月："是月，女真复报契丹兵至。始知事急，分遣诸道兵马齐正使。"（朝鲜）郑麟趾等撰：《高丽史》卷三《世家三》，成宗，成宗十二年八月条，韩国国立汉城大学奎章阁档案馆藏本。

十一年："王治遣朴良柔奉表请罪，诏取女直国鸭绿江东数百里地赐之。"（元）托克托等奉敕撰：《辽史》卷一百十五《二国外纪四十五》高丽，载《景印文渊阁四库全书》（第289册），台北：商务印书馆，1986年，第727页。

辽圣宗统和十二年（高丽成宗十三年，公元 994 年）

二月：“萧逊宁致书曰：‘近奉宣命：但以彼国信好早通，境土相接，虽以小事大，固有规仪，而原始要终，须存悠久。若不设于预备，虑中阻于使人。遂与彼国相议，便于要冲路陌创筑城池者。’寻准宣命，自便斟酌。拟于鸭江西里创筑五城，取三月初拟到筑城处下手修筑。伏请大王预先指挥，从安北府至鸭江东计二百八十里，踏行稳便田地，酌量地里远近，并令筑城发、遣役夫同时下手，其合筑城数，早与回报。所贵交通车马，长开贡觐之途；永奉朝廷，自协安康之计。”（朝鲜）郑麟趾等撰：《高丽史》卷三《世家三》，成宗，成宗十三年二月条，韩国国立汉城大学奎章阁档案馆藏本。

十二月：“癸巳，女直以宋人浮海赂本国及乌舍叛来告。”（元）托克托等奉敕撰：《辽史》卷十三《本纪十三》圣宗四，载《景印文渊阁四库全书》（第 289 册），台北：商务印书馆，1986 年，第 102 页。

辽圣宗统和十三年（公元 995 年）

七月：“丁巳，乌舍乌哲图、渤海雅木丕勒等侵铁骊，遣奚王和硕鼐等讨之。”（元）托克托等奉敕撰：《辽史》卷十三《本纪十三》圣宗四，载《景印文渊阁四库全书》（第 289 册），台北：商务印书馆，1986 年，第 103 页。

十月：“戊子，乌舍归款，诏谕之。”（元）托克托等奉敕撰：《辽史》卷十三《本纪十三》圣宗四，载《景印文渊阁四库全书》（第 289 册），台北：商务印书馆，1986 年，第 103 页。

辽圣宗统和十四年（公元 996 年）

四月：“是月，奚王和硕鼐、东京留守萧恒德等五人以讨乌舍不克，削官。”（元）托克托等奉敕撰：《辽史》卷十三《本纪十三》圣宗四，载《景印文渊阁四库全书》（第 289 册），台北：商务印书馆，1986 年，第 103 页。

辽圣宗统和十五年（公元 997 年）

正月：“癸未，乌舍长武周来降。”（元）托克托等奉敕撰：《辽史》卷十三《本纪十三》圣宗四，载《景印文渊阁四库全书》（第 289 册），台北：商务印书馆，1986 年，第 104 页。

辽圣宗统和二十三年（高丽穆宗八年，公元 1005 年）

正月：“东女真寇登州，烧州镇部落三十余所，遣将御之。”（朝鲜）郑麟趾等撰：《高丽史》卷三《世家三》，穆宗，穆宗八年正月条，韩国国立汉城大学奎章阁档案馆藏本。

辽圣宗统和二十八年（高丽显宗元年，公元 1010 年）

八月："圣宗自将伐高丽，报宋，遣引进使韩杞宣问询。询奉表乞罢师，不许。"（元）托克托等奉敕撰：《辽史》卷一百十五《二国外纪四十五》高丽，载《景印文渊阁四库全书》（第 289 册），台北：商务印书馆，1986 年，第 727 页。

十月："丙午朔，女直进良马万匹，乞从征高丽，许之。王询遣使奉表乞罢师，不许。"（元）托克托等奉敕撰：《辽史》卷十五《本纪十五》圣宗六，载《景印文渊阁四库全书》（第 289 册），台北：商务印书馆，1986 年，第 111 页。

十一月："乙酉，大军渡鸭渌江，康肇拒战，败之，退保铜州。"（元）托克托等奉敕撰：《辽史》卷十五《本纪十五》圣宗六，载《景印文渊阁四库全书》（第 289 册），台北：商务印书馆，1986 年，第 111 页。

十一月："丙戌，肇复出，右皮室详衮耶律达鲁擒肇及副将李立，追杀数十里，获所弃粮饷、铠仗。"（元）托克托等奉敕撰：《辽史》卷十五《本纪十五》圣宗六，载《景印文渊阁四库全书》（第 289 册），台北：商务印书馆，1986 年，第 111 页。

十一月："戊子，铜、霍、贵、宁等州降。巴雅尔至努克特岭，遇敌兵，战败之。"（元）托克托等奉敕撰：《辽史》卷十五《本纪十五》圣宗六，载《景印文渊阁四库全书》（第 289 册），台北：商务印书馆，1986 年，第 111 页。

十一月："辛卯，契丹主自将步骑四十万渡鸭绿江，围兴化镇。杨规、李守和等固守不降。"（朝鲜）郑麟趾等撰：《高丽史》卷四《世家四》，显宗一，显宗元年十一月辛卯条，韩国国立汉城大学奎章阁档案馆藏本。

十二月："大军渡鸭绿江，康肇拒战于铜州，败之。肇复出，右皮室详衮耶律达鲁擒肇等，追奔数十里，获所弃粮饷、铠仗，铜、霍、贵、宁等州皆降。"（元）托克托等奉敕撰：《辽史》卷一百十五《二国外纪四十五》高丽，载《景印文渊阁四库全书》（第 289 册），台北：商务印书馆，1986 年，第 727 页。

辽圣宗统和二十九年（高丽显宗二年，公元 1011 年）

正月："乙亥朔，班师，所降诸城复叛。至贵德州南岭谷，大雨连日，马驼皆疲，甲仗多遗弃，雾乃得渡。己丑，次鸭渌江。"（元）托克托等奉敕撰：《辽史》卷十五《本纪十五》圣宗六，载《景印文渊阁四库全书》（第289册），台北：商务印书馆，1986年，第111页。

正月："班师，所降诸城复叛。至贵德州南峻岭谷，大雨连日，雾乃得渡，马驼疲乏，甲仗多遗弃。次鸭绿江，以所俘人分置诸陵庙，分赐内戚、大臣。"（元）托克托等奉敕撰：《辽史》卷一百十五《二国外纪四十五》高丽，载《景印文渊阁四库全书》（第289册），台北：商务印书馆，1986年，第728页。

正月："癸卯，契丹主渡鸭绿江引去。"（朝鲜）郑麟趾等撰：《高丽史》卷四《世家四》，显宗一，显宗二年正月癸卯条，韩国国立汉城大学奎章阁档案馆藏本。

八月："东女真百余艘寇庆州。"（朝鲜）郑麟趾等撰：《高丽史》卷四《世家四》，显宗一，显宗二年八月条，韩国国立汉城大学奎章阁档案馆藏本。

辽圣宗统和三十年（高丽显宗三年，公元1012年）

正月："癸未，长白山三十部女直酋长来贡，乞授爵秩。"（元）托克托等奉敕撰：《辽史》卷十五《本纪十五》圣宗六，载《景印文渊阁四库全书》（第289册），台北：商务印书馆，1986年，第112页。

五月："己巳，东女真寇清河、迎日、长鬐县，遣都部署文演、姜民瞻、李仁泽、曹子奇督州郡兵击走之。"（朝鲜）郑麟趾等撰：《高丽史》卷四《世家四》，显宗一，显宗三年五月己巳条，韩国国立汉城大学奎章阁档案馆藏本。

八月："丙申，铁骊、纳苏等送乌舍百余户至宾州，赐丝绢。"（元）托克托等奉敕撰：《辽史》卷十五《本纪十五》圣宗六，载《景印文渊阁四库全书》（第289册），台北：商务印书馆，1986年，第112页。

闰十月："女真毛逸罗、鉏乙豆率部落三十姓诣和州乞盟，许之。"（朝鲜）郑麟趾等撰：《高丽史》卷四《世家四》，显宗一，显宗三年闰十月条，韩国国立汉城大学奎章阁档案馆藏本。

辽圣宗开泰二年（高丽显宗四年，公元1013年）

五月："壬寅，女真引契丹兵将渡鸭绿江，大将军金承渭等击却之。"（朝鲜）郑麟趾等撰：《高丽史》卷四《世家四》，显宗一，显宗四年五月壬寅条，韩国国立汉城大学奎章阁档案馆藏本。

十月："丙寅，详衮张马留献女直人知高丽事者。上问之，曰：'臣三年前为高丽所虏，为郎官，故知之。自开京东马行七日，有大砦，广如开京，旁州所贡珍异，皆积于此。胜、罗等州之南，亦有二大砦，所积如之。若大军行由前路，取哈斯罕女直北，直渡鸭渌江，并大河而上，至郭州与大路会，高丽可取而有也。'上纳之。"（元）托克托等奉敕撰：《辽史》卷十五《本纪十五》圣宗六，载《景印文渊阁四库全书》（第 289 册），台北：商务印书馆，1986 年，第 114 页。

辽圣宗开泰三年（高丽显宗五年，公元 1014 年）

五月："诏国舅详衮萧迪里、东京留守耶律托实等造浮梁于鸭绿江，城保、宣义、定远等州。"（元）托克托等奉敕撰：《辽史》卷一百十五《二国外纪四十五》高丽，载《景印文渊阁四库全书》（第 289 册），台北：商务印书馆，1986 年，第 728 页。

是夏："诏国舅详衮萧迪里、东京留守耶律托实等讨高丽，造浮梁于鸭渌江，城保、宣义、定远等州。"（元）托克托等奉敕撰：《辽史》卷十五《本纪十五》圣宗六，载《景印文渊阁四库全书》（第 289 册），台北：商务印书馆，1986 年，第 115 页。

十月："己未，契丹遣国舅详稳萧敌烈来侵通州兴化镇，将军郑神勇、别将周演击败之，斩七百余级，溺江死者甚众。"（朝鲜）郑麟趾等撰：《高丽史》卷四《世家四》，显宗一，显宗五年十月己未条，韩国国立汉城大学奎章阁档案馆藏本。

辽圣宗开泰四年（高丽显宗六年，公元 1015 年）

正月："壬寅，东征。东京留守善宁、平章尼噜古奏，已总大军及女直诸部兵分道进讨，遂遣使赍密诏军前。"（元）托克托等奉敕撰：《辽史》卷十五《本纪十五》圣宗六，载《景印文渊阁四库全书》（第 289 册），台北：商务印书馆，1986 年，第 115 页。

正月："契丹作桥于鸭绿江，夹桥筑东西城，遣将攻破，不克。"（朝鲜）郑麟趾等撰：《高丽史》卷四《世家四》，显宗一，显宗六年正月条，韩国国立汉城大学奎章阁档案馆藏本。

三月："己亥，契丹侵龙州。女真以船二十艘寇狗头浦，镇溟道都部署击败之。"（朝鲜）郑麟趾等撰：《高丽史》卷四《世家四》，显宗一，显宗六年三月己亥条，韩国国立汉城大学奎章阁档案馆藏本。

四月："甲寅，萧迪里等伐高丽还。"（元）托克托等奉敕撰：《辽史》卷十五《本纪十五》圣宗六，载《景印文渊阁四库全书》（第289册），台北：商务印书馆，1986年，第115页。

四年："命北府宰相刘慎行为都统，枢密使耶律世良为副，殿前都点检萧实喇为都监。慎行挈家边上，致缓师期，追还之，以世良、实喇总兵伐高丽。"（元）托克托等奉敕撰：《辽史》卷一百十五《二国外纪四十五》高丽，载《景印文渊阁四库全书》（第289册），台北：商务印书馆，1986年，第728页。

辽圣宗开泰五年（公元1016年）

正月："庚戌，耶律世良、萧库哩与高丽战于郭州西，破之，斩首数万级，尽获其辎重。"（元）托克托等奉敕撰：《辽史》卷十五《本纪十五》圣宗六，载《景印文渊阁四库全书》（第289册），台北：商务印书馆，1986年，第116页。

正月："乙卯，师次南海军，耶律世良薨于军。"（元）托克托等奉敕撰：《辽史》卷十五《本纪十五》圣宗六，载《景印文渊阁四库全书》（第289册），台北：商务印书馆，1986年，第116页。

五年："世良等与高丽战于郭州西，破之。"（元）托克托等奉敕撰：《辽史》卷一百十五《二国外纪四十五》高丽，载《景印文渊阁四库全书》（第289册），台北：商务印书馆，1986年，第728页。

辽圣宗开泰六年（高丽显宗八年，公元1017年）

正月："丁丑，诏国舅帐详衮萧威乌克将本部兵征高丽，其国舅司事以都监摄之。"（元）托克托等奉敕撰：《辽史》卷十五《本纪十五》圣宗六，载《景印文渊阁四库全书》（第289册），台北：商务印书馆，1986年，第117页。

八月："乙酉，东女真盖多弗等四人来投，请效边功，许之，优礼赐物。"（朝鲜）郑麟趾等撰：《高丽史》卷四《世家四》，显宗一，显宗八年八月乙酉条，韩国国立汉城大学奎章阁档案馆藏本。

九月："乙卯，萧和卓等攻高丽兴化军不克，还师。"（元）托克托等奉敕撰：《辽史》卷十五《本纪十五》圣宗六，载《景印文渊阁四库全书》（第 289册），台北：商务印书馆，1986 年，第 117 页。

辽圣宗开泰七年（高丽显宗九年，公元 1018 年）

三月："辛丑，命东北伊埒图、博和哩、鄂罗木、富珠哩、铁骊等五部岁贡貂皮六万五千，马三百。"（元）托克托等奉敕撰：《辽史》卷十六《本纪十六》圣宗七，载《景印文渊阁四库全书》（第 289 册），台北：商务印书馆，1986 年，第 118 页。

四月："辛巳，东女真仇陆啰、西女真渠逸等二十余人来献土马器仗，赐衣带、货物。西女真木史、木开等二百户来投。"（朝鲜）郑麟趾等撰：《高丽史》卷四《世家四》，显宗一，显宗九年四月辛巳条，韩国国立汉城大学奎章阁档案馆藏本。

十月："丙辰，诏东平郡王萧巴雅尔为都统，殿前都点检萧实喇为副统，东京留守耶律巴格为都监，伐高丽。仍谕高丽守吏，能率众自归者厚赏，坚壁相拒者追悔无及。"（元）托克托等奉敕撰：《辽史》卷十六《本纪十六》圣宗七，载《景印文渊阁四库全书》（第 289 册），台北：商务印书馆，1986 年，第119 页。

十月："丁未，赐龟州女真木史等三十四人绢䌷布五百余匹，以赏捕贼功。"（朝鲜）郑麟趾等撰：《高丽史》卷四《世家四》，显宗一，显宗九年十月丁未条，韩国国立汉城大学奎章阁档案馆藏本。

十二月："戊戌，契丹萧逊宁以兵十万来侵，王以平章事姜邯赞为上元帅，大将军姜民瞻副之。帅兵至兴化镇，大败之。逊宁引兵直趋京城。民瞻追及于慈州，又大败之。"（朝鲜）郑麟趾等撰：《高丽史》卷四《世家四》，显宗一，显宗九年十二月戊戌条，韩国国立汉城大学奎章阁档案馆藏本。

十二月："是月，萧巴雅尔等与高丽战于茶、陀二河，辽军失利，天云、右皮室二军没溺者众，约尼帐详衮阿克达、客省使卓库、渤海详衮高清明、天云军详衮哈里等皆死之。"（元）托克托等奉敕撰：《辽史》卷十六《本纪十六》圣宗七，载《景印文渊阁四库全书》（第 289 册），台北：商务印书馆，1986 年，第 119 页。

十二月："萧巴雅尔与战于茶、陀二河之间，我军不利，天云、右皮室二军没溺者众，天云军详衮哈里、约尼帐详衮阿克达、客省使卓库、渤海详衮高清明等皆阵亡。"（元）托克托等奉敕撰：《辽史》卷一百十五《二国外纪四十五》高丽，载《景印文渊阁四库全书》（第 289 册），台北：商务印书馆，1986年，第 728 页。

七年："诏东平郡王萧巴雅尔为都统，萧实喇为副统，东京留守耶律巴格为都监，复伐高丽。"（元）托克托等奉敕撰：《辽史》卷一百十五《二国外纪四十五》高丽，载《景印文渊阁四库全书》（第 289 册），台北：商务印书馆，1986年，第 728 页。

辽圣宗开泰八年（公元 1019 年）

三月："己卯，诏加征高丽有功渤海将校官。"（元）托克托等奉敕撰：《辽史》卷十六《本纪十六》圣宗七，载《景印文渊阁四库全书》（第 289 册），台北：商务印书馆，1986年，第 119 页。

八月："庚寅，遣郎君赫伯舍等率诸部兵会大军讨高丽。"（元）托克托等奉敕撰：《辽史》卷十六《本纪十六》圣宗七，载《景印文渊阁四库全书》（第 289 册），台北：商务印书馆，1986年，第 120 页。

八月："遣郎君赫伯舍等率诸部军，会大军同讨高丽。询遣使来乞贡方物。"（元）托克托等奉敕撰：《辽史》卷一百十五《二国外纪四十五》高丽，载《景印文渊阁四库全书》（第 289 册），台北：商务印书馆，1986年，第 728 页。

辽圣宗太平元年（公元 1021 年）

四月："戊申，东京留守奏，女直三十部酋长请各以其子诣阙祗候。诏与其父俱来受约。"（元）托克托等奉敕撰：《辽史》卷十六《本纪十六》圣宗七，载《景印文渊阁四库全书》（第 289 册），台北：商务印书馆，1986年，第 121 页。

辽圣宗太平二年（公元 1022 年）

五月："庚辰，铁骊遣使献乌舍十六户。"（元）托克托等奉敕撰：《辽史》卷十六《本纪十六》圣宗七，载《景印文渊阁四库全书》（第 289 册），台北：商务印书馆，1986年，第 122 页。

辽圣宗太平四年（高丽显宗十五年，公元 1024 年）

三月："甲午，西女真高豆老、东女真瑟弗达等九十人来投。"（朝鲜）郑麟趾等撰：《高丽史》卷五《世家五》，显宗二，显宗十五年三月甲午条，韩国国立汉城大学奎章阁档案馆藏本。

辽圣宗太平五年（高丽显宗十六年，公元 1025 年）

正月："辛亥，女真酋长毛逸罗来朝，以有功边围加授大匡，优赐衣物。"（朝鲜）郑麟趾等撰：《高丽史》卷五《世家五》，显宗二，显宗十六年正月辛亥条，韩国国立汉城大学奎章阁档案馆藏本。

辽圣宗太平六年（公元 1026 年）

二月："己酉，以默尔吉同知枢密院，黄翩为兵马都部署，达噶济副之，霍实为都监，引军城混同江、苏默河之间。黄龙府请建堡障三、烽台十，诏以农隙筑之。东京留守巴格奏黄翩领兵入女直界徇地，俘获人、马、牛、豕不可胜计，得降户二百七十，诏奖谕之。"（元）托克托等奉敕撰：《辽史》卷十七《本纪十七》圣宗八，载《景印文渊阁四库全书》（第 289 册），台北：商务印书馆，1986 年，第 125 页。

辽圣宗太平八年（高丽显宗十九年，公元 1028 年）

正月："是月，女真归德将军高豆等七十余人来朝，骨夫率部落五百户来附。"（朝鲜）郑麟趾等撰：《高丽史》卷五《世家五》，显宗二，显宗十九年正月条，韩国国立汉城大学奎章阁档案馆藏本。

五月："辛丑，女真来攻平海郡，不克而还，追捕贼船四艘，尽杀之。"（朝鲜）郑麟趾等撰：《高丽史》卷五《世家五》，显宗二，显宗十九年五月辛丑条，韩国国立汉城大学奎章阁档案馆藏本。

闰六月："甲寅，北蕃酋长阿忽等五十七人来附。"（朝鲜）郑麟趾等撰：《高丽史》卷五《世家五》，显宗二，显宗十九年闰六月甲寅条，韩国国立汉城大学奎章阁档案馆藏本。

七月："丁酉，东女真唅拔部落三百余户来附。"（朝鲜）郑麟趾等撰：《高丽史》卷五《世家五》，显宗二，显宗十九年七月丁酉条，韩国国立汉城大学奎章阁档案馆藏本。

十月："丁亥，东女真贼船十五艘寇高城。己丑，侵龙津镇，虏中郎将朴兴彦等七十余人。"（朝鲜）郑麟趾等撰：《高丽史》卷五《世家五》，显宗二，显宗十九年十月条，韩国国立汉城大学奎章阁档案馆藏本。

辽圣宗太平九年（高丽显宗二十年，公元 1029 年）

闰二月："己亥，女真贼船三十余艘来寇东鄙，船兵都部署判官赵闰贞击走之。"（朝鲜）郑麟趾等撰：《高丽史》卷五《世家五》，显宗二，显宗二十年闰二月己亥条，韩国国立汉城大学奎章阁档案馆藏本。

三月："庚辰，东女真贼船十艘寇溟州，兵马判官金厚击却之。"（朝鲜）郑麟趾等撰：《高丽史》卷五《世家五》，显宗二，显宗二十年三月庚辰条，韩国国立汉城大学奎章阁档案馆藏本。

五月："乙丑，东女真四百余人寇洞山县。"（朝鲜）郑麟趾等撰：《高丽史》卷五《世家五》，显宗二，显宗二十年五月乙丑条，韩国国立汉城大学奎章阁档案馆藏本。

八月："乙未，东女真大相哈拔率其族三百余户来投，赐渤海古城地处之。"（朝鲜）郑麟趾等撰：《高丽史》卷五《世家五》，显宗二，显宗二十年八月乙未条，韩国国立汉城大学奎章阁档案馆藏本。

八月："己丑，东京锡里军详衮大延琳囚留守驸马都尉萧孝先及南阳公主，杀户部使韩绍勋、副使王嘉、四捷军都指挥使萧佛德，延琳遂借位，号其国为'兴辽'，年为'天庆'。初，东辽之地，自神册来附，未有榷酤盐曲之法，关市之征亦甚宽弛。冯延休、韩绍勋相继以燕地平山之法绳之，民不堪命。燕又仍岁大饥，户部副使王嘉复献计造船，使其民谙海事者，漕粟以赈燕民。水路艰险，多至覆没，虽言不信，鞭楚榜掠，民怨思乱。故延琳乘之，首杀绍勋、嘉，以快其众。延琳先事与副留守王道平谋，道平夜弃其家，逾城走，与延琳所遣召黄龙府黄翩者，俱至行在告变。上即征诸道兵，以时进讨。时国舅详衮萧必塔治近延琳，先率本管及家兵据其要害，绝其西渡之计。渤海太保夏行美亦旧主兵，戍保州，延琳密驰书，使图统帅耶律布库。行美乃以实告，布库得书，遂杀渤海兵八百人，而断其东路。延琳知黄龙、保州皆不附，遂分兵西取沈州，其节度使萧旺禄初至，其副张杰声言欲降，故不急攻。及知其诈，而已有备，攻之不克而还。时南、北女直皆从延琳，高丽亦稽其贡。及诸道兵次第皆至，延琳婴城固守。"（元）托克托等奉敕撰：《辽史》卷十七《本纪十七》圣宗八，载《景印文渊阁四库全书》（第 289 册），台北：商务印书馆，1986 年，第 128 页。

九月："戊午，契丹东京将军大延琳遣大府丞高吉德告建国兼求援。延琳，渤海始祖大祚荣七代孙，叛契丹，国号兴辽，建元天兴。"（朝鲜）郑麟趾等撰：《高丽史》卷五《世家五》，显宗二，显宗二十年九月戊午条，韩国国立汉城大学奎章阁档案馆藏本。

十月："丙戌朔，以南京留守燕王萧孝穆为都统，国舅详衮萧必塔为副统，奚六部大王萧博诺为都监以讨之。"（元）托克托等奉敕撰：《辽史》卷十七《本纪十七》圣宗八，载《景印文渊阁四库全书》（第 289 册），台北：商务印书馆，1986 年，第 128 页。

十二月庚寅："兴辽国大师大延定引东北女真与契丹相攻，遣使乞援，王不许。自此路梗，与契丹不通。"（朝鲜）郑麟趾等撰：《高丽史》卷五《世家五》，显宗二，显宗二十年十二月庚寅条，韩国国立汉城大学奎章阁档案馆藏本。

十二月："壬辰，命西北面判兵马事柳韶赴镇，以备兴辽。"（朝鲜）郑麟趾等撰：《高丽史》卷五《世家五》，显宗二，显宗二十年十二月壬辰条，韩国国立汉城大学奎章阁档案馆藏本。

辽圣宗太平十年（高丽显宗二十一年，公元 1030 年）

正月："丙寅，兴辽国又遣水部员外郎高吉德上表乞师。"（朝鲜）郑麟趾等撰：《高丽史》卷五《世家五》，显宗二，显宗二十一年正月丙寅条，韩国国立汉城大学奎章阁档案馆藏本。

三月："甲寅朔，详衮萧必塔至自辽东，言都统萧孝穆去城四面各五里许，筑城堡以围之。驸马延宁与其妹穴地遁去，公主吹巴勒在后，为守陴者觉而止。"（元）托克托等奉敕撰：《辽史》卷十七《本纪十七》圣宗八，载《景印文渊阁四库全书》（第 289 册），台北：商务印书馆，1986 年，第 129 页。

五月："乙丑，契丹水军指麾使虎骑尉大道李卿等六人来投。自是，契丹、渤海人来附甚众。"（朝鲜）郑麟趾等撰：《高丽史》卷五《世家五》，显宗二，显宗二十一年五月乙丑条，韩国国立汉城大学奎章阁档案馆藏本。

七月："乙丑，兴辽国行营都部署刘忠正遣宁州刺史大庆翰赍表来乞援。"（朝鲜）郑麟趾等撰：《高丽史》卷五《世家五》，显宗二，显宗二十一年七月乙丑条，韩国国立汉城大学奎章阁档案馆藏本。

八月："丙午，东京贼将杨详世密送款，夜开南门纳辽军。擒延琳，渤海平。"（元）托克托等奉敕撰：《辽史》卷十七《本纪十七》圣宗八，载《景印文渊阁四库全书》（第 289 册），台北：商务印书馆，1986 年，第 129 页。

十月："是月，契丹奚哥、渤海民五百余人来投，处之江南州郡。"（朝鲜）郑麟趾等撰：《高丽史》卷五《世家五》，显宗二，显宗二十一年十月条，韩国国立汉城大学奎章阁档案馆藏本。

十一月："乙丑，西女真曼斗等二十七户来附，处之东界。"（朝鲜）郑麟趾等撰：《高丽史》卷五《世家五》，显宗二，显宗二十一年十一月乙丑条，韩国国立汉城大学奎章阁档案馆藏本。

辽圣宗太平十一年（高丽显宗二十二年，公元 1031 年）

三月："契丹、渤海民四十余人来投。"（朝鲜）郑麟趾等撰：《高丽史》卷五《世家五》，显宗二，显宗二十二年三月条，韩国国立汉城大学奎章阁档案馆藏本。

七月："丁卯，渤海监门军大道行郎等十四人来投。"（朝鲜）郑麟趾等撰：《高丽史》卷五《世家五》，德宗，显宗二十二年七月丁卯条，韩国国立汉城大学奎章阁档案馆藏本。

七月："己巳，渤海诸军判官高真祥、孔目王光禄自契丹持牒来投。"（朝鲜）郑麟趾等撰：《高丽史》卷五《世家五》，德宗，显宗二十二年七月己巳条，韩国国立汉城大学奎章阁档案馆藏本。

八月："甲申，制曰：'女真将军阿豆闲等三百四十户来投，勒留嘉、铁二州之地。然阿豆闲本东蕃子项史之族，宜遣置东蕃。'"（朝鲜）郑麟趾等撰：《高丽史》卷五《世家五》，德宗，显宗二十二年八月甲申条，韩国国立汉城大学奎章阁档案馆藏本。

十月辛巳："遣工部郎中柳乔如契丹会葬，郎中金行恭贺即位，表请毁鸭绿城桥，归我被留行人。"（朝鲜）郑麟趾等撰：《高丽史》卷五《世家五》，德宗，显宗二十二年十月辛巳条，韩国国立汉城大学奎章阁档案馆藏本。

辽兴宗景福二年（高丽德宗元年，公元 1032 年）

正月："乙酉，契丹遗留使来，至来远城，不纳，遂城朔州。宁仁镇、派川等县备之。"（朝鲜）郑麟趾等撰：《高丽史》卷五《世家五》，德宗，德宗元年正月乙酉条，韩国国立汉城大学奎章阁档案馆藏本。

正月："丁酉，西女真者昆等八人来投。"（朝鲜）郑麟趾等撰：《高丽史》卷五《世家五》，德宗，德宗元年正月丁酉条，韩国国立汉城大学奎章阁档案馆藏本。

正月戊戌："渤海沙志、明童等二十九人来投。"（朝鲜）郑麟趾等撰：《高丽史》卷五《世家五》，德宗，德宗元年正月戊戌条，韩国国立汉城大学奎章阁档案馆藏本。

二月："戊申，渤海史通等十七人来投。"（朝鲜）郑麟趾等撰：《高丽史》卷五《世家五》，德宗，德宗元年二月戊申条，韩国国立汉城大学奎章阁档案馆藏本。

四月："戊申，契丹奚家内乙古等二十七人来投。"（朝鲜）郑麟趾等撰：《高丽史》卷五《世家五》，德宗，德宗元年四月戊申条，韩国国立汉城大学奎章阁档案馆藏本。

五月："丁丑，渤海萨五德等十五人来投。"（朝鲜）郑麟趾等撰：《高丽史》卷五《世家五》，德宗，德宗元年五月丁丑条，韩国国立汉城大学奎章阁档案馆藏本。

六月："辛亥，渤海于音、若己等十二人来投。"（朝鲜）郑麟趾等撰：《高丽史》卷五《世家五》，德宗，德宗元年六月辛亥条，韩国国立汉城大学奎章阁档案馆藏本。

六月："乙卯，渤海所乙史等十七人来投。"（朝鲜）郑麟趾等撰：《高丽史》卷五《世家五》，德宗，德宗元年六月乙卯条，韩国国立汉城大学奎章阁档案馆藏本。

七月："丙申，渤海高城等二十人来投。"（朝鲜）郑麟趾等撰：《高丽史》卷五《世家五》，德宗，德宗元年七月丙申条，韩国国立汉城大学奎章阁档案馆藏本。

十月："丙午，渤海押司官李南松等十人来奔。"（朝鲜）郑麟趾等撰：《高丽史》卷五《世家五》，德宗，德宗元年十月丙午条，韩国国立汉城大学奎章阁档案馆藏本。

十月："壬子，契丹注簿刘信思等五人来奔。"（朝鲜）郑麟趾等撰：《高丽史》卷五《世家五》，德宗，德宗元年十月壬子条，韩国国立汉城大学奎章阁档案馆藏本。

十月："丙寅，契丹济乙男等十人来奔。"（朝鲜）郑麟趾等撰：《高丽史》卷五《世家五》，德宗，德宗元年十月丙寅条，韩国国立汉城大学奎章阁档案馆藏本。

十二月："甲辰，契丹罗骨等十人来投。"（朝鲜）郑麟趾等撰：《高丽史》卷五《世家五》，德宗，德宗元年十二月甲辰条，韩国国立汉城大学奎章阁档案馆藏本。

辽兴宗重熙二年（高丽德宗二年，公元 1033 年）

正月："乙未，契丹仇乃等十八人来奔。"（朝鲜）郑麟趾等撰：《高丽史》卷五《世家五》，德宗，德宗二年正月乙未条，韩国国立汉城大学奎章阁档案馆藏本。

三月辛未："契丹奚家古要等十一人来投，处之江南。"（朝鲜）郑麟趾等撰：《高丽史》卷五《世家五》，德宗，德宗二年三月辛未条，韩国国立汉城大学奎章阁档案馆藏本。

四月："戊戌，渤海首乙分等十八人来投。"（朝鲜）郑麟趾等撰：《高丽史》卷五《世家五》，德宗，德宗二年四月戊戌条，韩国国立汉城大学奎章阁档案馆藏本。

四月："戊午，渤海可守等三人来投。"（朝鲜）郑麟趾等撰：《高丽史》卷五《世家五》，德宗，德宗二年四月戊午条，韩国国立汉城大学奎章阁档案馆藏本。

五月："癸巳，渤海监门队正奇叱火等十九人来投。"（朝鲜）郑麟趾等撰：《高丽史》卷五《世家五》，德宗，德宗二年五月癸巳条，韩国国立汉城大学奎章阁档案馆藏本。

六月："辛丑，渤海先宋等七人来投。"（朝鲜）郑麟趾等撰：《高丽史》卷五《世家五》，德宗，德宗二年六月辛丑条，韩国国立汉城大学奎章阁档案馆藏本。

六月："壬戌，西女真中尹古舍等六人来投，古毛汉等二十五人来献土物。"（朝鲜）郑麟趾等撰：《高丽史》卷五《世家五》，德宗，德宗二年六月壬戌条，韩国国立汉城大学奎章阁档案馆藏本。

十月："丁未，契丹侵静州。"（朝鲜）郑麟趾等撰：《高丽史》卷五《世家五》，德宗，德宗二年十月丁未条，韩国国立汉城大学奎章阁档案馆藏本。

十二月："癸丑，渤海奇叱火等十一人来投，处之南地。"（朝鲜）郑麟趾等撰：《高丽史》卷五《世家五》，德宗，德宗二年十二月癸丑条，韩国国立汉城大学奎章阁档案馆藏本。

辽兴宗重熙四年（高丽靖宗元年，公元 1035 年）

六月："是月，宁德镇回牒契丹来远城云：窃以公文事至，备见亲仁，责谕颇多，固须宣剖。略言一概，无至多谭，其来示云'昨因伐罪之年，致阻来庭之礼，既剪除于凶恶，合继续于贡输'者，窃念当国于延琳作乱之初，是大国兴兵之际，道途艰阻，人使寝停，厥后内史舍人金哿庆克复于东都，户部侍郎李守和续进献其方物。先大王之弃国也，合门使蔡忠显将命而告终；先皇帝之升遐也，尚书左丞柳乔遄征而会葬；今皇帝之继统也，给事中金行恭乘传而朝贺。然则平辽以来，就日相继，岂可谓致阻来庭之礼乎？又云'累石城而拟遮大路，竖木寨而欲碍奇兵'者，且羲爻设险，有土常规。鲁国废关，通人深诫。是以列兹城寨，备我提封。盖图其帖息边氓，非欲以负阻皇化。又云'唯独东溟之域，未宾北极之尊'者，昨缘梯航六使被勒留于上国之中，宣定两城致入筑于我疆之内，未蒙还复，方切祷祈，幸遇皇帝陛下启运惟新，与民更始。天上之汪洋四洽，日边之章奏寻陈。乞放行人，并归侵地，无由得请，以至于今。倘俞悫实之诚，敢怠乐输之礼。祇在恩命，何烦责言。又云'或激怒于雷霆，何安宁于黎庶'者，伏想今皇上字小情深，听卑道广，乃睠寅宾之域，必加推置之恩，于我无辜，有何凭怒，细详来诲，似涉戏言。"（朝鲜）郑麟趾等撰：《高丽史》卷六《世家六》，靖宗，靖宗元年六月条，韩国国立汉城大学奎章阁档案馆藏本。

辽兴宗重熙六年（高丽靖宗三年，公元 1037 年）

二月："己未，西北路兵马使捕东女真交通契丹者沙伊逻等五十五人，送于西京。"（朝鲜）郑麟趾等撰：《高丽史》卷六《世家六》，靖宗，靖宗三年二月己未条，韩国国立汉城大学奎章阁档案馆藏本。

十月："丙子，西北路兵马使奏：'契丹以船兵侵鸭绿江。'"（朝鲜）郑麟趾等撰：《高丽史》卷六《世家六》，靖宗，靖宗三年十月丙子条，韩国国立汉城大学奎章阁档案馆藏本。

辽兴宗重熙九年（高丽靖宗六年，公元 1040 年）

四月："丙戌，契丹东京民巫仪老、吴知桀等二十余人来投，赐物及田宅，处之岭南。"（朝鲜）郑麟趾等撰：《高丽史》卷六《世家六》，靖宗，靖宗六年四月丙戌条，韩国国立汉城大学奎章阁档案馆藏本。

六月："癸丑，塞北奚家积乙仇等来投。"（朝鲜）郑麟趾等撰：《高丽史》卷六《世家六》，靖宗，靖宗六年六月癸丑条，韩国国立汉城大学奎章阁档案馆藏本。

九月："壬申，北女真将军尼迁火骨辅来投，赐田宅，处之圻内。"（朝鲜）郑麟趾等撰：《高丽史》卷六《世家六》，靖宗，靖宗六年九月壬申条，韩国国立汉城大学奎章阁档案馆藏本。

十月："甲申，西北女真仍化老等十三人来投，命充为课户。"（朝鲜）郑麟趾等撰：《高丽史》卷六《世家六》，靖宗，靖宗六年十月甲申条，韩国国立汉城大学奎章阁档案馆藏本。

十一月："甲子，女直侵边，发黄龙府铁骊军拒之。"（元）托克托等奉敕撰：《辽史》卷十八《本纪十八》兴宗一，载《景印文渊阁四库全书》（第289册），台北：商务印书馆，1986年，第136页。

十二月："辛卯，以所得女直户置肃州。"（元）托克托等奉敕撰：《辽史》卷十八《本纪十八》兴宗一，载《景印文渊阁四库全书》（第289册），台北：商务印书馆，1986年，第136页。

十二月："契丹东京民二十余户来投。"（朝鲜）郑麟趾等撰：《高丽史》卷六《世家六》，靖宗，靖宗六年十二月条，韩国国立汉城大学奎章阁档案馆藏本。

辽兴宗重熙十年（公元1041年）

四月："诏罢修鸭渌江浮梁及汉兵屯戍之役。"（元）托克托等奉敕撰：《辽史》卷十九《本纪十九》兴宗二，载《景印文渊阁四库全书》（第289册），台北：商务印书馆，1986年，第136页。

辽兴宗重熙十一年（高丽靖宗八年，公元1042年）

正月："庚申，西北路兵马使籍鸭绿以东至清塞镇辖下立石村蕃户以闻。"（朝鲜）郑麟趾等撰：《高丽史》卷六《世家六》，靖宗，靖宗八年正月庚申条，韩国国立汉城大学奎章阁档案馆藏本。

辽兴宗重熙十二年（高丽靖宗九年，公元1043年）

九月："庚辰，东女真宁塞将军冬弗老、柔远将军沙伊罗等率化外女真八十人来朝，奏云，'化外人妄怀狠戾，曾扰边疆，洎蒙洪育，顿改前非，今引水陆蕃长诣阙陈款，愿为边民，自今每侯邻寇动静以报。'王嘉之，特赐金帛加等。"（朝鲜）郑麟趾等撰：《高丽史》卷六《世家六》，靖宗，靖宗九年九月庚辰条，韩国国立汉城大学奎章阁档案馆藏本。

辽兴宗重熙十三年（高丽靖宗十年，公元 1044 年）

四月："庚戌，东女真一千四十五人执贽请盟，各赐衣著银器。"（朝鲜）郑麟趾等撰：《高丽史》卷六《世家六》，靖宗，靖宗十年四月庚戌条，韩国国立汉城大学奎章阁档案馆藏本。

四月："己酉，遣东京留守耶律浩善、知黄龙府事耶律乌鲁斯将兵攻博啰满达勒。"（元）托克托等奉敕撰：《辽史》卷十九《本纪十九》兴宗二，载《景印文渊阁四库全书》（第 289 册），台北：商务印书馆，1986 年，第 139 页。

十一月："癸未，东女真将军乌乙达等男女一百四十四人来献骏马，奏曰：'我等在贵国之境，慕化臣服有年矣，每虑丑虏来侵，未获奠居，今筑三城以防贼路，故来朝谢恩。'王优赏遣还。"（朝鲜）郑麟趾等撰：《高丽史》卷六《世家六》，靖宗，靖宗十年十一月癸未条，韩国国立汉城大学奎章阁档案馆藏本。

辽兴宗重熙十四年（高丽靖宗十一年，公元 1045 年）

四月："丙午，西北路兵马判官监察御史李春奏：'蕃贼百余人侵宁远镇长平戍，掳掠军士三十余人，请治将校不能守御之罪。'从之。"（朝鲜）郑麟趾等撰：《高丽史》卷六《世家六》，靖宗，靖宗十一年四月丙午条，韩国国立汉城大学奎章阁档案馆藏本。

辽兴宗重熙十五年（公元 1046 年）

二月："丙寅，博啰满达勒界海兰河户归，诏抚之。"（元）托克托等奉敕撰：《辽史》卷十九《本纪十九》兴宗二，载《景印文渊阁四库全书》（第 289 册），台北：商务印书馆，1986 年，第 140 页。

四月："甲戌，博啰满达勒海兰河百八十户归。"（元）托克托等奉敕撰：《辽史》卷十九《本纪十九》兴宗二，载《景印文渊阁四库全书》（第 289 册），台北：商务印书馆，1986 年，第 140—141 页。

七月："丁未，女直部长扎穆率众来附，加太师。"（元）托克托等奉敕撰：《辽史》卷十九《本纪十九》兴宗二，载《景印文渊阁四库全书》（第 289 册），台北：商务印书馆，1986 年，第 141 页。

十一月："己亥，渤海部以契丹户例通括军马。"（元）托克托等奉敕撰：《辽史》卷十九《本纪十九》兴宗二，载《景印文渊阁四库全书》（第 289

册），台北：商务印书馆，1986 年，第 141 页。

辽兴宗重熙十六年（高丽文宗元年，公元 1047 年）

正月："丙戌，制曰：'顷于甲申岁寇贼侵掠东北路，军士李暹汉等四十人先锋告捷，其各赏职有差。'"（朝鲜）郑麟趾等撰：《高丽史》卷七《世家七》，文宗一，文宗元年正月丙戌条，韩国国立汉城大学奎章阁档案馆藏本。

二月："丁卯，都兵马使奏：'东蕃酋长阿兜干内附以来，久承恩赏，背我投丹，罪莫大焉。其党首领高之问等今在蕃境，请密遣军士拘执入关，拷讯端由，依律科罪。'从之。"（朝鲜）郑麟趾等撰：《高丽史》卷七《世家七》，文宗一，文宗元年二月丁卯条，韩国国立汉城大学奎章阁档案馆藏本。

八月："己巳，蒙罗古村、仰果只村等三十部落蕃长率众内附。"（朝鲜）郑麟趾等撰：《高丽史》卷七《世家七》，文宗一，文宗元年八月己巳条，韩国国立汉城大学奎章阁档案馆藏本。

十月："丁未，东女真蒙罗等村古无诸等三百十二户来附。"（朝鲜）郑麟趾等撰：《高丽史》卷七《世家七》，文宗一，文宗元年十月丁未条，韩国国立汉城大学奎章阁档案馆藏本。

辽兴宗重熙十七年（公元 1048 年）

八月："戊子，以殿前都点检耶律义先为行军都部署，中顺军节度使夏行美副部署，东北面详衮耶律珠展为监军，伐富珠哩酋托多罗。"（元）托克托等奉敕撰：《辽史》卷二十《本纪二十》兴宗三，载《景印文渊阁四库全书》（第 289 册），台北：商务印书馆，1986 年，第 142 页。

辽兴宗重熙十八年（高丽文宗三年，公元 1049 年）

正月："丙辰，猎拜塔山。耶律义先奏富珠哩捷。"（元）托克托等奉敕撰：《辽史》卷二十《本纪二十》兴宗三，载《景印文渊阁四库全书》（第 289 册），台北：商务印书馆，1986 年，第 142 页。

二月："乙酉，耶律义先等执托多罗以献。"（元）托克托等奉敕撰：《辽史》卷二十《本纪二十》兴宗三，载《景印文渊阁四库全书》（第 289 册），台北：商务印书馆，1986 年，第 142 页。

五月："甲辰，五国西长各率其部来附。"（元）托克托等奉敕撰：《辽史》卷二十《本纪二十》兴宗三，载《景印文渊阁四库全书》（第 289 册），台北：商务印书馆，1986 年，第 143 页。

六月："壬申，东北路兵马使奏：'云嵒县折冲军队正惟古等十一人夜巡行到泉井戍，有蕃贼四十余人突入屯中，军卒皆奔匿，惟古挺身奋击，贼遂溃走，请量功授职。'"（朝鲜）郑麟趾等撰：《高丽史》卷七《世家七》，文宗一，文宗三年六月壬申条，韩国国立汉城大学奎章阁档案馆藏本。

辽兴宗重熙十九年（高丽文宗四年，公元 1050 年）

三月："丙午，东女真宁塞将军盐汉等十二人、柔远将军阿加主等三十人、中尹仍于宪等四人、将军要罗那等三十八人来献良马，怀化将军阿加主等六人进豹鼠皮，赐物有差。盐汉等十五人以曾犯边，留之。"（朝鲜）郑麟趾等撰：《高丽史》卷七《世家七》，文宗一，文宗四年三月丙午条，韩国国立汉城大学奎章阁档案馆藏本。

四月："癸酉，渤海开好等来投。"（朝鲜）郑麟趾等撰：《高丽史》卷七《世家七》，文宗一，文宗四年四月癸酉条，韩国国立汉城大学奎章阁档案馆藏本。

四月："癸未，命有司：'检定东女真大、小乞罗尼村疆界以备寇。'"（朝鲜）郑麟趾等撰：《高丽史》卷七《世家七》，文宗一，文宗四年四月癸未条，韩国国立汉城大学奎章阁档案馆藏本。

辽兴宗重熙二十年（高丽文宗五年，公元 1051 年）

四月："乙未，制：'放还广仁馆拘留东女真贼首阿骨等七十七人。'"（朝鲜）郑麟趾等撰：《高丽史》卷七《世家七》，文宗一，文宗五年四月乙未条，韩国国立汉城大学奎章阁档案馆藏本。

九月："己酉朔，东北面兵马副使金化崇奏：'女真寇边，遣军士击，斩五十九级。'"（朝鲜）郑麟趾等撰：《高丽史》卷七《世家七》，文宗一，文宗五年九月己酉条，韩国国立汉城大学奎章阁档案馆藏本。

九月："甲寅，西北面兵马使朴宗道奏：'昨率军将巡行关外，遇东蕃贼，击斩十余级，夺战马二十匹，铠仗无算。'王优奖之。"（朝鲜）郑麟趾等撰：《高丽史》卷七《世家七》，文宗一，文宗五年九月甲寅条，韩国国立汉城大学奎章阁档案馆藏本。

十月："丁亥，东北面兵马使奏：'蕃贼寇边，遣兵马录事尹甫敬忠、长州防御使金旦等追击，斩二十余级。'"（朝鲜）郑麟趾等撰：《高丽史》卷七《世家七》，文宗一，文宗五年十月丁亥条，韩国国立汉城大学奎章阁档案馆藏本。

辽兴宗重熙二十一年（高丽文宗六年，公元 1052 年）

五月："庚戌，北路三撒村贼魁高演与蕃兵围淄潭驿，兵马录事金忠简、慈州防御判官张立身等率兵出战，大破之，乘胜追击，斩掳五十余级。"（朝鲜）郑麟趾等撰：《高丽史》卷七《世家七》，文宗一，文宗六年五月庚戌条，韩国国立汉城大学奎章阁档案馆藏本。

六月："己卯，东女真高之问等航海来攻三陟县临远戍。守将河周吕率兵出城，徇于军曰：'彼众我寡，若人自为战，不爱其身，则战必胜矣。'遂拥干挺刃而进。适有安边都护判官金崇鼎巡所管诸戍，行至近境。贼闻其角声，谓援兵径至，遂惊乱。周吕军乘胜击之，俘斩十余级，贼奔溃。"（朝鲜）郑麟趾等撰：《高丽史》卷七《世家七》，文宗一，文宗六年六月己卯条，韩国国立汉城大学奎章阁档案馆藏本。

辽兴宗重熙二十三年（高丽文宗八年，公元 1054 年）

七月："是月，契丹始设弓口门栏于抱州城东野。"（朝鲜）郑麟趾等撰：《高丽史》卷七《世家七》，文宗一，文宗八年七月条，韩国国立汉城大学奎章阁档案馆藏本。

辽兴宗重熙二十四年（高丽文宗九年，公元 1055 年）

七月："丁巳朔，都兵马使奏：'契丹前太后皇帝诏赐鸭江以东为我国封境，然或置城桥，或置弓口栏子，渐逾旧限，是谓不厌。今又创立邮亭，蚕食我疆。鲁史所谓：无使滋蔓，蔓难图也。宜送国书于东京留守，陈其不可。若其不听，遣使告奏。'于是致书东京留守曰：'当国袭箕子之国，以鸭江为疆，矧前太后皇帝玉册颁恩，赐茅裂壤，亦限其江。顷者，上国入我封界，排置桥垒。梯航纳款，益勤于朝天；霄阅抗章，乞复其旧土。至今未沐俞允，方切祷祈。又被近日来远城军夫，逼迩我城，移设弓口门，又欲创亭舍。材石既峙，边民骚骇，未知何意。伏冀大王亲邻轸念，怀远宣慈，善奏鞋聪，还前赐地，其城桥弓栏亭舍，悉令毁罢。'"（朝鲜）郑麟趾等撰：《高丽史》卷七《世家七》，文宗一，文宗九年七月丁巳条，韩国国立汉城大学奎章阁档案馆藏本。

辽道宗清宁二年（高丽文宗十年，公元 1056 年）

七月："丁酉，以东蕃贼屡侵边境，遣东路马兵贰师侍御史金旦往讨之。旦誓众曰：'临敌忘家，以身徇国，分也。我生死正在今日。'三军感激奋励，勇气自倍，破其屯落二十余所，贼大溃，获兵仗羊马无算。"（朝鲜）郑麟趾等撰：《高丽史》卷七《世家七》，文宗一，文宗十年七月丁酉条，韩国国立汉城大学奎章阁档案馆藏本。

辽道宗清宁三年（高丽文宗十一年，公元 1057 年）

四月："壬戌，制曰：'去年遣使请罢弓口门外邮亭，时未撤毁。又于松岭东北渐加垦田，或置庵子屯畜人物，是必将侵我疆也，当亟请罢之。'中书省奏：'彼朝时无扰边，且新皇帝即位来加册命，今未回谢，先言疆场之事，似为不可。'王曰：'彼若先置城栅，则非惟噬脐，彼必谓我不觉也。宜于仲秋先遣使谢册，继行奏请。'"（朝鲜）郑麟趾等撰：《高丽史》卷八《世家八》，文宗二，文宗十一年四月壬戌条，韩国国立汉城大学奎章阁档案馆藏本。

辽道宗清宁七年（高丽文宗十五年，公元 1061 年）

八月："壬子，东路兵马使奏：'定州别将耿甫率二十余人侦贼，忽遇贼魁阿下费等二百余人，与战败之，斩十数级，请赏其功。'从之。"（朝鲜）郑麟趾等撰：《高丽史》卷八《世家八》，文宗二，文宗十五年八月壬子条，韩国国立汉城大学奎章阁档案馆藏本。

九月："丁卯，都兵马使奏：'贼酋阿罗弗等犯境劫掠边民，平虏镇兵马录事康莹、西北面兵马录事高庆仁率兵追及降魔镇败之，斩获数十级，多收兵仗，合示褒赏。'从之。"（朝鲜）郑麟趾等撰：《高丽史》卷八《世家八》，文宗二，文宗十五年九月丁卯条，韩国国立汉城大学奎章阁档案馆藏本。

辽道宗清宁十年（高丽文宗十八年，公元 1064 年）

正月："辛酉，西北路兵马使奏：'去壬寅年蒙浦村贼谋侵我疆，潜入平虏镇，设伏折冲，降魔两戍间，有化内番长齐俊那知之，来告镇将，先伏兵草莽以待之，贼果突入，我兵齐发，俘斩甚多，请厚赏俊那金帛。'从之。"（朝鲜）郑麟趾等撰：《高丽史》卷八《世家八》，文宗二，文宗十八年正月辛酉条，韩国国立汉城大学奎章阁档案馆藏本。

闰五月："戊辰，东女真贼首麻叱盖等百余人航海寇平海郡南浦，烧民家，掳男女九人。"（朝鲜）郑麟趾等撰：《高丽史》卷八《世家八》，文宗二，文宗十八年闰五月戊辰条，韩国国立汉城大学奎章阁档案馆藏本。

辽道宗咸雍五年（公元 1069 年）

十一月："丁丑，五国博和哩部叛，命萧素飒讨之。"（元）托克托等奉敕撰：《辽史》卷二十二《本纪二十二》道宗二，载《景印文渊阁四库全书》（第

289 册），台北：商务印书馆，1986 年，第 155 页。

十二月："甲戌，五国来降。仍献方物。"（元）托克托等奉敕撰：《辽史》卷二十二《本纪二十二》道宗二，载《景印文渊阁四库全书》（第 289 册），台北：商务印书馆，1986 年，第 155 页。

辽道宗咸雍七年（高丽文宗二十五年，公元 1071 年）

三月："己酉，以讨五国功，加知黄龙府事蒲延、怀化军节度使高元纪、易州观察使高正并千牛卫上将军，五国节度使萧托斯和、宁江州防御使大荣并静江军节度使。"（元）托克托等奉敕撰：《辽史》卷二十二《本纪二十二》道宗二，载《景印文渊阁四库全书》（第 289 册），台北：商务印书馆，1986 年，第 156 页。

十一月："辛丑，西女真酋长漫头弗等率众来投，职赏有差。"（朝鲜）郑麟趾等撰：《高丽史》卷八《世家八》，文宗二，文宗二十五年十一月辛丑条，韩国国立汉城大学奎章阁档案馆藏本。

辽道宗咸雍八年（高丽文宗二十六年，公元 1072 年）

二月："壬申，东女真麼豆汉等二十五人来投。"（朝鲜）郑麟趾等撰：《高丽史》卷九《世家九》，文宗三，文宗二十六年二月壬申条，韩国国立汉城大学奎章阁档案馆藏本。

辽道宗咸雍九年（高丽文宗二十七年，公元 1073 年）

五月："丁未，西北面兵马使奏：'西女真酋长曼豆弗等诸蕃请依东蕃例分置州郡，永为藩翰，不敢与契丹蕃人交通。'制：'许来朝。因命后有投化者，可招谕而来。'又奏：'平虏镇近境蕃帅柔远将军骨于夫及觅害村要结等告云：我等曾居伊齐村为契丹大完，迩者再蒙招谕，于己酉年十一月赴朝，厚承恩赉，且受官职，不胜感戴。顾所居去此四百里往复为难，请与狄耶好等五户引契丹化内蕃人，内徙觅害村附籍，永为藩屏。于是检得户三十五、口二百五十二，请载版图。' 蕃帅又言：'三山村谷海边分居蕃贼，杀掠往来人物，为我仇雠。今欲报雠，告谕化内三山村中尹夜西老等三十徒酋长[东蕃黑水人，其种三十，号曰三十徒。]亦皆响应，各率蕃军，方将进讨，请遣乡人观战。'于是遣宁州郎将文选及将校译语等着蕃服，与那复其村都领霜昆下蕃军同发，文选等驰报：'骨面等村都领各将兵到三山阿方浦探候贼穴，凡三所：一为由战村、一为海边山头、一为罗竭村。贼一百五十户，筑石城于川边，置老小男女财产于城中,以步骑五百余人逆战。我蕃军大呼急击,彼众大溃,斩二百二十级,余众走保其城。我蕃军乘胜追击,攻城纵火,生擒三百三十二人,在城拒战者皆烧死。又进攻由战村场,适有大雨,粮少引还。居数日,文选等复与蕃兵二千三十人进屯由战村石城下,贼闭城固守,以城险竟不得攻,粮尽引还。'罗竭村之役,都领大完多于皆、阿半尼等蕃军将六百八十余人力战破贼,文选等十五人监战有功,请行恩赏,以示劝惩。门下侍中崔惟善等十三人议奏:'三山村贼本非犯边之寇也,今蕃军等不因朝旨,专仗阃威以报私雠,请勿行赏。'从之。"(朝鲜)郑麟趾等撰:《高丽史》卷九《世家九》,文宗三,文宗二十七年五月丁未条,韩国国立汉城大学奎章阁档案馆藏本。

六月:"己卯,西京将军柳涉防守鸭绿船兵有契丹人来投,其追捕者越入长城逼静州,涉不能守御。制:'令免官。'"(朝鲜)郑麟趾等撰:《高丽史》卷九《世家九》,文宗三,文宗二十七年六月己卯条,韩国国立汉城大学奎章阁档案馆藏本。

辽道宗大康二年(高丽文宗三十年,公元 1076 年)

八月:"庚戌,有司奏:'北朝于定戎镇关外设置庵子,请遣使告奏毁撤。'从之。"(朝鲜)郑麟趾等撰:《高丽史》卷九《世家九》,文宗三,文宗三十年八月庚戌条,韩国国立汉城大学奎章阁档案馆藏本。

辽道宗大康四年(高丽文宗三十二年,公元 1078 年)

九月甲午:"女真高麻秀等十四人来投,处之南界州县。"(朝鲜)郑麟趾等撰:《高丽史》卷九《世家九》,文宗三,文宗三十二年九月甲午条,韩国国立汉城大学奎章阁档案馆藏本。

辽道宗大康五年(高丽文宗三十三年,公元 1079 年)

五月:"戊辰,北蕃贼寇平虏关,队正康金、从甫等潜伏草莽,伺贼至,射前锋二人,贼莘溃。兵马使请加论赏,从之。"(朝鲜)郑麟趾等撰:《高丽史》卷九《世家九》,文宗三,文宗三十三年五月戊辰条,韩国国立汉城大学奎章阁档案馆藏本。

辽道宗大康七年(高丽文宗三十五年,公元 1081 年)

正月:"丁未,知西北面兵马事王伫奏:'西蕃酋长阿夫涣等九人,专心保塞,宜加爵赏。'命以阿夫涣等三人为柔远将军,山豆等六人为怀化将军,赐物有差。"(朝鲜)郑麟趾等撰:《高丽史》卷九《世家九》,文宗三,文宗三十五年正月丁未条，韩国国立汉城大学奎章阁档案馆藏本。

八月："己未，西女真漫豆等十七人挈家来投，礼宾省奏曰：'旧制，本国边民曾被蕃贼所掠、怀王自来者，与宋人有木艺者外，若黑水女真并不许入。今漫豆亦依旧制遣还。'礼部尚书卢旦奏曰：'漫豆等虽无知之俗，慕义而来，不可拒也。宜处之山南州县，以为编户。'从之。"（朝鲜）郑麟趾等撰：《高丽史》卷九《世家九》，文宗三，文宗三十五年八月己未条，韩国国立汉城大学奎章阁档案馆藏本。

辽道宗大康八年（公元 1082 年）

三月："庚戌，黄龙府女直部长钟鼐率民内附，予官，赐印绶。"（元）托克托等奉敕撰：《辽史》卷二十四《本纪二十四》道宗四，载《景印文渊阁四库全书》（第 289 册），台北：商务印书馆，1986 年，第 164 页。

辽道宗大康十年（高丽宣宗元年，公元 1084 年）

六月："壬午，东女真寇兴海郡母山津农场，戍卒击败之，擒五人。"（朝鲜）郑麟趾等撰：《高丽史》卷十《世家十》，宣宗，宣宗元年六月壬午条，韩国国立汉城大学奎章阁档案馆藏本。

辽道宗大安四年（高丽宣宗五年，公元 1088 年）

二月："甲午，以辽议置榷场于鸭江岸。遣中枢院副使李颜托为藏经烧香使，往龟州密备边事。"（朝鲜）郑麟趾等撰：《高丽史》卷十《世家十》，宣宗，宣宗五年二月甲午条，韩国国立汉城大学奎章阁档案馆藏本。

辽道宗大安七年（高丽宣宗八年，公元 1091 年）

六月："甲辰，都兵马使奏：'往年蕃贼寇昌州，兵马录事安先俊等领卒出屯德宁成，遣郎将高猛等追捕奋击，贼大溃。校尉崇俭、队正边鹤等突入贼中，士卒增气，俘斩有功。乞加职赏，以劝将来。'制可。"（朝鲜）郑麟趾等撰：《高丽史》卷十《世家十》，宣宗，宣宗八年六月甲辰条，韩国国立汉城大学奎章阁档案馆藏本。

辽道宗大安九年（高丽宣宗十年，公元 1093 年）

三月："壬午，西北路兵马使奏，北蕃三人慕化来投。赐衣及田宅。"（朝鲜）郑麟趾等撰：《高丽史》卷十《世家十》，宣宗，宣宗十年三月壬午条，韩国国立汉城大学奎章阁档案馆藏本。

辽道宗寿昌三年（高丽肃宗二年，公元 1097 年）

七月："壬申，东女真贼船十艘寇镇溟县，东北面兵马使金汉忠遣判官姜拯与战，克之，获船三艘，斩首四十八级。"（朝鲜）郑麟趾等撰：《高丽史》卷十一《世家十一》，肃宗一，肃宗二年七月壬申条，韩国国立汉城大学奎章阁档案馆藏本。

辽天祚帝乾统元年（高丽肃宗六年，公元 1101 年）

四月："戊午，女真甗工古舍毛等六人来投，赐田庐，以充编户。"（朝鲜）郑麟趾等撰：《高丽史》卷十一《世家十一》，肃宗一，肃宗六年四月戊午条，韩国国立汉城大学奎章阁档案馆藏本。

六月："辛丑，定州长今男盗官库铁甲四部，卖与东女真，事觉，伏诛。"（朝鲜）郑麟趾等撰：《高丽史》卷十一《世家十一》，肃宗一，肃宗六年六月辛丑条，韩国国立汉城大学奎章阁档案馆藏本。

辽天祚帝乾统三年（高丽肃宗八年，公元 1103 年）

七月："甲辰，东女真太师盈歌遣使来朝。有本国医者居完颜部，善治疾。时盈歌戚属有疾，盈歌谓医曰：'汝能治此人病，则吾当遣人归汝乡国。'其人果愈，盈歌如约，遣人送至境上。医者至，言于王曰：'女真居黑水者，部族日强，兵益精悍。'王乃始通使，自是来往不阻。盈歌既破萧海里，报捷于我，我复使人贺之。盈歌遣其族弟斜葛报聘，王待之甚厚。"（朝鲜）郑麟趾等撰：《高丽史》卷十二《世家十二》，肃宗二，肃宗八年七月甲辰条，韩国国立汉城大学奎章阁档案馆藏本。

辽天祚帝乾统四年（高丽肃宗九年，公元 1104 年）

正月："辛巳，东女真男女一千七百五十三人来投。"（朝鲜）郑麟趾等撰：《高丽史》卷十二《世家十二》，肃宗二，肃宗九年正月辛巳条，韩国国立汉城大学奎章阁档案馆藏本。

正月辛巳："东女真酋长乌雅束与别部夫乃老有隙，遣公兄之助发兵攻之，骑兵来，屯定州关外。"（朝鲜）郑麟趾等撰：《高丽史》卷十二《世家十二》，肃宗二，肃宗九年正月辛巳条，韩国国立汉城大学奎章阁档案馆藏本。

二月："壬子，林幹与女真战于定州城外，败绩。有司劾奏幹及兵马使左仆射黄俞显、副使大将军宋忠、户部侍郎王公胤、右承宣赵珪败绩之罪，皆罢之。"（朝鲜）郑麟趾等撰：《高丽史》卷十二《世家十二》，肃宗二，肃宗九年二月壬子条，韩国国立汉城大学奎章阁档案馆藏本。

三月："丁丑，尹瓘与女真战，斩三十余级，我军死伤陷没者过半。"（朝鲜）郑麟趾等撰：《高丽史》卷十二《世家十二》，肃宗二，肃宗九年三月丁丑条，韩国国立汉城大学奎章阁档案馆藏本。

六月："甲寅，东北面兵马都统奏：'女真自毁场寨，公兄之助等六十八人扣关乞和。'"（朝鲜）郑麟趾等撰：《高丽史》卷十二《世家十二》，肃宗二，肃宗九年六月甲寅条，韩国国立汉城大学奎章阁档案馆藏本。

辽天祚帝乾统六年（高丽睿宗元年，公元 1106 年）

正月："辛亥，东蕃公牙等十人来朝。王引见于宣政殿，赐酒食、例物。初，林幹之出师也，酋长延盖使之训等逆击之，我师败绩。至是，之训遣公牙来朝，王欲于正殿备礼待之。杂端崔纬等奏：'自古虏人之来，未尝于正殿引见，请依旧制，待于便殿。'从之。"（朝鲜）郑麟趾等撰：《高丽史》卷十二《世家十二》，睿宗一，睿宗元年正月辛亥条，韩国国立汉城大学奎章阁档案馆藏本。

二月："丙子，北虏沙八等来朝，都兵马使奏曰：'昔我所讨贼魁高守者，即沙八之父也，必怀宿怨，请处之新兴馆，令军校骁勇者守之。'从之。"（朝鲜）郑麟趾等撰：《高丽史》卷十二《世家十二》，睿宗一，睿宗元年二月丙子条，韩国国立汉城大学奎章阁档案馆藏本。

三月丁酉："东北面兵马使奏：东女真之训率骑二千来屯关外，纳款曰：'往年之战，非新王所知，公牙之朝，谕以此意，厚赏遣归，上恩至渥，岂敢忘背？愿至子孙，恭勤朝贡。'"（朝鲜）郑麟趾等撰：《高丽史》卷十二《世家十二》，睿宗一，睿宗元年三月丁酉条，韩国国立汉城大学奎章阁档案馆藏本。

辽天祚帝乾统七年（高丽睿宗二年，公元 1107 年）

闰十月："壬寅，以将伐女真，御顺天馆南门阅兵，分赐银布酒食。以尹瓘为元帅，吴延宠为副元帅。"（朝鲜）郑麟趾等撰：《高丽史》卷十二《世家十二》，睿宗一，睿宗二年闰十月壬寅条，韩国国立汉城大学奎章阁档案馆藏本。

十二月："丙申，尹瓘击女真，大破之，遣诸将定地界，筑雄、英、福、吉四州城。"（朝鲜）郑麟趾等撰：《高丽史》卷十二《世家十二》，睿宗一，睿宗二年十二月丙申条，韩国国立汉城大学奎章阁档案馆藏本。

十二月："乙巳，东女真袅乙乃等三千二百三十人来附。"（朝鲜）郑麟趾等撰：《高丽史》卷十二《世家十二》，睿宗一，睿宗二年十二月乙巳条，韩国国立汉城大学奎章阁档案馆藏本。

辽天祚帝乾统八年（高丽睿宗三年，公元 1108 年）

二月："壬辰，女真围雄州，崔弘正开门出击，大败之。俘斩八十级，获车马兵仗无算。"（朝鲜）郑麟趾等撰：《高丽史》卷十二《世家十二》，睿宗一，睿宗三年二月壬辰条，韩国国立汉城大学奎章阁档案馆藏本。

二月："戊申，尹瓘以平定女真，新筑六城，奉表称贺，立碑于公崄镇，以为界至。"（朝鲜）郑麟趾等撰：《高丽史》卷十二《世家十二》，睿宗一，睿宗三年二月戊申条，韩国国立汉城大学奎章阁档案馆藏本。

三月："己卯，女真来屯英州城外，官军出战败之，斩馘二十级，获兵仗及马八匹。"（朝鲜）郑麟趾等撰：《高丽史》卷十二《世家十二》，睿宗一，睿宗三年三月己卯条，韩国国立汉城大学奎章阁档案馆藏本。

三月："庚辰，尹瓘献俘三百四十六口，马九十六匹，牛三百余头。"（朝鲜）郑麟趾等撰：《高丽史》卷十二《世家十二》，睿宗一，睿宗三年三月庚辰条，韩国国立汉城大学奎章阁档案馆藏本。

四月："戊子，女真设栅围雄州城。"（朝鲜）郑麟趾等撰：《高丽史》卷十二《世家十二》，睿宗一，睿宗三年四月戊子条，韩国国立汉城大学奎章阁档案馆藏本。

四月："己酉，以女真入寇，分命近臣纳油香、弓剑于京内寺院，以祷之。"（朝鲜）郑麟趾等撰：《高丽史》卷十二《世家十二》，睿宗一，睿宗三年四月己酉条，韩国国立汉城大学奎章阁档案馆藏本。

五月："癸丑，吴延宠至雄州击女真，破走之。"（朝鲜）郑麟趾等撰：《高丽史》卷十二《世家十二》，睿宗一，睿宗三年五月癸丑条，韩国国立汉城大学奎章阁档案馆藏本。

七月乙卯："命行营兵马元帅、门下侍中尹瓘复征女真。"（朝鲜）郑麟趾等撰：《高丽史》卷十二《世家十二》，睿宗一，睿宗三年七月乙卯条，韩国国立汉城大学奎章阁档案馆藏本。

八月戊子："兵马判官王字之、拓俊京与女真战于咸、英二州，斩三十三级。"（朝鲜）郑麟趾等撰：《高丽史》卷十二《世家十二》，睿宗一，睿宗三年八月戊子条，韩国国立汉城大学奎章阁档案馆藏本。

八月："癸巳，兵马判官庾翼、将军宋忠、神骑军朴怀节等与女真战于吉州，死之。"（朝鲜）郑麟趾等撰：《高丽史》卷十二《世家十二》，睿宗一，睿宗三年八月癸巳条，韩国国立汉城大学奎章阁档案馆藏本。

九月："癸亥，行营兵马判官王字之、拓俊京击女真于沙至岭，斩二十七级，擒三人。"（朝鲜）郑麟趾等撰：《高丽史》卷十二《世家十二》，睿宗一，睿宗三年九月癸亥条，韩国国立汉城大学奎章阁档案馆藏本。

辽天祚帝乾统九年（高丽睿宗四年，公元 1109 年）

正月："己酉，东界行营兵马录事王思谨、河景泽等与女真战于咸州，死之。"（朝鲜）郑麟趾等撰：《高丽史》卷十三《世家十三》，睿宗二，睿宗四年正月己酉条，韩国国立汉城大学奎章阁档案馆藏本。

三月："辛亥，行营兵马录事长文纬等与女真战于崇宁镇，斩三十八级。"（朝鲜）郑麟趾等撰：《高丽史》卷十三《世家十三》，睿宗二，睿宗四年三月辛亥条，韩国国立汉城大学奎章阁档案馆藏本。

三月："乙卯，行营兵马判官许载、金义元等与女真战于吉州关外，斩三十级，获其铁甲牛马。"（朝鲜）郑麟趾等撰：《高丽史》卷十三《世家十三》，睿宗二，睿宗四年三月乙卯条，韩国国立汉城大学奎章阁档案馆藏本。

四月："甲辰，东女真复遣史显款塞请和。"（朝鲜）郑麟趾等撰：《高丽史》卷十三《世家十三》，睿宗二，睿宗四年四月甲辰条，韩国国立汉城大学奎章阁档案馆藏本。

五月："庚戌，行营兵马奏：'女真寇宣德镇，杀掠人物。'"（朝鲜）郑麟趾等撰：《高丽史》卷十三《世家十三》，睿宗二，睿宗四年五月庚戌条，韩国国立汉城大学奎章阁档案馆藏本。

五月："庚申，女真围吉州，吴延宠引兵救之，师大败。"（朝鲜）郑麟趾等撰：《高丽史》卷十三《世家十三》，睿宗二，睿宗四年五月庚申条，韩国国立汉城大学奎章阁档案馆藏本。

六月乙酉："尹瓘、吴延宠引兵救吉州，闻女真请和，还定州。"（朝鲜）郑麟趾等撰：《高丽史》卷十三《世家十三》，睿宗二，睿宗四年六月乙酉条，韩国国立汉城大学奎章阁档案馆藏本。

六月："庚子，御宣政殿南门，引见袅弗、史显等六人，宣问来由。袅弗等奏曰：'昔我太师盈歌尝言：我祖宗出自大邦，至于子孙，义合归附。今太师乌雅束，亦以大邦为父母之国。在甲申年间，弓汉村人不顺太师指谕者，举兵惩之，国朝以我为犯境，出兵征之，复许修好。故我信之，朝贡不绝。不谓去年大举而入，杀我毫倪，置九城，使流亡靡所止归。故太师使我来请旧地，若还许九城，使安生业，则我等告天为誓，至于世世子孙，恪修世贡，亦不敢以瓦砾投于境上。'王慰谕，赐酒食。"（朝鲜）郑麟趾等撰：《高丽史》卷十三《世家十三》，睿宗二，睿宗四年六月庚子条，韩国国立汉城大学奎章阁档案馆藏本。

七月："乙巳，会宰枢及台省、诸司、知制诰、侍臣、都兵马判官以上文武三品以上于宣政殿，宣问还九城可否，皆奏曰可。"（朝鲜）郑麟趾等撰：《高丽史》卷十三《世家十三》，睿宗二，睿宗四年七月乙巳条，韩国国立汉城大学奎章阁档案馆藏本。

七月："丙午，御宣政殿南门，引见裊弗等，许还九城。裊弗感泣拜谢。王赐物遣还，命内侍金珦护送境上，仍诏元帅等，谕以还九城之意。"（朝鲜）郑麟趾等撰：《高丽史》卷十三《世家十三》，睿宗二，睿宗四年七月丙午条，韩国国立汉城大学奎章阁档案馆藏本。

七月："辛酉，行营兵马别监承宣崔弘正、兵马使吏部尚书文冠，谕女真酋长居熨伊等曰：'汝若请还九城，宜如前约，誓告于天。'酋长等设坛咸州门外，告天誓曰：'而今已后，至于九父之世，无有恶心，连连朝贡，有渝此盟，蕃土灭亡。'盟讫而退。弘正等始自吉州，以次收入九城战具、资粮于内地。狄人喜，以其牛马载还吾民遗弃老幼男女，一无杀伤。"（朝鲜）郑麟趾等撰：《高丽史》卷十三《世家十三》，睿宗二，睿宗四年七月辛酉条，韩国国立汉城大学奎章阁档案馆藏本。

七月壬戌："是日，撤东界崇宁、通泰二镇城。"（朝鲜）郑麟趾等撰：《高丽史》卷十三《世家十三》，睿宗二，睿宗四年七月壬戌条，韩国国立汉城大学奎章阁档案馆藏本。

七月甲子："撤英、福二州、真阳镇城。"（朝鲜）郑麟趾等撰：《高丽史》卷十三《世家十三》，睿宗二，睿宗四年七月甲子条，韩国国立汉城大学奎章阁档案馆藏本。

七月乙丑："撤咸、雄二州、宣化镇城。"（朝鲜）郑麟趾等撰：《高丽史》卷十三《世家十三》，睿宗二，睿宗四年七月乙丑条，韩国国立汉城大学奎章阁档案馆藏本。

辽天祚帝天庆元年（高丽睿宗六年，公元 1111 年）

十二月："乙卯，宣德镇卒郑珍、定州人白巴尝得罪，亡入女真，与谋寇边。珍母在元兴镇，夜二鼓，珍、巴与女真人骨夫潜来，将窃其母以去。兵马使遣卒捕杀之，并获器仗，赐爵赏有差。"（朝鲜）郑麟趾等撰：《高丽史》卷十三《世家十三》，睿宗二，睿宗六年十二月乙卯条，韩国国立汉城大学奎章阁档案馆藏本。

辽天祚帝天庆二年（公元 1112 年）

二月："丁酉，如春州，幸混同江钓鱼，界外生女直酋长在千里内者，以故事皆来朝。适遇'头鱼宴'，酒半酣，上临轩，命诸酋次第起舞。独阿固达辞以不能，谕之再三，终不从。他日，上密谓枢密使萧奉先曰：'前日之燕，阿固达意气雄豪，顾视不常，可托以边事诛之，否则必贻后患。'奉先曰：'粗人不知礼义，无大过而杀之，恐伤向化之心。假有异志，又何患？'其弟武奇迈、尼雅满、瑚实等尝从猎，能呼鹿、刺虎、搏熊。上喜，辄加官爵。"（元）托克托等奉敕撰：《辽史》卷二十七《本纪二十七》天祚皇帝一，载《景印文渊阁四库全书》（第 289 册），台北：商务印书馆，1986 年，第 181 页。

辽天祚帝天庆三年（公元 1113 年）

三月："阿固达一日率五百骑突至咸州，众大惊。翌日，赴详衮司，与卓克算等面折庭下。阿固达不屈，送所司问状。一夕遁去，遣人诉于上，谓详衮司欲见杀，故不敢留。自是召不复至。"（元）托克托等奉敕撰：《辽史》卷二十七《本纪二十七》天祚皇帝一，载《景印文渊阁四库全书》（第 289 册），台北：商务印书馆，1986 年，第 182 页。

辽天祚帝天庆四年（高丽睿宗九年，公元 1114 年）

七月："女直复遣使取阿苏，不发，乃遣侍御阿息保问境上多建城堡之故。女直以慢语答曰：'若还阿苏，朝贡如故；不然，城未能已。'遂发浑河北诸军，益东北路统军司。阿固达与弟尼雅满、瑚实等谋，以尼楚赫、伊呼、罗索、栋摩等为帅，集女直诸部兵，擒辽障鹰官，及攻宁江州，东北路统军司以闻。时卜在庆州射鹿，闻之略不介意，遣海州刺史高仙寿统渤海军应援。萧托卜嘉遇女直，战败于宁江东。"（元）托克托等奉敕撰：《辽史》卷二十七《本纪二十七》天祚皇帝一，载《景印文渊阁四库全书》（第 289 册），台北：商务印书馆，1986 年，第 182 页。

十月："壬寅，以守司空萧嗣先为东北路都统，静江军节度使萧托卜嘉为副，发契丹奚军三千人、中京禁兵及土豪二千人，别选诸路武勇二千余人，以虞候崔公义为都押官，控鹤指挥邢颖为副，引军屯出河店。两军对垒，女直军潜渡混同江，掩击辽众。萧嗣先军溃，崔公义、邢颖、耶律佛哩、萧噶克实等死之，其获免者十七人。萧奉先惧其弟嗣先获罪，辄奏东征溃军所至劫掠，若不肆赦，恐聚为患。上从之，嗣先但免官而已。诸军相谓曰：'战则有死而无功，退则有生而无罪。'故士无斗志，望风奔溃。"（元）托克托等奉敕撰：《辽史》卷二十七《本纪二十七》天祚皇帝一，载《景印文渊阁四库全书》（第 289 册），台北：商务印书馆，1986 年，第 182—183 页。

十月："是月，生女真完颜阿骨打举兵叛。辽东京兵马都部署司牒曰：'近有生女真作过，止差官领兵讨伐，仰指挥。高丽国亦行就便，于女真边界道路，深入攻讨，应据人口、财产、房舍，收虏荡除。仍紧切防备，勿令走入彼界险要处所，依据闪避。'"（朝鲜）郑麟趾等撰：《高丽史》卷十三《世家十三》，睿宗二，睿宗九年十月条，韩国国立汉城大学奎章阁档案馆藏本。

十一月："壬辰，都统萧迪里等营于沃稜泺东，又为女直所袭，士卒死者甚众。"（元）托克托等奉敕撰：《辽史》卷二十七《本纪二十七》天祚皇帝一，载《景印文渊阁四库全书》（第 289 册），台北：商务印书馆，1986 年，第 183 页。

十二月："咸、宾、祥三州及铁骊、乌舍皆叛入女直。伊实往援宾州，南军诸将实喇、塔喇等往援咸州，并为女直所败。"（元）托克托等奉敕撰：《辽史》卷二十七《本纪二十七》天祚皇帝一，载《景印文渊阁四库全书》（第 289 册），台北：商务印书馆，1986 年，第 183 页。

辽天祚帝天庆五年（高丽睿宗十年，公元 1115 年）

正月："是月，生女真完颜阿骨打称皇帝，更名旻，国号金。其俗如匈奴，诸部落无城郭，分居山野。无文字，以言语结绳为约束。土饶猪羊牛马，马多骏，或有一日千里者。其人鸷勇，为儿能引弓射鸟鼠，及壮，无不控弦走马，习战为劲兵。诸部各相雄长，莫能统一。"（朝鲜）郑麟趾等撰：《高丽史》卷十四《世家十四》，睿宗三，睿宗十年正月条，韩国国立汉城大学奎章阁档案馆藏本。

正月："下诏亲征，遣僧嘉努持书约和，斥阿固达名。阿固达遣萨喇复书：若归叛人阿苏，迁黄龙府于别地，然后议之。都统耶律鄂尔多等与女直兵战于达里库城，败绩。"（元）托克托等奉敕撰：《辽史》卷二十八《本纪二十八》天祚皇帝二，载《景印文渊阁四库全书》（第 289 册），台北：商务印书馆，1986 年，第 184 页。

三月："以萧色佛呀等讨之。遣耶律章嘉努等六人赍书使女直，斥其主名，冀以速降。"（元）托克托等奉敕撰：《辽史》卷二十八《本纪二十八》天祚皇帝二，载《景印文渊阁四库全书》（第 289 册），台北：商务印书馆，1986 年，第 184 页。

四月："癸丑，萧色佛呀等为渤海古云所败，以南面副部署萧托斯和为都统，赴之。"（元）托克托等奉敕撰：《辽史》卷二十八《本纪二十八》天祚皇帝二，载《景印文渊阁四库全书》（第 289 册），台北：商务印书馆，1986 年，第 184 页。

五月："托斯和及古云战，败绩。章嘉努等以阿固达书来，复遣之往。"（元）托克托等奉敕撰：《辽史》卷二十八《本纪二十八》天祚皇帝二，载《景印文渊阁四库全书》（第 289 册），台北：商务印书馆，1986 年，第 184 页。

七月："是月，都统鄂尔多等与女直战于白马泺，败绩。"（元）托克托等奉敕撰：《辽史》卷二十八《本纪二十八》天祚皇帝二，载《景印文渊阁四库全书》（第 289 册），台北：商务印书馆，1986 年，第 184 页。

八月："甲子，罢猎，趋军中。以鄂尔多等军败，免官。丙寅，以围场使鄂傅为中军都统，耶律章嘉努为都监，率番、汉兵十万，萧奉先充御营都统，诸行营都部署，耶律章努为副，以精兵二万为先锋。余分五部为正军，贵族子弟千人为硬军，扈从百司为护卫军，北出骆驼口；以都点检萧呼塔噶为都统，枢密直学士柴谊为副，将汉步骑三万南出宁江州。自长春州分道而进，发数月粮，期必灭女直。"（元）托克托等奉敕撰：《辽史》卷二十八《本纪二十八》天祚皇帝二，载《景印文渊阁四库全书》（第 289 册），台北：商务印书馆，1986 年，第 184 页。

八月庚子："辽将伐女真，遣使米请兵。"（朝鲜）郑麟趾等撰：《高丽史》卷十四《世家十四》，睿宗三，睿宗十年八月庚子条，韩国国立汉城大学奎章阁档案馆藏本。

九月："丁卯朔，女直军陷黄龙府。"（元）托克托等奉敕撰：《辽史》卷二十八《本纪二十八》天祚皇帝二，载《景印文渊阁四库全书》（第 289 册），台北：商务印书馆，1986 年，第 184 页。

九月己巳："色埒还，女直复遣萨喇以书来报：若归我叛人阿苏等，即当班师。上亲征。尼雅满、乌珠等以书来，阳为卑哀之辞，实欲求战。书上，上怒，下诏有'女直作过，大军翦除'之语。女直主聚众，劓面仰天恸哭曰：'始与汝等起兵，盖苦契丹残忍，欲自立国。今主上亲征，奈何？非人死战，莫能当也。不若杀我一族，汝等迎降，转祸为福。'诸军皆曰：'事已至此，惟命是从。'"（元）托克托等奉敕撰：《辽史》卷二十八《本纪二十八》天祚皇帝二，载《景印文渊阁四库全书》（第 289 册），台北：商务印书馆，1986 年，第 184—185 页。

十一月："甲申，辽遣利州管内观察使耶律义、大理少卿孙良谋来督发兵。诏云：'昨以女真不恭，王师问罪，自去冬而降诏，俾分路以进攻，虽曰整兵，未能殄寇。今则诸军并会，叩境前行。况尔兵戎早经点阅，便可即时而先出，毋或相应以后时。仍饬使人就观进发，勉图忠效，惟在敬从。'"（朝鲜）郑麟趾等撰：《高丽史》卷十四《世家十四》，睿宗三，睿宗十年十一月甲申条，韩国国立汉城大学奎章阁档案馆藏本。

第二章　金代长白山地区战事

金太祖二年（公元1114年）

六月："太祖至江西，辽使使来致袭节度之命。初，辽每岁遣使市名鹰'海东青'于海上，道出境内，使者贪纵，征索无艺，公私厌苦之。康宗尝以不遣阿疎为言，稍拒其使者。太祖嗣节度，亦遣蒲家奴往索阿疎，故常以此二者为言，终至于灭辽然后已。至是，复遣宗室习古迺、完颜银术可往索阿疎。习古迺等还，具言辽主骄肆废弛之状。于是召官僚耆旧，以伐辽告之，使备冲要，建城堡，修戎器，以听后命。辽统军司闻之，使节度使捏哥来问状，曰：'汝等有异志乎？修战具，饬守备，将以谁御？'太祖答之曰：'设险自守，又何问哉！'辽复遣阿息保来诘之。太祖谓之曰：'我小国也，事大国不敢废礼。大国德泽不施，而逋逃是主，以此字小，能无望乎？若以阿疎与我，请事朝贡。苟不获已，岂能束手受制也。'阿息保还，辽人始为备，命统军萧挞不野调诸军于宁江州。

太祖闻之，使仆聒剌复索阿疎，实观其形势。仆聒剌还言：'辽兵多，不知其数。'太祖曰：'彼初调兵，岂能遽集如此。'复遣胡沙保往，还言：'惟四院统军司与宁江州军及渤海八百人耳。'太祖曰：'果如吾言。'谓诸将佐曰：'辽人知我将举兵，集诸路军备我，我必先发制之，无为人制。'众皆曰：'善。'乃入见宣靖皇后，告以伐辽事。后曰：'汝嗣父兄立邦家，见可则行。吾老矣，无贻我忧，汝必不至是也。'太祖感泣，奉觞为寿。即奉后率诸将出门，举觞东向，以辽人荒肆，不归阿疎，并己用兵之意，祷于皇天后土。酹毕，后命太祖正坐，与僚属会酒，号令诸部。使婆卢火征移懒路迪古乃兵，斡鲁古、阿鲁抚谕斡忽、急赛两路系辽籍女直，实不迭往完睹路执辽障鹰官达鲁古部副使辞列、宁江州渤海大家奴。于是达鲁古部实里馆来告曰：'闻举兵伐辽，我部谁从？'太祖曰：'吾兵虽少，旧国也，与汝邻境，固当从我。若畏辽人，自往就之。'"（元）脱脱等撰：《金史》卷二《本纪二·太祖》，北京：中华书局，1975 年，第 23—24 页。

九月："太祖进军宁江州，次寥晦城。婆卢火征兵后期，杖之，复遣督军。诸路兵皆会于来流水，得二千五百人。致辽之罪，申告于天地曰：'世事辽国，恪修职贡，定乌春、窝谋罕之乱，破萧海里之众，有功不省，而侵侮是加。罪人阿疎，屡请不遣。今将问罪于辽，天地其鉴佑之。'遂命诸将传梃而誓曰：'汝等同心尽力，有功者，奴婢部曲为良，庶人官之，先有官者叙进，轻重视功。苟违誓言，身死梃下，家属无赦。'师次唐括带斡甲之地，诸军禳射，介而立，有光如烈火，起于人足及戈矛之上，人以为兵祥。明日，次扎只水，光见如初。

将至辽界，先使宗干督士卒夷堑。既度，遇渤海军攻我左翼七谋克，众少却，敌兵直犯中军。斜也出战，哲垤先驱。太祖曰：'战不可易也。'遣宗干止之。宗干驰出斜也前，控止哲垤马，斜也遂与俱还。敌人从之，耶律谢十坠马，辽人前救。太祖射救者毙，并射谢十中之。有骑突前，又射之，彻扎洞胸。谢十拔箭走，追射之，中其背，饮矢之半，偾而死。获所乘马。宗干与数骑陷辽军中，太祖救之，免胄战。或自傍射之，矢拂于颡。太祖顾见射者，一矢而毙。谓将士曰：'尽敌而止。'众从之，勇气自倍。敌大奔，相蹂践死者十七八。撒改在别路，不及会战，使人以战胜告之，而以谢十马赐之。撒改使其子宗翰、完颜希尹来贺，且称帝，因劝进。太祖曰：'一战而胜，遂称大号，何示人浅也。'

进军宁江州，诸军填堑攻城。宁江人自东门出，温迪痕、阿徒罕邀击，尽殪之。"（元）脱脱等撰：《金史》卷二《本纪二·太祖》，北京：中华书局，1975 年，第 24—25 页。

十月："朔，克其城，获防御使大药师奴，阴纵之，使招谕辽人。铁骊部来送款。次来流城，以俘获赐将士。召渤海梁福、斡答剌使之伪亡去，招谕其乡人曰：'女直、渤海本同一家，我兴师伐罪，不滥及无辜也。'使完颜娄室招谕系辽籍女直。

师还，谒宣靖皇后，以所获颁宗室耆老，以实里馆赀产给将士。初命诸路以三百户为谋克，十谋克为猛安。酬斡等抚定谗谋水女直。鳖古酋长胡苏鲁以城降。"（元）脱脱等撰：《金史》卷二《本纪二·太祖》，北京：中华书局，1975 年，第 25 页。

十一月："辽都统萧糺里、副都统挞不野将步骑十万会于鸭子河北。太祖自将击之。未至鸭子河，既夜，太祖方就枕，若有扶其首者三，寤而起，曰：'神明警我也！'即鸣鼓举燧而行。黎明及河，辽兵方坏凌道，选壮士十辈击走之。大军继进，遂登岸。甲士三千七百，至者才三之一。俄与敌遇于出河店，会大风起，尘埃蔽天，乘风势击之，辽兵溃。逐至斡论泺，杀获首虏及车马甲兵珍玩不可胜计，遍赐官属将士，燕犒弥日。辽人尝言女直兵若满万则不可敌，至是始满万云。

斡鲁古败辽兵，斩其节度使挞不野。仆虺等攻宾州，拔之。兀惹雏鹘室来降。辽将赤狗儿战于宾州，仆虺、浑黜败之。铁骊王回离保以所部降。吾睹补、蒲察复败赤狗儿、萧乙薛军于祥州东。斡忽、急塞两路降。斡鲁古败辽军于咸州西，斩统军实娄于阵。完颜娄室克咸州。"（元）脱脱等撰：《金史》卷二《本纪二·太祖》，北京：中华书局，1975 年，第 25—26 页。

金太祖收国元年（公元 1115 年）

正月："丙子，上自将攻黄龙府，进临益州。州人走保黄龙，取其余民以归。辽遣都统耶律讹里朵、左副统萧乙薛、右副统耶律张奴、都监萧谢佛留，骑二十万、步卒七万戍边。留娄室、银术可守黄龙，上率兵趋达鲁古城，次宁江州西。辽使僧家奴来议和，国书斥上名，且使为属国。"（元）脱脱等撰：《金史》卷二《本纪二·太祖》，北京：中华书局，1975 年，第 26 页。

正月："庚子，进师，有火光正圆，自空而坠。上曰：'此祥征，殆天助也！'酹白水而拜，将士莫不喜跃。进逼达鲁古城。上登高望辽兵若连云灌木状，顾谓左右曰：'辽兵心贰而情怯，虽多不足畏。'遂趋高阜为阵。宗雄以右翼先驰辽左军，左军却。左翼出其阵后，辽右军皆力战。娄室、银术可冲其中坚，凡九陷阵，皆力战而出。宗翰请以中军助之。上使宗干往为疑兵。宗雄已得利，击辽右军，辽兵遂败。乘胜追蹑，至其营，会日已暮，围之。黎明，辽军溃围出，逐北至阿娄冈。辽步卒尽殪，得其耕具数千以给诸军。是役也，辽人本欲屯田，且战且守，故并其耕具获之。"（元）脱脱等撰：《金史》卷二《本纪二·太祖》，北京：中华书局，1975 年，第 26—27 页。

七月:"九百奚营来降。"(元)脱脱等撰:《金史》卷二《本纪二·太祖》,北京:中华书局,1975年,第27页。

八月:"戊戌,上亲征黄龙府。次混同江,无舟,上使一人道前,乘赭白马径涉,曰:'视吾鞭所指而行。'诸军随之,水及马腹。后使舟人测其渡处,深不得其底。"(元)脱脱等撰:《金史》卷二《本纪二·太祖》,北京:中华书局,1975年,第27—28页。

九月:"克黄龙府,遣辞剌还,遂班师。"(元)脱脱等撰:《金史》卷二《本纪二·太祖》,北京:中华书局,1975年,第28页。

十一月:"辽主闻取黄龙府,大惧,自将七十万至驼门。驸马萧特末、林牙萧查剌等将骑五万、步四十万至斡邻泺。上自将御之。"(元)脱脱等撰:《金史》卷二《本纪二·太祖》,北京:中华书局,1975年,第28页。

金太祖收国二年(高丽睿宗十一年,公元1116年)

闰正月:"高永昌据东京,使挞不野来求援。高丽遣使来贺捷,且求保州。诏许自取之。"(元)脱脱等撰:《金史》卷二《本纪二·太祖》,北京:中华书局,1975年,第29页。

二月:"癸酉,辽东京人高谞来投。"(朝鲜)郑麟趾等撰:《高丽史》卷十四《世家十四》,睿宗三,睿宗十一年二月癸酉条,韩国国立汉城大学奎章阁档案馆藏本。

三月:"乙未朔,王闻辽来远、把州二城为女真所攻,城中食尽,遣都兵马录事邵亿送米一千石,来远统军辞不受。"(朝鲜)郑麟趾等撰:《高丽史》卷十四《世家十四》,睿宗三,睿宗十一年三月乙未条,韩国国立汉城大学奎章阁档案馆藏本。

四月:"戊寅,幸九梯宫。辽来远、抱州二城流民驱羊马数百来投。"(朝鲜)郑麟趾等撰:《高丽史》卷十四《世家十四》,睿宗三,睿宗十一年四月戊寅条,韩国国立汉城大学奎章阁档案馆藏本。

四月己卯:"辽流民男女二十余人来投,献羊二百余口。"(朝鲜)郑麟趾等撰:《高丽史》卷十四《世家十四》,睿宗三,睿宗十一年四月己卯条,韩国国立汉城大学奎章阁档案馆藏本。

四月:"乙丑,以斡鲁统内外诸军,与蒲察、迪古乃会咸州路都统斡鲁古讨高永昌。胡沙补等被害。"(元)脱脱等撰:《金史》卷二《本纪二·太祖》,

北京：中华书局，1975年，第29页。

五月："女直军攻下沈州，复陷东京，擒高永昌。东京州县族人赫伯、道拉、乌舍、托卜嘉、道拉、绰哈等十三人皆降女直。"（元）托克托等奉敕撰：《辽史》卷二十八《本纪二十八》天祚皇帝二，载《景印文渊阁四库全书》（第289册），台北：商务印书馆，1986年，第186页。

五月："斡鲁等败永昌，挞不野擒永昌以献，戮之于军。东京州县及南路系辽女直皆降。诏除辽法，省税赋，置猛安谋克一如本朝之制。以斡鲁为南路都统。迭勃极烈阿徒罕破辽兵六万于照散城。"（元）脱脱等撰：《金史》卷二《本纪二·太祖》，北京：中华书局，1975年，第29页。

八月："庚辰，金将撒喝攻辽来远、抱州二城，几陷。其统军耶律宁欲帅众而逃，王遣枢密院知奏事韩皦如招谕，宁以无王旨辞。皦如驰奏。王欲令枢密院具札子送之，宰臣、谏官奏曰：'彼求王旨。其意难测，请止之。'王乃遣使如金，请曰：'抱州，本吾旧地，愿以见还。'金主谓使者曰：'尔其自取之。'"（朝鲜）郑麟趾等撰：《高丽史》卷十四《世家十四》，睿宗三，睿宗十一年八月庚辰条，韩国国立汉城大学奎章阁档案馆藏本。

十二月："是月，契丹三十三人、汉五十二人、奚一百五十五人、熟女真十五人、渤海四十四人来。"（朝鲜）郑麟趾等撰：《高丽史》卷十四《世家十四》，睿宗三，睿宗十一年十二月条，韩国国立汉城大学奎章阁档案馆藏本。

金太祖天辅元年（高丽睿宗十二年，公元1117年）

正月："壬辰，渤海五十二人、奚八十九人、汉六人、契丹十八人、熟女真八人自辽来投。"（朝鲜）郑麟趾等撰：《高丽史》卷十四《世家十四》，睿宗三，睿宗十二年正月壬辰条，韩国国立汉城大学奎章阁档案馆藏本。

正月："开州叛，加古撒喝等讨平之。"（元）脱脱等撰：《金史》卷二《本纪二·太祖》，北京：中华书局，1975年，第30页。

三月："辛卯，辽来远城牒曰：'昨为生女真及东京渤海背乱，致不广收得田禾。官司虽有见在谷粟，所有正军外，平闲民户阙少粮储。权时掇借米货五万石，赡济民户。比候来秋，却具元借米货硕斗还充，必不阙少。'王命两府、台省侍臣、知制诰、文武三品都兵马判官以上会议中书省，令判兵马事金缘等传谕统军：'若归我两城人物，则不须掇借米货。'再三往复，统军不肯从。及金兵攻取辽开州，遂袭来远城及大夫、乞打、柳白三营，尽烧战舰，掳守船人。统军尚书、左仆射、开国伯耶律宁与来远城刺史、检校尚书、右仆射常孝孙等，率其官民载船一百四十艘，出泊江头。移牒宁德城曰：'女真背乱，并东京渤海续有背叛，道路不通，统军部内田禾未收，米谷踊贵，致有贫寒人等。为高丽国邻近住坐，已曾借粮推进，不行掇借。为此部内人民赴里面州城，迤逐米粟去，此至回来为相和事。在此州并地分交付去讫，仰行交受已后，准宣命施行。'以来远、抱州二城归于我，遂泛海而遁。我兵入其城，收兵仗及钱货宝物甚多。金缘具状驰奏，王大悦，改抱州为义州防御使，以鸭江为界，置关防。"（朝鲜）郑麟趾等撰：《高丽史》卷十四《世家十四》，睿宗三，睿宗十二年三月辛卯条，韩国国立汉城大学奎章阁档案馆藏本。

三月："甲午，百官表贺。略曰：'鸭绿旧墟，鸡林故壤，越自祖宗之世，本为襟带之防，逮乎中世之陵夷，颇遭大辽之侵蚀，非惟人怒，实作神羞。'又曰：'比因两敌之有争，颇虑二城之所属，鞨羯之请献，殆从天启；鲜卑之潜通，固匪人为。我泉我池，复为内地，实藉实宙，拓大中区。'又曰：'惭乏壮猷之助，初闻吉语之传，删石纪功，未奏形容之颂；奉觞称寿，愿伸率舞之怀。'"（朝鲜）郑麟趾等撰：《高丽史》卷十四《世家十四》，睿宗三，睿宗十二年三月甲午条，韩国国立汉城大学奎章阁档案馆藏本。

金太祖天辅二年（公元 1118 年）

三月："庚子，以娄室言黄龙府地僻且远，宜重戍守，乃命合诸路谋克，以娄室为万户镇之。"（元）脱脱等撰：《金史》卷二《本纪二·太祖》，北京：中华书局，1975 年，第 31 页。

十月："乙未，咸州都统司言，汉人李孝功、渤海二哥率众来降。命各以所部为千户。"（元）脱脱等撰：《金史》卷二《本纪二·太祖》，北京：中华书局，1975 年，第 32 页。

金太祖天辅三年（高丽睿宗十四年，公元 1119 年）

十一月："习泥烈等复以国书来。曷懒甸长城，高丽增筑三尺。诏胡剌古、习显慎固营垒。"（元）脱脱等撰：《金史》卷二《本纪二·太祖》，北京：中华书局，1975 年，第 33 页。

是岁："增筑长城三尺，金边吏发兵止之，不从，报曰：'修补旧城。'葛懒甸孛堇胡剌古习显以闻，金主诏曰：'毋得侵轶生事，但慎固营垒，广布耳目而已。'"（朝鲜）郑麟趾等撰：《高丽史》卷十四《世家十四》，睿宗三，睿宗十四年条，韩国国立汉城大学奎章阁档案馆藏本。

金太祖天辅四年（公元1120年）

三月："辛酉，诏咸州路都统司曰：'朕以辽国和议无成，将以四月二十五日进师。'令斜葛留兵一千镇守，阇母以余兵来会于浑河。"（元）脱脱等撰：《金史》卷二《本纪二·太祖》，北京：中华书局，1975年，第33—34页。

十月："戊寅，命斡鲁分胡剌古、乌春之兵以讨实里古达。"（元）脱脱等撰：《金史》卷二《本纪二·太祖》，北京：中华书局，1975年，第35页。

金太祖天辅五年（公元1121年）

正月："斡鲁败实里古达于合挞剌山，诛首恶四人，余悉抚定。"（元）脱脱等撰：《金史》卷二《本纪二·太祖》，北京：中华书局，1975年，第35页。

金太宗天会二年（公元1124年）

二月："丁酉，命徙移懒路都勃堇完颜忠于苏濒水。"（元）脱脱等撰：《金史》卷三《本纪三·太宗》，北京：中华书局，1975年，第49页。

五月："乙巳，曷懒路军帅完颜忽剌古等言：'往者岁捕海狗、海东青、鸦、鹘于高丽之境，近以二舟往，彼乃以战舰十四要而击之，尽杀二舟之人，夺其兵杖。'上曰：'以小故起战争，甚非所宜。今后非奉命，毋辄往。'"（元）脱脱等撰：《金史》卷三《本纪三·太宗》，北京：中华书局，1975年，第50—51页。

七月："壬辰，鹘实答言：'高丽纳吾叛亡，增其边备，必有异图。'诏曰：'纳我叛亡而弗归，其曲在彼。凡有通问，毋违常式。或来侵略，整尔行列，与之从事。敢先犯彼，虽捷必罚。'"（元）脱脱等撰：《金史》卷三《本纪三·太宗》，北京：中华书局，1975年，第51页。

七月："乙未，以乌虎部及诸营叛，以昊勃极烈昱等讨平之。"（元）脱脱等撰：《金史》卷三《本纪三·太宗》，北京：中华书局，1975年，第51页。

八月丁巳："六部都统挞懒击走昭古牙，杀其队将曷鲁燥、白撒曷等。又破降骆驼山、金源、兴中诸军，诏增给银牌十。"（元）脱脱等撰：《金史》卷三《本纪三·太宗》，北京：中华书局，1975年，第51页。

十月甲子："遥辇昭古牙率众来降。"（元）脱脱等撰：《金史》卷三《本纪三·太宗》，北京：中华书局，1975年，第51页。

十月丙寅："命南路军帅阇母，以甲士千人益合苏馆路孛堇完颜阿实赍，以备高丽。"（元）脱脱等撰：《金史》卷三《本纪三·太宗》，北京：中华书局，1975年，第51页。

金太宗天会四年（公元1126年）

七月："戊子，以铁勒部长夺离剌不从其兄夔里本叛，赐马十一、豕百、钱五百万。"（元）脱脱等撰：《金史》卷三《本纪三·太宗》，北京：中华书局，1975年，第55页。

金太宗天会九年（高丽仁宗九年，公元1131年）

八月："乙酉，西北面兵马使奏：'金主率兵三万到东京，其意难测。'王命台省、知制诰各上封事。"（朝鲜）郑麟趾等撰：《高丽史》卷十六《世家十六》，仁宗二，仁宗九年八月乙酉条，韩国国立汉城大学奎章阁档案馆藏本。

金熙宗天眷元年（公元1138年）

二月："己巳，诏罢来流水、混同江护逻地与民耕牧。"（元）脱脱等撰：《金史》卷四《本纪四·熙宗》，北京：中华书局，1975年，第72页。

金熙宗天眷二年（公元1139年）

七月："甲午，咸州详稳沂王晏坐与宗磐谋反，伏诛。"（元）脱脱等撰：《金史》卷四《本纪四·熙宗》，北京：中华书局，1975年，第74页。

金熙宗皇统六年（高丽仁宗二十四年，公元1146年）

十一月："甲午，御史台奏：'鸭江都部署副使尹粹彦及兵船十一艘、军卒二百九人溺死，兵马使不能指挥，以致于此，请罪之。'从之。"（朝鲜）郑麟趾等撰：《高丽史》卷十七《世家十七》，毅宗一，仁宗二十四年十一月甲午条，韩国国立汉城大学奎章阁档案馆藏本。

金熙宗皇统九年（公元1149年）

十月："乙丑，杀北京留守胙王元及弟安武军节度使查剌、左卫将军特思。"（元）脱脱等撰：《金史》卷四《本纪四·熙宗》，北京：中华书局，1975年，第86页。

金海陵王正隆六年（公元1161年）

八月："起复东京留守。婆速路兵四百来会讨括里，复得城中子弟愿为兵者数百人。帝舅兴中少尹李石以病免，家居辽阳。戊午，发东京，以石主留务。贼觇者闻鼕鼓声震天，见旌旗蔽野，傅言国公兵十万且至，贼众至沈州，遁去。会乌延查剌等败贼兵，还至常安县，海陵使婆速路总管完颜谋衍来讨贼，以兵属之。"（元）脱脱等撰：《金史》卷六《本纪六·世宗上》，北京：中华书局，1975 年，第 122 页。

金世宗大定二年（公元 1162 年）

二月："癸卯，以上初即位，遣辽阳主簿石抹移迭、东京曲院都监移剌葛补招契丹叛人，为白彦敬、纥石烈志宁所害，并赠镇国上将军，令其家各食五品俸，仍收录其子。"（元）脱脱等撰：《金史》卷六《本纪六·世宗上》，北京：中华书局，1975 年，第 126 页。

七月："壬戌，诏发济州会宁府军在京师者，以五千人赴北京都统府。"（元）脱脱等撰：《金史》卷六《本纪六·世宗上》，北京：中华书局，1975 年，第 128 页。

金世宗大定三年（公元 1163 年）

二月庚寅："东京僧法通以妖术乱众，都统府讨平之。"（元）脱脱等撰：《金史》卷六《本纪六·世宗上》，北京：中华书局，1975 年，第 130 页。

金世宗大定五年（高丽毅宗十九年，公元 1165 年）

三月："辛亥，金大夫营主遣锐卒七十余人攻麟、静二州境内之岛，执防守静州别将元尚等十六人以归。"（朝鲜）郑麟趾等撰：《高丽史》卷十八《世家十八》，毅宗二，毅宗十九年三月辛亥条，韩国国立汉城大学奎章阁档案馆藏本。

金世宗大定十五年（公元 1175 年）

九月："辛卯，高丽西京留守赵位宠叛其君，请以慈悲岭以西，鸭渌江以东四十余城内附，不纳。"（元）脱脱等撰：《金史》卷七《本纪七·世宗中》，北京：中华书局，1975 年，第 162 页。

金世宗大定二十二年（公元 1182 年）

十一月丙子："东京留守徒单贞以与海陵逆谋，伏诛。"（元）脱脱等撰：《金史》卷八《本纪八·世宗下》，北京：中华书局，1975 年，第 182 页。

金世宗大定二十四年（公元 1184 年）

十一月："丙午，尚书省奏徙速频、胡里改三猛安二十四谋克以实上京。"（元）脱脱等撰：《金史》卷八《本纪八·世宗下》，北京：中华书局，1975 年，第 188 页。

金世宗大定二十五年（公元 1185 年）

四月："甲子，诏于速频、胡里改两路猛安下选三十谋克为三猛安，移置于率督畔窟之地，以实上京。"（元）脱脱等撰：《金史》卷八《本纪八·世宗下》，北京：中华书局，1975 年，第 188 页。

金世宗大定二十六年（公元 1186 年）

六月："癸亥，尚书省奏速频、胡里改世袭谋克事，上曰：'其人皆勇悍，昔世祖与之邻，苦战累年，仅能克复。其后乍服乍叛，至穆、康时，始服声教。近世亦尝分徙。朕欲稍迁其民上京，实国家长久之计。'"（元）脱脱等撰：《金史》卷八《本纪八·世宗下》，北京：中华书局，1975 年，第 193 页。

九月："丙寅，上谓宰臣曰：'乌底改叛亡，已遣人讨之，可益以甲士，毁其船筏。'参知政事马惠迪曰：'得其人不可用，有其地不可居，恐不足劳圣虑。'上曰：'朕亦知此类无用，所以毁其船筏，欲不使再窥边境耳！'"（元）脱脱等撰：《金史》卷八《本纪八·世宗下》，北京：中华书局，1975 年，第 194 页。

金世宗大定二十八年（公元 1188 年）

八月："庚辰，上谓宰臣曰：'近闻乌底改有不顺服之意，若遣使责问，彼或抵捍不逊，则边境之事有不可已者。朕尝思之，招徕远人，于国家殊无所益。彼来则听之，不来则勿强其来，此前世羁縻之长策也。'"（元）脱脱等撰：《金史》卷八《本纪八·世宗下》，北京：中华书局，1975 年，第 201 页。

金章宗承安三年（公元 1198 年）

正月："丁巳，并上京、东京两路提刑司为一，提刑使、副兼安抚使、副，安抚专掌教习武事，毋令改其本俗。"（元）脱脱等撰：《金史》卷十一《本纪十一·章宗三》，北京：中华书局，1975 年，第 247 页。

第三章　元代长白山地区战事

蒙古太祖七年（公元 1212 年）

十二月："甲申，遮别攻东京不拔，即引去，夜驰还，袭克之。"（明）宋濂等撰：《元史》卷一《本纪一·太祖》，太祖七年十二月甲申条，北京：中华书局，1976 年，第 16 页。

《元史·耶律留哥传》云："耶律留哥，契丹人，仕金为北边千户。太祖起兵朔方，金人疑辽遗民有他志，下令辽民一户，以二女真户夹居防之。留哥不自安。岁壬申，遁至隆安、韩州，纠壮士剽掠其地。州发卒追捕，留哥皆击走之。因与耶的合势募兵，数月众至十余万，推留哥为都元帅，耶的副之，营帐百里，威震辽东。

太祖命按陈那衍、浑都古行军至辽，遇之，问所从来，留哥对曰：'我契丹军也，往附大国，道阻马疲，故逗遛于此。'按陈曰：'我奉旨讨女真，适与尔会，庸非天乎！然尔欲效顺，何以为信？'留哥乃率所部会按陈于金山，刑白马、白牛，登高北望，折矢以盟。按陈曰：'吾还奏，当以征辽之责属尔。'"（明）宋濂等撰：《元史》卷一百四十九《列传三十六·耶律留哥》，北京：中华书局，1976 年，第 3511 页。

《元史·耶律留哥传》云："金人遣胡沙帅军六十万，号百万，来攻留哥，声言有得留哥骨一两者，赏金一两，肉一两者，赏银亦如之，仍世袭千户。留哥度不能敌，亟驰表闻。帝命按陈、孛都欢、阿鲁都罕引千骑会留哥，与金兵对阵于迪吉脑儿，留哥以偎安奴为先锋，横冲胡沙军，大败之，以所俘辎重献。帝召按陈还，而以可特哥副留哥屯其地。

众以辽东未定，癸酉三月，推留哥为王，立妻姚里氏为妃，以其属耶厮不为郡王，坡沙、僧家奴、耶的、李家奴等为丞相、元帅、尚书，统古与、著拨行元帅府事，国号辽。"（明）宋濂等撰：《元史》卷一百四十九《列传三十六·耶律留哥》，北京：中华书局，1976年，第3512页。

蒙古太祖九年（公元1214年）

十月："木华黎征辽东，高州卢琮、金扑（朴）等降。锦州张鲸杀其节度使，自立为临海王，遣使来降。"（明）宋濂等撰：《元史》卷一《本纪一·太祖》，太祖九年十月条，北京：中华书局，1976年，第18页。

《元史·耶律留哥传》云："甲戌，金遣使青狗诱以重禄使降，不从。青狗度其势不可，反臣之。金主怒，复遣宣抚万奴领军四十余万攻之。留哥逆战于归仁县北河上，金兵大溃，万奴收散卒奔东京。安东同知阿怜惧，遣使求附。于是尽有辽东州郡，遂都咸平，号为中京。金左副元帅移剌都，以兵十万攻留哥，拒战，败之。"（明）宋濂等撰：《元史》卷一百四十九《列传三十六·耶律留哥》，北京：中华书局，1976年，第3512页。

《元史·石抹也先传》云："闻太祖起朔方，匹马来归。首言：'东京为金开基之地，荡其根本，中原可传檄而定也。'太祖悦，命从太师、国王木华黎取东京。

师过临潢，次高州，木华黎令也先率千骑为先锋，也先曰：'兵贵奇胜，何以多为？'谍知金人新易东京留守将至，也先独与数骑，邀而杀之，怀其所受诰命，至东京，谓守门者曰：'我新留守也。'入据府中，问吏列兵于城何谓，吏以边备对，也先曰：'吾自朝廷来，中外晏然，奈何欲陈兵以动摇人心乎！'即命撤守备，曰：'寇至在我，无劳尔辈。'是夜，下令易置其将佐部伍。三日，木华黎至，入东京，不费一矢，得地数千里、户十万八千、兵十万、资粮器械山积，降守臣寅答虎等四十七人，定城邑三十二。"（明）宋濂等撰：《元史》卷一百五十《列传三十七·石抹也先》，北京：中华书局，1976年，第3541—3542页。

蒙古太祖十年（公元1215年）

三月："庚午，谕辽东宣抚使蒲鲜万奴选精锐屯沈州、广宁，以俟进止。"（元）脱脱等撰：《金史》卷十四《本纪十四·宣宗上》，北京：中华书局，1975年，第307页。

八月："木华黎遣史进道等攻广宁府，降之。"（明）宋濂等撰：《元史》卷一《本纪一·太祖》，太祖十年八月条，北京：中华书局，1976 年，第 19 页。

十月："戊戌，辽东宣抚司报败留哥之捷。"（元）脱脱等撰：《金史》卷十四《本纪十四·宣宗上》，北京：中华书局，1975 年，第 314 页。

十月壬子："辽东贼蒲鲜万奴僭号，改元天泰。"（元）脱脱等撰：《金史》卷十四《本纪十四·宣宗上》，北京：中华书局，1975 年，第 314 页。

十月：" 金宣抚蒲鲜万奴据辽东，僭称天王，国号大真，改元天泰。"（明）宋濂等撰：《元史》卷一《本纪一·太祖》，太祖十年十月条，北京：中华书局，1976 年，第 19 页。

《元史·耶律留哥传》云："乙亥，留哥破东京，可特哥娶万奴之妻李仙娥，留哥不直之，有隙。既而耶厮不等劝留哥称帝，留哥曰：'向者吾与按陈那衍盟，愿附大蒙古国，削平疆宇。倘食其言而自为东帝，是逆天也，逆天者必有大咎。'众请愈力，不获已，称疾不出。潜与其子薛阇奉金币九十车、金银牌五百，至按坦孛都罕入觐。"（明）宋濂等撰：《元史》卷一百四十九《列传三十六·耶律留哥》，北京：中华书局，1976 年，第 3512 页。

《元史·荣祖传》云："珣卒，袭荣禄大夫、崇义军节度使、义州管内观察使。从嗣国王孛鲁入朝，帝闻其勇，选力士三人迭与之搏，皆应手而倒。欲留置宿卫，会金平章政事葛不哥行省于辽东，咸平路宣抚使蒲鲜万奴僭号于开元，遂命荣祖还，副撒里台进讨之。拔盖州、宣城等十余城，葛不哥走死。金帅郭琛、完颜曳鲁马、赵遵、李高奴等犹据石城，复攻拔之，曳鲁马战死，遵与高奴出降。虏生口千余，撒里台欲散于麾下，荣祖屡请，皆放为民。方城未下时，荣祖遣部卒贾实穴其城，城崩被压，众谓已死，弗顾也。荣祖曰：'士忘身死国，安忍弃去。'发石取之，犹生，一军感激，乐为效死。有言义人怀反侧者，撒里台将屠之，荣祖驰驿奏辨，事乃止。"（明）宋濂等撰：《元史》卷一百四十九《列传三十六·荣祖》，北京：中华书局，1976 年，第 3536 页。

蒙古太祖十一年（高丽高宗三年，公元 1216 年）

七月："丙戌，北界兵马使奏：'金东京总管府奉圣旨移牒，略曰：昔有鞑靼，恃凶入京，已与大军年前讲好去讫。而后契丹啸聚，蠹耗边方，杀戮我生灵，焚烧我仓廪，致皇天之厌秽，敛众怨以同归，胁从者倒戈而攻，同谋者师军而服，既人心之戴旧，全辽海以如初。唯叛贼万奴，弃一方之重委，忘皇国之大恩。用心不臧，为天不祐。近被隆安府行省移剌全举大军征讨，旋不三月，应有贼徒尽行杀灭，虽有残零余党逃在山林，亡无日矣。既此贼之失利，舍贵邦以何之？窃恐巧言诈谋，间谍两国，旁生侵扰。若或过界，严设除虞，就便捉拿，牒送前来。近者契丹余寇，西欲渡河，闻知鞑靼约会本朝大军，挟攻掩杀，自知无所归，而奔波逃去，潜犯婆速境。自今已遣大军句当外，分头差有心力能干官，会合诸道大军，指日来到。一行军数浩大，窃恐阙误粮食，并马军亟战，致马匹瘦弱。以此今移牒前去，借粮储马匹，贵国宜量力起送前来，患难相救，忧乐相同。设有安危，难分彼此，愿虑远以信从，使回牒以速到。'时金宣抚蒲鲜万奴据辽东，僭称天王，国号大真。先是，金再牒乞粜，国家令边官拒而不纳。自去年，金人因兵乱资竭，争赍珍宝，款义、静州关外，互市米谷，至以银一锭换米四五石。故商贾争射厚利，国家虽严刑籍货，然犹贪渎无厌，潜隐互市不绝。金将率兵到关，责云：'何弃旧好，不通告粜乎？'乃掳十余人而去，中道脱还。"（朝鲜）郑麟趾等撰：《高丽史》卷二十二《世家二十二》，高宗一，高宗三年七月丙戌条，韩国国立汉城大学奎章阁档案馆藏本。

八月："乙丑，契丹遗种金山、金始二王子遣其将鹅儿、乞奴二人，引兵数万，渡鸭绿江侵宁朔、定戎之境。"（朝鲜）郑麟趾等撰：《高丽史》卷二十二《世家二十二》，高宗一，高宗三年八月乙丑条，韩国国立汉城大学奎章阁档案馆藏本。

八月："辛未，北界边报再至，丹兵已屠宁德城，进围安、义、龟三州，又有兵自麟、龙两州界来攻铁、宣二州。"（朝鲜）郑麟趾等撰：《高丽史》卷二十二《世家二十二》，高宗一，高宗三年八月辛未条，韩国国立汉城大学奎章阁档案馆藏本。

八月乙亥："契丹兵驰书报曰：'大辽开国二百余年，中被女真侵犯，又将百年，其女真所陷诸邑，尽行收复。惟婆速路一城不下，累次攻讨，方得乞降。官吏依旧任使，百姓亦依旧安业。尔若不降附，即遣大军杀戮，的无轻恕。'"（朝鲜）郑麟趾等撰：《高丽史》卷二十二《世家二十二》，高宗一，高宗三年八月乙亥条，韩国国立汉城大学奎章阁档案馆藏本。

九月壬午："朝阳镇奏：'契丹兵至镇，甲仗别监、东大悲院录事刘性臧、副将李纯老等击杀二十九人，取旗帜钲鼓。'"（朝鲜）郑麟趾等撰：《高丽史》卷二十二《世家二十二》，高宗一，高宗三年九月壬午条，韩国国立汉城大学奎章阁档案馆藏本。

九月："戊子，金来远军移牒宁德城，约与夹攻契丹，仍索兵马、刍粮。"（朝鲜）郑麟趾等撰：《高丽史》卷二十二《世家二十二》，高宗一，高宗三年九月戊子条，韩国国立汉城大学奎章阁档案馆藏本。

九月："壬辰，昌州分道将军金公奭与丹兵战于昌州，斩首四十二级。延州郎将玄章等屡战，斩杀七十余级，获牛马八十。云州副使薛得儒再战，杀五十余级。"（朝鲜）郑麟趾等撰：《高丽史》卷二十二《世家二十二》，高宗一，高宗三年九月壬辰条，韩国国立汉城大学奎章阁档案馆藏本。

九月："己亥，西京兵与契丹战于朝阳丰端驿，斩一百六十余级，溺江死者亦众。"（朝鲜）郑麟趾等撰：《高丽史》卷二十二《世家二十二》，高宗一，高宗三年九月己亥条，韩国国立汉城大学奎章阁档案馆藏本。

九月："乙卯，西京兵至成州之狗浅，遇丹兵二千余人，交战，斩获共一百十五人。"（朝鲜）郑麟趾等撰：《高丽史》卷二十二《世家二十二》，高宗一，高宗三年九月乙卯条，韩国国立汉城大学奎章阁档案馆藏本。

十月："蒲鲜万奴降，以其子帖哥入侍。既而复叛，僭称东夏。"（明）宋濂等撰：《元史》卷一《本纪一·太祖》，太祖十一年十月条，北京：中华书局，1976 年，第 19 页。

十一月："庚寅，金移牒曰：'鞑靼兵来攻大夫营，乘间入城。然已尽杀，尚恐余党逃入贵邦，烦请照会，堤防掩杀。'"（朝鲜）郑麟趾等撰：《高丽史》卷二十二《世家二十二》，高宗一，高宗三年十一月庚寅条，韩国国立汉城大学奎章阁档案馆藏本。

十二月："丙寅，丹兵屠黄州。"（朝鲜）郑麟趾等撰：《高丽史》卷二十二《世家二十二》，高宗一，高宗三年十二月丙寅条，韩国国立汉城大学奎章阁档案馆藏本。

是年："契丹人金山、元帅六哥等领众九万余窜入其国。"（明）宋濂等撰：《元史》卷二百八《列传九十五·外夷一·高丽》，北京：中华书局，1976 年，第 4607 页。

是年："契丹人金山元帅、六哥等，领九万余众，窜入高丽侵扰。"著者不详：《元高丽纪事》，北平：文殿阁书庄，1937 年，第 2 页。

《元史·耶律留哥传》云："丙子，乞奴、金山、青狗、统古与等推耶厮不僭帝号于澄州，国号辽，改元天威，以留哥兄独剌为平章，置百官。方阅月，其元帅青狗叛归于金，耶厮不为其下所杀，推其丞相乞奴监国，与其行元帅鸦儿，分兵民为左右翼，屯开、保州关。金盖州守将众家奴引兵攻败之。留哥引蒙古军数千适至，得兄独剌并妻姚里氏，户二千。鸦儿引败军东走，留哥追击之，还度辽河，招抚懿州、广宁，徙居临潢府。乞奴走高丽，为金山所杀，金山又自称国王，改元天德。统古与复杀金山而自立，喊舍又杀之，亦自立。"（明）宋濂等撰：《元史》卷一百四十九《列传三十六·耶律留哥》，北京：中华书局，1976 年，第 3513 页。

是年："耶律留哥所部的契丹人，有不愿降元者，因于太祖十一年在今海城独立，嗣为蒙古及金所破，走入高丽，遂引起日后蒙古征高丽之事。"李洁非著：《东北小史》，重庆：中国文化服务社，1942 年，第 31 页。

是年："其时，又有辽东宣抚使万奴者，本辽人，乘大金之乱，自立为帝，据辽东七路，欲引兵并燕、代、魏、晋有之。"（宋）宇文懋昭撰，崔文印校证：《大金国志校证》卷二十五宣宗皇帝下，北京：中华书局，1986 年，第 345 页。

蒙古太祖十二年（高丽高宗四年，公元 1217 年）

正月："甲申，金来远城移牒宁德城曰：'叛贼万奴本与契丹同心，若并军往侵贵邦，其患不小。且为贵邦所击，则必奔还我国，苟犯贵邦，宜急报之，我即出军掩击。'宁德城回牒曰：'丹兵曾入我疆，屡致摧挫。若万奴继至，恐分我军力，以致丹寇复振。若侵上国，事在俄顷，未可及报，请预设兵马，遮阻万奴，使不至于弊邑。弊邑亦堤防丹兵，无使至于上国。'"（朝鲜）郑麟趾等撰：《高丽史》卷二十二《世家二十二》，高宗一，高宗四年正月甲申条，韩国国立汉城大学奎章阁档案馆藏本。

二月："戊午，定州分道将军朴儒驰报：'丹兵三万许，来寇烧栅。'"（朝鲜）郑麟趾等撰：《高丽史》卷二十二《世家二十二》，高宗一，高宗四年二月戊午条，韩国国立汉城大学奎章阁档案馆藏本。

四月："己未，金万奴兵来破大夫营。"（朝鲜）郑麟趾等撰：《高丽史》卷二十二《世家二十二》，高宗一，高宗四年四月己未条，韩国国立汉城大学奎章阁档案馆藏本。

四月："戊辰，金兵九十余人渡鸭绿江，入义州，分道将军丁公寿出兵御之。有虎头金牌官人弃兵跪曰：'我元帅于哥下也，夜与黄旗子军战，不克来奔，愿将军活我。'"（朝鲜）郑麟趾等撰：《高丽史》卷二十二《世家二十二》，高宗一，高宗四年四月戊辰条，韩国国立汉城大学奎章阁档案馆藏本。

四月："壬申，以万奴叛逆未殄，诏谕辽东诸将。"（元）脱脱等撰：《金史》卷十五《本纪十五·宣宗中》，北京：中华书局，1975 年，第 329 页。

六月："庚戌，诏捕治辽东受伪署官家属，得按察使高礼妻子，皆戮之。"（元）脱脱等撰：《金史》卷十五《本纪十五·宣宗中》，北京：中华书局，1975 年，第 330 页。

六月乙丑："辽东行省遣使来上正月中败契丹之捷。"（元）脱脱等撰：《金史》卷十五《本纪十五·宣宗中》，北京：中华书局，1975 年，第 331 页。

七月："丁丑，西北面兵马使奏：'契丹二百余人寇清塞镇，判官周孝严、京将韩貂出战，擒男女二人，马十匹，铁甲、朱记、银牌等物。'"（朝鲜）郑麟趾等撰：《高丽史》卷二十二《世家二十二》，高宗一，高宗四年七月丁丑条，韩国国立汉城大学奎章阁档案馆藏本。

九月："辛巳，西北面兵马使报：'女真黄旗子军自婆速府渡鸭绿江来，屯古义州城。'"（朝鲜）郑麟趾等撰：《高丽史》卷二十二《世家二十二》，高宗一，高宗四年九月辛巳条，韩国国立汉城大学奎章阁档案馆藏本。

九月癸巳："辽东行省完颜阿里不孙为叛人伯德胡土所杀。"（元）脱脱等撰：《金史》卷十五《本纪十五·宣宗中》，北京：中华书局，1975 年，第 332 页。

九月："攻拔江东城据之。"（明）宋濂等撰：《元史》卷二百八《列传九十五·外夷一·高丽》，北京：中华书局，1976 年，第 4607 页。

十月："庚申，赵冲与黄旗子军战于麟州，大败之。"（朝鲜）郑麟趾等撰：《高丽史》卷二十二《世家二十二》，高宗一，高宗四年十月庚申条，韩国国立汉城大学奎章阁档案馆藏本。

十一月："丙子，丹兵复聚寇高州、和州，以上将军文汉卿为中军兵马使，大将军柳敦植为后军兵马使，大将军奇允伟为加发兵马使，御之。"（朝鲜）郑麟趾等撰：《高丽史》卷二十二《世家二十二》，高宗一，高宗四年十一月丙子条，韩国国立汉城大学奎章阁档案馆藏本。

十一月："丙申，丹兵陷宁仁镇。"（朝鲜）郑麟趾等撰：《高丽史》卷二十二《世家二十二》，高宗一，高宗四年十一月丙申条，韩国国立汉城大学奎章阁档案馆藏本。

蒙古太祖十三年（高丽高宗五年，公元 1218 年）

四月："壬寅朔，蒲察五斤表，辽东便宜阿里不孙贷粮高丽不应，辄以兵掠其境。上命五斤遣人以诏往谕高丽，使知兴兵非上国意。"（元）脱脱等撰：《金史》卷十五《本纪十五·宣宗中》，北京：中华书局，1975 年，第 335 页。

四月："壬子，遣侍御史完颜素兰、近侍局副使讹可同赴辽东，察访叛贼万奴事体。"（元）脱脱等撰：《金史》卷十五《本纪十五·宣宗中》，北京：中华书局，1975 年，第 336 页。

六月："己未，北界分道将军丁公寿报：'女真叛贼黄旗子贾裕来屯大夫营，请与相见。邀致鸭江宾馆宴慰，乘其醉，擒裕等七人，又杀麾下二十余人。'金元帅于哥下闻裕被擒，亲诣公寿谢之，欲结和亲。因请粮及马，公寿遂闻于朝，给米三百斛。"（朝鲜）郑麟趾等撰：《高丽史》卷二十二《世家二十二》，高宗一，高宗五年六月己未条，韩国国立汉城大学奎章阁档案馆藏本。

八月："己巳，西海道防守军与丹兵战于谷州，斩首三百余级。"（朝鲜）郑麟趾等撰：《高丽史》卷二十二《世家二十二》，高宗一，高宗五年八月己巳条，韩国国立汉城大学奎章阁档案馆藏本。

十二月："己亥朔，蒙古元帅哈真及扎剌率兵一万，与东真万奴所遣完颜子渊兵二万，声言讨丹贼，攻和、猛、顺、德四城，破之，直指江东城。"（朝鲜）郑麟趾等撰：《高丽史》卷二十二《世家二十二》，高宗一，高宗五年十二月己亥条，韩国国立汉城大学奎章阁档案馆藏本。

十二月："札剌移文取兵粮，送米一千斛。"（明）宋濂等撰：《元史》卷二百八《列传九十五·外夷一·高丽》，北京：中华书局，1976 年，第 4608 页。

是年："契丹六哥据高丽江东城，命哈真、札剌率师平之；高丽王暾遂降，请岁贡方物。"（明）宋濂等撰：《元史》卷一《本纪一·太祖》，太祖十三年条，北京：中华书局，1976 年，第 20 页。

是年："上遣哈只吉、劄剌等，领兵征之。高丽人洪大宣诣军降，与哈只吉等一同围攻。高丽王暾奉牛酒，出迎王师，始行归行之礼，且遣枢密院使吏部尚书上将军翰林学士承旨赵冲来助，并力攻灭六哥。劄剌与冲约为兄弟，以结世好，请岁输贡赋。"著者不详：《元高丽纪事》，北平：文殿阁书庄，1937 年，第 2 页。

是年："帝遣哈只吉、札剌等领兵征之。国人洪大宣诣军中降，与哈只吉等同攻围之。高丽王（名缺）奉牛酒出迎王师，且遣其枢密院使、吏部尚书、上将军、翰林学士承旨赵冲共讨灭六哥。札剌与冲约为兄弟。冲请岁输贡赋。札剌曰：'尔国道远，难于往来，每岁可遣使十人入贡。'"（明）宋濂等撰：《元史》卷二百八《列传九十五·外夷一·高丽》，北京：中华书局，1976 年，第 4607—4608 页。

是年："蒙古联合东夏军以讨遁入鲜境的契丹人为名，联军入于朝鲜，契丹人既已败降，朝鲜亦遂纳贡蒙古。"李洁非著：《东北小史》，重庆：中国文化服务社，1942 年，第 31 页。

蒙古太祖十四年（高丽高宗六年，公元 1219 年）

八月："壬辰，东北面兵马使报云：'蒙古与东真国遣兵来，屯镇溟城外，督纳岁贡。'"（朝鲜）郑麟趾等撰：《高丽史》卷二十二《世家二十二》，高宗一，高宗六年八月壬辰条，韩国国立汉城大学奎章阁档案馆藏本。

《元史·耶律留哥传》云："戊寅，留哥引蒙古、契丹军及东夏国元帅胡土兵十万，围喊舍。高丽助兵四十万，克之，喊舍自经死。徙其民于西楼。自乙亥岁留哥北觐，辽东反覆，耶厮不僣号七十余日，金山二年，统古与、喊舍亦近二年，至己卯春，留哥复定之。"（明）宋濂等撰：《元史》卷一百四十九《列传三十六·耶律留哥》，北京：中华书局，1976 年，第 3513—3514 页。

蒙古太祖十五年（高丽高宗七年，公元 1220 年）

三月："丙午，丹兵入平虏镇。"（朝鲜）郑麟趾等撰：《高丽史》卷二十二《世家二十二》，高宗一，高宗七年三月丙午条，韩国国立汉城大学奎章阁档案馆藏本。

蒙古太祖十六年（高丽高宗八年，公元 1221 年）

九月："辛卯，义州分道将军驰报：'有兵六七千来，屯婆速路石城旁。'"（朝鲜）郑麟趾等撰：《高丽史》卷二十二《世家二十二》，高宗一，高宗八年九月辛卯条，韩国国立汉城大学奎章阁档案馆藏本。

蒙古太祖十九年（高丽高宗十一年，公元 1224 年）

十二月："又使焉，盗杀之于途，自是连七岁绝信使矣。"（明）宋濂等撰：《元史》卷二百八《列传九十五·外夷一·高丽》，北京：中华书局，1976 年，第 4608 页。

蒙古太祖二十年（高丽高宗十二年，公元 1225 年）

正月："癸未，蒙古使离西京，渡鸭绿江，但赍国赆獭皮，其余绅布等物皆弃野而去，中途为盗所杀，蒙古反疑我，遂与之绝。"（朝鲜）郑麟趾等撰：《高丽史》卷二十二《世家二十二》，高宗一，高宗十二年正月癸未条，韩国国立汉城大学奎章阁档案馆藏本。

八月："辛卯，东真兵百余寇朔州。"（朝鲜）郑麟趾等撰：《高丽史》卷二十二《世家二十二》，高宗一，高宗十二年八月辛卯条，韩国国立汉城大学奎章阁档案馆藏本。

蒙古太祖二十一年（高丽高宗十三年，公元 1226 年）

六月："壬子，诏谕高丽及辽东行省葛不霭，讨反贼万奴，赦胁从者。"（元）脱脱等撰：《金史》卷十七《本纪十七·哀宗上》，北京：中华书局，1975 年，第 377 页。

蒙古太祖二十二年（高丽高宗十四年，公元 1227 年）

九月："壬午，东界兵马使奏：'东真寇定、长二州。'遣右军兵马使、上将军赵廉卿，知兵马事、大将军金升俊，中军兵马使、枢密院使丁公寿，知兵马事金良镜，后军兵马使、上将军丁纯祐，知兵马事、大将军金之成率三军御之。"（朝鲜）郑麟趾等撰：《高丽史》卷二十二《世家二十二》，高宗一，高宗十四年九月壬午条，韩国国立汉城大学奎章阁档案馆藏本。

《元史·耶律留哥传》云："丁亥，帝召薛阇谓曰：'昔女真猖獗，尔父起兵，自辽东会朕师，又能割爱，以尔事朕，其情贞悫可尚。继而奸人耶厮不等叛，人民离散。欲食尔父子之肉者，今岂无人乎！朕以兄弟视尔父，则尔犹吾子，尔父亡矣，尔其与吾弟孛鲁古台并辖军马，为第三千户。'薛阇受命。己丑，从太宗南征，有功，赐马四百、牛六百、羊二百。庚寅，帝命与撒儿台东征，收其父遗民，移镇广宁府，行广宁路都元帅府事。自庚寅至丁酉，连征高丽、东夏万奴国，复户六千有奇。"（明）宋濂等撰：《元史》卷一百四十九《列传三十六·耶律留哥》，北京：中华书局，1976 年，第 3514—3515 页。

蒙古太祖二十三年（高丽高宗十五年，公元 1228 年）

六月："壬子，东真矛克王奴卑，司历高邻、斡阑哥来投。"（朝鲜）郑麟趾等撰：《高丽史》卷二十二《世家二十二》，高宗一，高宗十五年六月壬子条，韩国国立汉城大学奎章阁档案馆藏本。

七月："庚子，东北面兵马使报：'东真兵千余人来屯长平镇。'议遣三军以御之，寻闻贼退，竟不行。"（朝鲜）郑麟趾等撰：《高丽史》卷二十二《世家二十二》，高宗一，高宗十五年七月庚子条，韩国国立汉城大学奎章阁档案馆藏本。

八月："丙辰，诏曰：'东真潜据近地，数寇边鄙。出军追讨，即辄遁去，迨军之还，复入窥窬，制御之术安在？书曰：谋及卿士。宜尔文武四品、台省六品以上，各以长策条上。'"（朝鲜）郑麟趾等撰：《高丽史》卷二十二《世家二十二》，高宗一，高宗十五年八月丙辰条，韩国国立汉城大学奎章阁档案馆藏本。

蒙古太祖时："太祖时，命同饮班朱尼河之水，扈驾亲征有功，命领兵收附辽东女直，还，赏金甲、珠衣、宝带，他物称是。"（明）宋濂等撰：《元史》卷一百二十三《列传十·阿术鲁》，北京：中华书局，1976年，第3024—3025页。

蒙古太宗元年（金正大六年，高丽高宗十六年，公元1229年）

二月："壬子，东北面兵马使报：'东真人到咸州请和。'亲遣式目录事卢演往听约束。"（朝鲜）郑麟趾等撰：《高丽史》卷二十二《世家二十二》，高宗一，高宗十六年二月壬子条，韩国国立汉城大学奎章阁档案馆藏本。

五月："戊寅，东真寇和州，掠牛马人口，陈龙甲遣人谕之，皆弃去。"（朝鲜）郑麟趾等撰：《高丽史》卷二十二《世家二十二》，高宗一，高宗十六年五月戊寅条，韩国国立汉城大学奎章阁档案馆藏本。

六月辛亥："北边人前别将锐爵反复多诈犯罪，曾配和州。自言知东真道路夷险远近，东北面兵马使崔宗梓信之，遣爵等三人入东真国，听探消息。爵与东真言：'我国欲与和好。'东真亦信其言，遣还爵一行人待报。国家犹豫不报，东真以爵行诈，斩之。"（朝鲜）郑麟趾等撰：《高丽史》卷二十二《世家二十二》，高宗一，高宗十六年六月辛亥条，韩国国立汉城大学奎章阁档案馆藏本。

七月："壬辰，两府会崔瑀家，议备御东真之策。"（朝鲜）郑麟趾等撰：《高丽史》卷二十二《世家二十二》，高宗一，高宗十六年七月壬辰条，韩国国立汉城大学奎章阁档案馆藏本。

八月："癸亥，东真四十人托言追温迪罕，至和州。"（朝鲜）郑麟趾等撰：

《高丽史》卷二十二《世家二十二》，高宗一，高宗十六年八月癸亥条，韩国国立汉城大学奎章阁档案馆藏本。

蒙古太宗三年（金正大八年，高丽高宗十八年，公元 1231 年）

八月："壬午，蒙古元帅撒礼塔围咸新镇，屠铁州。"（朝鲜）郑麟趾等撰：《高丽史》卷二十三《世家二十三》，高宗二，高宗十八年八月壬午条，韩国国立汉城大学奎章阁档案馆藏本。

八月："是月，以高丽杀使者，命撒礼塔率师讨之，取四十余城。高丽王瞰遣其弟怀安公请降。撒礼塔承制设官分镇其地，乃还。"（明）宋濂等撰：《元史》卷二《本纪二·太宗》，太宗三年八月条，北京：中华书局，1976 年，第 31 页。

八月："命撒礼塔征其国，国人洪福源迎降于军，得福源所率编民千五百户，旁近州郡亦有来师者。"（明）宋濂等撰：《元史》卷二百八《列传九十五·外夷一·高丽》，北京：中华书局，1976 年，第 4608 页。

九月："上命将撒里塔火里赤领兵争讨，国人洪福源迎军投降，附近州郡亦有来归者。"著者不详：《元高丽纪事》，北平：文殿阁书庄，1937 年，第 4 页。

十月："辛巳，东界和州驰报：'东真兵寇和州，掳宣德都领而去。'"（朝鲜）郑麟趾等撰：《高丽史》卷二十三《世家二十三》，高宗二，高宗十八年十月辛巳条，韩国国立汉城大学奎章阁档案馆藏本。

蒙古太宗四年（金天兴元年，高丽高宗十九年，公元 1232 年）

八月："太宗复遣撒礼塔将兵来讨，福源尽率所部合攻之，至王京处仁城，撒礼塔中流矢卒，其副帖哥引兵还，唯福源留屯。"（明）宋濂等撰：《元史》卷一百五十四《列传四十一·洪福源》，北京：中华书局，1976 年，第 3628 页。

八月："撒礼塔复征高丽，中矢卒。"（明）宋濂等撰：《元史》卷二《本纪二·太宗》，太宗四年八月条，北京：中华书局，1976 年，第 32 页。

十二月："答东真书曰：'夫所谓蒙古者，猜忍莫甚，虽和之，不足以信之，则我朝之与好，非必出于本意。然如前书所通，越己卯岁，于江东城，势有不得已，因有和好之约。是以年前其军马之来也，彼虽背盟弃信，肆虐如此，我朝以谓宁使曲在彼耳，庶不欲效尤，故遂接遇如初，以礼遣之。今国朝虽迁徙都邑，当其军马之来，则犹待之弥笃，而彼尚略不顾此意，横行远近外境，残暴寇掠，与昔尤甚。由是四方州郡，莫不婴城坚守，或阻水自固，以观其变，而彼益有吞啖之志，以图攻取。则其在列郡，岂必拘国之指挥，与交包祸之人，自速养虎被噬之患耶？于是，非特入守而已，或往往有因民之不忍，出与之战，杀获官人士卒，不为不多矣。至今年十二月十六日，水州属邑处仁部曲之小城，方与对战，射中魁帅撒礼塔杀之。俘虏亦多，余众溃散。自是褫气不得安止，似已回军前去，然不以一时鸠集而归，或先行，或落后，欲东欲北，故不可指定日期，又莫知向甚处去也，请贵国密令侦谍可也。'"（朝鲜）郑麟趾等撰：《高丽史》卷二十三《世家二十三》，高宗二，高宗十九年十二月条，韩国国立汉城大学奎章阁档案馆藏本。

蒙古太宗五年（金天兴二年，高丽高宗二十年，公元 1233 年）

二月："诏诸王议伐万奴，遂命皇子贵由及诸王按赤带将左翼军讨之。"（明）宋濂等撰：《元史》卷二《本纪二·太宗》，太宗五年二月条，北京：中华书局，1976 年，第 32 页。

九月："擒万奴。"（明）宋濂等撰：《元史》卷二《本纪二·太宗》，太宗五年九月条，北京：中华书局，1976 年，第 32 页。

九月："从定宗于潜邸东征，擒金咸平宣抚完颜万奴于辽东。万奴自乙亥岁率众保东海，至是平之。"（明）宋濂等撰：《元史》卷一百一十九《列传六·塔思》，北京：中华书局，1976 年，第 2938 页。

九月："元军攻占开元、率宾两路之后，破南京城，蒲鲜万奴被擒杀，东夏国亡。国都南京（珲春）历时 16 年而终。"珲春市地方志编纂委员会：《珲春市志》，长春：吉林人民出版社，2000 年，第 12 页。

十月："高丽悉众来攻西京，屠其民，劫大宣以东。福源遂尽以所招集北界之众来归，处于辽阳、沈阳之间，帝嘉其忠。"（明）宋濂等撰：《元史》卷一百五十四《列传四十一·洪福源》，北京：中华书局，1976 年，第 3628 页。

《元史·查剌传》云："癸巳，从国王塔思，征金帅宣抚万奴于辽东之南京，先登，众军乘之而进，遂克之，王解锦衣以赐。"（明）宋濂等撰：《元史》卷一百五十《列传三十七·查剌》，北京：中华书局，1976 年，第 3543 页。

《元史·买奴传》云："癸巳，从诸王按赤台征女直万奴部，有功。"（明）宋濂等撰：《元史》卷一百四十九《列传三十六·买奴》，北京：中华书局，1976 年，第 3530 页。

是年（癸巳年）："领兵从定宗征女真国，破万奴于辽东。"（明）宋濂等撰：《元史》卷一百二十一《列传八·兀良合台》，北京：中华书局，1976 年，第 2979 页。

是年："蒙古灭东夏国，擒蒲鲜万奴。"国立东北大学编：《东北要览》，国立东北大学出版组，1944 年，第 13 页。

蒙古太宗六年（金天兴三年，高丽高宗二十一年，公元 1234 年）

二月："壬申，遣将军金宝鼎如蒙古军。是日，边报：'蒙兵留百余骑于东真，余皆引还。'"（朝鲜）郑麟趾等撰：《高丽史》卷二十三《世家二十三》，高宗二，高宗二十一年二月壬申条，韩国国立汉城大学奎章阁档案馆藏本。

六年："福源得请，领其降民迁居东京，赐佩金符。"（明）宋濂等撰：《元史》卷二百八《列传九十五·外夷一·高丽》，北京：中华书局，1976 年，第 4609 页。

蒙古太宗七年（高丽高宗二十二年，公元 1235 年）

闰七月："丙子，西北面兵马使报：'蒙兵侵安边都护府。'"（朝鲜）郑麟趾等撰：《高丽史》卷二十三《世家二十三》，高宗二，高宗二十二年闰七月丙子条，韩国国立汉城大学奎章阁档案馆藏本。

九月丙子："蒙兵引东真兵，攻陷龙津镇。"（朝鲜）郑麟趾等撰：《高丽史》卷二十三《世家二十三》，高宗二，高宗二十二年九月丙子条，韩国国立汉城大学奎章阁档案馆藏本。

九月："戊寅，东真兵陷镇溟城。李裕贞等击蒙兵于海平，败绩，一军尽没。"（朝鲜）郑麟趾等撰：《高丽史》卷二十三《世家二十三》，高宗二，高宗二十二年九月戊寅条，韩国国立汉城大学奎章阁档案馆藏本。

十月："庚寅朔，东、西北面兵马使皆报：'蒙兵又多入境。'"（朝鲜）郑麟趾等撰：《高丽史》卷二十三《世家二十三》，高宗二，高宗二十二年十月庚寅条，韩国国立汉城大学奎章阁档案馆藏本。

是年春："唐古征高丽。"（明）宋濂等撰：《元史》卷二《本纪二·太宗》，太宗七年条，北京：中华书局，1976 年，第 34 页。

是年："命唐古与洪福源领兵征之。"（明）宋濂等撰：《元史》卷二百八《列传九十五·外夷一·高丽》，北京：中华书局，1976 年，第 4609 页。

是年："帝命唐古拔都儿与福源进讨，攻拔龙岗、咸从二县，凤、海、洞三州山城及慈州，又拔金山、归、信、昌、朔州。"（明）宋濂等撰：《元史》卷一百五十四《列传四十一·洪福源》，北京：中华书局，1976 年，第 3628 页。

蒙古太宗八年（高丽高宗二十三年，公元 1236 年）

五月："丙子，长州防戍所驰报：'蒙兵五十余骑入关东。'"（朝鲜）郑麟趾等撰：《高丽史》卷二十三《世家二十三》，高宗二，高宗二十三年五月丙子条，韩国国立汉城大学奎章阁档案馆藏本。

八月："戊子，东女真援兵百骑，自耀德、静边，趣永兴仓。"（朝鲜）郑麟趾等撰：《高丽史》卷二十三《世家二十三》，高宗二，高宗二十三年八月戊子条，韩国国立汉城大学奎章阁档案馆藏本。

蒙古太宗九年（高丽高宗二十四年，公元 1237 年）

九年："拔其龙冈、咸从等十余城。"（明）宋濂等撰：《元史》卷二百八《列传九十五·外夷一·高丽》，北京：中华书局，1976 年，第 4609 页。

蒙古太宗十年（高丽高宗二十五年，公元 1238 年）

五月："其国人赵玄习、李元祐等率二千人迎降，命居东京，受洪福源节制，且赐御前银符，使玄习等佩之，以招未降民户。又李君式等十二人来降，待之如玄习焉。"（明）宋濂等撰：《元史》卷二百八《列传九十五·外夷一·高丽》，北京：中华书局，1976 年，第 4610 页。

蒙古定宗二年（高丽高宗三十四年，公元 1247 年）

三月："东真国千户牒云：'我国人逃入贵国五十余人，可悉送还。'回牒云：'自贵国至我疆，山长路险，空旷无人，往来道绝。贵国妄称推究逃人，或称山猎，越境横行，其于帝旨各安土著之意何如？自今无故越境，一皆禁断。'"（朝鲜）郑麟趾等撰：《高丽史》卷二十三《世家二十三》，高宗二，高宗三十四年三月条，韩国国立汉城大学奎章阁档案馆藏本。

蒙古钦淑皇后二年（高丽高宗三十六年，公元 1249 年）

九月："己巳朔，东真兵入东州境，遣别抄兵御之。"（朝鲜）郑麟趾等撰：《高丽史》卷二十三《世家二十三》，高宗二，高宗三十六年九月己巳条，韩国国立汉城大学奎章阁档案馆藏本。

九月："辛卯，指谕朴天府率别抄兵，与东真战于高城、杆城，皆破之。"（朝鲜）郑麟趾等撰：《高丽史》卷二十三《世家二十三》，高宗二，高宗三十六年九月辛卯条，韩国国立汉城大学奎章阁档案馆藏本。

蒙古钦淑皇后三年（高丽高宗三十七年，公元 1250 年）

二月：甲辰，东界兵马使报：'东真兵二百骑入境。'"（朝鲜）郑麟趾等撰：《高丽史》卷二十三《世家二十三》，高宗二，高宗三十七年二月甲辰条，韩国国立汉城大学奎章阁档案馆藏本。

八月："戊戌，东界兵马使报，狄兵入高和州古城。"（朝鲜）郑麟趾等撰：《高丽史》卷二十三《世家二十三》，高宗二，高宗三十七年八月戊戌条，韩国国立汉城大学奎章阁档案馆藏本。

蒙古宪宗二年（高丽高宗三十九年，公元 1252 年）

五月："东界兵马使驰奏：'东真兵二千入境。'"（朝鲜）郑麟趾等撰：《高丽史》卷二十四《世家二十四》，高宗三，高宗三十九年五月条，韩国国立汉城大学奎章阁档案馆藏本。

十月："命诸王也古征高丽。"（明）宋濂等撰：《元史》卷三《本纪三·宪宗》，宪宗二年十月条，北京：中华书局，1976 年，第 46 页。

蒙古宪宗三年（高丽高宗四十年，公元 1253 年）

正月："罢也古征高丽兵。"（明）宋濂等撰：《元史》卷三《本纪三·宪宗》，宪宗三年正月条，北京：中华书局，1976 年，第 46 页。

二月辛卯："东界兵马使驰报：'东真三百骑围登州。'"（朝鲜）郑麟趾等撰：《高丽史》卷二十四《世家二十四》，高宗三，高宗四十年二月辛卯条，韩国国立汉城大学奎章阁档案馆藏本。

四月："庚戌，北界兵马使报：'狄兵三十余人入寇。'"（朝鲜）郑麟趾等撰：《高丽史》卷二十四《世家二十四》，高宗三，高宗四十年四月庚戌条，韩国国立汉城大学奎章阁档案馆藏本。

四月："甲寅，原州民被掳蒙古者还言，阿母侃、洪福源诣帝所，言：'高丽筑重城，无出陆归款意。'帝命皇弟松柱帅兵一万，道东真国，入东界。阿母侃、洪福源领麾下兵，趣北界，皆屯大伊州。"（朝鲜）郑麟趾等撰：《高丽史》卷二十四《世家二十四》，高宗三，高宗四十年四月甲寅条，韩国国立汉城大学奎章阁档案馆藏本。

七月："甲申，北界兵马使报：'蒙兵渡鸭绿江。'即移牒五道按察及三道巡问使，督领居民，入保山城海岛。"（朝鲜）郑麟趾等撰：《高丽史》卷二十四《世家二十四》，高宗三，高宗四十年七月甲申条，韩国国立汉城大学奎章阁档案馆藏本。

蒙古宪宗四年（高丽高宗四十一年，公元 1254 年）

七月："壬戌，西北面兵马使报：'车罗大等帅兵五千渡鸭绿。'"（朝鲜）郑麟趾等撰：《高丽史》卷二十四《世家二十四》，高宗三，高宗四十一年七月壬戌条，韩国国立汉城大学奎章阁档案馆藏本。

九月："辛丑，东界兵马使报：'东真兵又多入境。'"（朝鲜）郑麟趾等撰：《高丽史》卷二十四《世家二十四》，高宗三，高宗四十一年九月辛丑条，韩国国立汉城大学奎章阁档案馆藏本。

是年夏："遣札剌亦儿部人火儿赤征高丽。"（明）宋濂等撰：《元史》卷三《本纪三·宪宗》，宪宗四年条，北京：中华书局，1976 年，第 47 页。

蒙古宪宗五年（高丽高宗四十二年，公元 1255 年）

正月："癸卯，被虏大丘民逃还言：'蒙古帝敕车罗大促还师，蒙兵屯北界者，已渡鸭绿江。'"（朝鲜）郑麟趾等撰：《高丽史》卷二十四《世家二十四》，高宗三，高宗四十二年正月癸卯条，韩国国立汉城大学奎章阁档案馆藏本。

五月："丁未，北界报：'蒙兵三百余骑寇龙冈、咸从等县，掠农民牛马而去。'"（朝鲜）郑麟趾等撰：《高丽史》卷二十四《世家二十四》，高宗三，高宗四十二年五月丁未条，韩国国立汉城大学奎章阁档案馆藏本。

五月："辛亥，东界兵马使：'东真兵百余骑入高、和州。'"（朝鲜）郑麟趾等撰：《高丽史》卷二十四《世家二十四》，高宗三，高宗四十二年五月辛亥条，韩国国立汉城大学奎章阁档案馆藏本。

是年："改命札剌鞥与洪福源同征高丽。后此又连三岁，攻拔其光州、安城、中（忠）州、玄凤（风）、珍原、甲向、玉果等城。"（明）宋濂等撰：《元史》卷三《本纪三·宪宗》，宪宗五年条，北京：中华书局，1976 年，第 48—49 页。

蒙古宪宗七年（高丽高宗四十四年，公元 1257 年）

四月甲午："东真寇东州界。"（朝鲜）郑麟趾等撰：《高丽史》卷二十四《世家二十四》，高宗三，高宗四十四年四月甲午条，韩国国立汉城大学奎章阁档案馆藏本。

五月戊午："东北面兵马使报：'分司御史安禧设伏于永丰山谷，挟击东真兵，获兵仗、鞍马及所虏男女、牛马等物。'"（朝鲜）郑麟趾等撰：《高丽史》卷二十四《世家二十四》，高宗三，高宗四十四年五月戊午条，韩国国立汉城大学奎章阁档案馆藏本。

五月："丁卯，东北面兵马使报：'东真兵三千余骑入登州。'"（朝鲜）郑麟趾等撰：《高丽史》卷二十四《世家二十四》，高宗三，高宗四十四年五月丁卯条，韩国国立汉城大学奎章阁档案馆藏本。

蒙古宪宗八年（高丽高宗四十五年，公元 1258 年）

三月："命洪茶丘率师从札剌觯同征高丽。"（明）宋濂等撰：《元史》卷三《本纪三·宪宗》，宪宗八年三月条，北京：中华书局，1976 年，第 51 页。

十二月丙子："东真国以舟师来，围高城县之松岛，焚烧战舰。"（朝鲜）郑麟趾等撰：《高丽史》卷二十四《世家二十四》，高宗三，高宗四十五年十二月丙子条，韩国国立汉城大学奎章阁档案馆藏本。

蒙古宪宗九年（高丽高宗四十六年，公元 1259 年）

正月丁未："东真寇金刚城，遣别抄三千人救之。"（朝鲜）郑麟趾等撰：《高丽史》卷二十四《世家二十四》，高宗三，高宗四十六年正月丁未条，韩国国立汉城大学奎章阁档案馆藏本。

元世祖中统元年（公元 1260 年）

四月："己亥，诏谕高丽国王王俒，仍归所俘民及其逃户，禁边将勿擅掠。"（明）宋濂等撰：《元史》卷四《本纪四·世祖一》，中统元年四月己亥条，北京：中华书局，1976 年，第 63—64 页。

元世祖中统三年（公元 1262 年）

六月："乙未，禁女直侵轶高丽国民，其使臣往还，官为护送。命婆娑府屯田军移驻鸭绿江之西，以防海道。"（明）宋濂等撰：《元史》卷五《本纪五·世祖二》，中统三年六月乙未条，北京：中华书局，1976 年，第 85 页。

元世祖中统四年（公元 1263 年）

十一月："女直、水达达及乞烈宾地合签镇守军，命亦里不花签三千人，付塔匣来领之。"（明）宋濂等撰：《元史》卷九十八《志四十六·兵一》，北京：中华书局，1976 年，第 2512 页。

元世祖至元元年（公元 1264 年）

十一月："辛巳，征骨鬼。先是，吉里迷内附，言其国东有骨鬼、亦里于两部，岁来侵疆，故往征之。"（明）宋濂等撰：《元史》卷五《本纪五·世祖二》，至元元年十一月辛巳条，北京：中华书局，1976 年，第 100 页。

十一月己丑："禁登州、和州等处并女直人入高丽界剽掠。"（明）宋濂等撰:《元史》卷五《本纪五·世祖二》，至元元年十一月己丑条，北京：中华书局，1976年，第100页。

《元史·硕德传》云："世祖即位，入宿卫，典朝仪，后同知通政院事。尝言辽东斡拙、吉烈灭二种民数为寇，宜遣近臣谕之。帝方难其人，金曰：'惟硕德元勋世胄，可使。'帝深然之，以问硕德。对曰：'先臣从太祖皇帝定天下，不辞险艰，以立勋业。陛下不以臣年少愚戆，愿请行。'帝大喜，赐御衣，锡燕以行。硕德至，集诸万户陈兵冲要，诘其渠魁诛之。胁从者皆降。"（明）宋濂等撰:《元史》卷一百一十九《列传六·硕德》，北京：中华书局，1976年，第2941—2942页。

元世祖至元二年（公元 1265 年）

三月："癸酉，骨嵬国人袭杀吉里迷部兵，敕以官粟及弓甲给之。"（明）宋濂等撰:《元史》卷六《本纪六·世祖三》，至元二年三月癸酉条，北京：中华书局，1976年，第106页。

元世祖至元三年（公元 1266 年）

正月："癸丑，选女直军二千为侍卫军。"（明）宋濂等撰:《元史》卷六《本纪六·世祖三》，至元三年正月癸丑条，北京：中华书局，1976年，第109页。

元世祖至元四年（公元 1267 年）

十二月："庚辰，签女直、水达达军三千人。"（明）宋濂等撰:《元史》卷六《本纪六·世祖三》，至元四年十二月庚辰条，北京：中华书局，1976年，第117页。

十二月："签女直、水达达军三千人。"（明）宋濂等撰:《元史》卷九十八《志四十六·兵一》，北京：中华书局，1976年，第2513页。

元世祖至元六年（公元 1269 年）

十一月："丁未，签王綧、洪茶丘军三千人往定高丽。高丽西京都统李延龄乞益兵，遣忙哥都率兵二千赴之。"（明）宋濂等撰:《元史》卷六《本纪六·世祖三》，至元六年十一月丁未条，北京：中华书局，1976年，第123页。

十一月："高丽都统领崔坦等以林衍作乱，挈西京五十余城入附。遣断事官别同瓦驰驿于王綧、洪茶丘所管实科差户内签军至东京，付枢密院，得三千三百人。高丽西京都统李延龄乞益兵，遣忙哥都率兵二千赴之。"（明）宋濂等撰:《元史》卷二百八《列传九十五·外夷一·高丽》，北京：中华书局，1976

年，第 4615—4616 页。

十二月："帝命茶丘率兵往凤州等处，立屯田总管府。"（明）宋濂等撰：《元史》卷一百五十四《列传四十一·俊奇》，北京：中华书局，1976 年，第 3629 页。

元世祖至元七年（公元 1270 年）

正月："丁巳，以蒙哥（都）为安抚高丽使，佩虎符，率兵戍其西境。"（明）宋濂等撰：《元史》卷七《本纪七·世祖四》，至元七年正月丁巳条，北京：中华书局，1976 年，第 127 页。

十一月："中书省臣言于高丽设置屯田经略司。以忻都、史枢为凤州等处经略使，佩虎符，领军五千屯田于金州；又令洪茶丘以旧领民二千屯田，阿剌帖木儿为副经略司，总辖之，而罢阿海军。"（明）宋濂等撰：《元史》卷二百八《列传九十五·外夷一·高丽》，北京：中华书局，1976 年，第 4618 页。

元世祖至元十年（公元 1273 年）

九月壬寅："征东招讨使塔匣剌请征骨嵬部，不允。"（明）宋濂等撰：《元史》卷八《本纪八·世祖五》，至元十年九月壬寅条，北京：中华书局，1976 年，第 151 页。

元世祖至元十一年（公元 1274 年）

三月："庚寅，敕凤州经略使忻都、高丽军民总管洪茶丘等，将屯田军及女直军，并水军，合万五千人，战船大小合九百艘，征日本。"（明）宋濂等撰：《元史》卷八《本纪八·世祖五》，至元十一年三月庚寅条，北京：中华书局，1976 年，第 154 页。

元世祖至元十二年（公元 1275 年）

三月："遣官往辽东，签拣蒙古达鲁花赤、千户、百户等官子弟出军。"（明）宋濂等撰：《元史》卷九十八《志四十六·兵一》，北京：中华书局，1976 年，第 2515 页。

元世祖至元十四年（公元 1277 年）

正月："金方庆等为乱，命愠治之，仍命忻都、洪茶丘饬兵御备。"（明）宋濂等撰：《元史》卷二百八《列传九十五·外夷一·高丽》，北京：中华书局，1976 年，第 4620 页。

元世祖至元二十年（公元 1283 年）

三月丁巳："罢女直造日本出征船。"（明）宋濂等撰：《元史》卷十二《本纪十二·世祖九》，至元二十年三月丁巳条，北京：中华书局，1976 年，第 251 页。

五月戊寅："立海西辽东提刑按察司，按治女直、水达达部。"（明）宋濂等撰：《元史》卷十二《本纪十二·世祖九》，至元二十年五月戊寅条，北京：中华书局，1976 年，第 254—255 页。

元世祖至元二十一年（公元 1284 年）

十月："辛酉，征东招讨司以兵征骨嵬。"（明）宋濂等撰：《元史》卷十三《本纪十三·世祖十》，至元二十一年十月辛酉条，北京：中华书局，1976 年，第 269 页。

元世祖至元二十二年（公元 1285 年）

正月："辛丑，以杨兀鲁带为征骨嵬招讨使，佩二珠虎符。"（明）宋濂等撰：《元史》卷十三《本纪十三·世祖十》，至元二十二年正月辛丑条，北京：中华书局，1976 年，第 273 页。

六月："庚戌，命女直、水达达造船二百艘及造征日本迎风船。"（明）宋濂等撰：《元史》卷十三《本纪十三·世祖十》，至元二十二年六月庚戌条，北京：中华书局，1976 年，第 277 页。

十月乙巳："诏征东招讨使塔塔儿带、杨兀鲁带以万人征骨嵬，因授杨兀鲁带三珠虎符，为征东宣慰使都元帅。"（明）宋濂等撰：《元史》卷十三《本纪十三·世祖十》，至元二十二年十月乙巳条，北京：中华书局，1976 年，第 280 页。

十月丁卯："塔海弟六十言：'今百姓及诸投下民，俱令造船于女直，而女直又复发为军，工役繁甚。乃颜、胜纳合儿两投下鹰坊、采金等户独不调。'"（明）宋濂等撰：《元史》卷十三《本纪十三·世祖十》，至元二十二年十月丁卯条，北京：中华书局，1976 年，第 280 页。

元世祖至元二十三年（公元 1286 年）

是年："罢宣慰司，立辽阳行省，以亦力撒合为参知政事。已而乃颜果反，帝自将征之。时诸军皆会，亦力撒合掌运粮储，军供无乏。"（明）宋濂等撰：《元史》卷一百二十《列传七·亦力撒合》，北京：中华书局，1976 年，第 2958 页。

元世祖至元二十四年（公元 1287 年）

五月："壬子，高丽王睶（赌）请益兵征乃颜，以五百人赴之。"（明）宋濂等撰:《元史》卷十四《本纪十四·世祖十一》,至元二十四年五月壬子条,北京:中华书局,1976年,第298页。

七月:"癸巳,乃颜党失都儿犯咸平,宣慰塔出从皇子爱牙亦(赤),合兵出沈州进讨,宣慰亦儿撒合分兵趣懿州,其党悉平。"(明)宋濂等撰:《元史》卷十四《本纪十四·世祖十一》,至元二十四年七月癸巳条,北京:中华书局,1976年,第299页。

七月:"乃颜党诸王失都儿犯咸平,辽东宣慰使塔出遣使驰驿以闻,帝命领军一万,与皇子爱牙赤同力备御之。时女直、水达官民皆与乃颜连结,塔出弃妻子,与麾下十二骑直抵建州,距咸平千五百里,与乃颜党太撒拔都儿等合战,两中流矢。继知其党帖哥、抄儿赤等欲袭皇子,乃以千余人,扈从渡辽水。身与乃颜兵接战,转斗而前,射其酋帖古歹,中其口,镞出于项,堕马死,遂军懿州。"(明)陈邦瞻撰:《元史纪事本末》卷一,北京:中华书局,1979年,第14—15页。

是年:"宗王乃颜叛东鄙,世祖躬行天讨,命总戎者先之。世祖至半道,玉昔帖木儿已退敌,僵尸覆野,数旬之间,三战三捷,获乃颜以献。诏选乘舆橐驼百蹄劳之。谢曰:'天威所临,犹风偃草,臣何力之有。'世祖还,留玉昔帖木儿剿其余党,乃执其酋金家奴以献,戮其同恶数人于军前。"(明)宋濂等撰:《元史》卷一百一十九《列传六·玉昔帖木儿》,北京:中华书局,1976年,第2947页。

《元史·俊奇传》云:"二十四年,乃颜叛,车驾亲征,赐以翎根甲、宝刀,命率高丽、女直、汉军扈从。猝遇乃颜骑兵万余,时茶丘兵不满三千,众有惧色。茶丘夜令军中,多裂裳帛为旗帜,断马尾为旄,掩映林木,张设疑兵,乃颜兵大惊,以为官兵大至,遂降。"(明)宋濂等撰:《元史》卷一百五十四《列传四十一·俊奇》,北京:中华书局,1976年,第3630页。

《元史·兀爱传》云:"二十四年,乃颜叛,力战屡捷。复从月鲁儿那演讨塔不歹、朵欢大王于蒙可山、那江,统兵五千余众,与八剌哈赤脱欢相拒,绝流战黑龙江,箭中右臂,忍伤复战,敌大败。"(明)宋濂等撰:《元史》卷一百六十六《列传五十三·兀爱》,北京:中华书局,1976年,第3892页。

《元史·博罗欢传》云:"诸王乃颜叛,帝将亲征。博罗欢谏曰:'昔太祖分封东诸侯,其地与户,臣皆知之,以二十为率,乃颜得其九,忙兀、兀鲁、扎剌儿、弘吉剌、亦其烈思五诸侯得其十一,惟征五诸侯兵,自足当之,何至上烦乘舆哉？臣疾且愈，请事东征。'帝乃赐铠甲弓矢鞍勒，命督五诸侯兵，与乃颜战，败之。其党塔不带以兵来拒，会久雨，军乏食，诸将欲退。博罗欢曰：'今两阵相对，岂容先动。'俄塔不带引兵退。博罗欢以其师乘之，转战二日，身中三矢，大破之，斩其驸马忽伦。适太师月鲁那演大军来会，遂平乃颜，擒塔不带。既而其党哈丹复叛，诏与诸侯王乃马带讨之。哈丹游骑猝至，博罗欢从三骑返走，抵绝涧，可二丈许，追骑垂及，博罗欢策其马一跃而过，三从骑皆没，人以为有神助云。哈丹死，斩其子老的于阵。往返凡四岁。凯旋，俘哈丹二妃以献，敕以一赐乃马带，一赐博罗欢。"（明）宋濂等撰：《元史》卷一百二十一《列传八·博罗欢》，北京：中华书局，1976年，第2990—2991页。

是年："从征乃颜，至撒儿都之地，叛王塔不台率兵奄至。铁哥奏曰：'昔李广一将耳，尚能以疑退敌，况陛下万乘之威乎。今彼众我寡，不得地利，当设疑以退之。'于是帝张曲盖，据胡床，铁哥从容进酒。塔不台按兵觇伺，惧有伏，遂引去。"（明）宋濂等撰：《元史》卷一百二十五《列传十二·铁哥》，北京：中华书局，1976年，第3076页。

是年："诸王乃颜反于辽东，已而擒乃颜，始立辽阳等处行省，以为经制。"国立东北大学编：《东北要览》，国立东北大学出版组，1944年，第13页。

元世祖至元二十五年（公元1288年）

三月庚寅："敕辽阳省亦乞列思、吾鲁兀、札剌儿探马赤自懿州东征。"（明）宋濂等撰：《元史》卷十五《本纪十五·世祖十二》，至元二十五年三月庚寅条，北京：中华书局，1976年，第310页。

三月："辽阳行省言，懿州地接贼境，请益兵镇戍，从之。"（明）宋濂等撰：《元史》卷九十九《志四十七·兵二》，北京：中华书局，1976年，第2543页。

四月甲戌："辽阳省新附军逃还各卫者，令助造尚书省，仍命分道招集之。"（明）宋濂等撰：《元史》卷十五《本纪十五·世祖十二》，至元二十五年四月甲戌条，北京：中华书局，1976年，第311页。

六月丁卯："复立咸平至建州四驿。"（明）宋濂等撰：《元史》卷十五《本纪十五·世祖十二》，至元二十五年六月丁卯条，北京：中华书局，1976年，第313页。

九月："大夫令率师往纳兀河东等处，招集逆党乞答真一千户、达达百姓及女直押儿撒等五百余户。"（明）宋濂等撰：《元史》卷一百三十一《列传十八·伯帖木儿》，北京：中华书局，1976 年，第 3195 页。

是年："乃颜之遗孽哈丹秃鲁干复叛，再命出师，两与之遇，皆败之，追及两河，其众大衄，遂遁。时已盛冬，声言俟春方进，乃倍道兼行过黑龙江，捣其巢穴，杀戮殆尽，哈丹秃鲁干莫知所终，夷其城，抚其民而还。"（明）宋濂等撰：《元史》卷一百一十九《列传六·玉昔帖木儿》，北京：中华书局，1976 年，第 2947—2948 页。

是年："征哈丹秃鲁（干），隶平章阔里帖木儿麾下，论功居多。冬十二月，贼军古都秃鲁干次于斡秃鲁塞，平章率兀爱讨降之。"（明）宋濂等撰：《元史》卷一百六十六《列传五十三·兀爱》，北京：中华书局，1976 年，第 3892 页。

是年："乃颜余党哈丹秃鲁干复叛于辽东。诏庭及枢密副使哈答讨之，大小数十战，弗克而还。既而庭整军再战，流矢中左胁及右股，追至一大河，选锐卒，潜负火炮，夜泝上流发之，马皆惊走，大军潜于下流毕渡。天明进战，其众无马，莫能相敌，俘斩二百余人，哈丹秃鲁干走高丽死。"（明）宋濂等撰：《元史》卷一百六十二《列传四十九·李庭》，北京：中华书局，1976 年，第 3798 页。

是年冬："哈丹王叛，从诸王乃麻歹讨之，至斡麻站、兀剌河等处，连败其党阿秃八剌哈赤军，转战至帖麦哈必儿哈，又败之。"（明）宋濂等撰：《元史》卷一百三十一《列传十八·伯帖木儿》，北京：中华书局，1976 年，第 3195 页。

元世祖至元二十七年（公元 1290 年）

十一月："丙寅，括辽阳马六千匹，择肥者给阇里铁木儿所部军。"（明）宋濂等撰：《元史》卷十六《本纪十六·世祖十三》，至元二十七年十一月丙寅条，北京：中华书局，1976 年，第 342 页。

十二月乙未："诏诸王乃蛮带、辽阳行省平章政事薛阇干、右丞洪察忽，摘蒙古军万人分戍双城及婆娑府诸城，以防合丹兵。"（明）宋濂等撰：《元史》卷十六《本纪十六·世祖十三》，至元二十七年十二月乙未条，北京：中华书局，1976 年，第 342 页。

是年："哈丹等入寇高丽国境，遣兀爱镇守，仍修城壁，严卒伍，军威大振，贼遂潜遁。九月，哈丹秃鲁干复寇缠春，兀爱引兵击却之。"（明）宋濂等撰：《元史》卷一百六十六《列传五十三·兀爱》，北京：中华书局，1976 年，第 3892 页。

是年："哈丹复入高丽，伯帖木儿奉命偕彻里帖木儿进讨。"（明）宋濂等撰：《元史》卷一百三十一《列传十八·伯帖木儿》，北京：中华书局，1976 年，第 3196 页。

是年："叛王哈丹等窜入高丽，侵挠其国西京，距辽阳二千里皆骚动，中书省特起茶丘镇辽左，帝遣阇里台孛罗儿赐以金字圆符，命茶丘以便宜行事。"（明）宋濂等撰：《元史》卷一百五十四《列传四十一·俊奇》，北京：中华书局，1976 年，第 3630 页。

元世祖至元二十八年（公元 1291 年）

正月："至鸭绿江，与哈丹子老的战，失利，伯帖木儿以闻，帝命乃麻歹、薛彻干等征之，仍命伯帖木儿为先锋。薛彻干军先至禅定州，击败哈丹，逾数日，乃麻歹以兵至，合攻哈丹，又败之。伯帖木儿将百骑追至一大河，虏其妻孥，追奔逐北，哈丹尚有八骑，伯帖木儿止余三骑，再战，两骑士皆重伤不能进，伯帖木儿单骑追之，至一大山，日暮，遂失哈丹所在。乃麻歹嘉其勇，赏以老的妻完者，上其功于朝，赐金带、衣服、鞍马、弓矢、银器等物，并厚赍其军。"（明）宋濂等撰：《元史》卷一百三十一《列传十八·伯帖木儿》，北京：中华书局，1976 年，第 3196 页。

三月乙卯："乃颜所属牙儿马兀等同女直兵五百人追杀内附民余千人，遣塔海将千人平之。"（明）宋濂等撰：《元史》卷十六《本纪十六·世祖十三》，至元二十八年三月乙卯条，北京：中华书局，1976 年，第 345—346 页。

七月戊申："辽阳诸路连岁荒，加以军旅，民苦饥，发米二万石赈之。"（明）宋濂等撰：《元史》卷十六《本纪十六·世祖十三》，至元二十八年七月戊申条，北京：中华书局，1976 年，第 349 页。

十月癸巳："从辽阳行省言，以乃颜、合丹相继叛，诏给蒙古人内附者及开元、南京、水达达等三万人牛畜、田器。"（明）宋濂等撰：《元史》卷十六《本纪十六·世祖十三》，至元二十八年十月癸巳条，北京：中华书局，1976 年，第 352 页。

十二月乙丑："辽阳洪宽女直部民饥，借高丽粟赈给之。"（明）宋濂等撰：《元史》卷十六《本纪十六·世祖十三》，至元二十八年十二月乙丑条，北京：

中华书局，1976年，第353页。

十二月："丁卯，高丽国鸭绿江西十九驿，经乃颜反，掠其马畜，给以牛各四十。"（明）宋濂等撰：《元史》卷十六《本纪十六·世祖十三》，至元二十八年十二月丁卯条，北京：中华书局，1976年，第353页。

十二月庚辰："阇里带言：'乃颜余党窜女直之地，臣与月儿鲁议，乞益兵千五百人，可平之。'从之。"（明）宋濂等撰：《元史》卷十六《本纪十六·世祖十三》，至元二十八年十二月庚辰条，北京：中华书局，1976年，第353—354页。

元世祖至元二十九年（公元 1292 年）

二月："乙亥，立总管高丽女直汉军万户府，颁银印，总军六千人。"（明）宋濂等撰：《元史》卷十七《本纪十七·世祖十四》，至元二十九年二月乙亥条，北京：中华书局，1976年，第359页。

三月："己亥，枢密院臣言：'出征女直纳里哥，议于合思罕三千新附军内选拨千人。'诏先调五百人，行中书省具舟给粮，仍设征东招讨司。"（明）宋濂等撰：《元史》卷十七《本纪十七·世祖十四》，至元二十九年三月己亥条，北京：中华书局，1976年，第360—361页。

九月："壬午，水达达、女直民户由反地驱出者，押回本地，分置万夫、千夫、百夫内屯田。"（明）宋濂等撰：《元史》卷十七《本纪十七·世祖十四》，至元二十九年九月壬午条，北京：中华书局，1976年，第366页。

是年："闻叛王捏怯烈尚在濠来仓，伯帖木儿率兵击，虏其妻子畜产，追至陈河，捏怯烈以二十余骑脱身走，遂定其地。得所管女直户五百余以闻，帝命以充渔户。伯帖木儿度地置马站七所，令岁捕鱼，驰驿以进。"（明）宋濂等撰：《元史》卷一百三十一《列传十八·伯帖木儿》，北京：中华书局，1976年，第3196页。

元世祖至元三十年（公元 1293 年）

正月："辛巳，置辽阳路庆云至合里宾二十八驿，驿给牛三十头、车七辆。"（明）宋濂等撰：《元史》卷十七《本纪十七·世祖十四》，至元三十年正月辛巳条，北京：中华书局，1976年，第370页。

二月丁酉："敕海运米十万石给辽阳戍兵，仍谕其省官薛阇干，令伯铁木部钦察等耕渔自养，粮不须给。"（明）宋濂等撰：《元史》卷十七《本纪十七·世祖十四》，至元三十年二月丁酉条，北京：中华书局，1976 年，第 371 页。

十二月："辛卯，武平路达鲁花赤塔海言：'女直地至今未定，贼一人入境，百姓离散。臣愿往安集之。'诏以塔海为辽东道宣慰使。"（明）宋濂等撰：《元史》卷十七《本纪十七·世祖十四》，至元三十年十二月辛卯条，北京：中华书局，1976 年，第 375 页。

元成宗大德元年（公元 1297 年）

二月癸卯："以阇里台所隶新附高丽、女直、汉军居沈州。"（明）宋濂等撰：《元史》卷十九《本纪十九·成宗二》，大德元年二月癸卯条，北京：中华书局，1976 年，第 409 页。

元仁宗延祐三年（公元 1316 年）

七月："庚午，发高丽、女直、汉军千五百人，于滨州、辽河、庆云、赵州屯田。"（明）宋濂等撰：《元史》卷二十五《本纪二十五·仁宗二》，延祐三年七月庚午条，北京：中华书局，1976 年，第 574 页。

元文宗至顺元年（公元 1330 年）

二月庚寅："开元路胡里改万户府军士饥，给粮赈之。"（明）宋濂等撰：《元史》卷三十四《本纪三十四·文宗三》，至顺元年二月庚寅条，北京：中华书局，1976 年，第 751 页。

元顺帝至正八年（公元 1348 年）

三月丁酉："辽东锁火奴反，诈称大金子孙，水达达路脱脱禾孙唐兀火鲁火孙讨擒之。"（明）宋濂等撰：《元史》卷四十一《本纪四十一·顺帝四》，元顺帝至正八年三月丁酉条，北京：中华书局，1976 年，第 881 页。

三月："辛酉，辽阳兀颜拨鲁欢妄称大金子孙，受玉帝符文，作乱，官军讨斩之。"（明）宋濂等撰：《元史》卷四十一《本纪四十一·顺帝四》，元顺帝至正八年三月辛酉条，北京：中华书局，1976 年，第 881 页。

四月："丁丑，辽阳董哈剌作乱，镇抚钦察讨擒之。"（明）宋濂等撰：《元史》卷四十一《本纪四十一·顺帝四》，元顺帝至正八年四月丁丑条，北京：中华书局，1976 年，第 882 页。

元顺帝至正十八年（公元 1358 年）

十二月："癸酉，关先生、破头潘等陷上都，焚宫阙；留七日，转略往辽阳，遂至高丽。"（明）宋濂等撰：《元史》卷四十五《本纪四十五·顺帝八》，元顺帝至正十八年十二月癸酉条，北京：中华书局，1976年，第945页。

十二月："庚辰，察罕帖木儿遣枢密院判官琐住进兵于辽阳。"（明）宋濂等撰：《元史》卷四十五《本纪四十五·顺帝八》，元顺帝至正十八年十二月庚辰条，北京：中华书局，1976年，第945页。

元顺帝至正十九年（公元1359年）

正月："丙午，辽阳行省陷，懿州路总管吕震死之。"（明）宋濂等撰：《元史》卷四十五《本纪四十五·顺帝八》，元顺帝至正十九年正月丙午条，北京：中华书局，1976年，第946页。

七月："戊申，命国王囊加歹、中书平章政事佛家奴、也先不花、知枢密院事黑驴等，统领探马赤军进征辽阳。"（明）宋濂等撰：《元史》卷四十五《本纪四十五·顺帝八》，元顺帝至正十九年七月戊申条，北京：中华书局，1976年，第948页。

元顺帝至正二十年（公元1360年）

七月："辛酉，命辽阳行省参知政事张居敬讨义州贼。"（明）宋濂等撰：《元史》卷四十五《本纪四十五·顺帝八》，元顺帝至正二十年七月辛酉条，北京：中华书局，1976年，第951页。

第四章　明代长白山地区战事

洪熙元年（公元 1425 年）

七月："壬申，奴儿干吉列迷千户速只哈奴自辽东来贡马，奏愿居京自效，赐钞、纻丝、袭衣、彩币及布，仍命有司给房屋、器皿、牛羊，月支薪米。初，速只哈奴以招抚至京授正千户，愿居辽东三万卫。至是，复愿居京，故有是赐。"（明）官修：《明宣宗实录》卷三，洪熙元年七月壬申条，台北："中央研究院"历史语言研究所，1962 年，第 75—76 页。

十一月乙卯："敕辽东都司，赐随内官亦失哈等往奴儿干官军一千五十人钞有差。"（明）官修：《明宣宗实录》卷十一，洪熙元年十一月癸丑条，台北："中央研究院"历史语言研究所，1962 年，第 309 页。

宣德元年（公元 1426 年）

正月："戊午，命建州左卫指挥佥事塔阿察、撒里不兰、乞目，在州寄住指挥佥事木答哈为指挥同知，三万卫正千户佟敬、建州左卫正千户牢苦秃为指挥佥事，其余副千户、百户、所镇抚各升职有差，以其从东宁卫指挥金声招谕还故也。"（明）官修：《明宣宗实录》卷十三，宣德元年正月戊午条，台北："中央研究院"历史语言研究所，1962 年，第 361—362 页。

正月癸亥："辽东三万卫军士张显言：臣闻赏罚者，圣人御天下之大权也。赏当功则人劝，罚当罪则人惧。永乐二十年，臣在辽阳见鞑贼直造城下，都指挥王真将兵拒之，留都指挥周兴等守城，期以炮响出城应援。真既出，分为奇正，深入其阻，而虏先潜伏山下，俟真至则四面攻之，真调伏屡举炮，而兴等与城中将士皆若不闻，真外无援兵，智穷力竭，虑杀其所部指挥千百户耿秩等二百余人。又开原城中，房寇杨木答兀等同寄住，鞑官谋叛，都指挥王雄等不率兵追捕，纵其剽掠，辽海卫千户孙茂、巡检奴奴等忿怒，躬率敢死军士与虏拒，遂夺东门，茂复力战，中矢死，贼引遁。使无茂等奋勇击贼，则开原城为其屠矣。如此死者，朝廷尚未加褒录。夫辽地南有倭寇，东有朝鲜，西北皆胡虏，出没不常，于斯之际，能舍父母妻子而冒犯锋镝者，不过慕尺寸之阶、斗斛之禄，失命不录，人心离矣。脱使虏猝然再至，孰肯舍生取义哉！且当时将士遇贼不出如周兴辈，尚生享禄食，抚妻育子于朝夕之间，而挺身自奋，捐躯殒身如茂者，恤典未加，泯然无念及之者，死而有知，岂瞑目于地下哉！乞遣官取勘，尽忠而死者几人，怀奸不忠者几人，加以赏罚，则公道昭著，非惟辽东将士有所劝惩，天下将士亦知所劝惩矣。上览其言，谕行在兵部臣曰：'旌忠贤、戮有罪，国之大典，况死于战阵者乎？彼所言诚是，其速勘实以闻。'"（明）官修：《明宣宗实录》卷十三，宣德元年正月癸亥条，台北："中央研究院"历史语言研究所，1962年，第369—371页。

三月丁酉："毛怜卫指挥金事兀罕出等八人招谕逃叛杨满皮至京，赐钞及彩币、表里、袭衣等物有差。"（明）官修：《明宣宗实录》卷十五，宣德元年三月丁酉条，台北："中央研究院"历史语言研究所，1962年，第393页。

七月："丁未，敕大同、宣府、开平、辽东等处总兵官曰，今秋气已凉，虏必南向，宜严哨瞭，以备不虞。"（明）官修：《明宣宗实录》卷十九，宣德元年七月丁未条，台北："中央研究院"历史语言研究所，1962年，第505页。

九月："辛亥，亦马剌等处女直野人木刀兀等二百二十九人来朝贡马，命木刀兀为指挥金事，脱脱出等为千百户、所镇抚，赐冠带、文绮、表里、钞有差。上因谓侍臣曰：'夷狄为患，自古有之，未有若宋之甚者，靖康之祸，论者以为不当通女真，攻契丹取燕云之地，亦非根本之论。是时天祚失道，内外俱叛，取之可也。女真以方强之势，乘契丹之敝，后日必与我为邻，燕云之地，太宗百战不能克，乘时取之，亦不为过。若究祸之根本，盖自熙宁至宣和五六十年，小人用事，变易法度，民苦征徭，军无纪律，国家政事日陵月替，遂为夷狄所侮，致有此祸。高宗南渡，中原陷于夷狄，民心思宋，政宜卧薪尝胆，委任忠良，恢复旧疆，洗雪大耻，乃复用小人，力主和议，为偷安之计，以岳飞之忠，卒死于秦桧之谮，小人之败人国家如此。'又曰：'自古无中国清明而有外夷之祸者。'"（明）官修：《明宣宗实录》卷二十一，宣德元年九月辛亥条，台北："中央研究院"历史语言研究所，1962年，第563—564页。

宣德二年（公元 1427 年）

三月丁未："辽东总兵官都督佥事巫凯奏，自山海关外，辽东所属凡二十四驿，其十八驿俱在极边，洪武中以谪戍等递送，今四十余年，逃亡者多，凡外夷朝贡使臣及公差往来，于各卫队伍中摘军协助递送，及秋冬又调内地马步官军分隶诸驿，防御胡寇，兼运粮积草，以备军储。今朝廷调青州中护卫官军及其诸属于辽东诸卫，臣等计议，请以所调军及于傍近卫所调军协助，各以官领之，分置诸驿，以充递送，就给傍近地耕种，如例征子粒，及时积草，如此可免运粮人力之半，又可免摘队伍，军秋冬防御，止增马队，庶几两便。从之。"（明）官修：《明宣宗实录》卷二十六，宣德二年三月丁未条，台北："中央研究院"历史语言研究所，1962 年，第 685—686 页。

三月戊申："行在兵部奏，辽东总兵官都督佥事巫凯言，广宁等处操备官军旧领官马死者五百九匹，例应赴京阙补，若令亲往，恐误边防。今都指挥刘聚等二百六人归取衣装，请令领回分给。上从之，命以附近永平等处孳牧马给之。"（明）官修：《明宣宗实录》卷二十六，宣德二年三月戊申条，台北："中央研究院"历史语言研究所，1962 年，第 689 页。

三月："辛亥，建州卫舍人弗哥来朝，奏愿居辽东海州卫，赐纻丝、袭衣、钞、布，仍命辽东都司给房屋、器皿等物如例。"（明）官修：《明宣宗实录》卷二十六，宣德二年三月辛亥条，台北："中央研究院"历史语言研究所，1962 年，第 690 页。

四月己巳："掌毛怜卫事都督同知莽哥不花家属留京师者奏请给俸，上谕行在户部臣曰：'留其家属于京者，以系其心，而无以赡之，能得其心乎？其如京官例给之。'"（明）官修：《明宣宗实录》卷二十七，宣德二年四月己巳条，台北："中央研究院"历史语言研究所，1962 年，第 713 页。

五月丁卯："辽东三万卫总甲张显言，辽东军士往年为虏掠去者，十亡七八，间有存者，多以计窃马驰回，有为贼追及而戕之者，有为虎狼所伤，有死于冻饿，有陷于履冰涉水者，还至原卫能有几人。其方至边境也，守将遣人送京师，马入官，人充御马监勇士，朝廷以为待之善矣。孰不知军士闻之，为之惊愕失意，盖其人被虏时，原卫已取户内壮丁补伍，今又充勇士，则一门二役矣。夫以天下之大，人民之伙，岂无可充勇士者，何独以处被虏之人哉！臣愚以为，军士间关道路，万死一生，离犬羊之群，还父母之国，又羁縻于京师，父母不能养，妻子不能顾，原卫之役不能免，亦何罪至此。设尚在虏中者闻之，必相与愤怨离心，孰肯奔驰南向哉。伏乞陛下断自宸衷，今后有自虏地还者，令还原卫，惟以姓名呈报府部，所获之马，一匹者就给赏之，二匹、三匹者惟给赏一匹，余皆与无马者骑操，仍定赏例，所获一匹除给赏外，其余马别赐钞若干。其先自虏中归充勇士者，悉遣还卫，并其军役，如此则被虏之人忘死争归，感朝廷之恩大矣。上览其言，谓行在兵部臣曰：'士卒自虏中潜归者，朕知其艰苦，已命赐衣物矣。还卫听从其便，原卫有取丁壮在伍者悉罢归。'"（明）官修：《明宣宗实录》卷二十八，宣德二年五月丁卯条，台北："中央研究院"历史语言研究所，1962年，第744—746页。

八月癸未："可木河等卫指挥佥事亦令加等，喜申卫百户能哥等，屯河卫女直头目答必纳等来朝。答必纳等二人奏，愿居自效，命为百户；亦令加等十六人奏愿居辽东自在州，各赐纻丝、袭衣、彩币、钞、布，仍命顺天府及辽东都司给房屋、器皿等物如例。"（明）官修：《明宣宗实录》卷三十，宣德二年八月癸未条，台北："中央研究院"历史语言研究所，1962年，第791页。

九月："壬寅，赐往奴儿干及招谕回还官军钞，千户一百锭、百户八十锭、旗军四十锭，命辽东都司给之。"（明）官修：《明宣宗实录》卷三十一，宣德二年九月壬寅条，台北："中央研究院"历史语言研究所，1962年，第807—808页。

十月庚辰："赐差往奴儿干指挥佥事金声等官军钞有差。"（明）官修：《明宣宗实录》卷三十二，宣德二年十月庚辰条，台北："中央研究院"历史语言研究所，1962年，第829页。

宣德三年（公元1428年）

正月庚寅："命都指挥康旺、王肇舟、佟答剌哈往奴儿干之地，建立奴儿干都指挥使司，并赐都司银印一、经历司铜印一。"（明）官修：《明宣宗实录》卷三十五，宣德三年正月庚寅条，台北："中央研究院"历史语言研究所，1962年，第877页。

正月壬辰："遣内官亦失哈、都指挥金声、白伦等赍敕及文绮、表里往奴儿干都司及海西弗提等卫，赐劳头目达达奴丑秃及野人哥只苦阿等，嘉其遣人朝贡也。"（明）官修：《明宣宗实录》卷三十五，宣德三年正月壬辰条，台北："中央研究院"历史语言研究所，1962年，第877页。

二月戊午：“赐建州左等卫千户答答忽，并原遣招谕回还百户赵锁古奴等钞、彩币、表里并纻丝、袭衣有差。赵锁古奴，本三万卫百户，先随杨木答兀等叛去，宣德元年同千户杨满皮来归，遂遣二人同赍敕招谕杨木答兀等，而杨木答兀同杨满皮俱往古州，惟赵锁古奴同舍人速古等来贡马，答答忽等送之至京，故并赏之。”（明）官修：《明宣宗实录》卷三十六，宣德三年二月戊午条，台北：“中央研究院”历史语言研究所，1962年，第896—897页。

二月：“己巳，敕辽东总兵官都督佥事巫凯及辽东都司，凡诸卫所正军余丁，先被寇虏掠，后得马回还，见在京充勇士者，察系正军，开豁原伍，余丁开豁，本房军伍不动。若因避征差逃出外境，得马回还收充勇士者，已宥逃避之罪，军伍不开，仍须审覆。永乐二十年以前去者，人马皆送北京，二十年以后者，复原役，马送北京。”（明）官修：《明宣宗实录》卷三十七，宣德三年二月己巳条，台北：“中央研究院”历史语言研究所，1962年，第909页。

三月癸卯：“古里河等卫指挥佥事鬼迷等来朝，奏愿居辽东自在州，赐金织袭衣、彩币、钞、布，仍命辽东都司给房屋、器皿等物如例。”（明）官修：《明宣宗实录》卷四十，宣德三年三月癸卯条，台北：“中央研究院”历史语言研究所，1962年，第986页。

闰四月戊子：“赐纳剌吉河等卫野人女直指挥佥事沙隆葛等及原差招谕指挥佥事施者因帖木儿等一百人钞、绢、彩币、表里等物有差，以沙隆葛等招谕初至也。”（明）官修：《明宣宗实录》卷四十二，宣德三年闰四月戊子条，台北：“中央研究院”历史语言研究所，1962年，第1027页。

九月：“丁酉，敕总兵官阳武侯薛禄等及辽东总兵官都督佥事巫凯谨边备。”（明）官修：《明宣宗实录》卷四十七，宣德三年九月丁酉条，台北：“中央研究院”历史语言研究所，1962年，第1159—1160页。

十一月：“壬子，敕总兵官都督佥事巫凯及掌辽东都司事都督佥事王真等整饬辽东属卫军马，提督各城池、屯堡跕关隘谨慎隄备，严加哨瞭，遇有寇至，相机剿捕。”（明）官修：《明宣宗实录》卷四十八，宣德三年十一月壬子条，台北：“中央研究院”历史语言研究所，1962年，第1166页。

宣德四年（公元1429年）

二月：“庚寅，建州等卫副千户咬纳、所镇抚管肆来朝，肆奏愿居京师，咬纳奏愿居辽东东宁卫，赐纻丝、袭衣、彩币、钞、布，仍命顺天府及辽东都司给房屋、器皿等物如例。"（明）官修：《明宣宗实录》卷五十一，宣德四年二月庚寅条，台北："中央研究院"历史语言研究所，1962 年，第 1221 页。

三月丁未："建州卫都指挥佥事李满住遣人奏请入朝充侍卫，赐敕谕之曰：'昔我皇祖临御，尔父显忠及尔叔猛哥不花多效勤诚，及朕嗣位，尔亦克嗣先志，用摅忠悃，故特授尔都指挥佥事。今欲入侍，尤见诚心，但部曲之众须有统属，姑留抚下，未可轻来。"（明）官修：《明宣宗实录》卷五十二，宣德四年三月丁未条，台北："中央研究院"历史语言研究所，1962 年，第 1240—1241 页。

三月："壬子，命故掌毛怜卫事都督同知猛哥不花子撒满答失里袭为都督佥事，仍掌毛怜卫。时撒满答失里来朝贡，上厚抚远人，故有是命。"（明）官修：《明宣宗实录》卷五十二，宣德四年三月壬子条，台北："中央研究院"历史语言研究所，1962 年，第 1243 页。

三月甲寅："行在都察院奏，辽东总兵官都督巫凯遣卫镇抚邹敏促辽海卫未完军器，指挥费征敛众财买马及貂鼠皮赂敏，敏受赂竟不责完，征、敏皆当罪之。上曰：'守边不可一日阙兵器，有阙则宜急造，其行赂求缓，受赂废事，皆不知边备为重，俱执而罪之，不可贷。'"（明）官修：《明宣宗实录》卷五十二，宣德四年三月甲寅条，台北："中央研究院"历史语言研究所，1962 年，第 1246 页。

三月："戊辰，弗提等卫指挥佥事偿卜等六人来朝，奏愿居辽东自在州，赐金织袭衣、钞、布，仍命辽东都司给房屋、器皿等物如例。"（明）官修：《明宣宗实录》卷五十二，宣德四年三月戊辰条，台北："中央研究院"历史语言研究所，1962 年，第 1254 页。

五月壬申："辽东总兵官都督佥事巫凯奏，虏寇至西山下，掠民财畜，随遣官军击败之，追回所掠。上遣敕褒凯，且谕凯严守备。"（明）官修：《明宣宗实录》卷五十四，宣德四年五月壬申条，台北："中央研究院"历史语言研究所，1962 年，第 1302—1303 页。

五月癸酉："论追斩鞑寇功，赐辽东官军都指挥刘清等三千一百七十九人钞及白金、彩币、表里有差。"（明）官修：《明宣宗实录》卷五十四，宣德四年五月癸酉条，台北："中央研究院"历史语言研究所，1962 年，第 1305 页。

七月："甲戌，辽东总兵官都督佥事巫凯奏，缘边地方分置官军，瞭望巡逻，素有定规，比者曹庄、沙河诸处，数有虏寇窃发，杀掠人畜，臣亲率军巡边，申严警备，其都指挥李信、指挥千百户于昭等怠于防闲，以致失机，皆当问罪。上命行在都察院遣御史一人往治之，复敕凯及掌辽东都司事都督金事王真曰：'李信等失于防御，为寇所乘，已遣监察御史究治，尔等平日号令不严，以致部属懈怠，亦安得无罪？自今宜严约束，使边备监固，庶盖前愆。'"（明）官修：《明宣宗实录》卷五十六，宣德四年七月甲戌条，台北："中央研究院"历史语言研究所，1962年，第1346—1347页。

八月辛丑："辽东总兵官都督金事巫凯奏，近虏寇三犯边，虽调官军追捕，前后被其杀伤者二十余人，被掠者八十余人、马牛一百六十，其失机都指挥邹溶及指挥千百户等三十六人皆当罪之。上命监察御史同锦衣卫官往，责溶等死罪状，罚俸有差，其守备巡哨应接应而不接应者加杖，悉复职守备，再犯不宥。"（明）官修：《明宣宗实录》卷五十七，宣德四年八月辛丑条，台北："中央研究院"历史语言研究所，1962年，第1370页。

九月："丙午，辽东总兵官都督巫凯奏，海西、野人女直数有寇边者，请发兵讨之。上曰：'夷狄寇边固当诛，然谕之不从而后诛之，彼将无悔。'遂遣敕谕之曰：'尔等野人女直，受我皇祖太宗皇帝大恩积有年矣，朕即位以来，上体皇祖之心，加意抚绥，屡敕边将毋肆侵扰，俾尔等安生乐业。有来朝者皆量授官职，赐赉遣还，朝廷之恩厚矣。今闻尚有不知感激思报，屡寇边境者，此愚之甚也。盖其所得甚少，不知召祸甚大，非全身保家之计。今边将屡请发兵剿捕，朕虑大军一出，玉石难分，良善之人必有受害者，兹特遣人赍敕谕尔，宜互相劝戒，约束部属，各安尔土，朝贡往来，相通买卖，优游足给，岂不乐哉！若仍蹈前过，恣意为非，大军之来，悔将无及。'"（明）官修：《明宣宗实录》卷五十八，宣德四年九月丙午条，台北："中央研究院"历史语言研究所，1962年，第1373—1374页。

九月壬子："察剌秃山卫指挥金事咬秃来朝，奏愿居辽东安乐州，赐金织袭衣、彩币、钞、布，仍命辽东都司给房屋、器皿等物如例。"（明）官修：《明宣宗实录》卷五十八，宣德四年九月壬子条，台北："中央研究院"历史语言研究所，1962年，第1378页。

九月壬戌："初，巡按山东监察御史包德怀言四事。其一，辽东地临外境，寇贼之所窥伺，自高岭至凌河凡七站，往来每被寇扰，请于曹庄驿、东汤池置一卫，七站各设千户所，置军半以护送行者，半以屯种养赡，则可保无虞。其二，人才之生各有所长，苟有所长皆可任用，今武职之家除长子荫袭，其诸子岂无谙练武艺、才略出众之人，欲成功名，无阶可进，请开武科，除应袭之人及有过者，其余弓马谙熟、韬略精通者，许赴都司比试，拔其能者，兵部覆试，如果堪用，先与试职守边，待其显立功劳，一体实授，如此则有才之人皆得效用。其三，辽东自洪武中设立马驿及递运所，各置旗军一百人，百户一员领之，屯田自给，备马、驴、车辆、供具，以待使臣往来，视地险易间剧，制其多寡之数。今历年久，旗军逃亡者十率八九，供具之物日渐减损，以至于无，边境有报，岂不误事，请令兵部取勘各处旗军，有不及八十人者，就令都司于附近卫所以多余军补之，如旧供办递送，则道路往来无有稽滞。其四，沈阳中卫旧置抚顺递运所及抚顺驿，止通本卫九十里，更无他处往来，洪武中以其间僻，而铁岭卫嚣州驿至开原路远地荒，乃移驿于铁岭东北五十里，设置名沙河，抚顺驿行者便之，而递运所仍在旧地，今开原一路往来滋多，请移抚顺递运所于沙河，与驿并置，则彼无间旷之人，此得协助之力，实为两便。上命行在礼部集议，至是，尚书胡濙等议，开武科非旧制，增置卫所难于遥度，当令都督巫凯等计议可否，驿夫有缺请以为事，发辽东充军者补役。从之。"（明）官修：《明宣宗实录》卷五十八，宣德四年九月壬戌条，台北："中央研究院"历史语言研究所，1962 年，第 1387—1388 页。

十月："辛丑，辽东总兵官都督金事巫凯奏，九月中虏寇数入境劫掠，射伤官军，都指挥鲁得等守备不严，请治其罪。上敕责凯，罚鲁得俸两月，得以下罚有差。"（明）官修：《明宣宗实录》卷五十九，宣德四年十月辛丑条，台北："中央研究院"历史语言研究所，1962 年，第 1408—1409 页。

十二月癸巳："辽东总兵官都督金事巫凯奏，虏寇窃入铁岭广宁境内，劫掠人畜，都指挥鲁得、金声等不严守备，百户陈善等失于瞭望，皆当问罪。上命皆罚俸两月，失瞭者加笞五十，若再蹈前失，不宥。"（明）官修：《明宣宗实录》卷六十，宣德四年十二月癸巳条，台北："中央研究院"历史语言研究所，1962 年，第 1437 页。

宣德五年（公元 1430 年）

正月庚午："置辽东宁远卫于汤池，凡五千户所，以定辽中卫右所、定辽前卫中所、定辽卫后所、广宁中卫右后二所实之。其汤池上下六站，各增置一千户所，山海东关至高岭驿，设广宁前屯卫中前所；沙河驿至东关驿，设广宁前屯卫中后所；杏山驿至小凌河驿，设广宁中屯卫中左所；凌河驿至十三山驿，设广宁左屯卫中左所；东关驿至曹庄驿，设宁远卫中右所；连山驿至杏山驿，设宁远卫中左所。以辽东诸卫多余军士实之，不足则于内地附近诸卫拨补，官缺于诸卫剩员及广宁操备官内调补，从巡按御史包得怀所奏也。"（明）官修：《明宣宗实录》卷六十二，宣德五年正月庚午条，台北："中央研究院"历史语言研究所，1962 年，第 1472 页。

二月壬辰："敕辽东总兵官都督巫凯等曰：'野人女直朝觐，往复道路皆出辽东，尔等宜善加抚恤，毋令失所，亦须禁约下人，勿有所扰，庶不阻其归顺之心。'"（明）官修：《明宣宗实录》卷六十三，宣德五年二月壬辰条，台北："中央研究院"历史语言研究所，1962 年，第 1487 页。

四月："己卯，建川卫都指挥李满住等奏，欲于朝鲜市易，而朝鲜不纳。上遣敕谕之曰：'朝鲜国王素守礼法，其事朝廷小心敬慎，不与外交，于理为宜。尔等既受朝廷爵命，亦当禁绝外交，毋纵下人侵越邻境，若欲市易，听于辽东境上，不尔禁也。'"（明）官修：《明宣宗实录》卷六十五，宣德五年四月己卯条，台北："中央研究院"历史语言研究所，1962 年，第 1533—1534 页。

七月乙巳："辽东总兵官都督佥事巫恺奏，六月虏寇再犯境，官军追捕，被寇杀伤十三人，虏掠男妇十有五人、马牛八十有余，都指挥刘斌失机误事，请治其罪。上曰：'备御失机，罪皆当死，前宽宥止罚俸，今遂玩弛。敕恺等凡失机官旗皆杖之，降充军，令常瞭备，再犯必斩。'"（明）官修：《明宣宗实录》卷六十八，宣德五年七月乙巳条，台北："中央研究院"历史语言研究所，1962 年，第 1594 页。

八月："庚午，敕遣都指挥康旺、王肇舟、佟答剌哈，仍奴儿干都司，抚恤军民。又敕谕奴儿干海东囊阿里、吉列迷、恨古河、黑龙江、松华江、阿速江等处野人头目哥奉阿、囊哈奴等，令皆受节制。"（明）官修：《明宣宗实录》卷六十九，宣德五年八月庚午条，台北："中央研究院"历史语言研究所，1962 年，第 1615—1616 页。

十一月甲寅："行在户部奏辽东纳米赎罪例时，巡按御史陈毅言，辽东新设宁远等卫所，仓无储粟，宜将辽东都司所问罪囚纳米赎罪，以给军食。上命行在户部议，请除真犯死罪解京，其余杂犯，死罪纳米二十石，流罪一十五石，徒五等自十二石至八石，每等减一石，杖五等自六石至四石，每等减五斗，筥五等自三石至一石，亦递减五斗，限三月之内赴宁远等卫仓纳足，官吏无力纳米者如例解京，军人余丁就彼决遣。从之。"（明）官修：《明宣宗实录》卷七十二，宣德五年十一月甲寅条，台北："中央研究院"历史语言研究所，1962年，第1686—1687页。

十二月壬午："辽东总兵官都督佥事巫凯奏，鞑贼百余人入开原境内，又贼四十余人劫掠柴河等屯，备御都指挥邹溶遣指挥吴祯等哨探，遣都指挥佟答剌哈等率兵捕击，佟答剌哈遇贼遁，祯遇贼与战，被伤还，调都督指挥夏通同都督王真追贼，皆不及而还，其都指挥邹溶、佟答剌哈等官俱应治罪。上遣敕责凯曰：'此皆尔平昔不能规画守备之方，故在下者皆放肆不循号令，其邹溶、佟答剌哈等俱责死罪状，罚俸五月，如再失机不贷，其遇贼先回者治如律，战死者优赡其家，被伤者善抚恤之。'"（明）官修：《明宣宗实录》卷七十三，宣德五年十二月壬午条，台北："中央研究院"历史语言研究所，1962年，第1702—1703页。

宣德六年（公元1431年）

二月壬寅："把河卫指挥佥事哈剌来朝，奏愿居辽东安乐州，赐金织袭衣、彩币、钞、布，仍命辽东都司给房屋、器物如例。"（明）官修：《明宣宗实录》卷七十六，宣德六年二月壬寅条，台北："中央研究院"历史语言研究所，1962年，第1764页。

三月戊辰："毛怜卫所镇抚忽失剌来朝，奏愿居辽东东宁卫，赐金织袭衣、彩币、钞、布，仍命辽东都司给房屋、器物如例。"（明）官修：《明宣宗实录》卷七十七，宣德六年三月戊辰条，台北："中央研究院"历史语言研究所，1962年，第1784—1785页。

三月："戊子，升辽东东宁卫指挥使康政、定辽左卫指挥使巩真俱为辽东都司都指挥佥事，定辽右卫指挥佥事吴诚、定辽前卫指挥佥事张瓛、义州卫指挥佥事楚勇，俱署辽东都司都指挥佥事。上以政等能尽心抚恤军士、整饬兵马，故超任之，以励武臣。"（明）官修：《明宣宗实录》卷七十七，宣德六年三月戊子条，台北："中央研究院"历史语言研究所，1962年，第1799页。

七月："丁丑，巡按山东监察御史张政奏，开原备御都指挥邹溶私役军士及听纳粟买闲约及百人，请治其罪。上谓右都御史顾佐曰：'溶虽可罪，然善处多，今边将艰难，其宥之，但移文令改过，勿再犯。'"（明）官修：《明宣宗实录》卷八十一，宣德六年七月丁丑条，台北："中央研究院"历史语言研究所，1962 年，第 1879—1880 页。

八月辛丑："行在刑部奏，辽东百户张富、程记初从指挥皇甫斌巡边，猝遇寇围斌，而富等皆走匿不救，于律应斩。上曰：'姑宥其死，皆杖一百，降充军俾立功，如再失机，必斩不贷。'因谕刑部臣曰：'古人有用败将而成功者，昔皇祖亦为，朕使功不若使过，今姑宥之。'"（明）官修：《明宣宗实录》卷八十二，宣德六年八月辛丑条，台北："中央研究院"历史语言研究所，1962 年，第 1896 页。

宣德七年（公元 1432 年）

二月丁未："行在兵部奏，辽东宁远卫左千户所以一百户官军煎盐给军食，右千户所以一百户官军炒铁供军器，请铸印颁给。从之。"（明）官修：《明宣宗实录》卷八十七，宣德七年二月丁未条，台北："中央研究院"历史语言研究所，1962 年，第 2004—2005 页。

二月戊申："命东宁等卫千户李钦等赍敕往建州招谕。"（明）官修：《明宣宗实录》卷八十七，宣德七年二月戊申条，台北："中央研究院"历史语言研究所，1962 年，第 2005 页。

三月辛酉："辽东都司言，诸卫屯种耕牛初皆买于朝鲜，今牛多死缺用，遂遣内官昌盛等赍敕谕朝鲜国王李祹，赐以纻丝、纱罗、锦帛，令如永乐故事，选牛一万送辽东都司给军，仍遣员外郎李显运绢布五万匹偿其直。"（明）官修：《明宣宗实录》卷八十八，宣德七年三月辛酉条，台北："中央研究院"历史语言研究所，1962 年，第 2024 页。

三月壬戌："建州左卫指挥佥事凡察，以招抚远夷归附，升为都指挥佥事，且赐敕劳之。"（明）官修：《明宣宗实录》卷八十八，宣德七年三月壬戌条，台北："中央研究院"历史语言研究所，1962 年，第 2025 页。

五月："癸亥，敕辽东总兵官都督巫凯，广宁、开原马市所买牝马，可送辽东苑马寺孳牧，牛以给宁远诸卫所屯种，其余马驼皆送京师。"（明）官修：《明宣宗实录》卷九十，宣德七年五月癸亥条，台北："中央研究院"历史语言研究所，1962 年，第 2056 页。

五月："丙寅，以松花江造船军士多未还，敕海西地面都指挥塔失纳答、野人指挥头目葛郎哥纳等曰：'比遣中官亦失哈等往使奴儿干等处，令都指挥刘清领军松花江造船运粮，今各官还朝，而军士未还者五百余人，朕以尔等归心朝廷，野人女直亦遵法度，未必诱引藏匿，敕至即为寻究，遣人送辽东总兵官处，庶见尔等归向之诚。'"（明）官修：《明宣宗实录》卷九十，宣德七年五月丙寅条，台北："中央研究院"历史语言研究所，1962年，第2057页。

五月丙寅："辽东总兵官都督巫凯奏，有军卒二人逃往海西二十余年，诱引女直野人入寇，今皆就获，请斩以徇。上从之。因敕凯等曰：'人情岂乐从异类，此必有不得己者，如为将能抚恤之，动息以时，温饱得所，虽驱之不去。尔等勉之。'"（明）官修：《明宣宗实录》卷九十，宣德七年五月丙寅条，台北："中央研究院"历史语言研究所，1962年，第2057页。

八月："甲午，给镇守辽东军士马五千匹、守备开平等处军士马六百匹。时辽东总兵官都督巫凯、开平副总兵都督方政皆奏，官军原给马多因出哨而毙，请敕所司如数给补。于是，命北京行太仆寺以顺天府民所畜孳生马给之。"（明）官修：《明宣宗实录》卷九十四，宣德七年八月甲午条，台北："中央研究院"历史语言研究所，1962年，第2125页。

九月己未："辽东总兵官都督巫凯等、亦马忽山等卫指挥木答兀等来报，福余等三卫鞑军往掠阿鲁台，为阿鲁台所败，尽收其家口、辎重、牛马、田稼，三卫之人奔往海西，或在辽东境外，招之不来，间有来者语言诐张，已整饬军马备之，且送木答兀等六人诣京师。上曰：'虏贼谲诈，亦惟谨备之耳。'遂敕凯等严哨防，命行在礼部宴赉木答兀等。"（明）官修：《明宣宗实录》卷九十五，宣德七年九月己未条，台北："中央研究院"历史语言研究所，1962年，第2145页。

九月己巳："札肥河卫女直指挥佥事牙失答等奏，愿居辽东自在州，赐金织袭衣、钞、布有差，仍命辽东都司给房屋、器物如例。"（明）官修：《明宣宗实录》卷九十五，宣德七年九月己巳条，台北："中央研究院"历史语言研究所，1962年，第2153页。

九月甲申："辽东总兵官都督巫凯奏，前有敕令海西地面都指挥塔失纳答等追取造船逃军五百余人，凡野人女直所匿者，皆已追还，余山寨头目剌令哈等多隐匿不还，请领兵追索。上曰：'以兵临之，恐害及无辜，且谕以祸福，彼当悔悟，如又不悔，发兵未晚。'"（明）官修：《明宣宗实录》卷九十五，宣德七年九月甲申条，台北："中央研究院"历史语言研究所，1962年，第 2162 页。

宣德八年（公元 1433 年）

二月："庚寅，迤北和宁王阿鲁台遣使自辽东入贡，报至，上敕辽东总兵官都督巫凯等曰：'往年虏使皆自大同、宣府入境，今迂路从辽东入，或欲窥觇作过，不可不虑，宜谨备之。'"（明）官修：《明宣宗实录》卷九十九，宣德八年二月庚寅条，台北："中央研究院"历史语言研究所，1962 年，第 2220 页。

二月戊申："敕建州左卫掌卫事右都督猛哥帖木儿、都指挥使凡察等，令以初随杨木答兀漫散官军悉送京师。"（明）官修：《明宣宗实录》卷九十九，宣德八年二月戊申条，台北："中央研究院"历史语言研究所，1962 年，第 2230 页。

二月："辛亥，兀者、肥河等卫奏，和宁王阿鲁台部众数经其地，恐其侵扰，欲以兵拒之。上曰：'虏逐水草求活耳，拒之非是。'遣敕谕之曰：'朕尝敕和宁王，令戒饬部属，毋扰邻境，尔亦宜约束部下，谨守地方，彼来扰则御之，不扰亦勿侮之。'"（明）官修：《明宣宗实录》卷九十九，宣德八年二月辛亥条，台北："中央研究院"历史语言研究所，1962 年，第 2232 页。

五月："辛巳，朝鲜国王李裪奏，叛虏杨木答兀屡寇掠其边境。上敕裪严兵备，至则杀之，仍敕辽东总兵官都督巫凯谨边防。"（明）官修：《明宣宗实录》卷一百零二，宣德八年五月辛巳条，台北："中央研究院"历史语言研究所，1962 年，第 2291 页。

六月癸未："辽东总兵官都督巫凯奏，朝鲜国擅攻建州卫，请诘问之。先是朝鲜国王奏，毛怜、建州之人诈为忽剌温野人装束，凡四百余骑，犯朝鲜边境，劫杀军民。建州、毛怜二卫亦奏，忽剌温野人头目木答兀等掠朝鲜人口，遇朝廷所差内官，已追还之。朝鲜谓实建州所为，故加以兵。上遣人赍敕谕朝鲜国王李裪及忽剌温野人头目木答兀等、建州、毛怜二卫官曰：'天之于物，必使各遂其生，帝王于人亦欲使各得其分，今尔等皆受朝命而乖争侵犯，为之不已，岂是享福之道！朕为天下主，所宜矜恤，敕至宜解怨释仇，改过迁善，各还所掠，并守封疆，安其素分，庶上天降康，福禄悠久。'至是，凯复奏其事。上曰：'远夷争竞，是非未明，岂可偏听，遽有行遣？宜待使还议之，敕凯但谨边备而已。'"（明）官修：《明宣宗实录》卷一百零三，宣德八年六月癸未条，台北："中央研究院"历史语言研究所，1962 年，第 2293—2294 页。

闰八月乙亥："奴儿干喜申卫吉列迷车卜来朝，奏愿居辽东东宁卫，命为百户，赐金织袭衣、钞、布，仍命辽东都司给房屋、器物如例。"（明）官修：《明宣宗实录》卷一百零五，宣德八年闰八月乙亥条，台北："中央研究院"历史语言研究所，1962年，第2353页。

九月甲寅："建州卫指挥佥事哈剌来朝，奏愿居辽东安乐州，赐金织袭衣、钞、布，仍命辽东都司给房屋、器物如例。"（明）官修：《明宣宗实录》卷一百六，宣德八年九月甲寅条，台北："中央研究院"历史语言研究所，1962年，第2372—2373页。

十一月庚午："巡按山东监察御史张聪言，辽东之地，南拒倭寇，东连高丽，北控胡虏，为国家藩维，兵政不可不修，备御不可不严，递年军卫头目耽于宴安，忽于边务，谨陈所宜四事。一曰：军士在戍者少，亡匿者多，皆因军官贪虐所致，其山海守关之人，不惟失于盘诘，且有容纵之私，是以卒伍旷缺，边卫空虚，乞敕军卫修举兵政，守法奉公，仍选老成公廉文官，镇守山海，设法盘诘巡捕。二曰：各卫官旗畏避管事，往往托以公差、操备、招谕等项为由，有将百户所印令聪小旗署掌，又别选小旗作管营名目，那移作币，搯克军士，逼令亡匿，除从实公差之外，乞严勘其余官旗，非要切差遣者，选军代回视事，不许擅立名色，剥削害军。三曰：海州卫官军旧有定数，今阅教场，全废操练，守门者止二三人，守山海关者仅五六人，又南海口旧置官军一百三十人，今存者惟老疾军五人，比询指挥使俞通等，皆称各军俱有差遣，苟且支吾，乞令兵部计议，定夺守城把关及操练正军实数，时常操习阅视，以固守城池关隘。四曰：辽东军士多以罪谪戍，往往有亡匿者，皆因编发之初，奸顽之徒改易籍贯，至卫即逃。比及勾追，有司谓无其人，运伍遂缺，乞敕镇守辽东及都司官，查录诸卫逃军姓名籍贯，送都督府、兵部清理改正，以凭勾取，今后凡有发充军者，部府审实造册，类发都司，别填勘合，遣人管解，照册审实收发，定卫充军，而以发过卫所造册回报兵部，以具得罪充军之由，及其所戍卫所移文原籍官司，庶使奸弊禁革，军无埋没。悉从之。"（明）官修：《明宣宗实录》卷一百零七，宣德八年十一月庚午条，台北："中央研究院"历史语言研究所，1962年，第2401—2403页。

宣德九年（公元1434年）

二月戊辰："升辽东都指挥佥事裴俊为都指挥同知，余指挥、千百户答隆哈等升职有差，以招谕远夷功也。"（明）官修：《明宣宗实录》卷一百零八，宣德九年二月戊辰条，台北："中央研究院"历史语言研究所，1962年，第2428—2429页。

二月癸酉："升建州左卫都指挥佥事凡察为都督佥事，仍掌卫事，余升秩有差。先是，遣都指挥裴俊往斡木河招谕，遇寇与战，而众寡不敌，凡察等率众往援，杀贼有功，故超升之。"（明）官修：《明宣宗实录》卷一百零八，宣德九年二月癸酉条，台北："中央研究院"历史语言研究所，1962年，第2432页。

四月庚申："建州左卫都督佥事凡察奏，去年野人木答忽、木冬哥、哈当加等纠合七姓野人寇掠，杀死都督猛哥帖木儿及其子阿古等，尽取其财，请发兵问罪。上谕侍臣曰：'彼之相雠乃常事，朕岂应疲中国之力为远夷役乎？'遂遣指挥佥事施者颜帖木儿等赍敕，同建州左卫指挥同知札剌儿往谕木答忽等祸福，且赦其罪，凡所掠人马赀财，悉令追还，仍令与凡察解仇通好，则永享太平，不然天道祸淫，无所逃避。"（明）官修：《明宣宗实录》卷一百一十，宣德九年四月庚申条，台北："中央研究院"历史语言研究所，1962年，第2466页。

八月戊申："可令河卫指挥佥事伯里哥秃来朝，奏愿居辽东东宁卫，从之，赐金织袭衣、彩币、钞、布，仍命辽东都司给房屋、器物如例。"（明）官修：《明宣宗实录》卷一百一十二，宣德九年八月戊申条，台北："中央研究院"历史语言研究所，1962年，第2511页。

十一月："己卯，近臣自辽东还，言外夷多以幼男女易米于辽东者，官军得之，他日往来交通，漏泄边事，请禁止。上曰：'此必饥寒所迫，故割爱以求活，禁止必至失所。'遂敕辽东总兵官都督巫凯等，凡夷人有鬻男女者，官给与直，男女悉送京师育之。"（明）官修：《明宣宗实录》卷一百一十四，宣德九年十一月己卯条，台北："中央研究院"历史语言研究所，1962年，第2566页。

十一月壬午："失里木卫指挥佥事款夫来朝，奏愿居辽东开原自效，从之，赐金织袭衣、彩币、钞、布，仍命辽东都司给房屋、器物如例。"（明）官修：《明宣宗实录》卷一百一十四，宣德九年十一月壬午条，台北："中央研究院"历史语言研究所，1962年，第2567页。

十一月："庚寅，上初闻木兰河等卫指挥兀苦里等言，黑龙江七姓野人议侵朝鲜。至是，朝鲜使还，赐敕谕国王令戒，饬守将严为之备，并以备倭官军所得朝鲜人归之。"（明）官修：《明宣宗实录》卷一百一十四，宣德九年十一月庚寅条，台北："中央研究院"历史语言研究所，1962年，第2569页。

是年："建州卫猛哥帖木儿为七姓野人所杀。"国立东北大学编：《东北要览》，国立东北大学出版组，1944年，第14页。

宣德十年（公元 1435 年）

正月甲戌："敕辽东总兵官都督佥事巫凯及掌辽东都司都督佥事王真、镇守太监王彦、阮尧民、门副、杨宣等，凡采捕、造船、运粮等事悉皆停止，凡带去物件，悉于辽东官库内寄收，其差去内外官员人等，俱令回京，官军人等各回卫所看役，尔等宜用心抚恤军士，严加操练，备御边疆，以副朝廷委任之重。"（明）官修：《明宣宗实录》卷一百一十五，宣德十年正月甲戌条，台北："中央研究院"历史语言研究所，1962年，第2597—2598页。

二月戊申："毛怜卫都督撒满答失里及建州卫都指挥李满住等遣使奏：忽刺温境内野人那列秃等率众至那颜寨，劫掠人畜财物。上命其使赍敕谕那列秃曰：'尔与毛怜、建州，俱属朝廷统治，宜各安分守法，以保境土。尔何为辄敢肆暴虏掠，敕至，尔等即将掳去人马财物如数发还，庶免后患。继今尔等尤宜敬遵国法，相与和好，毋肆侵渔，自取祸殃，尔其省之、慎之。'"（明）官修：《明英宗实录》卷二，宣德十年二月戊申条，台北："中央研究院"历史语言研究所，1962年，第42页。

三月戊子："遣敕谕阿速江等卫野人头目弗答哈等，责还原虏建州左卫人马财物。先是建州左卫都督佥事凡察奏，被阿速江等卫杀其兄猛哥帖木儿等，并掠去人马财物，请兵剿捕。宣宗皇帝谓兵部臣曰：'蛮夷仇杀，习俗则然，不必勤兵，但遣使赍敕往谕，俾还所掠。'使回未报，至是，上复有是命。"（明）官修：《明英宗实录》卷三，宣德十年三月戊子条，台北："中央研究院"历史语言研究所，1962年，第72—73页。

五月乙亥："行在兵部奏，辽东总兵官都督巫凯欲将广平、开原二处所市马匹上等者送京师，中等、下等者给军士充战马，其不中者给屯种军，余牧养种马送辽东苑马寺，乞如其请。上从之。"（明）官修：《明英宗实录》卷五，宣德十年五月乙亥条，台北："中央研究院"历史语言研究所，1962年，第99—100页。

五月："辛巳，升毛怜卫都督金事撒满答失里为都督同知，建州卫指挥金事木答兀为指挥同知，以招谕远夷功也。"（明）官修：《明英宗实录》卷五，宣德十年五月辛巳条，台北："中央研究院"历史语言研究所，1962年，第103页。

六月："戊午，遣使敕建州等卫都指挥李满住等曰：'比得辽东总兵官巫凯奏，尔遣指挥黄启奴儿等赍文来言，乞取回东宁卫复业各寨人口，具见尔之忠诚。敕至，尔等即遣人送还原卫复业，庶不负我国家恩待尔等之意。'"（明）官修：《明英宗实录》卷六，宣德十年六月戊午条，台北："中央研究院"历史语言研究所，1962年，第123页。

七月庚辰："辽东总兵官都督同知巫凯奏：先差土官千户刘与等赍敕往海西，责还原虏松花江军余马匹器械等物。与还言，其族类尚多，猝难遍历。上复降敕，晓谕二十九姓野人，仍戒凯慎遣赍敕人员，毋起边衅。"（明）官修：《明英宗实录》卷七，宣德十年七月庚辰条，台北："中央研究院"历史语言研究所，1962年，第136页。

七月癸巳："辽东边境被达贼杀伤官军，抢虏孳畜。上敕总兵官都督同知巫凯等曰：'此贼纵横出没，所害非轻，其失机失瞭官军，俱令立功赎罪，若无功，如律治之。'"（明）官修：《明英宗实录》卷七，宣德十年七月癸巳条，台北："中央研究院"历史语言研究所，1962年，第143页。

八月庚子："辽东总兵官都督同知巫凯奏：阙神统等军器，并各驿递铺舍相去窎远，难于赍运。上以辽东极边，军器不可少阙，驿递既远，人力何堪，即命所司速治之。"（明）官修：《明英宗实录》卷八，宣德十年八月庚子条，台北："中央研究院"历史语言研究所，1962年，第151页。

八月己酉："辽东总兵官都督同知巫凯言边情八事。一、虏寇犯边，将欲歼灭，必广召募，有能奋力报效生擒斩首，请旌赏激劝，在阵亡故者优恤其家。一、操备官军盔甲兵器，岁久敝坏，赴京换给，恐误防御，请差官总领，恐途军民衙门递送给用，军士御寒仍如口北例，给毛袄赐之。一、军士冬衣布花不得全给，每岁运至金州卫、旅顺口，途路窎远，请如洪武中例全给之，仍令山东登州卫以海运，船定立程限，运于各卫中分之处，以便给赏。一、官军俸粮，每石折钞一十五贯，资给不敷，请不拘常例，量益其数。一、军官口粮、马匹豆料，近因减省食用不给，请依旧例，口粮月给五斗，豆料日给四升。又宣德十年在京官军俱蒙赏赉，附近通州左右定边、蓟州、永平、山海、隆庆、涿鹿诸卫，俱在辽东操备，请依在京官军例一体赏之。一、兀良哈三卫达子，并海西野人女直等远来朝贡，近奉敕撙节，止许二三人，多不过二十人，其余从人悉留关外，其间孽寇蒙恩既久，一旦沮尼，必生疑惑，请自今外夷慕义，悉听来朝。一、广宁等卫仓盐粮已有则例，近因岁歉，米豆艰得，客商趋赴者少，边储不充，请敕该部量轻则例召商实边。上皆从其请，阵亡者升用，其纪录代役之人，正赏之外，仍益其半，无纪录代役者，母妻幼女亦倍赏之，无功者亦给米二石、布二匹，通州等卫赏赉，欲比在京官军，所司言无例。上曰：'边兵操备岁久，劳苦必甚，岂可拘以常例，其速发内帑给之。'"（明）官修：《明英宗实录》卷八，宣德十年八月己酉条，台北："中央研究院"历史语言研究所，1962 年，第 154—156 页。

十一月："己巳，敕辽东总兵官都督同知巫凯等曰：'比得太监亦失哈奏，拟将原赐奴儿干物件停贮边库者，给赏招来夷人，已从其言。今尔等又言，亦失哈复自备，并假贷官下财帛充赏，是将以有限之财供无厌之欲，殊非制驭外夷之良策也。尔等但宜作士气、谨边防，使有备无患，余事不许擅行。'"（明）官修：《明英宗实录》卷十一，宣德十年十一月己巳条，台北："中央研究院"历史语言研究所，1962 年，第 201 页。

十一月："庚午，行在刑科给事中陈枢奉敕往辽东选军，还言九事。一、辽东地方广阔，烟墩数少，贼寇入境，卒难瞭备，乞于要害处增设，以便守望。一、递年抵罪充军囚人，编发辽东者不下数千人，往往逃亡，每遇差官巡视，冒名应代，乞令兵部差人勾取，以实行伍。一、凡遇声息，调遣军马，官旗、什物俱令马军附带，骑坐行数十里辄已困乏，何以御寇？乞严加禁约。一、各处城堡，军士月粮于他处关支，动辄百里，乞令屯军每于秋成之后，运赴本处城堡，以便支给。一、自山海关至宁远卫一路，山木阴翳，贼人或时藏伏，乞将辽东罪囚量其轻重，以伐其木。一、行在户部招商纳米，中盐因其额重，趋之者少，乞量减升斗，多招中纳，以广储蓄。一、盐商纳米，多赇所司，滥恶兼收，军人不蒙实惠，乞差官盘验，以革奸弊。一、辽东都司勾军官旗，年久不回，间有回者，多饰虚文，略无人丁到卫，乞严加比较，以杜奸伪。一、总兵官巫凯、副总兵曹义，各事偏徇，不务协和，致使下人难于奉行，乞敕各官同心协虑，以理边务。上览所言，即令该部计议以闻，且曰：'巫凯、曹义偏徇不和，何以成功？降敕切责之。'"（明）官修：《明英宗实录》卷十一，宣德十年十一月庚午条，台北："中央研究院"历史语言研究所，1962 年，第 201—203 页。

十一月："癸酉，复遣敕谕海西各卫野人女直都指挥头目人等，令钤束诸夷，毋容造祸，以辽东守臣累奏其来扰边，故也。"（明）官修：《明英宗实录》卷十一，宣德十年十一月癸酉条，台北："中央研究院"历史语言研究所，1962 年，第 204—205 页。

十二月庚申："都督同知巫凯奏：沈阳备御官军守望不严，以致达贼入境侵掠。上曰：'辽东官军不为不多，而达贼屡入为寇，皆尔总兵等官偷惰所致。即命兵部责取失机失瞭官死罪状，住俸一年，令立功以赎。"（明）官修：《明英宗实录》卷十二，宣德十年十二月庚申条，台北："中央研究院"历史语言研究所，1962 年，第 225 页。

正统元年（公元 1436 年）

正月："甲戌，辽东操备都指挥孙安奏，各卫粮料，俱本处屯种自给，今屯军艰难，所欠官粮宜俟秋收补纳，又欲量减广宁以东屯田分数。事下行在户部覆奏，行总兵官都督巫凯定夺以闻。"（明）官修：《明英宗实录》卷十三，正统元年正月甲戌条，台北："中央研究院"历史语言研究所，1962 年，第 230—231 页。

三月丙申："宥开原备御都指挥邹溶、裴俊等罪。时镇守辽东总兵官都督巫凯奏，溶等不严哨备，以致达贼入境，杀伤军人，虏掠孳畜，请罪之。上宥溶等罪，住俸三月，其余失机失瞭官军，执问如律。"（明）官修：《明英宗实录》卷十五，正统元年三月丙申条，台北："中央研究院"历史语言研究所，1962 年，第 301 页。

六月乙巳：" 辽东总兵官都督同知巫凯奏：'五月，胡寇百余骑犯抚顺三角山屯，虏掠人畜，备御都指挥裴俊等分率官军追至苦伦岭，数战败之，斩首三，获马五十余及盔甲弓矢，尽复其所掠。俊等已蒙加秩给赐，其各墩官旗失瞭，乞正其罪。'上命总兵镇守官逮治之。"（明）官修：《明英宗实录》卷十八，正统元年六月乙巳条，台北："中央研究院"历史语言研究所，1962 年，第 355 页。

六月庚戌："谪辽东都指挥使刘清等戍边。清等领官军护船料、粮米往松花江，为女直人所掠，法司拟死，并追其粮料。而清等贫乏无征，上宥之命，戌甘肃。"（明）官修：《明英宗实录》卷十八，正统元年六月庚戌条，台北："中央研究院"历史语言研究所，1962 年，第 359 页。

闰六月壬午："敕辽东总兵官都督同知巫凯等曰：'今得建州卫都指使金事李满住奏，原奉恩命在婆猪江住坐，近被忽剌温野人侵害，欲移居辽阳草河，朕未知有无妨碍，尔等宜计议安置处所，毋弛边备，毋失夷情。'"（明）官修：《明英宗实录》卷十九，正统元年闰六月壬午条，台北："中央研究院"历史语言研究所，1962 年，第 379 页。

十二月辛巳："增给辽东操备军士布花。先是内地军士岁给冬布二匹、钞三锭、绵花一斤八两，辽东军士给布四匹，花如内地例。至是，内地军士有赴辽东操备者，以艰苦自陈。事下行在户部覆奏，上命岁给布四匹、花三斤。"（明）官修：《明英宗实录》卷二十五，正统元年十二月辛巳条，台北："中央研究院"历史语言研究所，1962 年，第 503 页。

正统二年（公元 1437 年）

二月："辛酉朔，命建州左卫指挥李兀黑赍敕谕其头目都督凡察等曰：'得李兀黑奏，尔等居邻朝鲜，数被其国人侵扰，且言欲遵先敕移建州卫，又被朝鲜沮之。然朝鲜国自先朝恪守法度，事上交邻未尝违理，恐未必然。诚如尔言，宜迁建州，果复尔阻，具实来闻，朕为处之。盖朝鲜国与尔等皆朝廷之臣，惟睦邻守境，而相和好，是朕一视同仁之心也。尔其体之。'"（明）官修：《明英宗实录》卷二十七，正统二年二月辛酉条，台北："中央研究院"历史语言研究所，1962 年，第 531 页。

二月丁丑："建州卫女直指挥失里不孙奏，愿居辽东安乐州自效，赐钞、布、纻丝、袭衣，仍命有司给俸米、牛马、柴薪、房屋、器皿。"（明）官修：《明英宗实录》卷二十七，正统二年二月丁丑条，台北："中央研究院"历史语言研究所，1962 年，第 543 页。

三月乙卯："辽东都司定辽前卫指挥金事毕恭言五事。一、自海州卫至沈阳中卫，宜于其间分作四处，量地远近，筑置堡墩，调发官军往来巡哨，于要路布撒钉板、铁蒺藜，绝贼归路，会合追击，庶得以防护屯种。一、沈阳蒲河铺、铁岭汛河铺二处中空，宜设二千户所，将逐年发去新军编立旗甲管领，暂于都司城内卫分带管屯操，候数足，于所设二千户所修筑城堡屯守。一、屯田官军止知屯种，卒遇贼人，略无堤备，欲编成队伍，关领盔甲兵器，昼则摘人瞭望，夜则伏路巡更，倘遇贼人，相机剿杀。一、辽东属卫军器，先因征操损弃，洪熙元年奏准造完，军士关领。今定辽左等六卫报缺军器，及少青甲、布面表里，却于在卫军士科敛，请令该部查究。一、辽东属卫军器，除盔甲、枪、刀、箭岁用，库收布铁，地产物料，造办其弓张弦条，合用筋、角、漆、鳔彩线，原无出产，不曾造办，请令该部于京库支运漆弓二万张、弦四万条，给与沿边军士操备。上命兵部及总兵等官议行。"（明）官修：《明英宗实录》卷二十八，正统二年三月乙卯条，台北："中央研究院"历史语言研究所，1962年，第569—570页。

五月："辛卯，升建州卫指挥佥事金家奴为指挥同知，副千户牙失为指挥佥事，百户七十、所镇抚阿不栾俱为副千户。时金家奴等来朝贡，上嘉其诚，故加秩并降敕谕之。"（明）官修：《明英宗实录》卷三十，正统二年五月辛卯条，台北："中央研究院"历史语言研究所，1962年，第593页。

五月壬寅："命都督同知李撒满答失里仍掌毛怜等卫事。撒满答失里，女直人，祖阿哈出，永乐中赐姓名李诚善。父莽哥不花，累官至都督同知，继掌毛怜等卫。及是撒满答失里来朝，自陈世受国恩，欲居京自效。上嘉其忠诚，锡赉有加。以其世居塞外，部属相安，仍令抚绥其众，以捍边围。赐敕谕遣之。"（明）官修：《明英宗实录》卷三十，正统二年五月壬寅条，台北："中央研究院"历史语言研究所，1962年，第598页。

八月戊辰："辽东副总兵都督佥事曹义奏：宁远卫指挥葛敬等失机，纵达贼入境虏掠。上曰：'敬等本当治罪，姑宥死降职，令听差操。'"（明）官修：《明英宗实录》卷三十三，正统二年八月戊辰条，台北："中央研究院"历史语言研究所，1962年，第641—642页。

九月丙申："给辽东等处边军及居庸关等驿马五千四百余匹。"（明）官修：《明英宗实录》卷三十四，正统二年九月丙申条，台北："中央研究院"历史语言研究所，1962年，第661页。

十月甲子："以定辽前卫原买马绢三万七千七百余匹，籴米备军储。"（明）官修：《明英宗实录》卷三十五，正统二年十月甲子条，台北："中央研究院"历史语言研究所，1962年，第679页。

十一月戊戌："建州左卫都督猛可帖木儿子童仓奏：'臣父为七姓野人所杀，臣与叔都督凡察，及百户高早化等五百余家潜住朝鲜地，欲与俱出辽东居住，恐被朝鲜国拘留，乞赐矜悯。'上敕朝鲜国王李祹，俾将凡察等家送至毛怜卫，复敕毛怜卫都指挥同知郎卜儿罕，令人护送出境，毋致侵害。"（明）官修：《明英宗实录》卷三十六，正统二年十一月戊戌条，台北："中央研究院"历史语言研究所，1962 年，第 701—702 页。

十二月乙亥："敕辽东总兵官都督巫凯等曰：'得奏战守方略，具悉卿等尽心，然曩言兀良哈三卫达子并海西野人女直来朝，不从戒谕，且出悖言，朕以卿等握重兵镇边陲，于兹小丑不能以礼法制之，况大敌乎？若然，则所画方略将何所施？古云，非言之艰，而行之艰，卿其勉哉。'"（明）官修：《明英宗实录》卷三十七，正统二年十二月乙亥条，台北："中央研究院"历史语言研究所，1962 年，第 718 页。

正统三年（公元 1438 年）

正月己亥："赐辽东定辽中等卫千户董源等钞布，以招集逃军功也，因著为令。"（明）官修：《明英宗实录》卷三十八，正统三年正月己亥条，台北："中央研究院"历史语言研究所，1962 年，第 737 页。

正月癸丑："敕建州左卫都督凡察及故都督猛哥帖木儿子指挥董山曰：'往闻猛哥帖木儿为七姓野人戕害，掠去原降印信，宣德年间又复颁降，令凡察掌之。前董山来朝，云旧印已获。近凡察来朝，又奏欲留新印，一卫二印，于法非宜。敕至，尔等即协同署事，仍将旧印遣人送缴，庶几事体归一，部属信从。'"（明）官修：《明英宗实录》卷三十八，正统三年正月癸丑条，台北："中央研究院"历史语言研究所，1962 年，第 746—747 页。

二月："戊寅，遣敕谕建州卫都指挥李满住等曰：'得奏，知朝鲜人马无故杀戮尔农人，尔亦率众往彼，必屯城雠杀，朕惟朝鲜与尔接境，尔能睦邻通好，彼岂贼害无辜？况角力争强，甚非保境安民长策。尔继今宜遵守法度，钤束部属，各守尔土，毋相侵犯，以称朕一视同仁之意。'"（明）官修：《明英宗实录》卷三十九，正统三年二月戊寅条，台北："中央研究院"历史语言研究所，1962 年，第 761 页。

六月丁卯："宥守备铁岭卫奴儿干都司都指挥同知康福、铁岭卫指挥佥事张忞死罪，降充为事官，仍于本处哨备，以福等失于哨瞭，致贼入掠故也。"（明）官修：《明英宗实录》卷四十三，正统三年六月丁卯条，台北："中央研究院"历史语言研究所，1962 年，第 839—840 页。

六月戊辰："建州卫掌卫事都指挥李满住遣指挥赵歹因哈奏：旧住猪婆江，屡被朝鲜国军马抢杀，不得安稳，今移住灶突山东南浑河上，仍旧与朝廷效力，不敢有违。又奏故叔猛哥不花任都督同知，曾掌毛怜卫事，其卫印被指挥阿里占藏不与。今猛哥不花男撒满答失里袭职，仍掌卫事，乞给与印信，以便朝贡奏事，阿里印信不许行用。事下行在礼部、兵部议，浑河水草便利，不近边城，可令居住。阿里见住毛怜卫，部下人众，宜与印信。撒满答失里住建州卫，与毛怜卫隔远，又无部下，难与印信，其朝贡奏事，宜令李满住给与印信文书为便。从之。"（明）官修：《明英宗实录》卷四十三，正统三年六月戊辰条，台北："中央研究院"历史语言研究所，1962年，第840—841页。

八月："丙子，命以辽东岁积余剩冬布绵花，折作官军俸粮，从诸卫奏请也。"（明）官修：《明英宗实录》卷四十五，正统三年八月丙子条，台北："中央研究院"历史语言研究所，1962年，第881页。

十月丙子："以斩获达贼功，赐辽东广宁卫官旗军余绢布有差。"（明）官修：《明英宗实录》卷四十七，正统三年十月丙子条，台北："中央研究院"历史语言研究所，1962年，第919页。

正统四年（公元1439年）

闰二月甲申："初，巡抚辽东左副都御史李濬奏：辽东征哨军士所被青甲，已经二十余年，其间修坏补废，不免扰军。臣以辽东各库绵布、绵花、官铁各数十万，请给造新钉线青甲，其旧者修之，以给屯军。事下行在工部，移文总兵等官会议，称便。从之。"（明）官修：《明英宗实录》卷五十二，正统四年闰二月甲申条，台北："中央研究院"历史语言研究所，1962年，第993—994页。

四月丁亥："初，建州等卫都指挥李满住等奏：都督凡察、指挥童仓等听朝鲜招引叛去，有诏追索，朝鲜国王李祹上奏自明，并陈述累朝安边诏敕。上赐敕谕之曰：'得奏，李满住等虚捏奏情，及曾有敕谕，听令童仓、凡察等仍在镜城地面居住，等因具悉。朕惟王之父子世守礼法，永笃忠诚，童仓、凡察等既在彼安生乐业，不必般移。王更宜戒饬其安分守法，勿作非为，以累王之令德。'"（明）官修：《明英宗实录》卷五十四，正统四年四月丁亥条，台北："中央研究院"历史语言研究所，1962年，第1038页。

四月己丑："敕辽东都司卫所，凡祭祀合用仪物，俱照洪武定制，支官钱两平收买，不许科敛害人，从署都指挥金事毕恭言也。恭又奏，鞑子、海西野人女直归自京师，道过边境，辄以所得彩币或驽马市耕牛及铜铁器皿，臣以耕牛边人所恃以为生，而铜铁器外夷所资以为用，乞禁勿与市。上可其奏，谕总兵巡抚等官禁之，敢有犯者，治罪不宥。"（明）官修：《明英宗实录》卷五十四，正统四年四月己丑条，台北："中央研究院"历史语言研究所，1962年，第1039页。

八月庚寅："增辽东瞭边军士口粮。时军士无家属在卫者，止给口粮三斗，及差出守瞭，不复增给。巡抚辽东副都御史李濬言，此等军士别无家属供给，遇差宜增给口粮二斗，庶不失所。比其回卫，仍旧支给。从之。"（明）官修：《明英宗实录》卷五十八，正统四年八月庚寅条，台北："中央研究院"历史语言研究所，1962年，第1115页。

八月乙未："敕辽东总兵官都督金事曹义等曰：'今辽东境外女直野人诸卫，多指进贡为名，往往赴京营私，且当农务之时，劳扰军民供送。今因其使臣回卫，已遣敕谕之，如系边报，不拘时月，听其来朝。其余进贡袭职等事，许其一年一朝，或三年一朝，不必频数。其有市易生理，听于辽东开原交易，不必来京。如仍数遣使，尔等询察，即令退回，脱有违碍，仍奏定夺。庶几不扰军民，亦不失远人归向之意。"（明）官修：《明英宗实录》卷五十八，正统四年八月乙未条，台北："中央研究院"历史语言研究所，1962年，第1117—1118页。

八月壬寅："辽东总兵官都督金事曹议奏：广宁卫魏家岭地方有鞑靼数百，云是福余卫都指挥俺出歹都下千户古里纳等前来捕猎，已调都指挥金事唐春等率军一千分布广宁迤北，潜伏堤备，如其犯边，相几剿杀。上以虏人多诈，其言难信，命行在兵部仍移文沿边守御官，昼夜严督哨备。"（明）官修：《明英宗实录》卷五十八，正统四年八月壬寅条，台北："中央研究院"历史语言研究所，1962年，第1123—1124页。

正统五年（公元1440年）

四月："乙未，敕辽东总兵官都督金事曹义曰：'得奏，言建州卫都指挥李满柱与福余卫鞑靼互相盗马，夫夷虏雠杀为盗，循习旧俗，无足怪者。自古帝王顺其情以为治，使彼不为边患即已，不能保其族类皆善也。况彼力有强弱，情有真伪，我若悉制以法，未必能服心。或其不从，则事有不可已者。大抵为将守边，以备御抚绥为急，自今有若此者，但当以善道谕之。'"（明）官修：《明英宗实录》卷六十六，正统五年四月乙未条，台北："中央研究院"历史语言研究所，1962年，第1276—1277页。

九月："庚子朔，敕谕朝鲜国王李祹曰：'比者尔奏凡察诱侄童仓逃住建州，虑其与李满住同谋生衅，侵扰本国，朕遣敕谕凡察等，仍还镜城守父境土，如其回还，王宜解释旧怨，宽以抚之，仍敕守边军民毋使侵扰。朕又虑其疑惧不还，已敕李满住等严加戒饬，不许纤毫有犯。若其不顺天道，不遵朝命，自生衅端，天灾人祸必不免矣。王为朝廷东藩，宜体朕至怀。'复谕建州左卫都督凡察等曰：'朝鲜国王与尔等皆朝廷臣子，往者以尔等迁徙不常之故，累谕李祹善待尔等，祹皆奉朝命不敢有违。尔等既奉敕居镜城，今乃无故擅自迁徙，致祹疑虑，皆尔之过，今已悉置不问，敕至，尔等即领部属人口头畜复还镜城居住牧放，仍与朝鲜永敦和好，毋怀小忿，辄有侵轶。朕已再遣敕谕祹，令其仍善待尔等。如尔等不愿回还镜城，愿与李满住等同处，亦听其便，不许故生衅端，侵轶邻境，以取罪愆。'"（明）官修：《明英宗实录》卷七十一，正统五年九月庚子条，台北："中央研究院"历史语言研究所，1962年，第1369—1370页。

九月己未："敕谕建州左卫都督凡察等曰：'向已敕尔等回朝鲜镜城居住，今总兵镇守官又奏，尔等已离朝鲜镜成，同原叛土军马哈剌等四十家来至苏子河，家口粮食艰难，今已敕辽东总兵官曹义等安插尔等于三土河及婆猪江迤西、冬古河两界间，同李满住居处。尔等若果粮食艰难，即将带回男妇口数从实报与总兵镇守官，给粮接济，听尔自来关给。其土军马哈剌四十家，已赦其前逃叛之罪，仍令各带家口回三万卫，着役照旧关与月粮养赡，不许再犯。尔等既改过复归，须要始终一心敬顺天道，不许复怀二三之意，尤宜约束所部人谨守朝廷法度，自在耕牧，安分生理，永享太平之福，毋仍侵犯邻境，以取罪愆。'"（明）官修：《明英宗实录》卷七十一，正统五年九月己未条，台北："中央研究院"历史语言研究所，1962年，第1383—1384页。

十一月乙丑："敕谕朝鲜国王李祹曰：'得奏，凡察等逃居建州李满住所，虑其生衅扰边，朕即遣敕谕凡察等仍还镜城，如其怀疑不还，听与李满住同处，但不许侵犯王之边境，盖以小人去就，不足为重轻也。今凡察等奏，将率众还，为王军马追逐抢杀，内有一百七十余家，阻当不放。朕惟凡察疑惧不还，此小人之心，无足怪者，而使其父子兄弟夫妇离散，情则可悯。此或下人所为，王不知也。敕至，可遣人核实，果有所遣人民一百七十余家，即遣去完聚。如凡察妄言，或其人在彼不欲去者，王善加抚恤，俾遂其生，亦用奏来。'并谕建州左卫都督凡察、指挥董山曰：'比尔凡察奏，本卫印为七姓野人抢去，朝廷给与新印。后董山来朝，奏已赎回旧印。凡察来朝，又请留新印。已允所言，令凡察暂掌新印，与董山同署卫事，遣人进缴旧印。今尔凡察又奏旧印传自父祖，欲俱留之，朕惟朝廷自祖宗建立，天下诸司，无一卫二印之理。此必尔二人以私意相争，然朝廷法度已有定制，尔等必当遵守。敕至，尔凡察仍掌旧印，尔董山护封如旧，协心管事，即将新印遣人进缴，不许虚文延缓，以取罪愆。尔等又奏，所辖人民及开原女直马哈剌等从朝鲜国回，内一百七十余家为朝鲜所留，土人百户高旱化等四十一家，被毛怜卫都指挥郎卜儿罕等所留。朕已遣敕谕朝鲜国王李祹及毛怜卫都指挥郎卜儿罕等，令悉还所留，不许沮遏。第恐各人已安于彼，不愿回还，尔等当从其便，勿令失所。特谕知之。'"（明）官修：《明英宗实录》卷七十三，正统五年十一月乙丑条，台北："中央研究院"历史语言研究所，1962 年，第 1422—1423 页。

十二月乙未："命辽东三万卫土军总旗马哈喇为百户，小旗木力赤、余丁哱罗俱为所镇抚。先是土军四十余家叛入于虏，遣人招之，至是三人首挈家来归，故有是命。"（明）官修：《明英宗实录》卷七十四，正统五年十二月乙未条，台北："中央研究院"历史语言研究所，1962 年，第 1447 页。

正统六年（公元 1441 年）

正月乙巳："敕谕建州卫都指挥李满住曰：'近闻比先开原逃叛土军马哈剌等四十六家能悔过迁善，愿回原卫住坐，内舍人古鲁答、余丁卜勒哥二家为尔拘留不放。敕至即发遣回卫，庶见尔敬顺朝廷之意。'"（明）官修：《明英宗实录》卷七十五，正统六年正月乙巳条，台北："中央研究院"历史语言研究所，1962 年，第 1454—1455 页。

二月壬辰："敕谕朝鲜国王李祹曰：'王为国东藩，恭事朝廷，简在朕心，用图宁永。往年凡察弃其本土，逃居境城，后得罪于王，而复逃回。朝廷怜其播迁困苦，敕宥前过，加之抚绥，给粮接济，不失所矣。王近奏言，凡察同李满住谋，欲俟王之使臣回国，引领野人邀掠于路，朕已遣人赍敕严加戒约。今闻其境来朝者言，凡察约其党类，将以今岁掠王之境，不于四月即九月，朕又遣敕戒之。然狼子野心，未可必其信从否，特敕王知，不可忘备。如彼革心自止，王亦弃其前过，勿与校也。'敕谕建州左卫都督金事凡察曰：'近闻尔怀挟旧怨，欲于今年四月或九月间，去朝鲜抢掠，未知虚实。朕惟我祖宗临御之时，授尔官职，令于本土管领部属。尔后逃居朝鲜境城，及得罪于朝鲜，又自境城逃回，往来播迁，讫无宁日。朝廷悯尔困苦，差人抚取，来边安插，给粮赈济，又敕朝鲜听尔回还，不究前过。尔当感恩知报，以图长远，岂宜复谋抢掠！前者朝鲜国王奏，本国逃民童者音波说，李满住同尔谋议，欲候朝鲜使臣回时，引领野人于东八站抢劫，已敕尔等不许妄为。今又闻尔所谋，如此岂遵奉朝命之道？朝鲜为国东藩，尔受朝命守御边境，皆朝廷臣子，岂可潜谋劫掠？朝鲜闻尔等所谋，亦必有备，不可图也。且凡忘恩肆恶之人，不有人祸，必有天殃，尔等若果有此谋，即须改过为善，如尔部下之人假尔之名为非，尔宜严加戒饬，毋为尔累。若部下听尔钤束，不致非为，尔仍与董山轮次来朝，恩赉之典，必不尔吝。'复敕谕建州卫都指挥李满住、兀者卫都指挥使剌塔、呕罕河卫都督金事乃胯，劝谕凡察，勿令为恶，亦戒满住等勿济其恶。"（明）官修：《明英宗实录》卷七十六，正统六年二月壬辰条，台北："中央研究院"历史语言研究所，1962年，第1505—1507页。

二月乙未："增给辽东沿边城堡操备、巡边、鞍马、守墩、哨瞭官军行粮，人月给米四斗五升。"（明）官修：《明英宗实录》卷七十六，正统六年二月乙未条，台北："中央研究院"历史语言研究所，1962年，第1509页。

二月："丁酉，朝鲜国王李裪奏：'近日凡察等奏臣追杀其部落，又阻留一百七十余家，蒙朝廷敕臣放与完聚。臣闻命兢惶不知所措，伏念小邦遭遇，圣朝太祖高皇帝改臣国号，复臣铁领一带地土；太宗文皇帝赐臣父以九章冕服，赐臣母以冠服；宣宗章皇帝赐臣以御绦环宝带，赐臣世子珦以冠服玉带；今圣上赐臣以九梁远游冠服。又蒙列圣褒奖，戒谕之勤至，至于陪臣下走，皆蒙赏赉之厚、锡宴之荣。军士小民，或逋逃，或被倭，或漂海，转至上国之境者，随遣之还。凡可以宠侍小邦者，无所不至，臣累世感激而未尝少忘者也。彼凡察旧居镜城阿木河，即太祖高皇帝赐复之地，其亲兄猛哥帖木儿等被深处弓狄哈攻劫，不能自存，臣祖悯之，授以万户职事，为创公廨，给以婢仆、衣粮、鞍马，抚绥备至。臣父又升以上将军职事，后被七姓野人等攻杀之，并杀其子阿古，悉焚掠其房屋财物。凡察等俱各失所，臣抚恤之，一如先臣抚恤其兄，既得所矣。忽于近岁，先以耕农打围为由，移住本国边陲东良地面，后乃潜逃，与李满住同处。此时臣不及知，安有追杀之事？其在此留住者，或因婚姻怀土不去，或被同类开谕而还，非臣阻之也。李满住昔居婆猪江，在臣国边方，随其所索，米粮盐酱，并皆给与，恩惠不少，后屡引忽剌温杀掠臣边不已。今凡察与之同恶，又谋引忽剌温乃胯及哈音看察音等侵掠臣边，约日同发，乃复诬臣前事，妄渎朝廷，其背恩作恶，一何甚哉！臣父祖及臣荷圣朝宠遇之隆，获守其国臣民，亦被同仁之化，各安其生。而彼凡察、满住，人面兽心，天地间一种丑类也。敢怀凶狡，必欲逞忿于臣，而臣邈居外服，不能自明于黼纩之下，臣实痛之。夫臣子有怀达之君父，而无隐情之至也。伏望谅臣荷宠于圣代，悯臣受侮于小人，特令凡察等遣还旧居，庶小国边民获免寇贼之患，永感圣明之德，臣不胜幸甚。'上览奏，复敕裪曰：'朝鲜自王之祖考暨王，事我祖宗以至于今，数十年间恭谨之诚，久而益笃，肆朝廷礼待，素加常等。彼凡察、李满住辈，朝廷不过异类畜之，饥穷来归，则矜悯而刍豢之，所不绝之者，亦意彼得所止，则或者不肆鼠窃于王之境，非有厚彼之施也。彼之负王煦育之德，朕既屡敕谕之，其兽心确焉不移，盖其志已离，势难复合，强之复合，终不为用，不若姑听之耳。其所遣人口在王国者，王加厚抚绥，勿致失所，彼如感德，自无异志。比闻凡察有侵轶王边之谋，朕已遣敕严戒之，及戒李满住、乃胯等，皆不许作过，犹虑兽心非可必也。故亦有敕谕王备之，自今王惟加谨边防，其还与否，不必计也。'"（明）官修：《明英宗实录》卷七十六，正统六年二月丁酉条，台北："中央研究院"历史语言研究所，1962 年，第 1510—1513 页。

四月壬申："建州左卫都督凡察等，以朝鲜国王李裪奏其欲纠连人谋劫贡使，蒙降敕戒谕，遣人诣京奏曰：'臣荷国厚恩，享受爵禄，安敢为非，如其所云，罪当万死！'上曰：'凡察似有悔过之意，然狼子野心，未易料度。'复赐之敕，俾恪守礼法，修睦邻好，命总兵官都督曹义遣人赍往谕之，并廉其情伪事势以闻。"（明）官修：《明英宗实录》卷七十八，正统六年四月壬申条，台北："中央研究院"历史语言研究所，1962 年，第 1536 页。

五月辛亥："辽东总兵官都督金事曹义奏：奉敕遣人往建州卫都督凡察处，取逃亡土人马把连等三十八户，把连等皆匿海西，惟取回阿剌孙等十三户、八十人。上曰：'人情恋土，其逃亡皆因不得所而然耳。今取回者，总兵镇守官其用心抚恤，勿令失所。'"（明）官修：《明英宗实录》卷七十九，正统六年五月辛亥条，台北："中央研究院"历史语言研究所，1962年，第1567页。

六月癸酉："遣敕谕建州左卫都督佥事凡察、董山等：'尔等世居边陲，旧为亲戚，正宜同心协力，抚率部属，用图长久。往岁冬因尔一卫存留二印，已尝遣敕谕，尔凡察、董山协同署事，将新印进缴。今尔凡察乃奏，董山不应署事，都指挥李章加等又奏保凡察独掌卫事，此事朕处置已定，岂容故违！敕至，尔等即遵依前敕，存留旧印，随将新印缴来，务在安分辑睦，毋为小人所惑，自取罪衍。尔凡察所奏取回人口，已敕边将如例给粮接济，尔等其钦承之。'复敕辽东总兵官都督佥事曹义等，遣人往察其二人不和之故，及多人之情，并计议处置之方奏闻，处之。"（明）官修：《明英宗实录》卷八十，正统六年六月癸酉条，台北："中央研究院"历史语言研究所，1962年，第1585页。

七月："乙卯，敕建州左卫都督佥凡察及建州卫都指挥李满住等曰：'尔奏朝鲜国王李祹，将尔叔指挥逢吉等所属人民一百八家拘留不遣，又称各人不愿回还，乞朝廷差人往彼分豁。已敕朝鲜将所留尔处人口愿回还者发还完聚，朝鲜复奏各人在彼居住年久，结为婚姻，不愿回还，已谕尔等知之。今尔等奏乞朝廷差人往彼分豁，此言可行，至云如彼不与，候明年率众往取，此言非理，此盖由尔等昧于天道，不顺人情，欲生衅端，自取危亡，朕深悯之。敕至，尔等谨遵法度，约束部属，毋犯朝鲜，待其使臣来朝，审其实情，必为尔等从公处之。若不遵朕言，擅动人马，自作不靖，必有天殃人祸！尔等其慎之！慎之！'"（明）官修：《明英宗实录》卷八十一，正统六年七月乙卯条，台北："中央研究院"历史语言研究所，1962年，第1627页。

八月丁丑："辽东总兵官都督佥事曹义言：'比奉敕旨，以凡察、董山争掌卫印，宜审其所部人情所属者授之。臣即遣人奉宣诏旨，而二人各执一词，纷纭不已，遂同至开原，臣反复谕以朝廷法制，凡察乃黾勉出其新印，且欲身自入朝陈伦。已省令暂还本卫，至秋后赴京。臣窃观其部落意，皆类在董山，而凡察怏怏，终难安靖。永乐中海西野人都指挥恼纳、塔失叔侄争印，太宗皇帝令恼纳掌忽鲁哈卫，塔失掌弗提卫，其人民各随所属。今兹事体与彼颇同，请设建州右卫，以处凡察，庶消争衅，以靖边陲。上命俟其来朝议之。'"（明）官修：《明英宗实录》卷八十二，正统六年八月丁丑条，台北："中央研究院"历史语言研究所，1962 年，第 1643—1644 页。

九月丙辰："镇守辽东太监亦失哈奏：'海西等处野人女直，每来市易，愿以马易牛，今官军少马，乞从其贸易。'事下行在兵部，请移文辽东总兵官曹义等，体审斟酌以闻。从之。"（明）官修：《明英宗实录》卷八十三，正统六年九月丙辰条，台北："中央研究院"历史语言研究所，1962 年，第 1664 页。

十一月："壬子，辽东总兵官都督佥事曹义奏：原领京库铜铳已给军士，恐冬寒操备致有摧折，今各卫库所贮远年造成铁铳七万五千有奇，请令修理，给军操演，遇警仍用铜铳。事下，工部言：'神铳兵需重器，在外修理，必至劳军伤财，漏泄兵机。'上命：'修以给军，仍戒其慎密。'"（明）官修：《明英宗实录》卷八十五，正统六年十一月壬子条，台北："中央研究院"历史语言研究所，1962 年，第 1709—1710 页。

正统七年（公元 1442 年）

二月甲辰："敕谕建州卫掌卫事都指挥佥事李满住曰：'昔我祖宗临御之日，尔祖李善诚、尔父释迦奴，皆善事朝廷，宣力效劳，守御边境，安享禄秩。迨尔继承，益修臣职，以绍前人。今复远来朝贡，特升尔为都督佥事，仍掌卫事。尔宜益顺天心，永坚臣节。尔奏保故指挥同知答剌兀男锁罗干等二十人悉升袭官职，如尔所言，及奏辽东东宁卫军人佟玉通晓女直文字，乞与书办，已敕辽东总兵镇守官令查审本军，他无违碍，即令随尔同去，否则，令于东宁卫住坐女直人内别选笃实堪用者与尔。其辽东三万卫原逃土军四十一户，除节次送还原卫外，有马把速等二十一户尚未回卫，尔与董山、凡察须从实挨究送还。尔宜深体朕心，善抚部属，以守御边境。钦哉！'"（明）官修：《明英宗实录》卷八十九，正统七年二月甲辰条，台北："中央研究院"历史语言研究所，1962 年，第 1790—1791 页。

二月甲辰："敕董山曰：'尔奏保都指挥佥事塔察儿等十人皆尝效劳于边，悉升官职，听尔部分，及奏高早化在朝鲜边境，欲乞取回，尔往岁尝奏此事，已敕毛怜卫都指挥李哈儿秃等，令其挨查此人今尚存否，候彼回奏处置。尔与凡察旧本一家，今既分设两卫，特遣敕谕尔处大小头目人民，听所愿分属。自今宜严饬下人，毋相侵害，以保尔禄位延及子孙。'敕凡察曰：'尔所奏保指挥佥事兀乞纳等十五人，悉准所言，升授官职，所缺耕牛农器，准令如旧更易应用，所遣亲属家口在镜城住者，已遣指挥吴良赍敕谕朝鲜国王，令查审发还。

尔又奏，欲与董山分属头目人民，已敕辽东镇守总兵官遣人公同审问，各从所愿，分拨管属。尔等自今宜谨守法度，各安生业，毋事争斗，以取罪愆，其钦承朕命毋忽。'"（明）官修：《明英宗实录》卷八十九，正统七年二月甲辰条，台北："中央研究院"历史语言研究所，1962年，第1791—1792页。

五月庚申："敕谕建州右卫掌卫事都督同知凡察曰：'比因尔遗下镜城人口，与朝鲜各执一词，积久不已，朕虑尔等构怨日深，特敕锦衣卫指挥佥事吴良等赍敕谕朝鲜国王李裪，令拘前项人口，对众面审，果愿还尔处者，即付领回，愿留朝鲜者，亦听在彼安住。今吴良等回奏，同尔头目款赤及朝鲜委官审得，童阿哈里等八十五名，俱称世居朝鲜，父母坟茔皆在，又受本国职事，不愿回还。其余有已故者，有先徙远处者，有原非管属不识其名者，俱审实明白，皆非朝鲜拘留，尔自今宜上顺天理，下体人情，安分守法，用图长远享福。'又敕谕建州卫掌卫事都督佥事李满住曰：'尔前屡奏朝鲜军马抢去十一人，欲回未得，今朝鲜国王李裪奏，前项人口一人已故，其见在十人，就付尔头目卜剌兀领回辽东都司，听候给还完聚。'又谕朝鲜国王李裪曰：'览奏具悉，所遣回李满住处十人，已送付建州。其凡察所索之人，既不愿回，听其所便。盖安土重迁，人人同情。况其亲之坟墓所在，王之抚绥加厚，不忍违去，亦是良心，已严戒凡察不许复索之矣。然豺豕之心难必，王其饬边臣备之。'"（明）官修：《明英宗实录》卷九十二，正统七年五月庚申条，台北："中央研究院"历史语言研究所，1962年，第1854—1855页。

十月："甲午，朝鲜国王李裪遣陪臣崔士康等贡方物。初瓦剌密令女直诸部诱胁朝鲜，裪拒之而白其事于朝。上嘉其忠诚，以敕奖谕，并赐之彩币。至是，遣士康等奉表谢恩。"（明）官修：《明英宗实录》卷九十七，正统七年十月甲午条，台北："中央研究院"历史语言研究所，1962年，第1944页。

十月癸丑："辽东总兵官都督佥事曹义等奏：本年十月初五日，兀良哈达贼纠合野人女直共千余人，自毡帽山入犯广宁前屯等卫界，杀虏男妇一百八十人，守备都指挥等官失机，乞正其罪，上降敕切责义等且命其亟出兵剿捕，失机官姑记其罪，俾之当先杀贼立功，再犯不宥。"（明）官修：《明英宗实录》卷九十七，正统七年十月癸丑条，台北："中央研究院"历史语言研究所，1962年，第1955—1956页。

十一月乙丑："升兀者卫都指挥使剌哈为都督佥事，指挥佥事莽加为指挥同知，赐之敕，曰：'近者边将获到犯边贼寇二名供称，随尔剌塔抢劫义州等处，而尔适到开原报说贼情，镇守等官拘送来京，对理朝廷，与尔辩明，已将贼徒监候处决。重念尔克绍尔祖父之志，忠顺朝廷，几为小人所陷，特升尔今职及赏赐衣服，命还本卫管事。尔宜益效忠勤，抚辑人民，安处边境，仍挨捕节次犯边贼解京，或遇各处犯边贼，竭力擒杀，朝廷赏功之典，必不尔吝。尔其钦承之。'"（明）官修：《明英宗实录》卷九十八，正统七年十一月乙丑条，台北："中央研究院"历史语言研究所，1962 年，第 1969—1970 页。

十一月乙丑："命都察院右佥都御史王翱往辽东提督军务，以辽东边备废弛，胡虏数入为寇故也。"（明）官修：《明英宗实录》卷九十八，正统七年十一月乙丑条，台北："中央研究院"历史语言研究所，1962 年，第 1970 页。

十一月乙丑："敕辽东总兵官都督佥事曹义等曰：'近者兀良哈要结女直野人，入境剽掠，此贼多有受我官职及赏赍者，朝廷以其向化，听于近边牧猎，而彼乃因以为非，尔等又皆姑息偷安，致彼纵横出没，如蹈无人之境，失机损威，如国计何论！尔等罪皆不可宥，今姑曲法贷之，命佥都御史王翱往取尔等死罪招状，就令提督，整饬边务，此贼孤恩悖德，神人共怒，尚其同心协谋，设法挨捕，以宁边境。毋以私废公，毋以小妨大，毋纵目前，以贻后患，期于成功，以赎前罪。'"（明）官修：《明英宗实录》卷九十八，正统七年十一月乙丑条，台北："中央研究院"历史语言研究所，1962 年，第 1970—1971 页。

是年："辽东都司毕恭始筑辽东边墙。"国立东北大学编：《东北要览》，国立东北大学出版组，1944 年，第 14 页。

正统八年（公元 1443 年）

二月丁亥："敕谕随满河等十三卫指挥歹扎等、塔鲁木等四十五卫指挥别里哥等曰：'近者辽东守将擒获贼寇至京，多是女直野人与兀良哈达子，已置之法矣。惟尔等往来朝贡，而尔之同类又于边境为贼，何以取信朝廷？朕推天地大恩，凡尔等来朝者，仍加礼待，其为贼者自取灭亡，天道所必不容，大军一出，悔将何及？尔等其深省之。'"（明）官修：《明英宗实录》卷一百零一，正统八年二月丁亥条，台北："中央研究院"历史语言研究所，1962 年，第 2031 页。

三月辛酉："赏辽东都指挥使焦礼、都指挥佥事夏礼彩缎、绢布，以广宁吴家坟杀贼功也。"（明）官修：《明英宗实录》卷一百零二，正统八年三月辛酉条，台北："中央研究院"历史语言研究所，1962 年，第 2055 页。

三月："甲戌，辽东总兵官都督佥事曹义奏：永乐间开原城设立安乐、自在二州，每州额除官吏四员名，专令抚安三万、辽海二卫，归降达官人等。其东宁卫归降达官人等，原无衙门官员管属，乞并自在州达官人等于安乐州管属，其自在州官吏徙于辽东都司，在城设立衙门，抚安东宁卫，并附近海州、沈阳中等卫归降达官人等，庶为两便。章下吏部，移文左副都御史李濬覆审，乞如义言。从之。"（明）官修：《明英宗实录》卷一百零二，正统八年三月甲戌条，台北："中央研究院"历史语言研究所，1962 年，第 2063 页。

四月甲午："提督辽东军务右佥都御史王翱奏：'女直野人窃入镇北山，虏守卒二人，指挥同知王崇率官军追至海西寨得之，擒贼二人而还。请旌崇功，并治守瞭官军罪。'上命升崇为指挥使，并所领官军有功者十人，各赏绢二匹、布二匹，失机官军各杖一百。"（明）官修：《明英宗实录》卷一百零三，正统八年四月甲午条，台北："中央研究院"历史语言研究所，1962 年，第 2081 页。

四月："癸卯，赏辽东三首山等处杀贼获□□军都指挥佥事文广银十两、彩缎二表里，生擒达贼并被伤指挥范广等，每员银三两、彩缎一表里，千百户每员银二两、绢二匹，旗军人等每名银二两、布二匹，阵亡者加赏一倍，被伤者加赏半倍。"（明）官修：《明英宗实录》卷一百零三，正统八年四月癸卯条，台北："中央研究院"历史语言研究所，1962 年，第 2087 页。

四月庚戌："锦衣卫指挥佥事吴良奏：'臣奉命使海西，见女直野人家多中国人驱使耕作，询之有为虏去者，有避差操罪犯逃窜者，久陷胡地，无不怀乡，为其关防严密不得出，或畏罪责不敢还，情深可悯。今海西各卫累受升赏，皆知感激，请给榜开原及境外于野人女直，则谕以理，使无拘禁，于逃叛则宥其罪，俾之来归。'上可其奏，仍敕辽东总兵官禁约守边官旗，自今有军余逃叛者，俱重罪之。"（明）官修：《明英宗实录》卷一百零三，正统八年四月庚戌条，台北："中央研究院"历史语言研究所，1962 年，第 2090—2091 页。

九月："戊寅，命监察御史李纯巡抚辽东，赐敕曰：'辽东极边，地方广阔，军马众多，粮草俱凭屯种供给。近年都司卫所官往往占种膏腴，私役军士，虚报子粒，军士饥寒切身，因而逃避。亦有管军官旗倚恃势强欺虐，良善无所控诉，常命副都御史李濬往彼巡抚整理，其弊渐革。今特命尔代濬总督屯粮，比较子粒，提调仓场收支粮草，务在区画得宜，尤在敷宣德意，扶植良善，遇有官吏酷害、私役、占种等事，除军职具奏，其余就行拏问。若内外势要侵欺盗卖，沮挠者审实奏闻。尔为风宪官，尚以廉洁自持，公正率下，毋阿附权势，毋党比奸顽，毋同流合污，诡随自便。或纤毫不谨，罚及尔身，悔将无及。钦哉。'"（明）官修：《明英宗实录》卷一百零八，正统八年九月戊寅条，台北："中央研究院"历史语言研究所，1962年，第2195页。

九月庚辰："敕辽东总兵官都督佥事曹义等曰：'得尔奏，兀者卫差人传报，达贼得都等欲来犯边，如遇贼近边，即相机剿杀，使边境无虞。尔等慎之，仍敕各边总兵官一体堤备。'"（明）官修：《明英宗实录》卷一百零八，正统八年九月庚辰条，台北："中央研究院"历史语言研究所，1962年，第2197—2198页。

十一月甲戌："敕提督辽东军务左副都御史王翱、总兵官都督佥事曹义等曰：'得奏，闻达贼从辽河口入境剽掠，盖因沿河墙柞不修，官军瞭备不严，是以为贼所窥，尔等平昔设施果安在哉？失机官其悉究问，有功者还升赏。自今尤宜严督官军昼夜防御，但有贼徒近边，即为相机剿灭，庶副边阃之寄。'"（明）官修：《明英宗实录》卷一百一十，正统八年十一月甲戌条，台北："中央研究院"历史语言研究所，1962年，第2224—2225页。

正统九年（公元1444年）

正月庚午："敕谕兀者卫都督剌塔、亦里察河卫指挥哈剌、纳木河卫指挥沙笼哈及大小头目人等曰：'昔我祖宗临御之时，尔等父祖尊事朝廷，特设卫授官，给与印信，管束人民，保障边境，朝贡往来，优加升赏，尔等感恩图报亦既有年。近闻境外有等无知小人设谋，遣人往来，蛊诱尔等欲构为非，此等贼徒灭亡有日，尔等自今宜坚秉忠诚，互相戒饬，严禁部属，遇有境外蛊诱为非之人，少则即便擒拏解京，多则会合军马擒杀，具奏来闻，重加升赏。则身有美名，子孙长享太平。若不遵朕言，背恩党恶，天道不容，国法难宥，大军一出，尔无噍类，此时虽悔，亦将无及。尔等其钦承之。'"（明）官修：《明英宗实录》卷一百一十二，正统九年正月庚午条，台北："中央研究院"历史语言研究所，1962年，第2256页。

正月甲戌："给辽东官军马二千四百二十八匹。"（明）官修：《明英宗实录》卷一百一十二，正统九年正月甲戌条，台北："中央研究院"历史语言研究所，1962年，第2259页。

正月丁丑："建州卫都督佥事李满住等奏：本卫指挥郎克苦等久逃高丽潜

住，去岁带领男妇大小二百二十余口回卫，甚是饥窘，乞加赈恤。上谓户部臣曰：'柔远人乃治天下之大经也，况克苦等久亡他国，今忽慕义回还，可不赈恤乎？速令辽东都司量拨粮米给济。'"（明）官修：《明英宗实录》卷一百一十二，正统九年正月丁丑条，台北："中央研究院"历史语言研究所，1962 年，第 2262—2263 页。

三月："戊午，敕双城等卫都指挥三角兀等曰：'比者辽东总兵镇守官械送贼人秃令哈至京，审系尔弟，于去年纠集本卫达贼把里哈及海西童山卫野人察木哈等潜入开原，将采薪军余李兴等掳去，为官军追逐至寨擒之。今法司论罪当斩，尔等恳奏乞怜，朕念尔等久处边陲，敬遵朝命，素无过恶，特屈法宥之，给以糗粮路费，令赍敕回谕尔等，自今宜体朝廷恩待之重，务在互相戒饬，不许生事扰人。若尔等听信小人蛊惑，不用朕言，党蔽恶人，致有再犯者，必以国法剿捕不宥。'"（明）官修：《明英宗实录》卷一百一十四，正统九年三月戊午条，台北："中央研究院"历史语言研究所，1962 年，第 2295—2296 页。

六月乙未："赏辽东征进都指挥施聚、焦礼、裴俊并军旗人等白金、绢布有差，以其从都督曹义至老河杀获达贼有功也。"（明）官修：《明英宗实录》卷一百一十七，正统九年六月乙未条，台北："中央研究院"历史语言研究所，1962 年，第 2367 页。

九月壬寅："初肥河卫都指挥别里格奏，兀良哈拘杀其使人，朝廷许其报复，别里格遂同呕罕河卫都督你哈答等率众至格鲁坤迭连地，与兀良哈头目拙赤安出等战，大败之，遣指挥咬失以状闻。上赐彩币奖谕之。时兀者卫指挥莽刺，随别里格往诸部互市，格鲁坤迭连之战，达寇悉掠其所赍。莽刺忿其强暴，复请于朝，欲率众追杀。从之。"（明）官修：《明英宗实录》卷一百二十一，正统九年九月壬寅条，台北："中央研究院"历史语言研究所，1962 年，第 2441 页。

正统十年（公元 1445 年）

正月："辛丑，玄城卫指挥佥事阿鲁哈告，愿辽东安乐州居住报效，赐彩缎、布匹、衣服、房屋、柴米、器皿等物。"（明）官修：《明英宗实录》卷一百二十五，正统十年正月辛丑条，台北："中央研究院"历史语言研究所，1962 年，第 2508 页。

二月戊申："卜忽秃河卫指挥佥事巴真哥奏：尝被达贼房掠人马，去年七月间，同都督别里哥等率众往彼地面，杀败贼徒，将所获马遣人进贡。赐敕奖之，并赐彩币表里。"（明）官修：《明英宗实录》卷一百二十六，正统十年二月戊申条，台北："中央研究院"历史语言研究所，1962年，第2512页。

二月庚戌："塔山等十七卫都指挥弗刺出等奏：累被兀良哈三卫达贼扰害，欲率领人马前去复雠。从之。"（明）官修：《明英宗实录》卷一百二十六，正统十年二月庚戌条，台北："中央研究院"历史语言研究所，1962年，第2514页。

三月甲申："敕巡抚辽东右佥都御史李纯曰：'辽东东北地方广阔，军马众多，官军俸粮马草俱凭供给，近年都司卫所多私役军余，将膏腴者耕种收利入己，硗薄者拨与军屯，有名无实，致军人饥寒切身。今特命尔代副都御史李濬巡抚提督屯种，并管收支粮草，务在区画得宜，敷宣德意，一应官吏人等，除军职具奏外，其余就行拿问。盖国家以边务为重，简任贤能人臣，奉职以忠信，不欺为本。尔或不谨，悔将无及。钦哉！'"（明）官修：《明英宗实录》卷一百二十七，正统十年三月甲申条，台北："中央研究院"历史语言研究所，1962年，第2534页。

四月庚戌："命发辽东广宁等库收贮故衣，就于彼易米上仓，以足军用。先是永乐、宣德间，工部及山东布政司造运青、红、蓝、绿布绢纻丝衣于广宁等库收贮，市易马驼及赏赐野人。至是年久，支用不尽，至有浥烂损坏者，都御史王翱、李纯及太监亦失哈等会计上闻，故有是命。"（明）官修：《明英宗实录》卷一百二十八，正统十年四月庚戌条，台北："中央研究院"历史语言研究所，1962年，第2555页。

九月甲申："兵部奏：辽东总兵官都督同知曹义言，海西肥河等卫女直都督刺塔、宁哈答、别里格遣其徒咬束等来报，欲于今秋率众往福余等卫报复私雠，已聚兵辰州。戎狄多诈，或是假此为名，窥伺边境，乞行沿边将帅，严兵为备。从之。"（明）官修：《明英宗实录》卷一百三十三，正统十年九月甲申条，台北："中央研究院"历史语言研究所，1962年，第2648—2649页。

十一月："己丑，敕谕兀者都督刺塔等、肥河卫都督佥事别里格等、呕罕河卫都督佥事你哈答及各野人女直卫分都指挥等官头目曰：'今得尔等奏，去年被兀良哈达子劫掠尔女直人畜财物，近者尔往彼报复，得其达子人口。彼复追及，尔等将所得达子人口遣还，就遣人往彼取原掠尔女直人口，遣人来奏。

近者福余卫都指挥安出等亦奏，欲复率部属来尔处报仇。朕以尔野人女直各卫与兀良哈达子各卫，皆朝廷开设，皆当以奉公守法为心，乃互相报复，不知悔过，岂保全长久之道？已遣敕切责安出等，不敢擅动人马，敢有近边者，悉听官军剿杀。然彼谲诈反复，素性不常，尔等宜整饬人马堤备。如彼远遁境外，尔亦不必穷追，朕以尔女直卫分忠顺朝廷始终无间，特谕知之。'"（明）官修：《明英宗实录》卷一百三十五，正统十年十一月己丑条，台北："中央研究院"历史语言研究所，1962年，第2687—2688页。

正统十一年（公元1446年）

二月："辛亥，敕谕兀者右卫野人都指挥失列格及大小头目人等曰：'近得边将奏，尔兀者右卫野人捧速，随同逃叛犯人刘跎子入境为盗，罪本当死，朕姑令监候。今尔等差人来朝请罪乞怜，特屈法伸恩，宥捧速之罪，遣回尔处，令其出力报效，以赎前愆。如尔部属中再有犯者，并尔该管头目一体论罪不宥。'"（明）官修：《明英宗实录》卷一百三十八，正统十一年二月辛亥条，台北："中央研究院"历史语言研究所，1962年，第2741页。

三月："癸未，辽东三万卫百户马哈刺招谕野人额卜里等男妇十五人来归，给赐彩币表里钞布，令还辽东开原居住。"（明）官修：《明英宗实录》卷一百三十九，正统十一年三月癸未条，台北："中央研究院"历史语言研究所，1962年，第2758页。

三月癸未："建州卫撒木合与弟来合，及其妻挐来归，愿居辽东自效。上从之，命为所镇抚。"（明）官修：《明英宗实录》卷一百三十九，正统十一年三月癸未条，台北："中央研究院"历史语言研究所，1962年，第2759页。

六月戊申："辽东总兵官都督同知曹义等奏：'朝鲜国王咨称，茂昌郡近被野人五十余人突入，剽掠人口畜产，虑恐建州卫李满住部落所为，烦为奏达禁制。'上命兵部移文王翱等遣人廉察，果实，即与追究，毋令彼此构隙。仍戒李满住谨守法度，毋纵部落为非，自速罪戾。"（明）官修：《明英宗实录》卷一百四十二，正统十一年六月戊申条，台北："中央研究院"历史语言研究所，1962年，第2813—2814页。

十一月："己卯，设塔山左卫，敕谕塔山卫都指挥金事弗剌出曰：'尔弗剌出世居边境，忠事朝廷，自我先朝涽膺官赏，比者尔累奏所管人民颇多，或有声息驰报未便，请设卫给印，以图补报。呕罕河卫都督同知你哈答又奏保尔效力多年，善抚人民，辽东总兵等官亦审实以闻。今特准尔所请，设塔山左卫，给与印信，命尔掌印管事。尔宜深体朕恩，坚守臣节，遵守礼法，抚绥部属，或有远夷奸诈之徒蛊诱尔部属为恶者，即便擒治。尔其钦哉！'"（明）官修：《明英宗实录》卷一百四十七，正统十一年十一月己卯条，台北："中央研究院"历史语言研究所，1962 年，第 2891—2892 页。

十一月："壬辰，敕谕朝鲜国王李祹曰：'前得辽东都司奏，王国移文称，今年四月有野人突入王境，杀虏人口头畜而去，及闻李满住等所管之人，屡对王曰之人言欲报复，此必满住等含忿所为等因。已敕辽东总兵镇守官差官往女直野人地面挨追，近者都督别里格等将所抢王国男妇十人送至辽东，给与衣粮优养。其别里格等来京备奏，比先女直者儿兀歹等在建州居住，宣德八年被王国军马抢杀甚众，内抢男妇十口，见在王国所遗幼小今已长成，委是报复前雠。今谨遵朝命，送还朝鲜人口，请朝廷一体差人，往王国挨取见在人口给还，免致彼此雠怨等情。朕已抚慰别里格等回卫俟候，兹将彼挨还人口付王国使臣李坚期领回，给亲完住，王宜于境内挨查女直者儿兀歹等家男妇十口，送辽东总兵等官处给还其亲。非特遂彼骨肉之情，王之边境亦得永宁。王素重德义，为贤藩屏，宜敦崇和睦，保境恤邻，用造下人之福，副朕一视同仁心。'"（明）官修：《明英宗实录》卷一百四十七，正统十一年十一月壬辰条，台北："中央研究院"历史语言研究所，1962 年，第 2899—2900 页。

正统十二年（公元 1447 年）

二月癸卯："辽东总兵官都督同知曹义等奏：'虏寇也先离辽东不远，恐乘隙为患，臣以广宁系总兵官镇守紧急去处，军马数少，宜于各卫余丁屯军内精拣二千人，于广宁操备，给与马匹。'从之。"（明）官修：《明英宗实录》卷一百五十，正统十二年二月癸卯条，台北："中央研究院"历史语言研究所，1962 年，第 2942 页。

三月甲子："提督辽东军务左副都御史王翱奏：'臣会同军马出境巡哨，总兵官都督曹义出广宁，兀良哈贼众匿林中，义卒兵围之，贼突出迎战，我军奋勇击之，贼大败。左参将都指挥胡源等出开原，辽阳都督焦礼出宁远，俱遇贼各战败之。全师而还，凡斩首三十二级，生擒七十余人，获马牛羊四千六百有奇。'上赐敕褒翱等，仍命选良马同俘送京，余给备边官军，牛羊赏有功者。"（明）官修：《明英宗实录》卷一百五十一，正统十二年三月甲子条，台北：

"中央研究院"历史语言研究所，1962年，第2957页。

四月乙未："升提督辽东军务左副都御史王翱为右都御史，总兵官都督同知曹义为右都督，参将都指挥同知胡源、刘端俱为都指挥使，右佥都御史李纯为右副都御史，都督佥事焦礼、施聚俱为都督同知，仍赐翱、义白金各五十两、彩币四表里，源等白金三十两、彩币二表里，以剿杀兀良哈寇贼功也。"（明）官修：《明英宗实录》卷一百五十二，正统十二年四月乙未条，台北："中央研究院"历史语言研究所，1962年，第2973—2974页。

四月甲寅："辽东东宁卫土军先不支月粮，至是都御史王翱言，请如彼处见操官军例给与。从之。"（明）官修：《明英宗实录》卷一百五十二，正统十二年四月甲寅条，台北："中央研究院"历史语言研究所，1962年，第2985页。

五月癸卯："赏辽东署都指挥佥事周英等一万一千八十八人银两、彩币、绢布等物有差，以杀获达贼功也。"（明）官修：《明英宗实录》卷一百五十四，正统十二年五月癸卯条，台北："中央研究院"历史语言研究所，1962年，第3012—3013页。

七月庚戌："敕谕海西野人女直卫分都督剌塔、别勒格、宁哈答、都指挥末朵斡、长安保及建州三卫都督李满住、凡察、董山，并各卫都指挥等官大小头目曰：'今兀良哈来朝者言，瓦剌复欲侵劫兀良哈部属。且瓦剌居迤北之地，兀良哈居迤南之地，本不相侵犯，近年瓦剌谋取兀良哈，以结亲为由，与其都督拙赤等交结。去岁为彼劫掠，拙赤等先死，其余败亡，往事可鉴。今此虏又欲谋尔野人女直，尔宜戒饬所属头目人民，但有虏寇来蛊诱者，即便擒拿送镇守官具奏处治，侵犯者即并力剿杀，无失建立功名、忠报朝廷之意。'"（明）官修：《明英宗实录》卷一百五十六，正统十二年七月庚戌条，台北："中央研究院"历史语言研究所，1962年，第3046—3047页。

九月："己酉，敕提督辽东军务右都御史王翱等曰：'瓦剌朝贡使臣言，也先兵侵兀良哈，其泰宁、朵颜二卫已为所胁，惟福余人马奔恼温江，彼又欲待冰冻时追之，因往海西收捕女直。尔宜遥振军声，使虏闻风不敢近塞，斯为全策，谨斥堠，饬将卒毋贪微利，以启衅端。'"（明）官修：《明英宗实录》卷一百五十八，正统十二年九月己酉条，台北："中央研究院"历史语言研究所，1962年，第3082页。

十月辛酉："敕提督辽东军务右都御史王翱等曰：'瓦剌也先以追捕仇人为

名，吞噬诸部，往者既自北而西，又自西而东。今又东极海滨，以侵女直。女直自开国以来，役属中国，一旦失之，是撤我辽海藩篱，唇亡齿寒，不可不虑。已敕女直卫分俾知堤备，卿等亦宜严兵为备，毋恃其不来，恃吾有以待之，毋恃其不攻，恃吾有所不可攻。不来不攻，尚须有恃，况其必来必攻者乎！卿等其慎之。'"（明）官修：《明英宗实录》卷一百五十九，正统十二年十月辛酉条，台北："中央研究院"历史语言研究所，1962 年，第 3092—3093 页。

十一月："乙巳，敕提督辽东军务右都御史王翱、总兵官右都督曹义等曰：'得奏，瓦剌平章领人马于北山驻札，此必也先所遣，欲胁野人女直使之归己，又窥山川道路险易，及我边境兵备虚实。尔宜勤瞭望、谨巡逻、练士马、利器械，昼扬旗帜，夜举烽火，使虏知我有备。或彼侵扰近边女直，宜酌量事情，遥为声援。若来犯边境，则严督官军运谋奋勇殄灭之。'"（明）官修：《明英宗实录》卷一百六十，正统十二年十一月乙巳条，台北："中央研究院"历史语言研究所，1962 年，第 3116—3117 页。

正统十三年（公元 1448 年）

正月乙巳："敕谕建州等七十五卫所都督同知李满住等，及大小头目人等曰：'比闻北虏屡遣人来尔处怵诱，今若再来，尔等即明白说称，尔野人女直系朝廷开设卫分，世受节制，不敢擅为。若彼生事，尔即设法擒送辽东总兵官奏来处治，朝廷论功行赏，必不吝惜。敢有轻听所诱，私通夷虏，引寇为患，必调军马剿杀不宥。'"（明）官修：《明英宗实录》卷一百六十二，正统十三年正月乙巳条，台北："中央研究院"历史语言研究所，1962 年，第 3148—3149 页。

十一月庚寅："敕谕兀者等卫都督等官刺塔、别里格等曰：'近尔等进瓦剌与尔等文书，朕览之皆甘言诱语，且自古国家兴废，皆出天命，今虏乃以元成吉思薛禅可汗事诱尔。且元亡已百余年，当其亡时，子孙奔窜草野，皆为人所害，今其称为首领者，亦不过冒其名以胁部属耳。其属人尚皆不信服，况欲欺远方之别类者乎。我祖宗受天明命，统御万方，尔女直野人皆自开国之初设卫授官，颁给印信，管治人民，尔等世受国恩，听朝廷节制。兹乃受虏文书，于理甚不当。况尔居东陲，虏居北地，相去甚远，虏以文书遗尔，事必有因，论情固当究问，但念尔等素多忠谨，自以文书缴进，不隐其情，悉置不问。自今尔等宜严禁部属，毋与虏往来，或虏侵犯尔境，尔等备御不及，驰报辽东总兵等官，为尔量度应援，务使尔等不致失所。尔等其敬慎之。'"（明）官修：《明英宗实录》卷一百七十二，正统十三年十一月庚寅条，台北："中央研究院"
历史语言研究所，1962年，第3306—3307页。

正统十四年（公元1449年）

二月丁卯："辽东总兵官右都督曹义等奏：'开原镇北山墩瞭见达贼，臣同
太监杨宣督领官军，追至鹁鸽甽，杀败贼众，擒获男妇六十名，并牛马、弓箭
等物。'上命达贼解京，马给军骑操，牛羊、器物悉赏有功官军。"（明）官修：
《明英宗实录》卷一百七十五，正统十四年二月丁卯条，台北："中央研究院"
历史语言研究所，1962年，第3372页。

二月乙亥："辽东总兵官右都督曹义等奏：'广宁沿边累报烟火，臣等同太
监亦失哈、提督军务右都御史王翱，率领官军出境，遇见达贼，与之对敌，将
士奋勇杀败贼众，斩首一级，生擒男妇五十名，马八十七匹、牛二十七只、车
七辆，并军器等物。'上命所获贼及马堪用者并军器送京，其余马牛、车辆，
俱给有功官军。"（明）官修：《明英宗实录》卷一百七十五，正统十四年二月
乙亥条，台北："中央研究院"历史语言研究所，1962年，第3379页。

九月乙酉："兵部言：'辽东提督军务左都御史王翱、总兵官都督曹义、镇
守太监亦失哈等奏报，达贼三万余人入境，攻破驿堡屯庄八十处，虏去官员、
军旗男妇一万三千二百八十余口、马六千余匹、牛羊二万余只、盔甲二千余
副，义等失机之罪虽在赦前，亦难容恕。'帝曰：'守边为急，且免其死，翱、
义俱罚俸半年。'"（明）官修：《明英宗实录》卷一百八十三《废帝郕戾王附录
第一》，正统十四年九月乙酉条，台北："中央研究院"历史语言研究所，1962
年，第3566页。

十月庚申："遣使赍敕，往调朝鲜及野人女直卫分军马，与辽东兵会合杀
贼。"（明）官修：《明英宗实录》卷一百八十四《废帝郕戾王附录第二》，正统十
四年十月庚申条，台北："中央研究院"历史语言研究所，1962年，第3633页。

十二月壬子："辽东百户施带儿见获于虏，泄我处实，且数为虏使，张其
声威，尝致虏酋意于镇守太监亦失哈。既而虏退，带儿脱归，巡按山东御史刘
孜收鞫之，坐斩。孜因言亦失哈本海西人，虏犯广宁，亦失哈禁制官军，不使
出击之，反状昭然。况在边久，收养义男，家人隐占军余佃户，动数百计，如
不早图，实遗边患。疏闻，诏坐带儿罪，置亦失哈不问。"（明）官修：《明英
宗实录》卷一百八十六《废帝郕戾王附录第四》，正统十四年十二月壬子条，

台北："中央研究院"历史语言研究所，1962 年，第 3717—3718 页。

十二月戊午："敕塔山考郎兀等卫大小头目曰：'尔等自昔识达天道，归顺朝廷，朝廷加恩于尔，亦有年矣。近闻尔等被狄虏也先诱胁，朕亮尔情亦不得已，今能翻然悔过，遣使来朝，朕甚嘉悦。特令指挥阿冲加等赍敕谕尔，尔当永坚臣节，保守疆土，毋听小人诱惑为非。尔其钦承朕命，毋忽。'"（明）官修：《明英宗实录》卷一百八十六《废帝郕戾王附录第四》，正统十四年十二月戊午条，台北："中央研究院"历史语言研究所，1962 年，第 3730 页。

景泰元年（公元 1450 年）

五月癸丑："敕朝鲜国王李珦曰：'近得镇守辽东总兵等官奏报，开原、沈阳等处达贼入境抢掠人畜，及攻围抚顺千户所城池，审知各贼乃建州、海西野人女直头目李满住、凡察、董山、刺塔，为北虏追胁，领一万五千余人来寇，守备官军追逐出境。又称欲增人马再来攻劫，己遣敕辽东总兵等官整搠军马，固守城池，设法擒剿。朕详李满住等素与王国有雠，至今怀恨不已，恐其乘机前往王国地方，哄吓为寇，不可不预为之备。敕至，王宜戒饬边将，严整军马，谨慎烽堠，设法防备，倘遇前贼出没潜遁，即便截杀，以除边患。将士人等有功，一体赏赉。王其图之，慎之。'"（明）官修：《明英宗实录》卷一百九十二《废帝郕戾王附录第十》，景泰元年五月癸丑条，台北："中央研究院"历史语言研究所，1962 年，第 4000 页。

五月乙丑："赏蒲河城备御都指挥金事宋政等银十两、彩缎二表里，指挥等官田进等人银三两、彩缎一表里，千户等官王勉等人银二两、绢二匹，以擒杀达贼功也。"（明）官修：《明英宗实录》卷一百九十二《废帝郕戾王附录第十》，景泰元年五月乙丑条，台北："中央研究院"历史语言研究所，1962 年，第 4016 页。

六月癸未："提督辽东军务左都御史王翱奏：海西、建州贼徒李满住、刺塔等累入境肆掠，臣等议调官军分三路，先擒剿满住、凡察、董山三寨，然后发兵问罪海西。敕翱度量事机，如其可图，分兵攻剿，否则慎勿轻举。"（明）官修：《明英宗实录》卷一百九十三《废帝郕戾王附录第十一》，景泰元年六月癸未条，台北："中央研究院"历史语言研究所，1962 年，第 4039 页。

八月戊寅："是日，虏贼入辽东境，总兵官左都督曹义、都指挥王祥、耿和等帅军追至连洲，贼千余人分三处各占山头，以拒官军。义等奋勇齐进，斩首七级，生擒四人，获马十三匹，贼遂奔散出境，遗弃所房男妇一千七百五十余名，头畜称是。左参将胡源亦帅军追贼，至鹰湖，连战败之，生擒三人，斩首三级，追夺所掠男妇十九名。"（明）官修：《明英宗实录》卷一百九十五《废帝郕戾王附录第十三》，景泰元年八月戊寅条，台北："中央研究院"历史语言研究所，1962 年，第 4118 页。

九月戊午："以辽东连州、鹰湖等处杀贼功，升赏将士都督曹义等四百八十六人有差，内先次记功，今又当先一百八人，人升一级给赏。今次当先斩首及被伤者三百五十六人，人升一级，总兵曹义等十员给赏立功，署都指挥佥事耿和、高飞俱复原职。"（明）官修：《明英宗实录》卷一百九十六《废帝郕戾王附录第十四》，景泰元年九月戊午条，台北："中央研究院"历史语言研究所，1962 年，第 4160 页。

九月己未："以辽东宁远卫千家峪杀贼功，升赏将士都督焦礼等三百二十二人有差，内先次记功，今又当先八十五人，人升一级给赏，今次当先被伤二百三十六人，人升一级，焦礼给赏。"（明）官修：《明英宗实录》卷一百九十六《废帝郕戾王附录第十四》，景泰元年九月己未条，台北："中央研究院"历史语言研究所，1962 年，第 4160—4161 页。

十一月："甲辰，赏建州等处杀贼有功官军一百二十七人。都督曹义、胡源、副都御史李纯人银十两、彩缎二表里，都指挥王祥等人银五两、彩缎一表里，指挥翟贤等人银一两、绢二匹，千百户等官人绢二匹、布二匹，旗军人等各绢二匹。"（明）官修：《明英宗实录》卷一百九十八《废帝郕戾王附录第十六》，景泰元年十一月甲辰条，台北："中央研究院"历史语言研究所，1962 年，第 4199—4200 页。

十二月壬辰："升赏辽东官军四千余人有差，以杀获达贼功及阵亡也。"（明）官修：《明英宗实录》卷一百九十九《废帝郕戾王附录第十七》，景泰元年十二月壬辰条，台北："中央研究院"历史语言研究所，1962 年，第 4234 页。

景泰二年（公元 1451 年）

二月丁亥："敕辽东提督军务左都御史王翱并镇守总兵参将等官曰：'得尔等奏，建州三卫贼首李满住等奸诈百端，方送还人口，又纵贼虏掠。尔等欲选摘精锐马步官军，往近边驻札，省谕满住等将所房人口尽数送回，军前报罪，如或展转延调，就便相机征剿。今悉准奏，敕至，尔等务在筹议停当，计出万全，不可轻易忽略，有误事机。'"（明）官修：《明英宗实录》卷二百零一《废帝郕戾王附录第十九》，景泰二年二月丁亥条，台北："中央研究院"历史语言研究所，1962年，第4299—4300页。

二月戊子："提督辽东军务左都御史王翱等奏：欲以连山把截旧关口左右，并迤东第四站雪里去处，筑置城堡，拨军守把，防送使臣，保障军余屯种。从之。"（明）官修：《明英宗实录》卷二百零一《废帝郕戾王附录第十九》，景泰二年二月戊子条，台北："中央研究院"历史语言研究所，1962年，第4301页。

四月癸巳："升辽东官军指挥使等官一百八十八人俱一级，赏右参将都督刘端、掌都司事都督王祥、都指挥高飞等有差，以佛僧洞杀贼功也。"（明）官修：《明英宗实录》卷二百零三《废帝郕戾王附录第二十一》，景泰二年四月癸巳条，台北："中央研究院"历史语言研究所，1962年，第4350页。

五月戊戌："升建州右卫都指挥佥事佟火你为都指挥使、指挥同知李吾哈为都指挥佥事，赐彩币有差。先是提督辽东军务左都御史王翱等奉命遣人往建州，谕李满住等俾送还原虏人口，至则满住等先已避脱脱不花王兵远遁，独佟火你等在，引使人深入，获见满住，送还人口三百二十人。佟火你又备方物入贡。翱等言其效劳可嘉，乞增秩奖励，故有是命。"（明）官修：《明英宗实录》卷二百零四《废帝郕戾王附录第二十二》，景泰二年五月戊戌条，台北："中央研究院"历史语言研究所，1962年，第4355页。

七月丁酉："女直都指挥千百户奢养哈等二十四名来归，命于辽阳定辽左等卫带俸，给衣服、彩币、钞布、房屋、牛羊、食米、床榻、器皿等物。"（明）官修：《明英宗实录》卷二百零六《废帝郕戾王附录第二十四》，景泰二年七月丁酉条，台北："中央研究院"历史语言研究所，1962年，第4413页。

七月壬子："益实等卫野人指挥同知苦女等来归，命于辽东定辽中等卫带管，给房屋、牛羊等物。"（明）官修：《明英宗实录》卷二百零六《废帝郕戾王附录第二十四》，景泰二年七月壬子条，台北："中央研究院"历史语言研究所，1962年，第4423—4424页。

八月己巳："辽东总兵官都督曹义等奏：往海西、建州等卫招抚官旗郎福等十四人为贼所杀，暴骸原野，乞将其应袭子弟依阵亡例，俱升一级。从之。"（明）官修：《明英宗实录》卷二百零七《废帝郕戾王附录第二十五》，景泰二年八月己巳条，台北："中央研究院"历史语言研究所，1962年，第4442页。

九月丁酉："胡寇所虏建州女直百户旺保等四名来归，命于广宁等卫居住，给房屋、牛羊等物。"（明）官修：《明英宗实录》卷二百零八《废帝郕戾王附录第二十六》，景泰二年九月丁酉条，台北："中央研究院"历史语言研究所，1962年，第4467页。

九月戊戌："海西亦马刺卫故野人指挥佥事阿兰哈子写称哥来归，命袭指挥佥事，于辽东自在州安置支俸，赐钞、彩币、表里、纻丝、袭衣，给房屋、器物。"（明）官修：《明英宗实录》卷二百零八《废帝郕戾王附录第二十六》，景泰二年九月戊戌条，台北："中央研究院"历史语言研究所，1962年，第4467—4468页。

九月戊申："命故古木山卫指挥同知歹羊哈子爱成哥、兀的河卫指挥佥事忽失帖木子俺出、都鲁秃孙阿桑加袭职，授女直失不葛为所镇抚，俱于辽东安乐州居住，给房屋、牛羊等物，以其先为胡寇所虏，至是来归也。"（明）官修：《明英宗实录》卷二百零八《废帝郕戾王附录第二十六》，景泰二年九月戊申条，台北："中央研究院"历史语言研究所，1962年，第4471—4472页。

九月壬子："辽东男妇三十七口，先为胡寇所虏，至是走回，过朝鲜，朝鲜给衣粮脚力，送之来归。"（明）官修：《明英宗实录》卷二百零八《废帝郕戾王附录第二十六》，景泰二年九月壬子条，台北："中央研究院"历史语言研究所，1962年，第4475页。

九月："癸亥，海西兀的河卫女直俺出、阿桑加来归，命为指挥佥事，于辽东安乐州支俸，赐钞、彩币、表里、纻丝、袭衣，给房屋、器物。"（明）官修：《明英宗实录》卷二百零八《废帝郕戾王附录第二十六》，景泰二年九月癸亥条，台北："中央研究院"历史语言研究所，1962年，第4483页。

十月："丙子，命海西来归故建州卫指挥佥事童哈留孙歹英加袭职，授肥河卫舍人亦失麻为所镇抚，毛怜卫女直松吉纳、建州左卫女直赵阿迷纳为头目，歹英加隶东宁卫，亦失麻等隶广宁中卫，俱给赐房屋、器皿等物。"（明）官修：《明英宗实录》卷二百零九《废帝郕戾王附录第二十七》，景泰二年十月丙子条，台北："中央研究院"历史语言研究所，1962年，第4493页。

十月："乙酉，建州等卫女直都督李满住、董山等自正统十四年以来，乘间窃掠边境，辽东为之困敝，提督辽东军务左都御史王翱等遣指挥王武、经历佟成往招之。至是，稍归所掠男女，而身自入朝，贡马谢罪。"（明）官修：《明英宗实录》卷二百零九《废帝郕戾王附录第二十七》，景泰二年十月乙酉条，台北："中央研究院"历史语言研究所，1962 年，第 4500 页。

十月："丁亥，敕谕朝鲜国王李琿曰：'近得辽东边将奏，建州野人女直头目李满住累遣人往王朝鲜界，与婆猪江边堡官司结约而回，其官司又令十月再至，为之启王。朕惟建州诸夷，皆是祖宗以来设置卫分，升授官职，俾各管束人民，自在居住，所以眷待之者甚厚。而狼子野心，背义忘恩，乍臣乍叛，谲诈百端。况李满住等素与王国雠隙，今一旦通好往来，此必假以投顺为名，窥伺王国虚实，然后招引他寇，乘间肆侮，其为王国之患无疑。王宜戒敕边堡官司，严慎堤备，如彼遣人至边，果无衅端，则惟拒而勿纳，有则擒之解京，庶免后患。朕当为王赏有功者，王其慎之！慎之！'"（明）官修：《明英宗实录》卷二百零九《废帝郕戾王附录第二十七》，景泰二年十月丁亥条，台北："中央研究院"历史语言研究所，1962 年，第 4502—4503 页。

景泰三年（公元 1452 年）

四月壬申："辽东都指挥佥事王武奉命往建州等卫，拘取原抢人畜，并捕达贼卜花秃，遂招降都督纳郎哈等五十一人来朝，各贡马匹、貂鼠皮，赐织金袭衣、绢匹有差。"（明）官修：《明英宗实录》卷二百一十五《废帝郕戾王附录第三十三》，景泰三年四月壬申条，台北："中央研究院"历史语言研究所，1962 年，第 4623 页。

六月癸亥："兀的河等卫指挥兀山等二十八人来归，奏愿居京自效，命仍原职赐金织袭衣、纻丝、钞布有差，仍命隶辽东金州等卫，给房屋、器皿等物。"（明）官修：《明英宗实录》卷二百一十七《废帝郕戾王附录第三十五》，景泰三年六月癸亥条，台北："中央研究院"历史语言研究所，1962 年，第 4677 页。

六月："辛未，命来降女直建州卫指挥同知札剌兀子木答等十五人为指挥千户等官，金州卫带俸，仍赏赐布有差。"（明）官修：《明英宗实录》卷二百一十七《废帝郕戾王附录第三十五》，景泰三年六月辛未条，台北："中央研究院"历史语言研究所，1962 年，第 4681 页。

六月："甲申，朝鲜国王李琿遣陪臣李蓄等来朝贡海青，赐宴并赐金织袭衣、彩缎等物有差。仍命赍敕并彩缎表里归赐琿，且敕之曰：'得奏，先有被虏逃在王国人口，已行陆续解送辽东，此具见王忠敬朝廷之意。王自今尤当严戒守边头目，但系野人女直，先通北虏犯边，后带所抢人口，逃在王国后门斡木河一带地方藏躲者，务须尽数搜寻。或设法驱逐，或连被抢中国人口送赴辽东总兵官处交收，毋令因循潜住，浸为彼此边患。'"（明）官修：《明英宗实录》卷二百一十七《废帝郕戾王附录第三十五》，景泰三年六月甲申条，台北："中央研究院"历史语言研究所，1962 年，第 4688 页。

六月丙戌："建州等卫并海西夷人指挥千户等官凡察等十六人，同男妇五十七人来归，奏愿居京自效。命袭原职，赐金织袭衣、纻丝、钞布有差，仍命隶辽东金州卫，给房屋、器皿。"（明）官修：《明英宗实录》卷二百一十七《废帝郕戾王附录第三十五》，景泰三年六月丙戌条，台北："中央研究院"历史语言研究所，1962 年，第 4689 页。

八月戊辰："海西札童等卫女直指挥安中哈等三十六人来归，令于辽东复州等卫安插，月支食米二石，赐彩币、表里、绢布、纻丝、袭衣、房屋、器皿等物。"（明）官修：《明英宗实录》卷二百一十九《废帝郕戾王附录第三十七》，景泰三年八月戊辰条，台北："中央研究院"历史语言研究所，1962 年，第 4729—4730 页。

九月壬寅："建州卫女直指挥佥事都里克等二十九人率家属来归，愿留边效力，命都里克等仍原职，余皆为头目，赐钞及袭衣、彩币、表里、布绢、房屋、器皿等物，隶辽东海州卫。"（明）官修：《明英宗实录》卷二百二十《废帝郕戾王附录第三十八》，景泰三年九月壬寅条，台北："中央研究院"历史语言研究所，1962 年，第 4760 页。

九月庚戌："提督辽东军务副都御史寇深奏：开原等处安插来归夷人四百余户，恐后益多，难以钤制，乞候边事稍息，移入腹里地方安住，自兹以后，凡来归者，宜迁内地。兵部议：恐违土性之宜，致沮来归之意，宜仍行深等再加参酌，是否久远利便，有无终贻边患，或别有可保无虞之策，具奏定夺。从之。"（明）官修：《明英宗实录》卷二百二十《废帝郕戾王附录第三十八》，景泰三年九月庚戌条，台北："中央研究院"历史语言研究所，1962 年，第 4766 页。

十二月："辛卯，敕考郎兀卫都指挥使格哈及大小头目人等曰：'尔等自祖父以来，世受朝廷官爵，设卫给印，俾尔等管束人民，自在居牧。尔等既不能效力，补报朝廷，乃又结连外寇，扰我边境，掠我人口，肆为悖逆。论尔等罪

本难容，但朝廷恩同天地，念尔等既能认罪，悉宥不问。敕至，尔等即各将原
虏人口，令人尽数送赴辽东总兵等官处交还，庶盖前愆。今后但有外寇来侵，
尔等即便奋勇剿杀，以除边害，其有功之人，朝廷升赏不吝，如或阳为顺从，
阴持两端，不还所掠人口，必调大军征剿，悔无及矣。'"（明）官修：《明英宗
实录》卷二百二十四《废帝郕戾王附录第四十二》，景泰三年十二月辛卯条，
台北："中央研究院"历史语言研究所，1962 年，第 4853 页。

景泰四年（公元 1453 年）

正月："壬午，敕弗提等卫都督常安奴并大小头目人等：'正统十四年，尔
等诱引北虏，犯我辽东边境，掠去人口。景泰元年，尔等又来开原等处犯边，
将山东一带直抵辽阳等处男妇掳去。论尔等罪，本难容恕，但朝廷弘天地之
量，置而不问，已降敕赦免尔等罪，令即将人口送还。而尔等仍复迁延顾望，
不尽数送来，其意如何？敕至，尔等宜痛改前非，速将原掠人口尽送辽东总兵
官处交收，伴送来京，不许仍前延滞占恡，自速罪戾。如违，必调大军剿杀，
俾无遗类，其时虽悔，无及矣。尔等其省之。'"（明）官修：《明英宗实录》卷
二百二十五《废帝郕戾王附录第四十三》，景泰四年正月壬午条，台北："中央
研究院"历史语言研究所，1962 年，第 4914—4915 页。

六月："己酉，复辽东守备宁远卫署都指挥佥事任义职，仍停俸三月。先
是鞑贼犯宁远小团山，指挥刘夔战败，义巡哨适至，与之战，亦败。总兵官曹
义等奏夔、义失机，夔降为事官，义充军。义陈冤，下兵部移文覆视。曹义等
言义于黄土坡杀败贼众，夺回被虏人口，功过可以相掩，故有是命。"（明）官
修：《明英宗实录》卷二百三十《废帝郕戾王附录第四十八》，景泰四年六月己
酉条，台北："中央研究院"历史语言研究所，1962 年，第 5033—5034 页。

九月癸亥："命巡抚辽东左副都御史李纯于广宁官库支银十万两，于缺粮
仓分召商籴米，以足军饷。"（明）官修：《明英宗实录》卷二百三十三《废帝
郕戾王附录第五十一》，景泰四年九月癸亥条，台北："中央研究院"历史语言
研究所，1962 年，第 5091 页。

景泰五年（公元 1454 年）

四月甲申："赏辽东左副总兵右都督焦礼及都指挥任义刘英等官二百五十
九人银两、彩币、绢布、钞锭有差，以石觜台杀贼功也。"（明）官修：《明英
宗实录》卷二百四十《废帝郕戾王附录第五十八》，景泰五年四月甲申条，台

北："中央研究院"历史语言研究所，1962年，第5227页。

景泰六年（公元1455年）

七月乙亥："镇守辽东太监宋之毅奏：'广宁操备都指挥高飞等年已六十，例应代职，然在边年久，深知虏情，尚能披坚执锐，乞不拘常例，仍留操守。'从之。"（明）官修：《明英宗实录》卷二百五十六《废帝郕戾王附录第七十四》，景泰六年七月乙亥条，台北："中央研究院"历史语言研究所，1962年，第5511页。

景泰七年（公元1456年）

八月甲子："给辽东各卫官军马二千四百匹。"（明）官修：《明英宗实录》卷二百六十九《废帝郕戾王附录第八十七》，景泰七年八月甲子条，台北："中央研究院"历史语言研究所，1962年，第5709页。

天顺元年（公元1457年）

十月："丁酉，升辽东都指挥同知刘英为都指挥使，英自陈其有杀虏功也。"（明）官修：《明英宗实录》卷二百八十三，天顺元年十月丁酉条，台北："中央研究院"历史语言研究所，1962年，第6073页。

天顺二年（公元1458年）

四月丁卯："命发辽东官库银布给开原、铁岭、泛河、海州、广宁等处土兵九百九人，每人银一两、布二匹。先是上命，自辽东至甘肃一带，边民有强劲精壮愿报效者，募为土兵，收附近卫所，给与银布、鞍马、器械，秋冬操练，支与口粮，春夏务农，住支免其本户五百税粮，二丁杂差，以供给之。至是辽东都司以其所募得者来报，故有是命。"（明）官修：《明英宗实录》卷二百九十，天顺二年四月丁卯条，台北："中央研究院"历史语言研究所，1962年，第6195—6196页。

五月庚戌："辽东总兵官海宁伯董兴奏：'虏寇潜入寨儿山口，盗孳畜以去，其广宁中屯等卫备御署都指挥佥事孟贵等，防守不严，罪当究治。'上命巡按监察御史鞫之。"（明）官修：《明英宗实录》卷二百九十一，天顺二年五月庚戌条，台北："中央研究院"历史语言研究所，1962年，第6227页。

十一月庚子："赏辽东官军一千七百八十七人各绢一匹，四百二人各布一匹，以正统十四年广宁城退虏功也。"（明）官修：《明英宗实录》卷二百九十七，天顺二年十一月庚子条，台北："中央研究院"历史语言研究所，1962

年，第 6319 页。

天顺三年（公元 1459 年）

二月庚午："礼部奏：建州等卫野人头目乞于沿途买牛，带回耕种。上从其请。"（明）官修：《明英宗实录》卷三百，天顺三年二月庚午条，台北："中央研究院"历史语言研究所，1962 年，第 6374 页。

二月："乙亥，敕谕朝鲜国王李瑈：'近者边将奏报，有建州三卫都督古纳哈、董山等私谒王国，俱得赏赐而回。此虽传闻之言，必有形迹可疑，且王国为朝廷东藩，而王之先代以来，世笃忠贞，恪秉礼义，未尝私与外人交通，何至于王乃有此事？今特遣人赍敕谕王，王宜自省，如无此事则已，果有此事，王速改之。如彼自来，亦当拒绝，谕以各安本分，各守境土，毋或自作不靖，以贻后悔。在王尤当秉礼守法，远绝嫌疑，继承前烈，以全令名。王其慎之。'"（明）官修：《明英宗实录》卷三百，天顺三年二月乙亥条，台北："中央研究院"历史语言研究所，1962 年，第 6375 页。

三月甲申："敕谕建州左等三卫右都督董山、都督同知古纳哈、纳郎哈等：'近者边将奏报，尔等私往朝鲜见其国王，俱得赏赐而回。且尔父祖以来，世受朝廷重职，保守境土，未尝与朝鲜私通，何至于尔辄为此举？今特遣人赍敕谕尔，尔宜自省，如无此事则已，果有此事，尔速改之。如彼招引尔去，尔当拒绝，不可听从，毋或贪图微利，以贻后悔。'"（明）官修：《明英宗实录》卷三百零一，天顺三年三月甲申条，台北："中央研究院"历史语言研究所，1962 年，第 6383 页。

四月："庚辰，敕谕朝鲜国王李瑈曰：'先因边将奏，王与建州三卫头目交通，朝廷遣敕谕王，今得王回奏，似以为当然，不以为己过，故特再敕谕王，王其明听朕言毋忽。王以为钦遵敕旨，事理许其往来，宣德、正统年间，以王国与彼互相侵犯，敕令释怨息兵，各保境土，未尝许其往来交通，除授官职。且彼既受朝廷官职，王又加之，是与朝廷抗衡矣。王以为除官给赏，依本国故事，此事有无，朕不得知，纵使有之，亦为非义，王因仍不改，是不能盖前人之愆也。且董山等，王以为有兽心者，今彼自知其非，俱来服罪，而王素秉礼义，何为文过饰非！如此事在已往，朕不深咎，自今以后，王宜谨守法度，以绝私交，恪秉忠诚，以全令誉，庶副朕训告之意。钦哉！'"（明）官修：《明英宗实录》卷三百零二，天顺三年四月庚辰条，台北："中央研究院"历史语言研究所，1962 年，第 6407 页。

五月戊申："兵部奏：建州右卫都指挥佥事李斡黑奏报，都督古纳哈、董山私通高丽，朝廷既命总兵等官廉察得实，又遣敕戒谕，而古纳哈等赴京服罪，□缘斡黑忠诚可嘉，请量给赏赐。上从之，赏斡黑彩缎三表里、绢一匹，令辽东都司遣人赍与之。"（明）官修：《明英宗实录》卷三百零三，天顺三年五月戊申条，台北："中央研究院"历史语言研究所，1962 年，第 6420 页。

六月："辛亥朔，建州左卫右都督董山、建州卫都督同知李古纳哈、建州右卫都督同知纳郎哈三人俱奏乞迁职。事下，兵部尚书马昂等言，董山、李古纳哈世受朝廷厚恩，不思图报，乘间潜受朝鲜国官职赏赐，今不加诛幸矣，乃又恣无厌之求，希意外之恩，不宜允。惟纳郎哈不受朝鲜赏赉，忠诚可嘉，宜量加一职。上从之，升纳郎哈为右都督。"（明）官修：《明英宗实录》卷三百零四，天顺三年六月辛亥条，台北："中央研究院"历史语言研究所，1962 年，第 6423 页。

天顺四年（公元 1460 年）

四月："甲戌，敕朝鲜国王李珛：'今得王回奏，杀死毛怜卫都督郎卜儿哈，盖因其通谋扇乱，依法置罪。且王之依法置罪，止可行于王国，今以王国之法罪邻境之人，得乎？若郎卜儿哈扇乱，既已监候，宜奏闻朝廷，暴白其罪，今王辄害伊父子九人，其族类闻之，得不忿然以复雠为事乎？无怪其子阿比车之不靖也。朕为王虑，或可释怨，其犹有五人存焉者，一乃阿比之母已沙哥，王宜将五人送至辽东都司，朝廷令阿比车收领完住，庶可以谕解仇。如或不然，王虽自持国富兵强，恐亦不能当其不时之扰害也。且王素为礼义之邦，尊敬朝廷，故为王虑，如此，无非欲其境土宁靖，安享太平之福。王其勿忽朕命。'"（明）官修：《明英宗实录》卷三百一十四，天顺四年四月甲戌条，台北："中央研究院"历史语言研究所，1962 年，第 6581—6582 页。

五月丁丑："敕毛怜卫都指挥尚冬哈：'顷者尔奏，都督郎卜儿哈被朝鲜国王诱害。已尝遣官诘彼情实，今朝鲜国王奏，郎卜儿哈与其子亦升哥谋，欲会宁作乱，因是杀之，伊妻已沙哥等五人见在。又言郎卜儿哈次子阿比车纠合人马，屡欲报雠。朕详此情，彼此俱失，郎卜儿哈既不当与朝鲜交通，朝鲜亦不可因事杀之，若彼无故擅杀，朝廷举兵问罪何难。但事起有因，理难穷治，今已降敕切责朝鲜国王，令即将已沙哥等送还阿比车完聚。尔等宜省谕阿比车，将见聚人马散回，依旧住牧生理，不许仍前雠杀，自取祸败。'"（明）官修：《明英宗实录》卷三百一十五，天顺四年五月丁丑条，台北："中央研究院"历史语言研究所，1962 年，第 6585—6586 页。

十月乙卯："朝鲜国王李瑈奏：本国斡朵里童兮沙哈、无应歌等世居会宁镇，比与阿比车道谋犯边，挈其亲党遁往建州卫，依都督李满住，切恐与之缔谋构衅，兵祸不息。上命辽东镇守等官遣人往建州谕满住。"（明）官修：《明英宗实录》卷三百二十，天顺四年十月乙卯条，台北："中央研究院"历史语言研究所，1962 年，第 6662 页。

十一月庚寅："敕镇守辽东左少监覃珙等曰：'得奏，建州卫女直指挥谨捌等来报朝鲜杀虏事情，已抚待遣还具悉。但事有轻重，今后凡奏报事情者，须令人伴送，来京审实，以为区处，不得就彼遣还。'"（明）官修：《明英宗实录》卷三百二十一，天顺四年十一月庚寅条，台北："中央研究院"历史语言研究所，1962 年，第 6671—6672 页。

闰十一月："壬戌，升建州右卫都指挥佥事猛古能为署都指挥同知，以其父李吾哈报董山等私通朝鲜国功乞升故也。"（明）官修：《明英宗实录》卷三百二十二，天顺四年闰十一月壬戌条，台北："中央研究院"历史语言研究所，1962 年，第 6682 页。

天顺五年（公元 1461 年）

十月戊寅："金吾左卫带俸都指挥佥事海荣言：'臣奉敕领官旗二十三人，往海西公干，直抵松花江等处，事竣回还，乞恩升赏。'上命俱升一级。"（明）官修：《明英宗实录》卷三百三十三，天顺五年十月戊寅条，台北："中央研究院"历史语言研究所，1962 年，第 6828 页。

十二月壬申："朝鲜国王李瑈奏：建州卫野人乘夜至义州江，杀并江收禾民，及掠男妇马牛，乞令还所掠。事下兵部议，以为朝鲜先尝诱杀毛怜卫都督郎卜儿哈，朝廷因其雠杀不已，降敕遣官谕令释怨，继又诱致都指挥厄克，因纵兵掠其家属。意者野人此举欲复前雠，宜谕朝鲜使臣还语其主，寇盗之来皆其自取，自今其务安分守法，毋自作弗靖，庶使边夷释怨。从之。"（明）官修：《明英宗实录》卷三百三十五，天顺五年十二月壬申条，台北："中央研究院"历史语言研究所，1962 年，第 6847—6848 页。

天顺六年（公元 1462 年）

三月："乙卯，敕谕弗提等卫都督察安奴等曰：'今遣都指挥佥事马鉴等赍敕并货物往尔处公干，尔宜省谕奴儿干吉列迷、黑龙江各处人民照旧买卖，有以海青等物进贡者，听马鉴等就彼给赏，其买卖者任从两平交易，不许争竞纷扰。事完，尔等周心护送回还，毋致疏虞，庶见尔等敬顺朝廷之意。'"（明）官修：《明英宗实录》卷三百三十八，天顺六年三月乙卯条，台北："中央研究院"历史语言研究所，1962 年，第 6893 页。

六月丙寅："兵部言：辽东锦州一带边方俱有达贼出没，窥伺日久，意图入寇，宜移文辽东总兵等官，会合副总兵、参将等官设计扑灭，不许拥兵坐视。从之。"（明）官修：《明英宗实录》卷三百四十一，天顺六年六月丙寅条，台北："中央研究院"历史语言研究所，1962 年，第 6917 页。

六月壬辰："锦衣卫带俸都指挥佥事马鉴、忠义卫前带俸副千户杨贵等奏：'臣等奉命往女直地方买卖，至开原候夷人接护，过期不来，至本月初四日，始有山场女直都督你哈答领四百余人，带明甲弓箭到边，诈言迎接，不依例脱卸盔甲弓箭，因参将曾广诘问奔散，至晚入境，掠去男妇六人。次日，广领军追至贼寨，擒寨首三人。至十四日，有成讨温卫一寨女直都督娄得领五十六人来迎，称说黑龙江野人与都督阿哈雠杀，阿哈又与娄得有雠，臣等切详夷情，虚诈难以凭信，前往恐被驱嫌。'上令该部实以闻。"（明）官修：《明英宗实录》卷三百四十一，天顺六年六月壬辰条，台北："中央研究院"历史语言研究所，1962 年，第 6927 页。

七月甲辰："备御辽东开原右监丞韦朗奏：今年六月二十九日，官军于密城寨地方杀败达贼，斩贼首三十九级，获贼马三十三匹，并器械诸物。"（明）官修：《明英宗实录》卷三百四十二，天顺六年七月甲辰条，台北："中央研究院"历史语言研究所，1962 年，第 6937 页。

七月："癸丑，辽东总兵官成山伯王琮等奏：官军于广宁义州地方杀败达贼，斩首十余级，获贼马二百八十匹，并盔甲器械诸物。"（明）官修：《明英宗实录》卷三百四十二，天顺六年七月癸丑条，台北："中央研究院"历史语言研究所，1962 年，第 6941 页。

天顺七年（公元 1463 年）

四月乙丑："辽东总兵官成山伯王琮奏：海西女直纠众犯开原洪钱头屯，

剽掠人畜，左参将曹广等帅官军及与战，遁去，获被虏男妇牛羊等物。"（明）官修：《明英宗实录》卷三百五十一，天顺七年四月乙丑条，台北："中央研究院"历史语言研究所，1962年，第7047页。

五月癸丑："先是辽东总兵官成山伯王琮等奏，海西女直屡犯开原等边，上命守开原左参将曹广剿之。既而广奏，同海西公干都指挥马鉴领兵追击，攻破清河寨，斩首四十，余皆遁去。至是，海西呕罕河等卫头目都督你哈答遣都指挥李土蛮诣阙，言广等误杀清河寨归顺夷人。上谓兵部尚书马昂等曰：'向命广但剿犯边者，岂意妄杀如此，论法皆当治罪，今姑贷之，尔兵部即择谨厚译者往抚谕之。'"（明）官修：《明英宗实录》卷三百五十二，天顺七年五月癸丑条，台北："中央研究院"历史语言研究所，1962年，第7062—7063页。

六月："丁卯，敕谕海西呕罕河卫都督你哈答等曰：'去年五六月间辽东报，有贼寇侵犯，参将曹广等帅官军杀获首级。未几，都指挥李土蛮言，辽东军马将不叛者苦赤纳、苦女等五十余人俱杀讫。且尔海西等处各卫头目以时朝贡，俱得升赏，岂意悖义犯边，致令官军追剿，误杀无罪之人。然非尔处小人犯边，官军必不妄杀，因此特遣通事都指挥武忠赍敕抚谕尔等，尽赦尔罪，尔等宜改过自新，严束部落，各安本分耕牧，依时朝贡，不许轻易犯边，自取灭族。慎之！慎之！'复谕兀者卫都指挥察安察、肥河卫都督孛里哥、弗提卫都督察安奴、考郎兀卫都督哥哈、成讨温卫都督娄得等亦如之。"（明）官修：《明英宗实录》卷三百五十三，天顺七年六月丁卯条，台北："中央研究院"历史语言研究所，1962年，第7069—7070页。

七月丙申："巡抚辽东副都御史胡本惠奏：铁岭等处守备都指挥佥事皇甫英，不严设备，以致虏寇入境，杀掠人畜，下巡按御史朱暄治之。论当斩，上命宥死，降三级，于本处立功。"（明）官修：《明英宗实录》卷三百五十四，天顺七年七月丙申条，台北："中央研究院"历史语言研究所，1962年，第7079页。

成化三年（公元1467年）

是年："诛建州卫首领董山，拓展辽东边墙，止鸭绿江口九连城。辽东巡抚李秉、总兵官赵辅讨建州，大破之。"国立东北大学编：《东北要览》，国立东北大学出版组，1944年，第14页。

成化二十三年（公元 1487 年）

十一月戊戌："先是辽东都指挥同知刘璿备御宁远，坐贼入境抢掠匿不以实闻，下巡按御史，拟璿充军。都察院以情罪未明，行续差御史覆勘。奏璿所部虽有亡失，旋亦追还，兼有斩获贼首一级，情轻律重。至是本院覆请，诏璿及指挥线纲等免充军，各降一级，指挥朱俊等各赎杖还职。"（明）官修：《明孝宗实录》卷六，成化二十三年十一月戊戌条，台北："中央研究院"历史语言研究所，1962 年，第 99 页。

十二月丙寅："辽东参将都指挥同知周俊、分守开原都指挥佥事徐珍为贼所袭，损伤军士，下巡按御史，拟失误军机当斩。都察院覆，俊等失己不及十人，坐以死罪，情轻律重。诏俊、珍俱免充军，俊革去参将仍降二级，珍降二级。"（明）官修：《明孝宗实录》卷八，成化二十三年十二月丙寅条，台北："中央研究院"历史语言研究所，1962 年，第 155 页。

弘治元年（公元 1488 年）

二月庚申："先是虏寇广宁，协守右参将都指挥使崔胜等连败之，斩首十九级，并追获被虏人畜，镇守太监韦郎、巡抚都御史刘潺、总兵官缑谦至是以捷闻。命降敕奖励，奏捷人各赏钞一千贯。"（明）官修：《明孝宗实录》卷十一，弘治元年二月庚申条，台北："中央研究院"历史语言研究所，1962 年，第 261 页。

四月壬寅："辽东都指挥佥事高俊等，坐贼入懿路掠人畜隐而不言，巡按御史问，拟免杖充军。法司以情轻律重，具狱以请。皆宥之，令输米赎罪。"（明）官修：《明孝宗实录》卷十三，弘治元年四月壬寅条，台北："中央研究院"历史语言研究所，1962 年，第 300—301 页。

四月乙卯："初，辽东都司都指挥同知康显及指挥佥事郭通，相继守备开原，虏数犯边，显守备时军死者十人，虏者十六人，通守备时军士死者一人，虏者十余人，镇守等官劾之，下巡按御史逮问。狱上法司，拟显死，通等四十人俱边远军。命降显官三级，通等二十四人各一级，李春等十二人赎杖，余宥之。"（明）官修：《明孝宗实录》卷十三，弘治元年四月乙卯条，台北："中央研究院"历史语言研究所，1962 年，第 316—317 页。

七月："丁丑，降辽东都司都指挥同知周琳为都指挥佥事，指挥同知等官高英等七人各降级有差，以虏入铁岭，地方守备不设及失于传报也。"（明）官修:《明孝宗实录》卷十六,弘治元年七月丁丑条,台北:"中央研究院"历史语言研究所,1962 年,第 399 页。

七月甲申:"辽东都指挥佥事王远、三万卫指挥佥事李荣守备开原,坐虏入寇,失亡人畜数多,罪当充军。上以情轻律重,免充军,各降一级,巡守都指挥等官高启等逮问如律,分守太监蓝莹戴罪杀贼。"(明)官修:《明孝宗实录》卷十六,弘治元年七月甲申条,台北:"中央研究院"历史语言研究所,1962 年,第 401—402 页。

弘治二年（公元 1489 年）

六月戊申:"虏入辽东广宁卫之岐山台境,杀掠人畜,巡按御史贾锭劾守备都指挥胡忠失于防御,镇巡官言忠前有斩获功,请稍轻其罪。诏俱宥之。"(明)官修:《明孝宗实录》卷二十七,弘治二年六月戊申条,台北:"中央研究院"历史语言研究所,1962 年,第 599 页。

七月壬戌:"先是辽东都司都指挥使胡忠等以守备不设,致虏众入境杀掠,已有旨下巡按御史逮问,而镇巡等官合词言忠有追袭夺回功,足以掩过。兵部议奏,得旨:宥忠等罪。未几,都察院上巡按所列忠等罪状,诏免充军,各降一级。于是兵部复奏,谓前后旨不合,未知何据,命忠等如前旨宥之,并责兵部,既得旨,不即移报都察院,以致处置不一,令首实以闻。兵部委罪于递送文书官,上宥部院官罪,而杖递文者二十。"(明)官修:《明孝宗实录》卷二十八,弘治二年七月壬戌条,台北:"中央研究院"历史语言研究所,1962 年,第 609 页。

九月:"癸亥,兵部言:'近者虏入辽东之溜水口,广宁前屯卫指挥杨茂御之,斩贼首一颗,军士被伤者五人。旧例西北各边斩首一颗者升一级,然茂系领军官,例不自报首级,请照加赏例赏之,被伤军士各给赏如例。'从之。"(明)官修:《明孝宗实录》卷三十,弘治二年九月癸亥条,台北:"中央研究院"历史语言研究所,1962 年,第 672 页。

九月壬申:"先是成化间,以建州夷人遮杀朝鲜贡使,有旨命于辽东之东八站南别开新道,添设城堡,以便朝鲜往来。至是,辽东镇巡等官奏:'凤凰城及镇东、镇夷二堡已如原拟筑完,其余三十二墩台次第修筑,瞭望操守之人止可就招集军士内摘发,不宜抽补屯军。凤凰城该拨军六百名,镇东、镇夷各三百名,俱属定辽右卫带管,仍令都指挥一人提督。其马匹就夷人贡马内给俵，不必赴京关领。'下兵部覆奏，从之。"（明）官修：《明孝宗实录》卷三十，弘治二年九月壬申条，台北："中央研究院"历史语言研究所，1962年，第674—675页。

弘治三年（公元1490年）

五月己巳："虏入辽东镇北、威远二堡劫掠人畜，兵部奏其事，命逮问守堡指挥王珍等，分守太监蓝莹、右参将刘祥，令各戴罪自效，守备都指挥陈概，俟贼情宁日罪之。"（明）官修：《明孝宗实录》卷三十八，弘治三年五月己巳条，台北："中央研究院"历史语言研究所，1962年，第810—811页。

九月乙卯："给辽东地方守墩并夜不收官军衣鞋一万一千六十六副。"（明）官修：《明孝宗实录》卷四十二，弘治三年九月乙卯条，台北："中央研究院"历史语言研究所，1962年，第868页。

十一月："丙戌，加送太仓银五万两于辽东，准弘治五年岁例，以总理粮储户部员外郎赵仲辉言，辽东水灾，官军艰食故也。"（明）官修：《明孝宗实录》卷四十五，弘治三年十一月丙戌条，台北："中央研究院"历史语言研究所，1962年，第907页。

弘治四年（公元1491年）

六月辛亥："初，虏入辽东威远堡等处，军士被虏者十四人，被伤者五人，镇守太监韦郎劾奏，巡守指挥马鼎、备御都指挥宋溥、裴震等及分守太监蓝莹、右参将崔胜之罪，且分别功过轻重，谓马鼎等七员追回被虏，百户李深率众御敌，曾被射伤，比之裴震等，罪有可恕。得旨：'以马鼎等并李深各罚俸两月，裴震等俱逮问，蓝莹、崔胜仍戴罪杀贼。'"（明）官修：《明孝宗实录》卷五十二，弘治四年六月辛亥条，台北："中央研究院"历史语言研究所，1962年，第1027页。

弘治五年（公元1492年）

五月己卯："录清阳堡并辽阳杀贼功，官军升一，给者三人，赏者二十六人。"（明）官修：《明孝宗实录》卷六十三，弘治五年五月己卯条，台北："中央研究院"历史语言研究所，1962年，第1208页。

十二月："乙巳，命运户部银十万两于辽东，以备边储，准弘治八年岁例之数。"（明）官修：《明孝宗实录》卷七十，弘治五年十二月乙巳条，台北："中央研究院"历史语言研究所，1962年，第1318页。

弘治六年（公元 1493 年）

正月辛卯："镇守辽东都督佥事李杲以军士月粮半支黄豆不可用，请通给以米。户部议谓：'兼支米豆乃各边常例，但每月半给则太多，请令每岁以两三月带支豆五斗，余月及年丰时则通给之米。'从之。"（明）官修：《明孝宗实录》卷七十一，弘治六年正月辛卯条，台北："中央研究院"历史语言研究所，1962 年，第 1339 页。

二月乙巳："弗提卫都督答只禄、亦把哈及呕罕河卫都督尚古各来贡，赐宴并衣服、彩缎等物有差。三人复各陈，父祖以来多效劳边塞，乞加赏赉。命赐答只禄蟒衣，亦把哈及尚古金带、冠帽各一事。"（明）官修：《明孝宗实录》卷七十二，弘治六年二月乙巳条，台北："中央研究院"历史语言研究所，1962 年，第 1347—1348 页。

二月辛亥："巡按山东监察御史李善奏：'臣见辽东边墙正统二年始立，自后三卫夷人假以放牧，潜入河套，间行剽掠。且边墙阻辽河为固，濒河之地延袤八百余里，土脉碱卤，秋修春颓，动费巨万，夏旱水浅不及马腹，冬寒冰冻如履平地，所在城堡畏贼深入，遂将良田数千万顷弃而不佃。况道路低洼，每遇雨水，泥泞不通，倘开原有警，则锦义、广宁之兵不过遥望浩叹而已。臣询之故老，云有陆行旧路，自广宁抵开原约三百余里，兼程不二日可到。地形高阜，土脉滋润，有古显州城池遗址犹存。为今之计，莫若开旧路、展筑边墙，起广宁棋盘山，直抵开原平顶山，移分守八百里之兵，聚守三百里之地。以锦义为西路，广宁为中路，辽阳为东路，开原为北路，四路声势相接，一路有警，则三路之兵分投应援，如常山之蛇首尾相应。如是则暂劳永逸，而九重无东顾之忧矣。'疏奏，命所司知之。"（明）官修：《明孝宗实录》卷七十二，弘治六年二月辛亥条，台北："中央研究院"历史语言研究所，1962 年，第 1351—1352 页。

五月乙亥："大通事锦衣卫带俸指挥佥事王英言：'永乐间，女直各卫授都督等官，令率所部为中国藩篱。比来各官不能约束，以致边方多警，今后各卫掌印都督若历任无过，所部未尝犯边者，仍许袭原职，否则止令袭指挥使，别选众所信服者升都督。'兵部覆奏：以各官承袭已久，一旦革去，恐启衅端。此后海西、建州三卫女直，成化以后陈乞升者，指挥以下仍旧承袭，其都指挥以上至都督有故者，必审其部下无人犯边、子孙能继志者，许其承袭，否则革去。求升之职，自左右都督以下至都指挥佥事，各递减一级，但曾求升一次者，更不许陈乞，间有能严辑部落、还我卤掠、擒捕犯边夷人并归我汉人之通逃者，具奏升赏。从之。"（明）官修：《明孝宗实录》卷七十五，弘治六年五月乙亥条，台北："中央研究院"历史语言研究所，1962 年，第 1422—1423 页。

弘治七年（公元 1494 年）

三月壬寅："先是户部郎中唐锦舟督理辽东粮储，总兵官都督佥事李杲等奏其出纳无法，乞征还，且言郎中系添设官，宜从裁革。户部议：'锦舟往才数月，杲等交章论奏，必其立法过严，权要不得包揽卖窝，辄生异议，遂欲中伤之耳。杲以城守制戎为职，钱粮非所当预，若从所请，则辽东岁储半入权门，盐利多归势要，将来奸毙日滋，咎将谁归？宜令锦舟守职如故，仍谕总镇等官须同心辑睦，共成边务，或有假公济私、交构排陷者，听科道劾治。'命征还锦舟，别遣官以往。"（明）官修：《明孝宗实录》卷八十六，弘治七年三月壬寅条，台北："中央研究院"历史语言研究所，1962 年，第 1602—1603 页。

弘治八年（公元 1495 年）

二月庚申："发太仓银十万两于辽东，以备边储，准弘治十一年岁例之数。"（明）官修：《明孝宗实录》卷九十七，弘治八年二月庚申条，台北："中央研究院"历史语言研究所，1962 年，第 1778 页。

五月："戊戌，虏入辽东镇北堡等处，逻卒被伤者四人，掠者五人。事闻，命备御都指挥李继祖等六人下巡按御史逮问，分守太监蓝莹、右参将焦元俱令戴罪杀贼。"（明）官修：《明孝宗实录》卷一百，弘治八年五月戊戌条，台北："中央研究院"历史语言研究所，1962 年，第 1839 页。

八月癸丑："罚辽东广宁备御都指挥使白钦俸三月，以虏入境掠去军人衣物，为镇巡官所奏也。"（明）官修：《明孝宗实录》卷一百零三，弘治八年八月癸丑条，台北："中央研究院"历史语言研究所，1962 年，第 1879 页。

十月丙寅："虏数入辽东开原境，士卒有被杀伤者，守备都指挥李继祖、指挥俞雄、傅鉴等俱下巡按御史逮问，拟边远充军。上以各犯情轻律重，免充军，继祖等四人各降一级。"（明）官修：《明孝宗实录》卷一百零五，弘治八年十月丙寅条，台北："中央研究院"历史语言研究所，1962 年，第 1916 页。

十一月："戊子，巡抚辽东都御史张岫言：'本镇各城堡官军防守年久，熟知地利，但因买补官马，以致困惫，故事买补者朋合银三两助之，然随补随死，有五六年间一军死损三四匹者，请自今为始，马死者不必给银，即将以后夷人进贡马匹给之，马不及数，乃于该给朋合银三两内每益一两，行之三年而止。'兵部覆奏：'从其议，且令领夷马者仍入桩头银于官。'从之。"（明）官修：《明孝宗实录》卷一百零六，弘治八年十一月戊子条，台北："中央研究院"历史语言研究所，1962年，第1941页。

十二月甲寅："虏入义州清河堡境，备御都指挥黄义率兵追捕之，道逢三卫属夷八人，令为向导，已获入寇者一人，回至中途，并缚属夷三人以为功。分守右参将王铭、守堡指挥鲁祥上其功，镇巡等官廉得其实以闻。命逮黄义以下九人治之，王铭、鲁祥各罚俸两月。"（明）官修：《明孝宗实录》卷一百零七，弘治八年十二月甲寅条，台北："中央研究院"历史语言研究所，1962年，第1953页。

十二月："己巳，虏寇辽东铁岭城，掠戍卒四人以去，命逮问守备指挥使王承勋等八人，罚分守右参将焦元俸两月，与太监蓝莹仍戴罪杀贼。"（明）官修：《明孝宗实录》卷一百零七，弘治八年十二月己巳条，台北："中央研究院"历史语言研究所，1962年，第1962页。

弘治九年（公元1496年）

四月庚辰："初辽东都指挥佥事黄义备御义州，虏入清河堡盗马，义与指挥使徐珍、指挥同知田昱等逐之，见他虏八人，执以为乡导，至双峰山擒盗马者归，因择所执者五人，而以其三人为临阵擒获，伪以报功。指挥鲁祥发其事，镇巡官以闻，下巡按监察御史王和逮问。和奏义等守备不设，致贼入境，当边远充军，而所伤止一人，亦不至死，又敢于深入，功足赎罪。上谓义等情轻律重，免充军，各降一级带俸差操。事之始发也，兵部谓义等虽出境擒获正贼，而乃妄执乡导夷人以为己功，向非鲁祥发之，几于启衅。至是，御史按之乃直以为功，竟不究其事，亦失刑矣。"（明）官修：《明孝宗实录》卷一百一十二，弘治九年四月庚辰条，台北："中央研究院"历史语言研究所，1962年，第2031—2032页。

五月辛未："虏入辽东三山营境，军士死者二人，命守堡指挥杨镇等三人下巡按御史逮问，罚备御都指挥李雄、高钦俸各三月。"（明）官修：《明孝宗实录》卷一百一十三，弘治九年五月辛未条，台北："中央研究院"历史语言研究所，1962年，第2058页。

六月辛未："广宁前屯卫指挥佥事张礼率众修边墙于陆州河，忽有虏骑百余起苇泊间，官军与战，为所杀伤者二十一人，马死者八匹，驱而去者如之。镇巡官以闻，下巡按御史逮问。奏礼与守备都指挥盛铭、刘宗武俱应充军，但礼等猝遇强虏，敢与之敌，与其他失误机事者不同。上以铭等情轻律重，免充军，各降二级，带俸差操。"（明）官修：《明孝宗实录》卷一百一十四，弘治九年六月辛未条，台北："中央研究院"历史语言研究所，1962 年，第 2061 页。

八月癸卯："降辽东都司都指挥佥事史敬为三万卫指挥使，东宁卫指挥同知孙鸿为指挥佥事，各带俸差操，坐虏入寇失于防御也。"（明）官修：《明孝宗实录》卷一百一十六，弘治九年八月癸卯条，台北："中央研究院"历史语言研究所，1962 年，第 2108 页。

弘治十年（公元 1497 年）

五月己酉："总理辽东粮储户部郎中王璠奏：'辽东自弘治二年以来，增设堡站墩台既多，召集新军、拣选舍余、俵领马匹亦复不少，今军粮岁增七万六千余石、马豆增五万八千余石，而本部所发年例银，视成化二十三年以前顾减二万两，乞自今以始，仍如旧例，岁送十二万两，俟岁丰籴贱之后，别为议处。'户部覆奏，从之。"（明）官修：《明孝宗实录》卷一百二十五，弘治十年五月己酉条，台北："中央研究院"历史语言研究所，1962 年，第 2227—2228 页。

八月癸未："命户部于年例外运折粮草银十万两于辽东，以备军储，仍开中两淮等运司存积盐课三十万引以给之。"（明）官修：《明孝宗实录》卷一百二十八，弘治十年八月癸未条，台北："中央研究院"历史语言研究所，1962 年，第 2274 页。

十二月癸酉："辽东总理粮储户部郎中王璠以边城缺草，请以定辽、广宁等库赃罚等银二万六千二百余两收买备用，并乞以各库原贮赃罚缎匹等物折给军官俸钞，兑出钞银，亦以为买草之用。户部覆奏，从之。"（明）官修：《明孝宗实录》卷一百三十二，弘治十年十二月癸酉条，台北："中央研究院"历史语言研究所，1962 年，第 2328—2329 页。

弘治十一年（公元 1498 年）

三月："壬寅，罚辽东右参将都指挥佥事焦元、备御都指挥高钦等俸一月，令戴罪杀贼，坐达贼入境射死边军故也。"（明）官修：《明孝宗实录》卷一百三十五，弘治十一年三月壬寅条，台北："中央研究院"历史语言研究所，1962 年，第 2369 页。

三月乙巳："虏入辽东宁远境杀掠军士，备御都指挥李雄等下巡按御史逮问，罚守备都指挥王臣等俸两月。"（明）官修：《明孝宗实录》卷一百三十五，弘治十一年三月乙巳条，台北："中央研究院"历史语言研究所，1962 年，第 2370 页。

四月："癸酉，兵科给事中杨瑛等奏：'近闻辽东总兵官都督佥事李杲去东调兵出境烧荒，为虏所袭，丧失甚众，又匿不以闻，且杲久病不任事，复为欺罔，以图久任，法不可贷，巡抚都御史张玉互相蒙蔽，亦不能无罪。'兵部覆奏，命遣御史、锦衣卫千户各一员，往按之。"（明）官修：《明孝宗实录》卷一百三十六，弘治十一年四月癸酉条，台北："中央研究院"历史语言研究所，1962 年，第 2376 页。

五月："辛丑，镇守辽东太监任良等奏：'广宁边墙旧皆筑土为之，每为霖潦所坏，虏因得以潜入，我军难于防守。兹欲以砖甓甃砌，计其成功有三岁之劳，而可以享永久之逸。'事下，工部覆奏。从之。"（明）官修：《明孝宗实录》卷一百三十七，弘治十一年五月辛丑条，台北："中央研究院"历史语言研究所，1962 年，第 2388 页。

七月庚申："巡按山东监察御史冯清劾奏：辽东总兵官李杲、镇守太监任良、协守右参将孙文毅等烧荒迟延，军无纪律，致遗弃军器等物。并劾巡抚都御史张玉、巡按御史郭镛不行举奏，及都指挥李鉴等不举呈查究，俱乞治罪。上命罚杲、玉、文毅俸各三月，镛俸两月，其余各逮治之。"（明）官修：《明孝宗实录》卷一百三十九，弘治十一年七月庚申条，台北："中央研究院"历史语言研究所，1962 年，第 2415—2416 页。

八月甲子："虏入辽东宁远境，军士死者一人，掠去者一人，守备都指挥王臣率众出境，至蒙松山分路追袭，颇有斩获，回至分水岭，贼扼险拒战，臣被射死。事闻，兵部覆奏：'王臣轻率寡谋，死其自取。顾其临阵之时，有指挥傅斌等同事，今被害者止臣一人，斌等不相捍卫，又闻斩获首级不与王臣同路，恐有冒妄，请下巡按御史核实。'从之。"（明）官修：《明孝宗实录》卷一百四十，弘治十一年八月甲子条，台北："中央研究院"历史语言研究所，1962 年，第 2425 页。

九月辛亥："虏大入辽东宁远境，官军拒敌，死者十九人，伤者二十九人，右参将署都指挥佥事史赟逗遛不援，为都御史张玉所劾。兵部请下巡按御史治其罪，从之。"（明）官修：《明孝宗实录》卷一百四十一，弘治十一年九月辛亥条，台北："中央研究院"历史语言研究所，1962年，第2441页。

十月庚午："巡按山东监察御史罗贤奏：'朵颜等三卫虏贼数寇宁远、开原等处，官军男妇被杀掠者百有余人，并劫孳畜器械甚众，请出师征剿，或下守臣议防御之宜。'命所司即看详以闻。"（明）官修：《明孝宗实录》卷一百四十二，弘治十一年十月庚午条，台北："中央研究院"历史语言研究所，1962年，第2448页。

十一月乙未："兵部会廷臣覆议：巡按山东监察御史罗贤等奏宁远等处虏情，以为自古治边，守备为上，攻取次之。今朵颜等三卫虏人背逆天道，犯我边疆，固所当征，征之亦易，但各夷系我藩篱，况即今亦有在廷进贡者，比之背叛攻围城堡者不同，若遽加征讨，彼得有词启衅，益深击之非便。议上，从之。"（明）官修：《明孝宗实录》卷一百四十三，弘治十一年十一月乙未条，台北："中央研究院"历史语言研究所，1962年，第2475—2476页。

闰十一月丁丑："虏入辽东懿路城境掠人畜，兵部请治分守守备等官罪。诏提问都指挥李钦等三人，罚右参将焦元俸三月，右监丞黄延宥之。"（明）官修：《明孝宗实录》卷一百四十四，弘治十一年闰十一月丁丑条，台北："中央研究院"历史语言研究所，1962年，第2514—2515页。

十二月己酉："巡抚辽东都御史张玉奏：'虏寇长安等堡，都指挥刘纲、指挥范锴率兵御之，伏兵四起，锴等为所困，纲被射死，指挥二人、千户六人、旗军四十六人俱为所杀，虏去马一百三十余匹，器杖甚众。'事下，兵部劾奏：镇守太监任良、总兵官都督佥事李杲、副总兵张澄、左监丞刘恭失于防御之罪，命任良、李杲、张玉姑不逮问，待查勘，至日与张澄等一并闻奏。"（明）官修：《明孝宗实录》卷一百四十五，弘治十一年十二月己酉条，台北："中央研究院"历史语言研究所，1962年，第2538—2539页。

弘治十二年（公元1499年）

正月乙酉："兵部奏：朵颜、福余、泰宁三卫夷人忘恩犯顺，尝伤败伐辽阳官军，及掳去我都指挥刘纲未返，请会同京营总兵官责谕来贡夷酋于礼部，俾知所以改悔自赎，不然，且举兵加诛。从之。"（明）官修：《明孝宗实录》卷一百四十六，弘治十二年正月乙酉条，台北："中央研究院"历史语言研究所，1962 年，第 2569 页。

正月庚寅："虏入辽东锦州境，官军败之，追出塞，斩首百二十五级，获马九十余匹。镇巡等官以闻，赐敕奖励，升奏捷者二人官各一级，仍各赐衣一袭、钞千贯。"（明）官修：《明孝宗实录》卷一百四十六，弘治十二年正月庚寅条，台北："中央研究院"历史语言研究所，1962 年，第 2573 页。

二月辛丑："朵颜等三卫达虏寇辽东义州，官军败之，追出塞，斩首百四十九级，获马百二匹。镇守太监任良、总兵官李杲、都御史张玉以捷闻，赐敕奖励，升奏捷者二人官各一级，仍各赐衣一袭、钞一千贯。"（明）官修：《明孝宗实录》卷一百四十七，弘治十二年二月辛丑条，台北："中央研究院"历史语言研究所，1962 年，第 2584 页。

二月庚戌："辽东官军后追败三卫达虏于宁远之境，斩首四十四级，获马二十匹。镇巡等官太监任良等再以捷闻，仍赐敕奖励，升奏捷者二人官各一级，赐衣一袭、钞一千贯。"（明）官修：《明孝宗实录》卷一百四十七，弘治十二年二月庚戌条，台北："中央研究院"历史语言研究所，1962 年，第 2588—2589 页。

三月癸亥："虏入辽东开原等处杀掠人畜，命巡按御史提问备御守备等官都指挥王宗等，其分守右佥将焦元、右监丞黄延，仍令戴罪杀贼。"（明）官修：《明孝宗实录》卷一百四十八，弘治十二年三月癸亥条，台北："中央研究院"历史语言研究所，1962 年，第 2598 页。

三月："甲子，虏入辽东宁远境杀掳人畜，命巡按御史逮问都指挥钱英等，其镇巡等官太监任良等，俟英等狱具以闻。"（明）官修：《明孝宗实录》卷一百四十八，弘治十二年三月甲子条，台北："中央研究院"历史语言研究所，1962 年，第 2599 页。

三月庚辰："备御懿路城辽东都指挥佥事李钦，坐虏入境劫掠人畜，下巡按监察御史逮问，当充军，上以情轻律重，命降二级带俸差操。"（明）官修：《明孝宗实录》卷一百四十八，弘治十二年三月庚辰条，台北："中央研究院"历史语言研究所，1962 年，第 2607 页。

四月癸巳："虏连寇辽东宁远、义州、广宁等处，杀官军八十六人，掠马三十一匹，兵部请逮治协守参将孙文毅等罪。命待贼情宁日以闻。"（明）官修：《明孝宗实录》卷一百四十九，弘治十二年四月癸巳条，台北："中央研究院"历史语言研究所，1962年，第2620页。

四月己酉："虏入辽东铁岭卫境杀掠人畜，命逮问备御都指挥高钦等四人，分守参将焦元先已取回闲住，并监丞黄延宥之，仍令延戴罪杀贼。"（明）官修：《明孝宗实录》卷一百四十九，弘治十二年四月己酉条，台北："中央研究院"历史语言研究所，1962年，第2632页。

四月庚戌："辽东广宁守备都指挥王臣既死于贼，有旨命巡按御史察勘。至是，御史罗贤勘报，都察院覆奏，指挥朱俊等四人俱下所司逮问。兵部再议，谓据贤所奏，则都指挥李雄、指挥董镇等五人，与俊等同有失机罪状，而贤又谓雄等功可赎罪，然迹其所获功次，多幼男妇女，必非临阵对敌之人，恐有掩杀之弊，请并与俊等逮问查勘，其镇巡等官太监任良等三人，先既有提督不严之罪，后亦有部下杀贼之功，其赏罚请自上裁。从之，命任良等三人，仍俟查勘至日闻奏。"（明）官修：《明孝宗实录》卷一百四十九，弘治十二年四月庚戌条，台北："中央研究院"历史语言研究所，1962年，第2632—2633页。

五月辛未："辽东沈阳等处数被虏杀掠人畜，丧失军器，兵部请退治提调都指挥金俊等罪，谓副总兵张澄先缘他事查勘未报，分守左监丞刘恭方戴罪杀贼，参将焦元已回京闲住，请自上裁。命金俊等逮问如律，张澄待查勘至日闻奏，刘恭仍戴罪杀贼，焦元既去任置之。"（明）官修：《明孝宗实录》卷一百五十，弘治十二年五月辛未条，台北："中央研究院"历史语言研究所，1962年，第2645页。

六月壬子："巡按山东监察御史罗贤奏：'近谍报朵颜卫虏骑二千屯虹螺山，而泰宁、福余二卫虏酋借兵于他处，俱欲入寇。又虏骑三千入广宁双台等处劫掠，官军婴城自守，无敢御之者，请下所司请所以防御之策。'兵部覆奏：'辽东与各边不同，海西每年一贡，三卫每年再贡，互市相通，世受中国厚恩，虽时有寇掠，原无聚众反叛之谋。只因边臣生事，往往诱杀熟虏以为功，委官覆按亦不举正其罪，所以结怨虏人，致启边衅，彼得以复雠籍口，我军数至丧败。且三卫之贼易弭，而海西之寇难平，失今不图，恐雠怨积深，导引北虏为寇，其患非细。请令巡按御史覆按双台之役人畜杀掠几何？官军亦曾对敌及策应与否？一一分别功罪以闻。自今若有诱杀熟虏，冒功为首者，以谋杀汉人律罪之，同行知情者俱调南方烟瘴卫分，分守守备等官知情者降三级，镇巡官知情故纵者奏请处分。仍请敕镇巡等官，各率其属，秣马励兵，振扬威武，优恤士卒，作其锐气，有警设策防御。必敌势众大，本镇力不能支，乃会合邻兵，相机从事。其各路城堡，士马器械，仍下巡按御史阅实闻奏。'从之。"（明）官修：《明孝宗实录》卷一百五十一，弘治十二年六月壬子条，台北："中央研究院"历史语言研究所，1962年，第2676—2678页。

七月己巳："虏入辽东广宁卫境，戍卒被虏者二人，命逮问提调指挥王用等，分守副总兵张澄等待查勘沈阳等处事状，至日一并闻奏。"（明）官修：《明孝宗实录》卷一百五十二，弘治十二年七月己巳条，台北："中央研究院"历史语言研究所，1962年，第2687页。

八月戊戌："辽东守臣奏：'正月中，虏众分道入寇，我军御之，连三捷，先后斩首三百级，全胜而归。'议者以为辽东兵久不振，疑其诱杀，至是朵颜三卫来贡，朝廷遣大通事指挥使杨铭等审之，具云今年三月中，辽东鲁大人差通事诱泰宁、福余两卫头目脱火乃等男女三百余人到边互市，尽掩杀之，又领兵出境，烧其毡帐车辆，死者之亲属遂来复雠。又人自虏中还者云，朵颜三卫遣三百骑与北虏脱罗干等约和谋入寇。兵科给事中戴铣上疏曰：'朵颜三卫归附已久，世受国恩，虽驯犺狼虎，故性犹存，不免常为边患，然朝贡之礼不废，藩屏之劳亦多，在我处之，当与制御北虏不同，要使之畏威怀德，然后为善。承平日久，边备隳废，守臣率多庸劣，失机偾事。今年正、二月间，辽东守臣捷音三至，上功积三百十八级，马畜、器械所获无算。据其所奏，似有非常之功，数十年来仅见此举。及今杨铭等审出夷情，乃大谬不然。臣以捷音之至在正月、二月，而三卫使臣则言三月诱杀多人，月日不同，其可疑一也。辽东三次报捷，而三卫使臣则言同时诱杀，其可疑二也。二者可疑，则诱杀之事宜不足信。然以理势反复推之，亦有可信者，边士疲困，素乏锐气，往时捐数十百人仅易虏首一二级，今斩获若是之多，而云我军全胜，非缘诱陷，何以获此？其可信一也。凡虏见挫于我，由无备耳，使其有备，我军遇之，不敌远甚，安有始焉以无备见挫，至再至三，复以无备见挫，引首就戮者乎？是或同时诱杀，分为三捷，以文其奸。不然一月之间，累捷如此，虽古孙、吴，亦且难之，岂李杲之老疾、诸镇巡参佐之庸懦而能办？此其可信二也。辽东兵威久挫，同此将卒也，胜败勇怯，岂能顿殊，是或忿其前蹶，忍于诱杀以掩罪冒功，其可信三也。捷音初奏，流言藉藉，但事关重大，莫敢谁何，今三卫使臣果有是言，其可信四也。伏望陛下不以守臣之捷为必是，不以虏使之言为必诬，不以臣愚之虑为过，当议选刚正大臣一人，或科道官二三人，往按其事，果如虏使所言，则明正守臣开边结衅之罪，置之重典，以谢三卫。若虏言虚妄，则彼既遭大衄，舍怨入骨，必思报复，宜申饬边臣修城堡、精器械、集刍粮、备车马、谨斥堠、励士卒，以谨备之，庶几有备无患。'兵部覆奏，命都察院右副都御史顾佐按核以闻。"（明）官修：《明孝宗实录》卷一百五十三，弘治十二年八月戊戌条，台北："中央研究院"历史语言研究所，1962 年，第 2709—2711 页。

八月甲辰："虏数入辽东沈阳中卫境杀掳人畜，命逮治都指挥张俊等罪，其副总兵张澄、左监丞刘恭待勘报前次失机事情，至日并以闻奏。"（明）官修：《明孝宗实录》卷一百五十三，弘治十二年八月甲辰条，台北："中央研究院"历史语言研究所，1962 年，第 2716 页。

十月戊戌："辽东守臣以朵颜三卫虏众数犯边，请调大军征剿。事下兵部集议，金谓不必劳师远征，且宜增兵防守，请于京营内再别选精兵五千，敕都督一员领之，委知兵都指挥二员为把总，分二部，一在广宁迤西，一在辽阳，协同本路官军战守，候来春边事稍宁引还。从之。于是以都指挥杨铭、丁玉为把总，命都督佥事孙贵率之以行。"（明）官修：《明孝宗实录》卷一百五十五，弘治十二年十月戊戌条，台北："中央研究院"历史语言研究所，1962 年，第 2770 页。

十一月癸酉："时，都御史顾佐按事辽东久不决，而海州卫致仕知县丁矿亦奏，镇巡等官李杲、任良、张玉自知偾事已多，无所逃罪，乃使都指挥崔鉴、王玺、鲁勋等以酒食诱虏人入塞，掩杀三百余人，内男女幼稚胡汉相半，恐启引边患自杲等始。于是佐方追摄证佐，与罪人勘核，而人畏鉴等，不敢吐实，且夷人所诉通事脱朵者，查无其人，鉴等又扬言于京师，谓佐轻信偏执，刑逼妄招，激变地方，佐因请别遣兵部及锦衣卫官各一员偕来参错讯鞫。得旨，官不必再遣，只令佐从公问理明白，奏来处治，不许循情偏枉。"（明）官修：《明孝宗实录》卷一百五十六，弘治十二年十一月癸酉条，台北："中央研究院"历史语言研究所，1962 年，第 2798 页。

十一月乙亥："兵科都给事中于宣等劾奏：辽东镇守总兵官都督佥事李杲、镇守太监任良、巡抚都御史张玉上报辽阳等处被杀掳官军人畜数目，与巡按御史张隆所奏不同，并劾杲等失机罪状。兵科给事中蔚春复劾，杲等谋寡力怯，失机偾事，诱杀虏人，冀免罪戾。杲及任良贪暴素著，杲髀成痼疾，张玉束手无策，相助匿非，军士怨愤，久不协附，请按治其罪。兵部会廷臣议请，取杲等还京。上命待顾佐按事报至以闻。"（明）官修：《明孝宗实录》卷一百五十六，弘治十二年十一月乙亥条，台北："中央研究院"历史语言研究所，1962年，第2801页。

十一月庚辰："兵科都给事中于宣等奏：'辽东镇巡官李杲等以朵颜三卫虏入寇，请增兵防守，朝廷议遣孙贵率兵五千以往，臣愚料之，杲等心有所为不在增兵，兵之不可发者有三。辽东边臣前诱杀虏众，事方考按，杲等惧及，故盛言虏怨赐物薄恶数为边害，乞加天讨。盖欲掩其起衅之端，冀免诱杀之罪。若与增兵，适堕其计，其不可一也。虏寇出没无常，边将能远斥堠、严守备，彼必不敢深入，纵小有寇抄，自其常耳，未可卒禁。况十月以来，更无声息，其不可二也。边人积畏京军，盖将士畏其夺功，百姓畏其掳掠，况广、远诸处已极疲瘁，出军必重加扰害，其不可三也。近闻管粮郎中王玺呈户部言，刍粮尚不足以给土兵，重以客兵，费何所出？并传报虏中大雪三尺，边方稍宁，其言亦足验矣。请留贵勿遣，别差人往探消息，更议方略。'且劾贵非统御才，受任之初，数妄陈乞，其行师可知，宜降敕责之。监察御史周进隆等亦以为言，且请抚谕朵颜，以给官军银赉犒边士之苦战及死敌者。章俱下兵部看详言，今海西、建州女直诸虏相继入贡，朵颜三卫亦将来贡，而所在边地秋收已毕，人畜入堡，纵虏入寇，亦无所掠。宣等所言诚是，请留贵等兵，并征还催理军储官，责成辽东守臣申饬副参守备操练兵马，振扬威武，各选麾下精兵按伏防御，贼小至则相机截杀，大至则合兵战守，并令巡按监察御史博访失机误事者，具实以闻。给赏银不敷，请别议。上命孙贵所统官军不必行，催理军储官取回，辽东等处给赏银，户部计处以闻。杲亦驰奏，达贼自九月侵犯之后，未见猖獗，请止兵。从之。"（明）官修：《明孝宗实录》卷一百五十六，弘治十二年十一月庚辰条，台北："中央研究院"历史语言研究所，1962年，第2806—2808页。

十一月壬午："虏入辽东宁远境，官军伤者八人，掠去者四人，马死者四匹，命罚守备署都指挥佥事崔鉴俸两月，备御等官杨宗等俟边事稍宁日逮问。"（明）官修：《明孝宗实录》卷一百五十六，弘治十二年十一月壬午条，台北："中央研究院"历史语言研究所，1962年，第2808—2809页。

十二月："丁未，虏入辽东义州境，军士被掠者一人，男妇六人，马牛十二匹，命逮治备御都指挥王玺等罪，其分守参将史赟，仍俟勘报至日闻奏。"（明）官修：《明孝宗实录》卷一百五十七，弘治十二年十二月丁未条，台北："中央研究院"历史语言研究所，1962年，第2827页。

弘治十三年（公元1500年）

正月："戊辰，都御史顾佐奉命勘事还自辽东，奏称：'总兵官李杲、太监任良、都御史张玉令亲信总旗鲁麟等转督锦州、义州备御官鲁勋、王玺，计诱泰宁夷人入给盐米，因以醉取之，斩首二百六十九人。继又转督宁远守备官崔鉴、镇夷守备官鲁祥、镇静堡提调官钱英，俱用鲁勋之策，斩首四十四人。'事下兵部议，以杲等素无镇御之略，而以诈取藩篱之夷，是失向化之心，请正其法。上曰：'勋等罪宜重治，但事无证佐，又干人众，姑从轻处治。勋及王玺、鲁麟各降一级带俸差操，杲、良、玉降敕切责，余俱免追究，其升赏事俱置不行。'"（明）官修：《明孝宗实录》卷一百五十八，弘治十三年正月戊辰条，台北："中央研究院"历史语言研究所，1962年，第2840页。

六月甲辰："初，虏入开原杀掠人畜，都指挥佥事金俊等九人失于备御，百户陈英等十人失于飞报，下所司逮问，当充军，上以其情轻律重，命各降一级带俸差操。"（明）官修：《明孝宗实录》卷一百六十三，弘治十三年六月甲辰条，台北："中央研究院"历史语言研究所，1962年，第2961页。

七月庚申："兵科都给事中柴升等奏：'近以辽东镇守太监任良、总兵官李杲、巡抚都御史张玉诱杀致寇，阅实明白，命杲、玉致仕，良取回别用。臣等切详致仕体例与见任同，盖人臣以礼去官，而假以优待之名也。今杲等怀奸欺罔，坐废君命，因循阘茸，致坏军机，论罪原情宜膺显戮，乃止令致仕别用，是为恩礼之遇，非所以处有罪之人。不惟使三卫夷人闻之积愤不平，而益怀反恻，抑恐朝廷威命自此不严，边臣坏事愈无忌惮矣，并乞明正其罪，以为边臣之戒。'监察御史邢义等亦奏，杲等罪大罚薄，不足以惩恶，且杲等当事败之时，有户部郎中王荅、辽东行太仆寺少卿张逵，互相朋比，竞进蛊言，反谓杲等有功当赏，不必勘明。今杲等既属欺罔，则宜罢黜荅、逵，以为欺罔朋比之戒。兵部覆奏，谓宜从所请。上曰：'杲等已有前旨，荅、逵法当究问，姑宥之。'"（明）官修：《明孝宗实录》卷一百六十四，弘治十三年七月庚申条，台北："中央研究院"历史语言研究所，1962年，第2975—2976页。

七月丁卯："虏入辽东义州境杀掠人畜，备御都指挥同知李鉴、按伏都指挥佥事田俊，俱下巡按御史逮问。鉴坐私用军人刘田，俊私以官军借人别用，以致守备不设，拟充军。都察院覆议，上命鉴、俊并家属发边远充军。"（明）官修：《明孝宗实录》卷一百六十四，弘治十三年七月丁卯条，台北："中央研究院"历史语言研究所，1962年，第2981页。

八月辛亥："辽东都司都指挥同知王玺坐守备不设，千户黄直等四人坐虏入境失于守备，罪应充军，上以情轻律重，各降一级带俸差操。"（明）官修：《明孝宗实录》卷一百六十五，弘治十三年八月辛亥条，台北："中央研究院"历史语言研究所，1962年，第3013页。

弘治十四年（公元1501年）

二月："辛巳，海西考郎兀等卫女直都督斡罗脱等来贡，赐宴并衣服、彩缎等物如例。其斡罗脱及都指挥等官咬纳等十五人，命于正赐外别加赐以劳之，以其有夺回被虏人口功也。"（明）官修：《明孝宗实录》卷一百七十一，弘治十四年二月辛巳条，台北："中央研究院"历史语言研究所，1962年，第3102页。

四月庚辰："辽东开原清阳等处累被贼入境杀虏人畜，都指挥王琰等下巡按监察御史逮问，俱拟充军。上以情轻律重，降琰等二人官各二级，带俸差操，罚都指挥王宗等八人俸各三月，参将胡忠俸一月，忠与分守左监丞黄延仍戴罪杀贼。"（明）官修：《明孝宗实录》卷一百七十三，弘治十四年四月庚辰条，台北："中央研究院"历史语言研究所，1962年，第3145页。

七月丁未："初，虏贼驻兵塞下，攻辽阳迤东诸堡，分守副总兵孙文毅、少监刘恭率官军四千余赴之。虏窥迤西无备，乘虚折边墙四十余道，拥八千余骑分道直入长胜诸屯堡，大肆杀掠，老弱尽死，少壮者驱掣以去，畜产禾稼荡尽，辽东大震。镇巡等官太监孙振等奏报匿不以实，巡按监察御史车梁以闻。兵部议请遣官按问文毅、恭等罪状，并核实杀虏官军、人畜之数，奏闻裁处。上从之，命吏科右给事中钟渤、刑部郎中王益谦往会巡按监察御史按问之，赐之敕曰：'辽阳长胜等堡被虏杀掠，百年以来无如此惨，皆缘副总兵孙文毅等坐不设备，及太监孙振等奏报止开近堡杀虏官军，其深入腹里抢杀数目未见开报，朕念生灵荼毒，地方疲弊，事情重大，与寻常失误不同，特敕尔等前往彼处，同巡按御史照依兵部议奏事理，先将孙文毅、刘恭行令住俸戴罪杀贼，一面吊见在人卷到官，从公研审，逐一访勘贼入境时孙文毅、刘恭曾否统领官军，驻扎何处防御，因何不留官军防守该堡，及官军曾否与贼对战，其阵亡杀虏人畜数目及孙文毅等有无故捏手本，图逭己罪情由。务见的实，将紧关人犯自指挥以下即便提问，其孙文毅、刘恭并干碍太监孙振、总兵官蒋骥、都御史陈瑶指实参奏，其彼处招抚尚书事情，并付尔等查勘，亦要得实奏来处治。尔等受兹委托，须持廉秉公，悉心访勘，务俾事情明白，法令昭彰，如或扶同苟且，罪有所归。故敕。'"（明）官修：《明孝宗实录》卷一百七十六，弘治十四年七月丁未条，台北："中央研究院"历史语言研究所，1962 年，第 3207—3209 页。

七月壬子："初，海西兀者前卫都督都里吉次子尚古以舍人入贡授指挥，后贡骆驼并归被虏人口，求升都督。不许，止升都指挥佥事。尚古怒去，绝朝贡，时入为寇，仍率兵遮绝海西诸胡之入贡者，诸胡并怒之，尚古后悔过，使五十骑叩边归款，守臣贪功，遣百户至虏中招之，约为求升，尚古遂率五百骑入贡。至开原，守臣验放尚古等五十人赴京，泰宁卫都督猛革忒本儿等闻之大怨边将，谓尚古阻其贡，今反容入贡，遂入寇辽阳。既去，仍留书于边，言诸胡所以侵犯者，实出于此。建州左右卫亦各遣人来言，尚古若诛，则众怨俱解。守臣因请诛尚古，或投之南荒，以谢诸胡。兵部议谓：'尚古初使人至边，意在服罪，以释诸胡之忿，当时守臣止应晓谕令回，俟至冬入贡，不应擅遣人入境招之，以致诸胡不平。今尚古既入贡，又不可诛戮。若如所请，恐结怨海西诸卫，更生他患。守臣不善为谋，一至于此。请并行近所，遣按事给事中等官查勘以闻，令守臣书谕猛革忒木儿等，许令改悔自新，并归所虏人口以自赎。'从之。"（明）官修：《明孝宗实录》卷一百七十六，弘治十四年七月壬子条，台北："中央研究院"历史语言研究所，1962 年，第 3211—3212 页。

七月甲子："虏贼乘辽阳沙岭修边来寇，官军死者六人，虏去者十有八人，伤者三十人，掠去马五十八匹，命逮问备御都指挥李继祖等罪以闻。"（明）官修：《明孝宗实录》卷一百七十六，弘治十四年七月甲子条，台北："中央研究院"历史语言研究所，1962 年，第 3224—3225 页。

七月丁卯："辽东镇巡等官奏：'本镇自三月以来亢阳不雨，河沟干涸，人马通行，以致虏数入寇。自六月以后苦雨不息，城垣仓库多就倾颓，新旧边墙屯堡坍塌过半。虑秋高时虏贼拥众长驱，以战则兵力寡少，以守则墙垣未筑，请东西二路仍增设游击将军二员，于沈阳、宁远驻兵，或选京兵五千赴彼策应.'兵部覆奏：辽东自成化十二年命官整饬边备之后，迨今二十余年，请集廷臣议举文职大臣一员，往彼提督军务、整饬边备，所请增设游击及京兵，命熟计其便以闻。上从之，于是命都察院右都御史王宗彝往，赐之敕曰：'辽东地方接连诸种夷虏，皆我藩篱，比年以来，守臣抚驭失宜，启衅召侮，朵颜等三卫雠报诱杀，海西等卫不平招抚尚古，互相构结，侵犯辽阳西六堡及海州修边处，杀虏官军人畜，备极惨酷。又犯清河碱场等处，屯聚不散。况今淫雨为灾，城堡屯墙坍塌过半，而武备废弛、边防不固已非一日，近镇巡等官奏报边方之患莫甚此时。今特命尔前去彼处，提督军务，整饬边备，凡调度军马、区画钱粮、处置夷情、修理边方等项，及三种夷人应否征剿，俱与镇巡等官计议而行。如果用兵，尔须亲临提督，凡军中一应事务，从尔便宜处置，镇巡等官俱听节制，军职敢有畏怯致误事机、因循沮挠边者，除都指挥量为处治，指挥以下就便拿问。其镇巡官所奏东西二路游击将军应否添设，都指挥崔鉴等堪否任使，及贼果势众应否添调兵务，务要会议停当，作急奏来定夺。其余事情，俱照兵部奏准原拟施行。朕以尔曾巡抚边方，谙练戎务，特兹简命，尔须殚心竭力，广询博访，计虑周密，筹画得宜，以靖一方之患，以纾东顾之忧，毋或和同苟且，虚饰支吾，有负委任！故敕。'"（明）官修：《明孝宗实录》卷一百七十六，弘治十四年七月丁卯条，台北："中央研究院"历史语言研究所，1962年，第3230—3232页。

闰七月壬辰："巡按山东监察御史车梁奏：'辽东海西并朵颜等三卫世受国恩，正宜辑制诸胡，为我藩篱，奈何禽兽之性变诈不常，阳为进贡，阴实觇伺，前来贡者尚未回，而乃敢入境为寇。既又分驻塞外不退，迹其所为，奸谋不浅。今秋高马肥，恐猝有乘隙深入之举，不可不虑，请拘留进贡夷人于广宁为质，责其送回被虏人口，或降敕切责，令彼革心向化，仍戒饬镇巡分守等官，严兵为备，来则出兵以战，退则收兵以守，不许仍前怠忽，以堕贼计。且辽阳一城，兵马止四千有奇，先因按伏他处，在城空虚，致贼乘虚而入，或列城有警，人马亦各不敷，请照正统间百户毕恭所奏事例，令巡抚等官勾选各镇操军，并在安乐二州达官等户内余丁各三丁选一，更拨一丁贴助，父子马步军余五十人为队，大约原军五千倍之，合得一万，随军操练，遇警策应，有功一体升赏。其镇守等官以下，凡役占余丁者抵罪，此乃边人所自愿，非抑勒而强使者，若通行各边，仿此勾考，则不假金帛招募，旬月之间可致数万，亦安攘之一策也。'兵部议，谓来贡夷人义不可拘留，请仍如本部近日奏处施行，其选取余丁之策可用，请令开原、三万、辽海诸处一体施行。从之。"（明）官修：《明孝宗实录》卷一百七十七，弘治十四年闰七月壬辰条，台北："中央研究院"历史语言研究所，1962年，第3254—3255页。

闰七月甲午："监察御史余本实等奏：'辽东辽阳失机已闻，遣官按核，臣等窃闻议者皆云，镇巡等官太监孙振、定西侯蒋骥、都御史陈瑶招抚尚古入贡，以致诸胡不平，大招寇败。陛下宽仁，姑俟按报，未即置振等于法。查得各官始送尚古赴京，以远夷听抚为功，妄称兵不血刃，威伸绝域，遂原其既往之辜，许以自新之路。及闻诸胡咸以招抚尚古籍口，则又奏称莫若将尚古安置南荒，或明正典刑，以为诸胡戒。一尚古也，先以为功而欲赏，后以为罪而欲诛，则是招抚失策，明自知之，其罪固不可掩矣。既而边衅已开，又不严加防御，致贼拥众深入，如蹈无人之墟，自长胜等堡直抵高架子、沈家屯二十余处，纵横杀掠，人畜荡然，暴尸满野，哭声震天，长老以为百年来未尝遭此惨酷，其罪益不可掩矣。而振等尚优游在职，何以示戒？且边人素畏各官之威，不畏勘官，必且观望顾忌，不敢首实，一也。始谋招抚，复欲诛之，且以招抚出自朝廷，亏损国体，二也。振等身负重愆，百计求免，忧悉荒迷之中，安能备边，三也。请征振等还，下狱抵法。'兵科给事中屈伸等复以为言，命下所司知之。"（明）官修：《明孝宗实录》卷一百七十七，弘治十四年闰七月甲午条，台北："中央研究院"历史语言研究所，1962年，第3256—3257页。

十一月："乙酉，升监察御史王宗锡为山东按察司副使，吏科右给事中钟渤、刑部郎中王益谦会巡按监察御史，按问分守辽阳副总兵孙文毅、少监刘恭、守堡指挥使白玺等失于备虏，丧亡男妇一千九百四十有奇、畜产三千二百，并安备御海州都指挥佥事李继祖虏至不援、刘恭又坐占地取贿及边吏诱引尚古入贡之罪，且传其状还奏之，且劾总兵蒋骥、巡抚都御史陈瑶纳侮邀功，又不严饬军令，致虏深入，及分守开原右参将胡忠、左监丞黄廷诱夷启衅，下刑部议，文毅、玺论斩，恭赎徒追赃，毕取回闲住，继祖及指挥张钦等五人皆远卫充军，忠延逮问。会广宁复以师败，骥、瑶以捷闻，言者攻之，命下巡按御史勘报，言骥、瑶隐匿丧亡，反以功奏，翼掩真罪，而都指挥佥事李恕、右参将盛铭及指挥使韩俊等不能先事设备，亦宜有罪。于是刑部请连击骥、瑶至京，会官廷鞫之。有旨：令代骥、瑶还，恕等下巡按御史逮问。"（明）官修：

《明孝宗实录》卷一百八十一，弘治十四年十一月乙酉条，台北："中央研究院"历史语言研究所，1962 年，第 3334—3335 页。

十一月丁亥："吏科右给事中钟渤还自辽东言：'辽阳地方千余里，而官军数仅五千，广宁不及五百里，而团兵数逾一万，往年常调辽阳兵千七百人戍广宁，而岁久不归，其策非是，请仍归之辽阳，以备防守。'兵部覆奏，从之。"（明）官修：《明孝宗实录》卷一百八十一，弘治十四年十一月丁亥条，台北："中央研究院"历史语言研究所，1962 年，第 3335—3336 页。

弘治十五年（公元 1502 年）

四月乙巳："虏入辽东清河等堡境，军士死伤者四人，男妇被虏者十一人，命逮问守备等官指挥赵昂等三人，罚分守副总兵刘祥俸三月。"（明）官修：《明孝宗实录》卷一百八十六，弘治十五年四月乙巳条，台北："中央研究院"历史语言研究所，1962 年，第 3420—3421 页。

四月："丁未，刑科都给事中于瑁、监察御史冯允中等复交章劾奏前镇守辽东总兵官蒋骥、巡按都御史陈瑶，谓二人擅开边衅，罪状已明，既有旨取回，谓宜兼程就狱，引咎责躬，顾乃栖迟道路，欲遂夤缘，觊陈功伐，觊免量谴。今骥幸得原府带俸，而瑶亦从轻外调，命下之日，中外沸腾，咸谓前者大同失机总兵官王尔治以重罪，都御史洪汉亦已罢黜，今骥、瑶无事则贪功以启衅，有警则坐事以丧师，事败复隐实以罔上，其罪恶尤甚于尔、汉，而反轻释之，不唯无以熄嗷嗷之议，而亦不足以服尔、汉之心，请仍如刑部所拟，明正其罪，以为守边者之戒。不允。"（明）官修：《明孝宗实录》卷一百八十六，弘治十五年四月丁未条，台北："中央研究院"历史语言研究所，1962 年，第 3422—3423 页。

六月戊申："辽东守臣议上监察御史胡希颜所陈振兵威、复旧例二事。谓三卫达贼世受国恩，为我藩篱，而每犯边贼掠，本当剿除，但贼首广失塔等今已悔过服罪，若复命将调兵，诚恐及启边衅，致其结构北虏，为患非细，宜行各路分守守备等官，严加堤备。又三卫传箭通话，乞讨盐米，系是常例，若概作犯边境，就便捕杀，不惟闻袭贼诱杀之端，抑恐启挟仇构众之祸。况达贼来布先年不拘则例，今若止许三月一次，不免致生嗟怨。宜行各分守等官，严督所属官军，如是传箭通话、乞讨盐米者，照例给赏，不许擅自捕杀。兵部覆奏，从之。"（明）官修：《明孝宗实录》卷一百八十八，弘治十五年六月戊申条，台北："中央研究院"历史语言研究所，1962 年，第 3467 页。

九月："甲午，虏五千余骑犯辽东长安堡，掠杀人畜，副总兵刘祥等伏兵御之，斩首五十级，获马百余匹。巡抚都御史韩重以捷闻，令降敕奖励，及镇守太监梁玘等升奏捷，二人官各一级，仍赏纻丝衣一袭、钞一千贯。"（明）官修：《明孝宗实录》卷一百九十一，弘治十五年九月甲午条，台北："中央研究院"历史语言研究所，1962 年，第 3535 页。

十二月甲辰："先是，分守开原右参将胡忠及左监丞黄延俱以诱致夷人尚古，下巡按监察御史逮问，奏拟忠充军、延赎杖还职。忠具奏自辨，都察院复奏，忠令人远入夷寨，招致尚古，又多放夷人入关，罪固难掩，但不则惑于通事白洪之言，止则制于镇巡官之令，苟图目前，不知远虑，今尚古升职回卫，蒋骥、陈瑶、黄延俱从末减，而忠独加重，宜不能服其心。且比以私使入境外虏掠，律亦未当，请覆治之。时给事中邹文盛、郎中杨茂仁方按事山东，遂以命之。文盛等还言，忠所奏辨间有饰辞，前勘给事中钟渤等所劾当以充军，固不为过，以骥、瑶律之，则罪同罚异。于是都察院请会刑部大理寺详议，皆言忠之招致尚古，有镇巡之命，而其入朝，实骥、瑶强之，比律充军，诚为未当，但骥、瑶之宥免，出自时旨非常，例亦难援。比忠本与王延同事，罪当同科，宜坐奏事不以实赎徒还职。从之。"（明）官修：《明孝宗实录》卷一百九十四，弘治十五年十二月甲辰条，台北："中央研究院"历史语言研究所，1962 年，第 3571—3572 页。

弘治十六年（公元 1503 年）

正月乙未："镇守辽东太监朱秀、都督佥事杨玉、巡抚都御史张鼐奏：去岁十二月，泰宁三卫虏贼夜寇瑞昌堡境，射伤建州入贡夷人及摽掠驿传车牛，宁远备御都指挥张天祥等率军赴之，从尖山台追至歪头山，贼反迎敌，为我军斩首二十七级。又追至高庙儿，获所掠车牛，复斩首十一级。命降敕奖励秀等，赏奏捷者纻丝衣一袭、新钞一千贯。"（明）官修：《明孝宗实录》卷一百九十五，弘治十六年正月乙未条，台北："中央研究院"历史语言研究所，1962 年，第 3604—3605 页。

二月壬子："巡抚辽东都御史张鼐奏：建州左卫夷人革里右得等杀败海西达贼，夺回所掠三人，乞今次进贡定额，出许令二三人赴京，量加偿赐，以示奖劳。兵部覆奏：'进贡夷人有常，数不可加，但可如其夺回汉人之数，照有功赏格，出内帑之物付镇巡等官，就彼给赏。'从之。"（明）官修：《明孝宗实录》卷一百九十六，弘治十六年二月壬子条，台北："中央研究院"历史语言研究所，1962年，第3620—3621页。

二月："癸丑，分守辽东锦义并城右参将韩辅，坐虏入境杀掠人畜，下巡按御史逮问，赎杖还职。"（明）官修：《明孝宗实录》卷一百九十六，弘治十六年二月癸丑条，台北："中央研究院"历史语言研究所，1962年，第3621页。

三月戊子："巡按辽东监察御史王献臣奏：'三卫达子近墙下营，需索盐米，广宁卫守备都指挥张天祥等伏兵与之告语，因知建州进贡夷人至石河铺，遂遣家僮张通等射伤夷人，继入达子营，杀获幼男百余人。又获告语达子首八级，其营内所斩，首烧毁九十颗，而转卖官军幼男达妇首二十余级，得银二千余两。'下兵部覆议，谓御史所奏与镇巡等官先次报捷事相背驰，请遣官按核。命大理寺左少卿吴一贯、锦衣卫都指挥佥事杨玉往勘，务得其实以闻。"（明）官修：《明孝宗实录》卷一百九十七，弘治十六年三月戊子条，台北："中央研究院"历史语言研究所，1962年，第3647—3648页。

五月甲戌："先是，镇守辽东太监朱秀言：广宁乃辽东中路，见设参将一员，统官军三千，与东路辽阳策应，相距四百里，每遇惊动，调援不及事，乞于东路沈阳增设游击一员，分兵为奇正，偕副总兵协守。下镇巡等官会议。至是，秀偕总兵官杨玉、巡抚都御史张鼐，以协守广宁参将崔鉴，于副总兵部内简拨精兵二千，及召募土军一千，往彼驻札，分为两班，一班分布沿边城堡按伏，一班在城操练候调，追击策应。兵部覆奏，谓秀等言宜从，但东路残破，若鉴所统军马俱选于副将部下，则兵分力弱，事势愈难，宜令镇巡官再行斟酌，或以崔鉴原领广宁官军及副将部下各拨遴选一千，并土兵一千，驻彼防御，候贼情稍定，具奏区处。从之。"（明）官修：《明孝宗实录》卷一百九十九，弘治十六年五月甲戌条，台北："中央研究院"历史语言研究所，1962年，第3684—3685页。

六月己酉："辽东海州卫管队旗甲刘货郎守备高堞铺，逻者传报房贼五十余骑入寇，货郎逐，领军御战之于潮沟，箭中于唇，战益力，所部皆感奋。贼既退，始出其箭，即昏仆，舁归治疗瘥，得时以无斩获首级，不及载在升赏格。至是，巡抚都御史张鼐廉得其事，上言货郎一小旗耳，乃能奋不顾身，率众退贼，虽赏格不载，若量给冠带以荣其身，仍令率众防御，亦足为将士劝。

奏上，从之。"（明）官修：《明孝宗实录》卷二百，弘治十六年六月己酉条，台北："中央研究院"历史语言研究所，1962年，第3714—3715页。

六月："辛亥，分守辽阳副总兵都指挥使孙文毅坐守备不设，当死。巡抚都御史张鼐奏：'文毅雄健骁勇，武艺精绝，实为一时将材。初亦极思报效，不意误中贼计，使得掩袭。然比之拥兵自卫、见贼先逃者不同，辄致弃市，积实可矜。臣闻汉韩信坐法当斩，滕公壮其貌释之。宋岳飞犯法将刑，宗泽奇之，使立功赎罪。今辽阳贼巢遍野，声息不绝，杀此壮士，诚为可惜。且使功不如使过，文毅系于圄圉已三年，若获再用，必有后效。乞不为常例，释送总兵处听调领军，如遇贼能斩获首级五颗者，宥其死，或立奇功，破贼全胜，则仍复其原袭祖职。'下兵部议，会文毅已得旨宥死，发充山西平虏卫军，金鼐复荐其可用，请暂免发遣，仍以平虏卫军存留本处听用，候有功如例升赏。从之。"（明）官修：《明孝宗实录》卷二百，弘治十六年六月辛亥条，台北："中央研究院"历史语言研究所，1962年，第3715—3716页。

九月甲子："发太仓银十五万两于辽东，以备边储。"（明）官修：《明孝宗实录》卷二百零三，弘治十六年九月甲子条，台北："中央研究院"历史语言研究所，1962年，第3773页。

十月戊午："虏入辽东长安堡等处大肆杀掠，命提问守备指挥刘铎等，罚副总兵官刘祥俸一月。"（明）官修：《明孝宗实录》卷二百零四，弘治十六年十月戊午条，台北："中央研究院"历史语言研究所，1962年，第3805页。

弘治十七年（公元1504年）

二月壬子："录辽东锦州、沈阳等处御虏功，官军升一级者一百一十九人，署一级者一人，余一千五十二人给赏有差。"（明）官修：《明孝宗实录》卷二百零八，弘治十七年二月壬子条，台北："中央研究院"历史语言研究所，1962年，第3871页。

二月庚申："虏入辽东义州境，杀掠人众，命逮问备御都指挥佥事马深等罪，分守参将韩辅罚俸一月。"（明）官修：《明孝宗实录》卷二百零八，弘治十七年二月庚申条，台北："中央研究院"历史语言研究所，1962年，第3875页。

三月丁丑："赏辽东锦州沙河、沈阳卜榆林等堡杀贼有功官军人等银绢等物有差。"（明）官修：《明孝宗实录》卷二百零九，弘治十七年三月丁丑条，台北："中央研究院"历史语言研究所，1962年，第3890页。

七月丙午："辽东都指挥佥事李宁坐虏入沙岭堡掠人畜，下巡按监察御史逮问，拟边卫充军，上以情轻律重，免充军，令赎杖还职。"（明）官修：《明孝宗实录》卷二百一十四，弘治十七年七月丙午条，台北："中央研究院"历史语言研究所，1962年，第4037页。

九月己丑："辽东备御都指挥马深、李雄各坐虏入境杀掠人畜，下巡按监察御史逮问，俱拟边远充军，又言深功实多，雄亦有功，俱可赎罪。得旨：马深准以功赎罪，李雄降一级。"（明）官修：《明孝宗实录》卷二百一十六，弘治十七年九月己丑条，台北："中央研究院"历史语言研究所，1962年，第4063页。

弘治十八年（公元1505年）

二月："壬戌，录辽东开原等处御虏功，官军升一级者五十四人，余六百六十七人给赏有差。"（明）官修：《明孝宗实录》卷二百二十一，弘治十八年二月壬戌条，台北："中央研究院"历史语言研究所，1962年，第4155页。

二月甲戌："虏再入辽东清河等堡，定辽后卫指挥佥事林睿下巡按御史逮问，坐守备不设，拟充军，上以其情轻律重，宥之，降一级带俸差操。"（明）官修：《明孝宗实录》卷二百二十一，弘治十八年二月甲戌条，台北："中央研究院"历史语言研究所，1962年，第4173页。

六月丙辰："升赏辽东抚安堡获功官旗军人等五十二人有差。"（明）官修：《明武宗实录》卷二，弘治十八年六月丙辰条，台北："中央研究院"历史语言研究所，1962年，第41—42页。

六月戊午："升赏辽东署都指挥佥事俞谦等四百九十一人有差，以虏入西湖景、印台山、歪头山等处，各有斩捕功也。"（明）官修：《明武宗实录》卷二，弘治十八年六月戊午条，台北："中央研究院"历史语言研究所，1962年，第52页。

六月："己卯，定辽左等卫指挥佥事杨远、指挥同知邹晟、百户周刚、副千户徐恭坐守边失事论谪戍，以情轻俱降一级。"（明）官修：《明武宗实录》卷二，弘治十八年六月己卯条，台北："中央研究院"历史语言研究所，1962年，第82页。

八月："壬戌，降辽东都司广宁左卫指挥佥事张玉为左所正千户，广宁右卫指挥同知杨春为指挥佥事，广宁卫中所实授百户陈鉴为试百户，玉等坐虏入境守备不设当谪戍，以情轻皆降一级。"（明）官修：《明武宗实录》卷四，弘治十八年八月壬戌条，台北："中央研究院"历史语言研究所，1962年，第132—133页。

八月甲子："降辽东三万卫指挥使佟镇为指挥同知，辽海卫指挥佥事张昇为正千户，副千户钟洪为百户，三万卫百户秦能为总旗，亦坐守备不设当谪戍，以情轻降级有差。"（明）官修：《明武宗实录》卷四，弘治十八年八月甲子条，台北："中央研究院"历史语言研究所，1962年，第134页。

八月："戊辰，升赏辽东长宁等堡有功及阵亡被伤官军五十八人有差。"（明）官修：《明武宗实录》卷四，弘治十八年八月戊辰条，台北："中央研究院"历史语言研究所，1962年，第137页。

八月戊辰："降辽东定辽卫指挥同知邹晟为指挥佥事，杨远为正千户，副千户徐恭为实授百户，实授百户周刚为试百户，各带差操，坐虏犯境失于备御也。"（明）官修：《明武宗实录》卷四，弘治十八年八月戊辰条，台北："中央研究院"历史语言研究所，1962年，第137页。

八月壬申："虏之入开原也，指挥同知王珍、赵辅，指挥佥事张英，百户张斌、王钦俱失事，例应谪戍，都察院覆奏，各犯情罪颇轻，且琛、英、辅尝与虏对敌，珍又有斩获功，诏宥珍，降斌、钦官一级，英、辅赎杖还职。"（明）官修：《明武宗实录》卷四，弘治十八年八月壬申条，台北："中央研究院"历史语言研究所，1962年，第139—140页。

十月甲寅："辽东三万卫指挥同知侯恺、副千户赵兴、铁岭卫指挥佥事张镇、百户饶征，各坐守备不设应谪戍，以情轻律重，宥之，降其官一级，带俸差操。"（明）官修：《明武宗实录》卷六，弘治十八年十月甲寅条，台北："中央研究院"历史语言研究所，1962年，第190页。

正德元年（公元1506年）

二月甲戌："给赏辽东官军之守墩空者八千二十九人，人银二两，新增系常操者赏如之，其冬操夏种者一万五千一十六人，人银一两，新增冬操夏种者赏亦如之。初，兵部议登极赏典，不及二项官军，给事中徐忱等以请，乃赏焉。"（明）官修：《明武宗实录》卷十，正德元年二月甲戌条，台北："中央研究院"历史语言研究所，1962年，第326—327页。

四月丁卯："降辽东纳粟都指挥佥事王钺为指挥使，坐守备不设故也。"（明）官修：《明武宗实录》卷十二，正德元年四月丁卯条，台北："中央研究院"历史语言研究所，1962 年，第 379 页。

五月壬辰："兵部言，辽东镇巡官招募军士，乞量升为首者职。缘招募事例止言有功日升赏，无为首升职之议，今镇巡官既误引旧例，彼缘招而费广，宜量加恩赏以劝之。凡幕过二百名以上者，赏纻丝表里四，其百名以上者半之，百名以下者又半之，内白衣者畀之冠带，故有冠带者其赏有加焉。若为首者愿统所幕，协同操守，遇警从征，有功则如例升赏，以酬其劳。从之。"（明）官修：《明武宗实录》卷十三，正德元年五月壬辰条，台北："中央研究院"历史语言研究所，1962 年，第 400—401 页。

七月庚子："给事中徐忱言，辽东开原、中固、铁岭、懿路、汎河、蒲河等处城，诸夷环绕，三面受敌，最为冲要，备御、守所、守堡等官责任甚重，凡受委之此者，虑祸求免，以致数更，或才不尽用，或用非其才，甚非边土所宜，宜行守臣，选用谋勇往当其任，如军政事例五年通考，稽其功过以定赏罚。从之。"（明）官修：《明武宗实录》卷十五，正德元年七月庚子条，台北："中央研究院"历史语言研究所，1962 年，第 476—477 页。

正德二年（公元 1507 年）

二月丙申："虏之入威远堡也，辽东设伏，指挥王忠督左右哨指挥王铎、王钦领军追袭，至亮子河遇伏，我军死者一百四十余人，伤者一百二十余人，忠、铎、钦俱被创，铎子茂没焉。至是，巡按御史论忠等罪，坐守备不设计当谪戍。又谓其暂委，设伏俱非专职，以寡敌众，鏖战被伤，且茂死可矜，忠有旧功可录，下都察院会兵部议，御史言是，上悯而宥之，降忠、铎各一级，钦二级。"（明）官修：《明武宗实录》卷二十三，正德二年二月丙申条，台北："中央研究院"历史语言研究所，1962 年，第 646—647 页。

五月己酉："降辽东都司定辽中卫纳粟都指挥佥事周辅为指挥使，坐贼入境虏掠也。"（明）官修：《明武宗实录》卷二十六，正德二年五月己酉条，台北："中央研究院"历史语言研究所，1962 年，第 688 页。

七月辛亥："给辽东清河等堡夜不收并墩军死于贼者二十四人之家各银五两，其子孙仍升授一级，其有父母无子孙侍养者给银倍之。"（明）官修：《明武宗实录》卷二十八，正德二年七月辛亥条，台北："中央研究院"历史语言研究所，1962 年，第 721 页。

七月丙寅："升赏辽阳东州并开原镇北二堡有功官旗军舍五十三人有差。"

（明）官修：《明武宗实录》卷二十八，正德二年七月丙寅条，台北："中央研究院"历史语言研究所，1962年，第730页。

正德三年（公元1508年）

七月己未："巡抚辽东赞理军务左佥都御史刘瓛奏，辽东地方山海隔阻，舟楫不通，原无民运，止有田粮，每年所入，止足岁用三分之一。今仓库空虚，军士缺食，查得所属二十五卫卫有盐场，每年例该煎盐三百八十五万六千四百三十斤，给军食用，但盐场去卫颇远，运送甚难，欲自正德四年为始，每年盐课通收在场，召商中买，所得价银俱听管粮郎中召商籴买粮料，以备官军月廪。如此，则边储有助，而盐课不致虚费。户部覆奏，从之，仍命升瓛一级，赐敕奖励，且令事有可兴革者其悉以闻。"（明）官修：《明武宗实录》卷四十，正德三年七月己未条，台北："中央研究院"历史语言研究所，1962年，第946—947页。

九月庚子："以布给辽东官军，折胖袄袴鞋人四匹，计一万二千六十一员名。"（明）官修：《明武宗实录》卷四十二，正德三年九月庚子条，台北："中央研究院"历史语言研究所，1962年，第970页。

十一月乙未："巡抚辽东都御史刘瓛等陈济边足饷六事。一、本镇当差舍余十三万二千一百余名，内摘出十分之二，为二万六千四百人，各令出银一两五钱，岁可得三万九千六百余两。一、原金金、复、盖并右屯四卫修边丁夫一万四千三百余名，离边八百余里，往返艰苦，宜免其动调，亦各纳银如舍余，岁可得二万一千四百九十余两。一、先年于各卫舍余三丁抽一，分拨操守，又各与帮丁一名，共万有七千二百九十余名，今边事宁息，宜放回耕种，各纳银如丁夫，既省粮赏，岁可得二万五千九百余两。一、金、复、盖并右屯卫地方，旧设防倭守墩军五百余名，及金、盖、右屯三卫守城虚占舍余五百四十余名，及所属二十五卫杂役舍余二千八百二十余名，俱可查革，令纳银如前数，岁可得五千八百余两。一、属卫轻差余丁二千八百八十余名，宜免其纳米、纳纸、纳草、纳柴等役，令纳银如前，岁可得四千三百二十余两。一、苑马寺养马军三百四十四人，无他重役，宜尽革其月粮。事下兵部议覆，得旨，舍余出银供饷，仍令巡按御史会审可否，必人实乐从。乃以闻养马军人月支米五斗，余多从之。"（明）官修：《明武宗实录》卷四十四，正德三年十一月乙未条，台北："中央研究院"历史语言研究所，1962年，第1006—1007页。

正德四年（公元 1509 年）

三月甲寅："升赏辽东指挥同知刘元吉等四人有差，录其新兴堡斩获功也。"（明）官修：《明武宗实录》卷四十八，正德四年三月甲寅条，台北："中央研究院"历史语言研究所，1962 年，第 1096 页。

五月壬辰："升毛怜卫指挥使速古一级，以速古尝有边功故也。"（明）官修：《明武宗实录》卷五十，正德四年五月壬辰条，台北："中央研究院"历史语言研究所，1962 年，第 1135 页。

五月戊戌："泰宁三卫女直都指挥金事满蛮，率其部落男妇二万有余欲附边墙，筑土圈潜住，以避北虏，守臣以闻，且言镇安等堡旧有土圈可容下。兵部议，三卫为中国籓篱，彼既有事告急，我当有以庇之，但狼子野心，变态莫测，请令辽东镇巡官整兵防范，不可信其甘言，遽生怠玩，兼遣人多方访探，果无诈情，听于墙外要害处照常藏避，不许践我境内，惊扰人心。其镇安等堡土圈，果远离边墙基址如故，许其老弱暂居，事宁省令远去住牧，仍遣抚夷通事犒劳，宣谕朝廷恩威，使之感激。若有诈伪，务在审处奏报，庶附夷有所倚赖，边境不致疏虞矣。从之。"（明）官修：《明武宗实录》卷五十，正德四年五月戊戌条，台北："中央研究院"历史语言研究所，1962 年，第 1142—1143 页。

正德五年（公元 1510 年）

四月丙午："虏寇辽东寺儿山台，游击将军高钦率所部击却之，镇守太监岑章、总兵官李玙、都御史王彦奇各以捷闻，而彦奇所遣人乃其家僮，为言官所劾。有旨，执付锦衣狱，并议彦奇罪以闻，章、玙所遣人各升署职一级。"（明）官修：《明武宗实录》卷六十二，正德五年四月丙午条，台北："中央研究院"历史语言研究所，1962 年，第 1366 页。

九月己巳："录辽东瑞安堡斩获达贼功，升赏都指挥金事张洪等九十四人有差。"（明）官修：《明武宗实录》卷六十七，正德五年九月己巳条，台北："中央研究院"历史语言研究所，1962 年，第 1483 页。

十月丙午："赏辽东获功官军一百六人金帛有差。"（明）官修：《明武宗实录》卷六十八，正德五年十月丙午条，台北："中央研究院"历史语言研究所，1962 年，第 1512 页。

正德六年（公元 1511 年）

五月戊子："录辽东广宁镇安堡斩获功，太监岑章赏银十两、彩币二表里，游击将军高钦银五两、彩币一表里，都指挥金事郭拳及千百户以下升赏者四百人。"（明）官修：《明武宗实录》卷七十五，正德六年五月戊子条，台北："中央研究院"历史语言研究所，1962年，第1649页。

十二月癸未："升赏辽东高台堡获功官军锦衣指挥谷本等五十八人各有差。"（明）官修：《明武宗实录》卷八十二，正德六年十二月癸未条，台北："中央研究院"历史语言研究所，1962年，第1773页。

正德七年（公元1512年）

五月癸亥："建州右卫进贡夷人石勒厄等至阳樊驿，贼刘六奄至，杀之，死伤者二十九人，被房而回者三人。事闻，兵部请加优恤，以示怀柔。于是命石勒厄等五人各袭升一级，赏银十两，四海二十四人银十两，被房者五两。"（明）官修：《明武宗实录》卷八十七，正德七年五月癸亥条，台北："中央研究院"历史语言研究所，1962年，第1872页。

十二月壬戌："初，辽东三卫达子为恍惚达子所逐，驱其牲畜入境以避难，守备宁远都指挥金事马骠与百户钱成谋邀杀之，而分取其所有，诡称犯边，以希升赏。既而三卫丑类夷人叩边索偿，镇巡官审诘，具得其情以闻。都察院议，三卫夷人为边境藩篱，骠等贪利妄杀，开惹衅端，法不可贷，当斩狱上。得旨，骠、成依律处决，官舍听骠指使者，俱发边卫充军。"（明）官修：《明武宗实录》卷九十五，正德七年十二月壬戌条，台北："中央研究院"历史语言研究所，1962年，第2010页。

十二月甲子："升辽东都指挥使张洪、张玺为都督同知，录讨贼功也。"（明）官修：《明武宗实录》卷九十五，正德七年十二月甲子条，台北："中央研究院"历史语言研究所，1962年，第2011页。

十二月己巳："辽东都指挥金事葛蔓坐锦川营等处失事，当充军，以情轻降一级。"（明）官修：《明武宗实录》卷九十五，正德七年十二月己巳条，台北："中央研究院"历史语言研究所，1962年，第2018页。

正德八年（公元1513年）

五月壬午："时女直鞑靼入贡，奏进番文，有为中国书者，审为被掠边民冒名来朝，遂为同类代书。礼部议，宜并治伴送指挥干经、诵事刘恩等罪。诏，诈冒情弊，所当究问，但念远夷并伴送通事等俱从宽宥之，令镇巡官善为宣谕，今后朝贡者姓名务验实名，毋仍诈冒，恩等夺俸粮各一月。"（明）官修:《明武宗实录》卷一百,正德八年五月壬午条,台北:"中央研究院"历史语言研究所,1962年,第2080页。

七月辛未:"初,建州海西等卫夷人构结达贼,屡为边患,兵部议差本部左侍郎石玠往抚谕之。玠至,言海西兀者卫朝贡夷人安失塔等传,谓夷人老鼠、乃留、加哈义等将入寇。于是御史张鹏劾玠,以为廷臣皆言,海西各夷朝贡过期,镇巡官自能抚谕,及太监岑章等言各夷告报欲来朝贡,而玠乃谓各夷欲来为患,两次奏捷,贪为己功,且奏保今升嘉兴府同知张龙、泗州知州仇惠、大通事马俊,夫龙淫邪无耻之徒,尝为瑾党,固天下所共弃者,俊则缘事谪戍,遇赦冠带,惠则畏缩避贼,亦岂知兵。盖玠欲设兵备,所以为龙之本,其欲调耿贤,又所以为马俊之地也,乞亟罢黜。奏上,诏边方梗化,议差大臣往抚,鹏不察事端,一概滥言,本当究治,姑宥之。"(明)官修:《明武宗实录》卷一百零二,正德八年七月辛未条,台北:"中央研究院"历史语言研究所,1962年,第2106—2107页。

八月己亥:"兵部奏,海西卫夷人竹孔革等四人听抚入贡,辄求升袭,并给印与敕,从之则示弱,不从则兴怨,臣等会廷臣议,以为竹孔革之父的儿哈尼,本塔鲁木卫指挥佥事,以入寇被杀,今竹孔革既悔罪归顺,宜免勘暂准袭其父职,以敕付辽东镇巡官收贮,俟一年以上不扰边境,方许给之。老鼠、乃留旧无职事,未可辄授,宜于常赐外量加赏赉,亦以五年为期,无所侵犯,镇巡官议奏。加哈义暨其子逞得革等求易赐敕,恐冒名而来,未可辄易,宜令镇巡官勘实,如无职事,亦如老鼠、乃留例。诏如议,仍令大通事省谕各夷知之。"(明)官修:《明武宗实录》卷一百零三,正德八年八月己亥条,台北:"中央研究院"历史语言研究所,1962年,第2124页。

八月:"乙丑,兵部覆给事中傅钥所奏备边事宜。一、辽东锦、义等城堡圈废坏,是以寇至莫御,宜令修补并河东等处皆添设之。一、各边军士贫难,锐气销衄,无以御敌,宜令官为婚娶及置办军装,仍每军复余丁二人,专令耕种,以资助之。一、选择总兵不必侯伯,凡都督以下素有威名,未曾委任,或在下僚及诖误闲住者,宜疏名简用。一、各边被虏人民,在虏日久,每遇征剿之时,跽而请命,官军贪功,一概妄杀,宜定格例,凡获被虏男妇老小,俱准升级,仍令本家出银充赏,如仍前妄杀,斩首示众。一、广宁、开原旧设马市,所以羁縻诸夷,互市之日,宜严为之禁,其各城索赏夷人,俱出百里外使之驻牧，或近塞垣者即驱逐之，则在我无取衅之端，在彼知潜入之戒矣。诏是之，且令马市验放夷人入市，务依期出境，禁其夹带弓箭之类，非互市日不许辄近塞垣，管马市官并备御军士，有诱取夷货、纵令入境及私交通漏泄者，罪不赦。"（明）官修：《明武宗实录》卷一百零三，正德八年八月乙丑条，台北："中央研究院"历史语言研究所，1962 年，第 2133—2134 页。

十月乙巳："虏掠辽东开原既出境，太监王秩、参将高钦追之，被围数日，士马死伤甚众，守臣以闻。兵部议，开原与泰宁、海西、建州诸夷接境，各有界限，边墙之外任其牧放无禁，比年分守备御等官略不为备，致虏深入，及虏既去，乃徐出境，俘斩牧放夷人以掩罪冒功，故诸夷愤怨报复，为患不已。今宜申饬边吏，凡遇贼侵犯，若在边墙之内即时斩获者，方许报功，若经宿或私出境及去边墙五里以外者，虽有斩获功不论，仍以失事启衅治罪。钦及指挥惠绮、王用俱宜罢回原卫，指挥王宣、陈钺等宜令原差给事中及巡按御史逮问，秩去留，惟上裁之，仍调游击将军耿贤统游兵三千于开原防御。诏留秩及钦、绮，余如议。后辽东镇巡官复奏，酋虏贪残无厌，今我拘于禁例，画地自限，使虏志益骄，士气大沮，非计也。请自今追剿犯边达贼，若抵其巢，凡有斩获，无论大小男妇，俱令报功，庶夷虏知畏。兵部复议，夷近边百里内为寇者，方令出兵，必长壮首级乃得论功，若不犯边及百里外牧放者，仍遵禁例。从之。"（明）官修：《明武宗实录》卷一百零五，正德八年十月乙巳条，台北："中央研究院"历史语言研究所，1962 年，第 2155—2156 页。

正德九年（公元 1514 年）

四月："丁未，夺辽东参将耿贤俸一月，都指挥李端、常钦等各三月，以虏入境不能防御也。"（明）官修：《明武宗实录》卷一百一十一，正德九年四月丁未条，台北："中央研究院"历史语言研究所，1962 年，第 2272—2273 页。

五月戊寅："治辽东开原失事都指挥等官陈钺等罪有差。先是，虏自镇夷堡入，守堡官军御之弗利，及虏出境未远，分守开原参将高钦、太监王秩率千总纳粟都指挥佥事陈钺、史文，署都指挥佥事裴珙及把总指挥佟宣等合兵追之，又檄指挥惠绮等兵为援，至创忽儿河遇贼与战，多失利，贼因悉众攻围，钦等大战于曾家沟，杀伤甚众。时绮援兵不至，钦等以师退，军士饥渴，争入近境，部伍错乱，贼乘之复大败官军，死者五十余人，失亡马五百余匹，兵械不可胜计。事闻，诏遣给事中吴岩往会巡按御史按验失事者罪，岩劾镇守太监岑章、总兵官都督佥事韩玺、巡抚右副都御史张贯节制无方，请并治之。于是，钺、文、珙比守备不设律坐斩，佟宣等十六人减等充军，钦、绮夺俸一年，玺、贯半年，章、秩宥之。"（明）官修：《明武宗实录》卷一百一十二，正德九年五月戊寅条，台北："中央研究院"历史语言研究所，1962年，第2285—2286页。

七月甲申："升赏辽东海州卫等处获功官舍旗军、锦衣卫正千户张兰等三百九十二人有差。"（明）官修：《明武宗实录》卷一百一十四，正德九年七月甲申条，台北："中央研究院"历史语言研究所，1962年，第2318页。

十月庚子："户部以辽东军饷缺乏，请以年例银七万两先给之，及将山东等运司各年中剩盐课减价召商报中，以补年例原数。报可。"（明）官修：《明武宗实录》卷一百一十七，正德九年十月庚子条，台北："中央研究院"历史语言研究所，1962年，第2366页。

十月丁未："降辽东分守参将高钦三级。先是，钦以创忽儿河失事，与太监王秩等各夺俸一年，而把总指挥马俊、佟宣、刘钦、林丛等俱谪戍边卫。至是，俊等奏诉，谓职在听调，且有殿后之功，俱坐重罪，而钦为主将，偾军败事，顾止夺俸。兵部覆议，以为诚如俊等所言，宜逮钦究治。诏，俊者改戍近卫，钦姑从轻降级，带俸差操。"（明）官修：《明武宗实录》卷一百一十七，正德九年十月丁未条，台北："中央研究院"历史语言研究所，1962年，第2368页。

正德十年（公元1515年）

七月乙巳："宥分守开原参将张廷锡罪，仍夺俸半年。初虏入威远堡，廷锡坐失机，行勘，乃自陈有斩获功，乞赎罪。许之。"（明）官修：《明武宗实录》卷一百二十七，正德十年七月乙巳条，台北："中央研究院"历史语言研究所，1962年，第2551页。

八月辛酉："辽东巡抚都御史张贯奏，虏寇小团山堡，都指挥盛以仁、守备指挥杨镇、祖旺等不设备，俱宜逮问。从之。"（明）官修：《明武宗实录》卷一百二十八，正德十年八月辛酉条，台北："中央研究院"历史语言研究所，1962年，第2557页。

八月："己卯，升赏辽东中固城、柴沟堡等处阵亡、被伤官军人等二十九人。"（明）官修：《明武宗实录》卷一百二十八，正德十年八月己卯条，台北：

"中央研究院"历史语言研究所，1962 年，第 2561 页。

八月己卯："赏铁岭曾迟堡、抚顺关等处获功被伤官军百户李霆等九人有差。"（明）官修：《明武宗实录》卷一百二十八，正德十年八月己卯条，台北："中央研究院"历史语言研究所，1962 年，第 2561 页。

十月辛未："夺辽东都指挥佥事董镇、张凤俸各三月，逮问副千户刘富等，坐虏入宁远不能御故也。"（明）官修：《明武宗实录》卷一百三十，正德十年十月辛未条，台北："中央研究院"历史语言研究所，1962 年，第 2592 页。

十月："甲戌，升赏辽东蒲河城等地方有功官军总旗崔伟等四十八人有差。"（明）官修：《明武宗实录》卷一百三十，正德十年十月甲戌条，台北："中央研究院"历史语言研究所，1962 年，第 2593 页。

十二月辛巳："夺辽东分守参将张廷锡等俸有差。初辽东镇巡等官议修开原迤西古城堡，调集军夫万余修筑，仍令廷锡及游击将军林睿等统领官军三千防护。虏先以千人入市贸尝之，既出关即拥众肆掠，廷锡等仓卒无备，败于花古城，再败于曾家沟，官军死伤者众。至是，山东巡按御史刘成德以闻，并劾太监王秩、岑章，总兵官韩玺、都御史张贯、百户姜朝等罪。兵部覆奏，得旨，朝等逮治，分官令戴罪杀贼，廷镇仍夺俸五月，睿、贯、玺二月，章已取回，宥之。"（明）官修：《明武宗实录》卷一百三十二，正德十年十二月辛巳条，台北："中央研究院"历史语言研究所，1962 年，第 2634—2635 页。

正德十一年（公元 1516 年）

正月庚寅："辽东巡抚右副都御史张贯以虏寇高台堡，劾奏巡视百户宗益、守堡百户申玉、备御都指挥张玉、守备指挥杨镇各失防御，宜坐罪。兵部覆奏，诏益逮治，申玉夺俸三月，张玉及镇宥之。"（明）官修：《明武宗实录》卷一百三十三，正德十一年正月庚寅条，台北："中央研究院"历史语言研究所，1962 年，第 2645 页。

正月甲辰："升赏开原古城等堡获功阵亡、被伤官军人等总旗祝雄二百二十九人有差。"（明）官修：《明武宗实录》卷一百三十三，正德十一年正月甲辰条，台北："中央研究院"历史语言研究所，1962 年，第 2652 页。

二月癸丑："巡抚辽东都御史张贯以虏入柴河堡，劾奏分守参将张廷锡、指挥毕瑛等各失事。得旨，瑛等令逮问，并廷锡罪状以闻。"（明）官修：《明武宗实录》卷一百三十四，正德十一年二月癸丑条，台北："中央研究院"历史语言研究所，1962 年，第 2655 页。

二月："丁卯，辽东巡抚都御史张贯奏，虏入威远堡，太监王秩、右参将张廷锡及指挥王成等各失事，而秩与廷锡匿不以报，又入抚安堡，亦秩与廷锡之罪，请治之。诏宥秩，夺廷锡俸四月，而逮治成等。"（明）官修：《明武宗实录》卷一百三十四，正德十一年二月丁卯条，台北："中央研究院"历史语言研究所，1962 年，第 2661 页。

二月庚辰："辽东巡抚都御史张贯以虏入清河堡，劾奏分守太监赵英、都指挥郭权及指挥杨辅等各有罪。得旨，英姑免逮，俟权等逮问明白并以闻。"（明）官修：《明武宗实录》卷一百三十四，正德十一年二月庚辰条，台北："中央研究院"历史语言研究所，1962 年，第 2666 页。

三月辛卯："升赏辽东高台堡获功阵亡官舍陈宗言等五十四人有差。"（明）官修：《明武宗实录》卷一百三十五，正德十一年三月辛卯条，台北："中央研究院"历史语言研究所，1962 年，第 2674 页。

三月："丁未，升赏辽东开原镇夷堡获功阵亡官旗七十六人有差。"（明）官修：《明武宗实录》卷一百三十五，正德十一年三月丁未条，台北："中央研究院"历史语言研究所，1962 年，第 2685 页。

四月癸亥："给赏开原镇夷等堡获功官舍旗军银币有差。"（明）官修：《明武宗实录》卷一百三十六，正德十一年四月癸亥条，台北："中央研究院"历史语言研究所，1962 年，第 2690 页。

六月："壬戌，给赏辽东长岭山堡有功被伤官军人等张渊等彩缎表里、绢布银两有差。"（明）官修：《明武宗实录》卷一百三十八，正德十一年六月壬戌条，台北："中央研究院"历史语言研究所，1962 年，第 2722 页。

七月甲申："辽海卫纳粟都指挥佥事王钺坐虏入寇当谪戍，以情轻降一级。"（明）官修：《明武宗实录》卷一百三十九，正德十一年七月甲申条，台北："中央研究院"历史语言研究所，1962 年，第 2734 页。

八月："丁卯，宥辽东都司都指挥佥事马骠死，谪戍边卫。初，阿纳罕等夷驱牛马千余至边，称避恍惚达子之难，求入边墙藏匿。骠与百户钱成等乃杀以报功，为军士所首，坐斩。至是屡辩勘，遂宥之。"（明）官修：《明武宗实录》卷一百四十，正德十一年八月丁卯条，台北："中央研究院"历史语言研究所，1962 年，第 2763 页。

八月："癸酉，虏寇清河县碱场地方，官军阵亡及伤者五十余人，巡抚辽东都御史张贯劾提调都指挥王宣，守堡指挥赵铎、李昂，及带管分守副总兵薛澄，太监赵英失事之罪，请下御史按治。兵部议覆，得旨，宣等逮问，澄罚俸两月，英己之。"（明）官修：《明武宗实录》卷一百四十，正德十一年八月癸酉条，台北："中央研究院"历史语言研究所，1962 年，第 2766—2767 页。

九月丙午："升辽东三万卫指挥使刘澄为都指挥佥事，以开原破虏功也。"（明）官修：《明武宗实录》卷一百四十一，正德十一年九月丙午条，台北："中央研究院"历史语言研究所，1962 年，第 2784 页。

十月戊辰："虏入叆阳、清河等堡，为我军所败，斩首五十三级，夺获马匹器物，巡抚辽东都御史张贯、总兵官韩玺各以捷闻，赐敕奖励，奏捷者升赏如例。"（明）官修：《明武宗实录》卷一百四十二，正德十一年十月戊辰条，台北："中央研究院"历史语言研究所，1962 年，第 2802—2803 页。

十二月甲寅："夺分守辽阳副总兵孙文俸三月、分守开原右参将孙棠二月、提调都指挥王钦五月，以清河并镇北堡失事也。"（明）官修：《明武宗实录》卷一百四十四，正德十一年十二月甲寅条，台北："中央研究院"历史语言研究所，1962 年，第 2820 页。

正德十二年（公元 1517 年）

正月："癸未，海西渚冬河卫女直指挥使伴哥松吉答等赎还汉人被虏者五人，乞照速古例升级。兵部议，宜俯顺夷情。从之。"（明）官修：《明武宗实录》卷一百四十五，正德十二年正月癸未条，台北："中央研究院"历史语言研究所，1962 年，第 2835—2836 页。

二月丁未："治虏入清河、新安二堡失事罪，都指挥王宣及指挥耿铎、郑钺等俱逮治，副总兵孙文夺俸三月，太监赵英姑宥之。"（明）官修：《明武宗实录》卷一百四十六，正德十二年二月丁未条，台北："中央研究院"历史语言研究所，1962 年，第 2847 页。

二月己巳："虏入开原镇夷堡，参将孙棠、太监王秩等御之，追至创忽儿河，斩首八十七颗，巡抚都御史张贯、总兵官韩玺以捷闻，赐敕奖励，奏捷人升赏如例，有功官军令巡按御史查奏。"（明）官修：《明武宗实录》卷一百四十六，正德十二年二月己巳条，台北："中央研究院"历史语言研究所，1962 年，第 2858—2859 页。

六月："辛亥，治开原等城堡失事罪。指挥李鉴、郎鉴，千户张钺、徐镇俱充军，都指挥佥事王宣、指挥佥事李昂降二级革任，右参将张廷锡夺俸八月，太监郭原、王秩、赵英、总兵官韩玺、副总兵孙文、游击将军林睿、都御史张贯，各降敕切责。"（明）官修：《明武宗实录》卷一百五十，正德十二年六月辛亥条，台北："中央研究院"历史语言研究所，1962 年，第 2916 页。

八月戊辰："初，建州三卫夷人侵犯边境，降敕抚谕，至是纳款。兵部议请仍谕镇巡等官，不宜弛备。从之。"（明）官修：《明武宗实录》卷一百五十二，正德十二年八月戊辰条，台北："中央研究院"历史语言研究所，1962 年，第 2951 页。

正德十三年（公元 1518 年）

正月癸卯："先是，辽东镇巡官以屡失事，有旨切责，令自效赎罪。至是，都御史张贯、总兵韩玺、游击将军林睿攻讨建州群虏于汤站堡，斩首四十一级，夺被虏男妇九百九十人。诏以贯等功可赎罪，各以敕奖谕，其他有功，令巡按御史勘奏升赏。先是，督饷参政黄伟以升任未录，至是亦升俸一级。"（明）官修：《明武宗实录》卷一百五十八，正德十三年正月癸卯条，台北："中央研究院"历史语言研究所，1962 年，第 3023 页。

六月甲戌："升赏辽阳、清河等堡地方获功阵亡、被伤官旗军舍刘钺等三百八十六人有差。"（明）官修：《明武宗实录》卷一百六十三，正德十三年六月甲戌条，台北："中央研究院"历史语言研究所，1962 年，第 3131 页。

九月癸丑："升赏辽东清河等堡地方获功阵亡官军乔旺等六百人有差。"（明）官修：《明武宗实录》卷一百六十六，正德十三年九月癸丑条，台北："中央研究院"历史语言研究所，1962 年，第 3219—3220 页。

九月己未："升赏辽东瑷阳、御虏、威远等堡有功官军百户崔堂等一百一十八人有差。"（明）官修：《明武宗实录》卷一百六十六，正德十三年九月己未条，台北："中央研究院"历史语言研究所，1962 年，第 3226—3227 页。

十月庚寅："升赏辽阳东州等堡获功并阵亡、被伤军舍郭山等一百八十七人有差。"（明）官修：《明武宗实录》卷一百六十七，正德十三年十月庚寅条，台北："中央研究院"历史语言研究所，1962 年，第 3237 页。

十月庚寅："先任辽海卫都指挥俞雄坐守备不设，当谪戍边卫，援例奏辩，诏降一级。"（明）官修：《明武宗实录》卷一百六十七，正德十三年十月庚寅条，台北："中央研究院"历史语言研究所，1962年，第3241—3242页。

十一月癸亥："升赏辽东广宁、镇安等堡获功官军指挥金事龙渊等一百五十五人各有差。"（明）官修：《明武宗实录》卷一百六十八，正德十三年十一月癸亥条，台北："中央研究院"历史语言研究所，1962年，第3258页。

正德十四年（公元1519年）

正月乙巳："发户部银二万二千六百余两于辽东，以充官军俸粮之费，守臣以空乏为请故也。"（明）官修：《明武宗实录》卷一百七十，正德十四年正月乙巳条，台北："中央研究院"历史语言研究所，1962年，第3284—3285页。

二月："己巳，给赏广宁镇安堡地方获功官旗军舍人等银币、绢帛有差。"（明）官修：《明武宗实录》卷一百七十一，正德十四年二月己巳条，台北："中央研究院"历史语言研究所，1962年，第3290页。

三月甲辰："虏入碱场等堡，守备都指挥萧云、指挥高元佐俱下巡按御史逮问狱，上以请，云降一级，元佐发边远充军。"（明）官修：《明武宗实录》卷一百七十二，正德十四年三月甲辰条，台北："中央研究院"历史语言研究所，1962年，第3323页。

五月辛丑："传旨，以毛怜卫降虏陇秃里为御马监勇士，兵部请如例编之两广，不听。"（明）官修：《明武宗实录》卷一百七十四，正德十四年五月辛丑条，台北："中央研究院"历史语言研究所，1962年，第3363页。

五月："己酉，录辽东广宁瑞昌等堡斩获达虏功，赏官军银帛有差。"（明）官修：《明武宗实录》卷一百七十四，正德十四年五月己酉条，台北："中央研究院"历史语言研究所，1962年，第3367页。

五月己未："升赏辽阳汤站堡地方获功阵亡及被伤官军王汝臣等八百二十五人有差。"（明）官修：《明武宗实录》卷一百七十四，正德十四年五月己未条，台北："中央研究院"历史语言研究所，1962年，第3374页。

六月："乙亥，升赏辽东清河堡获功阵亡被伤官军定辽后卫正千户查敖等二百四十七人有差。"（明）官修：《明武宗实录》卷一百七十五，正德十四年六月乙亥条，台北："中央研究院"历史语言研究所，1962年，第3381页。

七月辛亥："录辽东瑷阳等堡斩获犯边达贼功，给赏有功并被伤官旗军舍人等银币、绢布有差。"（明）官修：《明武宗实录》卷一百七十六，正德十四年七月辛亥条，台北："中央研究院"历史语言研究所，1962年，第3426页。

八月己巳："赏辽阳清河等堡获功及被伤官军银帛有差。"（明）官修：《明武宗实录》卷一百七十七，正德十四年八月己巳条，台北："中央研究院"历史语言研究所，1962 年，第 3452 页。

八月壬申："录辽阳碱场堡斩获犯边达贼，赏官军银帛有差。"（明）官修：《明武宗实录》卷一百七十七，正德十四年八月壬申条，台北："中央研究院"历史语言研究所，1962 年，第 3453 页。

九月甲寅："升赏辽阳汤站等堡有功官军锦衣卫千户季芳等四十九人有差。"（明）官修：《明武宗实录》卷一百七十八，正德十四年九月甲寅条，台北："中央研究院"历史语言研究所，1962 年，第 3478 页。

十月甲申："辽东参将孙棠以虏入曾迟堡，罚俸二月。"（明）官修：《明武宗实录》卷一百七十九，正德十四年十月甲申条，台北："中央研究院"历史语言研究所，1962 年，第 3497 页。

十一月："乙未，降铁岭卫纳粟都指挥金事华世勋为辽海卫指挥使，坐擅役正军、扣减月粮故也。"（明）官修：《明武宗实录》卷一百八十，正德十四年十一月乙未条，台北："中央研究院"历史语言研究所，1962 年，第 3500 页。

正德十五年（公元 1520 年）

正月壬子："辽东饥，指挥唐斌、千户侯能等弃印逃者三十余人，军士亦多亡者，巡抚都御史张玮以闻，请治如律。兵部覆议，斌等逼于岁俭，情似可原，宜榜谕许自首免罪，仍令所司亟散俸粮，以安人心。报可。"（明）官修：《明武宗实录》卷一百八十二，正德十五年正月壬子条，台北："中央研究院"历史语言研究所，1962 年，第 3527 页。

六月戊寅："升赏辽东碱场、安抚等堡获功阵亡、被伤锦衣卫百户王准等一百一十七人有差。"（明）官修：《明武宗实录》卷一百八十七，正德十五年六月戊寅条，台北："中央研究院"历史语言研究所，1962 年，第 3564 页。

六月壬午："升赏辽东大福、大兴堡获功被伤广宁右卫百户丁隆等二百二十三人有差。"（明）官修：《明武宗实录》卷一百八十七，正德十五年六月壬午条，台北："中央研究院"历史语言研究所，1962 年，第 3567 页。

六月壬午："发辽阳游击将军林睿兵三千还镇。初，睿调从南幸，及是虏火原保将率众犯边，辽东守臣请还睿军，防御辽阳、开原地方。从之。"（明）官修：《明武宗实录》卷一百八十七，正德十五年六月壬午条，台北："中央研究院"历史语言研究所，1962 年，第 3567—3568 页。

七月丁酉："升赏辽东碱场等堡及甘肃山丹等堡御虏获功阵亡、被伤官军人等凡一千一百六十余人各有差。"（明）官修：《明武宗实录》卷一百八十八，正德十五年七月丁酉条，台北："中央研究院"历史语言研究所，1962 年，第 3573 页。

正德十六年（公元 1521 年）

正月庚辰："升赏辽东泛河等堡地方获功被伤官军刘尚德等七十一人有差。"（明）官修：《明武宗实录》卷一百九十五，正德十六年正月庚辰条，台北："中央研究院"历史语言研究所，1962 年，第 3654 页。

二月壬子："命毛怜卫指挥佥事木哈尚袭祖职都督佥事。初，木哈尚祖郎卜儿罕天顺二年授都督佥事，为高丽人所杀，天顺四年木哈尚与侄塔纳哈争袭，英宗皇帝因厘其祖职为二，命木哈尚为指挥佥事、塔纳哈为正千户。及是，塔纳哈已故无嗣，木哈尚奏乞并袭为都督佥事。兵部议，令巡抚辽东都御史核实。乃许之。"（明）官修：《明武宗实录》卷一百九十六，正德十六年二月壬子条，台北："中央研究院"历史语言研究所，1962 年，第 3671—3672 页。

三月己未："辽东分守参将孙棠坐虏入镇北堡，夺俸两月。"（明）官修：《明武宗实录》卷一百九十七，正德十六年三月己未条，台北："中央研究院"历史语言研究所，1962 年，第 3676 页。

六月甲午："巡按辽东御史杨百之条陈治辽五事。其一，请罢各处分守内臣。其二，谓各边管粮郎中职任甚重，必妙简有才望者充之，果有声绩，宜破格超授，庶几人思自励，且于边务有裨。其三，请于开原特设兵备副使一员，凡地方兵马钱粮、词讼奸弊，悉听整理。其四，谓辽东五路钱粮百十余万，郎中一人不能综理，请如宣府例，各路俱设府通判一员，以司出纳。其五，谓临阵斩获首级，不许私相买卖条例甚明，臣自至境，遇有斩获，审验多系奏带参随人员及地方都指挥、千、百户等官，而伴送夷人，鸿胪通事间亦有之。盖由辽东寇少，易于获功升级，不过名和买则受速利，故宁冒重禁而不顾也。请明著为例，凡获功不愿升级者，官为赏银五十两，不许仍前和买，并攘夺冒占，违者罪如律，诏所司议闻。"（明）官修：《明世宗实录》卷三，正德十六年六月甲午条，台北："中央研究院"历史语言研究所，1962 年，第 134—135 页。

七月庚戌："初，开原与虏为市，虏时时杀掠市人，开原苦之。会虏酋速长加等入市卤掠，参将孙棠率兵掩杀二百余人，都御史张禬上其功，已而巡按御史葛禬劾棠贪惰不法状，因请遣大臣有才望者经略战守，而令禬暂留，戴罪措置。于是上黜棠，而以开原事宜下兵部议。及是兵部言，辽东军饷不给，将领非人，故士卒逋亡，墩堡圮废。顷者，总兵、参将等俱已更易，而巡抚都御史李承勋练习边事，宜即委之以经略，令户部核辽东岁逋之数，征解至边，听承勋调处，以苏困苦，招流移仍给以籍没银二十万，以时缮墩堡、辟土田，其速长加事宜下御史核实，乃可议功罪、明国法，上皆允行之。"（明）官修：《明世宗实录》卷四，正德十六年七月庚戌条，台北："中央研究院"历史语言研究所，1962 年，第 156—157 页。

九月戊寅："辽东总兵官、左都督郤永奏：'本镇马原额五万三千八百余匹，频年进征追贼，倒死者一万六千七百余匹，乞集廷臣议，将太仆寺寄养马内拨五千匹，仍发银五万两买补足数，以给骑士兵。'部言：'太仆寺马专充京营官军之用，而辽东有行太仆、苑马二寺及夷人岁进马，可备骑乘，安得不足？且本镇设镇巡等官，欲其同心筹划边务，而永独有是言，或恐一人意见，未足为据，请待镇巡官会议上请。'上是之。"（明）官修：《明世宗实录》卷六，正德十六年九月戊寅条，台北："中央研究院"历史语言研究所，1962年，第 267 页。

十一月甲戌："兵部议，辽东修筑墙堡，恐诸夷乘虚扰犯，请命给事中一人诏谕诸夷酋，布示恩信，且让其寇边之罪，仍与镇巡等官议修边防寇事宜，小者自决，大者驿闻。从之。"（明）官修：《明世宗实录》卷八，正德十六年十一月甲戌条，台北："中央研究院"历史语言研究所，1962 年，第 314 页。

十二月壬辰："毛怜等卫指挥使乃哈等八名口来降，诏礼部给赏，仍其原职，差官伴送安插两广卫，分听调杀贼。"（明）官修：《明世宗实录》卷九，正德十六年十二月壬辰条，台北："中央研究院"历史语言研究所，1962 年，第 339 页。

嘉靖元年（公元 1522 年）

正月甲戌："巡抚辽东都御史李承勋条奏抚处事宜。一、宽马价以抚贫军。二、停造作以恤边卫。三、省繁文以杜科扰。四、处充调以实空虚。五、酌情法以体边官。兵部复议，言承勋以本镇官军例当出桩朋马价，今逃亡甫集，疮痍未起，使一人之身兼偿数负，人情不堪，此则太仆寺少卿崔杰亦尝言之。臣等议核，所亡失马匹承领久近，酌其痛耗之故，为追补缓急，略施行矣。其言三万、辽海、铁岭三卫财力耗乏，岁造军器请量免二年，宜令工部稽核见在军器，数果足用，以其说行之。其言各该卫所岁报簿册繁费无用，欲酌量减免，今查各项文册，如贴黄、户口并枪、军伍、马政，皆关切边务，非尽虚文，但宜核实报缴所司外，禁具科费，难议减免。其言三卫岁遭虏患，军伍物故者多，欲令本镇及各省问调充戍，俱隶伍三卫，以实边方，宜令诸省抚按官如其议行之。其言近年拘于律例，地方失事，将官辄坐罪，遣选代之，际至驱迫，陨涕而行，欲量地远近、职崇卑、兵众寡，为罪轻重，少宽其律。通查前后，首功俾得自赎。此则正德十四年本部酌拟失事将官律例，与此略同。第计功赎罪，必有功勘实，未升寻坐他事，乃可听赎。若已升秩，勿得通计也。上是之。"（明）官修：《明世宗实录》卷十，嘉靖元年正月甲戌条，台北："中央研究院"历史语言研究所，1962年，第395—396页。

二月癸巳："虏犯辽东，铁岭卫守堡千户徐瀚失于策应，军人陶原率众赴战，死之。"（明）官修：《明世宗实录》卷十一，嘉靖元年二月癸巳条，台北："中央研究院"历史语言研究所，1962年，第411页。

三月乙卯："女直通事王臣言，海西女直夷人阳顺阴逆，贡使方出，寇骑即至。今会同两馆，动有千数，臣等引领约束，颇知情弊，谨条陈上请。一、海西都督速黑忒虽号强雄，颇畏法度，彼处头目亦皆慑伏，宜降敕切责，及差廉干官一员，同往抚顺，节次犯边竹孔革等部落，如无效，将差去官并速黑忒治罪。一、夷人敕书多不系本名，或伊祖父，或借买他人，或损坏洗改，每费审驿，宜令边官审本敕，亲子孙实名填注，到京奏换。一、夷人升袭自有旧例，往往具奏行边，年久不报，怀怨回家，致生边衅，宜再行定规，到边催缴。一、夷人宴赏日期自有定例，即今积聚数多，宴赏迟误，及至领赏，又多滥恶，故不怀忠。一、速黑忒、牙令哈、阿剌哈等，俱自称有招抚边夷功，宜查实升赏。上命该部议行。"（明）官修：《明世宗实录》卷十二，嘉靖元年三月乙卯条，台北："中央研究院"历史语言研究所，1962年，第425—426页。

嘉靖二年（公元1523年）

八月辛丑："虏入辽东丁字堡，杀虏军十五名口，备御都指挥王纲追袭出境，死之。"（明）官修：《明世宗实录》卷三十，嘉靖二年八月辛丑条，台北："中央研究院"历史语言研究所，1962年，第808页。

九月癸未："虏入辽东椴本山，指挥阎振等督军追袭，获首饭十一颗、马六匹，追回被虏牛二只。"（明）官修：《明世宗实录》卷三十一，嘉靖二年九月癸未条，台北："中央研究院"历史语言研究所，1962年，第822页。

十月己酉："给辽东官军一万二千五百六十五员名，各胖袄裤难一副。"（明）官修：《明世宗实录》卷三十二，嘉靖二年十月己酉条，台北："中央研究院"历史语言研究所，1962年，第839页。

嘉靖三年（公元1524年）

二月："乙卯，建州右卫女直都指挥佥事佟野捌等来降，徒置广宁。"（明）官修：《明世宗实录》卷三十六，嘉靖三年二月乙卯条，台北："中央研究院"历史语言研究所，1962年，第906页。

七月丁卯："巡抚辽东都御史张琏，以辽东地方凋敝、官军困苦，条上四事。一、增拆银以苏穷困。一、重给赏以济边方。一、招住种以补屯粮。一、添游兵以便应援。诏下所司议行之。"（明）官修：《明世宗实录》卷四十一，嘉靖三年七月丁卯条，台北："中央研究院"历史语言研究所，1962年，第1036—1037页。

十二月癸巳："虏入辽东宁远等堡，守备阎振与战，败之。斩首三十七级，夺马匹兵器甚众。"（明）官修：《明世宗实录》卷四十六，嘉靖三年十二月癸巳条，台北："中央研究院"历史语言研究所，1962年，第1176页。

十二月戊戌："辽东妖贼陆雄、李真等聚众谋为不轨，突入山海关，杀守关主事王冕，守备指挥田登斩捕十余人，余悉遁去。"（明）官修：《明世宗实录》卷四十六，嘉靖三年十二月戊戌条，台北："中央研究院"历史语言研究所，1962年，第1179页。

嘉靖四年（公元1525年）

六月："癸巳，辽东叛贼李真、周辅等伏诛。"（明）官修：《明世宗实录》卷五十二，嘉靖四年六月癸巳条，台北："中央研究院"历史语言研究所，1962年，第1301页。

十月丙戌："初，辽东议修边墙，未及四年，又以积雨颓坏。至是，巡抚都御史张琏等复请修筑，上从之，令酌量缓急，以渐修理，务令坚厚经久，不许卤莽，徒费财力。"（明）官修：《明世宗实录》卷五十六，嘉靖四年十月丙戌条，台北："中央研究院"历史语言研究所，1962年，第1351页。

嘉靖五年（公元 1526 年）

八月："癸亥，录辽东三道沟堡斩级功升赏官军吕玠等二十一人。"（明）官修：《明世宗实录》卷六十七，嘉靖五年八月癸亥条，台北："中央研究院"历史语言研究所，1962 年，第 1535 页。

嘉靖六年（公元 1527 年）

二月："丙子，时辽东大饥，道馑相望，巡抚都御史张云奏，将边堡应赈人户，其贫病老弱者量为给食，壮有力者督令筑边。即以原议工费米四万四千石，计日给之，不足，于贮库官银内支用。部覆从之。"（明）官修：《明世宗实录》卷七十三，嘉靖六年二月丙子条，台北："中央研究院"历史语言研究所，1962 年，第 1654 页。

三月："戊戌，辽东大饥。抚按官请增边饷折色，并榷征布花，以给军士。上悯之，发大仓银八万两，作次年年例，及尽发所贮带运布钞折银，听预支一二月。"（明）官修：《明世宗实录》卷七十四，嘉靖六年三月戊戌条，台北："中央研究院"历史语言研究所，1962 年，第 1667 页。

嘉靖七年（公元 1528 年）

正月辛巳："虏百余骑掠开原靖安堡，参将阎振、指挥钟俸追败之，斩首六十余级。"（明）官修：《明世宗实录》卷八十四，嘉靖七年正月辛巳条，台北："中央研究院"历史语言研究所，1962 年，第 1894 页。

五月丙戌："兵部覆议巡按山东御史张问行条陈革弊五事。一言辽东军士获功，每为权要者货取冒升，请自今禁，谕有功军士贫不愿升者，照例给赏。若以私贸易，各重治罪。"（明）官修：《明世宗实录》卷八十八，嘉靖七年五月丙戌条，台北："中央研究院"历史语言研究所，1962 年，第 2000 页。

闰十月乙未："海西夷人出羊哈等移文边将，称远贡饥寒，朝廷比来犒赏甚薄，巡抚辽东都御史潘珍上其事兵部，请行辽东镇巡官，省谕各夷恪修贡献，不得自生疑阻，具次续食，以时给发。其应得宴赉，部寺官务令从厚，毋容下人侵牟，致生怨言，以失朝廷柔远之意。报可。"（明）官修：《明世宗实录》卷九十四，嘉靖七年闰十月乙未条，台北："中央研究院"历史语言研究所，1962 年，第 2198 页。

嘉靖八年（公元 1529 年）

六月乙酉："录辽东镇北等堡获功死伤官军一百九十八人升赏恤录有差。"

（明）官修：《明世宗实录》卷一百零二，嘉靖八年六月乙酉条，台北："中央研究院"历史语言研究所，1962 年，第 2413 页。

十二月："辛巳，海西呕罕河等卫女直都督褚羊哈等四部，共四百十九人来朝贡马，赐赉如例。又以褚羊哈首倡夷众悔祸从新，于常赉外加彩币二表里折钞绢二匹。"（明）官修：《明世宗实录》卷一百零八，嘉靖八年十二月辛巳条，台北："中央研究院"历史语言研究所，1962 年，第 2552 页。

嘉靖九年（公元 1530 年）

二月："己丑，以女直都督土剌额真哥赍榜抚谕海西诸夷有劳，诏加赏纻丝二表里，折钞绢二匹。"（明）官修：《明世宗实录》卷一百一十，嘉靖九年二月己丑条，台北："中央研究院"历史语言研究所，1962 年，第 2612 页。

嘉靖十年（公元 1531 年）

十二月辛丑："御史谢兰条上辽东边防事宜。一、辽东各守堡官往往夤缘幸进，一官到堡，百计朘索，役遇员缺，请令镇巡官会同巡按御史公同选委，务在得人。一、凡查勘功罪，俱属河东、河西守巡二道，而诸臣因循玩惕，顾辄委之经历等官，各官名位既轻，且不谙刑律，率多通贿受嘱，增减情节，朦胧回报，以致功罪不明，赏罚失当。宜专责守巡，必躬诣其地，悉心查核，无得转委迁延。一、辽东东南多金银穴，口内流民诱亡命盗矿，甚者肆出卤掠，及其事觉，谪戍皆编发三万、辽海、铁岭三卫，道里不远，易于窜归，人放轻犯，当发之口西别省卫分，以杜其归路。仍谕山海关主事，于商民奸阑出入，尽法议察之。兵部覆，其言俱切时弊，弟军犯编三卫者，盖以填实军伍，系题准事例，乞令抚按官会议以闻，诏从部议。"（明）官修：《明世宗实录》卷一百三十三，嘉靖十年十二月辛丑条，台北："中央研究院"历史语言研究所，1962 年，第 3159—3160 页。

嘉靖十二年（公元 1533 年）

三月壬子："兵部议上女直海西、建州、毛怜等卫夷人升袭事例。一、女直夷人自都指挥有功讨升都督职事者，巡抚官译审正身，及查勘功次、无抢冒等弊，例应升授，然后具由连人咨报，否则就彼省谕阻回，无滥送以滋糜费。一、来贡夷人，除正敕外，赉有年远旧敕者，该边巡抚官译审真正，明白开写何等旧敕，例应换给，从实具由连人咨报，以凭查议。其有那移仓夺不明情弊，径自阻回。一、夷人奏称授职二十五年之上，例应升级者，巡抚官备查年数是否，及有无犯边情弊，果系应升，具由连人咨报，有碍者径自阻回。一、各夷奏称原授职敕书，或被抢及水火无存者，审系招抚之数，方行巡抚查勘咨结，议请定夺，不系招抚之年，不许一概奏扰。一、夷人并缴敕书，审果同卫同族，尊幼绝嗣，并敕书真正，别无抢冒洗改情弊，即行该边巡抚勘报，覆行辨验，结查明白，不拘所缴敕书多寡，俱于原授职事上量升一级。其或当有前弊，希图升职者，止与原授职事。其并缴敕书译令赍回，交还本夷收领。一、都督系重职，其子孙袭替，仍照旧例查勘奏请。一、夷人入关朝贡，必盘验明白，方许放进，其敕书内有洗改、诈伪字样，即省谕阻回，守关人员朦胧验放者治罪如例。一、夷人奏有总敕，欲行分给袭替者，俱行巡抚查勘，具由咨报，以凭奏请分给。一、海西、建州、毛怜等卫朝贡夷人，查有情犯内地者，宜于宣赏之后，礼、兵二部宣谕恩威，使之省戒，如无罪可指，不必每次申谕，自致轻亵。诏如议行。"（明）官修：《明世宗实录》卷一百四十八，嘉靖十二年三月壬子条，台北："中央研究院"历史语言研究所，1962 年，第 3413—3414 页。

嘉靖十四年（公元 1535 年）

二月乙巳："巡按山东御史常时平奏辽东事宜。一、严考选。辽东例以本卫指挥管理本卫军民事，人多亲故，动辄阻挠，宜行抚按官，将各卫指挥通融更调。一、重边储。辽东各卫所俱设有军储仓，而督理者仅一郎中，居镇城遥领之，故各仓官攒通贿滋弊，宜量设管粮通判二员。"（明）官修：《明世宗实录》卷一百七十二，嘉靖十四年二月乙巳条，台北："中央研究院"历史语言研究所，1962 年，第 3737—3738 页。

嘉靖十六年（公元 1537 年）

十一月："甲午，录辽东开平镇北堡等处斩获达贼功升赏官军李真等二十八人有差。"（明）官修：《明世宗实录》卷二百零六，嘉靖十六年十一月甲午条，台北："中央研究院"历史语言研究所，1962 年，第 4301 页。

嘉靖十八年（公元 1539 年）

正月己丑："礼部奏，海西卜鲁兀等卫女直都指挥佥事歹速等以与邻虏相攻，朝贡后期，而在道未至者尚八百余人。此其情亦可原，乞宽已至者罪，而下命关吏，入贡各夷继至者使毕事，俟其遣归，则谕以礼法，俾自后入贡无敢失期，乃为得怀远之义。诏许之。"（明）官修：《明世宗实录》卷二百二十，嘉靖十八年正月己丑条，台北："中央研究院"历史语言研究所，1962年，第4539—4540页。

十一月己亥："海西夷人纳剌忽等十五人款辽东塞来降。"（明）官修：《明世宗实录》卷二百三十一，嘉靖十八年十一月己亥条，台北："中央研究院"历史语言研究所，1962年，第4754页。

嘉靖十九年（公元 1540 年）

三月己未："海西朵林山等卫女直都督佥事额真哥等来朝贡马，宴赏如例。时又有古城等卫指挥同知哈塔等同时入贡，唱名给赏间，额真哥讦称，诸夷乃王中部落，额克捏等非哈塔等。诏分押各夷，诣辽东镇巡官勘究，具得其情，王中先与海西夷兀允住抢杀者帖列山等卫夷把秃郎中等，夺其敕书三十五道，有把大者以兵为把秃等复雠，兀允住死，敕书留王中处，中因令其部落额克捏等冒敕中哈塔等名入贡耳。诏令镇巡官明白宣谕，原抢敕书本给哈塔等，额克捏等贡马已充官用，赏赐仍给之。把大升正千户，仍赏以银币，把秃郎中等部落从重赏劳，王中禁不许入贡，验放指挥同知等官李钺、刘瀛、董云飞、陈善等有失觉察，各夺俸半年。"（明）官修：《明世宗实录》卷二百三十五，嘉靖十九年三月己未条，台北："中央研究院"历史语言研究所，1962年，第4811—4812页。

嘉靖二十年（公元 1541 年）

十二月："乙亥，诏增设辽东沈阳游击一员，选五路官军三千人付之，专备策应开原、辽阳等处，从巡抚都御史刘储秀议也。"（明）官修：《明世宗实录》卷二百五十六，嘉靖二十年十二月乙亥条，台北："中央研究院"历史语言研究所，1962年，第5138页。

嘉靖二十一年（公元 1542 年）

十一月辛亥："先是，辽东巡抚都御史孙襘疏报斩获虏首二百余级，方行勘未覆，而巡按御史胡汝辅随奏，建州达贼从凤凰城入寇，杀守备李汉、指挥佟恩等，所过卤掠无算，总兵李凤鸣、副总兵刘大章及巡抚孙襘，罪俱宜治。建贼世受国恩，一旦反噬，宜声罪致讨。既而襘自劾，并论诸臣罪与贼宜抚状。兵科给事中安宅劾襘旬日内奏报功罪顿殊，与凤鸣等俱宜革任候勘。兵部复议，建州诸夷非三卫等，往成化中董山为梗，朝廷命将讨平，至今五六十年无反侧者。今构衅必有所自，况号称首恶，不过赵那合等数人耳。遽加之兵，不免玉石俱焚，宜遣风力科官一员，会同巡按御史勘议，再请其他诸酋有不系那合辈党与者，从襘议抚之便。上允部议，命工科给事中林庭坐往勘之。"（明）官修：《明世宗实录》卷二百六十八，嘉靖二十一年十一月辛亥条，台北："中央研究院"历史语言研究所，1962 年，第 5293—5294 页。

嘉靖二十二年（公元 1543 年）

四月癸未："给事中林廷坐奉旨与镇巡官体巡征讨建州事宜。上言：'建州卫夷故多忠顺，迩因入贡时近夷恃强先至，尽数入关，那磕等地远，稍迟，关将每以额满阻去，间有入者所得赐予，归途复为近夷所掠，是以快快甘心叛逆耳。今其酋首千纪者，不过如那磕等数辈，无烦王师。第宜严备设伏，俟其入，奸之无难也。'因条诸路分兵战守之宜。上曰：'建州暂止征讨，若那磕辈入寇，务相机剿㘔，仍悬赏恪有能生擒那磕者，无论夷汉人，予爵三级，赏银三百两。并谕贡回夷人，以朝廷累世抚育之恩及先年董氏减族之祸戒，令入贡宜彼此协合，毋争先启衅。'"（明）官修：《明世宗实录》卷二百七十三，嘉靖二十二年四月癸未条，台北："中央研究院"历史语言研究所，1962 年，第 5361—5362 页。

四月庚子："给事中林庭坐上言边政四事。一、处夷情以弭边患。言建州夷人宜稽其卫所原额，令以次分番入贡，前后出边，则虏使络绎，在廷亦庶几古人盾子之意；其归纳叛亡，惟量加升赏，悬都督重秩，以待擒酋献馘奇功。一、移要害以利防御。请移汤站堡于小宽佃，移凤凰城于宽佃子，使首尾易于应援。一、专敕使以重委任。辽阳本境十二堡，壤地广远，旧皆隶副总兵，后设瑷阳守备分辖四堡，遇警不及赴援，请设瑷阳参将，兼辖东州八堡，不隶副总兵，则彼此可以策应。一、增兵备以辖戎务。辽东开原等五城孤悬东北，抚按诸臣行部有时，宜专设宪臣弹压之。疏下兵部议覆，以处夷情、移要害、增兵宪三事宜，下镇巡诸臣计其利便，瑷阳参将不必置。第敕守备重其事权，兼辖东州八堡，仍听副总兵节制便，报可。"（明）官修：《明世宗实录》卷二百七十三，嘉靖二十二年四月庚子条，台北："中央研究院"历史语言研究所，1962 年，第 5371—5372 页。

五月庚申："录开原、瑷阳等处获功阵亡官军王俊等八百九十四人升赏有差。"（明）官修：《明世宗实录》卷二百七十四，嘉靖二十二年五月庚申条，台北："中央研究院"历史语言研究所，1962 年，第 5378 页。

七月辛酉："升海西夷人都指挥佥事王中为都督佥事。先是辽东抚按官言，中先年冒贡害人，朝命绝其贡，近中侦报虏情有功，乞许其入贡，仍加升赏，以示激劝。诏升中都督佥事，令约束部落入贡，并谕以旧罪朝廷业已置之，宜益修忠顺，以图报效。"（明）官修：《明世宗实录》卷二百七十六，嘉靖二十二年七月辛酉条，台北："中央研究院"历史语言研究所，1962 年，第5409 页。

八月丁丑："治辽东瑷阳失事罪，下副总兵刘大章于巡按御史逮问。先是，巡按辽东御史贾大亨言，辽东夷患，迤北则在开原，迤东在瑷阳汤站。去年虏入，抚臣孙襘以北事责成总兵赵国忠，以东事责成副总兵刘大章，有分域、有专责矣。国忠提兵趋开原，适与虏当，斩获虽少，军威亦振。乃东北贼犯瑷阳者，大章每遇辄败，莫能制之，遂假抚处之名，私许贸易，致虏邀杀通事，挟求添贡，遂于今年六月大入汤站堡，初任副总兵九聚追之未及，而指挥孙腾武死焉。究其祸本，则实由大章养寇致之耳。且建州诸夷，肆逆者因得利而富饶，素顺者亦见利而从恶，今穷征远讨，虽未可遽议，至于闭绝绝交，扼险剿杀，则断在当行，而不容有二三之说者也。部覆得旨，令抚镇官会按臣协议，若各夷输诚纳贡，许如往例贡市，倘稔恶不悛，须督兵讨之。孙襘勤于调度，令仍留抚地方，与赵国忠等悉心防画，以责后效，而逮大章治罪。"（明）官修：《明世宗实录》卷二百七十七，嘉靖二十二年八月丁丑条，台北："中央研究院"历史语言研究所，1962 年，第5415—5416 页。

十月乙亥："巡抚辽东都御史孙襘奏，建州酋首赵那磕等于八月中分道入寇石指挥山城及汤站堡，总兵赵国忠、副总兵九聚、守备韩承庆等帅师御之，斩首一百七十余级，夺获夷器，称是虏大创去。"（明）官修：《明世宗实录》卷二百七十九，嘉靖二十二年十月乙亥条，台北："中央研究院"历史语言研究所，1962 年，第5433—5434 页。

嘉靖二十三年（公元 1544 年）

五月："丙午，初，建州虏李撒赤哈等寇边，往年为总兵九聚所挫，遂率八百余骑从鸦鹘关、石咀儿等处进入，掩伏诱敌。提调都指挥康云乘醉出堡与战，伏起，云败死，千总都指挥赵奇、佟勋及把总王镇往救，皆死之，我军死者八十人，被创者一百六十余人。孙襘言，康云使酒轻敌，即死有余辜，而赵奇等奋勇赴援，忠义可录。时副总兵九聚已称病解去，而襘以原任副总兵李景

良代之，巡按贾大亨劾禬调度失宜，且妄用李景良以代九聚，而总兵赵国忠选
愞无谋，厥罪惟均。上命夺国忠都督同知职，降禬俸二级，皆戴罪勉立后功，
如再偾事，即重罪之。奇、勋、镇死事可悯，各增秩二级，袭升二级，其余功
罪并阵亡者付巡按核上。已而，给事中叶镗、查秉彝各言李撒赤哈怀雠观衅，
已非一日，禬不能预防，以及败衄，李景良弃堡而逃，禬不之罪，而反驾罪康
云以自解，罔上不忠，宜并罪之。乃诏禬回籍听勘。"（明）官修：《明世宗实
录》卷二百八十六，嘉靖二十三年五月丙午条，台北："中央研究院"历史语
言研究所，1962 年，第 5529—5530 页。

五月辛亥："建州卫夷李哈哈尚频年朝贡不绝，且侦报虏情，号为忠顺，
副总兵李景良谓其入境市易，潜畜异谋，擒之下狱。巡按御史贾大亨言顺夷不
宜无故禁系，兹将治之，虑激他变，释之，恐贻后忧。兵部议，其事难遥度，
当下所司议处。上命抚按总兵官从长审计，径自施行，事毕具奏。"（明）官
修：《明世宗实录》卷二百八十六，嘉靖二十三年五月辛亥条，台北："中央研
究院"历史语言研究所，1962 年，第 5534 页。

嘉靖二十四年（公元 1545 年）

闰正月癸酉："巡抚辽东都御史董珊奏，建州贡夷额该五百名，止二百六
十名如期先至，续至夷人得都等言，以贼阻故迟，欲拒之，恐沮远夷向化之
心。礼部议覆，得旨。得都等姑准入贡，以后不许逾额擅放，在馆夷人亟与赏
赐回还，毋得迟滞。"（明）官修：《明世宗实录》卷二百九十五，嘉靖二十四
年闰正月癸酉条，台北："中央研究院"历史语言研究所，1962 年，第 5639 页。

二月戊戌："革辽东游击将军武镗、瑷阳守备韩承庆职，逮治提调指挥等
官常鹏等七人，降巡抚都御史董栅、总兵官赵国忠、副总官郝承恩各俸二级。
先是，东州、新安、清和、瑷阳、碱场伍堡累遭虏患，杀掳人口五，余马牛称
是，诸臣不能御，又匿不闻，至是为巡按御史刘仪论劾，故有是命。"（明）官
修：《明世宗实录》卷二百九十六，嘉靖二十四年二月戊戌条，台北："中央研
究院"历史语言研究所，1962 年，第 5649 页。

八月戊午："建州右卫夷酋李撒赤哈纠众为乱，屡犯城堡，边人患之，至
是就擒。巡按山东御史刘廷仪勘上功罪，诏斩撒赤哈首枭示，升指挥瓢守清、
百户梁勋各二级，赏总兵官赵国忠、巡抚都御史董珊各银二十两、彩缎二表
里。"（明）官修：《明世宗实录》卷三百零二，嘉靖二十四年八月戊午条，台

北："中央研究院"历史语言研究所，1962年，第5740页。

嘉靖二十五年（公元1546年）

九月辛未："巡按辽东御史张铎勘，土长胜堡指挥孟儒、长勇堡指挥王勋，虏入不能御，延杀降夷守边者以掩，罪当斩，副总兵郝承恩、指挥孙栋等相容隐为奸，亦宜并治。诏系儒、勋狱待决，承恩发戍，栋等逮问。"（明）官修：《明世宗实录》卷三百一十五，嘉靖二十五年九月辛未条，台北："中央研究院"历史语言研究所，1962年，第5889页。

嘉靖三十年（公元1551年）

十二月："癸酉，先是，巡抚辽东都御史蒋应奎奏，顷者各营开垦荒田，获稻粱四千余石，又新开民田科粮可千七百余石，请建义仓以贮，营田所获专备修边，支给其民粮征贮各堡军储仓用，兑军月粮之数。户部复议报可。"（明）官修：《明世宗实录》卷三百八十，嘉靖三十年十二月癸酉条，台北："中央研究院"历史语言研究所，1962年，第6735页。

嘉靖三十一年（公元1552年）

四月："丙寅，虏二万余骑犯辽东前屯，自新兴堡入，守堡百户常禄、指挥姚大谟率堡兵二百据三道沟扼虏，虏纵其围之。提调指挥刘栋、团练指挥刘启基，共率军合四百余尽锐冲之，入重围，与禄、大谟合力战。贵围不克，四人者俱死，我兵伤亡大半，虏亦创甚。备御指挥王相闻报，统所部兵四百人赴之，与虏遇于寺儿山，大战移时，杀伤略相当，虏舍去，相包首被重创，移营沙河驿。千户叶廷瑞调团练卒百余佐之，相裹疮欲复战，或曰：'虏充斥如此，尔以寡弱卒当之，战必无辛。'相曰：'吾家世为将，惟有此一腔血报国恩耳。且虏骄而无律，虽众不足惮。'明日，虏驱掠人畜歌归，相疾趋出其前，邀之，战于蜡黎山，虏悉众来，相帅麾下殊死斗。已而死竭，相勇气益厉，持刀左右击，身被十余创而死。指挥张策、百户程克政、胡镇及麾下士死者无虑三百人。廷瑞面受数刀昏仆，次日乃苏，余卒无几，无不带伤者，虏遂即日引去。事闻，上嘉相忠勇，诏赠都督同知，荫一子正千户，赐祭葬如例。已复赠策、栋、启基、大谟都指挥使，禄、克政、镇指挥佥事，子孙各袭升二级，及治诸失事官罪，参将郭世勋、守备李尚文等各革职听勘，余不按臣逮问，总兵赵国忠、巡抚许宗鲁各停俸，令戴罪自效，俟秋防毕奏闻。是举也，虏酋把都儿、辛爱原谋寇锦、义，同知有备，乃乘虚突犯前屯，禄、大谟等以孤军犯其前锋，皆殁，人心震恐，相所率不过四百，连战二日，以必死为期，诸将若世勋等多观望不敢近，独廷瑞毅然驱百余卒佐之，甘与同死，可谓烈矣。是时，虏岁入犯，各边无敢斗者，朝廷初闻相事，深所难异，故恤典亟下，凡重伤裨效。若高豆、崔忠等亦皆级升，其死事，将则下按臣核其官职以报，加优赍。廷瑞初以死闻，故不与重伤之赏，比赠诸死者视常典加渥，有千户吴天锡以走报邂逅，为虏所杀，乃亦赠指挥使，而廷瑞以复苏，故恩竟不及，盖当时以赏功之典为赏死也，舛矣。"（明）官修：《明世宗实录》卷三百八十四，嘉靖三十一年四月丙寅条，台北："中央研究院"历史语言研究所，1962 年，第 6785—6787 页。

十月："己巳，虏酋小王子、打来孙等率众数万寇辽东锦州地方，叙虏千余人，总兵赵国忠督储将率兵御之，虏引去。"（明）官修：《明世宗实录》卷三百九十，嘉靖三十一年十月己巳条，台北："中央研究院"历史语言研究所，1962 年，第 6856 页。

十二月："癸丑，兵部覆，御史温景葵奏，十月二十日虏犯辽东锦、义地方，官军斩首四十七级，各堡将士斩首八级，得虏马二百二十匹，我军亡者亦三百三十余人。臣虑首功未实，未敢议赏。其广宁中屯卫指挥使郝堂等四人，久亡尤多，守备吴珮等八人次之，总兵赵国忠、张齐又次之，请轻重论赏而追录阵亡指挥柏凤、千户张勇、程世禄等。得旨，国忠、济俱勿问，降堂等俸二级，夺珮俸半年，俱戴罪立功。凤赠都指挥使，勇、世禄俱指挥使，其子承袭各加升二级，阵亡官军各恤录如例。"（明）官修：《明世宗实录》卷三百九十二，嘉靖三十一年十二月癸丑条，台北："中央研究院"历史语言研究所，1962 年，第 6878—6879 页。

嘉靖三十三年（公元 1554 年）

八月甲申："辽东巡按御史王光祖勘上，三十二年闰三月至八月，虏犯上榆林堡及高台、平房、蛤蜊河、狮子口等处，我军前后斩首百五十余级，因请录总兵赵国忠等功，治千户朱良臣等罪。上从部议，升国忠一级，赏巡抚江东银二十两、纻丝一表里，备御蒋承勋等银十两，指挥张大文等准赎，良臣等按问，阵亡指挥千百户厉锦、栗宗周、王应辰等赠秩升袭俱如例。"（明）官修：《明世宗实录》卷四百一十三，嘉靖三十三年八月甲申条，台北："中央研究院"历史语言研究所，1962 年，第 7186—7187 页。

嘉靖三十四年（公元 1555 年）

四月丙子："辽东边外属夷孙宾、稳克等以俘斩北虏献功，诏给赏如例。先是，北虏虎剌哈赤及魁猛磕、打来孙等欲假道东夷内侵不遂，魁猛磕乃率所部攻掠哈寨，夷酋孙宾等与战，斩虏首十级，独擒二人，稳克等复斩零贼二级，叩关以献，因请于蒙州大康堡河口筑墙以御之。兵部覆其议便许之。"（明）官修：《明世宗实录》卷四百二十一，嘉靖三十四年四月丙子条，台北："中央研究院"历史语言研究所，1962 年，第 7297 页。

嘉靖三十五年（公元 1556 年）

九月庚申："海西、建州女直夷人谢秃等六人，朵颜三卫夷人脱脱等六十五人来降，诏俱发两广安置。"（明）官修：《明世宗实录》卷四百三十九，嘉靖三十五年九月庚申条，台北："中央研究院"历史语言研究所，1962 年，第 7531 页。

九月壬戌："虏二万余骑入辽东平川、锦川等堡，参将罗九皋等督兵御之，不克，亡屯堡军民数百人，指挥刘洪臣、千户黄相、李承宗、百户管振死之。事闻，诏夺副总兵王重禄、参将王堂俸三月，褫九皋等五人职，并镇抚鲁承勋等六十八人俱下御史问，洪臣等各升袭其子二级。"（明）官修：《明世宗实录》卷四百三十九，嘉靖三十五年九月庚申条，台北："中央研究院"历史语言研究所，1962 年，第 7532 页。

十一月："戊午，北虏打来孙等率众十余万骑深入辽东广宁等处，总兵官殷尚质率游击阎懋官等御之，虏众不敌，尚质等死之，亡其卒千余人。总督蓟辽右都御史王忬以闻，且自劾调度无策，并论巡抚苏志皋轻率寡谋之罪。兵部覆奏，诏赠尚质少保左都督，荫一子指挥同知世袭，懋官都督同知，荫一子正千户世袭，仍各立祠祭葬，赐尚质谥'忠勇'，志皋降俸二级，令策励供职，忬夺俸三月。"（明）官修：《明世宗实录》卷四百四十一，嘉靖三十五年十一月戊午条，台北："中央研究院"历史语言研究所，1962 年，第 7549 页。

嘉靖三十七年（公元 1558 年）

三月："戊午，辽东大饥，人相食，诏发太仓库银五万两补给三十六年以后军饷。"（明）官修：《明世宗实录》卷四百五十七，嘉靖三十七年三月戊午条，台北："中央研究院"历史语言研究所，1962 年，第 7727 页。

四月癸未："初，辽东大饥，已发银五万余两赈之。上意未慊，诏再发户、兵、工三部库银一万两，命御史吉澄往赈。未几，又以巡按御史周斯盛之奏，复发二万两，趣澄疾驰至镇给之。"（明）官修：《明世宗实录》卷四百五十八，嘉靖三十七年四月癸未条，台北："中央研究院"历史语言研究所，1962 年，第 7745 页。

十一月壬午："虏入辽阳东州等堡。诏夺总兵杨照、巡抚路可由俸一月，下百户赵世勋等于御史问。"（明）官修：《明世宗实录》卷四百六十六，嘉靖三十七年十一月壬午条，台北："中央研究院"历史语言研究所，1962 年，第 7856—7857 页。

十二月："己酉，巡抚辽东都御史路可由连疏告饥，乞大破常格，以安重镇。户部议，以山东折布灶地银三万七千余两、折粮银六万二千余两、太仓库银三万两给之。"（明）官修：《明世宗实录》卷四百六十七，嘉靖三十七年十二月己酉条，台北："中央研究院"历史语言研究所，1962 年，第 7867 页。

嘉靖三十八年（公元 1559 年）

九月丙子："以去年十二月虏大入辽东地方，诏夺总兵官杨照俸三月，副总兵刘岳等各降一级，参将王堂、指挥李承恩等付按臣逮问。"（明）官修：《明世宗实录》卷四百七十六，嘉靖三十八年九月丙子条，台北："中央研究院"历史语言研究所，1962 年，第 7972 页。

十一月庚寅："巡抚辽东都御史侯汝谅言，辽左故称乐土，守巡官悉无兵寄，迩边务日棘，请以分巡东宁道带管广宁等处兵备，分守东宁道带管海州等处兵备，各给敕书，责成整饬。部覆报可。"（明）官修：《明世宗实录》卷四百七十八，嘉靖三十八年十一月庚寅条，台北："中央研究院"历史语言研究所，1962 年，第 7997 页。

十一月丙申："巡抚辽东都御史侯汝谅以虏犯海州、西平堡等处，参守堡指挥程勋等失守当罪，备御韩懋功、把总梁辅、林恩、高蹈、程渊力战死事，宜恤录。诏懋功等赠官升荫有差，勋等付按臣逮问。"（明）官修：《明世宗实录》卷四百七十八，嘉靖三十八年十一月丙申条，台北："中央研究院"历史语言研究所，1962 年，第 8001—8002 页。

十二月庚子："以三十七年虏犯辽东海州城下，降副总兵刘岳、游击倪宗尧各一级。"（明）官修：《明世宗实录》卷四百七十九，嘉靖三十八年十二月庚子条，台北："中央研究院"历史语言研究所，1962 年，第 8007 页。

嘉靖三十九年（公元 1560 年）

八月："癸亥，巡按山东御史史官勘上三十七年十月中辽东清河、沈阳等处官军御虏功罪。总兵杨照、副总兵刘岳东西奔命，劲首虏至八百余级，当优叙；守备申有爵、指挥逢勋、白孔文等功浮于罪，指挥佟栋浮于功，千户徐景、指挥佟国文等无功有罪，当分别赏罚。得旨，照升都督同知，仍赏银币，岳升都指挥使，有爵等各升一级，栋夺俸三月，景等谪戍边，其余有功阵亡官恤赏有差。"（明）官修：《明世宗实录》卷四百八十七，嘉靖三十九年八月癸亥条，台北："中央研究院"历史语言研究所，1962 年，第 8116 页。

嘉靖四十年（公元 1561 年）

四月丁未："初，三十九年十二月虏自辽东海州东胜堡入，南趋耀州堡，转掠海、盖、熊岳等堡，杀掳男妇六千余人，所焚劫庐舍畜产称是。总兵杨照督诸军御之，前锋把总指挥李元勋等兵先进，夜袭虏营，斩首五十级，夺马百六十匹，元勋死之。事闻，诏下失事指挥王胤祖等二十九人于御史问录，元勋子升袭三级，仍立祠祭葬，镇巡官杨照、侯汝谅以去任不问。"（明）官修：《明世宗实录》卷四百九十五，嘉靖四十年四月丁未条，台北："中央研究院"历史语言研究所，1962 年，第 8213—8214 页。

五月乙亥："巡按山东御史史官勘，上三十八年冬虏犯辽东等处游击贾冕死事，并立功官军一百三十六人。上从部拟，赠冕都督佥事，录其子试百户，赐祭葬，祔阎懋官祠祀之，余升赏有差。"（明）官修：《明世宗实录》卷四百九十六，嘉靖四十年五月乙亥条，台北："中央研究院"历史语言研究所，1962 年，第 8221—8222 页。

八月乙酉："以三十九年二月虏犯辽东广宁前屯等处，坐提调指挥储世福罪死系狱，谪守堡百户罗应奎、赵国祥，提调指挥高豆戍边，降参将张济、备御指挥郭承恩、千户兰廷玉及邻堡百户刘廷梧等四人各三级。"（明）官修：《明世宗实录》卷五百，嘉靖四十年八月乙酉条，台北："中央研究院"历史语言研究所，1962 年，第 8271 页。

十二月丙寅："虏犯辽东，攻陷盖州熊岳驿，杀指挥杨世武等。诏革辽东总兵官云冒任，夺巡抚辽东都御史吉澄俸二月。"（明）官修：《明世宗实录》卷五百零四，嘉靖四十年十二月丙寅条，台北："中央研究院"历史语言研究所，1962 年，第 8321—8322 页。

嘉靖四十一年（公元 1562 年）

三月丙申："辽东巡抚吉澄条陈地方兵食要务。一言本镇老鸦庄、湖背及高桥连山之地，虏所盘据，旧设备御提调，势轻未足控制，请移行太仆寺于西平堡，即令寺卿兼理兵备事。其宁远备御移于中左所，改清河堡提调为守备，各益兵隶之。一言本镇兵少，宜行山东、河南、山西、陕西、北直隶诸处，各令调发军犯至辽，以实行伍。一言辽东频年荒歉，行月粮不足充饷，请速发今年主兵银三万两，外加二万两通融支用。一言侦探责在夜不收，瞭望责在台军，劳苦非它军士比，请于月粮外，查逃亡事故扣留军粮内倍数给之。一言辽东获功官军告赏纷纭，请于该镇各项无碍钱粮并本部新发银五千两内处给。疏下户部覆行之。"（明）官修：《明世宗实录》卷五百零七，嘉靖四十一年三月丙申条，台北："中央研究院"历史语言研究所，1962 年，第 8362—8363 页。

三月己亥："开原边外夷人忽失塔等盗边，为其都督王台部下哈乞纳所擒，守臣以闻。诏斩忽失塔等，王台、哈乞纳令抚臣犒赏。"（明）官修：《明世宗实录》卷五百零七，嘉靖四十一年三月己亥条，台北："中央研究院"历史语言研究所，1962 年，第 8366 页。

四月："庚申，虏酋土蛮等大举寇辽东，攻东关驿、锦川营，破之。巡抚都御史吉澄以闻，因言本镇士马单弱，城堡颓坏，不堪战守，请如往年大同故事，特命重臣调发兵粮救援，且促新任总兵吴瑛到任。上谕兵部曰：'吉澄所奏地方危甚，所当急援，吴瑛果胜任否？防御事宜，其悉心计议以闻。'于是尚书杨博上言八事。一言瑛老将骁健，可以责成。二言前屯要害，宜急筑城堡，而零寇出入无时，不便工作，宜增调精兵防剿。三言镇巡官当亲诣前屯，选兵应敌。四言岁调辽东兵四千入卫蓟镇，今可暂免，专备辽东。五言增募壮兵三千，专备前屯一路。六言急发户部修边银，令先修山海关东至广宁一路台墙。七言宜发火器、火药于各营堡。八言复八里铺商税为抚赏朵颜三卫之用。上悉从之，令更推才望大臣一员，督视军情。乃以兵部左侍郎葛缙兼都察院右佥都御史往，缙辞行，因奏举武库司郎中张志孝、京营副将刘大章自随。报可。"（明）官修：《明世宗实录》卷五百零八，嘉靖四十一年四月庚申条，台北："中央研究院"历史语言研究所，1962 年，第 8371—8372 页。

五月庚寅："辽东边外熟夷王杲等导虏分众入寇。一自东州堡入，一自抚顺核桃山入，副总兵黑春帅游击徐维忠等御之，春身自搏战，杀数十人，诸将从之，虏众大败，弃其辎重铠甲而遁。于是备御刘普亦败虏于核桃山，共斩首一百四十九级，夺马五十匹，所获夷器无算。督视军情侍郎葛缙、总督杨选、巡抚吉澄、总兵吴瑛以捷闻。部复，辽东饥疲之后，有此克捷，乃近年所未见者，有功诸臣论赏宜重。上然之，仍以将吏用力归功上玄，于是赏缙、选、澄、瑛各银五十两、纻丝二表里，升春三级，维忠、普二级，仍各赐银币。"（明）官修：《明世宗实录》卷五百零九，嘉靖四十一年五月庚寅条，台北："中央研究院"历史语言研究所，1962年，第8381页。

五月："丁酉，增辽东主兵银一万两，以广宁米价翔贵，从督视军情侍郎葛缙请也。"（明）官修：《明世宗实录》卷五百零九，嘉靖四十一年五月丁酉条，台北："中央研究院"历史语言研究所，1962年，第8385页。

五月："丁未，加辽东沿边墩军及各营出哨夜不收本色行粮月各二斗。"（明）官修：《明世宗实录》卷五百零九，嘉靖四十一年五月丁未条，台北："中央研究院"历史语言研究所，1962年，第8392页。

五月壬子："虏复寇辽东，攻凤凰城不克，转掠阳站堡，副总兵黑春引兵逆战，虏佯败走，春乘胜追击，陷伏中，虏知其骁将，围之数重，春与把总田耕等力战二日夜死。"（明）官修：《明世宗实录》卷五百零九，嘉靖四十一年五月壬子条，台北："中央研究院"历史语言研究所，1962年，第8392页。

嘉靖四十二年（公元 1563 年）

二月癸酉："虏犯辽阳，副总兵杨照引兵遮击之于清河，虏败遁出塞，未几复犯长安堡，照设伏待之，绕出虏前，斩首七十五级，获达马五十四。"（明）官修：《明世宗实录》卷五百一十八，嘉靖四十二年二月癸酉条，台北："中央研究院"历史语言研究所，1962年，第8499页。

二月丙子："以四十年虏犯辽东开原、庆云等堡，谪百户刘贤等戍边，千户张良臣等降二级，指挥高第等降一级，参将郭江夺俸一月。"（明）官修：《明世宗实录》卷五百一十八，嘉靖四十二年二月丙子条，台北："中央研究院"历史语言研究所，1962年，第8500页。

五月："乙酉，先是四十一年十二月，虏拥众犯辽东海、金等处，大掠七百余里，杀掳几二万人。时抚臣吉澄闻，罢官报离任，代者未至，独总兵吴瑛等在镇，畏虏众不敢击，留边内十五日始出境。至是，巡按御史杨柏疏上请臣失事状，且请并罪总督杨选。上以选去镇远，姑赦勿治，革瑛任闲住，下守堡百户郝世臣等三十三人于御史论罪。"（明）官修：《明世宗实录》卷五百二十一，嘉靖四十二年五月乙酉条，台北："中央研究院"历史语言研究所，1962年，第8531页。

七月："癸未，兵部覆巡按辽东御史杨柏条上边事。一、辽东零贼侵扰，岁无虚日，宜令诸将各率所部士马，分番设伏以待之。一、将官失事发戍，有因众寡不敌情在可原者，第编充本处，不必拟发他镇。一、将官发戍本镇者，许其率家丁随军，杀贼自赎。一、辽东所设路台，每五里一座，猝遇贼至，趋避无及，宜于其中各增设一座，务堪保障，不嫌详密。一、辽东兵备守巡四道、太仆、苑马二寺及副、参、守备、备御等官，宜令久任。诏从之。"（明）官修：《明世宗实录》卷五百二十三，嘉靖四十二年七月癸未条，台北："中央研究院"历史语言研究所，1962年，第8547页。

八月乙亥："虏聚众辽东广宁塞外，总兵杨照率游击线补衮、郎得功等，选铳卒由镇夷堡出塞，分道掩之。照夜行失道，离塞六十里，天明为虏所觉，中流矢死，补衮等驰至，力战搏虏，斩首二百二十余级，虏乃引去，补衮等以照尸还，亡失官军五十余人。"（明）官修：《明世宗实录》卷五百二十四，嘉靖四十二年八月乙亥条，台北："中央研究院"历史语言研究所，1962年，第8561页。

嘉靖四十三年（公元1564年）

闰二月己卯："虏犯辽东果松各，守备指挥王维屏等御却之，斩首五十余级。捷闻，诏升维屏及指挥李国忠等一级，维屏仍赏银十五两。"（明）官修：《明世宗实录》卷五百三十一，嘉靖四十三年闰二月己卯条，台北："中央研究院"历史语言研究所，1962年，第8650页。

嘉靖四十四年（公元1565年）

二月："壬辰，追论四十三年虏犯广宁镇静等堡失事，夺总兵官佟登俸一月，下守备郭惟藩等于按臣逮问，巡抚王之诰以保障有劳贷之。"（明）官修：《明世宗实录》卷五百四十三，嘉靖四十四年二月壬辰条，台北："中央研究院"历史语言研究所，1962年，第8778—8779页。

十一月癸卯："以四十二年虏犯辽东长安堡等处守臣失备，谪东宁卫右所副千户等官王成等五人戍边，广宁把总指挥等官徐恩等十七人各赎杖还职。"（明）官修：《明世宗实录》卷五百五十二，嘉靖四十四年十一月癸卯条，台北:"中央研究院"历史语言研究所,1962年,第8890页。

十二月癸酉:"巡按辽东御史李辅条上经略险山三事。一、东虏入犯南山,止有二路,其十岔口一路已有参将驻兵,险山西南诸堡可以无虞,惟短错江一路,去险山远,参将兵马卒不相救,宜以江沿一堡仍改移于康家哨旧江沿台处所,摘拨汤站官军二百名,与本堡军丁凑足七百员名,添设备御官一员守之,与叆阳守备为参将东西两翼,共成犄角之势。一、险山山多田少,新募军士无田可耕,宜开大佃于荒地,将险山参将标下无为军士查拨七百人屯种,永不起科。一、险山东南地方旷远,山谷连绵,藏奸匿盗,未易控制,宜以定辽右卫两所官军并入左卫,而改置右卫于凤凰池城堡,添设左、右、中所及以金州卫所辖黄骨岛堡割隶右卫,庶为便益。疏下兵部复议,行之。"(明)官修:《明世宗实录》卷五百五十三,嘉靖四十四年十二月癸酉条,台北:"中央研究院"历史语言研究所,1962年,第8900—8901页。

嘉靖四十五年(公元1566年)

二月乙亥:"覆论辽东镇夷堡失事之罪,免辽东三万卫纳级指挥佥事王世禄死,谪戍本镇,杀贼立功,复桃林口提调指挥佥事杨继奇职,降广宁佥总指挥陈可行、镇边堡守备指挥孟朝用各二级,下指挥宋继殷并分守锦衣参将刘印等于巡按御史逮问。初,镇夷堡之战,总兵杨照死,马世禄力战,擒斩二百余级,收其军而还,犹以失主将坐死。至是,巡按李辅为言,世禄受将令守营禁无趋利,非拥兵观望者比,可以自战一地,以隔远难策应,亦非逼逼,且兵回复,能殿后捕虏;朝用力战,以坏墙为虏所乘,情皆可原。世禄宜减死戍边可行,朝用宜降罚,维奇先以练兵不精参降,今能新斩虏级,亦应复职。其刘印退缩,出怨家宋继殷之口,未可全信,宜按问。既而巡抚都御史张西铭复持疏为世禄辩,且称其材勇,可责后效,并下都察院议覆,乃并得末减云。"(明)官修:《明世宗实录》卷五百五十五,嘉靖四十五年二月乙亥条,台北:"中央研究院"历史语言研究所,1962年,第8930—8931页。

五月:"壬辰,虏自辽东西平出边,转掠河东碱场、甜水站等处,清河守备郎得功引兵扼之于张能峪口,大战,斩首七十五级,驱还虏掠甚众。"(明)官修:《明世宗实录》卷五百五十八,嘉靖四十五年五月壬辰条,台北:"中央研究院"历史语言研究所,1962年,第8965页。

五月:"甲辰,兵部覆辽东抚按官奏经略东方事宜。其略言:本镇东南一带地僻海隅，为四方逋寇薮，势难控制，又险山新军多逃伍，勾补不便，而朝鲜贡道实从此入，人烟荒凉，无以威远。请如御史李辅之策，将定边右卫改于凤凰城堡，原辖右后所官军并入左卫，而以险上参将营兵及帮丁一万五千名，仍照该营左、右、中三哨，编为定边右卫左、右、中三所，定其版籍，设三千户、三十百户领之，并割金州卫黄骨岛堡属焉。其卫治即以辽阳城旧设卫治基址变易，应设官吏、师生，令御史将辽阳都司见在文武生员量行考拨，该季肄业，置教授、训导、库官各一员。如议。"（明）官修：《明世宗实录》卷五百五十八，嘉靖四十五年五月甲辰条，台北："中央研究院"历史语言研究所，1962 年，第 8971—8972 页。

隆庆元年（公元 1567 年）

正月癸未："录辽阳等处获功、阵亡官军李树功等五十人各升赏如例。"（明）官修：《明穆宗实录》卷三，隆庆元年正月癸未条，台北："中央研究院"历史语言研究所，1962 年，第 91 页。

二月辛卯："辽东巡按御史李叔和言：'辽东一镇三面邻虏，而以河之东西为界，春夏秋备河西，河冰既合则备河东，总兵官为本镇保障，当审缓急策应。今乃坐镇河西，而以河东付之副将，虽云画地分守，然所部士马亦不足与广宁、宁前、锦义、镇武诸路相等。夫虏无多寡，而兵有强弱，今一月之间三犯河东，坐视其虏掠，不为之所，是秦人之视越也。且总兵部下骁骑，皆所选河东精锐，括此精锐之卒，岂直为河西计哉！臣谓总兵宜以隆冬之时移镇辽阳，以援海州、沈阳，冰解回广宁，以防土蛮，庶东西皆有备。'兵部覆奏，从之。"（明）官修：《明穆宗实录》卷四，隆庆元年二月辛卯条，台北："中央研究院"历史语言研究所，1962 年，第 102 页。

二月乙巳："先是虏欲犯广宁，住东北边白云山，辽东总兵官王治道率师赴之，斩首八十九级。捷闻，上命赏总督侍郎刘焘及治道巡抚都御史魏学曾等银币有差。"（明）官修：《明穆宗实录》卷五，隆庆元年二月乙巳条，台北："中央研究院"历史语言研究所，1962 年，第 129 页。

三月乙酉："虏犯辽阳长安堡，备御指挥王承德引兵力战，中流矢死，官军多被创，巡按御史李叔和请恤录承德，并治指挥宋世举、都指挥高惟忠及副总兵杨四畏失事罪。得旨：承德赠都指挥使，仍令其子袭升二级，世举等御史逮问。"（明）官修：《明穆宗实录》卷六，隆庆元年三月乙酉条，台北："中央研究院"历史语言研究所，1962 年，第 186—187 页。

四月辛亥："以辽阳诸路招还被虏人口千五十人及降夷六十五人，升总兵官王治道一级，及参将赵应昌、备御指挥刘承武赉予有差。"（明）官修：《明穆宗实录》卷七，隆庆元年四月辛亥条，台北："中央研究院"历史语言研究所，1962 年，第 217 页。

七月庚午："论辽东宁远小团山堡被虏失事罪，夺总兵王治道俸一月，下参将万国等巡按御史问。"（明）官修：《明穆宗实录》卷十，隆庆元年七月庚午条，台北："中央研究院"历史语言研究所，1962 年，第 284 页。

九月癸丑："录辽东镇清河等处斩获功，赐守备刘云银币。"（明）官修：《明穆宗实录》卷十二，隆庆元年九月癸丑条，台北："中央研究院"历史语言研究所，1962 年，第 321 页。

隆庆二年（公元 1568 年）

二月乙酉："录锦州大胜等堡斩虏功，升赏官军赵采等七十八人。"（明）官修：《明穆宗实录》卷十七，隆庆二年二月乙酉条，台北："中央研究院"历史语言研究所，1962 年，第 466—467 页。

三月戊午："发太仓银十八万于辽东镇，为主客兵饷。"（明）官修：《明穆宗实录》卷十八，隆庆二年三月戊午条，台北："中央研究院"历史语言研究所，1962 年，第 495 页。

四月庚子："录辽东降夷及招回被虏人口功，升总兵王治道祖职一级，副总兵杨四畏等官一级，与巡抚魏学曾赉赏有差。"（明）官修：《明穆宗实录》卷十九，隆庆二年四月庚子条，台北："中央研究院"历史语言研究所，1962 年，第 535 页。

七月辛亥："升赏辽东前屯三道沟等处获功、阵亡官军一百四十人，长宁堡获功、阵亡官军七十八人，辽阳城堡等处获功、阵亡官军石金等七十三人。"（明）官修：《明穆宗实录》卷二十二，隆庆二年七月辛亥条，台北："中央研究院"历史语言研究所，1962 年，第 585 页。

七月："癸丑，升赏辽东一堵墙等处获功、阵亡官军孟守仁等八十二人。"（明）官修：《明穆宗实录》卷二十二，隆庆二年七月癸丑条，台北："中央研究院"历史语言研究所，1962 年，第 586 页。

十月辛卯："录辽东大康等堡拒虏功，赏总兵王治道、巡抚魏学曾各银二十两、一表里。"（明）官修：《明穆宗实录》卷二十五，隆庆二年十月辛卯条，台北："中央研究院"历史语言研究所，1962年，第689页。

隆庆三年（公元1569年）

正月庚申："虏数千骑犯辽东，入丁字泊堡等处，官军御之无功，巡按御史盛时选以闻。得旨：令巡抚魏学鲁、总兵王治道策励供职，而下失事官守堡千户李成材等御史论罪。"（明）官修：《明穆宗实录》卷二十八，隆庆三年正月庚申条，台北："中央研究院"历史语言研究所，1962年，第744—745页。

三月庚午："升赏隆庆元年六月内广宁镇安堡阵亡、被创官军佟国勋等一百二十八人。"（明）官修：《明穆宗实录》卷三十，隆庆三年三月庚午条，台北："中央研究院"历史语言研究所，1962年，第804页。

四月："丁丑，先是四月中，虏酋张摆失、艾失哈等拥众近边，声言欲寇碱场、孤山，辽阳副总兵李成梁率中军指挥苏承勋等出边迎击之，而以原任参将谢廷相督选锋冲其前，至夷河山城，突入虏营，斩获贼首张摆失等一百六十四级，夺马一百余匹，贼遂遁去。捷闻，兵部覆议，李成梁首功，及总督镇巡官均宜优录，谢廷相罪当赎，其余功罪仍候巡按御史覆奏。得旨：赏总督谭纶、巡抚魏学曾、总兵王治道，并李成梁、分守副使张邦土、管粮郎中丁诚及指挥苏承勋等各银币有差。"（明）官修：《明穆宗实录》卷三十一，隆庆三年四月丁丑条，台北："中央研究院"历史语言研究所，1962年，第808—809页。

八月："己未，录辽东铁岭彭家湾等处死事、被创官军金伏等一百四十三人恤录升赏如例。"（明）官修：《明穆宗实录》卷三十六，隆庆三年八月己未条，台北："中央研究院"历史语言研究所，1962年，第921页。

八月庚申："巡抚辽东都御史魏学曾请于广宁设战车营，以原任游击将军马文龙统之。报可。车放偏箱之制，每二辆中设拒马枪一架，塞其隙，车架上下用绵絮、布围帏之，以避矢石。每车上载佛朗机二杆，下置雷飞炮、快枪各六杆，每车用卒二十五人，共车一百二十辆、步卒三千人。"（明）官修：《明穆宗实录》卷三十六，隆庆三年八月庚申条，台北："中央研究院"历史语言研究所，1962年，第922页。

八月丁卯："以辽东镇招降夷人及虏中自归者凡一千九十八人，赏巡抚都御史魏学曾银二十两、纻丝一表里，升总兵官王治道子官一级，仍赏银二十两，参将赵完等各升赏有差。"（明）官修：《明穆宗实录》卷三十六，隆庆三年八月丁卯条,台北:"中央研究院"历史语言研究所,1962年,第927页。

九月己卯:"录是年正月辽东懿路丁字泊堡获功、死事、被创官军王守道等二百二十九人升赏如例。"(明)官修:《明穆宗实录》卷三十七,隆庆三年九月己卯条,台北:"中央研究院"历史语言研究所,1962年,第939页。

九月:"庚辰,录隆庆元年正月辽东捣巢获功官军杨五典等一百四十八人升赏如例。"(明)官修:《明穆宗实录》卷三十七,隆庆三年九月庚辰条,台北:"中央研究院"历史语言研究所,1962年,第939—940页。

九月:"己亥,辽东巡按御史盛时选勘奏:副总兵李成梁率兵邀虏塞外,斩获百六十级,并上督督镇巡调度功。"(明)官修:《明穆宗实录》卷三十七,隆庆三年九月己亥条,台北:"中央研究院"历史语言研究所,1962年,第951页。

十月己巳:"录碱场、孤山二堡边获功、阵亡、被创官军蒋承勋等三百六十一人升赏优恤如例。"(明)官修:《明穆宗实录》卷三十八,隆庆三年十月己巳条,台北:"中央研究院"历史语言研究所,1962年,第966页。

隆庆四年(公元1570年)

二月丙寅:"升赏隆庆二年五月内辽东镇安堡获功、阵亡、被创官军王国臣等三十六人。"(明)官修:《明穆宗实录》卷四十二,隆庆四年二月丙寅条,台北:"中央研究院"历史语言研究所,1962年,第1062页。

八月己酉:"先是虏再犯锦州,总兵王治道自广宁驰援,虏徹引去,会谍者言虏驻九顶莲山,治道等乃引兵出塞逐之,斩首四十级,俘获甚众。巡按御史何程上其功,且劾锦义参将郎得功、锦州守备张良臣、义州守备御王承祖及守堡管屯官失事之罪。诏赏治道及赏游击将军马文龙银币有差,得功以袭虏功准赎,良臣等下御史究治以闻。"(明)官修:《明穆宗实录》卷四十八,隆庆四年八月己酉条,台北:"中央研究院"历史语言研究所,1962年,第1202—1203页。

九月:"戊子,虏酋黄台吉、卜言兀等犯辽东锦州大朦堡,总兵官王治道率所部四千人赴援,巡抚都御史李秋适行部驻义州,虏猝至,遣人驰告,治道即日山海关兼程驰归,会秋于锦州,请出战。秋曰:'千里趋利,兵家忌之。将军其少休。'质明锦义参将郎得功,东谒治道庭,数之曰:'汝诚人也,新开府至,汝拥卒不战,见谓为怯愧死矣。'得功素骁将,温甚不谢而出,遂挟桀上马逐房，治道亦起上马，一军不知所之，独十余骑从。房佯遁，至流水堡，伏兵齐家山待之。治道等入伏中，殊死战。房初拟大军且至，稍却，既知其无援，遂围之。后军不至，矢且尽，得功闻炮声曰：'大军宜不远，可溃围出。'乃令一骑前，治道次之，得功殿，出围数重，前马蹶，治道马亦蹶，得功下马扶治道，房追射之，两将俱死，卒脱还者三人而已。"（明）官修：《明穆宗实录》卷四十九，隆庆四年九月戊子条，台北："中央研究院"历史语言研究所，1962 年，第 1234 页。

隆庆五年（公元 1571 年）

四月己酉："户部覆：巡抚辽东都御史张学颜议处边军可行者三事。一、本镇主兵有经半岁未给粮料者，请以催买河东本色，与部运银两相兼，给散以济困乏。一、中后所游兵一枝，原议宁前官军支行粮二年，金、复等卫抽集官军五年，今支期已尽，适值岁荒，逃亡者多，乞暂给一年，以示赈恤。一、本镇冬春调河西之兵，以防海、盖，夏秋调河东之兵，以防锦、义，往返以千里，戍守数月，乃待回营，始给行粮，不称优恤行间之意，以后凡遇调遣，必先期量给，或照数全给，其设伏、贴守堡寨在百里之间者，亦约日支给，以便军士。上允行之。"（明）官修：《明穆宗实录》卷五十六，隆庆五年四月己酉条，台北："中央研究院"历史语言研究所，1962 年，第 1387 页。

四月丙辰："巡抚辽东右佥都御史张学颜条奏修边堡、预防守、严哨报、惩违抗、造火器、置阵车、弛禁例、议抚赏、加月粮、贮本色十事。其弛禁例谓：'制房之策，自战守外，惟捣巢赶马，可以资养军丁，而牵犬羊内顾之心。近以西房通贡互市，暂议禁止，遂使房敢入而我不敢出，甚为失计。臣请亟弛其禁，如房贼临边住牧，听将领提兵袭击，有功如例升赏。'其议抚赏谓：'房酋频年乞赏，守臣未有定议，臣以为赏之则其欲无厌，绝之则其患甚速，如开原、广宁之房，有时入市，有时入犯，安能识其面貌，辨其顺逆？然而行之百年不罢者，藉其传报稍有足凭，互市交相为利耳。臣谓房来求市，宜令宁前亦如广宁例赏之，不必拒绝，如或诡言互市，而实聚众入掠者，即整兵固守，不复与通。'部臣覆奏，诏允行之。"（明）官修：《明穆宗实录》卷五十六，隆庆五年四月丙辰条，台北："中央研究院"历史语言研究所，1962 年，第 1391—1392 页。

五月丙寅："以辽阳长静等堡夜不收谢保等六十六人死事，录其子升级有差。"（明）官修：《明穆宗实录》卷五十七，隆庆五年五月丙寅条，台北："中央研究院"历史语言研究所，1962年，第1399页。

八月己酉："辽东抚按官议上抚处属夷事宜。一言海西属夷不时求索衣粮，重累各堡，乞将三万库商税盐课免解广宁，以为抚赏费。一言开原额设兵马五千，逃亡太半，乞令本兵清勾。一修复广顺、镇北二关，以备夷人入市，便于关防。一开原近虏，本地参将兵马，请如近议，防冬则驻札中固，兼防南北，无事仍驻开原。一请修开原城。部覆从之。"（明）官修：《明穆宗实录》卷六十，隆庆五年八月己酉条，台北："中央研究院"历史语言研究所，1962年，第1466页。

九月癸亥："论辽东锦州被虏失事诸臣罪，指挥罗维冕、郎官，百户赵采坐临阵先退，斩。指挥刘坤、陈绍先、张世武，百户杨宥、高良弼、裴永勋、胡栾，坐守备不设，谪戍边。以郎官有斩获功，特减死一等。"（明）官修：《明穆宗实录》卷六十一，隆庆五年九月癸亥条，台北："中央研究院"历史语言研究所，1962年，第1478页。

十一月戊辰："升赏隆庆四年九月中锦州大胜堡获功、阵亡、被创官军郎官等二百九十五人。"（明）官修：《明穆宗实录》卷六十三，隆庆五年十一月戊辰条，台北："中央研究院"历史语言研究所，1962年，第1518页。

十二月辛亥："虏寇辽东，总兵官李成梁等率师御之于卓山等处，大波之，斩首五百八十余级，内酋首二人，获马六百余匹、甲二百余副，其他夷器无算。捷闻，礼部以东西二边同时报功，疏请择日宣表受贺，兵部亦请录将吏效劳者。"（明）官修：《明穆宗实录》卷六十四，隆庆五年十二月辛亥条，台北："中央研究院"历史语言研究所，1962年，第1549页。

是年："辽东总兵李成梁讨伐建州，大捷。"国立东北大学编：《东北要览》，国立东北大学出版组，1944年，第14页。

隆庆六年（公元1572年）

闰二月甲戌："录辽东清河堡获功、死事官军黑云龙等一千五百六十四人升赏如例。"（明）官修：《明穆宗实录》卷六十七，隆庆六年闰二月甲戌条，台北："中央研究院"历史语言研究所，1962年，第1616页。

三月丁酉："录隆庆五年虏陷小团山堡官军失事罪，降指挥傅士忠等各二级，阵亡百户雷云袭升其子一级。"（明）官修：《明穆宗实录》卷六十八，隆庆六年三月丁酉条，台北："中央研究院"历史语言研究所，1962年，第1631页。

三月庚子："东虏速把孩及青等愤辽阳卓山之败，复犯长胜堡，守备指挥范芝等与战却之，寻犯清河堡，守备曹簠等又大败之，共斩首一百六十五级，获酋首一级。捷闻，兵部谓该镇累奏奇功，且俘斩数多，例当宣捷。上命勿宣第犒报捷者如例，赏总督刘应节银四十两、彩币二表里，升巡抚张学颜俸一级，总兵李成梁实授都督同知，仍各赏银三十两、彩币二表里，升曹簠官二级，范芝及副总兵赵完、千总王好善、把总赵愚各一级，仍与佥事王之弼、郎中王念各赏银有差。"（明）官修：《明穆宗实录》卷六十八，隆庆六年三月庚子条，台北："中央研究院"历史语言研究所，1962年，第1635—1636页。

三月戊申："录辽东静远等堡获功官军金继儒等二百五十人、宁远小团山等堡官军陈言等五十七人升赏如例。"（明）官修：《明穆宗实录》卷六十八，隆庆六年三月戊申条，台北："中央研究院"历史语言研究所，1962年，第1645—1646页。

五月戊申："巡抚辽东都御史张学颜言：参将马文龙方筑堡抚夷，夷人安之，游击曹簠骁勇屡捷，东夷不敢窥境。今调文龙于山海关、簠于广宁车营，恐广宁市夷疑沮，而清河不能复安枕，请留之故地便。兵部覆请，从之。"（明）官修：《明穆宗实录》卷七十，隆庆六年五月戊申条，台北："中央研究院"历史语言研究所，1962年，第1690—1691页。

七月辛丑："辽东抚臣张学颜奏报东夷王杲入犯，言杲因索降人不与，怀忿聚兵，欲行寇掠。又抚顺备御贾汝翼验放夷马，责其抗违十数人，各夷切齿忿恨，杲遂约诸部落屡入为寇。副总兵赵完故违学颜节制，不发兵防堵，委罪汝翼，欲罢汝翼以媚夷心。又言近奉明例极力招降，若为送还，遂其挟索，塞生全之路，启轻视之心。又汝翼却夷人之土仪，惩其违抗，似能伸威，以抗强虏者，若因此罢斥，是进退边官尽出夷人之手。又言杲与王台土蛮连和益密，少俟秋冬，必图大逞，宜行宣谕，令送还掠去人口，准其入市通贡，仍厚加抚赏，如执迷不顺，则闭关绝市，调集重兵，相机剿杀。大概海西、建州诸夷衣食，皆易诸内地，抚顺剿逆，自足以服其心、挫其势，若惧塞贡路，任其侵陵，姑息日深，厝火忽炽，于时区处，其难有百倍今日者。部覆于杲每肆窃犯，辽阳副总兵赵完统有重兵，先时既未设备，有警又复逗遛，却委罪备御官以图逭责，岂独有违节制，实系失误军机，但值秋防多事，易将非宜，合先行供职，令杀贼赎愆，俟防毕督抚酌奏，以凭议处。本部移文辽东镇抚官，查照所议，宣谕王台、王杲诸夷，示以恩威，毋容姑息。其抚顺、开原等关，再有窃犯，亦许擒斩论功，不以启衅论罪。报闻。"（明）官修：《明神宗实录》卷三，隆庆六年七月辛丑条，台北："中央研究院"历史语言研究所，1962 年，第 101—102 页。

九月丙戌："兵部覆辽东抚按条陈防御切要事宜。一、酌留军犯。除情轻可矜、年老残疾者，遵赦例释放，其余量拨本卫操备，不准开伍。一、预发赏银，并申严卖功之禁。一、安插降人，建受降所，分别处之。责委官员领其操练，监其出入，庶几系顾恋之心，寝飞扬之念。一、严剿零寇。近恐杀降冒功，但系零级，不准纪验，因此游贼渐多，以后有出奇斩获，验果长壮，贼首有弓箭马匹者，照常论功，但不得遮杀降人。一、责成将领律。守备不设，原专为堡官言，以后地方有警，大小将领但有不肯用命防剿，致失事者，量情轻重，比例参论，游击虽无分守信地，但系调遣防御去处，致有疏失，亦照例参究。一、申饬监司。本镇守寺道六员，凡修守整饬等项事宜，皆亲自管理，但有功不甚录叙，则失事自难议参，功罪既不相关，则干理未免观望，以后地方有功，宜与将领酌量同叙，如或怠误边事，亦应查参，塞将官委罪之口。俱报可。"（明）官修：《明神宗实录》卷五，隆庆六年九月丙戌条，台北："中央研究院"历史语言研究所，1962 年，第 188—189 页。

九月戊子："兵部覆：辽东巡抚张学颜奏，建夷王杲屡肆窃掠，官军斩获二十八级，杲怀愤必求大逞，我以久疲之军当之，恐未必胜，宜乘其沮丧，再行宣谕，令杲送还所掠人口，准其入市，如仍前执迷，则调集重兵相机剿杀，毋容姑息，贻害地方。报可。"（明）官修：《明神宗实录》卷五，隆庆六年九月戊子条，台北："中央研究院"历史语言研究所，1962 年，第 191—192 页。

九月乙未："兵部奏：东夷阿革、王杲等犯抚顺、宁前、锦义地方，请行督抚官严督兵将，昼夜防守。从之。"（明）官修：《明神宗实录》卷五，隆庆六年九月乙未条，台北："中央研究院"历史语言研究所，1962 年，第 195 页。

九月辛亥："兵部覆：山东巡按朱文科勘过隆庆四年辽东开原等处地方失事，守堡等官魏显等四员发边卫充军，乌邦奇等九员降罚，张世武等三员以别卷充军重发遣。"（明）官修：《明神宗实录》卷五，隆庆六年九月辛亥条，台北："中央研究院"历史语言研究所，1962 年，第 203 页。

十月庚申："兵部奏：辽东招降夷人并回乡人口，赏巡抚张学颜银币，总兵李成梁升祖俸、本身各一级，开原参将郭梦征升一级。"（明）官修：《明神宗实录》卷六，隆庆六年十月庚申条，台北："中央研究院"历史语言研究所，1962年，第217页。

十月甲戌："以抚顺东川等堡节经失事，革备御贾汝翼及张承武职，与许承宗等三十六员听巡按御史提问，其沈阳游击郝重光以别卷从重、辽阳副总兵赵完已经革职戴罪立功，俱免究。"（明）官修：《明神宗实录》卷六，隆庆六年十月甲戌条，台北："中央研究院"历史语言研究所，1962年，第233页。

十月己卯："巡按辽东御史朱文科奏：'九月二十八日，王台吉领部落一千余骑，夷酋王杲等领骑三千余，各近抚顺关，分守东宁道李鹗、开原兵备王之弼差官，与杲歃血盟和，失宣布之体，有损国威。自五月至九月，掳去军民二百五十余名口，未见送还，因追参备御贾汝翼生事启衅，法当重究，分守东宁道李鹗、开原兵备道王之弼当日颇有措置弹压之功，请行罚治。'章下兵部，鹗、之弼各夺俸二月。"（明）官修：《明神宗实录》卷六，隆庆六年十月己卯条，台北："中央研究院"历史语言研究所，1962年，第240—241页。

十一月己酉："辽东总兵官李成梁败土蛮于辽河，诏赏督抚及成梁等银币有差。先是十月间，土蛮聚众，声言入犯，至十一月朔，贼精兵五六百骑，营旧辽阳北河，去边二百余里。成梁亲赴镇远堡防剿，仍调参游马文龙、唐朴等合营，甲申，成梁哨见前贼，料其必俟众集大举，不如先伐其谋，乃夜发伏兵，约黎明突冲贼垒，起火为号，至期火起，成梁统兵趣应，贼遂大奔。兵部奏言，是役斩首不过二十余级，获马不过二百余匹，然掩其不备，出奇袭击，先发制人，为功实多。"（明）官修：《明神宗实录》卷七，隆庆六年十一月己酉条，台北："中央研究院"历史语言研究所，1962年，第272页。

十二月丁丑："辽东抚臣张学颜、建州夷首王杲遵奉宣谕，约海西夷首王台送还所掳人口一百四十九名，请加赏免剿，准其入贡。仍行河东将领加意抚处，勿得更变成规，致失夷心，滥增赏物，养成后患。兵部覆奏，赏王台银币。"（明）官修：《明神宗实录》卷八，隆庆六年十二月丁丑条，台北："中央研究院"历史语言研究所，1962年，第305页。

万历元年（公元1573年）

正月："丁酉，辽东抚臣张学颜奏：守瑞昌堡百户诸朝先被虏射死，朝轻敌也，因请着令本堡失陷罪，坐堡官若因防堡死事，全给恤典。贼鼷本堡地方进入，不得轻出贪功，但能固守本堡，罪得末减，凡有杀虏人畜不能拒剿者，将领也；不能收敛者，卫官也。责各有归，罪难概及。部覆，从之。"（明）官修：《明神宗实录》卷九，万历元年正月丁酉条，台北："中央研究院"历史语言研究所，1962 年，第 325 页。

二月丁巳："革辽东副总兵赵完、任行，巡按御史提问。先是王杲入犯，完观望逗遛，坐革职级，戴罪杀贼，而贪肆愈甚。惧巡抚张学颜参究，使其弟察赍三百金并貂裘首饰，投送学颜家。学颜发其事，章下兵部，请革任提问。"（明）官修：《明神宗实录》卷十，万历元年二月丁巳条，台北："中央研究院"历史语言研究所，1962 年，第 344 页。

二月癸亥："升赏清河等城堡地方获功、阵亡、被伤官军九十五员名。"（明）官修：《明神宗实录》卷十，万历元年二月癸亥条，台北："中央研究院"历史语言研究所，1962 年，第 346—347 页。

三月癸巳："升赏辽东长胜、清河二堡获功、阵亡、被伤官军四百四十七员名。"（明）官修：《明神宗实录》卷十一，万历元年三月癸巳条，台北："中央研究院"历史语言研究所，1962 年，第 370 页。

三月丁酉："治辽东抚顺东州等堡失事官，发遣提问贾汝翼、白守清及赵完等凡十员。"（明）官修：《明神宗实录》卷十一，万历元年三月丁酉条，台北："中央研究院"历史语言研究所，1962 年，第 373 页。

四月："丙寅，兵部奏御土蛮犯铁岭镇西等堡功次，言李成梁督各路兵马奋勇出边，与贼立战，获虏首五十七颗、马二百七匹，被伤家丁一十七名，射死官马七十七匹。成梁又差家丁出境哨探，获虏首一颗、马一百匹。赐总督刘应节银币，巡抚张学颜升俸一级，李成梁升实职二级，兵备王之弼、贺溱等各赏有差。"（明）官修：《明神宗实录》卷十二，万历元年四月丙寅条，台北："中央研究院"历史语言研究所，1962 年，第 399 页。

五月癸未："升赏辽东清河等堡获功、阵亡、被伤官军苏云龙、李乃彦、曹簠等七十一员名。"（明）官修：《明神宗实录》卷十三，万历元年五月癸未条，台北："中央研究院"历史语言研究所，1962 年，第 415—416 页。

七月丙申："兵部又覆，阅视侍郎汪道昆奏：阅过辽东全镇修完城堡一百三十七座，铺城九座，关厢四座，路台、屯堡、门角、台圈口墼、山城一千九百三十四座，边墙二十八万二千三百七十三丈九尺，路壕二万九千九百四十一丈，俱各坚固，足堪经久。因叙督抚镇道诸臣劳绩，并请给前项工程银一万六千九百一十两。得报：巡抚张学颜、总兵李成梁、兵备李松、参将马文龙等各升赏有差。"（明）官修：《明神宗实录》卷十五，万历元年七月丙申条，台北："中央研究院"历史语言研究所，1962年，第461—462页。

十月："甲寅，升赏辽东大兴、清河二堡获功、被伤官军一十七员名如例。"（明）官修：《明神宗实录》卷十八，万历元年十月甲寅条，台北："中央研究院"历史语言研究所，1962年，第520页。

十月丙辰："升赏辽东抚顺散羊诸堡获功、阵亡官军二百二十员名如例。"（明）官修：《明神宗实录》卷十八，万历元年十月丙辰条，台北："中央研究院"历史语言研究所，1962年，第521页。

十月丁丑："升赏辽东东州堡及五味子冲口获功、阵亡官军一百九十员名如例。"（明）官修：《明神宗实录》卷十八，万历元年十月丁丑条，台北："中央研究院"历史语言研究所，1962年，第522页。

十月癸酉："升赏旧辽阳及东州等堡、义州大静各地方斩获功次官军共一百八十六员名。"（明）官修：《明神宗实录》卷十八，万历元年十月癸酉条，台北："中央研究院"历史语言研究所，1962年，第527—528页。

十二月庚戌："兵部奏：御史郭思极勘上辽东镇隆庆六年招过降夷并回乡人口共一千一百三十七名口，乞录效劳文武各官。总兵官李成梁升祖职一级，巡抚张学颜赏银二十两、纻丝一表里，参将郭梦征、马文龙等分别升赏。"（明）官修：《明神宗实录》卷二十，万历元年十二月庚戌条，台北："中央研究院"历史语言研究所，1962年，第545页。

万历二年（公元1574年）

二月："戊午，升赏锦州大兴堡地方斩获功次官军吴梦豹等三十五员名。"（明）官修：《明神宗实录》卷二十二，万历二年二月戊午条，台北："中央研究院"历史语言研究所，1962年，第584页。

三月辛卯："升赏辽东义川大青堡获功官军宁子周等一百四十一人。"（明）官修：《明神宗实录》卷二十三，万历二年三月辛卯条，台北·"中央研究院"历史语言研究所，1962年，第603页。

五月："乙未，录辽阳等城清河等堡斩获功次，升赏官军马千儿等一百二十八员名。"（明）官修：《明神宗实录》卷二十五，万历二年五月乙未条，台北："中央研究院"历史语言研究所，1962年，第637页。

五月："癸卯，先是，开原地方属夷王台一枝，士马精强，为虏中所惮，而贪嗜抚赏，颇怀效顺。至是，土蛮小黄台吉等要挟结亲，兵科给事中蔡汝贤、辽东抚按张学颜等各上疏言之。兵部覆议：诸虏通好，意在连兵，但据王台报称，不得已之，故犹未敢自绝。况黄台吉以五千之众，能劫之使婚，矧辽阳数万之师，加以岁贡月市，岂不能挽之使附？谓宜明示利害，以决其疑，照常抚市，以固其志。报可。"（明）官修：《明神宗实录》卷二十五，万历二年五月癸卯条，台北："中央研究院"历史语言研究所，1962年，第641—642页。

六月丁未："以沈阳失事，夺辽阳副总兵杨腾俸三月，下备御陈大魁等御史问，沈阳参将曹簠血战斩首，其损军免议。"（明）官修：《明神宗实录》卷二十六，万历二年六月丁未条，台北："中央研究院"历史语言研究所，1962年，第645页。

十月壬寅："升赏辽东中辽河斩获功次官兵吴梦豹等一百五十六名。"（明）官修：《明神宗实录》卷三十，万历二年十月壬寅条，台北："中央研究院"历史语言研究所，1962年，第721页。

十月丁巳："兵部司务皮大器言：'辽东金、复、盖三卫，素称腹里，近被虏破盖州熊岳堡，复犯金、复二卫，杀掠数万，村堡荡然，金、盖城坚，民众犹或可守，唯复州城卑民少，请敕金州守备，每年冬月整飭兵马，移驻复州。'总督蓟辽杨兆等以为岛民新附，抚绥不可缺人，待探虏果有南犯消息，乃为拨兵协守。报可。"（明）官修：《明神宗实录》卷三十，万历二年十月丁巳条，台北："中央研究院"历史语言研究所，1962年，第728页。

十月丁巳："辽东各镇招过降夷并回乡人口通共八百三十八名，总兵李成梁、巡按张学颜各升赏有差。"（明）官修：《明神宗实录》卷三十，万历二年十月丁巳条，台北："中央研究院"历史语言研究所，1962年，第728页。

十月乙丑："逆酋王杲入犯六次，清河游击王惟屏督兵奋剿，斩获首级五十三颗，海西夷酋王台送进王杲原掳军士八十二名、真夷一名，总督杨兆请赏赍。上命杨兆、张学颜等功次都纪录，候处置王杲事完，一并奏夺。"（明）官修：《明神宗实录》卷三十，万历二年十月乙丑条，台北："中央研究院"历史语言研究所，1962年，第733页。

十一月丙子："蓟辽总督杨兆奏：总兵李成梁攻剿建州卫酋首王杲，斩获甚众，即王杲死生未的，然兵出不过八日之间，功成迫逾十捷之外，王台部落以唇亡而丧胆，环辽诸酋以观衅而寝谋，请叙录文武官员。上命择日宣捷太庙。"（明）官修：《明神宗实录》卷三十一，万历二年十一月丙子条，台北："中央研究院"历史语言研究所，1962年，第737页。

十一月："己卯，辽东荡平逆酋王杲等，报捷镇抚申四训、百户周世禄、何全各赏衣服一套，于宣捷日御前颁给。"（明）官修：《明神宗实录》卷三十一，万历二年十一月己卯条，台北："中央研究院"历史语言研究所，1962年，第738页。

十一月："甲申，叙建州捷，总兵李成梁、巡抚张学颜及效劳官军各升赏有差，仍大行宴赏，以激劝之。"（明）官修：《明神宗实录》卷三十一，万历二年十一月甲申条，台北："中央研究院"历史语言研究所，1962年，第739页。

万历三年（公元 1575 年）

正月庚申："户部覆奏蓟辽总督侍郎杨兆条陈筑宽奠子等六堡未尽事宜二事。一谓军夫修作塞外，远赴良苦，议重加口粮盐酱。一言各堡山林丛密，土地膏腴，堡成之日，先尽移住军士，每军给地五十亩，听其开垦耕种，永不起科。将官、堡官养廉菜地，量行拨给，不许多占。有剩余地，方许军丁及附近居人给帖领种，三年之外，照屯田纳粮事例起科，以备军士月粮支用，通造总册送部，以备稽查。从之。"（明）官修：《明神宗实录》卷三十四，万历三年正月庚申条，台北："中央研究院"历史语言研究所，1962年，第791—792页。

三月乙卯："给辽东官军胖袄裤鞋一万三千一百一副。"（明）官修：《明神宗实录》卷三十六，万历三年三月乙卯条，台北："中央研究院"历史语言研究所，1962年，第845页。

七月甲子："虏酋王台执王杲以献，边臣以闻。"（明）官修：《明神宗实录》卷四十，万历三年七月甲子条，台北："中央研究院"历史语言研究所，1962年，第927页。

八月戊子："赏蓟镇巡抚张学颜、总兵官李成梁银二十两，郭梦征十五两，论是春虏犯长勇等处却虏功也。以失律提问者，指挥等官刘三顾等四十一员。"（明）官修：《明神宗实录》卷四十一，万历三年八月戊子条，台北："中央研究院"历史语言研究所，1962年，第939页。

九月："戊申，加辽东总兵李成梁升职一级，巡抚张学颜赏银二十两，各将领赏赉有差，以招过降夷并回乡人口也。"（明）官修：《明神宗实录》卷四十二，万历三年九月戊申条，台北："中央研究院"历史语言研究所，1962年，第954—955页。

十二月庚午："虏入平房堡，副总兵曹簠驰援，斩首十一颗，得马四十余匹，总兵李成梁邀其归路，斩获首级一百九十六颗、马凡三百匹，山东御史刘台以捷闻。上以御史例无报捷，下其事兵部，部覆：报捷原总督事，但总督疏本抚臣，抚臣疏据总兵，今总兵李成梁追虏回营，以积劳呕血，口报不能具文。按臣称战胜之余，亟为善后之图，不失及时讲求之意，以后不得为例。从之。"（明）官修：《明神宗实录》卷四十五，万历三年十二月庚午条，台北："中央研究院"历史语言研究所，1962年，第1007—1008页。

十二月辛未："时辽东大破虏百余骑，然我兵死伤亦略相当。上顾辅臣张居正等：'虏今一大创，或可数年无事，第战死者多，朕深念之。'居正对言：'往时损军之法太严，故将领观望，不敢当虏，苟幸军完无损而已。今辽东军杀伤至四五百人，斯乃血战，臣以为宜宽论损折，以作战败之心而厚加恤录，以酬死事之苦。'上嘉纳之。"（明）官修：《明神宗实录》卷四十五，万历三年十二月辛未条，台北："中央研究院"历史语言研究所，1962年，第1008页。

是年："李成梁建立宽甸等六堡，拓地七八百里，未几成栅以御寇功，封宁远伯。"国立东北大学编：《东北要览》，国立东北大学出版组，1944年，第14页。

万历四年（公元1576年）

二月："庚寅，辽东镇新添客兵一千五百余员名防守宁前，又调河东设伏。上命每年给行粮银一万六千余两，无事掣回，银即停止。"（明）官修：《明神宗实录》卷四十七，万历四年二月庚寅条，台北："中央研究院"历史语言研究所，1962年，第1076页。

三月辛丑："先是，巡按辽东御史刘台条陈三事，上命督抚官悉心计处。于是杨兆、张学颜合议，谓本镇标兵止有左营一枝，遇警东西应援，岂容别议，惟游击王大璋所领广宁右营兵一千五百可与李惟一更番入卫。若广顺关自执献杲酋，谕禁部落益谨，新安关近已筑有市圈夹墙，又令参将弹压，亦难更张启衅，至于海州、辽阳、开元边长七百余里，军力已竭，台墙势难并举。命如督抚议，惟边墙不宜委之沙涝，照原议行。"（明）官修：《明神宗实录》卷四十八，万历四年三月辛丑条，台北："中央研究院"历史语言研究所，1962年，第1095页。

四月辛未："巡抚辽东右侍郎张学颜报：'虏黑石炭、大委正等营于大清堡边外大清山，分犯河东，宁前大营姑不动，欲犯锦义。总兵李成梁率选锋官军衔枚卧鼓行二百里，潜逼贼寨，次日早闯入贼营，用火器击打，虏自相蹂践，斩级六十一颗，酋首四颗，马驼器械称是。'下兵部复核，杨兆、张学颜、李成梁等各赏银币有差。"（明）官修：《明神宗实录》卷四十九，万历四年四月辛未条，台北："中央研究院"历史语言研究所，1962年，第1129页。

五月："癸卯，旌辽阳长宁等堡死事哨夜墩军高仲显等六十六名，俱升实授一级。"（明）官修：《明神宗实录》卷五十，万历四年五月癸卯条，台北："中央研究院"历史语言研究所，1962年，第1152页。

七月壬寅："命发太仆寺马价银一万两解辽东买马支用，不为例。"（明）官修：《明神宗实录》卷五十二，万历四年七月壬寅条，台北："中央研究院"历史语言研究所，1962年，第1220—1221页。

十月："己巳，以辽镇招抚夷汉功，总兵李成梁而下各升赏有差。"（明）官修：《明神宗实录》卷五十五，万历四年十月己巳条，台北："中央研究院"历史语言研究所，1962年，第1278页。

十二月："甲子，兵部言：'东北夷虏速把亥等失利怀惭，思欲一逞，十一月十八日西犯沙河，二十六日复犯东关，两入两出，地方保全无虞。复念蓟镇之燕河、石门，辽左之沈阳、开原，皆其驰骋呼吸可到者，乞申饬堤防，毋得顾彼失此。'上然之。"（明）官修：《明神宗实录》卷五十七，万历四年十二月甲子条，台北："中央研究院"历史语言研究所，1962年，第1303页。

十二月戊辰："以辽阳长定堡等功，升赏阵亡官军孔思明等有差。"（明）官修：《明神宗实录》卷五十七，万历四年十二月戊辰条，台北："中央研究院"历史语言研究所，1962年，第1307页。

万历五年（公元1577年）

四月："丙子，以辽东捣巢功，常总督杨兆、兵道贺溱、总兵李成梁等银币有差。时土蛮联营河东，分遣零骑西犯，成梁督兵乘夜出边，掩击贼营，以斩获闻，故有是命。"（明）官修：《明神宗实录》卷六十一，万历五年四月丙子条，台北："中央研究院"历史语言研究所，1962 年，第 1387—1388 页。

　　五月："庚寅，录辽东大兴堡斩获功，官军宿得举等升赏如例。"（明）官修：《明神宗实录》卷六十二，万历五年五月庚寅条，台北："中央研究院"历史语言研究所，1962 年，第 1393 页。

　　六月："丁卯，先是，五月丙申，土蛮入犯锦州，时值大雨，移日出境。壬子复拥众入边，分攻镇城，并镇静、团山等堡，见城堡有备，又值连宵大雨，次早遁去。督抚以闻，因言土蛮垂涎王号，要挟求封，而将士久苦征战，一闻虏言，遂有和戎之望，不知虏来纳款而容其请，是羁虏也。其重在内，其和可久，虏方凭陵，而与之通，是媚虏也。其重在外。其和不久，其气益骄，其衅益大，且无功与有功者同封，犯顺与效顺者同赏，既取轻于诸夷，尤取突于俺答。故臣等惟以收保严内备，以大义谕将士，以正言答虏使，相持数日，虏气已阻，若曲从虏求，免罪目前，致褻团体，臣等万死不敢为也。至将领失事，如哨探明、传报速，城堡不被攻克，虽系信地，亦宜查其边长路远，虏众兵微，少从宽假，以责后效。得旨：'东虏盗边求贡，未见款顺之诚，岂宜轻许！但辽东连年御虏，兵疲力寡，秋防在迩，战守之策亟行预图，兵部其悉心审画，或令杨兆等敷陈所见，酌议来行。'"（明）官修：《明神宗实录》卷六十三，万历五年六月丁卯条，台北："中央研究院"历史语言研究所，1962 年，第 1404—1405 页。

　　六月壬申："叙前月广宁御虏功，李成梁、张学颜、张崇功各银币有差，又命发马价银二万两，差官犒赈御虏将士及军民之被害者。"（明）官修：《明神宗实录》卷六十三，万历五年六月壬申条，台北："中央研究院"历史语言研究所，1962 年，第 1409—1410 页。

　　七月丙戌："以辽东战兵劳苦，本色腾贵，命发太仓库银二万两于本镇买籴，以贮军饷，后不为例。"（明）官修：《明神宗实录》卷六十四，万历五年七月丙戌条，台北："中央研究院"历史语言研究所，1962 年，第 1415 页。

　　闰八月丙午："录万历四年七月锦州等堡官军斩获功，朱延庆等九十六员名各升赏如例。"（明）官修：《明神宗实录》卷六十六，万历五年闰八月丙午条，台北："中央研究院"历史语言研究所，1962 年，第 1452 页。

　　闰八月："戊申，录万历四年五月内广宁镇远等堡军丁阵亡功，满朝恩等九十五名各升授、赠恤如例。"（明）官修：《明神宗实录》卷六十六，万历五年闰八月戊申条，台北："中央研究院"历史语言研究所，1962 年，第 1452 页。

十月甲午："录万历四年辽东将领招降功次，总兵李成梁等各升赏有差。"（明）官修：《明神宗实录》卷六十八，万历五年十月甲午条，台北："中央研究院"历史语言研究所，1962 年，第 1475 页。

十一月丙寅："巡按山东御史赵允升勘上是年三月内铁岭镇西堡、辽阳长安堡功次，官军秦得倚等一百十七员命各升赏如例。"（明）官修：《明神宗实录》卷六十九，万历五年十一月丙寅条，台北："中央研究院"历史语言研究所，1962 年，第 1496 页。

万历六年（公元 1578 年）

二月辛卯："上谕大学士张居正等：'昨辽东报捷，正行嘉礼之时，圣母甚说，一应叙录宜从优厚。'居正疏奏：'今次边功，出塞二百余里，斩获四百三十，彼之精锐咸就歼夷。我之损伤止于一卒，该镇立功诚为非常，俟兵部题覆，臣等遵谕，从厚拟赏。'"（明）官修：《明神宗实录》卷七十二，万历六年二月辛卯条，台北："中央研究院"历史语言研究所，1962 年，第 1548—1549 页。

二月戊申："录辽东大捷功，加总兵太子太保左都督李成梁为太保，仍兼太子太保，赏银一百两，荫一子世袭本卫指挥使，总督辽东右都御史杨兆、巡抚张学颜各赏银八十两，兆荫一子锦衣卫百户世袭，学颜男原荫武职升一级世袭，仍各赐敕奖励。开原兵备副使贺溱、参将姚天与升级有差，分守副使翟绣、分巡兵备佥事张崇功、管粮郎中周世科各赏银二十两，出边官军血战者升赏如例，原总苏国斌等复职，仍发马价银二百两，差兵部司官一员前去，会同抚按官给赏将士。以本兵方逢时调度有功，赏银五十两，荫一子入监读书。兵部侍郎曾省吾、郜尤各升俸一级，赏银三十两，本司郎中升俸一级，赏银十二两。新任总督巡抚梁梦龙赏银四十两、周咏三十两。是役也，官军迎敌，冒险夜行，出境二百余里，直抵虏营，击贼死伤不下万余，在阵斩获首级四百三十五颗，内有名酋首五颗，夺获马驼、营帐、夷器等件不啻数万，较昔年王杲之诛，俘斩人数尤多焉。"（明）官修：《明神宗实录》卷七十二，万历六年二月戊申条，台北："中央研究院"历史语言研究所，1962 年，第 1561—1562 页。

三月壬戌："录辽东平虏、镇靖等处死事旗军刘景松等一百三十五员，获功死事官军张相等四十七员升赏如例。"（明）官修：《明神宗实录》卷七十三，万历六年三月壬戌条，台北："中央研究院"历史语言研究所，1962 年，第 1587—1588 页。

五月庚申："录辽镇斩获功，赏总兵李成梁银八十两、大红纻丝蟒衣、袭荫一子世袭本卫指挥佥事，游击陶承䌷升署都督佥事，赏银五十两、纻丝四表里，仍荫一子世袭本卫所百户，总督蓟辽巡抚右都御史梁梦龙赏银六十两、纻丝四表里，仍荫一子入监读书，巡抚都御史周咏升右副都御史，赏银五十两、纻丝四表里，副使翟绣裳升一级，参将李澄清等二级，仍与兵备佥事张崇功等各赏银有差。出边官军除候核勘外，升恤如例，仍发马价银一万两，差官给赏本兵，方逢时调度有功，并与先任巡抚张学颜赏银币有差。"（明）官修：《明神宗实录》卷七十五，万历六年五月庚申条，台北："中央研究院"历史语言研究所，1962 年，第 1618—1619 页。

万历七年（公元 1579 年）

二月丁丑："命勘定长定堡杀夷功罪。兵科给事中光懋追论辽阳车营游击陶承䌷往日长定之捷邀功生事，谓所杀夷人阿丑哈等原近边属夷，后为土蛮部落，因偷土蛮牛羊，事觉惧罪，于六年三月十四日率众来降。十七日，陶承䌷假以犒赏号召，掩其不备而捶杀之，宜坐以杀降之罪。上命巡按御史安九域勘明具奏，部覆谓：'按臣之议，欲重陶承䌷之罪者，恶杀降而惩侥幸也。但东虏侵掠，岁无宁日，骄悖凶恶，乃我世雠，拥众住牧，志图叵测，虽有来降之言，乃为误我之计。在督臣梁梦龙则云，杀之足以伐谋。在抚臣周咏则言，陶承䌷贪功袭贼，情或有之，若云真正投降，终无可据。陶承䌷侥幸成功，诡谋佹捷，复冒升赏，据法追论，亦云惩侥傲以国体兵机殊有关系，在承䌷固不足惜，然此声一传，群酋鼓掌，阃外之威不折自摧，甚非所以劝将帅而鼓军士也。请夺其职。'从之。其一时各官应叙功者马卫都、王有臣等三十七员，俱革原任升职级，梁梦龙、李成梁、周咏，俱准辞原加恩典，唯另议新功叙录所给各军犒赏，俱免追夺。"（明）官修：《明神宗实录》卷八十四，万历七年二月丁丑条，台北："中央研究院"历史语言研究所，1962 年，第 1759—1760 页。

七月乙丑："辽东总督梁梦龙等条陈本镇事宜。一议练兵。谓该镇兵马，惟正兵一营，简练已成，数苦不多，若各营将领虽经简练，率多未精，欲照近例，于七月中旬责令总兵官诣各营阅视，年终督抚核数多寡，考其勤惰。一议扼险。谓开原一路策援辽沈，远不济事，欲于铁岭适中添设游击一员，并兵马三千，遇警就近调援。一议市夷。谓开原庆云堡夷人近来入市，夹带北虏，悬带弓箭，挟索不遂，即肆抢掠，骄横已极，难复纵容。虽夷情狡狯不可逆料，而相机制驭，亦当预图。一议禁例。谓该镇虏势日盛，地方愈疲，所赖边人敢战，为利保全无虞，伏睹军政条例，虏寇近边札营，官军乘机捣穴，斩获老幼，妄作边功升赏，与杀平民者一体论斩，诚恐旧例具存，人心不无疑畏，未免有误边防，宜宽例禁。部覆如议。一议补马。谓辽镇御虏不时，战马日耗，要请再发马价四万两。部覆谓：'太仆寺马价原非边储，迩辄请增，非岁例也。但该镇虏患无常，马匹倒损独多，合行太仆寺，动支马价一万二千两收贮本镇备查，临阵倒伤者量给补买，其无故倒死者不得一概混给，后援为例。'奏上，报可。"（明）官修：《明神宗实录》卷八十九，万历七年七月乙丑条，台北："中央研究院"历史语言研究所，1962年，第1846—1847页。

八月丁酉："辽东督抚梁梦龙条陈边镇事宜。一议垦荒。辽镇自灾虏频仍，军民逃亡者半，地芜谷贵，所给月粮，即岁丰尚不能给，欲赈恤别无措处，欲加饷额例难开。查临边可耕荒地约有二千余顷，若令军丁聚众开垦，则零寇远遁，其便一；且营军在野，屯民无恐，穑人赖以成功，其便二；垦田既多，米价自平，其便三。一议盐粮。镇设盐粮本以资军，该镇军士每名月米一石，止折银二钱五分，准盐每引价银五钱，可抵两折支，而节年召中纳米不过五斗，仅足半月支用。况输米秕湿，多成红腐，若纯用本色，利尽归商而贫军鲜实惠矣。诚于米价腾踊之时，本折兼开，军商庶乎两便也。户部覆奏如议。"（明）官修：《明神宗实录》卷九十，万历七年八月丁酉条，台北："中央研究院"历史语言研究所，1962年，第1860—1861页。

万历八年（公元1580年）

三月壬寅："辽东巡按御史安九域条上辽镇未尽事宜凡七款，其五事下兵部，至加军饷、通海禁二事，户部酌议覆请。谓宁前军士，月支粮银二钱五分，苦于不给，若议再加，不惟太仓积贮有限，恐锦义阁镇比例乞增，何以应之！只宜于荒歉时量加赈恤，如有捷功，则从厚犒赏。至若疏通海禁，查国初山东俱用本色辽饷，故海运不得不通，今既改用折色，难于卒复其初。且辽东积苦之贫军，方谋逃伍，若海禁一弛，不惟充发者脱逃，即土著者亦移家就食，数年以后，行伍益虚，战守无措，干时再行严禁，势将何及？宜旧弗通使。上从部议。"（明）官修：《明神宗实录》卷九十七，万历八年三月壬寅条，台北："中央研究院"历史语言研究所，1962年，第1941—1942页。

三月己酉："辽东巡按安九域陈列辽事大概，谓宁前一带逼邻虏穴，开原孤悬一隅，市夷骄横，兼王台之子虎儿哈者，奸狡异常，将王杲逆雏私养营内，昨行购取，后必为害。锦义墩台久颓，田野荒芜。宽奠属夷自王杲平后，抚处失宜，须防反复。海州声援辽阔，宜宿重兵。沈铁兵马不多，宜议增戍。遂列七款上请。除议增饷、通海与增马价外，其四事：一酌援辽机宜。前屯一带与蓟镇一片石坏地相接，苟有警急，两镇须辅车相倚，以为救援。一处广宁降夷。虏性难驯，按臣虑收养贻患，欲转发解散，然收抚既久，一旦轻为迁从，恐滋疑畏，且该镇屡捷，颇得其力，尚须勘处，以为万全。一停选调军丁。旧堡与新添三堡，其兵马不下八百，遇有百十零贼，势足追蹑，今尽抽选以入各营，何以守堡推虏？今广宁正兵选练已成，河东兵马自不得分调西防。一处避事武职。辽东武职，多投操避印，积功至五六级后出任事，非系买功，即属避事，今后逐一清查，定以限期，更相互换，故违推避者罚马示惩。兵部具覆，悉从之。"（明）官修：《明神宗实录》卷九十七，万历八年三月己酉条，台北："中央研究院"历史语言研究所，1962 年，第 1949—1950 页。

四月丁丑："赠恤辽东各路死事夜不收并走报墩军曹卜花等六十六人。"（明）官修：《明神宗实录》卷九十八，万历八年四月丁丑条，台北："中央研究院"历史语言研究所，1962 年，第 1960 页。

四月甲申："先是，夷酋赵销罗骨、王兀堂等数遣零骑侵边，复纠众千余从永奠堡入犯，总兵官李成梁督兵追击之，斩级七百五十有奇，擒获一百六十名口，且歼其酋首八人，夷其坚巢数处，所获马匹夷器甚多。总督梁梦龙上其功状，谓宜宣捷。上从之。"（明）官修：《明神宗实录》卷九十八，万历八年四月甲申条，台北："中央研究院"历史语言研究所，1962 年，第 1965 页。

四月癸巳："叙辽东永奠堡捷功，赏总兵官李成梁纻丝蟒衣一袭，总督梁梦龙、巡抚周咏、副总兵孙朝梁等各银币有差。"（明）官修：《明神宗实录》卷九十八，万历八年四月癸巳条，台北："中央研究院"历史语言研究所，1962 年，第 1967 页。

五月己卯："铁岭新募军三千，发饷银一万六千七百余两给之，且定为年例，增入主兵数内。"（明）官修：《明神宗实录》卷一百，万历八年五月己卯条，台北："中央研究院"历史语言研究所，1962 年，第 1986 页。

五月癸未："辽东鸭儿匪擒获贼属男女一百六十名，据法俱应死，总督梁梦龙奏，从轻拟发各营军丁抚养。从之。"（明）官修：《明神宗实录》卷一百，万历八年五月癸未条，台北："中央研究院"历史语言研究所，1962 年，第 1987 页。

六月癸卯："录辽东红土城及永奠二次功，李成梁世袭伯爵，梁梦龙荫一子锦衣卫百户，周咏荫一子入监读书，其余各升级有差。"（明）官修：《明神宗实录》卷一百零一，万历八年六月癸卯条，台北："中央研究院"历史语言研究所，1962 年，第 1996 页。

八月："甲辰，兵部疏称：辽镇将领李成梁等招过降夷并回乡人口数多，具疏请赏。奉旨：'李成梁、杨五典等各赏银有差。'"（明）官修：《明神宗实录》卷一百零三，万历八年八月甲辰条，台北："中央研究院"历史语言研究所，1962 年，第 2020 页。

十月："己酉，先是内合传奉圣谕，戒示各边镇将领，加意堤防。未几，东虏果纠众十余万入犯锦义地方，以城堡坚不可克，野又无所掠，遂逸去。大学士张居正以闻，既而督臣上诸臣守御及斩馘功。上以虏势重大，两镇防御勤劳，赏梁梦龙、李成梁各大红纻丝蟒衣、银币，抚臣周咏、张梦鲤、总兵戚继光、道臣周于德等银币有差。"（明）官修：《明神宗实录》卷一百零五，万历八年十月己酉条，台北："中央研究院"历史语言研究所，1962 年，第 2043—2044 页。

十一月丙子："夷酋王兀堂等复纠众从宽奠堡入犯，副总兵姚大都督兵追击之，斩首虏六十七级，生擒一十一名。督臣以闻，命先赏姚大节银二十两、纻丝一表里，参政张崇功等各十五两余有差。"（明）官修：《明神宗实录》卷一百零六，万历八年十一月丙子条，台北："中央研究院"历史语言研究所，1962 年，第 2051 页。

十一月丙子："大虏纠众入犯锦义、大凌河、右屯等处，总兵李成梁督率将领军丁奋勇邀击出境，颇有斩获功。诏赏督镇梁梦龙、李成梁与周咏、戚继光等各银币有差。"（明）官修：《明神宗实录》卷一百零六，万历八年十一月丙子条，台北："中央研究院"历史语言研究所，1962 年，第 2051—2052 页。

万历九年（公元 1581 年）

正月："癸酉，大虏二万余骑犯辽东，从大镇堡入，窍攻锦州，分掠小凌河、松山、杏山等处，总兵李成梁督兵驰援，斩获虏首一十八颗。翌日，虏出境。初九日，虏二百余骑犯辽阳长宁堡，副总兵曹簠帅兵迎敌，斩虏首二颗。

督抚梁梦龙等上其事，言参将熊朝臣血战保城，乞加重赏。虽斩获虽不多，士气顿增，阵亡加衔游击周之望效死报国，俱应赏录，并列参将栗卿等疏虞之罪。部覆上请乞查勘。上从之，诏赏熊朝臣等银两有差。"（明）官修：《明神宗实录》卷一百零八，万历九年正月癸酉条，台北："中央研究院"历史语言研究所，1962 年，第 2078 页。

二月乙卯："辽东总兵李成梁击虏于袄郎兔，败之。时东虏土蛮黑石炭等纠众谋犯广宁，屯住边外，成梁侦知之，于十九日督兵从大宁堡出境，昼夜驰进，离边四百余里，至地名袄郎兔，遇虏迎敌，成梁督前锋精锐奋勇夹击，自辰至未，虏披靡败遁，我师团营回。次日虏复来追袭，官兵回迎奋击，且战且行。二十三日五鼓入境，在阵斩获虏首三百四十三颗，内有名酋首阿亥恰、脱奈等八颗，达马四百三十匹，夷器八百有奇。捷闻，上遣官祭告郊庙，文武百官各称贺。"（明）官修：《明神宗实录》卷一百零九，万历九年二月乙卯条，台北："中央研究院"历史语言研究所，1962 年，第 2100—2101 页。

二月乙卯："录辽东长宁等堡获功、阵亡官军李宁等四十二员名升赏如例。"（明）官修：《明神宗实录》卷一百零九，万历九年二月乙卯条，台北："中央研究院"历史语言研究所，1962 年，第 2101 页。

三月乙酉："巡按山东于应昌奏称：勘过万历八年夷酋王兀堂纠众入犯宽奠，副总兵姚大节督兵迎敌，出边追击，克破巢寨，斩首六十七级，内有贼首金继道等三名，大节应加府衔，守宽奠指挥佥事王懋德亦应免究，有功员役应行升赏。"（明）官修：《明神宗实录》卷一百一十，万历九年三月乙酉条，台北："中央研究院"历史语言研究所，1962 年，第 2115 页。

四月庚子："录万历八年铁岭获功、阵亡、被伤官军赵合等一百一十三名各升赏如例。"（明）官修：《明神宗实录》卷一百一十一，万历九年四月庚子条，台北："中央研究院"历史语言研究所，1962 年，第 2120—2121 页。

六月丁酉："兵部题覆辽东宽奠功次，因言往时救回被掳人口，原未议赏，前该御史于应昌以毋承宣等夺华人于虏阵，乞照斩首事例，每名给银五十两，以励后效。已经题奉钦依。然系一时优叙之典，未经著为定例，则人难用命，但较之斩获首级，似为有间，乞自后临阵救回被掳二人者，审实准照首级一颗给赏，永著为例。得旨允行。"（明）官修：《明神宗实录》卷一百一十三，万历九年六月丁酉条，台北："中央研究院"历史语言研究所，1962 年，第 2153 页。

七月丁丑："录辽东锦州大福堡、辽东长宁堡有功、阵亡员役熊全等一百九十二名升赏、追赠有差。"（明）官修：《明神宗实录》卷一百一十四，万历九年七月丁丑条，台北："中央研究院"历史语言研究所，1962 年，第 2169 页。

十一月甲申："蓟辽总督吴兑题：本年十月初九日，东虏土蛮纠众十余万，从镇安、镇静二堡入边，分攻广宁、义州十三山等处，总兵李成梁率军丁奋勇敌战，至十四日前虏从大清、大静路退还，各营斩首十八颗，内名酋二颗，获马驼、夷器等物。又十三日，虏三千骑从宁远长岭山入，围连山驿，我兵复击走之。各官俱应叙录，乞速勘以便行赏。部覆从之。"（明）官修：《明神宗实录》卷一百一十八，万历九年十一月甲申条，台北："中央研究院"历史语言研究所，1962 年，第 2220 页。

万历十年（公元 1582 年）

三月："丙子，虏酋速把亥寇义州，总兵李成梁击斩之，俘获百余人。兵部言：'官军奋勇，名王就歼，从来摧锋血战，犹是击其归路，未有堂堂迎敌，殊死陷坚，剪除祸本，如此举者。'上喜命宣捷，祭告如常仪。"（明）官修：《明神宗实录》卷一百二十二，万历十年三月丙子条，台北："中央研究院"历史语言研究所，1962 年，第 2283—2284 页。

十二月壬辰："山东巡按马允登言：'辽左属夷王台病故，仰、逞二奴乘机构衅，与虎儿罕雠杀，今西虏黄台吉等阳以助虎儿罕为名，阴收白虎赤等以自益，其兼并之志昭然，仰逞二奴尚未悔祸罢兵，虎儿罕外迫强敌，内虞众叛，安保不委心西虏，阳顺阴逆将不可测。在二奴则当防其横逸，以折其气，在虎儿罕则当杜其外交，以系其心，在黄台吉则当绝其觊觎，以伐其谋，乞敕抚镇诸臣，宣布二夷，使各罢兵，仍谕虎儿罕等益坚效顺，勿为西虏所愚，脱或二奴狂逆，亦须早图善后之策。建夷近虽大创，然党与尚多，渠魁未歼，即责二奴、虎儿罕缚献阿台，经今月余，绝无影响。而阿台尚依险负固，拥兵自防，恐迁延日久，人心懈弛，并敕诸臣加意购除，以绝祸本。'上是其言。"（明）官修：《明神宗实录》卷一百三十一，万历十年十二月壬辰条，台北："中央研究院"历史语言研究所，1962 年，第 2437—2438 页。

万历十一年（公元 1583 年）

二月壬子："建州逆枭子阿台，复诱虏酋阿海等，从静远榆林入寇，总兵李成梁督兵破之，二酋就戮，荡扫巢穴，斩获者二千三百有奇，督臣周咏以捷闻。"（明）官修：《明神宗实录》卷一百三十三，万历十一年二月壬子条，台北："中央研究院"历史语言研究所，1962年，第2491—2492页。

二月："初，苏苏河部内秃隆城，有尼康外郎者，于癸未岁万历十一年，唆构宁远伯李成梁攻古勒城主阿太、夏吉城主阿亥。成梁于二月率辽阳广宁兵，与尼康外郎约以号带为记，二路进攻。成梁亲围阿太城，命辽阳副将围阿亥城。城中见兵至，遂弃城遁，半得脱出，半被截困，遂克其城，杀阿亥。复与成梁合兵围古勒城，其城倚山险，阿太御守甚坚，屡屡亲出绕城冲杀，围兵折伤甚多，不能攻克，成梁因数尼康外郎诳构，以致折兵之罪，欲缚之。尼康外郎惧，愿往招抚。即至城边赚之曰：'天朝大兵既来，岂有释汝班师之理，汝等不如杀阿太归顺，太师有令，若能杀阿太者，即令为此城之主。'城中人信其言，遂杀阿太而降。成梁诱城内人出，不分男妇老幼尽屠之。"（清）官修：《清太祖武皇帝实录》卷一，清太祖癸未年二月条，载《清入关前史料选辑》（第1辑），北京：中国人民大学出版社，1984年，第303页。

闰二月辛酉："以辽东沈阳之捷，赏总兵李成梁银一百两、大红蟒衣一袭、彩缎四表里，总督周咏银六十两、大红飞鱼衣一袭，巡抚李松等银币有差，仍发银五万两，充补损失战马之费。"（明）官修：《明神宗实录》卷一百三十四，万历十一年闰二月辛酉条，台北："中央研究院"历史语言研究所，1962年，第2496页。

五月："又苏苏河部内，撒儿湖酋长瓜喇，被尼康外郎谮于抚顺将官前，责治之，其弟诺米纳，与本部内加木河寨主刚哈鄯、沾河寨主常书、杨书俱忿恨，相议曰：'与其仰望此等人，不如投爱新觉落六王子孙。'议定，遂来附，杀牛祭天立誓。四酋谓太祖曰：'念吾等先众来归，毋视为编氓，望待之如骨肉手足。'遂以此言对天盟誓。太祖欲报祖父之仇，止有遗甲十三副，遂结诺米纳，共起兵攻尼康外郎，时癸未岁夏五月也，太祖年二十五矣。"（清）官修：《清太祖武皇帝实录》卷一，清太祖癸未年五月条，载《清入关前史料选辑》（第1辑），北京：中国人民大学出版社，1984年，第304页。

八月乙卯："辽东总督镇巡官右都御史周咏等言：'海西属夷猛骨孛罗初立，乞给敕书一道，以便弹压诸夷。逞、仰二奴用贿纠结西夷，交通建夷，欲夹攻雠杀猛骨孛罗，意欲收括海、建，犄牴福余，凭陵辽沈容等等，设先处二奴，次图别厏。'上命猛骨孛罗准给敕书，约束部落，其余夷情，着督抚官悉心计画，便宜处置。"（明）官修：《明神宗实录》卷一百四十，万历十一年八月乙卯条，台北："中央研究院"历史语言研究所，1962 年，第 2607 页。

八月："太祖复率兵攻甲板，不意诺米纳与其弟奈哈答暗遣人往报，尼康外郎复弃城逃至抚顺所东南河口台，其守边军不容进边，正拦阻时，太祖追至，不料拦阻之故，疑为汉兵助尼康外郎来战，遂退兵扎营。是夜有尼康外郎部下一人投太祖曰：'尼康外郎被大明兵阻拦，不容入边，何故退兵也？'太祖乃还。恨曰：'诺米纳奈哈答二人若不暗送消息，尼康外郎必成擒矣'，正恨间，诺米纳奈哈答遣使来曰：'浑河部夯家并甲孔木二处，不许侵犯！其东加与把里答二处，乃吾仇敌，尔若攻破与我则已，不然吾当阻其边路，不容尔行兵。'太祖闻言愈恨之。时刚哈酆与常书、杨书三人亦忿甚，谓太祖曰：'若不先破诺米纳，吾等必附诺米纳矣。'太祖从言，遂阴定破诺米纳之计，阳与诺米纳合兵攻城。太祖谓诺米纳曰：'尔兵可先攻。'诺米纳不从，太祖曰：'尔既不攻，可将盔甲器械与我兵攻之。'诺米纳不识其计，将器械尽付之。兵器既得，太祖执诺米纳、奈哈答杀之，遂取撒儿湖城而回。其逃散之众，有复归者，太祖尽还其妻孥，仍令居撒儿湖，众修整其城，复叛。"（清）官修：《清太祖武皇帝实录》卷一，清太祖癸未年八月条，载《清入关前史料选辑》（第 1 辑），北京：中国人民大学出版社，1984 年，第 305 页。

万历十二年（公元 1584 年）

正月："丙戌，享太庙。虏犯辽东，我师拒却之，先是东西虏有十余万，于十二月从十方寺堡入犯，我师堵截六日始出境，前后斩首级四十二颗，达马八十一匹，盔甲夷器称是。兵部以捷闻。"（明）官修：《明神宗实录》卷一百四十五，万历十二年正月丙戌条，台北："中央研究院"历史语言研究所，1962 年，第 2703 页。

正月癸卯："叙辽东大捷功，督抚镇而下各进秩赏赉有差。先是，兵部尚书张学颜题：'辽镇督抚镇巡等官张佳胤等报，万历十一年十二月初一等日，逆虏逞、仰加二奴纠借大虏，指以雠杀猛骨孛罗为名，实欲犯抢开原。辽沈，抚臣宣谕不从，因潜兵四起，当阵斩获仰加奴、谩加奴等首级共三百一十一颗，及外应李总兵伏兵，斩获塞土地贼首级一千二百五十二颗，并获马匹、夷器、衣甲等物无算。有功官员应优叙，阵亡官军应优恤，其二奴遗下夷部，即如该镇议，悉归猛骨孛罗约束。再照辽地，马匹原少，马价不敷，合于原额四万之外量加一万两，作为年例，再发二万两以补今次从征缺数，俱于太仆寺支给。'"（明）官修：《明神宗实录》卷一百四十五，万历十二年正月癸卯条，台北："中央研究院"历史语言研究所，1962年，第2707—2708页。

正月："太祖起兵征李岱。时值大雪，至刚哈岭，山险兵难进，太祖之叔暨兄弟辈同劝回兵，太祖曰：'李岱系我同姓，乃忍引他人害我，我岂甘心？'遂凿山为磴，鱼贯而上，将马以索系拽上岭，至李岱城下。有三祖之子龙敦，预差人报与李岱，遂聚兵登城，张号待敌。太祖部众曰：'城内有备，何以攻之，不如回兵。'太祖曰：'我明知其有备，必无还理。'督兵攻城，即时克之。宥李岱之死而养之，遂回兵。"（清）官修：《清太祖武皇帝实录》卷一，清太祖甲申年正月条，载《清入关前史料选辑》（第1辑），北京：中国人民大学出版社，1984年，第306页。

四月庚申："以虏犯辽东，夺失事官李得功等俸，王志启等下巡按问。"（明）官修：《明神宗实录》卷一百四十八，万历十二年四月庚申条，台北："中央研究院"历史语言研究所，1962年，第2761页。

六月："太祖为刚哈鄯复仇，率兵四百往攻纳木张、沙木张、内申、湾吉干。直抵马儿墩山下，见山势陡峻，乃以战车三辆并进，路渐隘，一车前进，二车随之。将近城下，路愈隘，令三车前后联络上攻。城上飞石击之，复用木撞其车，前车被摧，后车相继，二车俱坏，众皆蔽身于一车之后，缩首不能上攻。太祖奋勇当前，距城丈许，乃蔽于木桩后射一矢，正中内申之面，直贯其耳，复射四人，俱仆，城上兵皆却。太祖令兵稍退，远围之，绝其汲路。连攻三日，至四日夜，密令兵跣足登山，袭破之。内申、湾吉干弃城走界凡，遂取其城而回。"（清）官修：《清太祖武皇帝实录》卷一，清太祖甲申年六月条，载《清入关前史料选辑》（第1辑），北京：中国人民大学出版社，1984年，第307—308页。

九月丁酉："兵部题：勘过辽东各路将领招徕降夷并回乡人口一千五十八名口，应加给赏。诏赏总兵官李成梁等银币有差。"（明）官修：《明神宗实录》卷一百五十三，万历十二年九月丁酉条，台北："中央研究院"历史语言研究所，1962年，第2838—2839页。

九月："时东果部众酋相议曰：'昔六王族众借哈达国兵，掠我数寨，今彼与哈达国已成仇隙，我等乘此机会，宜往报仇。'遂以蟒血淬箭以备用。其后，部中自相扰乱。太祖闻之，谓诸将曰：'东果部自乱，我辈宜乘时往攻。'诸将谏曰：'兵不可轻入他人之境，胜则可，倘有疏失，奈何？'太祖曰：'我不先发，倘彼重相和睦，必加兵于我矣。'众皆从之。于九月内，太祖率兵五百，往攻东果部长阿亥，阿亥聚兵四百，闭城以待。太祖兵至，围阿亥所居奇吉答城，将上悬楼并城外房屋尽焚之。城将陷，会大雪，遂罢攻，令兵先行，太祖带十二人伏于火烟笼罩之处。城内以为兵退，乃遣军出城，太祖突出，破其众，斩四人，获甲二副而回。"（清）官修：《清太祖武皇帝实录》卷一，清太祖甲申年九月条，载《清入关前史料选辑》（第1辑），北京：中国人民大学出版社，1984年，第308页。

万历十三年（公元1585年）

二月戊午："虏犯沈阳静远堡，遂掠懿路，从蒲河之十方寺堡出边，一昼一夜杀掠无算。"（明）官修：《明神宗实录》卷一百五十八，万历十三年二月戊午条，台北："中央研究院"历史语言研究所，1962年，第2913页。

二月："太祖率五十人，甲二十五副，掠界凡寨。不意界凡寨预知，已有备，竟无所获。回兵时有界凡、撒儿湖、东家、八儿答四城酋长，会兵四百，追射至界凡南太栾之野[太栾岗名]。内申、把木尼二酋当先追至，太祖一见，即单身拔马欲斩内申，内申先以刀断太祖鞭，太祖奋力一刀挥内申背为两段，随转身射把木尼于马下。众兵见二酋死，俱退却而立。我军曰：'马俱瘦弱，为之奈何？'太祖曰：'众可下马，佯以弓稍拂雪，作拾箭状，徐徐靷马而退，待过岭以盐水炒面饮马，解其疲，我自殿后为疑兵计。'言毕，令兵先行。太祖立于斩内申处，内申部众呼曰：'人已死，何不去，欲食其肉耶？汝回，我辈欲收主尸。'太祖言：'内申系我仇，幸得杀之，肉亦可食。'言讫遂回，欲令瘦弱之兵远行，乃率七人将身隐僻处，露其盔，似伏兵之势。内申部众又呼曰：'汝有伏兵，我等知之矣。二主已被杀，犹欲尽杀我等耶？'于是太祖全其羸马而回。"（清）官修：《清太祖武皇帝实录》卷一，清太祖乙酉年二月条，载《清入关前史料选辑》（第1辑），北京：中国人民大学出版社，1984年，第309—310页。

三月："己丑，巡抚辽东兵部侍郎李松、总兵官宁远伯李成梁帅师大破虏于边外，斩首八百余级，获其马五百余匹，甲仗称是。先是二月虏入犯沈阳，盘据近边不散，声犯开、铁，抚镇知贼必复逞，集兵以备之，以参政任天祚、副使王缄监军。十一日壬午，师次河东，甲申次虎皮驿，降夷来言，挽儿花、大抄花等同西虏以儿邓，将以五月犯广宁及关门东西，于是抚镇议曰：'贼有谋矣，不如乘此兵力出剿之。'乃遣游击韩元功缚浮桥于丁字泊，戊子济师，宁远伯分兵为叠阵、一字阵冲砍，二字阵继进夹击，明日战于打大边外地也，离边墙一百五十里，我师奋击虏众，摧败，以大捷闻。"（明）官修：《明神宗实录》卷一百五十九，万历十三年三月己丑条，台北："中央研究院"历史语言研究所，1962 年，第 2922—2923 页。

四月："太祖率马步兵五百征折陈部，时大水，令众兵回，止带绵甲五十人，铁甲三十人进掠。有加哈酋长苏枯来虎，密令人报与托木河、张佳、八儿答、撒儿湖、界凡，五城知之，遂合兵一处。有后哨章金能古特，一见敌兵，即飞报，不意误失太祖处。太祖恃有后哨，亦不深备，不期敌兵忽至。太祖见其兵阵于界凡、浑河、直至南山，约八百余。有夹陈、桑古里二人[豹郎刚之孙也]，见敌兵大恐，解其甲与人。太祖怒曰：'汝等在家，每自称雄于族中，今见敌兵，何故心怯，解甲与人？'言讫，自执旗先进，见敌兵不动，遂下马，将马逐回，率其弟木儿哈奇，并二家人杨布禄、鹅凌刚，四人奋勇步射，直入重围，混杀敌兵二十人，遂败其兵。八百人不能抵当，皆涉浑河而走。时太祖战酣甚疲，喘息不定，卸其兜鍪，遂解甲不及，以手断其扣。正憩时，后之兵将方至。众曰：'乘此势，可追杀之！'太祖怒而不应。敌兵已渡浑河，太祖稍息，重整盔甲，率兵追杀四十五人。与木儿哈奇追至界凡，有一险隘，山名极陵，立于其上，见败兵十五人来奔此山，太祖恐敌见之，去其盔缨，隐身而待，先射为首一人，中其腰仆地，木儿哈奇又射死一人，余皆坠崖而死。太祖收兵曰：'今以四人败八百众，实天助之也！'全胜而回。"（清）官修：《清太祖武皇帝实录》卷一，清太祖乙酉年四月条，载《清入关前史料选辑》（第 1 辑），北京：中国人民大学出版社，1984 年，第 310 页。

五月："丁亥，虏犯沈阳，游击韩元功死之。时虏伏墙外，以零骑诱我，遂为所掩。"（明）官修：《明神宗实录》卷一百六十一，万历十三年五月丁亥条，台北："中央研究院"历史语言研究所，1962 年，第 2950 页。

九月戊子："以辽镇招徕夷汉归正人一千四百八十二名口，赍宁远伯成梁银币，及守备刘崇正等升赏有差。"（明）官修：《明神宗实录》卷一百六十五，万历十三年九月戊子条，台北："中央研究院"历史语言研究所，1962年，第3006页。

九月："太祖率兵往攻按兔瓜儿简寨[苏苏河部所属]，破之，杀其寨主内莫昏而回。"（清）官修：《清太祖武皇帝实录》卷一，清太祖乙酉年九月条，载《清入关前史料选辑》（第1辑），北京：中国人民大学出版社，1984年，第310页。

闰九月乙卯："东虏银灯、西虏以儿邓合数万骑寇蒲河、沈阳，报至，谕兵部：'辽东虏贼入犯，马上传与总督镇巡，加意防御无怠。'"（明）官修：《明神宗实录》卷一百六十六，万历十三年闰九月乙卯条，台北："中央研究院"历史语言研究所，1962年，第3014页。

十二月辛巳："先是闰九月，虏犯蒲、沈，杀中军张良栋、把总张治，虏势甚张，宁远伯李成梁以兵径揭西巢，虏乃引去。事闻，以该镇督抚等官出奇却虏，赍李成梁、张佳胤、顾养谦等银币有差，又以勘明失事张良栋、张治等升级恤录，降备御郎显忠等实职一级。"（明）官修：《明神宗实录》卷一百六十九，万历十三年十二月辛巳条，台北："中央研究院"历史语言研究所，1962年，第3056页。

万历十四年（公元1586年）

五月："太祖攻克播一混山城[浑河部所属]。"（清）官修：《清太祖武皇帝实录》卷一，清太祖丙戌年五月条，载《清入关前史料选辑》（第1辑），北京：中国人民大学出版社，1984年，第310页。

七月："太祖率兵环攻托木河城[折陈部所属]。时暴雷击死二人，遂罢攻而回。后招服之。乘便往攻仇人尼康外郎，沿途诸部皆是仇敌，星夜越进，攻鹅儿浑城，克之。时尼康外郎不在城中。初城外有四十余人，不及进城，带妻子逃走，为首一人穿青绵甲，戴毡帽，太祖见之，疑是尼康外郎，单身直入四十人中，内一人箭射太祖胸旁，从肩后露镞，共中伤三十处。太祖不怯，犹奋勇射死八人，复斩一人，余众皆散。鹅儿浑城内有汉人十九名，亦杀之。又捉中箭伤者六人，太祖复深入其箭，令带箭往南朝传信：'可将仇人尼康外郎送来，不然我必征汝矣。'遂回。"（清）官修：《清太祖武皇帝实录》卷一，清太祖丙戌年七月条，载《清入关前史料选辑》（第1辑），北京：中国人民大学出版社，1984年，第310—311页。

万历十五年（公元 1587 年）

五月癸巳："赏总兵李成梁、顾养谦等银币不一，以斩获东西虏入犯有功也。"（明）官修：《明神宗实录》卷一百八十六，万历十五年五月癸巳条，台北："中央研究院"历史语言研究所，1962 年，第 3474 页。

六月："又率兵征折陈部阿儿太，克其山城，杀之。"（清）官修：《清太祖武皇帝实录》卷一，清太祖丁亥年六月条，载《清入关前史料选辑》（第 1辑），北京：中国人民大学出版社，1984 年，第 311 页。

八月庚申："清河守备何继祖等照倒罚赎，以十四年三月达贼犯新奠失事也。"（明）官修：《明神宗实录》卷一百八十九，万历十五年八月庚申条，台北："中央研究院"历史语言研究所，1962 年，第 3542 页。

八月："令厄一都把土鲁领兵取巴里代城。厄一都承命前进，至浑河时，水汜涨不能渡，遂以绳连军士之颈，拽而渡之。厄一都领壮士数人，夜竖梯攻之。及登城，城上人迎敌，厄一都跨城垛而战，中伤约五十处，犹死战不退，城中人遂皆溃走，即乘势取其城而回。"（清）官修：《清太祖武皇帝实录》卷一，清太祖丁亥年八月条，载《清入关前史料选辑》（第 1 辑），北京：中国人民大学出版社，1984 年，第 311 页。

九月："癸丑，兵部覆：'辽镇督抚官张国彦题，王台世居海西，统管夷众，明我耳目受我要束，自收二奴制建州，岐东夷北虏而二之，则海西为开原蓄卫，而开原倚海西为安，已非一朝夕矣。比王台既殁，遗孤仅存，大势未振，二奴孽子欲乘隙以并吞，而康古陆等复纠谋以内应，是海西诚有累卵之忧，而歹商不免覆巢之恐。歹商不立则无海西，无海西则二孽南连北结而开原危，开原危则全辽之祸不可胜道。今议剿那林孛罗卜寨者，为二孽既平，则王台之息可保，海西之势可安，海西安则开原安，全辽亦安，不惟熟夷震垒于挺伐之威，凡彼环观窃听之群夷，亦且不至纠合潜滋，如所谓腹背受敌，左右狼顾也。今康古陆已经擒获，当正法枭示，以绝歹商腹心之祸本，温姐既议放还，则当姑宥曲全，以释歹商骨肉之兵端。至于那林孛罗卜寨之当剿，督抚等官欲待按臣勘议而后举事，盖按其不赦之罪，乃兴有名之师，而因以远要功希赏之嫌也。'上是之，仍谕：'边务夷情，朝廷惟责成督抚总兵相机行事，巡按御史止纪核功罪，不必避嫌畏事，致误军机。'"（明）官修：《明神宗实录》卷一百九十，万历十五年九月癸丑条，台北："中央研究院"历史语言研究所，

1962 年，第 3569—3571 页。

十月庚午："以万历十四年辽镇各路将领招徕降夷，赏李成梁等银币有差。"（明）官修：《明神宗实录》卷一百九十一，万历十五年十月庚午条，台北："中央研究院"历史语言研究所，1962 年，第 3590 页。

十一月己丑："先是，辽东巡抚顾养谦疏论：'开原道参政王缄抚剿无定策，反复其词，贻祸边疆，宜重加议处。至猛骨孛罗已叛而从逆，奴儿哈赤益骄而为患，乞行巡按查勘，相机处分。'章下兵部覆奏，上以王缄玩寇养患，命锦衣卫逮问。于是给事中彭国光疏论：'养谦职秉节钺，果有定见，缄果展转规避，即特参可也。何乃俟其颠踬而始罪归于下，盖幸缄策中则将与同功，不幸事败则驾言谇罪，宜行议点为偾事推诿之戒。'疏入，文书官传谕内阁，本内说有功则首叙，有罪则诿之人，巡抚亦该处。大学士申时行奏：'辽东三面皆虏，四时皆防，于九边最为劳苦。养谦抚辽，边务皆有调理，与李成梁同心协力，共保冲边，此边臣中之最有才能者。海西属夷乃开原藩蔽，仰、逞二奴乃海西雠敌，今二奴侵凌海西，其势日强，恐他日为开原患，故养谦与成梁议主于剿，王、缄议论互有异同，始主抚谕，后复支吾，故养谦参论示警，不过降调，其拿问则出自宸断，科臣为缄不平，遂论养谦失事推诿。今二奴未尝入犯，开原未尝被兵，原无失事，其请剿二奴在先，参论王缄在后，原无推诿。若遽将养谦议处，则边臣闻之，皆避怨畏祸，不敢主张一事，不敢参论一人，而边事益壤矣。'上允之，命养谦供职，养谦请宽缄罪。兵科给事中吴之佳、蓟辽总督张国彦俱请宽缄，以作任事之心。上命候旨行。"（明）官修：《明神宗实录》卷一百九十二，万历十五年十一月己丑条，台北："中央研究院"历史语言研究所，1962 年，第 3611—3612 页。

十一月："甲寅，大学士申时行等题：'今日该文书官刘成将下镇抚司问过王缄本口传圣旨，本内招称：先年开原地方贪功生事，多杀无辜，还将任天祚、宿振武等拿来，与王缄质对。窃惟先年开原地方属夷王杲为患，赖有海西王台擒获王杲，献俘阙下，边境始安。及王台既死，王杲之子结连仰、逞二奴，为父报雠，于是李成梁提兵出塞，擒杀王杲之子。后仰、逞二奴见王台二子微弱，欲行虐害，于是李成梁又拟杀仰、逞二奴。其事情始末，兵部具有功次卷案，臣等之所知也。然则海西诸夷，顺即当抚，叛即当剿，其理甚明，据王缄招内亦云，屡抚不听，欲杀其有罪达子，则缄亦已知二奴之不当抚矣，而又不敢言剿，其言以持两端，此所以致巡抚之参也。若王缄欲脱其主抚之失，而反咎主剿之非，以驱除凶孽为贪功，以斩馘夷众为妄杀，则朝廷赏罚，边境安危所系，臣等窃以为不可也。且王缄自以兵备不与调遣，则任天祚亦兵备耳，即使拿到面质，一以为有，一以为无，岂肯输服？必行彼处巡按，将前项功次勘明，然后真伪始白，则功罪始定，臣等犹有说焉。今九边事情，独辽东为难，九边将官忠勇，独李成梁为最，数年以来无岁不战，无日不防，可谓竭尽心力矣。至于用兵之际遇有夷虏，岂能一一审问而后诛杀。至谓种田百姓，则边外之田原非我有，属夷所在原无民居，万无杀及良民之理。今以其血战之功为妄，以其报国之忠为欺，则将官隳心解体，任夷虏之纵横而不敢言剿，边臣亦钳口结舌，任边事之废坏而不敢参论，其为害岂浅浅哉！今任天祚已考察降官，宿振武已革任，二人亦何足惜！但剿夷出塞，原系李成梁之事，而以一人之偏辞，多生支节，尽没李成梁之功，此则臣等之所深惜也。伏望皇上特赐体察。'"（明）官修：《明神宗实录》卷一百九十二，万历十五年十一月甲寅条，台北："中央研究院"历史语言研究所，1962 年，第 3619—3621 页。

是年："太祖领兵往攻洞城，克之，招降其城主甲海而回。"（清）官修：《清太祖武皇帝实录》卷一，清太祖丁亥年条，载《清入关前史料选辑》（第 1 辑），北京：中国人民大学出版社，1984 年，第 311 页。

万历十六年（公元 1588 年）

正月己酉："辽东顾养谦奏：'顷者，王缄被逮饰辩，虽蒙圣明洞烛褫秩，而供揭遍传，诚恐乱听。如王台、二奴，俱海西属夷，台存颇知忠顺，台亡二奴恃强屡谋内犯，乃曰忠顺如故。二奴既剿，其子那林孛罗卜塞不复贡市者，五年于兹矣。乃曰两关贡市如故，二酋既不贡市，踵父之智，结西虏而攻歹商，歹商者，王台子孙，我属夷也。剿逆孽以安属夷，乃曰贪功徼赏。奴儿哈赤者，建州黠酋也，骁骑已盈数千，乃曰奄奄垂毙。倘闻者不察，谓开原之情形果尔，则辽事去矣。况叛剿之议皆发自缄，文牒具在，而反复若此，臣若因言而阻剿处之计，必遗封强他日之忧。不言而径行剿，恐贻当事以他日之祸。乞敕督臣张国彦速至开原，查明那林孛罗、卜塞等酋果否叛逆，相机剿抚，仍褫臣如缄，以谢言者。'章下兵部。"（明）官修：《明神宗实录》卷一百九十四，万历十六年正月己酉条，台北："中央研究院"历史语言研究所，1962 年，第 3654—3655 页。

四月："庚申，兵科给事中张希皋奏：'辽左猛骨那林之剿，顷报破其寨栅者，斩首五百余级，二酋乞和，歹商效顺中国，可谓张挞伐之威，寒毡裘之胆矣。顾二酋负险筑坚，输服恐未可信，而建州夷奴儿哈赤及北房恍忽太结连助逆，实烦有徒，不可一日而忘备也。一切善从事宜，乞敕抚镇从长酌议具奏。'章下兵部。"（明）官修：《明神宗实录》卷一百九十七，万历十六年四月庚申条，台北："中央研究院"历史语言研究所，1962年，第3710页。

九月戊寅："蓟镇总督张国彦、辽东巡抚顾养谦会题：'海西，挹娄夷种，自永乐初来归，置塔山、塔鲁诸卫，俾藩篱我。至王台而益效忠顺，北收二奴，南制建州，相率内向，时王台近广顺关，称南关酋，二奴近镇北关，称北关酋，而北关实听命于南关。王台死，长子虎儿罕亦死，二奴以侵南关，诛其子那卜，二酋修父怨，攻南关急，不复奉我要约。臣等是以有兴师之请，温姐者，王台后妻、二奴妹也，有子猛骨孛罗少，而台他子康古陆长，古陆妻，后母温姐故亲，北关又雠其兄虎儿罕，欲甘心其子歹商，故南关惟歹商孤立守王台之业，而余皆贼也。臣等是以有并处康酋、温姐之议，温姐子猛骨既以母族北关攻歹商，建州酋奴儿哈赤亦因结北关亲，以歹商为事，歹商敌益多，故大帅有东征之师，欲诛二酋以安歹商，报王台之忠顺，竦四夷之观望耳。暨誓师而二酋负固，乃纵兵破其重城，发大炮坏其墙屋，贼有洞胸死者，二酋始惧，愿和歹商。臣等是以班师，而身留开原、铁岭间，以图善后之完计。先是康古陆以参将李宗召至囚之，至二酋破，愿入马奉贡，猛酋子母亦请归命，而皆若怀疑不前，则以古陆囚未释也。臣等是以决策，释康古陆，曰："汝能收温姐来，不尔杀也。"酋果偕温姐骈首谢，臣等赉而遣之。又虑歹商弱不能立，久之或为诸酋并，则名为后王台实亡之耳，乃复令奴儿弃北关，婚歹商，二酋闻之亦争与歹商和，而开原高枕矣。但两关终以敕书不平为争，盖自永乐来，给海西诸夷自都督而下至百户，凡九百九十九道，以强弱分多寡，今两关之强弱可睹也。臣等是以酌南北平分之，而北少其一，以存右南关之意，诸酋皆服。然两关以争故，皆失田业告饥，而南关之歹商为甚，因出粟赈之，次第给牛种，歹商等各感泣而去。无何，康酋死，遗言戴中国恩。母反，未几，温姐亦死。于是，卜寨、那林、猛骨卜罗、歹商四酋重约婚姻，争先向顺，而建酋贡已先入矣。此东夷向背曲折之略也。至于剿抚功次，责在有司，臣何敢闻。'疏下兵部。"（明）官修：《明神宗实录》卷二百零三，万历十六年九月戊寅条，台北："中央研究院"历史语言研究所，1962 年，第 3805—3807 页。

是年："太祖率兵攻王家城，夕过东胜岗，忽天陨一星，其大如斗，光芒彻地，众马皆惊。兵至王家城，克之，杀酋长带肚墨儿根。"（清）官修：《清太祖武皇帝实录》卷一，清太祖戊子年条，载《清入关前史料选辑》（第 1 辑），北京：中国人民大学出版社，1984 年，第 312—313 页。

万历十七年（公元 1589 年）

是年："太祖率兵往攻赵家城酋长宁谷钦章京。太祖伏兵赵家城下，城内兵百余出，遇伏兵射之，敌兵直冲太祖所立之处，欲奔入城，太祖独入百人中，手刃九人，余众四散未得进城。围四日，其城将陷，我兵少懈，四出掳掠牲畜财物，喧哗争夺。太祖见之，解甲与大将奈虎曰：'我兵争此微物，恐自相残害，尔往谕禁之。'奈虎至，不禁人之掳掠，亦随众掠之。太祖将己绵甲复与把儿代，令往取奈虎铁甲来，以备城内冲突。把儿代复随众掳掠。忽城内十人突出，有族弟王善，被敌压倒于地，跨其身，将以枪刺之，太祖一见，身无甲胄，挺身驰往，发一矢，中敌面额，应弦而死，救起王善，克其城，杀宁谷钦而回。"（清）官修：《清太祖武皇帝实录》卷一，清太祖己丑年条，载《清入关前史料选辑》（第 1 辑），北京：中国人民大学出版社，1984 年，第 313 页。

万历十九年（公元 1591 年）

是年："太祖遣兵攻长白山鸭绿江部，尽克之而回。"（清）官修：《清太祖武皇帝实录》卷一，清太祖辛卯年条，载《清入关前史料选辑》（第 1 辑），北京：中国人民大学出版社，1984 年，第 313 页。

万历二十一年（公元 1593 年）

六月："夜黑国主布戒、纳林卜禄贝勒，因太祖不顺，纠合哈达国主孟革卜卤、兀喇国主满太、辉发国主摆银答里四国兵马，于六月内，劫去户布恰寨，太祖即率兵追之。时哈达兵已归，我兵直抵其国。是夜，太祖以步兵伏于中途，少带兵从，亦取哈达国富儿家奇寨而回。时哈达国追兵至富儿家奇寨，太祖欲诱敌至伏兵处，恐追兵复回，乃令兵前行，独身为殿以诱之。于是敌兵追至，前一人举刀迎之，后三人并马来战。太祖自思，后追者三人无妨，若前一人迎面来，恐伤面目，欲射之，时敌在右，不便于射，因转弓过马首，射中敌人马腹，其马惊跃，后三人乘太祖发矢之会，一齐杀来，太祖马惊几坠，幸右足扳鞍，仅得复骑，发一矢射孟革卜卤马仆地，其家人代因布禄将自马与主乘之，代因布禄步奔而回。太祖仍率马兵三人，步兵二十余迎之，败其敌众，杀兵十二人，获甲六副，马十八匹而回。"（清）官修：《清太祖武皇帝实录》卷一，清太祖癸巳年六月条，载《清入关前史料选辑》（第1辑），北京：中国人民大学出版社，1984年，第314—315页。

九月："夜黑国主布戒、纳林卜禄，哈达国主孟革卜卤，兀喇国布占太（满太弟也），辉发国主摆银答里，嫩江蒙古廓儿沁国主瓮刚代、莽古、明安，实伯部，刮儿恰部，朱舍里卫主悠冷革，内阴卫主搜稳塞革失，九国兵马会聚一处，分三路而来。太祖闻之，遣兀里堪东探，约行百里，至一山岭，乌鸦群噪，不容前往，回时则散。再往群鸦扑面，兀里堪回，备述前事。太祖曰：'可从加哈向浑河探之。'及至，夕见浑河北岸敌兵营火如星密，饭罢即起行，过夏鸡岭。兀里堪探的，飞报太祖，言敌国大兵将至，时近五更矣。太祖曰：'人言夜黑国不日兵来，今果然也。我兵夜出，恐城中人惊，待天明出兵，传谕诸将。'言毕复寝。滚代皇后推醒太祖曰：'今九国兵马来攻，何故贪睡，是昏昧耶？抑畏惧耶？'太祖曰：'畏敌者必不安枕，我不畏彼，故熟睡耳。前闻夜黑兵三路侵我，来期未的，我心不安，今日已到，我心始定。我若有欺骗处，天必罪我，我当畏之。我承天命，各守国土，彼不乐我安分，反无故纠合九部之兵，欺害无辜之人，天岂祐之？'言讫复睡，以息精神。天明饭毕，率诸王臣谒庙，再拜祝曰：'天地三光，万灵神祇，我弩儿哈奇与夜黑本无事故，今彼引兵攻我，惟天鉴察。'又拜祝曰：'愿天令敌垂首，祐我奋扬，兵不遗鞭，马无颠踬。'叩祝毕，率兵至拖素寨，立于津渡处，谕之曰：'尔等可尽解臂手顿项留于此，若伤肱伤颈，唯命是听，不然身受拘束，难以胜敌，我兵轻便，必获全胜矣。'众遵令尽解之。行至加哈处，有城守奈虎、山坦来告曰：'夜黑兵辰时已到，围加哈关，见势不能克，往攻黑机革城，敌兵甚多。'众皆失色。有加哈一人，名狼塔里，后至，呼曰：'贝勒何在，我兵见有几何？'言讫登山望敌势，向太祖曰：'若以来兵为多，我兵亦不少，昔与大明交战，彼兵漫山遍野，我兵二三百，尚败其众，今我兵有胆气骁勇，必败此兵，若不胜，我甘军法。'于是众心稍安。太祖遣人往探曰：'来兵若欲回，今晚即击之，否则明日再战。'哨探报敌兵扎立营寨，搬运粮草，太祖亦安营，是晚，夜黑营中一人逃来曰：'夜黑布戒贝勒、纳林卜禄贝勒兵一万，哈达孟格卜卤贝勒、兀喇布占太贝勒、辉发摆银答里贝勒兵一万，蒙古廓儿沁瓮刚代贝勒、莽古贝勒、明安贝勒、实伯部、刮儿恰兵一万，共兵三万。'我兵闻之，又皆失色。太祖曰：'尔众无忧，我不使汝等至于苦战。吾立险要之处，诱彼来战，彼若来时，吾迎而敌之，诱而不来，吾等步行，四面分列，徐徐进攻。来兵部长甚多，杂乱不一，谅此乌合之众，退缩不前，领兵前进者，必头目也，吾等即接战之，但伤其一二头目，彼兵必走。我兵虽少，并力一战，可必胜矣。'次日平明起兵。夜黑兵先攻黑机革城未下，是日又攻，时太祖兵到，立阵于古勒山险要之处，与黑机革城相对，令诸王大臣等各率固山兵分头预备。布阵已完，遣厄一都领兵一百挑战，夜黑见之遂不攻城，收兵来敌。满洲兵一战杀九人，夜黑兵稍退。有布戒、金台石及廓儿沁三贝勒，领兵合攻一处，时布戒先入，所骑之马被木撞倒，有满洲一卒名吾谈，即向前骑而杀之，其兵大败。夜黑贝勒等见布戒被杀，皆痛哭，其同来贝勒等大惧，并皆丧胆，各不顾其兵，四散而走。明安马被陷，弃鞍赤身，体无片衣，骑骣马脱出。太祖纵兵掩杀，尸满沟渠，杀至哈达国钗哈寨南吾黑运之处。是夜结绳拦路，杀败兵甚众。次日，一人生擒布占太跪见太祖曰：'我得此人欲杀之，被自呼毋杀，许与赎赏，因此缚来。'太祖问曰：'尔何人也？'其人叩首答曰：'我畏杀，未敢明言，我乃兀喇国满太之弟布占太，今被擒，生死只在贝勒。'太祖曰：'汝等会九部之兵欺害无辜，天厌汝等。昨日布戒已经杀死，彼时若得汝亦必杀矣。今既来见，岂肯杀汝？语云：生人之名，胜于杀，与人之名胜于取。'遂释其缚，赐猞狸狲裘，养之。是战也，杀其兵四千，获马三千匹，盔甲千副，满洲自此威名大震。"（清）官修：《清太祖武皇帝实录》卷一，清太祖癸巳年九月条，载《清入关前史料选辑》（第 1 辑），北京：中国人民大学出版社，1984 年，第 315—317 页。

十月："初，朱舍里部长悠冷革章京，曾胁九部兵来，故太祖十月内遣兵招服之。"（清）官修：《清太祖武皇帝实录》卷一，清太祖癸巳年十月条，载《清入关前史料选辑》（第 1 辑），北京：中国人民大学出版社，1984 年，第 317 页。

闰十一月："又内阴部搜稳、塞革失二人，聚七村人据佛多古山而居，太祖于闰十一月，命厄一都、刚盖扎儿胡七、雄科落三人，领兵一千，围佛多古山，日每攻击，三月而下，斩搜稳、塞革失，即日回兵。"（清）官修：《清太祖武皇帝实录》卷一，清太祖癸巳年闰十一月条，载《清入关前史料选辑》（第 1 辑），北京：中国人民大学出版社，1984 年，第 317 页。

万历二十三年（公元 1595 年）

六月："太祖领兵伐辉发摆银答里贝勒，克取多必城，斩守将克充革、苏猛革二人而回。"（清）官修：《清太祖武皇帝实录》卷一，清太祖乙未年六月条，载《清入关前史料选辑》（第 1 辑），北京：中国人民大学出版社，1984年，第 318 页。

万历二十六年（公元 1598 年）

正月："太祖命幼弟把牙喇台吉、长子出燕台吉、与刚盖、非英冻扎儿胡七等，领兵一千，征按褚拉库。星夜驰至，取其屯寨二十处，其余尽招服之，获人畜万余而回。"（清）官修：《清太祖武皇帝实录》卷一，清太祖戊戌年正月条，载《清入关前史料选辑》（第 1 辑），北京：中国人民大学出版社，1984年，第 319 页。

万历二十七年（公元 1599 年）

三月："是时，哈达国孟革卜卤与夜黑国纳林卜禄因隙构兵，力不能敌，孟革卜卤以三子与太祖为质乞援。太祖命非英冻、刚盖二人，领兵二千往助，纳林卜禄闻之，遂令大明开原通事赍书与孟革卜卤曰：'汝执满洲来援之将，挟赎质子，尽杀其兵，如此，汝昔日所欲之女，吾即与之为妻，二国仍旧和好。'孟革卜卤依言，约夜黑人于开原，令二妻往议。太祖闻之，九月发兵征哈达。太祖弟黍儿哈奇贝勒曰：'可令我为先锋，试看若何？'太祖命领兵一千前进。行至哈达国，哈达兵出城拒之，黍儿哈奇按兵不战，向太祖曰：'有兵出城迎敌。'太祖曰：'此来岂为城中无备耶？'怒喝黍儿哈奇贝勒曰：'汝兵向后！'即欲前进。时黍儿哈奇贝勒兵尚阻路，遂绕城而行，城上发矢，军中伤者甚多。至初七日，攻得其城。有大臣杨古里生擒孟革卜卤来报，太祖曰：'勿杀！'召至前跪见毕，太祖以己之貂帽及豹褂赐而养之。哈达国所属之城尽招服之，其军士器械，民间财物，父母妻子，俱秋毫无犯，尽收其国而回。自此哈达国遂亡。"（清）官修：《清太祖武皇帝实录》卷二，清太祖己亥年三月条，载《清入关前史料选辑》（第 1 辑），北京：中国人民大学出版社，1984 年，第 320 页。

万历三十二年（公元 1604 年）

正月："于是太祖恨夜黑不令母子相会之仇，遂于甲辰年正月初八日率兵往攻。十一日，至夜黑国二城，一曰张，一曰阿气郎，俱克之，收二城七寨人畜二千余，即班师。"（清）官修：《清太祖武皇帝实录》卷二，清太祖甲辰年正月条，载《清入关前史料选辑》（第 1 辑），北京：中国人民大学出版社，1984 年，第 322 页。

万历三十五年（公元 1607 年）

是年："东海斡儿哈部蜚敖城主策穆德黑谒太祖曰：'吾地与汗相距路遥，故顺兀喇国主布占太贝勒，彼甚苦虐吾辈，望往接吾等眷属，以便来归。'太祖令弟黍儿哈奇与长子烘把土鲁贝勒，次子带善贝勒与大将军非英冻、虎儿憨等，率兵三千，往蜚敖城搬接。是夜阴晦，忽见旗有白光一耀，众王大臣尽皆惊异，以手摩之，竟无所有，竖之复然。黍儿哈奇王曰：'吾自幼随征，无处不到，从未见此奇怪之事，想必凶兆也。'欲班师。烘把土鲁、带善二王曰：'或吉或凶，兆已见矣，果何据而遂欲回兵？此兵一回，吾父以后勿复用尔我矣。'言讫率兵强进。至蜚敖城，收四周屯寨约五百户，先令非英冻、虎儿憨领兵三百护送。不意兀喇国布占太发兵一万截于路。虎儿憨见之，将五百户眷属扎营于山岭，以兵百名看守，一面驰报众贝勒，一面整兵二百，占山列营，与敌兵相持。经一夜，次日兀喇兵来战，大将杨古里率众奋力交锋，杀兀喇兵七人，我兵止伤一人，敌兵退回，渡河登山，畏惧无复敢来，两军扎营相持。是日未时，三王率兵齐至，见之，烘把土鲁、带善二王策马奋怒曰：'吾父素善征讨，今虽在家，吾二人领兵到此，尔众毋得愁惧，布占太曾被我国擒捉，铁锁击颈，免死而主其国，年时未久，布占太犹然是身，其性命从吾手中释出，岂天释之耶？尔勿以此兵为多，天助我国之威，吾父英名夙著，此战必胜。'众皆曰：'吾等愿效死力'，遂奋勇渡河。烘把土鲁、带善二王各领兵五百，二路登山而战，直冲入营，兀喇兵遂败。有波可多贝勒，被带善王左手捉其盔杀之，其子亦被杀，生擒常朱父子并户力布，杀兵三千，获马五千匹，甲三千副。时追杀败兵之际，黍儿哈奇贝勒原率五百兵落后立于山下，至是方驱兵前进，又被大山所阻，及绕山而来，未得掩杀大敌。是日晴明，霎然阴云大雪，其被伤敌兵冻死甚多。"（清）官修：《清太祖武皇帝实录》卷二，清太祖丁未年条，载《清入关前史料选辑》（第 1 辑），北京：中国人民大学出版社，1984 年，第 323—324 页。

五月："太祖令幼弟着里革兔贝勒、大将厄一都、非英冻、虎儿憨虾等，率兵一千，往征东海兀吉部，取黑十黑、敖莫和、所罗佛内黑三处，获人畜二千而回。"（清）官修：《清太祖武皇帝实录》卷二，清太祖丁未年五月条，载《清入关前史料选辑》（第 1 辑），北京：中国人民大学出版社，1984 年，第 324 页。

九月："时辉发国摆银答里贝勒族众，多投夜黑，其部属亦有叛谋。摆银答里闻之，以七酋长之子为质，借兵于太祖，太祖以兵一千助之。有纳林卜禄赚摆银答里曰：'尔若撤回所质之人，吾即反尔投来族众。'摆银答里信其言乃曰：'吾将安居于满洲夜黑之间矣。'遂撤回七酋长子，复以子与纳林卜禄为质，纳林卜禄竟不反其族。摆银答里复遣大臣告太祖曰：'曩者误信纳林卜禄赚言，今仍欲倚汗为生，乞将汗女先许常书之子者，赐我为婚。'太祖遂罢常书之亲而许之。后摆银答里背盟不娶，太祖遣使谓之曰：'汝曾助夜黑二次加兵于我，今又聘吾女而不娶，何也？'摆银答里饰词以对曰：'吾曾质子于夜黑，俟质子归，吾即往娶，与尔合谋矣。'随将城垣修筑三层以自固，质于夜黑之子亦撤回。于是太祖遣使曰：'今质子已归，汝意又何如也？'摆银答里恃城垣已固，遂绝亲。太祖即于九月九日率兵往伐其国，十四日兵到，即时克之，杀摆银答里父子，屠其兵，招服其民，遂班师，辉发国从此灭矣。"（清）官修：《清太祖武皇帝实录》卷二，清太祖丁未年九月条，载《清入关前史料选辑》（第 1 辑），北京：中国人民大学出版社，1984 年，第 324—325 页。

是年："建州卫并辉发部。"国立东北大学编：《东北要览》，国立东北大学出版组，1944 年，第 15 页。

万历三十六年（公元 1608 年）

三月："太祖令子阿儿哈兔土门及侄阿敏台吉，领兵五千往兀喇部，围异憨山城，克之，杀千余人，获甲三百副，尽收人畜而回。时兀喇布占太与蒙古廓儿沁瓮刚代贝勒合兵，出兀喇城约二十里，遥见我兵之势难敌，遂回。"（清）官修：《清太祖武皇帝实录》卷二，清太祖戊申年三月条，载《清入关前史料选辑》（第 1 辑），北京：中国人民大学出版社，1984 年，第 325 页。

万历三十七年（公元 1609 年）

十二月："太祖命胡儿刚虾领兵一千，征东海兀吉部所属呼夜卫，克之，获人畜二千而还。因有功，赏胡儿刚虾盔甲马匹，仍赐名大儿汉虾。"（清）官修：《清太祖武皇帝实录》卷二，清太祖己酉年十二月条，载《清入关前史料选辑》（第 1 辑），北京：中国人民大学出版社，1984 年，第 326 页。

万历三十八年（公元 1610 年）

十一月："太祖命厄一都领兵一千，往兀吉部内那木都鲁、瑞粉、宁古塔、尼妈义四卫，将其酋长康孤里、康都里、昂孤、明刚吐、恶洛合、僧革、尼哈里、汤松刚、夜革树等，尽招服之。令其举家先赴满洲，复领兵击押揽卫，获人畜万余而回。"（清）官修：《清太祖武皇帝实录》卷二，清太祖庚戌年十一月条，载《清入关前史料选辑》（第 1 辑），北京：中国人民大学出版社，1984 年，第 326 页。

万历三十九年（公元 1611 年）

七月："太祖命子阿布太台吉、非英冻、雄科落等，领兵一千，讨兀吉部内兀儿孤沉、木冷二卫，皆取之。"（清）官修：《清太祖武皇帝实录》卷二，清太祖辛亥年七月条，载《清入关前史料选辑》（第 1 辑），北京：中国人民大学出版社，1984 年，第 326 页。

十二月："命呵呵里厄夫、厄一都、打喇汉虾三人，领兵二千征虎儿哈卫，围扎占塔城三日，招之而不服，遂拔其城，杀兵一千，获人畜二千，相近之卫皆招服，将土勒伸、厄勒伸二酋长及人民五百户收之而回。"（清）官修：《清太祖武皇帝实录》卷二，清太祖辛亥年十二月条，载《清入关前史料选辑》（第 1 辑），北京：中国人民大学出版社，1984 年，第 326 页。

万历四十年（公元 1612 年）

九月："时布占太复背盟，掠太祖所属兀吉部内虎儿哈卫二次，及欲娶太祖所定夜黑国布戒贝勒之女，又以骲箭射太祖侄女娥恩姐。太祖闻之大怒，遂于九月二十二日领大兵往征之。二十九日至兀喇国，太祖张黄盖，鸣鼓乐，沿兀喇河岸而行。布占太领兵出城迎敌，至河边，见满洲兵盔甲鲜明，兵马雄壮，众皆失色，无斗志。太祖遂沿岸而下，克其五城，直抵于河西岸，距布占太居城二里，克其金州城，安营。"（清）官修：《清太祖武皇帝实录》卷二，清太祖壬子年九月条，载《清入关前史料选辑》（第 1 辑），北京：中国人民大学出版社，1984 年，第 327 页。

十月："初一日，太祖出营，以太牢告天祭旗，忽见东南有气，蓝白二色，直冲兀喇城北。我兵屯留三日，遣兵四出，尽焚其粮，兀喇兵昼则出城，对垒于河边，夜则入城歇息。太祖二子莽古泰贝勒、皇太极贝勒欲渡河击之，太祖曰：'不然，汝等出言毋若浮面取水之易也，须探其底里耳。欲伐大木岂能骤折，必以斧斤伐之，渐至微细，然后能折。相等之国，欲一举取之，岂能尽灭乎？且将所属城郭尽削平之，独存其都城，如此则无仆何以为主，无民何以为君？'遂毁所得六城，焚其房谷，回至伏儿哈河安营。布占太令兀巴海把土鲁乘舟而来，立于舟上呼曰：'恩父汗兴兵，无非乘怒而来，今恩父之怒已息，可留一言而去。'如此遣使三次，布占太又亲率六将，乘舟来至河中，于舟上顿首呼曰：'兀喇国即恩父之国也，焚粮之火可息乎？'太祖披明甲，乘白马，率诸王臣直出众军前，至河中，水及马腹，厉声曰：'布占太！先擒汝于阵中，已死之身吾养之，释为兀喇国主，仍以三女妻之，今欺蔑皇天后土，背七次盟言，掳吾所属虎哈卫二次，又欲强娶吾已聘夜黑之女，又以鲍箭射吾女，吾将女嫁汝异国，原为匹偶，曾令汝以鲍箭射之乎？若吾女所为不善，当来告我，天生爱新觉落人，曾被谁责辱，汝试言之，百世以前汝或不知，十世以来汝岂不知？脱有之，则汝射之为是，我兵之来诚非，若其无之，尔何故射吾女？此受辱之名，我将匿之于心乎？抑将徒抱于九泉乎？语云：宁销其骨，莫毁其名，吾非乐于举兵，闻射吾女，故亲举兵来。'布占太对曰：'或者人以谗言令吾父子不睦，若果射汝女，欲娶汝婚，上有天在，吾今在水上，龙神亦鉴之。似此谗言，皆虚妄耳。'布占太部将拉布太扎儿胡七继言曰：'汗有此怒，盍遣一使来问？'太祖曰：'拉布太，我部下岂无似汝之人，汝尚以射吾女为无此事，娶吾婚为妄言耶？若事有不实，须再问，事已的矣，何以问为？此河安有不结之日，吾兵岂有不复临之理，彼时汝能当吾之刀乎？'布占太大惊，止拉布太勿言，布占太弟胯儿胯妈哀恳曰：'汗若宽大其度，请决一言而行。'太祖曰：'尔果未射吾女、娶吾婚，可将汝子并大臣之子为质，方见其真，不然吾不信也。'言毕遂回营。在兀喇国存五日，至兀喇河边，于俄儿红童处一妈虎山上，以木为城，留兵一千而回。"（清）官修：《清太祖武皇帝实录》卷二，清太祖壬子年十月条，载《清入关前史料选辑》（第 1 辑），北京：中国人民大学出版社，1984 年，第 327—328 页。

万历四十一年（公元 1613 年）

正月："亲率大兵征之。布占太拟十八日送子与夜黑为质，太祖大兵十七日已至，攻取孙扎、塔城，领兵前进，克郭多、俄莫二城屯兵。次日，布占太率兵三万，越弗儿哈城迎敌。太祖部下领兵诸王大臣欲抵敌，太祖止之曰：'岂有伐大国能遣使之无子遗乎？'仍将前谕之言复申之。太祖子古英把土鲁、侄阿敏及非英冻、呵呵里厄夫、打喇汉虾、厄一都、雄科落等奋然曰：'初恐布占太不出城，尚议计赚之，今彼兵既出，舍此不战，兴兵何为，厉兵秣马何用？布占太倘娶夜黑女，其耻辱当如何？后虽征之无益矣。今人强马壮，既至此，可与一战。'太祖曰：'两国兵连，必吾与子及五大臣身先之，但惜诸王臣等，恐有一二见伤，非为吾身怯惧而止之也。'乃怒而言曰：'蒙皇天眷助，吾自幼于千百军中，孤身突入，弓矢相交，兵刃相接，不知几经鏖战，今既欲战，即当战。'言毕，遂披甲进战。其诸王臣军士，惟恐不战，正思虑间，及闻进战，皆欣跃，欢声如雷，震动天地，军士尽甲。太祖决破敌下城之策，谕军士曰：'倘蒙天佑，能败敌兵，可乘势夺门取城。'遂前进。布占太率三万兵步行，列阵以待，两军相距百步，满洲兵亦下马进战。太祖见两军之矢如风发雪落，声如群蜂，杀气冲天，心中燥甚，遂杀入。诸王臣军士皆奋勇冲击，兀喇兵遂败，十损六七，其余抛戈弃甲，四散而逃。满洲兵乘势飞奔夺门，遂取其城，太祖登城坐西门楼上。时布占太领败兵不满百，奔城而来，某城早已被克，上竖太祖旗帜，遂大惊，及奔回，被古英把土鲁领一旅兵截之，布占太见势不能敌，遂冲突而走，折兵大半，余皆溃散，布占太仅以身免，投夜黑国去。获马匹盔甲器械无算，兀喇国所属城邑皆归附。存兵十日，升赏有功将士。兀喇兵败后，有觅妻子投来者，尽还其眷属约万家，其余人畜散与众军，即回兵，兀喇国自此灭矣。"（清）官修：《清太祖武皇帝实录》卷二，清太祖癸丑年正月条，载《清入关前史料选辑》（第1辑），北京：中国人民大学出版社，1984年，第328—329页。

九月："太祖于九月初六日，领兵四万征夜黑。时有逃者，将声息预闻于夜黑，夜黑遂收张、吉当刚二处部众，独兀苏城有痘疫，未曾收去，太祖兵至，围兀苏城，招谕之曰：'城中军民，降则已，不然必攻取之。'城中人曰：'若养之则降，况汝师众如林，不绝如流，盔甲鲜明，如三冬冰雪，吾等焉敢抗拒？'言讫，守将散谈、胡石木二人开门出降，叩见。太祖以金盔赐酒，将所戴东珠金佛帽并衣赐之。其张城、吉当刚城、兀苏城、押哈城、黑儿苏城、何敦城、胯布七拉城、俄及塔城，大小共十九处，尽焚其房谷，遂收兀苏降民三百户而回。"（清）官修：《清太祖武皇帝实录》卷二，清太祖癸丑年九月条，载《清入关前史料选辑》（第1辑），北京：中国人民大学出版社，1984年，第330页。

是年："建州卫并乌拉部。"国立东北大学编：《东北要览》，国立东北大学出版组，1944年，第15页。

万历四十二年（公元1614年）

十一月："遣兵五百，征东海之南兀吉部押拦、石临二卫，收降民二百户，人畜一千而回。"（清）官修：《清太祖武皇帝实录》卷二，清太祖甲寅年十一月条，载《清入关前史料选辑》（第1辑），北京：中国人民大学出版社，1984年，第331页。

万历四十三年（公元1615年）

十一月："太祖遣兵二千征兀吉部东厄黑枯棱城[木城名]，至顾纳哈枯棱，招之不服，遂吹螺布兵，拆其栅，越三层壕，攻取其城，杀人八百，俘获万余，收降五百户而回。"（清）官修：《清太祖武皇帝实录》卷二，清太祖乙卯年十一月条，载《清入关前史料选辑》（第1辑），北京：中国人民大学出版社，1984年，第333页。

第五章　后金至清入关前长白山地区战事

清太祖天命元年（万历四十四年，公元 1616 年）

七月："帝遣笞儿汉虾、雄科落二将领兵二千，征东海查哈量部。二将承命，于七月十九日起兵，行至兀儿姜河，造船二百只，水陆并进，取沿河南北寨三十有六。至查哈量河南岸佛多落坤寨安营。"（清）官修：《清太祖武皇帝实录》卷二，清太祖天命元年七月条，载《清入关前史料选辑》（第 1 辑），北京：中国人民大学出版社，1984 年，第 336 页。

十月："初查哈量河每年十一月十五二十中间方结，松刚里河十一月初十十五中间方结，是年十月初一日笞儿汉虾、雄科落二人兵至其处，见查哈量河水未结，独对寨之处河宽二里，横结冰桥一道，约六十步。将士皆奇之，忻然相谓曰，此实天助一桥也，领兵渡之，取查哈量部内寨十一处，及兵复回，其冰已解矣，此西又如前结冰一道，已渡，冰复解。"（清）官修：《清太祖武皇帝实录》卷二，清太祖天命元年十月条，载《清入关前史料选辑》（第 1 辑），北京：中国人民大学出版社，1984 年，第 336 页。

天命二年（万历四十五年，公元 1617 年）

是年："遣兵四百，沿东海地界收取离散不服之国。至日，遂将东海岸散居之民尽取之。其负岛险不服者，乘小舟尽取之而回。"（清）官修：《清太祖武皇帝实录》卷二，清太祖天命二年条，载《清入关前史料选辑》（第 1 辑），北京：中国人民大学出版社，1984 年，第 337 页。

天命三年（万历四十六年，公元 1618 年）

四月十四日："分二路进兵，令左侧四固山兵取东州、马根单二处，亲与诸王率右侧四固山兵及八固山摆押拉［即精锐内兵也］，取抚顺所，行至挖哄

[即臭泥泊]旷野处安营而宿。是晚，帝将先朝金史讲与恩格得里厄夫[原系蒙古]、查哈量厄夫[原系查哈儿国臣]，乃曰：'朕观自古为君者，身经征战之苦，皆未得永享其尊，今兴此兵，非欲图大位而永享之，但因大明累致我忿恨，容忍不过，无可奈何，故兴师也。'

是夜，忽晴忽雨，帝谓诸王臣曰：'阴雨之时，不便前进，可回兵。'大王曰：'与大明和好久矣，今因其不道，故成仇隙，兴师已至其境，若回兵，吾等更与大明和好乎，抑为敌乎？且兴兵之名，谁能隐之，天虽雨，吾军有雨衣，弓矢各有备雨之具，更虑何物沾濡乎？且天降之雨，乃懈大明之人，不意吾进兵，此雨有利于我，不利于彼。'帝善其言，于夜亥时传令军士，方起行，云开月霁，众兵分队连夜进抚顺边，兵布百里，旌旗蔽空。"（清）官修：《清太祖武皇帝实录》卷二，天命三年四月十四日条，载《清入关前史料选辑》（第1辑），北京：中国人民大学出版社，1984年，第340页。

四月十五日："至十五日晨，往围抚顺城，执一人赍书与游击李永芳，令之降。书曰：'因尔大明兵助夜黑，故来征之，量尔抚顺游击，战亦不胜，今欲服汝，辄深向南下，汝设不降，误我前进，若不战而降，必不扰尔所属军民，仍以原礼优之。况尔乃多识见人也，不特汝然，纵至微之人，犹超拔之，结为婚姻，岂有不超升尔职与吾大臣相齐之理乎？汝勿战，若战，则吾兵所发之矢，岂有目能识汝乎？倘中则必死矣。力既不支，虽战死亦无益，若出降，吾兵亦不入城，汝所属军民，皆得保全。假使吾兵攻入城中，老幼必致惊散，尔之禄位亦卑薄已，勿以吾言为不足信，汝一城不能拔，朕何以兴兵为，失此机会，后悔无及。城中大小官员军民等，果举城纳降，父母妻子亲族俱不使离散，是亦汝等之福也。降与不降，汝等熟思，慎勿以一朝之忿而不信，遂失此机也。'李永芳览毕，衣冠立南城上言纳降事，又令城上备守具。满洲兵见之，遂竖云梯以攻，不移时，即登城，永芳衣冠乘马，方出城降。固山厄真阿冻引之，永芳下马跪见，帝于马上拱手答礼。其攻城相敌时死者死，城已克，乃传令勿杀，皆抚之。此举下抚顺、东州、马根单三城，台堡五百余，乃收兵，各于所进之处安歇，帝宿抚顺。"（清）官修：《清太祖武皇帝实录》卷二，天命三年四月十五日条，载《清入关前史料选辑》（第1辑），北京：中国人民大学出版社，1984年，第340—341页。

四月二十一日："帝回兵，距边二十里，至舍里甸，方欲安营，广宁镇守张守胤、辽阳副将颇廷相，海州参将蒲世芳，闻满洲大兵尽取抚顺等处，领兵一万急追。时满洲兵已出边，大明兵不敢逼近，但蹑尾观视。侦探飞报大王、四王，二王闻之，令兵尽甲，迎至边，随报帝。帝曰：'彼兵非来与我为敌，盖欲诈称驱吾兵出边，以诳其君耳，必不待我兵也。'乃遣厄儿得尼榜识令二王停兵。二王奉命屯兵于边上，复回报曰：'彼兵若待，我兵则战，若不待，必自走矣。吾欲乘势袭其后，不然我兵默默而回，彼必以我为怯不敢战也。'帝然之，遂帅大兵前进。大明兵分三处据山险，掘壕列火器安营。八固山列阵冲击。初风自西起，及兵临时，其风骤转向敌营，大明兵连放火炮，我兵奋勇射之，杀入其营，锐不可当，大明兵遂败，三营皆破，死者伏尸相枕，杀总兵、副将、参游及千把总等官共五十余员，追杀四十里，死尸络绎不绝，敌兵十损七八，获马九千匹，甲七千副，器械无算。是阵中，满洲止折小卒二名，回至边，安营，论诸王臣奋勇前进者，列等升之，稽三军被伤之轻重以赏之。"（清）官修：《清太祖武皇帝实录》卷二，天命三年四月二十一日条，载《清入关前史料选辑》（第 1 辑），北京：中国人民大学出版社，1984 年，第 341—342 页。

　　七月："二十日，帝率诸王臣统大兵征大明。入鸦鹘关，环攻清河，其城守副将邹储贤，领兵一万固守，其中炮手约千余，兼滚木矢石齐下，满洲兵拆城竖梯攻之，不避锋刃跃入，四面兵皆溃，其城遂拔。邹储贤及兵众俱杀之，一堵墙、碱场二城官民弃城走，遂论功行赏毕，起兵向辽阳。行二日复撤回，拆一堵墙、碱场二城，将周围之粮运尽方班师。当克清河之日，有大明副将贺世贤，领兵五千出瑷阳，掳满洲山林所居新东郭寨，杀七人及妻子共约百余而去。"（清）官修：《清太祖武皇帝实录》卷二，天命三年七月条，载《清入关前史料选辑》（第 1 辑），北京：中国人民大学出版社，1984 年，第 343 页。

　　九月初四日："时秋成，帝命纳邻、因德二人率四百众，往夹木和收获[夹木和在浑河界凡河之间]，戒之曰：'昼则督农收刈，夜则避于山险处，当今宿南山，明宿北山，今宿东山，明宿西山，于受敌之处而能谨慎者，斯为贵矣。'纳邻、因德违帝命，被大明侦探潜窥数次，至九月初四日，总兵李如柏遣兵乘夜直抵收获处，杀七十人，未晓而回，其余三百三十人得脱。"（清）官修：《清太祖武皇帝实录》卷二，天命三年九月初四日条，载《清入关前史料选辑》（第 1 辑），北京：中国人民大学出版社，1984 年，第 343 页。

　　九月二十五日："遣兵掠会安堡，屠戮甚众，得人畜一千，其中有屯民三百斩于抚顺关，留一人，割双耳，令执书回。其书曰：'若以我为逆理，可约定战期，出边，或十日，或半月，攻城搦战。若以我为合理，可纳金帛，以了此事。尔大国乃行窃盗，袭杀吾农夫一百，吾杀汝农夫一千，且汝国能于城内业农乎？'遂回兵。"（清）官修：《清太祖武皇帝实录》卷二，天命三年九月二十五日条，载《清入关前史料选辑》（第 1 辑），北京：中国人民大学出版社，1984 年，第 343—344 页。

天命四年（万历四十七年，公元 1619 年）

正月初二日："征夜黑。令大王率将十六员，兵五千，于夹哈关防御大明。"（清）官修：《清太祖武皇帝实录》卷三，天命四年正月初二日条，载《清入关前史料选辑》（第 1 辑），北京：中国人民大学出版社，1984 年，第 344 页。

正月初七日："自将诸王臣统大军起行，初七日深入夜黑界，自揣特城粘罕寨，掠至夜黑城东十里，将投城人畜皆截取之，十里外所居屯寨大小二十余处，尽焚之。"（清）官修：《清太祖武皇帝实录》卷三，天命四年正月初七日条，载《清入关前史料选辑》（第 1 辑），北京：中国人民大学出版社，1984 年，第 344 页。

正月二十六日："令木哈量领兵一千，收东海胡儿胯部遗民。"（清）官修：《清太祖武皇帝实录》卷三，天命四年正月二十六日条，载《清入关前史料选辑》（第 1 辑），北京：中国人民大学出版社，1984 年，第 345 页。

二月："是月，大明令总兵杜松[榆林人]、王宣[保定总兵榆林人]、赵梦麟[陕西人]、刘铤[江西人]、李如柏[辽东总兵铁岭人]、马林[宣府人]、贺世贤[榆林人]、副将麻岩[大同人]、监军广宁分巡道张铨[大名府人]、海盖道康应乾[河南人]、辽阳分守道阎鸣泰[保定人]、开原道潘宗颜[宣府人]，文武臣等统兵二十万，期灭满洲，诸臣承命起兵至辽阳。经略杨镐以二十万兵号四十七万，遣满洲人一名，系取抚顺时叛投者，于二十四日赍书至，言大兵征取满洲，领兵将帅及监军文臣齐至，三月十五日乘月明之时，分路前进。后大兵果会于沈阳，分为四路，约三月初一日齐出边境，合兵攻取满洲都城，约定，遂起大兵进发。乃分左侧中路：总兵杜松、王宣、赵梦麟、监军道张铨，领兵六万，顺浑河出抚顺关。右侧中路：总兵李如柏、贺世贤、监军道阎鸣泰，领兵六万，往清河出鸦鹘关。左侧北路：总兵马林、副将麻岩、监军道潘宗颜，领兵四万，往开原合夜黑兵，出三岔口。右侧南路：总兵刘铤、监军道康应乾，领兵四万，合朝鲜兵，出宽奠口。"（清）官修：《清太祖武皇帝实录》卷三，天命四年二月条，载《清入关前史料选辑》（第1辑），北京：中国人民大学出版社，1984年，第345—346页。

三月初一日："诸王聚于大衙内，辰时，哨探飞报曰：'昨二十九夜，见大明兵执灯火出抚顺关。'此报尤未奏闻，其南方哨探又来报曰：'昨日未时，大明兵自东郭而进。'诸王遂奏闻于帝。帝曰：'大明兵来是实，吾南方已有兵五百，即将此兵捍御之。然大明故令吾南方预见其兵者，是诱吾兵南敌，其大兵必从抚顺关来，今当先战此兵。'即时令大王与诸王臣领城中兵出。正行间，哨探又来报曰：'见清河路兵来。'大王曰：'清河路虽有兵，其地狭险，不能遽至，姑且听之，吾等先往抚顺关迎敌。'遂过加哈关，与答儿汉虾按兵候帝。四王因祀神后至，曰：'吾筑城运石之人夫俱无器械，界凡山虽然险固，倘大明将不惜其兵，必极力攻之，吾之人夫被陷将奈何？今吾兵急往其地，人夫一见而心自慰矣。'大王与众臣等皆善其言，即令兵尽甲，未时，行至太拦冈。大王与答儿汉虾欲掩兵俟帝，四王不悦曰：'何故令兵立于僻处？当显出遇敌布阵，运石人夫见我兵至，亦奋勇而战矣。'厄一都曰：'贝勒之言诚是也，吾等当向前立于显处。'众皆从之，遂前进与大明兵对垒布阵。"（清）官修：《清太祖武皇帝实录》卷三，天命四年三月初一日条，载《清入关前史料选辑》（第1辑），北京：中国人民大学出版社，1984年，第346页。

三月："我兵未至之先，杜松、王宣、赵梦麟领兵前来。时满洲护卫人夫骑兵四百，伏于撒儿湖山谷口，伺敌大兵过半、击其尾，杀至界凡河，合运石人夫，据于界凡之吉邻山险。杜松兵围而攻之，山上骑兵率众人夫一战，折大明兵约百人。正攻守之际，诸王俱至，见大明兵二万攻吉邻山，又一枝兵立于撒儿湖山上。大王、二王、三王、四王谓众臣曰：'吾夫内有卫兵四百，更令兵一千，登山协助，往下冲杀，以右侧四固山兵夹攻之，其左侧四固山兵可瞭防撒儿湖山敌兵。'言毕，遂令兵一千往吉邻山。帝至，问诸王曰：'汝等所议破敌之策若何？'诸王遂将前议告之。帝曰：'天将晚，即照此指挥可也。今令右二固山兵益于左四固山，先破撒儿湖山所立之兵，此兵一败，其界凡敌兵自丧胆矣。再令右二白旗固山瞭望界凡敌兵，俟吾兵自吉邻山下冲之际，协力以战。'时我兵离城三十里以内，壮马者先至，疲弱者陆续而进，其远方兵皆未至。六固山兵进攻撒儿湖山，敌兵布阵，发炮接战，我兵仰射冲杀，直破其营，不移时杀得尸覆成堆。其助吉邻山之兵，自山而下，正冲击之际，右二白旗固山渡河前进夹攻之，大明兵连发火炮接战，我兵奋勇冲杀，遂破之。横尸堆积，总兵杜松、王宣、赵梦麟等，皆死于阵中。大明兵死者漫山遍野，血流成渠，军器与尸冲于浑河者，如解冰旋转而下。追杀大明兵二十里，仆尸联络，至灼勤山，天色已晚，令兵沿途截杀逃窜之兵。"（清）官修：《清太祖武皇帝实录》卷三，天命四年三月条，载《清入关前史料选辑》（第 1 辑），北京：中国人民大学出版社，1984 年，第 346—347 页。

三月："大明左侧中路后营游击龚念遂、李希泌，领车营骑兵一万，至斡哄泊处安营，绕营凿壕列炮。帝率四王，领兵不满千人，令一半下马步战，大明兵一齐发炮，四王率骑兵突入，步兵遂摧覆战车，大败其兵。四王领兵尽力追杀，龚念遂等皆殁于阵中。帝正望间，大王报到，言敌已驻尚间山，帝闻之，不待四王之兵，急领随从四五千人，午时至其处，见敌兵四万，已布阵而立。帝曰：'吾兵当先据山上，向下冲击，其兵必败矣。'众兵将登山，见大明营内兵与壕外兵合，帝曰：'是兵欲来战我也，不必登山，可下马步战。'大王遂往左二固山，令众兵下马。时下马者方四五十人，大明西面兵遂来搦战。大王谓帝曰：'吾当领兵前进。'即策马迎敌，直入其营。后二王、三王与诸台吉等分投杀入，两兵混战，敌兵遂败，被杀大半。其六固山兵见之，前不待后，行伍亦不暇整，飞奔大明大营。营中兵发炮接战。我兵发矢冲击，大明兵势不能敌，大败而走，我兵乘势追杀，死者漫山遍野，副将麻岩等皆被杀，总兵马林仅以身免，血水分流，如阳春释雪，尚间山下，河水皆赤。"（清）官修：《清太祖武皇帝实录》卷三，天命四年三月条，载《清入关前史料选辑》（第 1辑），北京：中国人民大学出版社，1984 年，第 347—348 页。

三月："乃收兵攻非夜分山潘宗颜之营，令兵一半下马向上攻之。宗颜兵一万，以战车为卫，枪炮连发，我兵突入，摧其战车，遂破其营，宗颜并全军覆没。"（清）官修：《清太祖武皇帝实录》卷三，天命四年三月条，载《清入关前史料选辑》（第 1 辑），北京：中国人民大学出版社，1984 年，第 348 页。

三月："帝收大兵，申时，至雇儿奔。方安营，有侦探来报曰：'南方东郭与清河路胡拦二路之兵，向都城而进。'遂令答儿汉虾领兵一千先往，帝宿于是处。翌晨，又令二王阿敏领兵一千继之，帝随率诸王等领大兵行至界凡，因破敌，乃杀牛八只祭旗。大王曰：'吾领从者二十人，扮作小卒前探消息，待祭旗后，汗可率众兵而徐进。'帝允之，大王遂起行。继而三王亦行。四王乘马至帝前问曰：'大王果前去，吾欲与同之。'帝曰：'汝兄扮作哨探，前听消息，汝可随我同行。'四王曰：'大兄既已独往，吾等何故留后。'言毕，亦起行。夜近初更，大王乃至都城，径往大衙内。时后妃及公主等正聚于此，见大王至，曰：'今又闻二路兵来，奈何？'大王曰：'抚顺开原二路兵已败，尽被杀矣。此来兵吾已有兵迎敌，且不能至，吾待父命前去接战。'大王夜出城十五里，至大屯，候帝祭旗毕，申时自界凡起行，至五更，遇大王二王四王入城。天明令诸王领兵敌宽奠路刘铤之兵，帝存都城，留兵四千以防清河路李如柏、贺世贤之兵。"（清）官修：《清太祖武皇帝实录》卷三，天命四年三月条，载《清入关前史料选辑》（第1辑），北京：中国人民大学出版社，1984年，第348—349页。

三月："当刘铤兵出宽奠时，东廓卫民皆避于山林，刘铤兵焚遗寨，杀瘸瞽不能移者，向前进。牛禄厄真托保、厄里纳、厄黑乙三人，率守卫兵五百迎敌酣战，被刘铤大兵围住，厄里纳、厄黑乙死于阵中，折兵五十，托保领残兵四百五十余人逃出，会答儿汉虾兵，答儿汉虾遂伏兵于山谷隘处。巳时，大王、三王、四王率大兵出挖里胯什，正行间，刘铤部下精兵二万前来，令一万兵野掠，见我大兵，遂登阿布答里山布阵。大王领兵欲自山上向下击之，四王曰：'兄领大兵在后守尾，吾当领兵上山向下击之。'大王曰：'此言最善，吾行于山之西，汝令右侧兵登山向下冲击。汝可在后观之，勿亲入负吾言也。'四王率右侧兵前去，领精兵三十，更出众军之先，从上下击，兵刃相接，正酣战间，后兵亦至，冲击而进。大王亦率左侧兵自山西而进，大明兵溃遂走，四王随掩杀之。又见刘铤二营兵来，乘其未布阵之先杀入，刘铤战死于阵中，全军覆没，我兵乃安营。"（清）官修：《清太祖武皇帝实录》卷三，天命四年三月条，载《清入关前史料选辑》（第1辑），北京：中国人民大学出版社，1984年，第349—350页。

三月："见监军康应乾步兵合朝鲜兵，营于付嗏旷野处，四王驻兵，诸王随皆至，遂列阵前战。见应乾部下兵皆执筤筅竹杆长枪，披藤甲皮，朝鲜兵皆披纸甲，柳条盔，枪炮层层布列。当进战之际，大明营中枪炮连发，适大风骤起，其烟尘皆返向本营，迷罩昏黑，竟无分晓。我兵遂发矢冲入，破二万兵，掩杀殆尽，风尘遂止，康应乾仅以身免。"（清）官修：《清太祖武皇帝实录》

卷三，天命四年三月条，载《清入关前史料选辑》（第 1 辑），北京：中国人民大学出版社，1984 年，第 350 页。

三月："帝前遣二王与答儿汉虾击大明游乔一琦营，破之，琦率残兵奔入朝鲜都元帅姜弘立营。"（清）官修：《清太祖武皇帝实录》卷三，天命四年三月条，载《清入关前史料选辑》（第 1 辑），北京：中国人民大学出版社，1984 年，第 350 页。

三月："诸王又见朝鲜兵营于孤拉苦山，诸王各整固山欲进战。姜弘立知大明兵败，大惊，遂倒掩旌旗，遣通事执旗来曰：'此来非吾愿也。昔日倭侵我国，据我城郭，夺我土地，当此急难，赖大明助之，得退倭兵，此恩当报，今调吾国兵，焉敢不来？若宥我罪，愿往纳降。且吾兵有在大明兵营者，汝已杀矣，今营中尽我国兵，惟有大明游击一员，并相从兵丁而已，吾即献之。'诸王议定，乃曰：'尔等若降，主将可先来，不然必战。'令通使回告之，姜弘立曰：'吾今领兵且宿于此，若身先往，恐众军混乱逃走，今令副元帅先见诸王，即宿于营，吾率众翌日即降。'言讫，尽捉大明兵掷于山下，一琦见势急，遂自缢，于是副元帅来见诸王。次日姜弘立率五千兵下山来降，诸王设宴相待。令朝鲜官兵先往都城，帝升殿，都元帅、副元帅率众官叩见，帝待以宾礼，五日小宴，十日大宴。"（清）官修：《清太祖武皇帝实录》卷三，天命四年三月条，载《清入关前史料选辑》（第 1 辑），北京：中国人民大学出版社，1984 年，第 350 页。

三月："诸王既杀尽刘铤兵，驻三日，收人畜盔甲及器械回兵，初七日乃至。"（清）官修：《清太祖武皇帝实录》卷三，天命四年三月条，载《清入关前史料选辑》（第 1 辑），北京：中国人民大学出版社，1984 年，第 350 页。

三月："经略杨镐驻沈阳，闻三路兵败，大惊，即撤李如柏、贺世贤之兵。如柏自胡拦处回兵时，有我哨兵二十人见之，乃立于山上吹螺，作后有大兵状，将帽系弓梢挥之，喊噪而入，杀兵四十，获马五十匹。其大明兵大溃，夺路而走，自相蹂踏，死者约千余。"（清）官修：《清太祖武皇帝实录》卷三，天命四年三月条，载《清入关前史料选辑》（第 1 辑），北京：中国人民大学出版社，1984 年，第 351 页。

四月初三日："帝曰：'战马羸弱，当乘春草喂养，吾欲据界凡筑城，屯兵防卫，令农夫得耕于境内。'遂亲西往卜基筑城，又择旷野处牧马。"（清）官修：《清太祖武皇帝实录》卷三，天命四年四月初三日条，载《清入关前史料选辑》（第 1 辑），北京：中国人民大学出版社，1984 年，第 352 页。

四月初七日："继选骑兵一千，于初九日遣入大明铁岭境，掠得人畜一千。"（清）官修：《清太祖武皇帝实录》卷三，天命四年四月初七日条，载《清入关前史料选辑》（第 1 辑），北京：中国人民大学出版社，1984 年，第 352 页。

六月初八日："遣木哈量收东海胡儿胯部遗民千户、丁男二千而回。帝出城接款降者，置酒二百席、宰牛二十只，大宴。赐所降酋长每男妇各十人，马十匹，牛十只，衣五件。次者赐男妇各五人，马牛各五匹只，衣三件。房田等物皆给之。"（清）官修：《清太祖武皇帝实录》卷三，天命四年六月初八日条，载《清入关前史料选辑》（第 1 辑），北京：中国人民大学出版社，1984 年，第 352 页。

六月初十日："帝将兵四万取开原。行三日，时天雨，河水泛涨，乃谓诸王臣曰：'可回兵耶，抑前进耶？倘路涂泥泞，河水难济，何以行之？'会议屯留二日，待水落地干。恐此际有逃者泄机于大明，知取开原，故令兵进沈阳地界，遂遣兵一百掠沈阳，杀人三十余，生擒二十而回。令人看开原路河水可济否，来报曰：'开原处无雨，道路不泥。'帝闻言，遂起大兵，守城总兵马林、副将于化龙、署监军道事推官郑之范、参将高贞、游击于守志、备御何懋官等，城上布兵防守，城外四门屯兵。我兵遂布战车云梯进攻，欲先破东面寨门掩杀。正夺门时，攻城者云梯未竖，遂逾城而入，城上四面兵皆溃。其城外三面兵，见城破大惊，冲突而走，被抵门之兵尽截杀于壕内。郑之范预遁，马林、于化龙、高贞、于守志、何懋官等，并城中士卒尽被杀。帝登城南楼而坐，有哨探来报铁岭三千兵来援，诸王领兵迎之，大明兵一见即走，我兵二十人，追杀四十余人而回。收人畜财物，三日犹未尽。有蒙古阿不兔把土鲁先投大明，居开原，受守备职，因妻子被掠，遂带二千总及兵二百余来降，将妻子家业尽查付之。将士论功行赏毕，毁其城郭，焚公廨并民间房屋，遂回兵。"（清）官修：《清太祖武皇帝实录》卷三，天命四年六月初十日条，载《清入关前史料选辑》（第 1 辑），北京：中国人民大学出版社，1984 年，第 352—353 页。

七月："是月，帝率诸王臣领兵取铁岭，二十五日至其城。将围之，其外堡之兵俱投城，被截在外者殆半，四散遁走，我兵布战车云梯攻城北面，城中游击喻成名、史凤鸣、李克泰令众军连放枪炮，齐发矢石，我兵竖梯拆城垛，摧锋突入，四面皆溃，喻成名、史凤鸣、李克泰及士卒尽杀之。帝入城，驻于兵备道衙内。"（清）官修：《清太祖武皇帝实录》卷三，天命四年七月条，载《清入关前史料选辑》（第 1 辑），北京：中国人民大学出版社，1984 年，第 354 页。

八月十九日："帝率王臣领兵征夜黑，会议破敌之策，令大王二王三王四王领部下健卒西向，围布羊古城，亲率八固山厄真并营兵东向，取金台石城。议定，大兵星夜前进。夜黑哨探见之，即飞报于布羊古曰：'满洲大兵至矣。'于是夜黑国民皆惊惶，其屯寨之民，近者入城，远者避于山谷。"（清）官修：《清太祖武皇帝实录》卷三，天命四年八月十九日条，载《清入关前史料选辑》（第 1 辑），北京：中国人民大学出版社，1984 年，第 355 页。

八月二十二日："天明，大兵至。布羊古、布儿杭领兵出城西，立于冈上，吹螺呐喊。见满洲兵盔甲明如冰雪，旌旗剑戟如林，大兵压境，漫山遍野，前后不绝如流，威势可畏，布羊古大惊，急入城。诸王领健卒遂围其城。日方升，帝率大兵至金台石城，四面围之，遂分队破其外郭。军士整顿云梯战车已备，令金台石降，金台石不从，答曰：'吾非汉人，均男子也，吾亦有手，岂肯降汝，惟有死战而已。'遂令兵攻之。两军矢发如雨，我兵即推战车登山，拥至，拆其城，城上滚放巨药礌櫑木，我兵不退，遂拆城而入。城上兵抵杀一阵，败走，于是四面皆溃，各入其家。帝遣人执旗，令众兵勿杀城中军民，又遣人执黄盖，传谕勿杀降者，于是城中军民俱降。"（清）官修：《清太祖武皇帝实录》卷三，天命四年八月二十二日条，载《清入关前史料选辑》（第 1 辑），北京：中国人民大学出版社，1984 年，第 355—356 页。

天命五年（泰昌元年，公元 1620 年）

八月二十一日："帝自将诸王臣领兵掠大明，进懿路、蒲河二处，其人民弃城走，遂收兵安营。哨探报曰：'有沈阳兵出城来迎，已越我侦探处矣。'帝遽起曰：'可掩杀来兵，以塞其门。'言讫，遂率兵迎之。沈阳城总兵贺世贤、副将鲍承先、总兵李秉诚、副将赵率教，各离城二十里下寨，见我兵至，遂遁回。帝谓三王曰：'近汝之敌兵寡，汝可领本部追之。'三王遂率健卒百人，追杀李秉诚、赵率教兵，越沈阳城东，抵浑河始回。其左一固山兵追贺世贤、鲍承先，直抵沈阳北门，杀人百余同。四王复欲杀入，大工与笤儿汉虾劝止之。遂将所获八千人畜，论功赏赐军士，乃还。"（清）官修：《清太祖武皇帝实录》卷三，天命五年八月二十一日条，载《清入关前史料选辑》（第 1 辑），北京：中国人民大学出版社，1984年，第363页。

十月："戊申，辽东经略熊廷弼上疏自理，大略云自去年开、铁连陷，辽城非尝破碎，士民知不可守而谋欲先去，贼亦知不可守而谋欲速来，今内外巩固，壮哉，一金城汤池也。去年无车牛脚夫运粮，臣与各道处办本地牛至三万余头，车至三万辆，昼夜趱运，而军中始有粮草。三路覆没之后，军无片甲，手无寸铁，臣调宣大各匠役改造，又增造大炮数千、枪炮一二万，而军中始渐有器械。采桑削杆，买角易筋，各镇弓箭匠昼夜制造，而军中始有弓矢。又调各镇木匠，旋造双轮战车五千辆，每车安灭虏炮二位或三位，以至火箭、火轮之类无所不备，而军士始有攻守具。自斩贪懦三将而将之畏，斩逃叛数卒而卒知惧，不时捆责不喂马、不操军者，而营伍知收拾。寒夜有赏，久戍有赏，时节有赏，而军士知鼓舞。去年西虏住我汛怡弃地，日肆劫夺，自丁字泊斩捕以来，再从阵擒活虏送抚奠，二十四营酋长而始各就羁索。自沈奉各戍重兵，贼遂为所缀，悉众与我对垒，不敢西窥辽阳，南窥南卫，东窥宽奠。至于近边零落村屯，势自不能无抢掠，我固无如，贼何时而形格势禁，贼亦无如我何也。如谓臣听胡马骄嘶，肝胆堕地，而冒陷往抚顺、宽奠，擐甲冲贼围援沈阳者，独何人乎？辽已转危而致安，臣且之生而致死，天地鬼神实共怜鉴。得旨：劳能议论，自不相掩，俟勘明定夺。"（明）官修：《明熹宗实录》卷二，泰昌元年十月戊申条，台北："中央研究院"历史语言研究所，1962年，第74—75页。

十月："己酉，户部奏，辽东新饷自万历四十六年闰四月起，至泰昌元年九月止，共发过一千五十一万五千七百二十三两有奇。"（明）官修：《明熹宗实录》卷二，泰昌元年十月己酉条，台北："中央研究院"历史语言研究所，1962年，第76页。

十月壬戌："辽东总兵贺世贤塘报，败奴酋于抚安堡，斩首一百一十六级。"（明）官修：《明熹宗实录》卷二，泰昌元年十月壬戌条，台北："中央研究院"历史语言研究所，1962年，第92页。

十月："戊辰，辽东经略熊廷弼再疏辞辩，且求勘问，言：辽自三路覆没，再陷开原，臣始驱羸卒数百人跟跄出关，行至杏山而铁岭又报陷。当是时，中外汹汹，皆谓辽必亡。若不能以旦夕待，而今何以转亡为存？地方安堵，举朝帖席而卧也！此非不操练、不部署、不拊戢，专事工作，而尚威刑者所能致也。惟是臣之操法，与向来异。向来地方操练，但合营装塘冲打，以完故事。即将官教演，亦但每军面试一回不过三百人，而日已云暮。臣则不然，每将令于城外，各择一区地为教场，如管兵千人者，该四十队每队二十五人，设一燕儿窝而立于其下，就本队中择善射者五人，以一教四，自卯至午如法教演，日每百回七八十回乃已，骑射枪炮俱然。仍令彼此主客互逐，队与队逐，熟而合之于总，总与总逐，熟而合之于哨，哨与哨逐，熟而合之于营。臣尝谓，以督抚操军，不若以将官操军，以将官操军，不若使军自操。人但见臣不恒亲下操，又尝外巡，不暇时时亲下操，遂谓臣不操练。如臣不操练，闲住兵将何用？是必不图灭贼，不图性命归家，然后可而臣复何心？盖此议起自去秋，臣初任时，见赞画新兵无用，拨供采草、斫棍、挑壕等役，赞画见其军多逃，遂倡言‘军士做工不得操练’，以自文而阅，臣因为之广其传，以至于今此兵马不训练之说也。至谓臣拥兵十万余，不能大入大创、小入小创、斩贼擒王，而殃民蹙地为狡虏所笑者。第斩贼擒王之事，于此日之兵之将且勿易言也。凡用兵，须总兵将官兵马得力，才能济事。今总兵中惟贺世贤略短取长，敢于阵战，侯世禄精悍而初临大敌，刘孔胤善收拾城守行伍而战阵非长。将官惟尤世功、朱万良等为军中白眉，求大将如前日刘綎辈，诸将如梁汝贵、徐九思辈，已不可得。而各镇兵马又皆四五，屡迁之余，无一而非。敝赋下驷者，发与总兵将官，皆力辞不受。川兵、土兵、毛兵，心虽齐、法虽整，亦强弱参半，而平原旷野不能与战骑相驰逐。昨通查各兵虽有十二万之数，而实在堪战者内，除土、川、毛兵三项不挑外，其余挑选精壮，十不得其二三，余无奈何，只得令充守城、采草、放马以及火兵之役。至于马匹损瘦短少，更不可言。今言者第见辽中今日被臣收拾后之人情光景，遂谓援兵陆续出关，必一一可战，而不能战，以为经略罪，而抑知夫兵马之不能战一至此极也。令箭催，而张帅殒命，马上催，而三路偾帅，臣于今日何敢轻率，如欲大入大创、小入小创，为斩贼擒王之事，且将各边精兵再调三四万成一西北兵势，水、蔺各土兵调一二万成一川土兵势，然后进取，亦未为晚，而非今日病臣罪臣所能及也。于是科臣魏应嘉、台臣冯三元、张修德复极论之，谓其硬口饰辩，有欲罪以靡耗失事者，有欲罪以托病脱卸者，有欲罪以捏造逆榜者。廷弼请即以三臣行勘。得旨：‘科道魏应嘉、冯三元、张修德与经略熊廷弼屡相奏扰，若不速勘，无以明功罪，即著魏应嘉等前往辽镇，会同彼处抚按勘明，从实具奏。’浙江道御史吴应奇言：‘辽事自宜行勘，勘官必当另遣。’上怒其述旨擅减三字为不敬。兵科都给事中杨涟亦力言不可,而辅臣方从哲等谓从来勘事必身在事外,乃得公平,若以言事之人,即勘所言之事即一一得实,讵肯降心俯首?彼此争执,归结无期。得旨:'言官经略日以辽事互相奏扰,故著魏应嘉等前往会勘。今卿等奏称言事之臣即勘所言之事,有所未便,著部院公举风力科臣一员,前往辽东,会同经略、抚按官,作速从公从实勘明回奏,听朕裁处。与勘诸臣,不得再来渎扰。'"(明)官修:《明熹宗实录》卷二,泰昌元年十月戊辰条,台北:"中央研究院"历史语言研究所,1962 年,第 104—108 页。

十一月庚辰:"先是辽东经抚咨议,以添设金复道、胡嘉栋移驻镇江统兵防守,既又议改为辽阳监军道,不必专驻镇江。事下部议。兵部署部事刑部尚书黄克缵言:'镇江东度朝鲜,南通四卫,北连宽奠,此奴贼左窥右瞷所必经由之要路也。添设金复道,移驻彼中,据险扼吭,计莫有要于此者。今若改为辽阳监军,释弹压而事遥制,辽阳距镇江四百里,一旦有急,虽鞭之长能及马腹乎?惟是地方利害、贼势缓急,身在辽中任辽事者,度必详察审处,宜仍移咨经略、抚按,再从长确议。'从之。"(明)官修:《明熹宗实录》卷三,泰昌元年十一月庚辰条,台北:"中央研究院"历史语言研究所,1962 年,第 136—137 页。

十一月乙未:"经略辽东兵部侍郎袁应泰言:'人臣之大戒,曰二心,而于军律为尤甚。二心者,不必营私背公之谓,即同一任事而有不必终焉之志,即二也。臣自盟受命之后,不敢不与东事相终始,更愿文武将吏悉与臣同,庶几人人以忠义自勉,而不怀二心,辽事其有济乎。严谢事之律,著勤事之赏,在该部重为申饬,以激发之。'上曰:'览奏具见忠诚,辽患孔亟,文武各官宜同心效力,不得引避推托,致误辽事。其临事调度军令,倍当严密,袁应泰赐剑一口,将帅以下有违节制不用命者,先斩后奏,务期殄贼,以奠封疆。'于是兵科给事中郭巩旋以尚方剑备授为请,诏兵部速遣官赍行。"(明)官修:《明熹宗实录》卷三,泰昌元年十一月乙未条,台北:"中央研究院"历史语言研究所,1962 年,第 153—154 页。

十二月庚戌:"论清河失事之罪,游击刘世功提问正法,都司金书管复州参将事沈大坊革任,调沈阳卫立功。"(明)官修:《明熹宗实录》卷四,泰昌元年十二月庚戌条,台北:"中央研究院"历史语言研究所,1962 年,第 179—180 页。

十二月："癸亥，上览户部请帑之奏，曰：'辽饷缺乏，屡次请发帑金。朕岂不轸念边军劳苦，吝惜不发！朕思前项发过辽饷，并助大工，及登极，赏赉军士银数百万两。见今内库缺乏，况朕大婚在迩，所费不赀。昨内帑发去，并该部累年发过辽饷，军士未沾实惠，皆贪将污吏侵克肥己，以致不敷应用。尔部便移文彼处抚按官，将发过该镇银两，逐一开造清册奏闻，俟朕别有定夺。其各省直拖欠额派饷银，着各该抚按官严督有司，上紧催征解部，以济急需。如有仍前怠玩不遵的，着该部科查参重处。'"（明）官修：《明熹宗实录》卷四，泰昌元年十二月癸亥条，台北："中央研究院"历史语言研究所，1962年，第201页。

十二月丁卯："先是，大学士刘一燝等以辽阳告急，乞借发帑金，久之未报。至是，奉上传：'朕览卿等所奏，辽阳飞骑告变，借发帑金急救，异常危乱。朕心轸念辽军缺饷，准将大婚典礼所用银两暂借百万给发，前已屡旨明悉，该部如何不能措饷，辽东不能清饷，各不得无罪？着该部院参看来说。'大学士刘一燝等复具疏言：'本日尚书李汝华于东阁见臣等，极言辽饷断绝，告变危迫之状。臣等正欲具揭，适传圣谕，准借给发，仰见皇上轸念饥军，曲为拯救。但大婚典礼取用银两，臣等每询本部，率以外解未至为辞。目前外库匮乏，实难应急。数十万枵腹之军，千余里燃眉之请，自非皇恩沛发，暂为接济，不惟不及急需，亦恐定生他变。皇上明见万里，当毋俟臣等喋陈也。'"（明）官修：《明熹宗实录》卷四，泰昌元年十二月丁卯条，台北："中央研究院"历史语言研究所，1962年，第210—211页。

天命六年（天启元年，公元1621年）

正月："己卯，谕户部：'朕惟辽饷一事，该部屡奉明旨，自当讲求良策，不误军需，何至外解中断，动以请帑为事。况内帑自有经费，近岁给发事多，如内帑亦乏，该部又何所指借？且该部所请，前后数目参差，何从凭据！但今彼中告急，饷库一空，军士枵腹，深轸朕衷，姑准发帑五十万，作速解发，以救燃眉。还着经略各该衙门如法给散官军，别项不得借用，乡部仍照屡旨，集九卿科道各官作速会议，足饷、清饷画一之策具奏，如某处拖欠，某处冒破，即行查参治罪，该部不得仍前因循姑息，致误军需。故谕。'"（明）官修：《明熹宗实录》卷五，天启元年正月己卯条，台北："中央研究院"历史语言研究所，1962年，第231页。

正月丙戌："经略辽东兵部右侍郎袁应泰请复抚顺，言：抚顺为奴酋出入经䜌之处，彼可以来，我可以往，是必争之地也。自抚顺既失，奴酋以为屯兵之所，欲南则南，欲北则北，来去若风雨，刹人若草营，而沈奉危矣。臣曾会抚按并道臣诸将，问以方略。皆曰宜复抚顺、清河。度用兵机何？曰'原议十八万'。大将几员？曰'抚顺六员、清河三员、宽奠一员'。今议抚顺用监军道高出、邢慎言，总兵贺世贤、李秉诚、陈策，尚少三员，议副总兵尤世功升总兵官，朱万良复总兵职，徇与副总兵童仲（馂）各行总兵官事，将步骑各一万。清河用监军道牛维曜、总兵官侯世禄，尚少二员，议副总兵梁仲善，并见调姜弼各行总兵事，亦将步骑各一万。宽奠用金复道胡嘉模、副总兵刘光祚行总兵官事，将步兵九千、骑兵四千，并见调水兵七千，共二万。外以二万守辽阳，总兵刘孔胤统之，尚少一员，于续到副将内选委。用旧兵一万守沈阳，一万守蒲河，以七千守奉集，兵将尚缺，而蒲河为抚顺后劲，为三岔儿要冲，且兼防两虏，况已残破，提兵应援，非良将不可。查得甘肃总兵祁秉忠，智勇兼资，威名夙著，且多蓄健卒，应调守蒲河。而沈阳、奉集亦于援将内选委，外备兵一二万为临时调遣之用。奴若攻旅顺，我坚壁相持，而清河、宽奠出锐师以捣其旧寨。奴若出三岔儿，我蒲河之师且战且守，而抚顺捣其新寨。奴若南趋清河、宽奠，我抚顺之师直捣新寨，而蒲河遂为后援。至临敌，出奇招降用间，未可先定。若是，而抚顺、清河可复也。抚清复，而相地筑城，且急议屯田于抚清一带，以充军实，然后灭奴有机。盖奴酋举动，视马力强弱，其马弱惟在春初，我之乘时断宜在春，而兵马钱粮须齐集于二月之前，大约能战而后能守，能守而后能战，惟祈计出万全而已。章下兵部。署兵部事刑部尚书黄克缵具覆：如经略议，因言我兵既进守抚顺，则六万师之粮必运至抚顺，其途远在百八十里，一月粮二万四千石，马料不与焉，未易致也。六万兵之外，必有营寨接连，方可首尾相应，若彼来攻，作何救援？待沈阳出兵又觉稍远，蒲沈一带既为三岔儿要冲，兼以西虏要挟，兵各止一万，其势觉轻，或衰宽奠之多以益其寡。此在经臣临时调度，兵固难以遥度也。得旨：'战守机宜听经略各官审势相机，便宜从事，朝廷原不中制，但责成功。尤世功等升复调补，俱依拟。贺世贤、侯世禄节次功捷，着作速勘奏升叙。'"（明）官修：《明熹宗实录》卷五，天启元年正月丙戌条，台北："中央研究院"历史语言研究所，1962年，第240—242页。

正月庚寅："奴扬兵抚顺，破二十余屯，边吏匿不以闻。"（明）官修：《明熹宗实录》卷五，天启元年正月庚寅条，台北："中央研究院"历史语言研究所，1962年，第247—248页。

二月十一日："帝率诸王臣，统大军分八路掠大明奉集堡。守城总兵李秉诚闻之，领三千骑出城六里安营，令兵二百为前探。左四固山兵遇之，二路追杀至山上，山下有大明兵结阵，一见我兵至，即开营奔城，我兵随后击之，大明兵败走，两路拥二门争进，杀至壕边方回。当塞门掩杀之时，有参将吉布哈答及一卒被城上炮打死。帝率大兵离城三里，方立冈上，右侧兵亦至。午时将回兵，有小卒来报曰：'吾同行三人，遇大明兵二百，被杀其二，其兵还远。'帝谓诸王臣曰：'右侧王可领本部追杀，吾率左侧兵立此。'于是得格垒台吉、姚托台吉、芍托台吉寻敌所在，因追二百兵，遂杀至二千兵所立之处，敌兵见之惊走，四王领部下健卒至黄山，时署总兵朱万良率大营兵，见我兵势重，不能抵敌，遂惊走，四王追击至武靖营而回。路遇分投破敌之诸王，相遇收兵，合大营，论功行赏毕，乃旋师。"（清）官修：《清太祖武皇帝实录》卷三，天命六年二月十一日条，载《清入关前史料选辑》（第1辑），北京：中国人民大学出版社，1984年，第364页。

二月丙辰："巡按辽东御史陈王庭，始以正月十九日奴破村屯入告参总兵李秉诚，章付所司。"（明）官修：《明熹宗实录》卷六，天启元年二月丙辰条，台北："中央研究院"历史语言研究所，1962年，第297页。

二月戊午："奴酋率众犯虎皮驿，抚镇以闻，时兵部尚书崔景荣、侍郎张经世皆引疾求去，司官仙克谨亦以人言杜门。传谕速出视事，并催侍郎未到者。"（明）官修：《明熹宗实录》卷六，天启元年二月戊午条，台北："中央研究院"历史语言研究所，1962年，第298页。

二月壬戌："辽左降夷日众，总兵贺世贤受之多至三千人，总兵李光荣不纳且以闻。兵科给事中萧基上疏言：'降夷有可疑者三，有可虑者四，何以明其然也。辽东年荒米贵，自去岁已然，何至此时方觉困馁。闻经臣悬招抚之令，奴骑匝月绝迹，而西夷降者麇集，保无借径假道者乎？其可疑者一也。夷虏居依草野，坐啖腥膻，不畏饥寒，是其天性，若有如许车辆，如许牛羊，何不往牧？彼方今乃远来投我，其可疑者二也。据前后之所报者，夷人四五千、牛马千匹、车八十余辆，此非一日一时可至，亦非冥冥悄悄而来，彼中部落岂不知觉，尾而歼之，势所必至，而昔胡寂寂，今乃猖猖，其可疑者三也。即使无可疑矣，降者真矣，而狼子野心非我族类，万一约束无方，狼顾而起萧墙，敌国肘腋甲兵，可虑者一。彼既穷困而降，我必恣其饕餮，须人人给赏，日日支粮，军饷尚尔告亏，夷腹何时得饱？可虑者二。方今间谍不明，华夷错处，或者奴酋奸细，因而窜入其中，多方误我，出没无常，呼吸之间，何事不有？可虑者三。奴氛未靖，虏衅先挑，万一奴与虏合，欲进讨奴酋，则恐虏之蹑其后，欲安排降虏，则畏奴之袭其虚，进退两难，腹背受敌，可虑者四。今日阃外之事当问之经略、督抚，阃内之事当问之枢府、部院，如果措处妥当，则当叙彼中招纳之功，倘或尚欠商量，则当采众口金同之议。'疏下所司，台臣王业浩、潘士良、马逢皋，科臣蔡思充、曾汝召、郭允厚、陈胤丛皆以为言。时辽东巡抚薛国用疏中亦言，降夷有三可虑，大约与诸臣之见同，而复陈三议，曰分插、曰措饷、曰河西增兵增饷。诏该部从长酌议具奏。兵部尚书崔景荣覆言：'经臣招降之檄为东夷也，乃东夷无几，且缺养赡矣。西虏黄把都、巴领、瓜儿兔等，皆款虏也，我正当申明向来和款之好，激以宰赛久羁之耻，彼即不为我用，或亦不为奴用，为何收其降人，自启衅端乎？况奴酋惯使奸细，己事可验，前车不远，奈何蹈之？虽贺世贤善抚降夷，然彼若有意而来，我虽待之恩厚，岂能变其初心？奴之恨世贤最深，世贤之自待何其甚疏，肘腋之患不可不虑也。为今之计，惟将已收者分散安插，将来者拒绝勿收耳。'得旨：'处置降夷，经督巡抚诸臣悉心料理，务出万全。阃外事权，原不中制，不得因而互诿。'廷臣先后言降夷不可信者甚众，独经略袁应泰以为收降为得策，且言昨三岔儿之捷，即以新夷为前茅，死于阵者二十三人，从前种种之疑可以尽释。上命参酌部议，倍加周慎，竟以轻信取败云。"（明）官修：《明熹宗实录》卷六，天启元年二月壬戌条，台北："中央研究院"历史语言研究所，1962 年，第 301—304 页。

二月乙丑："福余卫夷酋暖兔名下通夷把速等到市密称，前正月间有达子哈喇等四名，持布匹前往奴儿哈赤家贸易，闻奴酋欲于闰二月来克沈阳。暖哈喇等报知暖兔，暖兔遣人传调各营，要往辽河一带住牧，俟奴酋犯沈阳，暖兔营达子从懿路劫奴酋寨，取宰赛归。因有两家原是一家，当以血酒为信等语，盖以甘言邀赏也。边吏随据以闻。"（明）官修：《明熹宗实录》卷六，天启元年二月乙丑条，台北："中央研究院"历史语言研究所，1962 年，第 310 页。

闰二月乙酉："吏科给事中倪思辉言，自奴酋发难以来，竭天下之物力以奉三韩，而苦不给也。窃意以十八万之兵，岁縻八百万之饷，假令奴酋数年不死，不必交锋接战，而中国坐受其敝矣，可不为寒心哉？闻奉集居辽沈之中，奉集危则辽沈中断，此奴之所眈眈而视也，乃奴固急之，我固缓之。以骁勇之贺世贤而各一冠车之号，使其快快自鸣，则非所以鼓敢锐也。以巽懦无能之李秉诚，而尸居重地，任贼掳掠出没，则非所以肃军法也。以备御河西之李光荣，而奴来调之来，奴去调之去，使其疲于奔命，则非所以示整暇也。万一夷虏阴连递出以疲我，不几东西牵制，而腹背受敌乎！宜于奉集一堡另简名将，提重兵驻扎其地，奴酋即风雨去来，而我坚壁不动，或用间以伐其交，或设伏以击其惰，即有缓急，亦当就近调援，以壮犄角，不必檄将三百里之遥，仆仆道路，徒事张皇也。疏付所司。"（明）官修：《明熹宗实录》卷七，天启元年闰二月乙酉条，台北："中央研究院"历史语言研究所，1962年，第338—339页。

闰二月乙酉："户科给事中赵时用言，辽事有三可忧，我之所以御奴者，能战也。交战之时，有驰射，有击刺，人人不怯斗、不惜死，乃可鼓其胜气。今止一火药为军中护命，而此外枪刀矢石一毫不能展矣。各将领之所倚靠者，全在家丁，不过六七百人，而此外俱脆弱不堪，稍败则先走矣，此其可忧。忧在选练之无日。法曰：'以逸待劳者，守也。'今奴贼出没近在咫尺，而调河西之将，从三百里外赴援，即未战而我已先疲矣。河西有警，将若之何？此其可忧，忧在调度之失宜。招降之方，古名将多用之，然亦因彼之瑕衅，借此以倾之耳。今奴势正在盛强，即多降，何损于彼？况我所收者又皆西酋之部落也，若收西酋数千便可孤奴酋，则宰赛被擒已久，何以不能夺之归虎憨？见为金台什媚，何以不能为之复仇？且非我族类，久必生心，作速分插，庶无意外，此其可忧，忧在招徕之难测。疏末荐张鹤鸣、王在晋、涂宗浚，而请免许弘纲，章下所司。"（明）官修：《明熹宗实录》卷七，天启元年闰二月乙酉条，台北："中央研究院"历史语言研究所，1962年，第340—341页。

闰二月丙戌："是时，被抢辽民逃回者皆言，奴酋制造钩梯营车，备糗粮，将犯沈奉。总兵李光荣先后以闻。"（明）官修：《明熹宗实录》卷七，天启元年闰二月丙戌条，台北："中央研究院"历史语言研究所，1962年，第342页。

闰二月庚子："海州吴金祖叛，金祖即逐弁刘光先，伪名也，词连冯李二游击。兵部言：刘光先以斥逐么弁，鼓煽凶愚，劫屯攻堡，当此之时，惟以歼厥渠魁，招安胁从为主。所称冯李二游击阴与同谋，虚实未卜，宜晓谕诸将，洗涤逆肠。又宜晓示辽民，谕以祸福，使其束身归命，待以不死，如其执迷不悟，便当相机剿杀，贼首计无复之势，必投奔奴寨，则从出之路当截。奴酋知我有变，恐乘机内讧，则防奴之兵当饬。得旨，依议。行兵科给事中明时举因言：此辈首倡左道，叛形已炽，恐白莲无为之风相继而起。贵州道御史刘兰亦以为言。得旨：严行申饬。未几，光先复谋据岫岩，总兵李光荣讨擒之。"（明）官修：《明熹宗实录》卷七，天启元年闰二月庚子条，台北："中央研究院"历史语言研究所，1962 年，第 357 页。

三月甲寅："奴贼深入沈阳，用战车冲锋，马步继之，遂围沈阳。"（明）官修：《明熹宗实录》卷八，天启元年三月甲寅条，台北："中央研究院"历史语言研究所，1962 年，第 378 页。

三月："乙卯，奴破沈阳，总兵尤世功、贺世贤死之。按：沈阳初陷时，经略袁应泰、巡按张铨疏报，皆言尤世功、贺世贤生死俱未可知。其后传者或谓世贤降奴被杀，又或谓世贤栖木梨山，一夕醉酒，自恨坠崖死，皆无的据。援辽都司庄安世归自广宁，尝言得辽沈溃卒云，贺世贤死于沈阳西门外，闻奴恨世贤，以其妻女给我降将，然亦未详当日死作何状。今兵部见在家丁张贤自言昔在沈阳，亲见世贤当日死事状，历历为大司马张凤翼具述甚悉。张贤之言曰：贤昔以兵部家丁往沈阳立功，实隶贺世贤麾下。沈阳城颇坚，城外浚壕，伐木为栅，埋伏火炮，为固守计。奴猝至，未敢遽逼也。先以数十骑于隔壕侦探，尤世功家丁蹑之，斩获四级。世贤勇而轻谓奴易与，遂决意出战。张贤谏不听，世贤故嗜酒。次日，取酒引满，率家丁千余出城击奴，曰'尽敌而反'。奴以嬴卒诈败诱我，世贤乘锐轻进，奴精骑四合，世贤且战且却，至沈阳西门，身已中四矢。城中闻世贤败，汹汹逃窜，降夷复叛。吊桥绳断，或劝世贤走辽阳，世贤曰：'吾为大将，不能存城，何面目以见袁经略！'时张贤在侧，世贤麾使速去，曰：'与我俱死，无益也。'贤不忍，世贤叱之，贤走数十步，奴兵已至，围世贤，世贤挥铁鞭决斗，击贼数十，中矢坠马死。张贤回首，犹隐隐望见之。云尤世功引兵至西门，欲救世贤，兵皆溃，亦力战而死。同时有参将何世延者降奴，遂讹为世贤云。"（明）官修：《明熹宗实录》卷八，天启元年三月乙卯条，台北："中央研究院"历史语言研究所，1962 年，第 378—380 页。

三月乙卯："川浙总兵陈策等率师援沈阳，及奴贼战于浑河，死之。时策等提兵至浑河桥南，闻沈阳失守，下令还师，裨将周敦吉等固请进战，石柱土司副总兵秦邦屏引兵先渡河，与诸将营桥北，浙兵三千与陈策等营桥南。邦屏等营未就，奴四面攻之，将卒殊死战，杀奴二三千人，贼却而复前，如是者三，奴益生兵至，诸军饥疲不支，周敦吉、秦邦屏、吴文杰、雷安民皆战死，他将走桥南，入浙营。奴围之数重，副将朱万良、姜弼拥兵去浑河数里，观望不前，及贼围浙兵，始领而前，与贼遇即披靡不支。贼乃萃力于浙营，初用火器击之，杀伤相枕，火药已尽，短兵接战，遂大败，陈策先死，童仲楏骑而逸，副将戚金止之曰：'公何往？'遂下马语其属曰：'吾二人得死所矣。'与诸将袁见龙、邓起龙、张名世皆死之，惟周世禄突围得脱，其死于城中乱兵者，运粮同知陈辅尧、自在知州段展也。自奴酋发难，我兵率望风先逃，未闻有婴其锋者，独此战以万余人当虏数万，杀数千人，虽力屈而死，至今凛凛有生气。当时，亡归残卒有至辽阳以首功献按臣张铨者，铨命照例给赏。卒痛哭阶前，不愿领赏，但愿为主将报雠。义哉卒也，可以将矣。"（明）官修：《明熹宗实录》卷八，天启元年三月乙卯条，台北："中央研究院"历史语言研究所，1962年，第380—381页。

三月庚申："辽东经略袁应泰言：沈阳已破，欲撤奉集、虎皮之兵，并守辽阳，并乞敕下兵部，飞催各边镇家丁与原请火器，刻期抵辽。兵部覆议，得旨，如所请。"（明）官修：《明熹宗实录》卷八，天启元年三月庚申条，台北："中央研究院"历史语言研究所，1962年，第384页。

三月壬戌："奴破辽阳，张铨、何廷魁、崔儒秀、袁应泰等死之。先二日，奴过代子河向辽阳，经略袁应泰、巡按张铨皆登埤，应泰出城督战，留铨居守。奴薄城攻西门不动，次日应泰见奴却，易与趣兵出战，以家丁号虎旅军者助之，分三队锋交而败，余卒望风奔窜，奴仍入旧营。又次日，尽锐环攻发炮，与城中炮声相续，火药发，川兵多死。薄暮，丽谯火贼已从小西门入，夷帜纷植矣。满城扰乱，守者皆鼠伏檐壁下，而民家多启扉张炬若有待，妇女亦盛节迎门，或言辽阳巨族多通李永芳为内应，或言降夷教之也。是日，应泰等死之。奴既得辽阳，驱士民出城，恣行屠戮，一老书生奋白梃击，杀贼酋并伤数贼，父子兄弟挟数十人结伴去，群夷瞠目莫敢动。从此，广宁、宁前数百年土著咸西徙，自塔山至闾阳相距二百余里，烟火断绝矣。"（明）官修：《明熹

宗实录》卷八，天启元年三月壬戌条，台北："中央研究院"历史语言研究所，
1962年，第390—391页。

三月丁卯："辽东巡抚薛国用、总兵李光荣各飞报辽阳失守，京师戒严，
诏廷臣集议方略。越日，议于后府，时言官气张，甚或攘袂诟谇，无复朝庙之
容，诸大僚多缄口逊避，自催熊廷弼、张鹤鸣之外，无他策。工科给事中霍守
典言：'今者逐队而入，萍聚而散，缄默者闭目摇首，忿争者疾颜厉色，会议
之概若此，亦何贵于议也。臣愿皇上立召大小九卿，各问以职业，毋惧出位，
毋惧首事，几可以救辽者各出所见，择而用之。不然，会议如前，恐天下事去
矣。'章付所司。"（明）官修：《明熹宗实录》卷八，天启元年三月丁卯条，台
北："中央研究院"历史语言研究所，1962年，第408—409页。

三月丁卯："奴酋据辽阳，封贮府库，民间金钱缯绮搜取一空，分遣西
虏，驱辽民聚城北，奴众聚城南，遣三骑持赤帜传令，自髡者，赏不杀。于是
河东之民无留髡矣。家有父子五人者，抽三人为兵，有三人者抽二人。酋之第
三子循海州而南，四卫之人望风奔窜，武弁青衿各携家航海，流寓山东，不能
渡者栖各岛间，此岛众所蘇集也。"（明）官修：《明熹宗实录》卷八，天启元
年三月丁卯条，台北："中央研究院"历史语言研究所，1962年，第409页。

四月甲戌："西安堡游击王牧民具禀：近因辽沈失陷，河东十四卫生灵尽
为奴属，杀掳之惨言之酸心，止存河西一线之路耳。人知大路有三岔河险阻可
保，而不知边外水分数流，虏马易渡。辽沈离西边三十里，西边外至镇静等堡
仅一百余里，边外犹近里路也。虎酋入大营，离边虽远，春赏未领，巴领叔侄
十营虽款，尚有新枝秒花父子十营，二年不肯叩关，讲加新赏，此酋狡猾百
出，乃河西大患。辽沈既陷，秒与奴止隔一墙，万一奴还宰赛，再加财帛，联
结虎秒等酋谋犯，何以待之？且正安堡等六堡单弱极矣，边长一百八十余里，
系广宁北门锁钥，边外乃诸夷牧马之地，目视垂涎，闻河东失陷，必拥众要
挟。堡中无兵，库中乏饷，危在旦夕。本职受恩十世，惟矢心以报朝廷，伏望
速为议兵处赏防守各堡，羁縻款夷，以救河西生灵。总兵李光荣以闻。"（明）
官修：《明熹宗实录》卷九，天启元年四月甲戌条，台北："中央研究院"历史
语言研究所，1962年，第428—429页。

四月甲戌："辽东巡抚薛国用言：军兴以来，河西兵马之精劲，及糗粮、
器具之转输，无一不为河东竭蹙从事，今俱尽矣。臣虚拥空城，欲募兵而居民

俱窜，欲措饷而帑藏如洗，盖岌岌乎难之也。惟是东来残兵，如川浙土兵犹堪贾勇，臣已移会总兵侯世禄、姜弼、李秉诚，各先给银一千两，令悬而购之，较之往时加增月饷，以力挽入关之志。中有被重伤及羸弱不堪应发回者，所带弓矢器械、甲胄火药，如果堪用，悉与平买，以佐匮乏。至于西虏秉机讲赏，一不厌其欲，是合夷虏之交也。若虏利吾饵，就我戎索，奴畏虏之尾其后，未必敢率尔渡河，河西庶可措手，则临时酌议加赏，似不可以故尝胶。章下所司。"（明）官修：《明熹宗实录》卷九，天启元年四月甲戌条，台北："中央研究院"历史语言研究所，1962年，第429—430页。

四月："癸未，辽阳先是有原任通判黄衣者广宁人，袁应泰委视仓，待城陷自髡降奴，奴衣以红蟒，与骡一头，复入广宁，为奴游说。巡抚薛国用执而戮之，具疏以闻。得旨：辽失全以内应，黄衣显为贼用，枭示允当厥辜，仍设法搜捕奸宄，安固人心。"（明）官修：《明熹宗实录》卷九，天启元年四月癸未条，台北："中央研究院"历史语言研究所，1962年，第449页。

四月乙酉："发盔甲、弓矢、器械、火药等项于广宁。"（明）官修：《明熹宗实录》卷九，天启元年四月乙酉条，台北："中央研究院"历史语言研究所，1962年，第454页。

四月："壬辰，刑部尚书黄克缵疏请演神器并收遗兵，言：'臣任协理戎政时，曾募能铸吕宋大铜炮匠人来京，铸完大炮二十八位，遣援辽守备黄调焕，同壮士陈有功、顾应泰等三十人解去辽阳七位。其一位重三千余斤，为李秉诚请去奉集，一发击毙建夷七百余人、将官二人，此道臣高出之所目击。其余重二千余斤及一千斤者，分守辽阳山东，闻再发击毙建夷二千余人，此袁经略之所面赏。今三炮一埋地中，其二击破，惟有四号者三位为建夷所得，然彼亦不能用也。所遣三十人，初以为尽于辽矣，今尚存二十六人见在宁前，真壮士也。戎政府中尚有大炮十七位，大佛郎机十二位，若募百人演习而善用之，尚可当浙川兵一二万人，此则神器所当急演者也。又，从辽阳脱回兵士尚有四五万，聚于宁前、山海间，即川兵亦尚有七千人，臣所用管押南兵守备徐琏，骁勇出群，残兵见之皆愿随彼复回广宁，但所带兵粮仅千余金，不能救败兵之饥。若发五六万金，听其召募收拾，则一二万人可以立得，练而用之，皆精兵也，胜于召募远地缓不及事者，功相万也。臣所遣炮匠从辽阳来者言，川浙兵与夷力战，杀伤数颇相当，夷今住辽阳，其兵疮痍未起，且西虏物故者与之责偿，故未敢轻渡三岔河。正我修理战守之时，不可玩时惕日，以失事机，亦不可过于张皇示以弱也。'上命所司作速议行。"（明）官修：《明熹宗实录》卷九，天启元年四月壬辰条，台北："中央研究院"历史语言研究所，1962 年，第 465—467 页。

十一月十八日："命二王领兵五千，渡镇江，入朝鲜地，欲剿毛文龙兵。至镇江，连夜入朝鲜境，杀刘游击、兵一千五百，文龙仅以身免，乃还。"（清）官修：《清太祖武皇帝实录》卷三，天命六年十一月十八日条，载《清入关前史料选辑》（第 1 辑），北京：中国人民大学出版社，1984 年，第 371 页。

天命九年（天启四年，公元 1624 年）

五月："大明毛文龙，令游击三员，领兵顺鸭绿江越长白山，寇满洲东界所属辉发地。时有满洲守将素儿东刚击破之，追杀三日，其兵无一人得脱。"（清）官修：《清太祖武皇帝实录》卷四，天命九年五月条，载《清入关前史料选辑》（第 1 辑），北京：中国人民大学出版社，1984 年，第 381 页。

八月："是月，帝闻毛文龙兵渡朝鲜义州城西鸭绿江，入岛中屯田，命整白旗固山副将冷格里、镶红旗固山游击兼副将事兀善，领兵一千往袭之。于途中获一谍者，诘之，告曰：'昼则渡江入岛收获，夜则敛兵过江，宿于义州西岸。'冷格里连夜领兵从于山僻处前进，遂隐伏，至天明，料大明兵已渡江，遂纵兵前进。大明侦探未及举炮传烽，冷格里即渡夹江，突至其岛，大明兵将大惊，俱抛戈溃走。冷格里等于陆地掩杀五百余人，其余夺船渡江，皆溺死。冷格里等尽焚其粮而回。"（清）官修：《清太祖武皇帝实录》卷四，天命九年八月条，载《清入关前史料选辑》（第 1 辑），北京：中国人民大学出版社，1984 年，第 381 页。

天命十年（天启五年，公元 1625 年）

八月："初，命游击［代管副将事］布儿侵虾、备御胄七、扎诺、色牛克、著内、东贵、尼勘领兵二千讨东海南胡儿哈部，招五百户而来。帝闻之，迎至浑河，出征诸将并招来首领叩见毕，大宴，乃还。"（清）官修：《清太祖武皇帝实录》卷四，天命十年八月条，载《清入关前史料选辑》（第 1 辑），北京：中国人民大学出版社，1984 年，第 384 页。

八月："初，命鸦虎、刚木塔尼二人，领兵讨东海北挂儿插部，时获人二千而来，帝出城迎之，大宴而回。"（清）官修：《清太祖武皇帝实录》卷四，天命十年八月条，载《清入关前史料选辑》（第 1 辑），北京：中国人民大学出版社，1984 年，第 384 页。

十月初四日："初，命子阿拜、塔拜、巴布泰，领兵一千征东海虎里哈部。二路进兵获人一千五百，十月初四日乃至，帝出城迎之，大宴而回。"（清）官修：《清太祖武皇帝实录》卷四，天命十年十月初四日条，载《清入关前史料选辑》（第 1 辑），北京：中国人民大学出版社，1984 年，第 386 页。

清太宗天聪元年（公元 1627 年）

正月丙子："命大贝勒阿敏、贝勒济尔哈朗、阿济格、杜度、岳讬、硕讬统大军往征朝鲜。"（清）官修：《清太宗实录》卷二，天聪元年正月丙子条，北京：中华书局，1985 年，第 31 页。

三月辛巳："先是往征朝鲜，大贝勒阿敏及诸贝勒遣人奏言，正月十三日，大军至明哨地，楞额礼、叶臣、雅荪、孟安率兵八十人，乘夜袭其哨卒，尽获之，六哨无一脱者。十四日夜，大军临朝鲜境，薄义州，树梯攻城。"（清）官修：《清太宗实录》卷二，天聪元年三月辛巳条，北京：中华书局，1985 年，第 35 页。

四月丙午："青嘉弩至自军中报称，征朝鲜凯旋大军，于初八日渡江。"（清）官修：《清太宗实录》卷三，天聪元年四月丙午条，北京：中华书局，1985 年，第 43 页。

天聪三年（公元 1629 年）

六月辛巳："布尔吉率每牛录下步兵四人，赴雅尔古地方，杀朝鲜国十人，明国三人。"（清）官修：《清太宗实录》卷五，天聪三年六月辛巳条，北京：中华书局，1985 年，第 72 页。

七月甲午："命孟阿图率官八员、兵三百人，往征瓦尔喀。上谕之曰：'尔等行军，宜严纪律，毋妄杀、毋劫掠，归附之众皆编为民户携还，其所产貂皮及一切诸物，毋得纤毫私取，若克建功绩，自加升赏。'"（清）官修：《清太宗实录》卷五，天聪三年七月甲午条，北京：中华书局，1985 年，第 72 页。

九月癸未："遣额驸杨古利及阿山、楞额礼、雅赖率骑兵百人、步兵二百人，往雅尔古地方，蹑踪捕缉，遇明故将毛文龙属下采参者，杀九十六人，生擒千总三员，及其从人十六人以归。"（清）官修：《清太宗实录》卷五，天聪三年九月癸未条，北京：中华书局，1985 年，第 74 页。

天聪五年（公元 1631 年）

二月甲戌："往征瓦尔喀之大臣孟阿图，自宁古塔遣人奏俘获人数，男子千二百十九名，妇女千二百八十四口，幼丁六百三名，及人参、皮张甚多。"（清）官修：《清太宗实录》卷八，天聪五年二月甲戌条，北京：中华书局，1985 年，第 113 页。

三月甲午："征瓦尔喀诸将士还。"（清）官修：《清太宗实录》卷八，天聪五年三月甲午条，北京：中华书局，1985 年，第 119 页。

四月庚子："命总兵官楞额礼为右翼主帅，总兵官喀克笃礼为左翼主帅，率骑兵千五百人、步兵四千五百人，征南海岛。"（清）官修：《清太宗实录》卷九，天聪五年四月庚子条，北京：中华书局，1985 年，第 121—122 页。

四月庚子："是日，甜水站守臣来苏、伊尔登于岫岩地方蹑踪获船二，皆沉之，擒四人来献。"（清）官修：《清太宗实录》卷九，天聪五年四月庚子条，北京：中华书局，1985 年，第 122 页。

十一月癸酉："是日，代松阿金备御至自沈阳奏言，十月十一日，朝鲜国王遣三人徒步至，言明国哨卒在我江岸者俱已撤还，有船四十艘自皮岛趋石城岛而去，其意殆谋侵贵国，幸勿以四十艘为少也，因属邻国，故以相告。"（清）官修：《清太宗实录》卷十，天聪五年十一月癸酉条，北京：中华书局，1985 年，第 143 页。

闰十一月庚子："朝鲜国人，每年潜入我境窃采人参，猎取禽兽，事觉屡谕使臣，各严禁人民，勿令越境，卒不从，又杀我国人，互市勒价，夺取马匹牲畜，隐匿我论死罪犯，以彼国应死之人代之，又背约令明人登岸，复渐减每年贡献方物，于是遣巴克什、库尔缠及满达尔汉董纳密往谕，嗣后贡献毋违定额，从前逃人，姑免察送，自今以后有逃往者，务察明送还。"（清）官修：《清太宗实录》卷十，天聪五年闰十一月庚子条，北京：中华书局，1985 年，第 146 页。

闰十一月乙亥："上遣八固山额真往东西所属屯堡，察验披甲兵丁强弱。"（清）官修：《清太宗实录》卷十，天聪五年闰十一月乙亥条，北京：中华书局，1985 年，第 147 页。

天聪七年（公元 1633 年）

六月甲申："朗格、吴巴海等自朝鲜国会宁城贸易还奏言，臣等所携赍不敷物价，因将宁古塔喇发等部人所带皮张货去，买牛百十五头给之，有前往朝鲜瓦尔喀之裔十五人，并察获携还。"（清）官修：《清太宗实录》卷十四，天聪七年六月甲申条，北京：中华书局，1985 年，第 199 页。

八月乙丑："赫图阿喇城守将扈什塔、楞额礼、俄尼喇、毕禄率所部兵巡哨雅尔古一路，遇明人盗参者，斩二十四人，生擒四十九人，获参一百六觔以献，命斩所俘百总一人，以十八人赏从行军士，余三十人发尚阳堡。"（清）官修：《清太宗实录》卷十五，天聪七年八月乙丑条，北京：中华书局，1985 年，第 203 页。

十一月戊申："遣季思哈、吴巴海率官八员、兵三百人，往征朝鲜接壤之虎尔哈部落。谕曰：'兹命尔等往征朝鲜接壤之国，及岛中余孽，尔等至彼，如所获充足则已，否则量力再取，随征新人，有兄弟亲戚者，勿令独往，必遣兵同行。尔等如止以俘获为念，听信谗言，害及无辜降人，致令已顺已获之人复叛逃而去，即将该管将领照奸淫妇女例治罪，所俘妇女当择谨厚之人守护，若有奸淫事觉，领兵固山额真与奸淫之人，俱从重治罪。其无夫之妇，各将卒分领看守，其余皮张等物，不许分给，收于公处。至将领士卒身欲休息，止许弛弓昼寝，昏夜不可怠忽，务擐甲上弦，将俘获人等严加巡逻，能遵令行者论功，违令乱行者坐罪。其八贝勒家人遇用兵处，皆令入伍听调遣，凡所俘获，令各自立营，以无父母之子女分给，守视查检时，勿论贝勒家人，一概严加查检。尔领兵诸将，宜朝夕严饬军士，不许任意乘马，马正行时，勿饮以水，恐致生病。驻营时，须散放滚尘，先令食草，后饮以水。至宁古塔、喇发二处人，可分为三，以一分随征，以二分留守。兀扎喇部落编户人等，亦令随征，伊等有所俘获，任其自取，若无俘获，又无妻室者，尔等当给与妻室，其男子，分给尔等养之。'"（清）官修：《清太宗实录》卷十六，天聪七年十一月戊申条，北京：中华书局，1985 年，第 217—218 页。

天聪八年（公元 1634 年）

二月己巳："上召黑龙江地方来归之嘛尔干、羌图里，入中殿，谕之曰：'虎尔哈慢不朝贡，将发大兵往征，尔等勿混与往来，恐致误杀，从征士卒有相识者可往见之。此次出师不似从前兵少，必集大众以行也。'"（清）官修：《清太宗实录》卷十七，天聪八年二月己巳条，北京：中华书局，1985 年，第 231 页。

五月甲辰："往征东海一路虎尔哈部落季思哈、吴巴海遣人奏捷，俘男子五百五十人，妇女幼小共一千五百人，获有主马一百五十六、牛一百八十三，无主马三十八、牛二十一，貂、猞、狸、狲、狐、水獭、黄鼠、灰鼠、貉等裘共一百六十有奇，貂、猞、狸、狲、狐、狼、水獭、黄鼠、灰鼠、虎、貉、海獭等皮共二千二百五十有奇，貉褥二、布一百二十、缎四，人参二驮。"（清）官修：《清太宗实录》卷十八，天聪八年五月甲辰条，北京：中华书局，1985年，第242页。

九月壬申："正白旗姚塔有庄田二，在撒尔湖地方，离本牛录屯另住，被明兵犯境，掠去满洲一名、汉人二名，汉妇人三口，牛一头，兴京城守季思哈、扈什塔率十余人追之，杀明千总一员、兵二人，以敌兵由正白旗、镶白旗汛地入，拟两汛哨长罪应死，从宽各鞭一百，穿耳鼻，余各鞭一百，姚塔坐离本牛录居住，罚男妇六人、牛一头。"（清）官修：《清太宗实录》卷二十，天聪八年九月壬申条，北京：中华书局，1985年，第269页。

十二月戊子："升三等甲喇章京季思哈为二等甲喇章京，准世袭二次，季思哈原系瓦尔喀冯家屯人，先归乌喇国，后复子身来归，命管牛录，寻授三等甲喇章京。至是以攻取辽东时，率本甲喇首先竖梯功，故有是命。"（清）官修：《清太宗实录》卷二十一，天聪八年十二月戊子条，北京：中华书局，1985年，第280页。

十二月壬辰："命管步兵梅勒章京霸奇兰、甲喇章京萨穆什喀率章京四十一员、兵二千五百人，往征黑龙江地方，谕之曰：'尔等此行，道路遥远，务奋力直前，慎毋惮劳而稍怠也。俘获之人，须用善言抚慰，饮食甘苦，一体共之。则人无疑畏，归附必众，且此地人民，语音与我国同，携之而来，皆可以为我用，攻略时宜语之曰：尔之先世，本皆我一国之人，载籍甚明，尔等向未之知是以甘于自外，我皇上久欲遣人，详为开示，特时有未暇耳。今日之来，盖为尔等计也。如此谕之，彼有不翻然来归者乎？'"（清）官修：《清太宗实录》卷二十一，天聪八年十二月壬辰条，北京：中华书局，1985年，第280页。

十二月壬辰："是日，召屯长喀拜、郭尔敦等，及其从人进宫，赐食，既出，命沙尔虎达、穆成格传谕喀拜等曰：'尔地方僻陋鄙野，不知年岁，何如率众来居我国，共霑声教。朕久欲遣人往谕尔部，但国务殷繁，未得暇耳。人君各统其属，理也。尔等本我国所属，载在往籍，惜尔等未之知耳。今尔诸人率先归附，若不遣尔还，留居于此，亦惟朕意。朕知尔等贤，故遣归，此行可引我军前往，凡各屯寨，具善指示之。'喀拜对曰：'诚如上谕。'遂受命而去。"（清）官修：《清太宗实录》卷二十一，天聪八年十二月壬辰条，北京：中华书局，1985 年，第 280—281 页。

十二月癸卯："遣吴巴海、荆古尔代率每旗将领一员、每牛录甲士一名，共四百人，往征瓦尔喀，命兵部和硕贝勒岳讬传谕曰：'兹命尔等往征瓦尔喀，所至之处，务谨慎从事，各副委任，不可怠忽。闻尼满地方有千余人，在彼筑城屯驻，尔等宜往略之。至各屯户口多少，吴巴海尽知，可与计议。其可取者，量力取之，有分达里所居之屯，宜率乡导前往，先取此屯，余可次第略定。凡此诸屯，非有统帅哨防，不过贸贸然散处各村落耳，然其人虽愚昧，耳目颇众，尔等自宁古塔启行之日，即宜防范，毋令彼知觉，多设侦探，伺其所在，以智取之。所有俘获，当加意监守，如遇天寒，则给以火，不可令彼冻伤。若得食物，必均给之。前所遣达朱户，以疏忽遇害，念其效力年久，著有劳绩，方令承袭世职。尔等未能如达朱户之功，倘不自慎，欲希格外之恩，不可得也。夫攻略之后，或俘人遁逃，或自被杀害，皆由与彼同处日久，漫无防范，以及僇辱其妇女所致。前者董鄂魁满征瓦尔喀时，所为多不义，尔等切毋效尤，亦毋以其物力丰足，妄行侵取。彼既服从，秋毫不可扰犯。尔等其毋违朕命。'"（清）官修：《清太宗实录》卷二十一，天聪八年十二月癸卯条，北京：中华书局，1985 年，第 282—283 页。

天聪九年（公元 1635 年）

三月丁巳："遣镶红旗甲喇章京扈什布率每旗二人，往迎出征瓦尔喀霸奇兰、萨穆什喀等。"（清）官修：《清太宗实录》卷二十三，天聪九年三月丁巳条，北京：中华书局，1985 年，第 299 页。

四月癸巳："是日出征瓦尔喀之霸奇兰、萨穆什喀令白奇及兵部启心郎额色黑、伊木布赉捷音至，奏报收服编户壮丁二千四百八十有三，人口共七千三百有二，所有牲畜马八百五十六、牛五百四十三、驴八，又俘获妇女幼稚一百十六人，马二十四、牛十七，及貂皮、狼皮、狐皮、猞狸、狲皮，并水獭、骚鼠、青鼠、白兔等皮三千一百四十有奇，皮裘十五领。"（清）官修：《清太宗实录》卷二十三，天聪九年四月癸巳条，北京：中华书局，1985 年，第 301 页。

四月甲辰："往征东海瓦尔喀吴巴海、荆古尔代自宁古塔遣噶尔珠报捷，奏称收抚壮丁五百六十人，妇女五百口，幼稚九十口，又俘获妇女六十六口，马六十匹，牛百头，貂、猞狸、狲、虎、狐并水獭、青鼠、黄鼠等皮六百六十有奇，貂裘、貂镶灰鼠裘、猞狸狲裘、貉裘、黄鼠、灰鼠等裘三十八领。"（清）官修：《清太宗实录》卷二十三，天聪九年四月甲辰条，北京：中华书局，1985年，第301页。

四月甲辰："是日，驻防揽盘岫岩喀逊喀玛、贾木苏、锡翰沿海边缉访，获捕鱼船二只、汉人二十一名，杀一人，生擒二十人来献。命即以所获人发尚阳堡居住。"（清）官修：《清太宗实录》卷二十三，天聪九年四月甲辰条，北京：中华书局，1985年，第301页。

五月乙卯："出征黑龙江虎尔哈部落诸臣，以所招降头目人等朝见，上御殿，凯旋诸臣将朝见。上以诸臣出师勤劳，命主将霸奇兰、萨穆什喀行抱见礼，霸奇兰、萨穆什喀出班，至上前叩头，行抱见礼。次招降二千人叩见，次索伦部落朝贡头目巴尔达齐等叩见，毕命招降军士俱较射，设大宴。"（清）官修：《清太宗实录》卷二十三，天聪九年五月乙卯条，北京：中华书局，1985年，第301页。

六月丙戌："命章京塞纽克、沙弩喀、克徹尼、郎格、穆尔泰、佟阿图、昂金等率每牛录兵各一人，往迎出征东海吴巴海、荆古尔代等所降户口。"（清）官修：《清太宗实录》卷二十三，天聪九年六月丙戌条，北京：中华书局，1985年，第308页。

六月甲午："（复朝鲜国王李倧书曰——笔者按）又东海之役，亦收获六千余人。"（清）官修：《清太宗实录》卷二十三，天聪九年六月甲午条，北京：中华书局，1985年，第310页。

六月丁酉："往征东海吴巴海、荆古尔代等，携所招降虎尔哈部落至，命礼部诸臣出迎，大宴之。"（清）官修：《清太宗实录》卷二十三，天聪九年六月丁酉条，北京：中华书局，1985年，第310页。

六月甲辰："赐吴巴海、荆古尔代所招降虎尔哈部落分得里蟒缎朝衣并缎褂，其余诸人依次分给房舍、衣服诸物，仍以所获貂皮，及各色皮张赐吴巴海等有差。"（清）官修：《清太宗实录》卷二十三，天聪九年六月甲辰条，北京：中华书局，1985年，第311页。

八月戊寅："先是，张习巴、安塔木、萨哈连、俄通果等赴雅尔古地方侦探，遇朝鲜毕克塔木城游击韩国属下千总崔遏尼率三十五人、绰虎毕城备御奇木齐尼属下千总李大水率十四人采参，俱执之。至是，送至盛京。"（清）官修：

《清太宗实录》卷二十四，天聪九年八月戊寅条，北京：中华书局，1985 年，第 317 页。

十月癸未："出征瓦尔喀，每旗派官各三员、每牛录兵各五名，旧蒙古各二名，每兵二名用马三匹，每旗三眼鸟枪五杆，指授进兵地方，两旗合进一路，共分四路，两黄旗以吴巴海为帅、副以昂金、默默里、叟塞、俄屯、伊礼布、孟格，率兵二百九十七名，进额黑库伦、厄勒约锁二处，携其地壮丁七百五十人，及虎尔哈向导人艾道、严都里、张瑙、常提里、多尔周以往；两红旗以多济里为帅，副以方金、布尔萨海、雅尔堪、聂努克、户什，率兵三百五名，进鸦蓝、细林、户野三处，携其地壮丁七百五十七人，及虎尔哈向导人内莫里、傅禄、图球、戚习纳、益努喀以往；两蓝旗以札福尼为帅，副以特木禄、诺木戚、多兰、托密善、塞格，率兵二百九十八名，进阿库里、尼满二处，携其地壮丁四百八十人，及虎尔哈向导人图必善、齐布绰、马喀达以往；两白旗以吴什塔为帅，副以汤纠、贺尔多、拜萨汉、胡心泰、满代、宜尔海，率兵三百三十七名，进诺垒、阿湾二处，携其地壮丁一千一十四人，及虎尔哈向导人自宁古塔来归之哈斗、瓦礼察以往。仍命更携宁古塔数人随征，其出征主帅，各授以军律一道。"（清）官修：《清太宗实录》卷二十五，天聪九年十月癸未条，北京：中华书局，1985 年，第 329—330 页。

天聪十年（公元 1636 年）

三月庚申："往征瓦尔喀吴什塔等遣人奏言，八旗俘获壮丁一千一百六十名，妇女一百四十口，共计户口一千三百、马二百三十七、牛百八十，所获貂、狐、猞狸狲等皮及人参无算。"（清）官修：《清太宗实录》卷二十八，天聪十年三月庚申条，北京：中华书局，1985 年，第 356 页。

四月庚辰："往征瓦尔喀部落胡辛泰、何尔敦还，获壮丁一百十有五名，妇女、幼小四百一十口，马牛共三十，元狐、貂、猞狸狲各色皮张甚多，其招降户口及军士，命礼部大臣出城五里宴之，并赏出征将士有差。"（清）官修：《清太宗实录》卷二十八，天聪十年四月庚辰条，北京：中华书局，1985 年，第 360 页。

四月己丑："多济里、扈习往征瓦尔喀部落，获壮丁三百七十五名，妇女、幼小共八百一十口，马牛共十七，貂皮百张，猞狸狲、狐狸各种皮张以还，命礼部官迎于五里外宴之，并赏出征将士有差。"（清）官修：《清太宗实录》卷二十八，天聪十年四月己丑条，北京：中华书局，1985 年，第 369 页。

四月辛丑："扎福尼、道兰往征瓦尔喀部落，获壮丁二百九十五人，妇女、幼小共六百九十三口，牛马共二十九，貂、狐、猞狸狲等皮以还，因赐出征将士有差。"（清）官修：《清太宗实录》卷二十八，天聪十年四月辛丑条，北京：中华书局，1985年，第373页。

崇德元年（公元 1636 年）

五月乙巳："俄屯、昂金往征瓦尔喀部落，俘获男子三百六十一，妇女三百六十二，幼稚一百四十七，马牛一百有二，人参、貂、猞狸狲、狐、獭等裘以还，命赏出征军士银各八两。"（清）官修：《清太宗实录》卷二十九，崇德元年五月乙巳条，北京：中华书局，1985年，第375页。

五月癸亥："驻防岫岩尼牙汉、锡翰率本城七十人沿海侦探，遇明兵二百败还，一人被杀，坐是各鞭一百，贯耳鼻，革尼牙汉牛录章京职，解驻防任。"（清）官修：《清太宗实录》卷二十九，崇德元年五月癸亥条，北京：中华书局，1985年，第377页。

六月辛巳："论征瓦尔喀诸将功，赏人口、马匹、貂皮、布匹有差。"（清）官修：《清太宗实录》卷三十，崇德元年六月辛巳条，北京：中华书局，1985年，第381页。

八月甲戌："先是，驻守碱场郑古特、汤珠率兵三十人前往蹑踪，遇明兵不敢战而还，又前哨阿山牛录下萨赖为敌所伤，不觅其尸，弃之而归，后萨赖复苏，下法司质审俱实，论郑古特、汤珠死，籍其家，上命锁系其手足，禁锢两月。至是，刑部衙门覆请命免死，并免籍没，贯耳鼻，郑古特革牛录章京职，鞭一百，罚银五十两，汤珠鞭一百，罚银五十两。"（清）官修：《清太宗实录》卷三十，崇德元年八月甲戌条，北京：中华书局，1985年，第387页。

九月戊申："马福塔等赍人参至朝鲜义州，偿所易货物，路获明哨卒，询知有明游击四员，率兵二千入碱场，马福塔等即率百人往蹑其后，随以奏闻，命吴善、季思哈率每旗章京二员、兵五百名，星驰往援碱场。"（清）官修：《清太宗实录》卷三十一，崇德元年九月戊申条，北京：中华书局，1985年，第391—392页。

十一月己未："上以朝鲜败盟逆命，将统大军征之，命兵部贝勒岳讬集众于笃恭殿，谕曰：'尔等简阅甲士，每牛录各选骑兵十五人、步兵十人、护军七人，共甲三十二副，昂邦章京石廷柱所统汉军，每甲士一人，箭五十枝，甲士二人备长枪一杆，二牛录备云梯一、挨牌一、穴城之斧钻锹镢俱全，马匹各烙印系牌，一应器械各书号记，携半月行粮，于二十九日来会。'"（清）官修：《清太宗实录》卷三十二，崇德元年十一月己未条，北京：中华书局，1985年，第406页。

十一月己巳："皇帝谕诸将士曰：'今者往征朝鲜，非朕之乐于兴戎也。特以朝鲜败盟，纳我逃人，献之明国。孔、耿二王来降于我，彼兴兵截杀，我师既至，彼仍抗拒，且遇我使臣，不以旧礼，赍去书词，拒而不视。又贻书于平安道洪观察使，云丁卯年权许讲和，今已永绝，当谨备关隘，激励勇士，其书为英俄尔岱等遇而夺之，是彼之毁弃盟好，乐祸怀奸，将未有已。不得已兴兵伐之，若嗜杀殃民，朕心有所不忍，上天以好生为德，人命岂可轻视！屠戮无辜，实为不仁，妄杀已降，实为不义，今与尔等约，大军所过，不许毁拆寺庙，逆命者诛之，不逆命者勿杀。以城降者，勿侵其城；以堡归者，勿扰其堡；俱令薙发，有逃亡来归者，恩养之。凡阵获官兵，彼既拒战，杀之勿养。所克获城堡人民，勿离其夫妇，勿夺其衣服，即老者瞽者，残疾不堪，取携者亦勿夺其衣服，仍令安居于家，勿使弃于道路，妇女勿得淫乱，违者军法从事。'谕毕，又传谕曰：'有不遵谕妄行，擅离部伍，杀降劫物者，必治以军法。从前野战攻城之际，往往有讬词捉生，规避不进者，今除前锋哨军外，不许捉生，其有讬捉生而规避不进者，罚无赦。'"（清）官修：《清太宗实录》卷三十二，崇德元年十一月己巳条，北京：中华书局，1985年，第408页。

十一月壬申："上亲统大军往征朝鲜，命和硕礼亲王代善、和硕睿亲王多尔衮、和硕豫亲王多铎、多罗贝勒岳讬、多罗贝勒豪格、多罗安平贝勒杜度及固山贝子等随征，固山额真等分左右翼，率诸军卯刻出城，右翼兵由往东京大路，至浑河岸排列，左翼兵由往抚顺大路排列。"（清）官修：《清太宗实录》卷三十二，崇德元年十一月壬申条，北京：中华书局，1985年，第409页。

十一月壬申："是日，车驾次沙河堡、东冈，命和硕睿亲王多尔衮、多罗贝勒豪格分统左翼满洲三旗、蒙古三旗及外藩蒙古左翼兵，从宽甸路入长山口。"（清）官修：《清太宗实录》卷三十二，崇德元年十一月壬申条，北京：中华书局，1985年，第409页。

十一月壬申："兴京守将崑什塔遣人奏报，多博库地方喀木尼汉部落叶雷舍尔特库、巴古柰、土古柰等领妻子共八十二名，携牲畜而逃，遂命席特库执信牌，偕驻防宁古塔巴图鲁吴巴海，率宁古塔兵蹑追之，又遣正黄旗噶尔纠执信牌率卦尔察兵缘乌喇地方追缉之，又遣蒙古衙门拨什库博罗执信牌往科尔沁国，令土谢图亲王巴达礼、卓礼克图亲王吴克善发兵蹑追，兼令防失牲畜。"（清）官修：《清太宗实录》卷三十二，崇德元年十一月壬申条，北京：中华书局，1985年，第409—410页。

崇德二年（公元1637年）

五月丁酉："先是，征朝鲜国时，自王京遣章京尼堪、扈什布、季思哈、叶克书率外藩各部落蒙古兵出会宁，往征瓦尔喀，至是还奏言：'臣等奉命率蒙古兵征瓦尔喀，谨率土谢图亲王一旗兵、札萨克图郡王一旗兵、喇嘛斯希台吉一旗兵、扎赖特部落达尔汉和硕齐贝勒一旗兵、杜尔伯特部落塞冷一旗兵、卓礼克图亲王一旗兵、木寨一旗兵、东果尔国舅一旗兵、郭尔罗斯部落奔巴一旗兵、古木一旗兵，各二百人，奈曼部落达尔汗郡王一旗兵、敖汉部落固伦额驸班第并瑙诺木下兵、扎鲁特部落桑噶尔一旗兵、内齐一旗兵，各三百人，阿禄穆章一旗兵、吴喇忒部落杜巴贝勒一旗兵，亦各二百人，共十六旗，并满洲兵一百人，通计三千七百人，将出会宁，有平壤巡抚、安州总兵率兵于吉木海地方立二营，我兵击败之，杀平壤巡抚及兵二千余人，获马千余匹，又有一巡抚与总兵二人率副使等官十员领兵二万，从安边欲袭我后，我兵设伏，诱杀副使五员、兵万人，获马千匹，余兵尽登山，伐木立栅，我兵围之三日，遂降，计投顺官哈忙城巡抚、总兵、副使及各边副使等共十五员，各率本城军民不战而降，所过城郭献牛及缎匹、青布、麻布、白布、刀纸、青黍皮，随分给蒙古十六旗及附入旗下蒙古共二十旗兵丁讫，臣等在朝鲜境行两月二十三日，至四月十六日出境，又行一月三日，至五月十九日，至乌喇地方，科尔沁十旗兵即于乌喇境遣还，二十九日至义尔门河，其敖汉、奈曼部落、扎鲁特两部落及穆章、吴喇忒部落兵，俱遣还。'"（清）官修：《清太宗实录》卷三十五，崇德二年五月丁酉条，北京：中华书局，1985年，第457—458页。

七月己巳："命喀凯、塔克朱、来虎、舒书、翁爱、尼噶礼、巴图鲁、克布图、辉山、恩古里、雅萨、昂邦巴尔噶孙、绥黑德朱、马喇、绰贝、塔哈布、海塞、孟格、哈什谈、雅布喀、东果罗、满都祜、詹楚喀、殷达礼等率兵一千二百，分为四路，往征瓦尔喀，两黄旗一路，阿库里、尼满地方壮丁一百名、木轮地方分达礼壮丁四十名、吴尔格臣地方南济兰牛录下喀克笃礼兄弟等三十名，共一百七十名，以图必善、分达礼、马喀达为向导；两红旗一路，绥分地方壮丁七十名、雅兰地方壮丁四十名、溽野地方壮丁二十名、兀尔机地方壮丁七十名，共二百名，以图球、恰塔、戚习讷为向导；两蓝旗一路，厄黑库伦地方壮丁六十名、厄勒以东、塞木克勒以西地方壮丁五十名，共一百一十名，以爱韬多尔周、常济里、济布楚为向导；两白旗一路，诺落阿湾地方壮丁三百名，以雅尔布、佛得密、封继达、苏布特黑为向导。"（清）官修：《清太宗实录》卷三十七，崇德二年七月己巳条，北京：中华书局，1985 年，第 480 页。

十月辛亥："先是，征朝鲜师还经瓦尔喀地方，朝鲜遣兵来袭我后，奈曼部落达尔汉郡王衮出斯巴图鲁见之，不战先返，外藩诸扎萨克贝勒议罚马百匹，后以败敌有功，从宽罚三分之二。"（清）官修：《清太宗实录》卷三十九，崇德二年十月辛亥条，北京：中华书局，1985 年，第 506 页。

十月辛亥："赐麻福塔巴图鲁、叶辰巴图鲁牛录下一百五十三户瓦尔喀人奴仆、牲畜、房舍、器皿、什物俱全，以其自朝鲜来归故也。"（清）官修：《清太宗实录》卷三十九，崇德二年十月辛亥条，北京：中华书局，1985 年，第 506 页。

十二月甲辰："命叶克书为右翼，星讷为左翼，与其下阿福尼、赫叶讷、马喇希、喀木戚哈、喀尔喀玛、巴图鲁俄莫克图、萨哈纳、穆成格、叟塞、阿林、巴牙尔图、塞赫、喀喇尔代、讷尔得、宜木图、希福等，率兵六百人往征卦尔察。"（清）官修：《清太宗实录》卷三十九，崇德二年十二月甲辰条，北京：中华书局，1985 年，第 519 页。

十二月癸丑："往征瓦尔喀诸将遣六人奏捷，言两黄旗至瓦尔喀地方，舒书、塔克朱率甲士六十人入兀尔格陈地方，获塞约、艾塔哈、佛珠、吴克星额、塔克都男子三十人，家口八十，马七十有三，貂、猞狸狲、狼、水獭、虎、貉、青鼠等皮，共一百四十一张，貉皮裘一领；两红旗下恩古里、克布图率甲士六十八人入绥分地方，获冈球毕尔哈木、巴尔朱男子二十八人，家口六十五，貂、水獭、猞狸狲、貉等皮，共五十六张，并令克布图率甲士三十八人赍至，恩古里率甲士三十人向鸦蓝地方；两白旗下哈什谈、满都户于所入汛地，获纪木善、伊讷肯、索毕、白得根、哈力户、阿尔珠、客木讷、毕尔珠男子一百二十人家，口三百二十，马八十有七，貂、狐、獭、狼、貉、青鼠、骚鼠等皮，共五百八十二张，貂、狐、青鼠等裘共七领。"（清）官修：《清太宗实录》卷三十九,崇德二年十二月癸丑条,北京:中华书局,1985年,第519—520页。

崇德三年(公元1638年)

四月辛丑:"是日,户部承政英俄尔岱、马福塔携御用马匹及诸王、贝勒、贝子马匹来迎,并以所理国事具奏,言臣等往凤凰城、碱场、揽盘等处开扩边境,自凤凰城至碱场,自揽盘至凤凰城,新辟边界较旧界各扩出五十里,此二百里应用钉桩绳索,恐凤凰城应用不敷,令沿边四城均力协济。又开盖州至熊、耀新辟边界八十七里,较旧界扩出四十八里,其钉桩绳索,令两城人均办。"(清)官修:《清太宗实录》卷四十一,崇德三年四月辛丑条,北京:中华书局,1985年,第542—543页。

四月甲寅:"往征虎尔哈部落大臣尼噶里、巴尔哈孙、萨宁噶、塔哈布、海塞、朱马喇等师还,命参政哈什谈迎,宴之。"(清)官修:《清太宗实录》卷四十一,崇德三年四月甲寅条,北京:中华书局,1985年,第545页。

四月戊午:"喀恺、塔海、尼噶里、恩古里、朱马喇、塔哈布、哈什谈、满都户等,东征所获瓦尔喀新满洲男子六百九十二名、妇人五百五十七口、幼稚二百口,赐伊等衣服、居室、器用、耕牛、牲畜等物俱全。"(清)官修:《清太宗实录》卷四十一,崇德三年四月戊午条,北京:中华书局,1985年,第546页。

七月丙寅:"先是镶蓝旗章京喀木戚哈、塞赫往征黑龙江时,率兵八十名,至本旗所指攻敌之地,既成围而纵敌遁去,又另指授地方,令其追击……又正红旗章京辉山征鸦蓝地方时,于所指授之地俘获人口,尽系骡之后,复监守不严,遂致遁去,一无所获,又不赴会师之地,径归其家。于是法司议,喀木戚哈、塞赫、辉山,俱应论死,籍没家产。奏闻,上命从宽,俱免死,鞭一百。"(清)官修:《清太宗实录》卷四十二,崇德三年七月丙寅条,北京:中华书局,1985年,第551页。

七月甲申:"以征厄黑库伦、厄勒约索、僧库勒诸部落,诸将奋勇深入,多获人口有功,加牛录章京朱马喇、塔哈布,各半个前程,升牛录章京绰拜为三等甲喇章京,授半个牛录章京济布舒、革职闲住海塞俱为牛录章京,无职人孟格、图球俱为半个牛录章京。"(清)官修:《清太宗实录》卷四十二,崇德三年七月甲申条,北京:中华书局,1985年,第559页。

七月甲申:"以征黑龙江地方时,半个牛录章京星讷率左翼兵指挥有功,其兄辛泰、弟席尔图皆阵亡,因超升星讷为三等甲喇章京。"(清)官修:《清太宗实录》卷四十二，崇德三年七月甲申条，北京：中华书局，1985 年，第 559 页。

崇德四年（公元 1639 年）

八月甲午："遣萨尔纠、英古纳尔、泰席图等率兵征库尔喀部落，谕曰：'尔等可于喇发地方饲养马匹，即行前进，尔等兵少，宜合为一队以行，如得胜时勿贪得而轻杀，勿妄取以为俘，抗拒者谕之使降，杀伤我兵者诛之，其归附者编为户口令贡海豹皮，又须劝谕伊等弃恶从善，共为良民，安辑既毕，止可遣人来报一次，若频报则恐兵少力烦。又军行往返，俱不可经朝鲜之地，致有侵扰。'"（清）官修：《清太宗实录》卷四十八，崇德四年八月甲午条，北京：中华书局，1985 年，第 637 页。

十月己丑："先是，东方库尔喀叛入熊岛。上命朝鲜以兵讨之，擒叛首加哈禅、额益都里至，询之，言康古礼、喀克笃礼、车齐克、墨尔根、萨尔纠等谋从朝鲜走入熊岛，约令叛逃，事下法司鞫讯。得实，遂议康古礼、喀克笃礼子塞古德、昂阿昂邦、赖塔、赖他库、莽塞、洪科、禧福、济阐、马噶丹等，俱应夺其奴仆并属人；车齐克、墨尔根子精珠应革职，夺其奴仆；其同谋共逃之萨尔纠、班布里应论死，籍其家。奏闻，上命马噶丹革职，马噶丹及昂阿昂邦、禧福、济阐、莽塞、赖塔、赖他库等，汉人男女、牛羊、马匹，夺其三之二入官，以其一给原主；精珠革职，免夺奴仆；塞古德与其父喀克笃礼倡叛事不实，又素不得于其父，免罪，嗣后令其效力行间，班布里亦免罪；其萨尔纠，当遣班布里与加哈禅同往时，曾言班布里此行必与加哈禅叛去不返，户部承政英俄尔岱等迟误未奏，萨尔纠非系同谋，宥之。"（清）官修：《清太宗实录》卷四十九，崇德四年十月己丑条，北京：中华书局，1985 年，第 650—651 页。

十一月辛酉："遣索海、萨穆什喀、穆成格、叶克书、雍舜、拜、伊孙、罗奇等率官属兵丁往征索伦部落，兵部多罗贝勒多铎、固山额真多罗额驸英俄尔岱传谕曰：'尔等师行所经屯内，有已经归附纳贡之屯，此屯内又有博穆博果尔取米之屯，恐尔等不知，误行侵扰，特开列屯名数目付尔，毋得违命骚扰侵害，行军之际，宜遣人哨探于前，防护于后，加意慎重，勿喧哗、勿参差散乱，勿忘纪律，尔等此行，或十八牛录新满洲，或添补缺额牛录之新满洲，各固山额真、梅勒章京、甲喇章京、牛录章京，详加查阅，视其有兄弟及殷实者令从征。尔等亦应亲加审验，左翼主将萨穆什喀、副将伊孙，右翼主将索海、副将叶克书，或两翼分行，则各听该翼将令，或同行，则总听两翼将令，凡事俱公同酌议行之。'"（清）官修：《清太宗实录》卷四十九，崇德四年十一月辛酉条，北京：中华书局，1985 年，第 653—654 页。

崇德五年（公元 1640 年）

二月丙辰："遣多济里、喀珠等率八旗甲士八人，及向导四人，往宁古塔。谕之曰：'尔等到宁古塔，可携章京钟果兑、拨什库达敏，酌量带兵三百以上，或四百名，往征兀扎喇部落，或由水路，或由陆路前去，往返宜速，尔等择其重要地方，率兵亲往，若得其地，将迟误贡献及欺诳之人执解前来，凡事公议而行，毋得怠忽。'"（清）官修：《清太宗实录》卷五十一，崇德五年二月丙辰条，北京：中华书局，1985 年，第 672 页。

五月甲辰："户部启心郎布丹等至自盛京奏征虎尔哈捷音，计获男子三百三十六人，归降男子一百四十九人，共四百八十五人，内有捕海豹人二百四十三人，捕貂鼠人一百九十八人，令仍居彼地，携来者四十四人，俘获家属七百九十六口，归降家属四百八十一口，共一千二百七十七口，内留一千一百九十四口仍居彼地，携来八十三口。"（清）官修：《清太宗实录》卷五十一，崇德五年五月甲辰条，北京：中华书局，1985 年，第 688 页。

六月癸酉："以多济里、喀柱征兀扎喇氏，获一百一十人至，命于五里外设宴迎之。"（清）官修：《清太宗实录》卷五十二，崇德五年六月癸酉条，北京：中华书局，1985 年，第 691—692 页。

七月癸未："以萨尔纠、英古往征库尔喀部落时所获新满洲壮丁四十二人充补各旗披甲之缺额者，又从前库尔喀归降进贡一百四十九人，并新获二百九十二人，俱留置鄂朱屯中，令每年进贡貂皮、海豹等物。又以多济里、喀柱所获四十三人亦补各旗披甲之缺额者，其两处所获貂皮、猞狸狲、水獭等物，即以赏给从征将士有差。"（清）官修：《清太宗实录》卷五十二，崇德五年七月癸未条，北京：中华书局，1985 年，第 695 页。

十一月壬辰："先是，索海、萨穆什喀携来新满洲男子二千七百五十一名、妇女三千九百八十九口，编入八旗。至是，均赏衣服、布匹，复令较射，分别等第，一等者视甲喇章京，二等者视牛录章京，三等者视半个牛录章京，各照等第赐朝服袍褂等物。"（清）官修：《清太宗实录》卷五十三，崇德五年十一月壬辰条，北京：中华书局，1985 年，第 711 页。

崇德六年（公元 1641 年）

正月丙戌："朝鲜国王李倧咨云，据咸镜道观察使吕尔徵状启，节该近来越边屯住兵民，擅自越境，需索米粮等物，稍不如意，辄加嗔责，所在官司莫敢辩诘，既难以力止之，又难以口舌开谕，边储罄竭，势难支吾，委属忧虑等因。又据议政府状启，臣等窃照，越边居人虽实系大朝军民，而任意扰越疆界，往来需索，沿边列镇在处骚扰，当此公私板荡之时，办应无策，合无备将前因移咨该部，申加禁约，不许擅自过江，允为便益等因。据此，为照小邦之与大朝，虽义同一家，而彼此疆场自有界限，凡有大小通问之事，或赍该部文凭，或奉该部口称，然后照验酬应，已为常行之例，不意此等擅越需索之患，有不可堪，今若任其所为，不为禁约，恐疆域无别，边镇不安，烦乞贵部曲察咨内事理，自今以后，除有公干，赍持文凭外，另行禁约，不许越境扰行，以安边民，以祛后弊，不胜幸甚。户部转奏，得旨，渡江兵民，不过加哈禅等党类耳，非有他也。向者加哈禅等为朝鲜国容留，曾在彼境内妄行，朕已有旨。今朝鲜舟师收捕，其余潜居各岛者，朕又遣兵收捕，此等妄行皆朝鲜使然，故至今不已，著遣人严行禁止。"（清）官修：《清太宗实录》卷五十四，崇德六年正月丙戌条，北京：中华书局，1985年，第722—723页。

三月己亥："命朝鲜国总兵柳琳、副将刁何良、丁天机、米塔尼、任大尼率兵千人、厮卒五百人、马一千一百五十五匹，往锦州助和硕郑亲王济尔哈朗军。"（清）官修：《清太宗实录》卷五十五，崇德六年三月己亥条，北京：中华书局，1985年，第737页。

五月丁亥："索伦部落蒙塞尔瓦代之子巴尔达齐率其户二百四人来降，命迎至北驿馆，宴之。"（清）官修：《清太宗实录》卷五十五，崇德六年五月丁亥条，北京：中华书局，1985年，第746页。

五月己丑："索伦部落一千四百七十一人来降，命迎至北驿馆，宴之。"（清）官修：《清太宗实录》卷五十五，崇德六年五月己丑条，北京：中华书局，1985年，第746页。

崇德七年（公元1642年）

九月壬午："命沙尔虎达、叶赫朱玛喇率将士往征虎尔哈部落。"（清）官修：《清太宗实录》卷六十二，崇德七年九月壬午条，北京：中华书局，1985年，第857页。

九月庚寅："虎尔哈部落赖塔库等五十五人来朝，贡海獭皮，宴赏如例。"（清）官修：《清太宗实录》卷六十二，崇德七年九月庚寅条，北京：中华书局，1985 年，第 857 页。

闰十一月己酉："往征松阿里江虎尔哈部落沙尔虎达、朱玛喇等遣人奏报，喀尔喀木、遮克特库、塔土库、福提希、俄尔浑、窪齐奇、库巴查喇、额提奇、萨里、尼野尔北十屯人民俱已招降，计男子、妇女、幼稚共一千四百五十八名口，于是月初十日自松阿里江起行，约于十二月初旬可至。"（清）官修：《清太宗实录》卷六十三，崇德七年闰十一月己酉条，北京：中华书局，1985 年，第 875 页。

崇德八年（公元 1643 年）

正月辛亥："往征松阿里江虎尔哈部落沙尔虎达、朱玛喇等率师还，命礼部官迎宴入城，计获男子、妇女、幼稚共一千六百十九名口，马五百八十三、牛四十八、骡驴共四头，命给新获男妇衣服、房屋及所用器皿，分补各旗人丁缺额者。"（清）官修：《清太宗实录》卷六十四，崇德八年正月辛亥条，北京：中华书局，1985 年，第 880 页。

三月庚戌："命护军统领阿尔津、哈宁噶等率将士往征黑龙江虎尔哈部落。"（清）官修：《清太宗实录》卷六十四，崇德八年三月庚戌条，北京：中华书局，1985 年，第 885 页。

五月丁巳："往征黑龙江虎尔哈部落护军统领阿尔津、哈宁噶等以我军攻克三屯，招降四屯，并籍俘获户口数目，自军中遣张泰墨克奏报，臣等军至彼地，所向克捷，其波和里、诺尔噶尔、都里三处，俘获男子七百二十五名，小噶尔达苏、大噶尔达苏、绰库禅、能吉尔四处，投顺来归男子三百二十四名，妇人二十九口，又俘获妇女、幼稚一百九十九口，获马共三百十有七、牛共四百有二，貂、狐、猞狸狲等裘共四领，貂、狐、水獭、青鼠等皮，共一千五百有奇。"（清）官修：《清太宗实录》卷六十四，崇德八年五月丁巳条，北京：中华书局，1985 年，第 890 页。

七月戊戌："往征黑龙江部落护军统领阿尔津、哈宁噶等率师还，携来男子、妇女、幼稚共二千五百六十八名口，马、牛、驴共四百五十有奇，外又俘获妇女、幼稚共二百四十九口，牛八头，猎犬十六，貂皮、貂尾、貂蹄共千有六百，貂尾护领二，貂、狐、猞狸狲、青鼠等裘共十三，狐、水獭、狼、青鼠等皮共六百五十有奇。其携来男子，命按丁披甲，编补各旗缺额者，其余俘获，分别赏给出征将领。"（清）官修：《清太宗实录》卷六十五，崇德八年七月戊戌条，北京：中华书局，1985 年，第 898 页。

吉林省自然科学基金长白山自然与人文主题引导项目"长白山边境地区族群变迁与自然环境响应关系研究"（20170101012JC）成果

松江丛书

丛书主编：姜维公

长白山
人地关系辑录
战争卷（下册）

付永正　辑注

科学出版社

北 京

内 容 简 介

全书分为上、下两册，主要聚焦长白山边疆地区（地理学概念上的长白山山系）的历代战事与武装冲突。时间断限：上册始于辽朝建立，终于明崇祯十七年（1644 年）清军入关；下册始于民国元年，终于民国二十五年。上册史料，主要来自《高丽史》《辽史》《明实录》等；下册既有档案、报刊史料及各类旧地方志，还有 1949 年以后编纂的新地方志、文史资料等。这些史料多有抵牾之处，将这些史料辑录出来，并列刊行，以便研究者甄别真伪，进行对比研究。本书读者，包括对长白山山系范围内战争史、边疆学、民族史、移民史等感兴趣的高校、科研机构的研究者，以及东北地方历史文化爱好者。

图书在版编目（CIP）数据

长白山人地关系辑录. 战争卷 / 付永正辑注. —北京：科学出版社，2021.10
（松江丛书 / 姜维公主编）
ISBN 978-7-03-070063-6

Ⅰ. ①长…　Ⅱ. ①付…　Ⅲ. ①东北地区-地方史 ②战争史-东北地区
Ⅳ. ①K293 ②E29

中国版本图书馆 CIP 数据核字（2021）第 207217 号

责任编辑：王　媛　杨　静 / 责任校对：韩　杨
责任印制：张　伟 / 封面设计：润一文化

科 学 出 版 社 出版
北京东黄城根北街 16 号
邮政编码：100717
http://www.sciencep.com

北京盛通商印快线网络科技有限公司 印刷
科学出版社发行　各地新华书店经销

*

2021 年 10 月第 一 版　开本：720×1000　1/16
2021 年 10 月第一次印刷　印张：36 1/4
字数：580 000

定价：288.00 元（全两册）

（如有印装质量问题，我社负责调换）

凡　例

一、为便于引用者精准查照核对各条史料的原文，故本书辑录史料中，除明确标注史料作者、古籍名、出版者、出版时间外，凡有明确页码的，均标注出原文页码。若原文未标明页码者，则准确标出原文献的卷数。

二、史料内残缺且无法辨认的文字，本书辑录时，均以"□"符号替代。

三、引用的史料中，正文后若有注，为便于读者区别，并利于阅读，凡注释性文字，俱加用"〔　〕"符号。

四、本书辑录的部分史料，囿于原文献内容的杂冗，有必要采用间接引用时，会对原文进行概括性总结、删减，为将此类史料与原文精准引用相区别，此类间接引用的史料，均不使用引号，并在出处注明"详见""参见"等字。

五、部分史料中无明确年、月、日，若史料内人名、地名需要标注出来，则标注后，加以小括号"（）"，并在标注性文字后加上"笔者按""笔者注"等字样。

六、本书中所采用的纪年，均是按照朝代、政权不同，采用年号纪年，并对涉及多个政权的年份，多个政权年号纪年并用，并在年号纪年后标注出公元纪年。纪月、纪日法，主体采用中国传统王朝的天干地支法，若原文用数字纪月、纪日，均循用阴历。

目　　录

辽代至清入关前

凡例…………………………………………………………………… i

第一章　辽代长白山地区战事……………………………………… 3

第二章　金代长白山地区战事……………………………………… 42

第三章　元代长白山地区战事……………………………………… 52

第四章　明代长白山地区战事……………………………………… 80

第五章　后金至清入关前长白山地区战事………………………… 235

民国至伪满时期专辑

第六章　民国年间长白山地区战事 ·· 277

第七章　日伪时期长白山地区战事 ·· 350

参考文献 ··· 551

后记 ·· 558

民国至伪满时期专辑

第六章　民国年间长白山地区战事

民国元年（公元 1912 年）

二月

二月七日："奉天民军光复凤凰厅（丹东地区属其辖地），守城清军 200 余人反正。"丹东市地方志办公室编：《丹东市志》(1)，沈阳：辽宁科学技术出版社，1993 年，第 45 页。

四月

四月三日，接到奉天特电："吉林地方胡匪出没无常，赵督现拟派冯麟阁往剿，即将起程。"《派剿胡匪》，载《顺天时报》，总第 3042 号，民国元年四月四日，第 2 版。

四月十一日报："黎副总统电商袁大总统，札派张振武充为东三省边防使，筹画东三省边防办法，并商由中央大借款项下，拨给经费一百万两为创办费，由鄂岁拨银十万两为常年费。"《允拨东省边防巨款》，载《顺天时报》，总第 3048 号，民国元年四月十一日，第 7 版。

四月十二日："庄河属巡警三十余人，投入胡匪，形势不靖，日前凤凰城马队一中队前往弹压。"《马队弹压胡匪》，载《顺天时报》，总第 3052 号，民国元年四月十二日，第 2 版。

四月十二日："长白府通化左近有胡匪一千余名，突然群集，即由该地方官电请赵督派兵讨剿。"《请派兵剿通化胡匪》，载《顺天时报》，总第 3052 号，民国元年四月十二日，第 2 版。

四月十五日，接到奉天特电："庄河属巡警三十余人，投入胡匪，形势不靖，日前凤凰城马队一中队前往弹压。"《马队弹压胡匪》，载《顺天时报》，总第 3052 号，民国元年四月十六日，第 2 版。

四月十五日，接到奉天特电："长白府通化左近有胡匪一千余名，突然群集，即由该地方官电请赵督派兵讨剿。"《清派兵剿通化胡匪》，载《顺天时报》，总第 3052 号，民国元年四月十六日，第 2 版。

五月

五月十二日，报道："自中原倡义以来，东三省秩序安谧，幸免滋乱者，实赵督之功也。讵料时至今日，财政奇绌，军饷告乏，仅以一协经费支持全省军队，致军心日抱不平，前途安危殆不可料。故赵督异常焦灼，日前派冯麟阁、李际春迅速晋京，向袁总统请求拨饷，倘不能如愿相偿，恐致兵变。"《奉天军队之饷绌堪虞》，载《顺天时报》，总第 3075 号，民国元年五月十二日，第 7 版。

七月

是月："'黄天道'造反，号称'中兴太极国'，攻破虎林厅后继续向密山进发。胡魁章率队在杨木岗北河沿将其击溃。9 月完全平息。"密山县志编纂委员会编：《密山县志》，北京：中国标准出版社，1993 年，第 931 页。

九月

九月十三日，奉天消息："月初，奉省官场向某洋商签押，定购克尔布七珊半速射野炮十二尊同山炮六尊，现向陆军部禀请承认。"《奉天定购枪炮》，载《顺天时报》，总第 3180 号，民国元年九月十三日，第 7 版。

十一月

十一月十二日，吉林电："磐石县地方胡匪蜂起，屡与官兵冲突，势益猖獗。"《磐石县匪徒滋扰》，载《顺天时报》，总第 3229 号，民国元年十一月十二日，第 2 版。

十一月十九日："安东巡防右路第 7 营士兵，在宗社党人鼓动下哗变，抢掠当地中国银行、东三省官银号和各大商号。"丹东市地方志办公室编：《丹东市志》（1），沈阳：辽宁科学技术出版社，1993 年，第 45 页。

十一月二十三日，安东电："二十日晚，驻安东巡防队兵一百五十余名，因欠付军饷哗变，先将道台、知县两衙门放枪攻击，恣意劫掠，日官派兵严防匪徒进入日本租界，中日交界往来杜塞。"《安东兵变续志》，载《顺天时报》，总第3240号，民国元年十一月廿三日，第2版。

十一月二十六日："该地驻扎巡防队计六十四名，除有六名出营不与谋变外，一律结队，劫剽大清银行，唯因金库坚牢不可破，仅劫去银元约七千元。嗣赴东三省官银号，掠去现银、纸币，计约六万元。此外，当铺、钱铺及首饰店被抢，约计七千元，共计有七万元之谱。"《安东兵变之尾声》，载《顺天时报》，总第3243号，民国元年十一月廿六日，第7版。

十一月二十七日，安东县电云："追击变兵之巡防兵一队，在宽甸附近赶及暴兵，与驻屯该地之巡防队及巡警协力堵截去路，开枪激战，甚为剧烈。"《安东县追击变兵》，载《顺天时报》，总第3244号，民国元年十一月廿七日，第2版。

十一月二十八日，日方安东电云："兵乱以来，中国官吏禁止夜间通行，由凤凰城来援军队三百名及巡防巡警日夜戒严。"《安东兵变后之状态》，载《顺天时报》，总第3245号，民国元年十一月廿八日，第2版。

十一月二十九日，《民主报》报称："商务总会现据安东县商务分会电告，十九日夜，驻安埠右路巡防步队第三营哗变，商铺被劫十余家，惟官银号与前清银行损款甚巨，十五家商铺共损现款十二万余。"《安东兵变损失》，载《民权报》，民国元年十一月二十九日，第10版。

十二月

十二月一日，日方安东电云："追讨乱兵之巡防队，日前在距离安东四十里地点杨木附近，追及乱首王少龄以下百余名，互相激战至两日之久。乱首王少龄战死，乱兵捕虏得七名，讨伐队携王以下数人首级，现已凯旋安东。"《追缉安东变兵情形》，载《顺天时报》，总第3248号，民国元年十二月一日，第2版。

十二月六日，安东电："通化县监狱因徒与乱兵勾结，图谋破狱逃走，形势颇极险恶。"《通化县囚徒勾结乱兵》，载《顺天时报》，总第3253号，民国元年十二月六日，第2版。

十二月七日：驻防伊通州陆军马队三营刘队官，于廿七日率领马队二十名探访胡匪消息，行至五台子，陡遇胡匪四十余名，立时接仗。时枪毙胡匪二名，受伤三名，夺取马七匹。胡匪见势不敌，直奔西北而逃。详见《陆军又击败胡匪》，载《顺天时报》，总第 3282 号，民国二年一月七日，第 4 版。

十二月二十七日："磐石县胡匪七十余名焚抢巡警分所、枪毙长警一案，兹得该县报告，谓该县警务长闻信，立即饬知第三区区官陈登瀛调齐警兵五十余名，驰往追袭。当于肇事之次日，在界内之大泉眼地方追及，维时天色昏黑，胡匪七十余分住郭姓等六家，正在炊饭之间，陈区官即将队伍散布四周，开枪狙击，匪等亦鸣枪拒捕，战甫半时，巡警步步进逼，相离愈近，匪势渐衰，继即哗溃，四外奔逃。当为该警等闯入，匪中，生擒悍匪顾德福混称大傻、徐姓、王姓等三名，夺获枪弹多件。"《吉省之匪氛》，载《顺天时报》，总第 3274 号，民国元年十二月廿七日，第 4 版。

十二月二十七日："顷闻十五日，伊通州三十家子有胡匪七十余名，内有外国装束兵丁四名，在住户家休歇，陆军八十九团一营左队队官傅瑞君探知，率领队兵三十余名前往攻剿，彼此对敌约二小时，未分胜负。傅君与随兵一名拥在高坡之下，被胡匪瞥见，转在背后，傅君与随兵防之不及，俱被枪毙。号目孙汉臣见势不佳，一面遣人往二十家子调孟团长，一面急吹战号，督兵奋力前击，当枪毙胡匪三名、受伤者七名。胡匪力不能敌，向北而逃，及孟君带队赶到，已远飏无踪矣。"《吉省之匪氛》，载《顺天时报》，总第 3274 号，民国元年十二月廿七日，第 4 版。

民国二年（公元 1913 年）

一月

一月九日，载："吉林地方胡匪横行，防不胜防，无辜良民时常受害。日前有农民进城，在附属地领事署后面为匪徒击刺受伤，被抢去官帖二百吊。次日，杂粮商义德栈房东亦在该处左近为匪徒数人围攻，匪等手持利刃，恃众胁迫，夺其衣帽，并抢去俄巾一百五十卢布，远飏而去。满城男女群视该处为畏途，裹足不前，有地方之责者，何竟置若罔闻耶！"《吉林胡匪横行》，载

《顺天时报》，总第 3284 号，民国二年一月九日，第 7 版。

一月十四日，安东电云："遣散兵将向庄河厅方面者约有二百余人，向大孤山、大东沟及通化方面者亦约有二百余人，中国官吏颇虑该兵等勾结宗社党图谋不轨，现向各地方分派密侦，从严探查动静。"《安东遣散兵之近况》，载《顺天时报》，总第 3289 号，民国二年一月十四日，第 2 版。

二月

二月十二日，报："民国陆军从新改革兵制，闻吉林都督按照新制在珲春设置旅团，在局子街创设联队，现方筹备一切，举步兵第四十八旅团长郑济臣充为珲春旅团长，并举吉林巡防队统领王文治充为局子街联队长，以重军务而资防边。"《珲春重新筹备军务》，载《顺天时报》，总第 3315 号，民国二年二月十二日，第 7 版。

二月十七日，长春电："驻扎延吉陆军兵百四十名，图谋叛乱，投入胡匪，故现混成旅长裴其勋统率骑兵四十名，向延吉急行，以资镇慑。"《延吉陆军谋叛》，载《顺天时报》，总第 3320 号，民国二年二月十七日，第 2 版。

二月十八日，奉天电云："张督饬命军械局，就德商礼和洋行购入一八八八年式毛瑟枪三万枝，子弹千五百万发，约定三月间交付。"《张督订购毛瑟将交付》，载《顺天时报》，总第 3321 号，民国二年二月十八日，第 2 版。

三月

三月六日，报："据传闻云，驻扎吉省东部军队，因事抱有不平，将次哗散。日本官宪为保护侨居日人起见，现在派兵之际。又该地方官现正另募兵丁，以资遣散所有兵丁云。"《吉省军队之不稳》，载《顺天时报》，总第 3337 号，民国二年三月六日，第 2 版。

三月六日，报："近日在珲春相近之延吉厅地方，与图谋暴动有关系之人三十名，现经正法，余皆逃逸至沈阳等处云云。"《延吉厅之乱党正法》，载《顺天时报》，总第 3337 号，民国二年三月六日，第 2 版。

是月，哈尔滨电："据俄文诺郝耶也报云，吉省现因驻吉军队多派往他处，胡匪等乘隙恣意劫掠，防不胜防，吉省商团为保护城外及左近村堡商民起见，现正组织民团。"《吉省组织民团》，载《顺天时报》，总第 3352 号，民国二年三月二十一日，第 2 版。

是月："吉林陆军第二团机枪营 80 余名士兵群起哗变，四处劫掠，有 26

家商店被抢，损失财产近 9 万吊。"吉林省延吉市地方志编纂委员会编：《延吉市志》，北京：新华出版社，1994 年，第 10 页。

四月

是月："300 多名日军借口保护日商，强行进驻局子街。"吉林省延吉市地方志编纂委员会编：《延吉市志》，北京：新华出版社，1994 年，第 10 页。

十一月

十一月十三日，译电："柳河县知事与该县议会联衔呈请奉省督署派遣军队，镇摄胡匪，谓有马贼五百余人，由伊通地方侵入该县，恣纵抢掠，良民苦于涂炭。于是，张参谋长乃令驻扎西丰县第二十八师前往讨伐。"《柳河请兵讨伐胡匪》，载《顺天时报》，总第 3585 号，民国二年十一月十三日，第 2 版。

是年，《请政府速简知兵大员专督吉林以重边防建议案》载："吉林地处东陲，介于两强，东南接朝鲜，西北近强俄，若非知兵大员坐镇其间，洵不足巩固边陲，对待强邻。自前吉督陈昭常辞职后，政府权宜一时，暂令奉天都督张锡銮兼摄，无论地睽情阁，措置不易，即遥控千里之外，敢言其鞭长莫及，矧值此外患既深、内讧迭起、胡匪充斥、库乱猖獗岌岌之势，朝夕不保，政府若不速简知兵能员专督吉林，则将来军事外交均不堪问。"《请政府速简知兵大员专督吉林以重边防建议案》，载《参议院议决案汇编》（第 2 册），1913 年，第 2 期，否决案第 7 页。

是年："匪首'刘大个子'率匪徒 300 余人，攻破孤山子、三源浦、圣水河子等 12 个镇，抢劫税捐分卡 9 处，打死警甲兵 25 人、商民 40 余人。"柳河县志编纂委员会编：《柳河县志》，长春：吉林文史出版社，1991 年，第 9 页。

民国三年（公元 1914 年）

二月

二月十一日，《申报》载："伊通县三区界内，有悍匪霍老虎，带同匪党三十余名肆抢，经该县刘知事调齐本县预、额各警趋往兜剿，通宵激战，官军奋勇进逼，得手刃胡匪二名，余匪知力不敌，始各纷窜。由李巡官乘胜追击十余里，天明收队查点，共毙匪六名，获贼马十匹、快枪五杆，子弹、马鞍、官帖等项为数甚伙。此股余匪因受败挫，已藏械潜散，刘知事特将获胜情形呈报省吏，惟霍老虎则仍未获也。"《东三省之匪世界》，载《申报》，总第 14727 期，1914 年 2 月 11 日，第 6 版。

三月

三月二十八日，报载译电："吉省磐石县地方，原为胡匪之根据地，迩来该匪中复有首领俗称东边者，率同部下约三百名，于该地左近一带恣行抢掳，于是官兵前往讨伐，以寡众不敌，遂死伤二十余名。该县知事见之，电请孟护军派遣援军，孟护军饬，乃以马步两队组织一队，赶紧前往，妥为剿办。"《吉省胡匪跳梁》，载《顺天时报》，总第 3710 号，民国三年三月二十八日，第 2 版。

五月

五月十四日："安东县乡民 2000 余人为抗议官府勒收牲畜捐和拒捕乡民代表，聚集于铜矿岭，扣押巡警，抢夺枪械。后经商会出面调停始散。"辽宁省地方志编纂委员会办公室主编：《辽宁省志·大事记》，沈阳：辽海出版社，2006 年，第 102 页。

七月

七月七日，《申报》载："省公署所派吉林磐石等县稽查烟苗委员李齐芬，日前带领巡警四名，由磐石查竣遄返濛江县，迨行至与奉省辉南县毗联之西泊子地方，突遇悍匪八十余人迎面驰来，相距数武，李见事不佳，即自车上跳下，避入路傍丛林，躲藏倒木窟内，幸未为匪徒瞥见。比匪至车前，即将四巡警围裹，所持枪弹悉数夺去。询问来自何所，该警等佯称欲赴濛江接护委员，故特前往等。□该匪□即将巡警掳去，李单身至附近警区报告，□□磐石、濛江两县派警数十名跟踪追向奉天界，适辉南县林知事国桢带领兵警三十余名，柳河县亦来巡警二十余名，益以磐桦驻扎陆军，约共一百六七十名，追至朝阳镇，是时胡匪亦正自奉界纠来羽党，势力相埒，该匪等既至朝阳镇，即进街肆抢，□放火焚烧。正在蹂躏，兵警赶到，四面围攻，枪弹如雨，匪亦奋力抵敌。阅一日夜，迄不少懈，然兵力遂渐增，近处预警亦相率麇集，戮力进逼，匪力始渐不支，嗣乃各鸟兽散。是役也，毙悍匪廿三名，伤三十余名，拿获枪械子弹甚多。并生擒匪首王走雁一名，被掳之巡警四名及枪弹亦一律夺回。"《东省大败胡匪两则》，载《申报》，总第 14873 期，1914 年 7 月 7 日，第 7 版。

七月十四日，《申报》载："伊通县知事刘润之详报巡按使公署内称，该县与奉天西丰县联界地方，现在窜来悍匪一百余名，已入伊通管界内，中并杂有马匪三十余名，均携八米里快枪，势力浩大，附近巡警莫敢仰视。此股胡匪只到处绑票零星财物，并不抢劫。日内已将大户赵姓等家小儿绑去数名，警察长徐常珍已会同陆军星夜飞往截堵，一面调齐全境预警，预备迎击。惟我兵一旦厚集，匪又势必奔往奉界，以避锋锐，惯技如是，何可如何。除督饬认真追逐外，合先报告云云。"《奉省胡匪猖獗》，载《申报》，总第 14880 期，1914 年 7 月 14 日，第 6 版。

七月十六日，《申报》载："吉林濛江县知事孙福昀被匪掳去，已志前报。兹闻齐巡按使于本月八日又接该县总务课长陈公羽飞呈内称：此案详情，缘孙知事据探报告，县之北境七十余里三岔地方有大段烟苗一块，不日即将剖浆等情。孙君当即亲带巡警四名、巡长一名，前往查拿，本拟即往，嗣因要事又改行期，致为胡匪探明，遂在三岔前后设卡三道。该处山岭崎岖，烟苗即在深林之内，比孙知事既入卡中，匪遂开枪，惟以该知事等已属笼中之物，故仅向空肆放威吓而已，同去之人尚无受伤者。掳去之后，连夜飞驰，并许孙知事仍乘原坐之马，匪数足有一百四十余人，向皆藏匿山中，从未露面，附近民户绝无知者，盖其蓄志要劫孙知事之阴谋，早已详细擘划，非一朝夕矣。当时并绑去附同行走之粮户周洪义一名，嗣周洪义乘隙逃出，至县报告，谓县知事被匪掳至赴磐石县界之侯家店地方。该处系属山村，只有小户五七家、破店一家。是时随来之匪不过五十余名，其余均在原路探听消息，预备与官军对敌。入店之后，首领刘大个子、久占二名威风凛凛，向孙知事言曰：'尔带兵与我等对仗，杀我弟兄数名，实属万恶！兹既落我等手内，尚有何说！如能措金钩俄枪六十杆、手枪四十杆、子弹六万粒、银元一万元，即行饶尔不死，否则定即要你狗命。'孙知事大声断喝曰，本县剿拿尔等，系属为官职务，与百姓除害，尔等竟敢要劫本县，殊属恣不畏法！如果要命，本县年已五旬，复何所恋，尽凭尔等。如云枪弹，一枝一粒亦休想到手！本县决不能顾惜蚁命，以有用之利器假诸凶人之手，而任其蹂躏荼毒也等语。久占闻言大怒，立将孙知事踢倒，用马鞭肆意毒打，以致遍体鳞伤，呼号甚惨。嗣附近民户及绑去警兵等环跪哀求饶免，始得免打。周洪义即于是时逃出，其后景况即不知情。"《奉吉匪患近讯》，载《申报》，总第 14882 期，1914 年 7 月 16 日，第 6 版。

八月

八月六日，《申报》载："刻已先后接到奉天复电，及吉省出剿之陆军某营长来电，谓悍匪刘大个子、久占、铁公鸡等六十余名，拥同孙知事驰至奉天西丰县界，即有该县知事林国桢带同军警迎面痛剿，后面吉省军队亦已赶到，两面夹攻，该匪等首尾不能相顾，伤亡相继，力不能支，遂将孙知事抛下，全股溃散，逃往山内藏匿。是役悍匪铁公鸡当场击毙，并枪毙伙匪二十余名，夺下枪弹甚多。孙知事惊魂甫定，当为林知事延往该县暂为居住，闻巡按使特按照所出之赏格，饬财政厅拨出官帖一万吊，发给在事出力兵官支领，以示鼓励。"《濛江孙知事出险详情》，载《申报》，总第 14903 期，1914 年 8 月 6 日，第 6 版。

八月十三日，《申报》载："奉天抚松县，与濛江县界仅有一江之隔，前匪首刘大个子等将濛江县知事孙福昀氏在途掳掠，意在复仇，嗣经军警夹攻，匪势不支，孙知事始得出险。讵刘大个子等于二十四日早四点钟时，率领伙匪三百余名，闯入抚松县街，大肆强掳，并将该县汤信臣知事残害，监内狱犯全行放出，该处军警力不能敌，已由张将军派兵往剿矣。"《胡匪又戕害知事》，载《申报》，总第 14910 期，1914 年 8 月 13 日，第 6 版。

是月："悍匪'铁公鸡'、'刘大个子'率徒党三百余名，由海龙白银河地方窜入县境老荒营、狐仙堂等地。县警察队闻耗，驰赴大阳崴一带堵剿。匪闻有备，遂绕越大阳崴，自一面山窜掠猴石镇，攻破占据之，恣行焚掠，绑掳人票数名，西北走大兴镇。县孙警察所长率队跟剿，在大兴镇西北钢叉庙地方，接仗数小时，击毙匪徒十余名。适陆军陈帮统率兵自西安来援，匪闻讯东窜海龙一座营，军警追剿，至海龙双凤山地方接仗，毙匪九十余名。匪势大蹙，入踞唐家粉坊院内，据守炮台，死力顽抗，军警围困数重不得入，陆军乃开炮轰射，屋毁匪乱，除生擒六七十名，余如匪首'铁公鸡'、'刘大个子'等，均被击死或自行焚毙焉。"（民国）邢麟章、王瀛杰修，李耦纂：《东丰县志》卷二政治志《兵事·铁公鸡匪窜扰县境始末》，载《中国地方志集成·吉林府县志辑》（10），南京：凤凰出版社，2013 年，第 63 页。

十月

十月，奉天电称："奉天东边濛江胡匪，屡灭屡起，居民逃避一空，张将军特调马统领带队防守。"《匪警专电》，载《申报》，总 14967 期，1914 年 10 月 9 日，第 3 版。

十一月

十一月十五日，报："额穆县设治十余年，东南界与敦化县之张广才岭等处壤地相接，盗匪出没，几无宁日，其中最系悍难服者，尤以盗首南洋一股为甚。今夏在该县东界掳扰，曾抢劫金计宫，并将道士杨姓杀毙。"《吉林特信》，载《顺天时报》，总第 3937 号，民国三年十一月十五日，第 7 版。

十二月

十二月十五日，《申报》载："濛江县与奉天抚松等县山脉互相联络，而著匪刘大个子自掳捉孙知事后，迭次率同羽党进窥各该县城，虽经奉吉陆军会同各县巡警分头协拿，仅能擒获眼线及伙匪数名，案内首要未一弋获。兹闻濛江知事李如棠月内又有公文到省，谓悍匪刘大个子自领伙盗二百一十余名，马步各半，又来县属三岔及那尔轰岭一带盘踞，意在进窥县城。又分派匪首久占、铁公鸡、阅边虎、关大阎王等分带羽匪三四十名或四五十名不等，散匪各处，作为犄角。现时全境商民异常惊恐，行旅裹足，大有阻绝交通之势，实属万分鸱张云云。"《东省最近之匪报》，载《申报》，总第 15034 期，1914 年 12 月 15 日，第 6 版。

民国四年（公元 1915 年）

一月

一月十五日，《申报》载："濛江自孙知事被掳后，大军压境，股匪星散，讵于十一月刘大个子等复重行结合，窜扰于奉吉边境，将濛江西泊子税员绑掳。旋于十二月初十日，又将二岔口局员并行李税票一律掳去，幸均先后逃出，然匪焰仍未稍戢。顷又闻十二月十九日，濛局员巡在清江岗地方复为匪所掳，县知事、税局长以军警力薄，坐困孤城，无法抵御，刻又详请军民两长迅拔劲旅进剿，但濛江孤悬边境，此剿彼窜，殊不易荡平也。"《东省之教案与股匪》，载《申报》，总第 15064 期，1915 年 1 月 15 日，第 6 版。

二月

二月二十八日报："张贞午按使近以内务部通知为整顿全国警政、减轻人民负担起见，遂限定奉天全省警察额一万二千名，吾奉地近边疆，盗匪充斥，绝非他省可比，据此统全省警察约二万余人，每当冬防及青纱障起时，尚不足以自防者，再核减数千，殊难保卫，故闻张氏昨特具情电请内务部，增加警额，仍照实有之数加意整顿。"《请增警额》，载《顺天时报》，总第 4034 号，民国四年二月二十八日，第 4 版。

四月

四月四日报："张按使昨接吉林孟按使来电，谓顷据长岭、伊通等县电告，该县境迤西与奉天毗连之杨家大屯地方，突由奉境窜来胡匪三百余名，声势浩大，兹除派军警并力分头剿捕外，请速拨军队前往相助兜剿。"《军民政之最录》，载《顺天时报》，总第 4069 号，民国四年四月四日，第 4 版。

五月

五月十六日报："吉省乡团，各县多有举办之者，惟吉林县属境尚属寥寥，闻有尚礼镇绅士祝华如、忠信镇李雨仁等二十余人，现经联袂来省，云系组织乡团，并各携大宗款项，拟作购枪费用。"《办乡团者来省》，载《顺天时报》，总第 4111 号，民国四年五月十六日，第 4 版。

五月三十一日，《申报》转载《吉长日报》报道云："本月二十日八时许，侨居下九台车站南三里属上九台村之高瑞祥家，有租住之日本人藤永堪一郎、冲田辰五郎被匪杀死。当杀死之前，有匪人手持木棒，闯入屋内，以木棒威吓，不令声张，直入日人所住屋内，余匪阻止高瑞祥家中人前往，且在高家扭折箱锁，启劫洋元，呼啸而去。查该日人冲田，向在长春北门外开设理发铺，生意不佳，特到下九台租屋，托名收买骨头，藤永并无职业，与冲田先后到下九台同住。据该处人民传称，冲田有私卖枪械情事，时与买枪之主顾口角冲突；藤永怀挟吗啡，私行售卖，稍有积蓄。此次被害恐与此二事有关系，至尸身均有刀伤棒伤，当时盖互相格斗也。匪散后，高瑞祥急行趋视，冲田尚能说话，只托高瑞祥向下九台取药，并无他语。以两日人在该处，居民对之素称辑睦，故非险狠之匪人，断不能下此毒手，日报竟谓为排日云云，其为误会无待言已。"《吉林匪徒杀害日人之真相》，载《申报》，总第 15193 期，1915 年 5 月 31 日，第 7 版。

八月

八月十二日，《申报》载："吉林下九台地方，于五月间有侨居日人藤永、冲田二人被匪劫杀。此案发生后，吉林县知事李葆三即悬重赏吉钱一万吊，撰刷布告多张，分贴通衢，购线严缉。李知事又因巡阅之便，亲赴该处查访，于是得悉盗踪，密托陆军混成旅马队第一营营长曹志刚带兵，变装前往哈尔滨，拿获巨匪庞锡九绰号扫北、陈奎绰号老红二名，电知李知事赴长会讯，庞锡九等供认不讳，解由军署军法课覆讯无误，当将悬赏吉钱一万余吊提交曹营长，分赏原拿各兵，现闻军法课已讯取确供，依法定谳，并详报孟将军，一俟批回，即可执行矣。"《下九台劫案已破》，载《申报》，总第 15266 期，1915 年 8 月 12 日，第 7 版。

八月六日："吉林省模范监狱 700 余名犯人暴动，夺取守狱士兵枪械，占据监狱弹药房，开枪射击守狱士兵。吉林督军派军、警数百人前往镇压，双方激战一昼夜。因狱内弹药告罄，军、警进入监狱，越狱失败。此次暴动，双方伤亡达数百人。"吉林市地方志编纂委员会：《吉林市志·大事记》，长春：吉林人民出版社，2002 年，第 125 页。

八月二十二日报："巨匪蓝六共招集□党五百余民，滋扰东边各县，上月九号，竟将桓仁县攻陷，知事、警长逃逸，商民人等被害甚惨。"《东边剿匪记》，载《顺天时报》，总第 4208 号，民国四年八月二十二日，第 4 版。

九月

九月十八日："匪首'铁公鸡'率匪徒袭击县城。"长白县志编纂委员会编：《长白朝鲜族自治县志》，北京：中华书局，1993 年，第 478 页。

十月

十月二十六日，《申报》载："桓仁：胡匪攻击桓仁，势甚猖獗，知事费国光因之解职，继其任者为前庄河知事王济辉，自该知事到任，即责成警队会合陆军进剿，擒获匪首铁万山绰号'铁公鸡'，并起出白旗一面，上书：'压倒东边，杀富济贫'八字。已由军警押解来省，交军法处研讯，大约不久即须枪毙云。"《满蒙萑苻录》，载《申报》，总第 15341 期，1915 年 10 月 26 日，第 6 版。

十月二十六日，《申报》载："安东：栾洛，亦东省匪首之一也。屡经军警剿捕，迄未弋获。兹据驻安巡防步五营陈营长接石路巡防队函，略谓该队在通化县交界天桥沟处与匪开战，击毙匪首栾洛等四人，余者潜逃，现正率兵追缉，务将该匪歼灭，以除地方之害云云。"《满蒙萑苻录》，载《申报》，总第15341期，1915年10月26日，第6版。

十月二十六日，《申报》载："吉林：吉林省城附近各乡匪势猖獗，而以城北为尤甚，闻有自乡间来者云，江西头台子北卢家窝铺屯，有富户卢二包牙，以豪富名，匪类夙有垂涎之心，以其防御颇严，一时未得逞。讵月□初旬，有舁棺送殡者十余人，以天晚遇雨借宿为请，声称铁道工人，以伙友暴疾夭亡，将宿棺某地云云。卢怜而许之，不为戒备。讵至夜半，寄宿之山东人等拔关而出，各持棺内所藏武器，向富户鸣枪，弹如雨下，分伙守门，并将炮台占据，炮手绑缚，入室后将卢二包牙蜂拥而去，窜入林间，临行时声言此系大山货（匪首叫富户之惯称），非十六万吊官帖不能赎回等语。该富户现已允交十万，而该匪犹谓若不交足，即将撕票。故卢子现正在措款，一面报告附近军警往剿，未知如何了结也。"《满蒙萑苻录》，载《申报》，总第15341期，1915年10月26日，第6版。

十一月

十一月十日，《申报》载："东边奉吉交界，万山延袤，人烟稀少，素为盗贼出没之区。近自设治以来，屡有变动，如去岁桦甸及抚松两役，均系奉吉两省积年巨匪铁公鸡、小白龙、压东边、压五营等百余人前往窜扰，嗣经防军将刘大个子击毙后，一般匪徒避入吉界，为吉省陆军混成旅击败，又滋扰长白，复经防军将此般匪首悉数弋获，现在长、临、抚、通、柳河各县，均电省报告地方安谧，匪徒敛迹。"《东边亦告匪祸肃清》，载《申报》，总第15356期，1915年11月10日，第6版。

民国五年（公元1916年）

四月

四月二十八日："桓仁县知事王济辉联合革命党人邵兆中等，占据该县电报局，率警兵宣布独立，并由邵兆中为司令组织'辽东护国军'，发表讨袁檄文。"辽宁省地方志编纂委员会办公室主编：《辽宁省志·大事记》，辽海出版社，2006年，第109页。

五月

五月一日："辽东护国军进占蒲石河口，与当地警团展开激战，击毙警团团长，迫使警团解除武装，商民纷纷悬挂白旗表示归顺。"辽宁省地方志编纂委员会办公室主编：《辽宁省志·大事记》，沈阳：辽海出版社，2006年，第109页。

五月五日："护国军在长甸作战失利，退入安东日租界内，被日本军警解除武装。"辽宁省地方志编纂委员会办公室主编：《辽宁省志·大事记》，沈阳：辽海出版社，2006年，第109页。

五月二十五日，《申报》载："奉天省之桓仁县，居省之东偏，山岭环绕，形势险固，利于攻守，邵兆中（护国军总司令）遂利用其地而揭独立之旗矣。邵当辛亥光复时，庄河起义厥功甚伟，与东边马镇守使交战数次，颇有勇名。民国成立当道，解除其兵权，邵氏被嫌去职。厥后马腾溪知邵有军事学识，遂任邵为庄河警务长，在职二年，兴情顺之，与县知事王济辉甚相得。后王调桓仁，邵与新知事齐耀珊不合。去年帝政发生，齐密言于段芝贵，谓邵有通乱之嫌。邵闻，拟即帅警兵起事，终以不利而止，遂至桓仁，与王济辉谋。王乃贵州人，心慕共和，自滇黔起兵，两广动摇，知天下大事正可有为，遂密布一切，一面将款项整理充裕，一面招抚马贼；并以防匪为名，向将军请领枪械子弹，加练警团；且与党人联络，布置既妥，所有警务长及驻桓巡防哨官亦均赞成是举。于是一邑知名之人，如文怀亮、崔文会、佟宝泉、李国华、范鉴秋、韩东甲、陈次英、王剑初、于占瀛、韩咏恩、李晏芳、许麟阁等，会议共推邵兆中为辽东护国军总司令，他则各任一职，邵司令总理军务，编成四营。乃于四月二十八日宣告独立，遂发布檄文及该司令之宣言，布告遍贴街衢，学商各界多表同情，且大放边炮，以志欢迎，全城景象顿然改观。并拟定进攻计划，欲先攻安东，会师辽沈。王济辉帅兵首向安东进发，先至宽甸，闻宽甸知事与王有约，故一入城而宽甸亦宣布独立。以次直向安东进发，张盛武接单，初甚焦虑，即派马队一营往攻，又以护国军进行甚速，于五月五日复派遣一百零六团第一营步队一营并机关枪队、山炮队各一队，前往迎战。究之以实力论，桓仁乃弹丸之地，自不能胜张作霖之大军，原冀他方面之起而响应，无如事发而后，吴景濂氏适已去奉，盘中知事沈予明又因发泄秘密而遁，未几，奉师毕集，而各方面复以奉天处特殊地位宜暂忍耐为劝，于是护国军乃实行解散，大部分已向吉林并安东各方面窜去，而桓仁之独立遂无形取消矣。"《辽东护国军经过之宣言》，载《申报》，总第 15546 期，1916 年 5 月 25 日，第 6 版。

五月二十七日："县知事公署招募猎户 20 名编为游击队，入山搜剿盗匪。"长白县志编纂委员会编：《长白朝鲜族自治县志》，北京：中华书局，1993 年，第 479 页。

九月

九月三十日，《申报》载："抚松县本系长白山脉，设治未久，民户稀少，山深林密，胡匪猖獗，现有巨匪（越边虎）率领大帮党羽肆行扰乱，虽经警团会剿，无如众寡不敌，该知事急电请兵，闻张督军已饬东边马镇守迅速派军驰往剿办。"《匪焰又炽》，载《申报》，总第 15674 期，1916 年 9 月 30 日，第 6 版。

民国六年（公元 1917 年）

五月

五月二日报："舒兰县霍伦川人民，日前因皇产局清丈，聚众反抗，至二千人之多，其势汹汹，并有焚烧局所，伤亡人民情事。"《吉林清丈风潮》，载《顺天时报》，总第 4802 号，中华民国六年五月二日，第四版。

九月

九月十五日："珲春居民金学吉等三人走私贩运三车食盐，珲春有关当局按中国法律捕获归案，日本驻珲春领事分馆领事以保护侨民为借口调派侵朝日军官兵 400 余人进入珲春。就此，中国外交部向驻北京日本大使提出严重抗议。"珲春市地方志编纂委员会：《珲春市志》，长春：吉林人民出版社，2000 年，第 24 页。

十月

十月十三日："侵朝日军近 50 人，车 3 台侵入珲春，到烟筒砬子一带，将中国人黄炳吉（朝鲜族，反日侵略争取朝鲜独立运动的首领）、金得汝二人掳走，10月27日退回朝鲜。"珲春市地方志编纂委员会：《珲春市志》，长春：吉林人民出版社，2000年，第24页。

民国七年（公元 1918 年）

四月

四月二十五日，安东县来电："守备岫岩之步兵第七营兵队约四十名发生暴动，已由凤凰城派步兵八十名携炮二尊，及骑兵十五名，前往讨伐。"《调兵讨岫岩之暴动》，载《顺天时报》，总第 5147 号，民国七年四月二十七日，第 3 版。

五月

五月十二日，安东县来电："十日午前一时，十五六名之马贼忽袭击平安北道厚吕宪兵分队诠竹驻扎所，破坏电话，日本宪兵二名亦身负重伤，内有一名旋即死去。补取宪兵二名为朝鲜人，亦负重伤，一名即死，宪兵之家族亦负重伤。马贼抢劫骑枪及军刀等，扬长而去，现长白县知事与日本官宪正在协同搜索犯人。"《东省马贼袭击日本宪兵》，载《顺天时报》，总第 5164 号，民国七年五月十四日，第 2 版。

六月

是月："郭疤瘌脖子探悉驻军赵营为执行军务而离开县城，他纠集数百人，突然下山，偷袭县城，妄图劫夺库府钱粮。匪队乘夜色偷渡辉发河，从县城西南隅突进，一时枪声大作。城内警察、保卫团仓促应战，抵抗不力。郭疤瘌脖子虽传令'沿途放火，拿下县衙'，但数百名匪徒却四散劫夺商民或强奸妇女，使警察和保卫团增强了抵抗能力。双方激战于二道街附近，县知事欧署春亲自带领卫队指挥警团作战。这时，完成任务返回驻地的赵营投入战斗。不到三小时，将郭部击溃扑灭大火，保住了县城。从此郭部元气大伤，一蹶不振。"桦甸县志编纂委员会编：《桦甸县志》，长春：吉林人民出版社，1995年，第 329—330 页。

七月

七月某日，凌晨，胡匪栾六之余孽号称"长江好"的胡匪头目进攻辑安县城。就此次战斗，时任辑安县保甲所长高德隆之子高其昌叙述道：

"胡匪栾六之余孽号称'长江好'的胡匪头目，为劫持押在县城监狱的党羽，于民国七年七月的某日凌晨，趁天放雾，潜入辑安城东门外。先摸了水上警察的岗哨，后缴了东门外警察营房内警察的械，打开东城门，蜂拥而入，攻进县城，先破警察所，打死警士七人，巡官于喜亭被匪击毙，活捉警察所长赵轸，将警察所房屋焚烧，然后进攻县公署。裴焕星及内眷住在县公署院内，仅有卫队长李民山带六名卫兵保卫县公署。胡匪破墙，欲活捉裴焕星。裴焕星临危不惧，手持大枪，督李民山率六名卫兵迎敌鏖战。

这时保甲所长高德隆率王殿阳、李洪胜等七人，闻枪声赶来营救裴焕星。高德隆率兵登上县公署西北面的一个柴禾垛，组织王殿阳、李洪胜等人，以连环炮接连击毙用卡梯登墙企图进入县公署院内的胡匪。高德隆身高力大，一人打台枪（即大台杆，一般由两人才能打），我的五舅滕绪蕊给我父亲高德隆装台枪（两支台枪轮换打）。我舅父错用普通台枪的枪探子去探那号称'过山鸟'的大台枪，不慎将枪探子掉进枪筒里。我父高德隆来不及让我舅取出，便接过'过山鸟'打了出去。枪筒子里的枪探子被射出后，一放横，嗡声嗡气，好象炮声，震天动地。匪徒听到这声音，忙喊：'躲开西北！躲开西北！西北有大家什！'

这时裴焕星在县公署院内，听到喊声便从西北角突围。王殿阳奉高德隆之命，率两名士兵冲到县公署西北角，卡梯登墙，救出裴焕星及其内眷。裴焕星得救后，与高德隆会合，组织反攻。卫队长李民山和巡防营徐哨长，在高德隆的率领下，与胡匪激战三小时，于早九点钟将胡匪击退。县城仅东半街被匪强抢焚烧，西半街被保卫住了。"高其昌：《忆盟叔自卫军政治委员裴焕星》，载中国人民政治协商会议吉林省通化市委员会文史资料研究委员会：《通化文史资料》（第2辑），1989年，第105—106页。

八月

八月二十五日，奉天东方电："二十三日朝，日本官宪接得伊通县沙河炭矿有华人数百将日人十名包围形势颇为危险消息，即派巡查及昌图守备队三十名前往弹压，更由双庙子警察分署急派巡查数名往援，刻正调查本件发生原因。"《调查伊通中日人冲突原因》，载《顺天时报》，总第 5266 号，民国七年八月廿六日，第 3 版。

十月

十月二十五日，铁岭来电："柳河县城为马贼占领之事，屡志报端矣。马贼军包围当时，只身脱走已难，该县城据来朝阳镇日人吧所谈，柳河县城及其附近约有一千名之马贼，皆携带有新式之武器，由吉林方面窜入者亦多。此种威势，恐地方官徒手无策，只能旁观而已。该县日本人十四名，廿四日午后一时，由马贼军护送，安抵朝阳镇。"《柳河县马贼再志》，载《顺天时报》，总第 5325 号，民国七年十月廿七日，第 2 版。

十月二十七日，奉天东方电："日前柳河县马贼暴动，原因系由张作霖派军官在该地方招兵时，附近马贼游民等来应募者约达千余名，仅采用二百余名，遂大为不平，即将柳河县城包围占领，扬言断不伤害外国人，对于日侨十余名，均予以保护。"《柳河马贼暴动原因》，载《顺天时报》，总第 5326 号，民国七年十月廿八日，第 3 版。

十一月

是月："报字为九江、海东的土匪武装攻打黄泥河子煤矿，掠财物价值 1 万多吊。"密山县志编纂委员会编：《密山县志》，北京：中国标准出版社，1993 年，第 740 页。

是年，奉天来电："柳河县驻屯奉天新军，为招抚的马贼突然暴动，现已包围柳河县，遂即占领，该处有日本巡查及在留民十四名，因通信机关落于贼手，安危尚不明，中日官宪刻下极力救援保护。"《马贼军队暴动占据柳河县》，载《京话日报》，1918 年，总第 2521 号，第 2 版。

民国八年（公元 1919 年）

一月

是月："报字土阳等 200 余人攻打密山县第二区公安分局，经过一昼夜战斗，攻占了公安分局。"密山县志编纂委员会编：《密山县志》，北京：中国标准出版社，1993 年，第 740 页。

三月

三月二十五日，陆军总长靳云鹏奉令，将奉天省长咨送剿办著名股匪占中华等案内出力之通化县知事潘德荃等十二员请分别奖给各等文虎勋章，县警察所稽查王凤昌等十三员请分别奖给警察奖章。分别请奖各等文虎勋章人员清单如下：

"警察所长江存清，以上一员，拟请晋给六等文虎章；警察马队巡官张钧、警察区官代理警察队长杨式廷，以上二员拟请晋给七等文虎章；警察区官刘振山、郑福祥，警察分队长董悦辛，警察所总务股员邓福臻、行政股员杜凤鸣，警察巡官勾柏青、贾怀德，警察分队长张庆顺，通化电报分局局长杨郁文，以上九员，拟请给予八等文虎章。"《陆军总长靳云鹏呈大总统查核内务部咨开奉天剿匪出力人员分别拟奖勋章文（附单）》，载《政府公报》，1919 年四月十八日，总第 1150 号，公文。

四月

四月十三日，通讯："张巡阅使因现在大局日益多故，不但某派党徒有潜伏各地、图谋不轨之消息，而旅居东省各地朝鲜侨民，又复有复国之举动，则到处鼓惑，拟乘机起事，自主独立，均应严加防范，以杜患于将来，而维持地方之治安。是以通令军警两界，由每晚五点后，均需加派军警，分别在各城镇要隘防守，并须荷枪实弹，施行临时戒严，以保阎闾之安宁。并令警察厅派遣长警，分赴各关，将商民户口认真清查，以免有宵小潜藏，扰乱治安。"《临时之戒严》，载《顺天时报》，总第 5478 号，民国八年四月十三日，第 4 版。

五月

五月十九日，报载中央政闻社消息云："东省向为胡匪充斥之区，近以边患日急，愈加猖狂。日前又有所谓红义团者出现，盘踞于兴京、通化、桓仁一带，互相联络，借口劫富济贫，颇与前清末义和团初起相似。"《东边发现红义团》，载《顺天时报》，总第 5514 号，民国八年五月十九日，第 3 版。

七月

七月十七日，三姓税关帮办英人阿柏氏来函称："是日黎明，盗匪约二百六十人，均系马贼，袭击三姓，放火焚道尹衙门、县署及电报局。阿柏氏先将妇女儿童送至口上，后有小队盗匪来关，索取鸦片现款，阿柏氏持手枪自卫，给与鸦片约十六两，但说明所有现款曾经解往哈尔宾。"《三姓洋税关被掠之确报》，载《顺天时报》，总第 5576 号，民国八年七月廿三日，第 7 版。

七月二十二日，路透社电云："红胡子闯松花江、三姓海关分卡，中国防队现经撤退，故行攻击，占据该税关，三姓交通断绝。然据最近时消息云，海关人员无恙，惟该关帮办英人阿柏氏被红胡子拘留勒赎。"《红胡子攻击洋海税关》，载《顺天时报》，总第 5576 号，民国八年七月廿三日，第 7 版。

八月

八月六日，《申报》载："奉天某外报云：三十一日晚，长春裴镇守使电告张使，谓三十日晚，驻伊通高士傧部下军队共二营，忽然哗变，并将监狱囚犯一律释放，县知事、警察所长均被羁押，一时抢掠杀烧，地面不堪其扰。"《奉吉风云中之枝节》，载《申报》，总第 16690 期，1919 年 8 月 6 日，第 7 版。

八月十日，《申报》载："日前伊通县城内驻扎军队一连，于夜内全体哗乱，放火抢掠，不堪言状，并将监狱打破，该县知事郑某业已弃城逃走。"《吉林事件结束之详讯》，载《申报》，总第 16694 期，1919 年 8 月 10 日，第 7 版。

八月十六日："安东县白菜地（今汤池乡万宝村一带）2000 农民在李登江领导下，举行抗捐暴动。"丹东市地方志办公室编：《丹东市志》（1），沈阳：辽宁科学技术出版社，1993 年，第 50 页。

八月二十一日："武装土匪百余人，在大白天袭击退抟屯，抢劫商号。"蛟河县志编纂委员会编：《蛟河县志》，长春：长春出版社，1991 年，第 204 页。

八月二十三日："（武装土匪——笔者按）窜进拉法、新站，放火烧毁保卫团部，掠夺大量商号钱款和物资。"蛟河县志编纂委员会编：《蛟河县志》，长春：长春出版社，1991 年，第 204 页。

八月二十六日："集聚约 200 余名匪队窜入蛟河街，向商会、税捐局硬索现金 15 万吊。"蛟河县志编纂委员会编：《蛟河县志》，长春：长春出版社，1991 年，第 204 页。

九月

九月九日，《申报》载．"前古事发生风潮，军队征调，以致吉省各县胡匪乘间窃发，现虽经鲍督军剿捕，惟高士傧在吉时收有胡匪首领数人，其余约有一营，现因无饷，在伊通一带窜扰，由四旅十三团在吉林黑顶子与该匪等接仗，匪虽伤亡，尚未消灭。该团刻已专任剿匪事宜，并令由奉边各县协剿，以期歼灭。"《三省之联防计划》，载《申报》，总第 16724 期，1919 年 9 月 9 日，第 7 版。

九月二十日，《申报》载："奉天某外报载吉林伊通函云：伊通自奉吉事起，双方军队云集本区，迫孟高下野，奉军临境，马步炮兵强占商号，吃唱揽闹，无所不至，零星物件，任意索取。吉军旧有营房奉军不占，非另择上好房屋、打炕糊棚焕然一新不可。即该军军官之家眷，一切用品亦须由商会供给，稍有迟延，打骂加身。计本街上中各商铺，由奉军驻伊以来，每号有三四万吊市钱之损失，商民何辜，遭此荼毒，长此以往，伊通商民将永久沉沦于黑暗地狱中矣。"《伊通奉军骚扰之消息》，载《申报》，总第 16735 期，1919 年 9 月 20 日，第 6 版。

九月二十三日报："昨闻张使接到吉林督军鲍贵卿来电，其内容闻延吉方面现在匪势猖獗，该处军力薄弱，不敷分配，除饬军队火速赴援外，并请侨东边军队加意防卫，以免逃窜。"《鲍督电告延吉匪患》，载《顺天时报》，总第 5638 号，民国八年九月廿三日，第 4 版。

九月二十三日报："延吉方面现在匪势猖獗，该处军力薄弱，不敷分配，饬军队火速赴援。"《鲍督电告延吉匪患》，载《顺天时报》，总第 5638 号，民国八年九月廿三日，第 4 版。

十月

十月二十八日报："剿匪司令部近来调查东边一带之匪势，大小股共计不下二三百股，大股竟至千余名或数百名，小股亦在十名以上，枪马齐备者约占十分之三，且多身穿军服，与陆军无异，剿捕时殊难辨认。"《东边匪势》，《顺天时报》，总第 5670 号，民国八年十月二十八日，第 4 版。

十一月

十一月四日报载："吉林督军鲍贵卿，于十一月三日上午再赴衍庆楼晋见大总统时，靳总理适在座，当报告东三省应行裁兵情形甚详：（甲）奉天现有陆军四师六混成旅，兵数较少，在大局未定以前，未便裁减。（乙）吉林现有一师五混成旅，拟重加训练，改为两师两混成旅。（丙）黑龙江现有三混成旅一混成团，拟将三旅扩充为三师。徐靳均主张交付阁议后再行核办。"
《东三省裁兵之详情》，载《顺天时报》，总第 5676 号，民国八年十一月四
日，第 2 版。

十二月

十二月四日："土匪活动猖獗，安东料栈及八道沟木商经县批准集资，招
募临时警察 50 名，保护木厂。"长白县志编纂委员会编：《长白朝鲜族自治县
志》，北京：中华书局，1993 年，第 479 页。

是年："土匪绑架青沟子和三源浦学校学生 80 余人。"柳河县志编纂委员
会编：《柳河县志》，长春：吉林文史出版社，1991 年，第 10 页。

是年："延吉游巡队派 1 个分队 200 人进驻和龙境内。"和龙县地方志编纂
委员会编：《和龙县志》，长春：吉林文史出版社，1992 年，第 200 页。

是年："土匪'长江'马队，放火焚烧乜河街，数百间房屋被毁。"牡丹江
市志编审委员会编：《牡丹江市志》（上卷），哈尔滨：黑龙江人民出版社，
1993 年，第 16 页。

民国九年（公元 1920 年）

五月

五月十日，《益世报》载："松花江上流之依兰县，向有大股匪徒，专劫
过往轮船。本年开江后，戊通公司轮船金山号，行至该处，被匪劫掠，除搭客
受损不计外，将船扣留，并绑去船长，电致该轮哈埠公司，须以大洋五万元来
赎，以十日为限，否则烧船撕票。嗣经三姓驻防陆军前往追剿，匪因寡众不
敌，始将船票放弃，该轮已驶回哈埠。"《北满洲之匪患》，载《益世报》，
民国九年五月十日，第 6 版。

是月："日军勾结奉系军阀，在南满通化、柳河等地大肆搜捕反日群众，
李承一（李谷山）、李文义等一些朝鲜族反日爱国者，从南满迁来新站定居，
坚持反日斗争。"蛟河县民族志编纂组：《蛟河县民族志》，内部发行，1990
年，第 123 页。

六月

六月四日："日军南阳守备队从朝鲜丰利渡口涉过图们江，经安山厚洞奔凤梧沟，讨伐以洪范图为首的反日独立军。"吉林省图们市地方志编纂委员会编：《图们市志》（1644—1985），长春：吉林文史出版社，2006年，第9页。

六月九日："以洪范图为司令的反日独立军，与日军第十九师安川大队南阳守备队在凤梧沟展开激战。日军死伤150余人，独立军缴获步枪60余支。"吉林省图们市地方志编纂委员会编：《图们市志》（1644—1985），长春：吉林文史出版社，2006年，第9页。

是月："他们（延边朝鲜族抗日武装—笔者按）在汪清县凤梧洞组织伏击战，杀伤日本军队一百二十多名。"韩俊光等编写：《延边朝鲜族自治州概况》，延吉：延边人民出版社，1984年，第44页。

七月

七月十五日报："本年入夏以来，匪患频仍，民不安业，一夕数惊，妇孺惶恐，殷实之家不堪蹂躏，多以迁地避匪为长，以故省城近日各大客栈如人和栈、德胜栈、和顺店、华丰远等，由舒兰小城子等处避匪来省，包住各栈店房屋者，日必数起，而投亲奔友者尚不计数。"《吉林杂讯》，载《顺天时报》，总第5915号，民国九年七月十五日，第6版。

九月

九月十二日："盘踞在东宁县一带的大股土匪匪首'万顺'，率匪队进入珲春县城，抢劫机关、团体、商号、居民大批财物，绑去人票近百名，并烧毁珲春城镇东楼和图书馆。"珲春市地方志编纂委员会：《珲春市志》，长春：吉林人民出版社，2000年，第25页。

九月十二日："盘踞在珲春至东宁之间的老黑山72个顶字，以'万顺'、'四海'为首的土匪，探明珲春城内军警不多，防范不严，率匪徒200多人，于9月12日拂晓，分三路进攻珲春县城。一路由东北城墙豁口处进城，攻警察所；另两路分别由东门、南门闯入，合力攻打相邻的陆军和宪兵驻所（市医院路北），两所中只有30多名军警。各防所很快被匪徒攻入，抢走枪支弹药，放出20多名囚犯，点起大火，然后对商号店铺开始大洗劫。顿时浓烟滚滚，火光冲天，枪声、惊叫哭嚎声混成一片，恐怖气氛笼罩了全城。

当时，驻防珲春的有吉林陆军步兵二营和工兵独立营。两营营部及警卫连都在城北山下大营，其余官兵分驻于各乡要地。当匪徒攻入城中枪声大作时，营部方知城中有变。紧急计议，由工兵营长丁其昌带队奔城外西街商埠地，保护日本领事与侨商；步兵二营罗营副带队分两路向城西门、北门攻去，被守城匪徒击退，进攻数次皆未成功。

上午八时，匪徒们将城内机关商铺洗劫完后，向城东北方向退去。这次匪劫县城，县公署官银钱号、税捐局、榷运局、电报局等机关被劫去钱款及物品折钱共六千多万吊。142 家商号店铺无一幸免。除烧掉城内陆军防所大院东南角的镇东楼及西城门楼外，还烧毁商民房屋 281 间。商民被抢被烧共计损失钱物折钱达四千多万吊。'人票'（勒索赎金额人质）96 人。其中除商人外，还有陆军排长、司务员、副兵、游巡队员、保卫队长各 1 名。县知事之弟、县署会计熊梦麟亦在其中，带走劫狱放出的囚犯 19 名。

这次军警与匪徒交战中，陆军、宪兵和警察三个防所，阵亡正目 1 名、警察 1 名，伤 1 名，被抢去步枪 14 支，子弹 2588 发。击毙匪徒 3 名，重伤 10 余名。"珲春市地方志编纂委员会：《珲春市志》，长春：吉林人民出版社，2000 年，第 723—724 页。

九月十七日，东方社奉天电："张巡阅使以东清线盗匪横行，奉政府合令，令吉黑两省各出一师，前往剿办。"《张使防备东清线》，载《顺天时报》，总第 5981 号，民国九年九月十九日，第 3 版。

九月十九日，《益世报》载："东山里传来消息，匪首张凤山率领贼徒千余人，于九月五日向密山县攻击，与驻防陆军激战一昼夜。后匪用野战炮将城攻破，所有商号尽被抢劫，商民死伤百余人。在胡匪进城以后，县署闻信，县知事欲出外藏躲，匪已进署，当将知事绑去（按该县知事为张姓，字阁臣，正任饶河县知事，前月省委署理密山，到任尚未一月），营长无有下落。直至七日午后，始载十余车，由匪之马队保护陆续出城。"《匪陷密山之骇闻》，载《益世报》，民国九年九月十九日，第 5 版。

九月二十一日，吉林督署鲍贵卿致电云："珲春兵变，系股匪勾结所致，军队绝鲜附和者，已令孟富德带兵两营，赴东沟金厂等处剿办，毙匪六人，夺获大车四辆，骡马物品无算。现股匪向中俄交界之长岭子退去，已分兵堵绝。"《珲春兵变之续报》，载《益世报》，民国九年九月二十二日，第 3 版。

九月三十日："另一大股土匪在匪首'振东'率领下，匪众四百余人先将驻大荒沟的工兵一连，全部掠走。"珲春市地方志编纂委员会：《珲春市志》，长春：吉林人民出版社，2000 年，第 25 页。

九月二十六日："老黑山的土匪'振东'带领匪徒 700 余名，9 月 30 日至大荒沟，围袭了该地驻军工兵四连防所，除 3 名逃出外，俘虏连排长以下 20 多名。枪支、弹药、服装、粮秣等物均被抢走。"珲春市地方志编纂委员会：《珲春市志》，长春：吉林人民出版社，2000 年，第 724 页。

十月

十月二日："以振东为首的匪徒 400 余名攻入珲春县城，烧杀抢掠，并将日本领事分馆一所大厅、两所平房烧毁，击毙日本警察 1 名，打死日本商人男女大小 10 名，并掠走日本商人。日本借口有朝鲜独立党人参与此事，于 10 月 5 日先后调来以砚林师团长为首的日本官兵 500 余人。"珲春市地方志编纂委员会：《珲春市志》，长春：吉林人民出版社，2000 年，第 685—686 页。

十月二日："清晨，匪队窜至城郊，半数于城外设卡警戒；半数分两路扑向街区。一路由东关攻城，一路由二道营子直攻日本领事分馆。

进攻领事分馆的匪徒，用两挺机枪，十余杆洋抬枪和炸弹扫射轰击，打开后大门，攻入院内。战斗中，日本警察和避入领事分馆的日韩商人及其家属等 10 余名被击毙，匪徒死 5 名，重伤 10 余名，领事分馆房屋被放火烧毁。东路匪众也从东门攻入城内，边与军警交战，边四处抢劫烧杀，军警节节败退。城里的一些居民纷纷向城外河南方向逃跑，被城墙上警戒的匪徒开枪打死 20 多名，伤数 10 名。人们扶老携幼，架着伤者，蜂拥上船。有些人被挤落水中，数 10 名老弱妇孺落水淹死。城内县署、法庭、海关等各个机关全被洗劫；城西街商埠地的 9 家日韩侨商也全被抢。当日上午八时，匪众退走。下午接探报，匪退走时曾扬言：'为报攻城中的死伤弟兄之仇，夜里再将来攻打县城和北营。'当晚九时余，匪众 200 余名回攻北大营（没打县城），双方交战一夜，次日凌晨匪众退走。

这次匪劫，全街华商被抢、烧折合官帖损失十三万多吊。全街烧毁商户 20 家、房屋 123 间（日、韩商 6 家、21 间）。全街各商号被掠去（人票）42 名，还有职业不详者 30 余名，损失最重者是城里的各机关和各商户。

这次交战，匪被击毙 54 人，击伤数 10（十）名，被捕获 2 名，缴获枪 7 支，马 7 匹。军警阵亡 4 人，伤 3 名，被匪掠去 2 名。被匪抢去长枪 70 支，子弹 3971 发。"珲春市地方志编纂委员会：《珲春市志》，长春：吉林人民出版社，2000 年，第 724 页。

十月二日："土匪第二次洗劫珲春城时，袭击了日本驻珲领事分馆。打死日本和朝鲜人警察各 1 名、日本商人男女大小 10 名、朝鲜商人 6 名，掠去日商 1 名和朝鲜公民会长 1 名，烧毁领事馆房屋 5 座（21 间），并抢去一些枪支和财物。"珲春市地方志编纂委员会：《珲春市志》，长春：吉林人民出版社，2000 年，第 722 页。

十月二日："日本帝国主义挑起'珲春事件'，并以此为借口，派遣包括三个整旅团和几个联队的一万多名正规军，侵入延边地区，进行了惨无人道的'庚申年大讨伐'。"韩俊光等编写：《延边朝鲜族自治州概况》，延吉：延边人民出版社，1984 年，第 44 页。

十月四日，《益世报》载："东三省向为胡匪渊薮，自边防吃紧以来，彼辈乘机而起，又得外人之援助，故劫夺火车、占据城镇，时有所闻。吉属依兰县，占松花江下游，为水路交通要塞，九月二十六日早七点钟许，有胡匪五百余名，由四面攻城，至午攻破北门，入城后先焚掠监狱，次抢掠道、县两署。经驻防军警迎战一昼夜，匪始退去。中东路一面坡一带，近日匪患愈形危急，商民一夕数惊。经该处商会电请护路司令部，加派劲旅，前往助剿。该部接电后，当派装甲火车往剿，以期早日肃清云。"《沿边胡匪之猖獗》，载《益世报》，民国九年十月四日，第 5 版。

十月五日："日本从朝鲜派出大批日军，侵入珲春、汪清、延吉、和龙等县，四出（处）讨伐追捕朝鲜独立党，烧毁民宅 1 千余户、教堂 21 处、学校 7 处，民众伤亡近万名。"珲春市地方志编纂委员会：《珲春市志》，长春：吉林人民出版社，2000 年，第 25 页。

十月六日："张作霖派兵赴珲春。"珲春市地方志编纂委员会：《珲春市志》，长春：吉林人民出版社，2000 年，第 25 页。

十月九日电："张作霖为讨伐珲春方面之马贼，于六日夜派遣步兵三营一千六百名，七日晨又派遣三营一千一百名，俱由'南满'车输送。"《奉军珲春出动》，载《顺天时报》，总第六千号，民国九年十月九日，第三版。

珲春事件："朝鲜自宣统二年八月为日本所并吞后，备受日本之虐待，乃纷纷迁入我吉林边境，从事垦务。至民国八九年，避居住韩民达二十五六万之多，乃思乘机起事，以复故国。民国九年十月二日，韩国独立党人率同俄匪马贼等数百人，由俄境双城子方面潜入吉林之珲春，焚毁日本领事馆及日本街市而退。日政府闻警，除派大军入珲外，更进兵占据我和龙、延吉、东宁、宁安五县……我国本可径向日本理论，无如以力弱之故，虽受莫大之侮辱，亦仅能要求其撤兵而止，日本见韩党已经肃清，无听藉口，乃仿郑家屯故事，在各县设置警察署而退。"（民国）华企云：《满洲与蒙古》，上海：黎明书局，第61—62页。

日本方面，外务省发表的《珲春事件公报》载："十月二日午前三时，中国人、朝鲜人及其他着中国官兵之服者约四百名，成一马贼团体，来袭珲春日本领事馆分馆及市街，随处放火，后即发炮或投炸弹，至十时始行退却。"是次事件，日方受损情况为："领事馆分馆殆已全烧，日本之被害者，死者为领事馆警察署长佐谷氏以下十六名，负伤者有二十余名。"《珲春事件公报》，载《顺天时报》，总第5997号，民国九年十月六日，第3版。

十月九日，《晨报》报称："昨有某外人谈及珲春日领事馆被袭击事件。据称日人之谋得珲春地方，已非一日。盖得其地，可以断高丽与俄国过激派之联络，又可藉为发展满蒙与西比利势力之根据。不过无机可乘，只得默尔而息。今既突然事发，遂认为决好之机会，故意张大其词，并不惜派遣重兵，以剿匪为名，行侵地之实。"《珲春事件之外论》，载《晨报》，民国九年十月九日，第3版。

十月十二日："日本驻珲春领事分馆出动武装警察袭击大荒沟'北一中学'。逮捕教职员、群众20多人，杀害校领导和教员3人，烧毁校舍。"珲春市地方志编纂委员会：《珲春市志》，长春：吉林人民出版社，2000年，第25页。

十月十三日，东方社东京电："通化方面再次现险恶之兆，由间岛方面带有精锐武器之不逞鲜人侵入通化、辑安、宽仁等县，以掠夺良民。"《通化方面之匪势》，载《顺天时报》，总第6004号，民国九年十月十五日，第3版。

十月十五日："奉天、吉林两省续派军队赴珲春。"珲春市地方志编纂委员会：《珲春市志》，长春：吉林人民出版社，2000年，第25页。

十月二十一日："十八日，由金佐镇率领的反日部队第二联队2800人开往青山里，日军先头部队也随之向青山里追剿。反日部队第二联队得知敌情，立即转移，迅速到达白云坪。10月21日晨时，反日部队组织好精锐部队，选择有利地形，埋伏在周围山头密林里。上午 8 时许，日本侵略军 1000 人进入反日部队的伏击圈，反日部队立即发起突然袭击。从 3 面向敌军猛烈开火，仅用 90 多分钟，就全歼敌先头部队。而后头的敌军则惊慌失措，退到数百米处，并同后继部队的 8000 至 9000 人从 3 面向反日部队进攻。战斗持续到中午，此时反日部队兵分两路，边阻击边撤退，迅速转移到摩天岭。敌军却不知对方早已撤离此地，误认为从凤尾沟迂回进攻的是反日部队而互相残杀，一直打到傍晚，伤亡达 600 至 700 人。白云伏击战约用 3 小时，加上敌人自相残杀，日军伤亡达 2200 人之多，反日战士牺牲 20 人，重伤 3 人，轻伤数十人。"和龙县地方志编纂委员会编：《和龙县志》，长春：吉林文史出版社，1992 年，第 214 页。

十月二十一日，《京报》报称："朝鲜军司令部发表云，十三日以来，山田支队（驻头道沟）、茂山守备队之一部即开始行动，向一道沟柳洞进行，使凶徒退走于西方森林，现两队已向前进行矣，收支队亦已向四道沟及珲春附近实行讨伐，惟结果尚不明了耳。"《匪徒渐次退走》，载《京报》，民国九年十月二十一日，第 3 版。

十月二十二日："10 月 21 日，反日部队第二联队从摩天岭出发，继续转移到卧龙甲山村附近汇合。22 日拂晓，这支队伍获悉日军骑兵第 20 联队先遣第 1 中队刚刚进犯泉水坪正在酣睡。反日二联队将 2 个中队部署在渔浪村南山（古称马鹿沟岭之中段），以掐断敌军退路，用 2 个中队兵力突袭泉水坪之敌，全歼其中队长及其以下官兵 120 人。敌军大部队赶来进攻渔浪村南山高地，事先已占领这个高地的反日部队 2 个中队和进攻泉水坪的 2 个中队利用有利地形，一直打到 23 日夜，后迅速撤出阵地，向老头沟方面转移。这三天战斗共歼敌 430 余人，并缴获山炮 5 门、机枪 3 挺、双眼望远镜 5 对、手枪 20 支、军用地图 63 张等。"和龙县地方志编纂委员会编：《和龙县志》，长春：吉林文史出版社，1992 年，第 214—215 页。

十月二十二日："由洪范图率领的反日部队第一联队转移到二道沟附近，指挥部设在完流沟中央山麓，将部队埋伏在左右侧高地和山峦。10 月 22 日中午，首先进入伏击圈的日军斥候队 50 余人遭到伏击，只经过 20 分钟将其全歼。接着日军大部队凭借其优势，山炮、步枪一起压来。反日战士利用险要地势，狠狠打击，敌军伤亡惨重，但不甘失败，又向完流沟中央山麓包围。反日部队居高临下，猛烈阻击敌军正面冲锋，边阻击边乘夜幕巧妙地撤出阵地，造成敌人的错觉致使敌自相残杀，在敌混战中又死伤 200 多人。二道沟一战，三天共歼敌 930 余人，缴获大炮 1 门、机枪 4 支、快枪 100 支。"和龙县地方志编纂委员会编：《和龙县志》，长春：吉林文史出版社，1992 年，第 215 页。

十月二十四日："反日部队于 10 月 24 日以 600 名兵力，在集场子道路两旁森林中埋伏，突袭在行进中之敌，共打死 100 余人，打伤 20 余名，生俘 30 余人，缴获机枪一挺。"和龙县地方志编纂委员会编：《和龙县志》，长春：吉林文史出版社，1992 年，第 215 页。

十月二十日至二十六日："反日部队在和龙县青山里一带击毙敌加奈联队长及其部下九百余名。"韩俊光等编写：《延边朝鲜族自治州概况》，延吉：延边人民出版社，1984 年，第 44 页。

《和龙县志》载："在整个'青山里战斗'中，反日部队以 2800 名兵力对付敌 5 万兵力（参于正面战场的兵力 2 万多人），共歼敌加纳联队长（大校）以下 3800 余人，反日部队战亡 60 余人，负伤 90 余人。"和龙县地方志编纂委员会编：《和龙县志》，长春：吉林文史出版社，1992 年，第 215 页。

东京二十六日电："日本讨伐队二十二日朝六时，在和龙县附近遭遇一千名之匪团，该匪团利用枪物顽强抵抗，幸日军奋战力斗，至日没之时，始压迫该匪团撤退至密林，迄二十三日，尚与匪团之主力对峙。此战斗时，日军战死者三、负伤者十三，敌之死伤大约尤为不少。"《和龙县附近剿匪情况》，载《顺天时报》，总第 6016 号，民国九年十月廿七日，第 3 版。

十月二十七日："入侵珲春日军达到 1500 多名，内有步兵九个中队，骑兵一个中队，炮兵一个中队，此外还有特种炮兵和卫生兵。最后，侵珲日军共增加到 7500 多名。"珲春市地方志编纂委员会：《珲春市志》，长春：吉林人民出版社，2000 年，第 723 页。

十月二十八日，东京东方电："出动于汪清方面之木村支队于二十二日在西山附近发见匪徒之军官学校，当即焚烧之。又支队之一部在该地附近大森林内与匪徒一小部队冲突，当即击退之。匪徒遂退于山中，日本军死伤三，匪徒死亡六，并查获关于过激派之书类及军装子弹若干。"《汪清方面之剿匪》，载《顺天时报》，总第 6019 号，民国九年十月三十日，第 3 版。

十月二十八日："匪首'长江好'带 60 余匪徒（武装为侵略朝鲜的日本军提供）袭击县城。进城后，大肆抢劫店铺商号，并绑 36 个肉票（人质）。

土匪正欲纵火焚烧县城时，山林队队官邵本良率部赶来，土匪逃离。"安图县地方志编纂委员会编著：《安图县志》，长春：吉林文史出版社，1993年，第511页。

十月三十日，《民意日报》报称："闻赴珲春之日军，现已遍布于局子街、头道沟及天宝山等处，连日搜索韩人。此外矶林支队已越珲春河谷东进，木村支队亦在百草沟方面着着进行，日军并多使用迫击炮、机关枪等，该处居民极为恐慌。"《日军在珲春之行动》，载《民意日报》，民国九年十月三十日，第2版。

十月三十一日，《益世报》载："自吉边多事，胡匪乘机窃发，十聚而百，百聚而千，千聚而万，声势浩大，俨成重敌。巨匪张凤山、活阎王等，在松、黑两江一带，有称霸称王之气概。阚子珍吉长镇守使，由七月间，即带队进剿，伤兵虽多，而匪未捕灭。十月初旬，奉军卫队旅长张汉卿带全旅抵吉助剿。至十月十八、九日，吉督鲍贵卿亲自带队出马，一般剿匪军队，捷音屡报。然据由山里归客声述，则云官兵屡败，并未获胜，不但剿匪无功，而殃民罪恶实难遁赎。兹将两方面所述情形详为记载，以便比较评判可也。

据剿匪总司令张汉卿第一次报告捷电述，职旅于十六日拂晓，在一面坡一带与匪接仗，毙匪一百一十余名，虏获八十余名，夺下骒马一百余匹、步枪一百余枝、子弹数十万粒。除职旅兵士八名受伤，令李医官赶速调治外，余均无恙，先此电闻云云。第二次告捷，则谓职旅（张汉卿自称）抵一面坡后，即严饬各军一律进剿，当经阚镇守使子珍亲督步炮各队，在后面各方与匪接仗，大获全胜。计毙胡匪四百余名，生擒百余名，得获器械无算，并得获人票若干。我军共伤官兵九名，大股匪类皆闻风远飙云。张旅长汉卿第三次电称，日前特派本旅步一团范营长、二团二营暨山炮连、机关枪连，随阚镇守使赴七站击匪，匪约二千余名，经我军击毙三百余名，余者溃散，夺获马百余匹，枪五十余支，我军仅受伤五名，现仍驻一面坡云。十月十九日，该旅旅长又电称，本旅全旅军队，暨阚镇守使所属之奉天陆军第一混成旅，并吉林陆军第十九混成旅，四面包围，匪徒因山林凋落，无处可藏，现有匪六七千，匪有意投诚，特请张巡阅使，如何处置为宜，以便决定方略云。二十一日电称，前令团长李长荣，督率军队两营，在离间岛相近之处，与匪千余名互相攻击，约有两钟之久。匪势不支，窜入树林，毙匪一百余名，共得枪械一百余支。军队因道路不熟，未敢追剿，即行回防云。又电，本旅在五站剿匪，匪首报字'靠山'，率羽翼五六千名，与军队接仗，相战二日之久，当经本旅军队击毙胡匪五百名，生擒二百名，夺获枪械共六百余枝、马匹十余匹，匪首'靠山'知势不支，先行窜逃，余均溃散。此次受伤兵士十名云。"《官军剿匪之成绩》，载《益世报》，民国九年十月三十一日，第5版。

十一月

十一月二日，《民意日报》报称："政府昨接驻珲春探员电告，云日军每开来一营，城镇乡村必受数日之骚扰，其最甚者，（一）街市上之大小贩，日军食用均不给资，若向之索取，每遭殴辱。（二）中等居户所有之器皿家俱，任意借用。（三）耕户之牛马，任意斩杀，以充食料。各级官长，均不过问。"《日军在珲春之骚扰》，载《民意日报》，民国九年十一月二日，第2版。

十一月三日，《晨报》报称："据某外人熟悉珲春情形，并目击肇事之状况者言，日本实造成此事，以为驱逐边境韩人之口实。攻击珲春者，实为中国人，惟受日人之训练及资助，彼等巢穴在尼考尔斯克（俄地），该匪日人用以劫掠满洲东北之高丽村庄。因韩人有备，斗不得利后，日军竟助彼等劫掠两次，一次有日兵五十人，军官五人。惟珲春之事，尚无日人之踪迹。前数日，中国人已得警告书信，盖欲断送中国官于日兵之手。本地中国守兵，果向日人求助，日本一小支队，允共设防。中日兵各守一门，惟攻城竟有巧遇，盖被日人雇用之匪徒，行近城门，忽遇大队真胡匪亦来攻城，约定日本之走狗，攻日兵保守之门，而胡匪攻中国兵所守之门，同时并攻。日兵方面，曾放数枪，遂让日人之队入城。

中国已击退胡匪后，闻有匪自他门入劫，乃不能顾全城，及日本领署被劫，日署并未死一人，日军虽退至彼处，两股匪徒合而为一，不顾日本之指使，虽遇日人，亦逞其所欲。后日兵自高丽会宁来，匪党与之大战，双方死伤甚多。此次冲突，日本乃得占据延吉岛，及特别对付高丽地方之口实。"《珲春肇事详情》，载《晨报》，民国九年十一月三日，第2版。

十一月十日，《民意日报》报称："接吉省当局来电，谓吉省东宁县境，近忽开到日军数百名，该军向驻双城，现陆续运送。除阻止外，特闻。"《日本又进兵东宁》，载《民意日报》，民国九年十一月十日，第3版。

十一月十四日，《民意日报》载："在阴历七月初间，珲春城内即有匪乱之报，官军亦得有消息，盖老黑山万顺匪队中所谓'四海'大头目，曾于是时带党数十名过土门子，乡间勒捐靰鞡，竟为该处军队击回。其后几次宣传攻城，并无何等消息，而军警戒备亦为松懈。不意万顺之一帮约百余名，探明军警未备，昼宿夜行，第四日晚行抵东沟半拉窝集，即在该处大户人家打尖（是时为七月三十日晚六七钟，该屯距城七十里路）。当夜八九点匪众向城进发，而军警事前毫无闻知，迨至翌早四钟许，该匪已早攻入城中，而军警正在睡梦中，毫无知觉。匪之第一枪即将县署游击队二名打死，次则攻击陆军哨所（县署右邻），打死正目一人，其孟排长与王司务长均为匪绑去，旋将哨所焚毁。是时，宪兵队亦被匪击散。最后以全力攻围审检厅，将看守所闯开，所有犯人均行释放，并将守护厅推检官绑去，烧毁商铺三十余户。其中损失最多者为官银钱分号，约三百余万吊。此次匪徒由东门而入，仅抢至西门脸，并未出西门一步。该匪在城扰及五六小时，而守军两营或伏西关外，或伏于南大河一带，始终未开枪拒敌。及匪队由东门款段而出，始有某营军队在城内东门里送了一排枪，以了其事。故匪首万顺行至中途，笑谓匪党曰：'来也不迎，去不送，太便宜这珲春了。'匪来不过百余名，绑去人票竟至九十六名之多，内有县知事之亲弟、保卫团长、盐仓仓长之亲弟、各商号掌柜、东家多名。城内各局所被攻击时，惟警所被匪数次环攻，始终未被侵入，亦珲城一庆事也。珲城被匪后，人心惶张，一日数惊，第三日晚忽传有匪再来之耗，竟至城乡一空，携幼扶老逃之河南者，不知其数。西关一带虽未被抢，而日本领事馆日增警察数十名，幸经数次交涉，始行撤回江西。然我军警戒备，仍未见进步。"《珲春匪警始末记》，载《民意日报》，民国九年十一月十四日，第2—3版。

十一月十八日："匪首'长江好'，率众匪200余人窜入廿道沟、廿一道沟掠抢民财，烧毁民房，戕害人命。并声称要攻打县城。县城告急，集聚警甲守护县城十余日。"长白县志编纂委员会编：《长白朝鲜族自治县志》，北京：中华书局，1993年，第479页。

十一月十九日，奉天电云："奉天北部长白山地方之安图县，十三日有二百余名马贼突来袭击，遂被该马贼占领，县知事则已不知其逃往方向，现下该马贼仍在与官兵对战，匪势猖獗，势将不敌。"《马贼猖獗占领安图》，载《益世报》，民国九年十一月二十日，第3版。

十一月二十日，《民意日报》报称："日军抵珲春后，已设有剿匪总司令部，现由该司令部分配军队，向东宁、汪清、和龙、延吉等处实行搜剿各股匪党，闻日军最注意之处，为和龙之六道沟、汪清之北草沟及小绥芬河五站、六站等处，派兵亦属最多，共计在二师以上，而珲春方面尚有一师驻扎备调。"《珲春日军之行动》，载《民意日报》，民国九年十一月二十日，第 3 版。

十一月二十三日，《晨报》报称："东三省每值入冬以来，胡匪四出骚扰，已成惯例。闻长白山附近之安图县，于本月十三日，突来大股胡匪，约数百人，各携新式枪械，乘夜扑攻，驻城防军，适往他处剿匪，留守无几，因被该匪将县城攻陷，焚烧劫掠，无所不至。县知事仅以身免，逃匿无踪，当由邻县抚松知事电省请援，业经张使派队驰剿。但目前匪势异常猖獗，集众亦日见增多，收拾恐非容易。"《奉安图县志匪警》，载《晨报》，民国九年十一月二十三日，第 6 版。

十一月二十八日："（日本——笔者按）又调一个联队 1200 人由俄境到珲春。"珲春市地方志编纂委员会：《珲春市志》，长春：吉林人民出版社，2000年，第 686 页。

十二月

十二月一日："奉天暂编陆军第五混成旅，由旅长齐恩铭率旅来长，兜剿股匪'长江好'。"长白县志编纂委员会编：《长白朝鲜族自治县志》，北京：中华书局，1993 年，第 479 页。

十二月三日，《民意日报》报载，奉天电云："延吉道属境之内，现计有我国步兵三营、机关枪一连，此项军队，刻已由敦化县出发，前往珲春，会同原来守备军队共同防守。"《昨日之珲春案》，载《民意日报》，民国九年十二月三日，第 3 版。

十二月九日："日本在珲春头道沟（今哈达门乡中心村）、汪清百草沟、延吉局子街设警。"珲春市地方志编纂委员会：《珲春市志》，长春：吉林人民出版社，2000 年，第 25 页。

十二月二十四日："本日日军伍藤安之助少将来署，面称现□珲春□林韩党匪党，因日军、华军之迎头痛击，拟即南□联合，再图大举；近来通化、桓仁各地，形势颇为险恶，通化日领事馆及该地日侨甚觉不安，甚觉日本军队出动之必要，以保护该地领事及侨民，要求贵巡阅使明白此意，并请贵巡阅使派队都同剿讨云云。查通化、桓仁一带不稳情形，已迭电报告在案，现日军已调驻公主岭之骑兵联队及驻辽阳师团之步兵大队，开赴该不靖地方，当亦即关五十三旅全□及二十七师骑团开往该地，谅足镇摄，希即查照，张作霖叩篠印。又电云：珲春秩序近已恢复，该地日军均已抽调开往四处，珲城兵力未免单薄，准陶彬电呈，业已由二十七、八师内各抽拨一混成旅，开往该地，地方秩序谅可维持，请勿疑□，张作霖叩啸印。"《关于珲春事件之要电》，载《申报》，总第 17188 期，1920 年 12 月 24 日，第 6 版。

十二月二十四日，申报载鲍贵卿电："据驻珲日军司令部函称，三道沟附近，现又发现有鲜人千余名之集合大队，拟图反攻当地日军等语。日军司令部已派□头道沟之山田支队向三道沟进发，令茂山守备队为策应，该守备队现在三道沟地方之龙须策应韩党，现已向三道沟西边之香水河森林退却，已派第二十三师之骑兵团、炮兵团，向该地帮同防堵矣。理合电报，希即查照，鲍贵卿叩巧印。"《关于珲春事件之要电》，载《申报》，总第 17188 期，1920 年 12 月 24 日，第 6 版。

十二月二十四日，《民意日报》报称："据自珲春来京之某代表之，日军近在汪清、珲春等处所属之六道沟、头道、老爷岭及绥芬河等处，又遇大股马贼，将日军围击，而讨伐队队官高田中尉被匪击毙，又伤日兵捌名。尾藤司令官特向鲍吉督要求，再向汪清加增中国军队一旅，协助日军会剿各处股匪，并请由中国军队编练向导队，以免再生他项意外。"《日军又要求协剿股匪》，载《民意日报》，民国九年十二月二十四日，第 2 版。

十二月二十七日，《申报》载："日军在延珲一带藉词剿匪，蹂躏地方，致各县居民纷纷逃避一节，兹据吉省当局续电，日军中野少将，对于人民之疑惧深致不满，竟以正式公文照会延吉陶尹，谓中国人民对于日军驻珲剿讨土匪及不逞鲜人一□，多有误会，今再向贵道尹声明如下：延珲出兵，系日本政府以间岛一带马贼、韩匪扰乱治安，危及日侨生命财产，日本政府因中国为唇齿之邦，鉴于中国军队之不特不能平匪，亦且勾结作乱，是以日本政府不得不□自卫，代中国剿讨三省之韩党马贼，以恢复昔日之秩序。中国人民应如何谅解日本之苦衷，乃竟蜚语横加，称日军为毫无人道，甚属有害中日之邦交，应请贵道尹晓谕贵管人民，万勿误会云云。"《珲春事件之近讯》，载《申报》，总第 17191 期，1920 年 12 月 27 日，第 6 版。

十二月二十八日，上海消息："十月杪，日步兵一队，约五百人，由抚顺出发，抚顺距奉二十六哩；又有一队，约二百人，由铁岭东行。此两队日兵在兴京、通化、辑安、柳河、海龙等处，杀害不持武器之守法韩人数百名，教堂、民屋多被焚毁，值数万元之衣食付诸一炬，驯致北地严寒之时，许多韩人无家可归，无衣食可得。"《日军在满之杀戮》，载《申报》，总第 17193 期，1920 年 12 月 29 日，第 6 版。

是月："日军对石建坪和泉水坪的反日义兵发动袭击。崔培天、崔东彬、金银山投降，反日义兵遭镇压。"吉林省图们市地方志编纂委员会编：《图们市志》(1644—1985)，长春：吉林文史出版社，2006 年，第 9 页。

是年："匪首李万有率匪徒 500 余人，攻破三源浦，烧毁保甲、税捐分局和商民房舍，绑架学生 50 余人。"柳河县志编纂委员会编：《柳河县志》，长春：吉林文史出版社，1991 年，第 10 页。

是年："占中华等 200 多人，攻破密山县城，将县长徐本森等 33 名官员捉走，抢钱 1690 万吊。"密山县志编纂委员会编：《密山县志》，北京：中国标准出版社，1993 年，第 740—741 页。

民国十年（公元 1921 年）

二月

二月六日报："吉省入冬以来，胡匪四起，最悍者为万顺一股，专在满韩交界一带肆意扰掠。其中从有韩俄党匪，所携械弹，均极精足，少数官兵远非匪敌。上年攻入珲春，伤害日人，酿成交涉，即系该股所为。"《详志吉省剿匪情形》，载《顺天时报》，总第 6112 号，民国十年二月六日，第 3 版。

二月二十六日："'长江好'匪徒于二十三道沟岗，杀害被掠群众 53 名。"长白县志编纂委员会编：《长白朝鲜族自治县志》，北京：中华书局，1993 年，第 479 页。

三月

三月十七日："日本警察在朝鲜新加坡向对岸十三道沟开枪，打死打伤十三道沟木厂工人各一名，东边道尹与日本警方交涉。"长白县志编纂委员会编：

《长白朝鲜族自治县志》，北京：中华书局，1993 年，第 479 页。

是月："吉林陆军第二混成旅步兵二团 1 营进驻和龙境内。其第二连 99 人驻扎于芦果，同年 3 月 31 日到防；第三连 99 人驻扎于牛心山，同年 3 月 12 日到防；第四连 99 人驻扎于三道沟，同年 3 月 14 日到防。"和龙县地方志编纂委员会编：《和龙县志》，长春：吉林文史出版社，1992 年，第 200 页。

四月

四月十四日报："奉省东边各属，匪徒蠡起，张使已令第四混成旅前往剿讨，以资肃清。"《东省消息一束》，载《顺天时报》，总第 6172 号，民国十年四月十四日，第 2 版。

四月十五日："侵略延吉、珲春日军开始撤退。"珲春市地方志编纂委员会：《珲春市志》，长春：吉林人民出版社，2000 年，第 26 页。

六月

六月二十五日报：马贼头领（小白龙）统率所部马贼三百余人，出没于珲春等处，派遣密探，侦察官兵情形，乘机而动，珲春附近一带之居民异常紧张。详见《马贼骚扰珲春之近报》，载《顺天时报》，总第 6243 号，民国十年六月二十五日，第 3 版。

八月

八月八日报："近日，珲春胡匪又见增加，故居民又有不安之象，二十九日夜两时，有胡匪多名，在阿鲁窝集一带绑去韩人二名。"《突形猖獗之珲春胡匪》，载《顺天时报》，总第 6286 号，民国十年八月八日，第 2 版。

十月

十月二十五日，《申报》载："正在奉天大会议中，而东边道属之防兵，突然以哗变闻。当此种消息传来时，东边镇守使汤玉麟（汤来奉会议）异常惶急，张使亦颇不怿。因东边一带林密山深、道路崎岖、行兵艰难，剿除实非易易，设不幸误入匪穴，外无接应，往往为匪包击，全军覆没，前车屡覆，引为鉴戒。以故各地防兵，对于胡匪，均以逐出境外即为责任已尽，从未见有率兵穷追者。故积年巨匪依然蟠踞山里，莫敢谁何。虽以汤玉麟之骁勇善战，长于剿匪，自镇守东边以还，各地胡匪之猖獗如故，而军队亦狃于历来之惯习，苟且偷安，不肯出力，今且乘汤镇守使离防赴省参与会议时，内部突然哗变矣。当汤镇使未离防来奉时，即有密秘报告，近有某党派出党羽多名，由南分途北上，潜赴东三省，勾结胡匪，煽乱军队，乃适于此时忽发生兵变之事，是否果中某党之计，殊不可知。张因命汤玉麟迅速返防，率兵痛剿，一面就近调查兵变之真相。昨接汤复电，知驻防通化、临江间之松树镇老本堡柳树河子傅团长所部之第三营哗变，除携带全副军装外，复劫其子弹两万余粒。该地约一百五十余里居住之商民，全被抢掠，损失綦巨。现在乱兵皆集于七道沟江岸，略事休息，即将进袭八道沟，现正派兵严为追缉云云。"《奉省东边军队哗变》，载《申报》，总第 17485 期，1921 年 10 月 25 日，第 10 版。

是月："驻三源浦的奉军第五混成旅二营六连，因扰民被控，哗变为匪。"柳河县志编纂委员会编：《柳河县志》，长春：吉林文史出版社，1991 年，第 10 页。

是月："奉天第五混成旅三营六连，驻防三源浦。后因该部扰民被控，撤离本境。"柳河县志编纂委员会编：《柳河县志》，长春：吉林文史出版社，1991 年，第 523 页。

十一月

十一月十日，据驻吉林特约通信员之调查："绥芬河站，吉林陆军第五旅步兵一营，日军步兵一排；马家河站，吉林陆军第五旅右步兵一连，日军炮兵一连；穆棱站，奉天督署卫队旅步兵一营，日军宪兵一连；牡丹江站，奉天督署卫队旅右步兵一连，日军步兵一连。"《中东路沿线中日驻军之调查》，载《益世报》，民国十年十一月十日，第 6 版。

十二月

十二月十七日，《益世报》载："东宁县（即三岔口）地处边陲，山深林密，久为胡匪萃聚之区，而以本年尤甚。现在该县境内西南老黑山一带有胡匪三百余名，东北二十八道河子地方亦有股匪三四百名，均系枪械锋利、凶悍耐战，官兵进剿，屡不得力。现由当局电调卫队旅前往剿捕，并饬各处驻军一体堵击，勿任窜逃。"《东宁县之匪警》，载《益世报》，民国十年十二月十七日，第 6 版。

是年秋："东边道镇守使汤玉麟派一个巡防营（俗称'尖帽队'）来岫驻防，官兵 400 余人，驻县城西门口汇升海烧锅处（今址西门胡同道南）。"岫岩县志编辑部编：《岫岩县志》，沈阳：辽宁大学出版社，1989 年，第 482 页。

是年："'长江好'股匪占据廿道沟、廿一道沟，烧杀、抢掠、烧毁警察分所，掳人票 64 人，造成杀死 54 人的惨案。"长白县志编纂委员会编：《长白朝鲜族自治县志》，北京：中华书局，1993 年，第 12 页。

民国十一年（公元 1922 年）

五月

五月三十一日，《益世报》载："匪首宫傻子近率伙三百余名，在吉林舒兰、榆树等县交界地方掳人抢劫，官军竟无如之何。省中前派赵参谋协同吉林县关警所长前往招降，宫即要求畀以团长为受抚条件。及询以投诚日期，则云尚无一定，并云现在投降，上峰必送往前敌，而兄弟们之眷属须妥为安插，队中尚有三四十名人票，待其抽赎得赀后，方可着手进行。已连破吉林县之缸窑镇、舒兰县之白旗屯，进攻溪浪河，势极猖獗，距省已不及百里。"《吉林治安问题》，载《益世报》，1922 年 5 月 31 日，第 6 版。

是月："绥芬河游击队长卢永贵叛乱，三岔口街被围半月，四乡遭乱兵抢掠。张宗昌率兵平定卢永贵之乱后，被任命为绥宁镇守使，驻绥芬河。"东宁县志办公室：《东宁县志》，哈尔滨：黑龙江人民出版社，1989 年，第 12 页。

是月："下旬—6 月下旬，直系军阀拉拢驻中东铁路绥芬河的山林游击队长卢永贵联合反奉兵变，沿中东铁路逐站向西推进至牡丹江站以西；奉系派张宗昌迎击堵截，牡丹江站商民群众躲避不及，遭受洗劫。"牡丹江市志编审委员会编：《牡丹江市志》（上卷），哈尔滨：黑龙江人民出版社，1993 年，第 17 页。

六月

六月十三日，吉林通信云："宫傻子率匪攻破双岔河一节，探闻宫匪部下马队约二百余名、步队四百余名，合计约七百名之谱，现在双岔河已抢掠毕事，退到江东距省三十余里江密峰东盘踞。声言拟再攻额穆县城垣，已送信与该县城，速送举款，否则进攻。刻额穆已有戒备，省城因宫势众猖獗，惟恐扰及省城，城外近郊已严加警备。"《宫匪之猖獗》，载《益世报》，民国十一年六月十三日，第 6 版。

六月二十一日，吉林函云："最近调查，在吉林、黑龙两省内之马贼，总数约达八九万人之多，地方官对于讨伐方法煞费苦心，且虚糜经费，劳而无功，于本月上旬，吉黑两督军与中东铁路督办王景春氏协议，结果，决定统一

刷新之方法如左:

一、以收容无产业之中俄蒙人为目的,设立铜、铁、染色、陶器、木工等大工场于哈尔滨,其所需资本五百万元,由中东铁道会社负担一部,由奉吉黑三省负担一部;

二、招集无产业者开垦荒地,所需费用由官拨给,开垦之地归入开垦者所有;

三、中东各森林拟大行采伐,其经费由官先垫,其卖价利益均沾;

四、开放各地之金矿及煤矿。"《吉黑两省安置马贼之方法》,载《顺天时报》,总第6585号,民国十一年六月廿一日,第7版。

六月二十八日:"延吉地方反日武装袭击并烧毁头道沟日本领事分馆,打死打伤日本人数名,再次引起中日交涉。"吉林省延吉市地方志编纂委员会编:《延吉市志》,北京:新华出版社,1994年,第14页。

七月

七月十日,奉天电:"张作霖对于此次间岛事件,令由安奉线凤凰城方面派遣奉天第十一混成旅、吉林方面派遣吉林第十九旅、第五旅及吉林独立团从事讨伐云。"《张作霖出兵间岛》,载《顺天时报》,总第6605号,民国十一年七月十二日,第3版。

七月十日:"张作霖奉天第十一混成旅、吉林第十九旅、五旅及吉林独立团赴延吉'讨伐'反日武装。"吉林省延吉市地方志编纂委员会编:《延吉市志》,北京:新华出版社,1994年,第14页。

七月二十九日,东京电:"间岛地方马贼闻今渐熄灭,人心稍微安堵,日本政府决定将应援警官队中之驻屯龙井村、珲春、局子街、头道沟者,约与半减,并已着手实行。"《间岛派遣警察半减》,载《顺天时报》,总第6624号,民国十一年七月卅一日,第2版。

七月二十九日电:马贼头目有称小傻子者,于月之廿五日,率领羽党约四百余人,乘官兵收获鸦片、防范空虚之际,欲袭取桦甸县衙署,进迫至辉发河地方,要求县衙及商会速予吉林官帖三万并军装枪弹等,否则即行攻城。该县保卫团闻警,即调齐队伍约二百名,与之对敌,因众寡不敌为所败,正副团长悉行阵亡,县衙遂为该匪占领。详见《吉林马贼之猖獗》,载《顺天时报》,总第6622号,民国十一年七月廿九日,第2版。

九月

九月二十二日："日本 3 艘军舰侵入黄海北部大东沟海面挑衅。"丹东市地方志办公室编：《丹东市志（1876—1985）》（1），沈阳：辽宁科学技术出版社，1993 年，第 52 页。

九月二十二日，《字林报》吉林通讯云："迩来关外匪风大炽，劫案频闻，荒僻之区无论矣，即通都大邑，人民亦不能安居无虑，铁路轮船更时有交通梗阻之虞。本月十日，松花江沿岸之乌拉街（译音），距省垣不过二十五哩，忽为胡匪所陷，占据二小时之久。该处原驻有防兵，复设团练，夜半防兵营、警察署及团练司令部忽同时火起，未几街中满布匪众，皆手持枪械，身穿军服。旋悉若辈系著名匪首小傻子之党，居民被禁出外，匪众按户搜索既毕，复掳去九百余人，带至某客栈，选出店主八十余人、绅富百余人，悬价勒赎。迨晓，匪众即责令镇民供给酒肉，大张宴会。至午始去，由携带赃品者前行，架票继之，最后为各地巡风之匪，全数约在六七百之间。数星期前劫通化县者，即系若辈。是日晚间，省垣官军开至，旋与孙烈臣自长春派来之兵会合，当夜追剿，败匪于镇北十哩之苏家子河，并将其包围于该河与一支流之间，该匪乃宣称官军若进迫，当即杀戮所掳人民，以为要挟。嗣后数日，未获确实消息，旋闻匪众有溃围逃窜之耗，但本地报纸迄未将此说证实。然此亦无足深怪，盖官厅检查甚严，自不能不为之讳言也。省议会曾急电孙氏回省，孙覆称因有要公不能即回，已加派军队一千人前往，严令务获惩办。本地道尹已往乌拉街调查损失，有称该处官兵今有三千人，其与匪众交绥，至少必有一次，但未闻有胜负确耗，吉垣报纸于此日有纪载，然俱不足信也。"《吉省胡匪猖獗》，载《申报》，总第 17823 期，1922 年 10 月 5 日，第 10 版。

是月："张宗昌部驻寒葱河殷、许两营，违抗命令，拦路抢劫，被褚团击溃。"东宁县志办公室：《东宁县志》，哈尔滨：黑龙江人民出版社，1989 年，第 13 页。

十月

是月，吉林省延吉和龙两县公民代表霍万程等向北洋政府众议院呈交《吉林延吉和龙两县公民代表霍万程等请愿书》。该请愿书内云：

为请愿事。谨按：日人背理蔑法，强行敷设天图铁路一案，早经国人认为重要问题,窃代表身膺延和四十万人民重托,反抗该路,宜如何进行,乃出发以来两月有奇,在吉林请愿未得要领,奉天阻止签字,又被驱逐。延和人民因而激昂日甚,殴工毁路,行为愈逼愈紧。代表无状,自宜将此重公案诉诸国人,遂于前月中旬来京,当将事实揭发报端,并请愿于府院,暨交通、外交两部,虽有批文允予抗议,迄今月余,毫无结果。长此敷衍,该路瞬将筑成,此机一失,挽救无方。回溯该路起于泰兴会社勾结文禄订立合同,比时祇云运矿,未夹其他作用。兹者天宝山矿务停采经年,该路已失敷设之必要,而日人于此不急需之建筑物积极进行,不遗余力,显非运矿目的,并亦非纯粹的经济上竞争。盖此路观成,可以南控朝鲜,东制俄人,西北一带与南满铁路遥相策应,钳我东省东南咽喉,一旦有事,进攻退守,操纵自如,足能展其野心。是此路争点不在经济,而于东北领土问题实有关系,非代表好为危言,证诸大板(当为"阪"——笔者按)《朝日新闻》十月十六日所持之论调,谓前岁因延边发生骚乱,以此路尚未解决之故,乃深感输送军队之困难,此欲速行完成其工,自不得不求吉省当局与一般之谅解云云。暨驻延日领不顾国际条例,竟以武装日警压迫我人民,强割田苗,擅自动土,行为可以意喻。总之,日人失利于青岛,其视线转注东省,吾人不能不顾及之。彼日人之经济提携,不以其道,吾人尤不能不予以对待,此国人所以同声反对天图铁路也。代表奔走都下,力尽声嘶,延和人民毁路行为深畏,轶出常轨,情急迫切,用敢吁恳大院提出国会,予以不承认之否决咨由政府,将奉天合同以明令取消,并督促外交当局严重抗议,阻令日人即日停工,为根本解决,是为国幸。其天图铁路经过概况,另行附书说明,谨请愿众议院。《吉林延吉和龙两县公民代表霍万程等请愿书》,载《众议院公报》,常会记录,1922 年,第 3 卷第 7 期,第 17—19 页。

是月,东三省冬防大会召开:"张作霖近与各高级军官磋商,以东三省冬防关系重要,必须办理得法,布置周密,治安始能无虞。然时局所关,各项之计划照往年有须变更之处,必须与各官长共同讨论,以便及早施行。故拟定本月底在奉召开三省冬防大会,三省各官长、各师旅长、各镇守使、各警务处长、各清乡督办会办等,均须列席。张氏之意在奉组织三省冬防司令部,设总司令一员,吉黑各设副司令一员,以负专责,督饬各军布置冬防,对于防军严重功过不稍宽待。"《东三省之冬防大会》,载《顺天时报》,总 6703 号,民国十一年十月廿一日，第 2 版。

十一月

十一月六日，奉天电："潜入珲春地方之白军军人约七千名，避难俄人约二千名。"《东省当局与白军情形》，载《顺天时报》，总第 6720 号，民国十一年十一月八日，第 3 版。

十二月

十二月十一日，吉林通信："九日晚，省署得伊通县长途电话报告，吉长路股匪窜陷伊通县城。今日省中各机关接朱知事蒸电云：吉林省长魁、高等审判厅、高等检察厅、财政厅、印花税处、全省警务处、清理田赋局钧鉴：股匪小傻子等阳日窜入县境二道沟，庚日督饬警团与匪接仗三次，青日早三钟，股匪七八百名诈称路南平队（按即降队），突至县街，知事督率警团迎击两小时，匪势愈聚愈多，包围县署及警所，跳入攻击，势尤猖獗。知事当率马队退出，抄至署向痛击。匪将监所人犯全数放出，给枪合并，焚烧马队防所九间，及县署傍院草房五间，余未波及，印信未失。上午九钟宋团长队到接应，战至午间，匪始向西逃窜。知事回署查点，计阵毙胡匪三十余名，伤亡官警十余名，大租晌捐均未损失，租票少有失毁，印花、印纸、罚金、邮金、自报升科价费尽行失去，其他各款或扫数损失，或尚有余存，监狱工厂货物及已成军服，抢掠一空，枪械子弹损失尤巨，数目均待详查，商民多被抢掠，并被绑者数家，尚未查清。刻下匪向县境西南一带窜扰，宋团随后追击，李旅长、臧团长现均到伊，县街秩序恢复，人心甫定。"《胡匪窜陷伊通县城》，载《申报》，总第 17895 期，1922 年 12 月 16 日，第 7 版。

十二月十九日，《申报》刊载吉林通信："巨匪小傻子等攻陷伊通县城，该县知事朱约之蒸日曾来电告急。兹得伊通消息，十二月六号，该县突得匪讯，欲攻双阳，匪首为小傻子东三省，率伙匪四百余名，在伊通东三四十里之石头河子、洋草沟、二三道沟等处盘踞两日。朱知事得此警耗，立即电请孙督拨队援救，一面飞调外区警团来县护城，并派队出外侦探。八日早，有该县□安马队长初林、清乡马队长何林、游击马队长孙星垣等带队百名，在县东二十余里赵家屯岭西与匪接仗，战至下午，毙匪七名。嗣因匪众兵单，又兼兵丁受伤三名，实难支持，是以将队撤回。朱知事特派清乡马队长何林为总指挥，警团概归调遣，在城东郭家屯放哨堵御。是晚十钟匪队到来，均穿军服，对面答语，匪云吾等是长春路营长军队，来此援救。比及临近，见有可疑，即开枪射击，已来不及。匪队遂安然进城，先将县署及警察所前面围住，将监内罪犯一百八九十名全数开释，朱知事由后墙逃出，警察所长张子丰正在患病，勉强越后墙逃走。九日早三钟，匪队全数约七八百名一拥进城，护城警团尽数逃窜，匪遂鸣枪大肆抢掠，大小商铺遍劫无遗，商会长王恩普受伤甚重，城内外大小住户全数搜翻，清乡队营房、增发合商号均被焚烧，税捐征收局被匪抢去税款一千余元，票照未动，电报电话各局之电线砍断、损坏话机话匣，榷运分局、财务处均有损失，县署警察所损失钱款枪械子弹不计其数，警兵死伤五六名，人民死伤二三名，打死伙匪二十余名，绑去人票十余名，街东民户妇女多有被匪强奸者，县城无业游民随在匪后检拾匪弃之物，所得无算。总而言之，匪队由九日早三钟进城，延至下午四钟，一日之中，掳掠实属不赀。比及长春陆军开到，由河北开枪攻击，匪已满载出城，窥其出城人数连同囚犯人票，足有一千余人。"《孙烈臣晋省与匪患》，载《申报》，总第17898期，1922年12月19日，第7版。

十二月二十三日，《益世报》报称："忽于本月六日，突来匪信，欲攻双阳，匪首系小傻子、东三省，率夥匪四百余人，在伊通以东距城三四十里许之石头河子、羊草沟、二、三道沟等处，盘踞二日。朱知事得此匪耗，一面电请督军拨队援救，一面飞调外区警团进县护街，并派队出外侦探。八日早有本县保安队马队队长何林、清乡马队长何林、游击马队长孙星垣等带队百名，在县东二十余里赵家屯岭西与匪接仗，战至下午，毙匪七名。嗣因匪众兵单，又兼兵丁受伤三名，实难支持，是以将队撤回。朱知事特派清乡马队长何林为总指挥，警团归其调遣，在城东郭家屯放枪堵御。是晚十钟匪队到来，均穿军服，对面答语，匪云吾等是长春陆营长军队，来此援救。比及临近，见有可疑，开枪射击，已来不及，遂由何林误会之中，匪队安然进城。先将县署及警察所前面围住，将封狱罪犯一百九十名全数开释，县知事由后墙逃出，警察所长张子丰下部有病，步履维艰，亦由后墙逃走。至九日早三点，匪队全数约七八百名，一拥进城，护街警团，尽数逃窜。匪人随鸣枪大肆抢掠，大小铺商，抢掠一空。商会长王恩普受伤甚重，城内外大小住户，搜翻殆遍，清乡队营房、商号增发合，均被焚毁，税捐局被匪抢去税款一千余元，票照未动。电报、电话电线砍断，话机、话匣、榷运局财务处，均有损失。县署警察所，损失钱款、枪械、子弹，不计其数，警兵死伤五六名，人民死伤二三名，打死夥匪二十余人，掠去人票十余名，街东民户妇女，尚有被匪奸淫者。本街穷汉，以及素无正业游手好闲之徒，随在匪后检拾匪弃之物，所得无算。总而言之，匪队由九日早三点进城，延至是日下午四点，一天工夫，抢掠充裕，比及长春陆军开到由河北开枪攻击，匪人已满载出城。窥其出城人数，连同放出囚犯，并裹去之人，足有一千余人。"《吉匪攻陷伊通纪详》，载《益世报》，民国十一年十二月二十三日，第 3 版。

是年秋："高士傧与在绥芬河一带活动的山林队头目卢永贵密谋组成'讨奉军'，高士傧任总司令，卢永贵为副司令，从绥芬河出发，进抵一面坡，准备向哈尔滨进攻。"黑龙江省地方志编纂委员会编：《黑龙江省志·军事志》，哈尔滨：黑龙江人民出版社，1994 年，第 139—140 页。

是年冬："大股土匪'仁义军'入境作乱，匪徒 2000 余人，所到之处，杀人越货，无恶不作。"柳河县志编纂委员会编：《柳河县志》，长春：吉林文史出版社，1991 年，第 10 页。

民国十二年（公元 1923 年）

一月

一月十五日，《申报》载："自小傻子攻陷伊通后，其逸匪约八九百名，窜入大疙瘩，奉当局当即派遣大兵往剿，讵兵未到，而匪已窜扰西安县，掳去警察所长。嗣又加派卫队续往，乃兵甫到，匪则向东北濛江等处窜去。军省两署四日晚接得电报，匪首双龙、压五龙等率余党千余名，将山城镇街攻陷，烧抢二百余户。警力单薄，难以抵御，海龙、西丰、东丰等县均行戒严，请速派兵剿办。张作霖当派卫队骑兵两营连夜出发，驶往剿办。"《匪陷山城镇警耗》，载《申报》，总第 17924 期，1923 年 1 月 15 日，第 10 版。

一月十九日，奉天通讯："东三省胡匪日益猖獗，杀人越货时有所闻，虽曾经当局派兵征剿，但东剿西窜，终难收效，非派重兵痛剿，不能荡尽丑类。

张总司令有感及此，特于日前召集省内营长以上之军官八十余员，开剿匪会议，所议之计算，颇为周翔。兹将其议决之办法采志于下：

（一）驻奉之军队十二旅，以后以七旅专任剿匪，五旅维持各地治安。（一）东边长白、北边洮南、西路绥中各处，均抽编临时警甲，以协剿匪患。（一）通令各地方官及驻防军警长官，对于境内匪患，叠行剿办，不得稍缓，倘再有被匪攻陷城镇之情事，除立即撤差外，并治以负职之罪。"节自《东三省剿匪之大计划》，《顺天时报》，民国十二年一月十九日，总第6787号，第3版。

三月

三月十四日："日本军舰4艘侵犯黄海北部大东沟海面。"丹东市地方志办公室编：《丹东市志（1876—1985）》（1），沈阳：辽宁科学技术出版社，1993年，第53页。

三月三十一日："早3时，驻寒葱河独立连叛出两个排。"东宁县志办公室：《东宁县志》，哈尔滨：黑龙江人民出版社，1989年，第13页。

四月

四月二十八日："驻五站（今绥芬河）南三道洞子边连叛出一个排。"东宁县志办公室：《东宁县志》，哈尔滨：黑龙江人民出版社，1989年，第13页。

四月三十日："夜间，驻五站北八道河子陆军五十五团二营七连叛出一个排。"东宁县志办公室：《东宁县志》，哈尔滨：黑龙江人民出版社，1989年，第13页。

五月

五月十四日报："京浦路大劫案发生后，中外震骇，闻奉天张作霖闻讯后，曾于庚（八日）在总司令召集会议，决定大举严剿吉黑两省土匪，以绝乱源。"《东三省将大举剿匪》，载《顺天时报》，总第6894号，民国十二年五月十四日，第2版。

六月

六月十五日："土匪'五龙'率匪徒300余人，夜袭柳河县城。"柳河县志编纂委员会编：《柳河县志》，长春：吉林文史出版社，1991年，第11页。

七月

七月二十九日，奉天东方电："二十八日午后九时许，有马贼三四百名，带有大炮三门，袭击柳河县城，放火掠夺后，至二十九日午前一时，架去数人，向东南方逃走。"《马贼袭击柳河县》，载《顺天时报》，总第 6970 号，民国十二年七月三十一日，第 3 版。

八月

八月七日，北京电："延吉陶交涉员电部，安图县马贼头目唐英魁、郭振发，抚松县头目姜奎老，日岭马贼头目张二标，会合四海、公平余孽千余人，联合韩党，图袭安图、抚松、通化、临江、长白各县，已知照各属防军戒备。"《国内专电》，载《申报》，总第 18121 期，1923 年 8 月 8 日，第 3 版。

是月："陈东山率其两部经杨木岗转攻白泡子。事前白泡子保董得到消息，严密布防，陈东山未能攻克，转而攻占了县城。"密山县志编纂委员会：《密山县志》，北京：中国标准出版社，1993 年，第 741 页。

九月

是月："末，仁义军袭击局子街、头道沟，夺取了日本领事馆的山炮一门、'三八'式机关枪两挺。"吉林省延吉市地方志编纂委员会编：《延吉市志》，北京：新华出版社，1994 年，第 14 页。

十月

十月二十七日，《益世报》载："密山、东宁边匪，与孙辑五、杨家荫合，假编自治军，在四、五站集千余，拟乘防军秋操进扰绥芬，边防吃紧。"《自治军》，载《益世报》，民国十二年十月二十七日，第 6 版。

十二月

是月："苏联 4 名骑兵持枪进入密山境内的荒岗地方骚扰，被密山边民击毙 1 名退回。"密山县志编纂委员会：《密山县志》，北京：中国标准出版社，1993 年，第 12 页。

是年："土匪'任义军'先后两次窜入县境，攻破圣水河子、五人班、青沟子、安口镇、鱼亮子等地。"柳河县志编纂委员会编：《柳河县志》，长春：吉林文史出版社，1991 年，第 11 页。

民国十三年（公元 1924 年）

一月

一月十二日，《益世报》载："延吉、珲春、和龙、汪清为吉林东南重镇，亦入朝鲜孔道，素为韩党潜伏地。自日军警屯兵后，韩党稍形敛迹，而其秘密团体大举，尤甚往昔。闻现于党魁金弘熙、李天民等，率部五六百人，分伏延、珲、和、汪各县，以备乘机焚掠日领署。事为中日军警所悉，刻已密为搜查，延吉道尹陶彬、镇守使吉兴，各派军警督队下乡，实行搜查韩人，暗为监视日警轨行外动。"《韩党潜滋》，载《益世报》，民国十三年一月十二日，第 6 版。

六月

六月十四日："日本军舰 4 艘侵犯黄海北部大东沟海面。16 日撤离。"丹东市地方志办公室编：《丹东市志（1876—1985）》（1），沈阳：辽宁科学技术出版社，1993 年，第 53 页。

十月

是月："匪首黑虎者，仁义军匪之余党也，率徒五百余名，寇钞海龙县境。海龙告援之电夕数至，县警察魏所长率警察队长王九明及兵士百余人驰往求援，行次沙河口，闻匪盘踞海界宋家粉坊，遂督队前进，与匪相遇于鸭绿岗，时匪徒将袭攻海龙县城，声势披狂，风鹤频惊，县城商民罔知所措。既相遇，直前痛击，匪走黑菜园地方，我兵踪击而至，势逼反攻，匪众兵寡，危迫万分，魏所长乃分所部为左右两翼，自与王队长居中，奋勇前进，混战数小时，匪殊死战不少却，继以肉搏冲锋，匪始退走。然众寡之势既相悬殊，海龙之兵复不时至，故虽击溃匪徒，毙其渠率，而我部王队长九明，及马警朱德山等七名，均行阵亡，并伤魏所长及兵士八名，损失之巨，从来未有也。"（民国）邢麟章、王瀛杰修，李耦纂：《东丰县志》，卷二政治志《兵事·海龙鸭绿岗剿匪之役》，载《中国地方志集成·吉林府县志辑》（10），南京：凤凰出版社，2013 年，第 63—64 页。

十二月

十二月十四日，《申报》载吉林通信："东省军兴地方，因防务单薄，宵小乘机窃发，大肆猖獗，悍匪仁义军五羊，率领大帮党徒，窜扰吉林长春、农安、扶余、榆树、额穆、伊通、桦甸、德惠、双阳等县，或聚或散，官军未能取胜。吉省土匪本多，然尚未见有如此之盛者。上月仁义军率伙攻陷桦甸之漂河镇，抢劫一空，并虏去数百人。旋又窜扰伊通，声称破城，县知事电省告急。及援军驰到，则又分扰双阳、吉林各县乡区，行踪无定，追击颇难。上月二十五日，又攻破额穆之蛟河镇，驻防警备队杨营长与战受伤，已送至省城救治，奈伤势太重，恐有性命之虞。匪则于一掠之后，又散匿深山，莫可如何。漂河、蛟河两镇，为桦甸、额穆之精华所在地，又为吉省林木会萃之区，该匪垂涎已久，今竟攻陷，饱载而去，并闻蛟河之役，杨营被匪包围，几至全部被绑，经杨营长奋勇冲击，始免于难。该匪枪械充足，凶悍异常，业经张副司令飞调赴奉中之骑兵第十三团孙兴武所部，驰回严剿，盖山地利骑兵，而孙团向以善剿称，故有是命也。"《吉省匪势蔓延愈盛》，载《申报》，总第 18607 期，1924 年 12 月 14 日，第 7 版。

是月："土匪 2 千余人欲洗劫县城。城内军民奋力抗匪，土匪攻城 3 昼夜，伤亡惨重，后不得不撤离。"安图县地方志编纂委员会编著：《安图县志》，长春：吉林文史出版社，1993 年，第 511 页。

是月：几股大帮土匪袭击了安图县城。是次袭击，土匪人多势众，计有二千余人。土匪攻城时，原任县知事刘德懋亲自指挥守城，"他发动全城百姓昼夜轮流登城，手拿猎枪、长矛、大刀、木棒呐喊助威。战斗经过了三天三夜，土匪始终没有攻破城门，反而扔下不少死尸撤离了。"详见岳中志：《老安图的开发与工商业的发展》，载安图县政协文史资料研究委员会编：《安图文史资料》（第 4 辑），1990 年，第 94 页。

是月："城厢乡团督练长东路保甲第四保保长侯国殿，捕获匪人任福善一名，审讯结果，供称曾与李克兴、李大牙等伙同抢劫太平沟路过大车，现伊等窝藏头道冈李家店云。侯督练长遂率甲丁、团勇二十余人前往搜捕，比至李家店，天已夜，分方布置丁勇进店捕捉，时匪已知觉，遂由屋内向门外排枪轰射，弹如雨注。侯督练长身先团勇，冒弹破扉而入，竟中匪弹以殒。嗣由分练长林之栋督兵奋勇继进，遂将匪徒五名尽行捕获，并起大枪数枝。"（民国）邢麟章、王瀛杰修，李耦纂：《东丰县志》，卷二政治志《兵事·五道冈剿匪之役》，载《中国地方志集成·吉林府县志辑》（10），南京：凤凰出版社，2013年，第64页。

是年夏："任意均匪众号千人，越岗西下，直扑兴隆堡，保甲所长王毓璋奉令堵击，驻辉陆军营长钱忠山闻报往援，与王议曰：'此辈跳梁，久不重创之，终无宁日，汝与战诈败，吾伏奇兵旁出夹击，蔑不胜矣。'王毡之，遂令队官陈洪发诱匪，且战且退，匪以为怯也，骄甚，直驱而前。钱王奋臂呼众，突出左右，痛击穷追，枪声撼山岳，贼大败，遗骸狼藉，俘获甚多。"（清）白纯义修，于凤桐纂：《辉南县志》，卷2政治《剿防》，台北：成文出版社有限公司，1974年，第184页。

民国十四年（公元1925年）

八月

八月一日，长春通信："宋家岭距离公主岭车站约五十华里，地属吉林伊通县，山林丛杂，路径崎岖，久为胡匪巢窟。更兼道路四通，奉剿则避入吉境，吉剿则窜入奉境，吉奉兜剿则奔往蒙地，因此该岭匪巢剿灭不易。近有匪首扣字东洋、大家好、东边等三人，率匪徒三百余人啸聚其中，绑票劫掠，无所不为，附近居民迁避一空。官军屡次进剿，因山路险峻，俱为匪败，只得任其自然，不敢顾问。日前伊通县马巡同保安队七八十名下乡查道，经过该岭之西苏家岭，适与匪遇，两方互击三小时，死县警四名，重伤五名，伤十三人，因无援败退，匪亦向西北景家台方面退去。该匪等一式军衣军帽，县警初以为官军不之疑，及近始知是匪，然已被其包围。是役共计失去大枪十一杆，子弹数百粒。驻防伊通县某营部闻讯，立派步兵一连驰往救护，而匪已窜入宋家岭森林中矣。"《南满路奉长线内之匪祸》，载《申报》，总第18843期，1925年8月15日，第10版。

八月七日报："驻防岫岩之东边道镇守使汤玉麟部下二百六十人，于日前哗变，城内商店劫掠一空，并抢去货物钞票现银五十万元，劫毕呼啸而去。汤镇守使阅讯后，当即派兵五百人自凤城赴岫岩剿捕。哗变之军队二连，系去秋战争时所收降者，哗变之原因，系以欠饷所致。岫岩在东边道各县中，最为贫瘠，连年战争，苛敛频兴，更兼去年亢旱，谷类奇缺，人民今春以来，穷者已食树皮草根，盖北满所产红粮皆经官方运至国内，无法资周转故也，加以匪劫，灾况更不堪设想矣。"《奉天岫岩兵变》，载《顺天时报》，总第 7673 号，民国十四年八月七日，第 3 版。

十一月

十一月十日："股匪'仁义'、'平推'在七道沟、八道沟一带勒索、捆绑人票。县署保甲临时游击队第一队队长李魁武督队兜剿。"长白县志编纂委员会编：《长白朝鲜族自治县志》，北京：中华书局，1993 年，第 480 页。

十二月

十二月四日："张作相于 2 日从奉天致电吉林家属设法避难，因此造成吉林城内人心恐慌。"（日本）中山四郎执笔，（中）王贵忠译：《奉郭战争重要日志》，载中国社会科学院近代史研究所近代史资料编辑组编：《近代史资料》（总第 80 号），北京：中国社会科学出版社，1992 年，第 127 页。

十二月六日："据报告，奉军不断地把武器送往吉林，以备今后使用。"（日本）中山四郎执笔，（中）王贵忠译：《奉郭战争重要日志》，载中国社会科学院近代史研究所近代史资料编辑组编：《近代史资料》（总第 80 号），北京：中国社会科学出版社，1992 年，第 129 页。

十二月七日："吉林军队方面战斗意识不高，张作霖等主战派对张作相难以有所期待。"（日本）中山四郎执笔，（中）王贵忠译：《奉郭战争重要日志》，载中国社会科学院近代史研究所近代史资料编辑组编：《近代史资料》（总第 80 号），北京：中国社会科学出版社，1992 年，第 130 页。

十二月七日："日本出兵消息传出，南满洲排日风潮有再起的征兆。"（日本）中山四郎执笔，（中）王贵忠译：《奉郭战争重要日志》，载中国社会科学院近代史研究所近代史资料编辑组编：《近代史资料》（总第 80 号），北京：中国社会科学出版社，1992 年，第 130 页。

十二月九日："吉林军 1100 名返回吉林。"（日本）中山四郎执笔，（中）王贵忠译：《奉郭战争重要日志》，载中国社会科学院近代史研究所近代史资料编辑组编：《近代史资料》（总第 80 号），北京：中国社会科学出版社，1992

年，第 131 页。

十二月十六日："驻平壤步兵第 77 联队的一个大队已于午前十一时四十分经过安东向北行。又命令驻汉城第 78 联队的一个大队于今晚、野炮兵一个中队于明早必须准时出发。"（日本）中山四郎执笔，（中）王贵忠译：《奉郭战争重要日志》，载中国社会科学院近代史研究所近代史资料编辑组编：《近代史资料》（总第 80 号），北京：中国社会科学出版社，1992 年，第 136 页。

民国十五年（公元 1926 年）

六月

六月十七日："由临江县窜入的股匪'北海'、'仁义'六、七十人，在八道沟木厂勒捐。"长白县志编纂委员会编：《长白朝鲜族自治县志》，北京：中华书局，1993 年，第 480 页。

十月

十月八日："'天龙'、'北海'股匪 150 余名，窜扰十二道沟，烧民房、学校 17 间，抢劫财物，绑去人票 11 人。"长白县志编纂委员会编：《长白朝鲜族自治县志》，北京：中华书局，1993 年，第 480 页。

民国十六年（公元 1927 年）

一月

一月六日，《益世报》报称："据抚松县巡差王某来省云，该县于上年十二月十七日夜深被匪攻入，警察所长及县署第一科科长均被拘绑，县知事不知下落。匪入城后，即将四门派人把守，禁止人民出入，在城内盘踞两日，奸淫焚掠，无所不至，并迫令商民富户杀牛宰猪，大吃大喝，至第三日黎明，风闻官兵将至，遂悉数出城远飚。临行时，除满载金钱及贵重物品外，绑去肉票六十余名，中有城内学校学生二十八名（一说二十五名）、官吏数名、商人八名、富户十余名、妇女小孩多名。最惨者，内有某姓学生两名，被绑去后，行不数里，不知何故毙命，匪人将其遗弃道左。据乡人卖菜者言，该毙命之两学生，一年约九岁，一年约十八九，头脸青肿，小者眼珠（球）突出寸许（舌头亦伸在口外），显系被绳索勒毙。至此次匪人攻陷抚邑，为时虽仅两日，而官民损失甚巨，城内官民房被烧三分之一，县署以北烧，破家荡产者比比皆是，内中尤以被绑者之家族为最可怜，盖匪徒绑去者非家庭中之重要分子，即为父母素所钟爱之青年或小孩，当此天寒地冻之时，眼见被绑者随匪以去，踪迹莫名，生死莫卜。其一种悲愤忧惧寝食不安的惨状，实非言语所能形容云云。又据日人《奉天每日新闻》载称，此次劫掠抚松县之股匪，数共六百名，其匪首有四人（但知其浑名，不详其真姓氏），一名野猫、一名北海、一名铁雷、一名王虎，于上年十二月十七日夜掩袭抚松县城，当经城内二百五十名之警甲员丁死命抵抗，混战六小时，城陷匪入，大肆焚掠，蹂躏数日夜始去。"《抚松匪劫之惨状》，载《益世报》，民国十六年一月六日，第 6 版。

一月二十日："第四区保长李魁武率队与临江联防队在新房子与'北海'、'铁雷'200 余名土匪接仗，毙伤匪徒 50 余名。"长白县志编纂委员会编：《长白朝鲜族自治县志》，北京：中华书局，1993 年，第 480 页。

三月

三月四日，中美社讯："东三省边地韩人，近来曾有组织秘密机关，宣传共产情事。吉林省长对于此事，已有所闻，特于日前有电到京，请即规定办法，以资取缔。请电大意略称，吉边韩人多被赤化，所报彼辈私设共产党机关多处，在我国境内常为政治上之活动，亟应取缔，以固秩序，并希规定办法，以凭办理。"《吉林取缔韩人宣传赤化》，载《顺天时报》，总第 8216 号，民国十六年三月四日，第 3 版。

十二月

十二月三日，奉天省长刘尚清颁布告："为报告事：查现在东边通化、临江等县，发现了一种匪徒，叫作大刀会匪，系从南省山东等处流转到我东省来的。此种会匪，专用吞符念咒、活捉胡匪、刀枪不入种种的假诰来鼓惑愚民，愚民无知，往往受他们的欺哄。迨至信从的人渐多了，于是这匪们就聚众扰乱起地面来了。良民的房屋任意霸占，钱财粮食任意夺取，稍拂其意，还有烧房抄产、杀戮全家的。这都是山东等处经过的事实，百姓受过的苦楚，人人皆知的。现在临江县已有杀人之案发现了，你们大家想想，惨不惨呢？现经本省长查知，已经通电全省各地方官，一体严拿剿办。但是官家拿办会匪，全为的是保护良民，凡我商民人等，对于这种匪徒，无论如何，千万不可受他的鼓惑，不但不要信他的邪术，并且要是知道匪的藏匿处所，还应该去报告官家拿办，以除地方之害。倘或被匪所诱，甘心入伙，一旦被官家访拿，定必重重的办罪。其知有会匪而不报告者，亦从重处罚，决不稍宽，那时后悔可就迟了。"《奉天省长公署的布告（一九二七年十二月三日）》，载辽宁省档案馆编：《奉系军阀档案史料汇编》（6），江苏古籍出版社、香港地平线出版社，1990 年，第653 页。

民国十七年（公元 1928 年）

一月

一月一日："午前十时，在临江县之红土崖，大刀会员百名与临江、辑安两县之大刀会讨伐队二百名冲突，大刀会死会员二十四名，遂一旦逃走，然其后杀害该地商务会长吴福堂。"《骚乱东省之大刀会原始及现状》，载《顺天时报》，总第 8537 号，民国十七年二月四日，第 2 版。

一月一日："午后四时，在临江县红土崖附近，大刀会员三十四名，与临江、柳河、辑安各县联合保安队约百名冲突，交战一小时，大刀会败走。"《骚乱东省之大刀会原始及现状》，载《顺天时报》，总第 8537 号，民国十七年二月四日，第 2 版。

一月一日："午后七时顷，通化县南关出现大刀会员约二百名，与官宪冲突，焚烧民居二间，大刀会员死伤三十余名，官兵死伤二十余名。"《骚乱东省之大刀会原始及现状》，载《顺天时报》，总第 8537 号，民国十七年二月四日，第 2 版。

一月三日："于超海率领大刀会围攻通化县城，与奉军蔡均炳所率迫击炮二团在城内外激战。5、8、10 日，三天攻打 4 次，到 16 日，通化大刀会被齐恩铭部队所击溃。"通化县地方志编纂委员会编：《通化县志》，长春：吉林人民出版社，1996年，第901页。

一月四日："红土崖大刀会副会长卢鸿富率千余名大刀会会员从江东船营（今江东老桥头）向通化县城（今通化市）进攻。大刀会会员挥舞大刀长矛，冒着枪弹，越过冰封的浑江江面，冲上玉皇山，烧毁了警察分所，打得警甲落荒而逃。通化县知事郭毓珍被迫释放了关押的大刀会会员。"中共通化市委党史研究室编著：《通化革命遗址遗迹》，长春：吉林人民出版社，2012年，第180页。

一月五日："1月1日下午，忍无可忍的大刀会300多名基干会员揭竿而起，组成勇猛的暴动队伍，决定以武力与官府决战，并于5日攻进了通化县城，攻打了十几个要害机关，切断了电话线，烧毁文书档案，缴获枪70余支，并要求释放被捕会友，免除东边道六县的全部武装。通化大刀会攻打县城之后，辑安、临江、柳江、金川等县纷纷起而响应，大刀会遂有席卷整个东边道之势。"刘贵田等：《中共满洲省委史研究》，沈阳：沈阳出版社，2001年，第81页。

一月五日："午前一时，辑安县三道沟出现大刀会员三百名，袭击水上警察分署、常关分局、禁烟分局、警察分驻所、商铺兵所等处，掠夺手枪、长枪约百支及子弹三百余发，除去国旗，易以红旗。"《骚乱东省之大刀会原始及现状》，载《顺天时报》，总第8537号，民国十七年二月四日，第2版。

一月六日，东方社安东电："临江、通化二县下之大刀队，约四百名，因华官宪之苛敛索求而愤起，二日未明，大举袭击通化城外，杀伤巡警等，夺取大批武器。四日，将讨伐官兵击退，到处掠夺暴行，闻迫通化城内。三日，自奉天出动一千名之讨伐军，前往弹压，通化总商会向大刀会谋妥协，已被拒绝。"《通化城被攻》，载《顺天时报》，总第8516号，民国十七年一月八日，第2版。

一月七日："午前六时四十分，辑安县黄柏甸子有大刀会员三十余名来攻，切断警察电话，夺取藏在雪中官兵之长枪七支、商家之长枪二支。"《骚乱东省之大刀会原始及现状》，载《顺天时报》，总第8537号，民国十七年二月四日，第2版。

一月七日："晨，张树声率千余名大刀会会员再次向通化县城发起进攻，攻入城外东大街，占领了官银号、税捐局、巡警分署、商会、禁烟局等 14 处官府要害部门，烧毁贪官污吏的住宅，捣毁日本侵略者贩卖军火的营业所。随后，大刀会向城内发起攻势，但因城墙被警甲泼水冻冰，墙面光滑如镜无法攀登。战斗至下午 4 时，大刀会也未能攻入城内。这时奉系军阀调集兵力，前来增援。为避免不必要的牺牲，张树声率大刀会撤回红土崖。"中共通化市委党史研究室编著：《通化革命遗址遗迹》，长春：吉林人民出版社，2012 年，第 180 页。

一月七日，电通社奉天电："鸭绿江上游强盗团大刀会，与马贼互通气脉，袭击通化城，占领主要官署，悬赤旗，电报电话线皆被削断，现居该处日侨六十名不明安否？暴徒背后，似有共产赤化过激分子，因警备薄弱，将愈见猖獗。"《大刀会匪占据通化城》，载《申报》，总第 19694 期，1928 年 1 月 9 日，第 6 版。

一月八日，奉天东方电："大刀会五日攻陷通化县城，即占领县署、其他主要机关，割断与各地联络之电报电话线。"《猖狂之通化大刀会》，载《顺天时报》，总第 8518 号，民国十七年一月十日，第 2 版。

一月八日，奉天东方电："前来讨伐之官兵与大刀会员在通化城内激战中，城内到处起火，两军死伤均颇甚众，日侨现尚无事，亦颇感危险。"《猖狂之通化大刀会》，载《顺天时报》，总第 8518 号，民国十七年一月十日，第 2 版。

一月八日，东方社奉天电："占领通化城之农民军大刀会，七日午后二时将由奉派来讨伐之官兵一千名击退于城外，现正在激战中，该市因炮火猛烈，各地起火，截止（到）七日午后四时，焚去房屋五十余家，两军死伤皆甚众。"《奉吉之匪乱》，载《申报》，总第 19695 期，1928 年 1 月 10 日，第 7 版。

一月八日，奉天东方电："大刀会四日午前十一时蜂起袭通化县，驱逐华警，放火民房五十余家，而来至七日尚与官宪交战中，交通全然杜绝，电报邮件皆不通。至七日午后二时，奉天派来之援军开到，秩序始恢复。"《农军退八道沟》，载《顺天时报》，总第 8518 号，民国十七年一月十日，第 2 版。

一月八日，北京电："奉宪兵司令齐恩铭，因所派进攻通化城大刀会军太少，特亲率大队往剿。"《北京杂电》，载《申报》，总第 19694 期，1928 年 1 月 9 日，第 6 版。

一月九日："朝，在距通化县林子头约九华里之处，占九州所率之马贼与大刀会冲突，大刀会员死伤四十名。"《骚乱东省之大刀会原始及现状》，载《顺天时报》，总第 8537 号，民国十七年二月四日，第 2 版。

一月十一日："张宗耀率领百余会员，接连攻占了红土崖、苇沙河、下三道沟、六道江、四道江街及热水河子（今属通化市），大刀会所到之处，砸毁税务分局，烧毁单据、档案，收缴警甲的枪支弹药。官兵警甲闻风丧胆，纷纷逃窜。"吉林省文物志编纂委员会：《浑江市文物志》，1987 年，第 90 页。

一月十一日，东方社奉天电："通化方面之大刀会又杀到城外，包围通化城，电报电话皆被农民军暴徒割断，完全不通。据中国方面警察厅之报告，于东边道一带勃发之大刀会，势如燎原，异常猖獗，各地警察官惧其威势，并因薪水微薄，相继辞职者甚多，全然陷于无警察状态。此等事实，颇与人心以深锐之刺戟（激），故当局极力掩蔽此种事实云。"《通化大刀会势仍猖獗》，载《申报》，总第 19698 期，1928 年 1 月 13 日，第 7 版。

一月十二日，奉天东方电："十日再前来袭击通化县城之大刀会，总数约五百名，大都持有枪支，勇敢试行肉迫，官兵邀击之，毙大刀会员百余名，捕百余名，而击退之。大刀会员一面在市街放火，一面退却，官兵已在追击中。被放火之民家，因变乱之中，消防队不得出动，至十日夜十一时，始自然熄灭，烧失民家及八十户。此次大刀会之袭来，官兵交战颇勇，连长以下死伤四十名、失踪百六十名。"《五百名之大刀会再袭通化被官军击退》，载《顺天时报》，总第 8522 号，民国十七年一月十四日，第 2 版。

一月十二日："午后三时顷，在辑安县杨木林子，有大刀会员七十余名来攻，夺去商民大抬杆炮三尊，及长枪一支。"《骚乱东省之大刀会原始及现状》，载《顺天时报》，总第 8537 号，民国十七年二月四日，第 2 版。

一月十三日，奉天东方电："十二日晨，通化之农民别动队袭击数百之官兵团，激战数小时后，即行撤退。通化之采木公司日人住宅，十日被大刀会员所袭，抢夺枪支等，彼等临去，再三以绝对不侵害日鲜人为言。"《柳河亦有大刀会正在与官军交战中》，载《顺天时报》，总第 8523 号，民国十七年一月十五日，第 2 版。

一月十三日，路透社北京电："吉林韩边附近通化城（译音）之土匪尚未驱散，一月四日，匪众曾攻击该镇，毁屋五十间，旋为民众击退。兹悉匪为鲁人，属于大刀会者，数共五百，仅携长枪，后复袭击该镇，冒弹雨攻入，燃屋八十间，继与民众巷战，但卒被逐走，匪死百人，民众死伤四十人，奉天现续派援兵前往剿匪。"《东三省之匪乱》，载《申报》，总第19699期，1928年1月14日，第7版。

一月十三日："午前九时，辑安县黄柏甸子，忽有大刀会三十余名来袭，当地官兵四十余名即出而应战，韩区保长及保甲一名均被杀，并重伤保甲一名，大刀会员死一名、重伤三名，夺获大枪五支、手枪二支。"《骚乱东省之大刀会原始及现状》，载《顺天时报》，总第8537号，民国十七年二月四日，第2版。

一月十四日，东方社奉天电："通化农民军十二日以来分数次，全军约七八百名，大举杀到县城外，演猛烈之巷战，又复在各处放火，民军死伤五十，官军死伤百余，市民亦受相当之损害。"《柳河亦有大刀会正在与官军交战中》，载《顺天时报》，总第8523号，民国十七年一月十五日，第2版。

一月十四日，东方社奉天电："有农民军约七八百人，自十二日以来，屡次大举袭击通化县城外，演猛烈之市街战，又在各处纵火，死伤者农民军五十人、官军百余人，且使省民受相当之损失。现在农民军虽已退去，但有继续来袭之势。通化接得报告云，柳河方面亦有大帮大刀会匪出现，与官军交战。"《通化军民尚在交战》，载《申报》，总第19700期，1928年1月15日，第7版。

一月十六日："午前十时顷，临江县林子头三岔子地方，警甲队四十名与大刀会五六十名发生冲突，大刀会方面死二十二名，大枪六支、毛瑟枪二支、拨拉灵枪二支，均被警甲队收没。"《骚乱东省之大刀会原始及现状》，载《顺天时报》，总第8537号，民国十七年二月四日，第2版。

一月十六日，东方社奉天电："通化接得报告云，放弃通化之农民大刀会，现在东边道西南方面各地蜂起，到处击破官兵、势极猖獗，集合于通化之讨伐军，现已急遽出动，在通化之官兵只有七百名，通化市内依然罢市，人心不安。"《奉省大刀会势益蔓延》，载《申报》，总第19702期，1928年1月17日，第7版。

一月十六日："午后三时四十分，辑安县三道沟大横路地方，保甲及商团兵三十名，与大刀会匪交战，大刀会方面死十余名（内九名均被枭首），被捕二名，大枪九支、毛瑟枪四支均被官兵收没。"《骚乱东省之大刀会原始及现状》，载《顺天时报》，总第8537号，民国十七年二月四日，第2版。

一月二十日，奉天东方电："吴俊升十九日归奉，即入手讨伐大刀会计划，向通化方面输送迫击炮十二门、炮弹百二十发、机枪弹一万发，充军饷之奉票四十万元十九日运奉，吴预定率黑军千六百名赴通化。"《大刀会仍出没通化》，载《顺天时报》，总第8530号，民国十七年一月廿二日，第2版。

一月十九日，奉天东方电："揭举全省公民团军大旗之大刀会，在通化、临江其他各县一带，以公立团村会长之名，粘贴布告，大意系攻击奉方官宪，并倡公民奋起等语。大刀会既以不侵良民为标榜，商工农民中亦有受惑而参加者，其势渐炽。"《通化大刀会提出夸大之要求》，载《顺天时报》，总第8528号，民国十七年一月二十日，第2版。

一月二十日，东方社奉天电："农民军又复逼进去通化城七华里之地点，或射杀警戒之官兵，或夺取枪支，有将杀到城下之形势。"《大刀会仍出没通化》，载《顺天时报》，总第8530号，民国十七年一月廿二日，第2版。

一月二十日，东方社奉天电："大刀会不惟反抗官军，对马贼亦持反对态度，马贼却异常畏惧，甚至见大刀会所持长枪之影，即行逃匿。"《大刀会之声势马贼亦望风而逃》，载《顺天时报》，总第8530号，民国十七年一月廿二日，第2版。

一月二十日："有大刀会六七十名，分为二队，一队袭通化东北街之保甲队，抢去枪支逃亡；一队袭通化西南街，肆意抢掠，并绑人票而去。"《骚乱东省之大刀会原始及现状》，载《顺天时报》，总第8537号，民国十七年二月四日，第2版。

一月二十二日讯："大刀会问题、大刀会事件，既相当扩大，故亦加相当之注意，刻下尚未考虑出兵等事。大刀会系以一种之信仰为基础，似原在山东，移满洲后组织数百人之团体，现似尚未加危害于外人。然既与官兵战争中，其余波难以断言不波及外人。近已由关东厅派书记生一名、警官十一名，前赴通化警备。"《大刀会可注意》，载《顺天时报》，总第8530号，民国十七年一月廿二日，第2版。

一月二十四日："午后三时，桓仁县四平街有大刀会四十五名，与辑安县官兵四十名冲突，官兵死一名、伤一名，大刀会死一名、伤五名。"《骚乱东省之大刀会原始及现状》,载《顺天时报》,总第 8537 号,民国十七年二月四日,第 2 版。

一月二十五日:"上午,吴俊升率队抵通,下午赴六道沟。"通化县地方志编纂委员会编:《通化县志》,吉林人民出版社,1996 年,第 172 页。

一月二十六日,奉天东方电:"通化方面之大刀会,容讨伐司令齐恩铭之劝告,已经归顺约五百,业被官兵解除武装。其未归顺之大刀会,尚散在各县跳梁,其数颇多。"《通化大刀会归顺》,载《顺天时报》,总第 8531 号,民国十七年一月廿九日,第 3 版。

一月二十六日:"吴俊升派骑兵团进攻红土崖。大刀会闻讯,在大法师匡香圃的带领下,在骑兵团必经之路设下埋伏,骑兵团几乎被全歼。吴俊生恼羞成怒。"中共通化市委党史研究室编著:《通化革命遗址遗迹》,吉林人民出版社,2012 年,第 180 页。

一月二十六日:"鄢团(骑兵团)从六道沟向四道阳岔进攻,被埋伏在道路两旁的大刀会员猛烈厮杀,经 4 个小时的战斗,鄢团大部被歼。"通化县地方志编纂委员会编:《通化县志》,长春:吉林人民出版社,1996 年,第 172 页。

一月三十日:"(吴俊升——笔者按)又命令旅长张复率领步兵、炮兵和临江、柳河联防队及各县清乡队共 2500 多人,分三路进攻红土崖。"中共通化市委党史研究室编著:《通化革命遗址遗迹》,长春:吉林人民出版社,2012 年,第 180 页。

一月三十日:"吴俊升亲率王南屏旅两个骑兵团和通化、辑安(今集安)县警甲约 3 千余人,张复率炮、步兵 1 千余人和临江、柳河两县联防队,齐恩铭率各县清乡队共 2 千 5 百余人,各路官军警甲近万人,向大刀会进行血腥镇压。

红土崖和六道沟大刀会 6 百多人,以炮台、院墙作掩体同官军激战一天一夜,官军始终没有攻入街内。"通化县地方志编纂委员会编:《通化县志》,长春:吉林人民出版社,1996 年,第 172 页。

一月三十一日:"张复下令向红土崖开炮轰击,红土崖陷入一片火海之中。为使红土崖百姓免遭涂炭,张树声率队撤到五道阳岔。"中共通化市委党史研究室编著:《通化革命遗址遗迹》,长春:吉林人民出版社,2012 年,第 180 页。

一月三十一日："晨 3 时，张复下令炮击，红土崖街内变成火海，烽烟四起，大刀会会员战死 5 百余人，会长张宗耀壮烈牺牲。大刀会余部无几，无力再战。"通化县地方志编纂委员会编：《通化县志》，长春：吉林人民出版社，1996 年，第 172 页。

是月："东边道有刀匪甚猖獗，旋剿平之。"国立东北大学编：《东北要览》，国立东北大学出版组，1944 年，第 33 页。

二月

二月五日，奉天东方电："据亲自出马讨伐大刀会之吴俊升致奉督署之报告，称吴俊升军在六道沟附近，对约三百名之大刀会交战，结果击毙匪军约二百五十名，获步枪五十支、枪百五十支杆，匪军受大打击，殆近于覆灭，吴部讨伐军方面死二十五人、负伤十名，奖赏讨伐军二万元，以鼓舞士气。"《六道沟附近激战》，载《顺天时报》，总第 8540 号，民国十七年二月七日，第 2 版。六道沟，即此后之龙井村。

二月六日，路透社北京电："据奉天消息称，奉军现正严剿大刀会匪，二月三日曾袭击通化附近之二村，该二村为大刀会之根据地，凡十二岁以上之男子悉被屠杀，大刀会为之大忿，扬言拟再攻通化，以事报复。"《奉军严剿大刀会匪》，载《申报》，总第 19716 期，1928 年 2 月 7 日，第 8 版。

二月六日："凌晨，大刀会一千余人在张树声大法师率领下，攻打通化城，大刀会所向披靡，首先攻入城外东大街，占领了商务会，税捐局，巡警分署等十四个官府机关，袭击并烧毁了赃官污吏的住宅，捣毁了日本贩卖军火的营业所，取得了重大胜利。"吉林省文物志编纂委员会：《浑江市文物志》，1987 年，第 90 页。

二月九日："吴俊升所部倾巢出动，进攻五道阳岔。总会长张宗耀率领大刀会会员与敌人浴血奋战，终因寡不敌众被击溃，张宗耀不幸牺牲。轰轰烈烈的大刀会农民运动，因奉系军阀政府的残酷镇压而失败。"中共通化市委党史研究室编著：《通化革命遗址遗迹》，长春：吉林人民出版社，2012 年，第 181 页。

二月十二日："黑龙江督军亲自出马，指挥 4000 余名军警，利用重炮轰击大刀会根据地红七崖和八道江，大刀会遭到严重失败，仅通化、临江两处被杀死 3500 人以上。大刀会余部被迫撤出根据地，与当地的胡匪结合继续与官厅对抗。"刘贵田等:《中共满洲省委史研究》,沈阳:沈阳出版社,2001年,第 82 页。

三月

三月十二日,奉天通讯:"奉宪兵司令兼清乡督办齐恩铭,奉命赴东边剿捕大刀会匪,迄未返省。兹军民两署接到齐氏由东边来电,报告剿匪情况,略闻二道沟、五道沟、八道沟匪患均已肃清,日前在老清沟与匪接战,匪徒约二百余名,由骑兵击散,擒法师一名、会长三名,均已就地枪毙。"《奉天刀匪官军正剿余孽》,载《顺天时报》,总第 8573 号,民国十七年三月十二日,第 2 版。

民国十七年夏,驻朝鲜日军,以保护中国境内的朝鲜侨民为借口,寻衅犯境,从朝鲜的渭源过江,侵入中国的领域,烧杀边民百姓。辑安警甲所长高德隆率队反击,将犯境日军打死过半,余者擒获。嗣后,交涉未果。日军从朝鲜满浦镇强渡鸭绿江,攻打辑安县城。高德隆率队顽强抵抗,双方伤亡惨重。日军用野炮轰击辑安城内商民,高德隆率队从城内撤兵,撤到九都城(俗称山城子,高句丽时的陪都),继续与日军周旋。后经奉天省派外交特派员交涉,中方妥协,高德隆等被奉天当局革职。详见高华昌口述,高其昌整理:《高德隆的抗日活动及辽宁民众抗日自卫军始末补遗》,载中国人民政治协商会议吉林省委员会文史资料研究委员会编:《吉林文史资料》(第 5 辑),长春:内部发行,1985 年,第 100—101 页。

五月

五月十七日:"匪香圃策动齐恩铭收抚的张神仙哗变,将 20 多人带到六道沟小南岔一带活动。5 月 19 日午夜两点同保安队激战两小时,为掩护队伍撤退,大法师匪香圃身中三弹壮烈牺牲。"通化县地方志编纂委员会编:《通化县志》,长春:吉林人民出版社,1996 年,第 172—173 页。

七月

七月三十一日:"吉林省属之密山县傍穆稜河,距穆稜站约四百华里之谱,靠近兴凯湖,该湖在中俄边境接壤之处,地方繁盛,居民众多。讵意数日前,忽有苏俄军用飞机一架,飞至该处,该处居民因平素未见飞机为何物,群相惊讶,多出户外仰视,以为飞机之翱翔空际,不过一种习练之性质,初无料其有若何之危险也。不料该飞机正在我国境内飞行之际,忽向下面投掷炸弹,如与敌人作战之一般，突然爆发，轰轰烈烈，霹雳一声，其力极猛。幸落于兴凯湖岸较偏僻之处，未伤及居民。一般华民至是见炸弹之炸裂，遂惊惶万状，逃避不遑，而该飞机于投炸弹后，即飞还俄境而去。"《吉省边疆苏俄飞机漫掷炸弹》，载《军事杂志》，1928 年，第 3 期，军声日记第 14—15 页。

十月

是月："奉天省国防陆军第三十军步兵第一旅六十团驻防境内，第一营营部和三、四连驻孤山子，第二营驻金川，第三营九、十连驻样子哨。"柳河县志编纂委员会编：《柳河县志》，长春：吉林文史出版社，1991 年，第 523 页。

民国十八年（公元 1929 年）

一月

一月十日："县联防队会同临江联防队，于十四道沟里腰房子，击溃'平推'、'两江好'股匪 150 余名。"长白县志编纂委员会编：《长白朝鲜族自治县志》，北京：中华书局，1993 年，第 481 页。

是年夏，日军侵入奉天辑安境内，与辑安警甲所长高德隆所率地方武装激烈交火，而此时的奉天当局，在辑安地方驻扎的正规军兵力单薄，且处置失宜。据回忆："辑安边陲要塞，仅驻混成旅第六连一个连。连长杨连温，以未接到上级命令为借口，坐视我父（高德隆——笔者按）率地方武装与日寇厮杀，按兵不动，未向日寇放一枪一炮。"高华昌口述，高其昌整理：《高德隆的抗日活动及辽宁民众抗日自卫军始末补遗》，载中国人民政治协商会议吉林省委员会文史资料研究委员会编：《吉林文史资料》（第 5 辑），长春：国内发行，1985 年，第 101 页。

七月

七月十一日："吉林方面军于珲春、东宁、绥芬河、密山、同江之线集中，该军主力配置绥芬方面。"《战役记事》，载《辽宁民众追悼抗俄阵亡将士人会纪念专刊》（1930 年专刊），1930 年，第 2 页。

七月十六日："苏联飞机 3 架侵入绥芬河上空，中国部队开火射击，苏联飞机飞回。"东宁县志办公室：《东宁县志》，哈尔滨：黑龙江人民出版社，1989年，第14页。

七月二十一日："（中方）训令前方各军，力持镇静，严重戒备，务避衅自我开，并尽力维持交通等因去讫。"《战役记事》，载《辽宁民众追悼抗俄阵亡将士大会纪念专刊》（1930年专刊），1930年，第2页。

是月："'中东路事件'爆发，国民政府于7月17日发表对苏交战宣言。调郑泽生师长率部在牡丹江、铁岭河、磨刀石等地设防。在牡丹江新立屯建飞机场，有飞机3架；10月中旬苏联飞机炸毁新立屯机场，飞机被毁。"牡丹江市志编审委员会编：《牡丹江市志》（上卷），哈尔滨：黑龙江人民出版社，1993年，第18页。

八月

八月二日："晨，苏方发起攻击，第一发炮弹落于阜宁镇（今建设村）李甲臣院内，将毛驴炸死。苏方飞机向市区投弹，炸毁车站票房，接着苏联地面部队发起进攻。驻绥芬河二十一旅七十四团苏德臣团长，率部下千余人奋起还击。战斗异常激烈，苏军攻至别拉洼，被守军打回去，苏德臣团长到前沿阵地赤膊和战士一起甩手榴弹，打退苏军轮番进攻，持续到晚8时，双方停火，迫击炮连鲁连长阵亡，伤亡战士20余人。"东宁县志办公室：《东宁县志》，哈尔滨：黑龙江人民出版社，1989年，第165页。

八月二日："午间，苏军炮击绥芬河市区，苏联飞机向市区投弹，地面苏军越境向绥芬河进攻，遭中国军队拦击，展开激烈战斗，至晚8时双方停火，苏军撤回。中方牺牲20多名战士，迫击炮连鲁连长阵亡。"东宁县志办公室：《东宁县志》，哈尔滨：黑龙江人民出版社，1989年，第14页。

八月十二日："晚，苏军越界偷袭大乌蛇沟保卫团分队及警察派出所，将防所及3处民房烧毁。"东宁县志办公室：《东宁县志》，哈尔滨：黑龙江人民出版社，1989年，第165页。

八月十四日："苏军偷袭高丽营（今高安村）保卫团防所。"东宁县志办公室：《东宁县志》，哈尔滨：黑龙江人民出版社，1989年，第165页。

八月十五日："苏军袭击北岭保卫团防所，是夜12时，袭击我炮兵防所，投掷炸弹。"东宁县志办公室：《东宁县志》，哈尔滨：黑龙江人民出版社，1989年，第165页。

八月十六日："苏军袭击太平岭第九连驻地，被九连击退。"东宁县志办公室：《东宁县志》，哈尔滨：黑龙江人民出版社，1989 年，第 165 页。

八月十九日，沈阳路透电："八月十六日下午，有俄国军队三千人，携带重炮，向东宁中国防线开始射击，闻有奉军二万四千人，已开到齐齐哈尔云。"《吉属东宁县终为华军夺回》，载《顺天时报》，总第 9080 号，民国十八年八月廿一日，第 2 版。

八月十七日："傍晚，苏军向三岔口大举进攻，县长马绍融首先逃走，市民纷纷撤离县城，东门外保卫团防区被攻破，苏军进占县城，陆军和警团撤至小城子（今东宁镇）。苏军进城后砸开监狱，放走犯人，捣毁县政府，然后撤回。连续十九日，苏军白天进城，晚间撤回。"东宁县志办公室：《东宁县志》，哈尔滨：黑龙江人民出版社，1989 年，第 14 页。

八月十七日："晚 7 时，苏军突袭县城（三岔口），曹团长督饬前沿各连，奋力抵御。在密集的枪炮声中，东宁县长马绍融带着印信，率先弃城出走（去绥芬河），商民惊恐，纷纷逃避。防守东门外的保卫团和商团，打退苏军几次进攻后，因子弹打光撤出阵地，苏军乘隙攻入县城。其它阵地得知苏军已进县城，恐被包抄，曹团长下令各部，陆续撤离阵地，至小城子（今东宁）一带集结。

苏军进城后，由中大街沿街射击。此时城内居民大部逃离，苏军攻到西头，捣毁县公署，砸开监狱，放走在押犯人，然后砸开四远香食品店，饱餐后撤回苏境。"东宁县志办公室：《东宁县志》，哈尔滨：黑龙江人民出版社，1989 年，第 165—166 页。

八月十七日："白昼，敌之小部队（苏军—编者按）越境，向我东宁阵地威力侦察，均被我守军击退。入夜，敌复以主力潜来袭击，对东宁城集中炮火，夜十二时，警甲军队因弹罄退出城外，东宁遂陷。次晨敌之大部骑兵迂回，曹团两翼几受包围，遂退至河沿以北，固守万鹿沟、太平岭、平房等通敌要隘。敌人兵力约二千余，将东宁城烧掠后，即日窜回其国境，曹团旋复原阵地。"《战役记事》，载《辽宁民众追悼抗俄阵亡将士大会纪念专刊》（1930 年专刊），1930 年，第 3—4 页。

八月二十日，哈尔滨电："俄军确曾于十七日占领三岔口（东宁），但旋即于十八日自动放弃该地，向后退却。迨十八日夜，又复前来袭击，遂于昨（十九日）早完全占领该地，是为俄军侵入华境，占领华军阵地之嚆矢。"《俄军又占领东宁说》，载《顺天时报》，总第 9081 号，民国十八年八月二十二日，第 2 版。

八月二十日，哈尔滨电："据绥芬方面消息，十八早有过激派一千三百名，侵入距绥芬南方十二华里之东宁县，大肆焚掠。"《俄军又占领东宁说》，载《顺天时报》，总第 9081 号，民国十八年八月二十二日，第 2 版。

九月

九月七日："夜，苏军派遣小分队潜入绥芬河以西破坏铁路。"黑龙江省地方志编纂委员会：《黑龙江省志·军事志》，哈尔滨：黑龙江人民出版社，1994年，第 141—142 页。

九月八日起，东路绥芬河等地相继遭到苏联军队围攻，激战甚剧。其经过大致如下：

"八日午后四时半，俄军炸我车站各办事室后，同时并向我兵营及市房投掷炸弹，多被炸毁，并起火甚烈。我军一方抵御敌军，一方救护各机关职员，五时俄除以大炮向我阵地市街车站分别轰击外，另以飞机载机关枪由上向下扫射。市民走避无路，积尸累累。境外俄军，亦攻击甚猛，五时半我军救济各机关职员，专车送往穆稜后，以绥芬地处洼下，上下受敌，士兵伤亡甚众，前敌总指挥部石参谋处长、炮十团穆团长、六十团吴团长，均负重伤，难再扼守，遂于五时五十分总退却，由二十六旅三十六团殿后，各军一律退至小绥芬、八道河子两处。当退却时，绥芬市街火光犹炽，我军退出绥芬后，俄军仍以飞机向各街侦查，抛掷炸弹，直至六时三十分，始停止攻击。夜间复以飞机前来探视，九日早六时又来飞机侦查，并飞向穆稜马桥河小绥芬一带窥探我军后防，回绕数小时始去。九日早二时，由细麟河开到绥芬客货混合车一列，由兵士护行，将一应受伤士兵运往穆稜医院疗治，市民受伤者由地方商会暂行收容医疗。"《俄军围攻东西路与我军抗拒情形》，载《军事杂志》，1929 年第 17 期，第 194 页。

九月八日："午后 4 时半，苏军 6000 余人，在炮兵和飞机的掩护下，向绥芬河发起进攻。东北军官兵死伤甚多。下午 5 时半，绥芬河守军总退却，撤至小绥芬和八道河子两处。"黑龙江省地方志编纂委员会：《黑龙江省志·军事志》，哈尔滨：黑龙江人民出版社，1994 年，第 142 页。

九月十一日："晚，东北军重新部署，派十八旅、二十六旅及二十一旅 2

个团返回绥芬河原防线。9 月 12 日晨 8 时，苏军复又向绥芬河发起进攻，守军拼力死守，将苏军击退。"黑龙江省地方志编纂委员会：《黑龙江省志·军事志》，哈尔滨：黑龙江人民出版社，1994 年，第 142 页。

穆棱县："寒日青沟岭发现俄兵数十，率领胡匪百余名，有攻梨树镇之势，业由司令官电令丁总指挥派兵往剿。"《暴俄滋扰吉省沿边记》，载《军事杂志》，1929 年第 17 期，第 178 页。

密山县："盐日当壁镇抵御俄兵，伤团丁三名，商民迁避。又由南站来俄骑兵四百余人、炮五门、机关枪十架、炸弹十车，至白泡子赴王胖子沟。元（十三）日来俄官数名、兵二百余，带翻译王姓一人，至当壁镇演说。又老龟背地方，佳（九）日突来俄兵三十名，攻入刘宝涵院，烧房掠物，毙男女孩各一名。又由兴凯湖来俄船四只、兵百二十名、辎重车二十余辆，在俄屯都立老克登岸。又文日当壁镇三义东等四家，被俄军包围，烧掠一空，我军往救，死骑兵一名、伤三名，东源茂被掠机枪一架，福昌隆被抢枪四支，又在湖沿抢夺船只，双方互击，毙民人王洛四一名。同日俄兵三十余名、韩人二三名，将商号东发隆攻破，执事杨德山、李士起二人炸死，赵传仁受重伤，绑去三人，掠去大小枪五杆，焚房十七间，迨甲丁往救始退。"《暴俄滋扰吉省沿边记》，载《军事杂志》，1929 年第 17 期，第 178 页。

东宁县："寒夜俄军过界，袭击高岭镇警团防所，经警团击退，夺获连珠枪一枝、刺刀一把、炸弹二枚、硫磺弹五枚、锹一把。删（十五）夜俄军袭击西门外，炮兵排受伤兵夫六名、死一名，县署监狱幸未殃及。自此之后，每日必乘深夜来攻击一次，天明则退去。巧（十八）日上午二时，忽被俄军侵入城内，嗣因城内保卫团与商家所组之炮手队奋力巷战，而城外驻军前来相救，内外夹击，俄军力不能支，遂向城外逃逸，旋即退回俄境。当巷战时，炮声隆隆，有炮弹落永顺祥商号院内，遂致起火，城内东涌烧锅、城外福海烧锅、均被焚毁，县长马绍瀛避往哈尔滨。"《暴俄滋扰吉省沿边记》，载《军事杂志》，1929 年第 17 期，第 178 页。

十月十七日："苏军集中 1 个步兵师、1 个骑兵旅和航空兵一部，沿兴凯湖西岸向密山展开进攻，并以第九骑兵旅和第一步兵帅一部，沿白棱河向西实施迂回，切断东北军退路，以第一步兵师主力由南向北对密山实施正面攻击。经激战，东北军伤亡 1.5 万余人，苏军攻占密山及其以西的太平镇等地。"黑龙江省地方志编纂委员会：《黑龙江省志·军事志》，哈尔滨：黑龙江人民出版社，1994年，第142页。

十月二十一日，中央日报上海专电："哈电：赤军筱（十七）日大举进攻密山，即与我军激战至晚，因赤军增加兵力猛攻，我军引退，密山遂被占领，电台亦被火毁，赤军入城，人民逃避一空。"《中东路军事记要（五续）》，载《军事杂志》，1929年第20期，第197—198页。

十月二十一日，北平专电："哈讯：密山县号（二十）日失陷，俄飞机在牡丹江抛弹炸毁我机场，并毁机数架。"《中东路军事记要（五续）》，载《军事杂志》，1929年第20期，第198页。

十月三十日："在团山子、高安村对面，苏军集结六七百人向边境移动，晚9时，向我方阵地攻击，被击退。"东宁县志办公室：《东宁县志》，哈尔滨：黑龙江人民出版社，1989年，第14页。

十月三十日："晚6时，据探报，在团山子地方发现苏联步兵约300人，带机枪3挺；在东站地方发现苏联骑兵五六十名，带有大炮；在高丽营地方，发现骑兵200余名；几处合计约600余名，均向我边境移动。晚9时，苏军开始攻击，18团守军当即还击。苏军猛扑数次，均被击退。至31日早2时，苏军见防守严密，停止攻击。早6时，苏军鸣枪四五十响而退。"东宁县志办公室：《东宁县志》，哈尔滨：黑龙江人民出版社，1989年，第166页。

十一月

十一月三日："俄军寇我东宁，及绥芬后西柳树小站附近，炸毁货车，死司机一人。"《暴俄扰边日记》，载《军事杂志》，1929年第20期，第210页。

十一月三日：'俄飞机三架，向穆棱车站，及二十六旅司令部投炸弹数枚，经我机枪击退。"《暴俄扰边日记》，载《军事杂志》，1929年第20期，第210页。

十一月十日："珲春黑顶子，陆续开到赤军骑兵八百余名，蛤蟆塘另有赤兵及中国赤党混合组织之别动队五百余人，均带有大炮机关枪，有向我寻衅模样。"《暴俄扰边日记》，载《军事杂志》，1929年第20期，第210页。

十一月十日："赤军飞机两架，十日晨飞入密山县境，向第一路军部投下三弹，均未命中，旋被我军击退。"《暴俄扰边日记》，载《军事杂志》，1929

年，第 20 期，第 210 页。

十一月十一日："早 8 时，苏军进攻密山当壁镇、二人班两处，与东北军暂编第一师发生战斗，除步兵外，还有 6 架飞机助战。到 11 时，苏军又进攻三棱通和密山县城，飞机增至 20 余架，暂编第一师渐渐后退，溃散。下午 4 时，苏军攻入县城，县政府被焚，县长逃走，民国以前档案荡然无存。到 11 月 15 日苏军用 400 辆四轮车拉运密山物资回国。"密山县志编纂委员会：《密山县志》，北京：中国标准出版社，1993 年，第 740 页。

十一月十六日："本日午，俄飞机十架，结队来攻穆棱，投弹甚多，后经我军用高射炮击退。"《暴俄扰边日记》，载《军事杂志》，1929 年，第 20 期，第 211 页。

十一月十七日："密山来赤军飞机五架，掷下炸弹多枚，民房被毁不少。"《暴俄扰边日记》，载《军事杂志》，1929 年，第 20 期，第 211 页。

十一月十七日："晨，半截河至二人班阵地前方，发现敌人混成部队约八九百名，向我阵地施行攻击，暂编骑兵第一师之第一、二两团分头迎击，激战数小时，敌飞机投掷炸弹，乘势将半截河、二人班阵地中间突破，电话线被敌割断，失却连（联）络。"《战役记事》，载《辽宁民众追悼抗俄阵亡将士大会纪念专刊》（1930 年专刊），1930 年，第 7 页。

十一月十八日："拂晓，我第七旅派步兵一营附山炮二门增援，协同骑一团反攻。同时敌又增援数百名、飞机七架，向我阵地及空马以机枪扫射，炮火集中，战至十二时，伤亡迭见，骑兵那团长、步兵朱营长均负重伤，阵线遂致动摇，几次整顿，累次反攻，无如上空敌机低翔，炸弹机枪两相爆击，当头敌之部队顽强压迫，我部队支持无力，不得已退至平阳镇，集合整顿。"《战役记事》，载《辽宁民众追悼抗俄阵亡将士大会纪念专刊》（1930 年专刊），1930 年，第 7 页。

十一月十八日："密山方面敌之大部骑兵及飞机一十余架，施行猛攻。我骑兵第一旅迎击，战斗至为激烈，敌人突破阵地后，一面以飞机低翔，使用机枪掩护，引导其骑兵活动，一面使用骑兵密集部，包围冲锋，直至逼近陆空连（联）络。上受机枪之射击，前受敌骑之马刀拚杀，伤亡既多，战斗力减。斯时密山县城亦为敌包围，我骑兵第二旅遂向杨树河引退，敌人遂入密山，未几又复退去，我骑一旅整顿后，即于二十日早反攻密山，将原阵地恢复。"《战役记事》，载《辽宁民众追悼抗俄阵亡将士大会纪念专刊》（1930年专刊），1930年，第7页。

十一月十八日："本晚赤军侵入国境，围攻密山县城，势甚危殆，梨树沟、平安镇等处，皆有激战。"《暴俄扰边日记》，载《军事杂志》，1929年第20期，第211页。

十一月二十日："密山县被赤军攻陷，俄飞机在牡丹江抛弹炸毁我机场，并毁机数架。"《暴俄扰边日记》，载《军事杂志》，1929年第20期，第211页。

十一月二十二日："马桥河方面，上午十一时，俄飞机三架，向我军驻地掷炸弹，未命中。"《暴俄扰边日记》，载《军事杂志》，1929年第20期，第212页。

十一月二十三日："下午九时，骑一团利用暗夜向半截河前进，第二旅向二人班前进。时敌已退出，仍占领原阵地对敌戒备。"《战役记事》，载《辽宁民众追悼抗俄阵亡将士大会纪念专刊》（1930年专刊），1930年，第7—8页。

十一月二十四日："穆棱方面，上午十时，俄飞机五架飞来侦察，并掷炸弹多枚。"《暴俄扰边日记》，载《军事杂志》，1929年第20期，第212页。

十一月二十六日："穆棱方面，俄飞机二架，自绥芬至该地煤矿，掷炸弹三枚，无损失。"《暴俄扰边日记》，载《军事杂志》，1929年第20期，第212页。

十二月

是月："苏军又攻入当壁镇，抢掠了几家商号。"密山县志编纂委员会：《密山县志》，北京：中国标准出版社，1993年，第740页。

是年，辽宁划分为四大剿匪区，长白山地区之一部，在行政上归属东边道，被划为第一区。"辽宁快信云，东北当局因鉴于近日各地马贼横行，人民多遭其害，若不设法剿除，前途实不堪设想。日前省府主席张学良，为彻底剿除各马贼起见，特划全省为四大剿匪区，俾各任专责，以期早日肃清。计东边一带定为第一区，以于芷山担任司令；蒙边一带划为第二区，以张海鹏为司令；锦县以西定为第三区，以于学忠任司令；至于第四区系锦县以东，南满铁路沿线一带，此区则直辖于军事厅，以便发生外交时，得以直接指挥。"《剿匪地区之分配》，载《军事杂志》，1929年第10期，第199页。

是年："宪兵队13人驻和龙县。"和龙县地方志编纂委员会编：《和龙县志》，长春：吉林文史出版社，1992年，第200页。

民国十九年（公元 1930 年）

一月

是月："日本独立守备队第 4 大队在安东、九连城、凤城等地进行挑衅性军事演习。"丹东市地方志办公室编：《丹东市志（1876—1985）》（1），沈阳：辽宁科学技术出版社，1993 年，第 57 页。

二月

二月二十三日："延吉县铜佛寺日警化装入韩民姜明学家，勒捐不随，枪杀韩妇，并击伤当地保卫队员。"《满蒙大事记》，载《满蒙月刊》，1930 年第 1 卷第 2—3 期合刊，第 73 页。

二月二十六日："上海电，吉讯，日军一千五百名由韩境渡江，到和龙县，表面称系为防止韩党活动，闻实际有以武力保护建筑吉会路意。"《满蒙大事记》，载《满蒙月刊》，1930 年第 1 卷第 2—3 期合刊，第 74 页。

二月二十七日："日本马步警三十名，在龙井村围击鲜人张姓约三十分钟，毙鲜人二名，尸运日领事馆。"《满蒙大事记》，载《满蒙月刊》，1930 年第 1 卷第 2—3 期合刊，第 74 页。

三月

是月："陆军第 13 旅第 19 连部分兵力驻扎于和龙。"和龙县地方志编纂委员会编：《和龙县志》，长春：吉林文史出版社，1992 年，第 200 页。

五月

五月二十七日，安东通信："本月二十四日下午六时，由临江开来之轮船，内载日本守备队兵二百名，在大江桥小停泊，然后列队登陆，直赴六道沟守备队本部。闻此项守备队由朝鲜调来，巩固国防云。"《日本增兵安东县》，载《新天津》，民国十九年五月三十一日，第 9 版。

五月："大刀会是一个会道门组织，第一次打入红石砬子是民国十九年五月（1930 年 5 月），来此住有半个月时间。当时他们也宣传保卫人民，抗日救国，维护社会治安。到处抓土匪，深受人们欢迎。由于他们到处收徒弟，学道念佛，扩充实力。因而，同驻守在这里的张作霖正规部队的 10 连、12 连交战。由于大刀会使用的是大刀、红缨枪等武器，致此会员损失惨重，30 名会员只二、三人跑出了红石砬子，会首死于此地。这个时期张作霖正规军的一部分士兵跟随跑出的二、三名大刀会会员叛变。"《红石砬子镇志》，内部发行，1986 年，第 85 页。

六月

六月七日："延吉大兴电灯厂股份有限公司总经理武锡龄呈称，窃查本公司办事处向设在龙井村商埠街内，电灯厂设于埠外，在天图铁路车站以北相距二里许，藉资住户星稀，以防他虞，营业有年，相安无事。乃于本年五月三十日夜早两点钟时分，突有韩匪约五十余名，均各手持木棒，身边有无掩藏其他器械不得而知，该匪等一齐到电灯工厂门首，势甚凶猛，遂将大门踹开，闯入院内，适值工人均在工作，闻声畏惧，各自逃窜躲避。惟工人于鸣春当时未逃，视该匪等在院，始将门窗砸坏，继则进屋，将电门、电表捣毁，其余电灯机械不分大小件，凡人力能左右者均予损坏。洎厂内电线亦予焚毁，临行时遗有中韩文宣言传单若干张，蜂拥他往，不知去向。"《呈省政府为转报延吉大兴电灯公司被匪捣毁请求通缉祈鉴核文（六月七日）》，载《农矿月刊》工商，1930 年，总第 17 期，第 3—4 页。

是月，"鲜共在龙井村聚众暴动，我方军警尽力搜查，而日领复要求中日警察合作，我方未许；乃日警竟在和龙、延吉各县境大事搜捕垦民四百余人，并任意鸣枪镇吓，虽经我方随时抗议，仅释回六十余人。"（民国）陈作檠：《东省韩民问题》，燕京大学政治学系，第 7 页。

七月

七月十三日，安东通信："悍匪姜文阁、姜文龙等五名，连年盘据东边各县，打家劫舍，横行无忌，虽经官军迭次兜剿，迄未荡平。本月二日，该匪等闯入宽甸县太平川村，一度抢掠外，并将该村张宝兴之四弟绑去，奔往陡岭子候赎。本月八日，该匪等窜入安东乡警一区红石砬子，依然抢掠，复将该村李凤龙之四弟绑去，勒赎巨款。"《安东之匪氛》，载《新天津》，民国十九年七月十七日，第 10 版。

是月："月晴、石建坪赤卫队员金泰权等人在百草沟伪警察署打死哨兵，夺取步枪 2 支，手枪 1 支。"吉林省图们市地方志编纂委员会编：《图们市志》

（1644—1985），长春：吉林文史出版社，2006年，第10页。

八月

八月一日："延吉一带数百名群众举行暴动，砍断电杆，夺取军警枪支。"吉林省延吉市地方志编纂委员会编：《延吉市志》，北京：新华出版社，1994年，第16页。

八月一日："官地、蛟河、新站、退抟等地600多名农民（多数是朝鲜族农民）在中共党员金明均、李声澈、李相根、崔一、朴武述、崔正万等人指挥下，举行暴动，夺取军警步枪16支、子弹1000余发；破坏铁路，切断电话线；火烧军警营房和地主宅院。"蛟河县民族志编纂组：《蛟河县民族志》，内部发行，1990年，第29页。

是月："开山屯区委赤卫队队长张学官带领38名赤卫队员和200余名群众，装扮成送葬队伍，袭击船口伪警察派出所，夺取步枪7支，六连发铳炮2支，子弹数百发。"吉林省图们市地方志编纂委员会编：《图们市志》（1644—1985），长春：吉林文史出版社，2006年，第11页。

九月

是月："李化春带领平岗区游击队员，在长仁江击毙公安局巡长和巡士，夺取2支步枪。"和龙县地方志编纂委员会编：《和龙县志》，长春：吉林文史出版社，1992年，第213页。

民国二十年（公元1931年）

一月

是月："三道沟区委组织部长崔龙华带领7名游击队员，袭击三道沟陆军排长邵起升家，缴获数百发子弹和一些物品。"和龙县地方志编纂委员会编：《和龙县志》，长春：吉林文史出版社，1992年，第213页。

四月

四月八日："抗日红枪会（大刀会）在二道沟邱山场与日本军警交火，在西古城击毙日军12人。日本军警放火焚烧18户民宅。"和龙县地方志编纂委员会编：《和龙县志》，长春：吉林文史出版社，1992年，第616页。

六月

是月："东北军廖弼宸团的1个营，驻防柳河县城。"柳河县志编纂委员会编：《柳河县志》，长春：吉林文史出版社，1991年，第523页。

七月

是月："船口村游击队员11人，乔装赶集农民，突袭船口公安分驻所，智取6支步枪。"龙井县地方志编纂委员会编：《龙井县志》，黑龙江：东北朝鲜民族教育出版社，1989年，第9页。

是月："当时，匪寇为祸，土匪出没无常，兵荒马乱，民不安宁最动乱的年代。大刀会在叛变的张作霖正规部队带领下，从红石砬子后山摸进，首先与山头上的七正队哨兵接火，七正队队员败下来，大刀会一直追到山下围墙边，叛变的张作霖正规军士兵在山上的碉堡里火力掩护。红石砬子围墙内的七正队和张作霖正规部队，闻讯前来应战。这次战斗，县七正队死亡2人，大刀会死亡20余人，准备围攻红石砬子的大刀会主力部队1000余人，见首头会员失败，行至陈木匠沟即退回。"《红石砬子镇志》，内部发行，1986年，第85页。

八月

八月七日："辽宁东北政务委员会钧鉴：顷据珲春县长歌电称，昨闻朝鲜会宁工兵队自本月支日起，预定三星期在城川江岸演习架桥行军。当饬探报，图们江日岸城川已到日兵二百余。县长以图们江系中日共管，值此时局，日兵此举不惟背国际公法，且易动摇人心，昨已面见日领抗议，要求转知，中止架桥。""关于对日军在图们江越境架桥进行军事演习抗议交涉的电文（一九三一年八月七日—九月十日）"，载辽宁省档案馆编：《奉系军阀档案史料汇编》（12），南京：江苏古籍出版社；香港：香港地平线出版社，1990年，第110页。

八月二十九日："驻安东日军越租界军事演习。"丹东市地方志办公室编：《丹东市志（1876—1985）》（1），沈阳：辽宁科学技术出版社，1993年，第59页。

第七章　日伪时期长白山地区战事

民国二十年（公元 1931 年）

九月

九月十九日："凌晨三时，日军进占安东县政府。八时，日军宪兵队入驻县政府大客厅，安设军用电话，发号施令。"文史办整理：《丹东历史沿革初探——截止至新中国成立前夕》，载中国人民政治协商会议辽宁省丹东市委员会文史资料研究委员会编：《丹东文史资料》（第 2 辑），1986 年，第 5 页。

九月十九日："早五点左右，日军铁道独立守备队二百余人分两路侵入安东市街。当时安东没有东北军正规部队驻扎，只有公安警察维持治安。由于已有'不抵抗'命令下达，在日军进攻面前，所有公安队、警察毫无反抗即被缴械，县政府、公安局等机关均被占领。"温永录主编：《东北抗日义勇军史》，哈尔滨：黑龙江人民出版社，1987 年，第 176 页。

九月十九日："上午七时许，突有日军一连袭入凤城，将县城各机关分别把守，所有枪械子弹，扫数缴去，县城为日军完全占领，兹将先后情形分志于后：

进兵情形　十九日夜二时许，日军即行起始包围，一由县西北四台子下车，进逼城西北，一由县东北黄岭子进逼县城东北，东西北三面，布置妥协后，东南西南沿安奉路线各桥洞各树林处，亦均为日军布置妥当，然后另有骑兵一连，于是日上午七时始长驱直入县城，更将辽宁陆军步兵第一团部二营营部五连、七连、八连及机关枪、迫击炮连、公安局公安大队部、县政府等各机关，悉数包围，我方将校士卒各机关以及全城民众，均在梦中，以致占领县城，如探囊取物也。

缴械经过　日军既占领县城，乃召集步兵一团团长姜全我，公安局长张益三，代理县长李科长，于西箭亭子地方迫胁缴械。姜全我平素亲日极热，至此当无话说，张益三固为军界宿将，富于谋划，至是亦感难于应付，既未奉到上峰命令，又感全城七万余民众之危险，遂分别传谕，并饬差弁协同日军队始缴械。

缴械数目　日军缴去枪械子弹，悉由我国民车强迫拉运车站。事后调查之数目，团部营连者，计大枪五百枝，子弹五万余发，手枪二十余枝，子弹二千余粒，迫击炮六门，子弹一千二百粒，机关枪六架，子弹六万粒。公安局公安队者，大枪一百余枝，子弹五千余粒，手枪二十余枝，子弹一千余粒，迫击炮三门，子弹约六百粒。（以上均系约数）

俘虏人数　日军缴械之际，我国军人之逃匿者颇少，其未经逃匿者，除各留少数兵士留守原防外，其余四百五十五名悉被俘掳，由日军押往车站日军守备兵营看押，每日饮食，悉由我方供给，诚属奇耻大辱！"《凤城陷落惨状》，载《安徽教育》，1931 年第 2 卷第 9 期，第 27—28 页。

九月十九日："（匪首李庆林，绰号九江——笔者按）窜入桓属荒沟甸子等处，当经职局饬令三十八大队长郭景珊率队剿捕，旋与该匪等接仗，当场毙匪二名，夺获大小枪二支，匪势不支，当即折回。""桓仁县为遵令填报'匪情'调查表事给奉天省政府的呈文（一九三二年二月三日）"，赵焕林主编：《东北抗日义勇军档案史料》（第 1 册），线装书局，2015 年，第 91 页。

九一八事变后，日军迅速向吉林省界进犯。九月二十三日，日军进逼吉林省垣。二十六日，由熙洽组织发表临时省政府组织大纲。日军控制下的吉林省城："吉林各界人民现在丝毫无表示意思之自由。熙洽在日军之下，改组省府，吉林人民万不承认；但邮电俱被检查，不能发表意见。现在街上若有四五人在一处同行，即为日兵所驱逐，故集会更做不到。日军所贴告示：设有人扯去其一小块，即以妨害军事行动论，而有性命之忧。日军到吉虽未开火，但因搜索破军衣，曾当街刺死人命。城厢内外，因种种小问题而被害者，曾有数起。日军飞机到处飞行，随意放枪掷弹，吉林城外不远之乡间有市集，乡民聚者甚多；日军行经其地，见人多即开枪，击死一乡民，吉海路上受日机之害尤多。"（民国）陈彬龢：《满洲伪国》，北京：生活书店，1933 年，第 38 页。

十月

十月十八日，伪公安第七十五步中队第二分队长方亚东、搜查队长褚化朴会称："于十月十八日，在北大林子村境内搜剿，当日上午十二时，据该村村长报称，现有匪人在村北何家沟地方盘踞，请前往剿捕等语。队长等当即会同乡团队长张玉林、李海山，并村长刘毓麟、贺兴武等至该处，将匪人包围攻击，约战五时之久，匪势不支，乘隙逃散。是役共击毙匪人三名，内有永宁村乡团肇事之团丁吕振阁、匪号黑虎一名，并海龙同乐各一名，得获三十年式步枪一支，号码七三七三，子弹十一粒，洋炮一支，救下人票刘殿臣、张五魁、贺广信等三名，血衣三件。当由队长即时派兵跟踪追击，于十九日至城厢村境内大砬子东北沟，复与余匪青山等接仗约一时许，群匪不支，纷纷逃匿，是役又得获七九步枪一支，子弹三粒。""清原县为报县警与天下好、青山等'帮匪'接仗情形给奉天省政府的呈文（一九三二年三月二十九日）"，载赵焕林主编：《东北抗日义勇军档案史料》（第 3 册），北京：线装书局，2015年，第 96—97 页。

十一月

十一月十三日，北平专电："伊通县五日被土匪攻破，现尚盘踞榆树。"《日人势力下吉省胡匪横行》，载《申报》，总第 21055 期，1931 年 11 月 14日，第 6 版。

十一月二十二日：午夜，东北民众自卫军四百余人在邓铁梅的领导下，攻打凤城县城，城内伪警察大队除大队长带领少数人逃跑外，其余全部被俘。民众自卫军又捣毁了伪县公署、公安局，并冲进监狱，砸开狱门，放出百余名爱国志士和其他受难同胞。另一部攻城部队从城西进攻，经过激战，消灭了驻火车站的日本守备队，并攻下日军城内驻地。此次战斗，除全歼凤城日伪军守敌外，还缴获迫击炮二门，机枪三挺，步枪四百余支，以及其他大批军用物资。详见黑龙江省社会科学院地方党史研究所、东北烈士纪念馆编：《东北抗日烈士传》（第 1 辑），哈尔滨：黑龙江人民出版社，1980 年，第 273—274 页。

十二月

十二月九日，《东北民众救国义勇军军政委员会成立宣言》发表，宣言内容如下："东北被难大众！中国亲爱同胞！世界和平民族！最近残暴日军，破坏民族亲善，毁弃国际信义，扰乱世界安宁，竟冒不韪甘与举世一战。自九一八事变以来，迭占我东北要冲，惨害无辜人民，任意奸淫掳掠，到处胡作非为，出兵通都大埠，窃据物质财源，利用无耻汉奸，侵略领土政权，其罪大恶极，兹已擢发难数。近更变本加厉，蔑视非战条约，违背国际公法，背叛和会决议，一味穷兵黩武，不顾人道公理，似此逞兵作乱，破坏世界和平之祸首，岂容再存于今日！吾人身受创痛，义愤填胸，矢率东北爱国健儿，为党为国为家，誓起奋勇杀敌，光复中国固有河山，为真理为正义为人道，竭力铲除公敌，拥护世界永久和平。头可断，血可流，国家不可亡；山可崩，海可涸，此志不可移。谨于吉林组织东北民众救国义勇军军政委员会，统辖十二路司令及全体士兵，共负抗日救国之天职。所有委员业于本日宣誓就职，深希爱国志士，参加讨日工作，共雪国破家亡之耻；党国领袖，切实团结意志，同伸失地辱国之恨；国际联盟，澈底维持正义，合力打破日本帝国主义之迷梦。临嵩迫切，不胜盼祷！谨披血诚，望共鉴之！东北民众救国义勇军军政委员会佳印。"《东北民众救国义勇军军政委员会成立宣言》（民国二十年十二月九日），载国史馆印：《东北义勇军——第二次中日战争各重要战役史料汇编》，国史馆，1981年，第73页。

十二月十日："第九骑中队长吴瑞兴呈称，于十一月十日督带长警三十八名，游击至吉林伊通县平川沟口，斯处与我界毗连，闻该匪有二三百名，在平川沟河北大灰堆子村盘踞，相距我境有十余里，时入我境抢掳马匹，有焚烧房舍、威逼物品情事。及至平川沟老宋家住宿，天已至晚十时许，料该匪乘我队远来疲困不防之际，必前来暗击。我队即派长警四出，在各要隘严防，周密设卡堵击，以防敌袭。未及半时，果有胡匪前来，乘机暗攻我队。时值天黑如漆，对面难视，因此未悉该匪人数，只闻马蹄之声，约在五六十名，及至身临切近，我方即问口令，该匪并未回答，我队料是胡匪，遂即开枪射击。职闻枪声四起，一面堵卡，一面督率长警前往援助痛击。至此，该匪敌火旺盛，枪弹如雨，到处喊拿，人声鼎沸，我队勇往直前，奋不顾身，均抱灭贼之心，竭力痛击，两退两进，混战二小时。该匪见势不支，无力抗敌，且战且走。适值天黑，漫窜山谷，隐踪逃匿，追有数里，不见匪迹，又兼邻省道路生疏，未便穷追，遂即返回。在阵地各处搜寻，得获马二匹、八米粒套筒步枪一枝。及至黎明，见有鲜血一汪，该匪存亡未悉。并查斯役，打耗子弹一千二百五十七粒。"
"西丰县为骑中队在吉林平川沟与'匪'接仗情形给奉天省政府的呈文（一九三二年三月五日）"，赵焕林主编：《东北抗日义勇军档案史料》（第 1 册），线装书局，2015 年，第 341—342 页。

十二月十五日："伪军马锡麟部在日军支持下依恃手中重武器，直奔水曲柳扑来。警备军姚秉乾部奋起反击。警备军另一股宫长海部佯退五常，迅即迂回到伪军后方，将伪军夹在中间。姚部反击在前，宫部包抄在后，伪军陷于困境，向舒兰溃退。冯占海警备军乘胜全线发起追击，直逼舒兰城下，猛打猛冲。交战中，警备军连声高呼'中国人不打中国人！'伪军人心动摇，斗志涣散。经 7 小时激战，冯军攻下舒兰。此役，伪军有数百人倒戈投向警备军。"吉林省地方志编纂委员会编纂：《吉林省志·军事志》，长春：吉林人民出版社，1996 年，第 229 页。

十二月二十三日："奉钧府令，知为新宾县公安中队哗变，饬即带队堵击等因，局长遵即一面令知各分局严加防范，并督率公安第五十七大队长江树魁，带同第百零二中队所属各分队及炮独立分队等，共计官兵一百二十员，于即日出发。行抵与本县毗连之柳河县界小大肚子地方，探闻叛兵已与匪首要的欢合股，有窜往通化县界大青沟一带之消息，当即率队兼程急进，寻踪探剿。行经本县管境闹枝沟地方，适与陆军于营长会合，比由两方密计，陆军担任北面，于二十六日拂晓，齐向通化县大青沟地方推进。惟山路崎岖，兼之积雪没胫，进行颇感困难。于是日午前约十一时许，业经进抵大青沟境界，我方前进队兵突与叛兵接触，斯时陆军于营长已由东面开始进击，惟叛兵等约一百四十余名，多在山顶居高临下顽强抵抗，势颇激烈。局长督率各队奋勇前进，节节进剿，当场击毙叛兵二十余名，并掳获七九步枪一支。匪众见势不支，乃折向东面猛攻，当被于营长并邻县围剿军警及我方各队夹击，叛兵伤亡颇多，未得逃脱。复查我方炮队队兵孙焕礼，右足胫骨受伤一处，弹由足心透出；白振山，腹部受伤一处，弹由腰后透出。此时天已昏黑，约在晚间八时许，各方均已停止射击。局长当饬各队，分就原地严加防堵。于是夜，该叛兵等经东边保安司令准予乞降，缴除枪械，至此，该叛兵等已告完全解决。迨二十七日，各队奉令前往柳河三源浦集合，匪首要的欢等十名即在该镇枪决，各队伤兵并均准留三源浦医院治疗。□□□□一日带同各队回局。兹查此次接仗，计炮分队打耗三十年式子弹一千五百六十一粒，一分队打耗三十年式子弹七百八十二粒，二分队打耗三十年式子弹九百零三粒，三分队打耗三十年式子弹五百九十六粒、连珠子弹五十三粒，并职局队兵打耗三十年式子弹六百零三粒，共计各色子弹四千四百九十八粒。""金川县为报与新宾县'哗变'公安队在通化大青沟处接仗情形给奉天省政府的呈文（一九三二年三月二十五日）"，赵焕林主编：《东北抗日义勇军档案史料》（第2册），北京：线装书局，2015年，第398—400页。

十二月二十三日，哈尔滨专电："吉敦路线护路军叛变，二十攻蛟河，拆毁路轨，该路交通已断，今日军一中队自吉垣开往截击。"《吉敦路护路军攻蛟河》，载《申报》，总第21095期，1931年12月24日，第3版。

十二月二十六日："义勇军袭击凤凰城，切断安奉路。"许蟠云：《东北义勇军与收复失地运动》，载《政治评论》，1932年第6期，第22页。

同日，鸡冠山（今辽宁省丹东市凤城市鸡冠山镇一带）、四台子间义军七百人，向满铁进兵。许蟠云：《东北义勇军与收复失地运动》，载《政治评论》，1932年第6期，第22页。

十二月二十六日："邓铁梅率东北民众自卫军对安奉铁路上重镇凤城发动了进攻。这次战斗打死打伤日军50余名，缴获步枪300余支，轻机枪3挺，迫击炮2门和大批子弹。"刘贵田等：《中共满洲省委史研究》，沈阳：沈阳出版社，2001年，第296页。

十二月二十六日："邓铁梅率东北民众自卫军攻入凤城，捣毁伪县公署，歼日军守备队50余人，俘伪警察400多人，缴机枪3挺、迫击炮2门、步枪320余支。"辽宁省地方志编纂委员会办公室主编：《辽宁省志·大事记》，沈阳：辽海出版社，2006年，第166页。

十二月间："义军某部袭击凤凰城，切断安东路。"曾子友：《九一八案与中国民族的争斗精神》，载《青年旬刊》，1932年第1卷第8—9期合刊，第7页。

十二月三十一日，哈尔滨专电："吉敦路二十八日恢复交通，占蛟河胡匪已退却。"《吉敦路恢复交通》，载《申报》，总第21103期，1932年1月1日，第14版。

是月："中共第五区委赤卫队按照指示，组成小分队袭击水南伪税务局，打死敌人 2 人，活捉 5 人，缴获短枪 3 支，步枪 2 支。"吉林省图们市地方志编纂委员会编：《图们市志》（1644—1985），长春：吉林文史出版社，2006 年，第 11 页。

是月："中旬，孙述周率'血盟救国军'由新宾县进入柳河县境，在红石镇、兰山和柞木台子等地，给日伪军以沉重打击。"柳河县志编纂委员会编：《柳河县志》，长春：吉林文史出版社，1991 年，第 12 页。

民国二十一年（公元 1932 年）

一月

一月七日，中央社天津专电："吉林自卫军王德林部，六日占领和龙、汪清二县，刻延边四县，已全入该军掌握，日军大部均退集清津港，是役日军死亡达八百余人。"《延吉义军收复延边》，载《中央周报》，1932 年，总第 201 期，第 16 页。

一月十七日，孙述周"血盟救国军"抗日武装与伪军在大牛沟（柳河县境内）接仗。伪军于芏山管下吕衡所部公安大队，并调来正规部队一个营、炮中队、骑兵队等，合计 2000 余人，于是日晨八点，向被包围于大牛沟的救国军发起进攻。双方激战竟日，至晚十点，伪军退却。是役，伪军阵亡公安分队长 1 名，伪兵 4 人，中队长以下负伤 40 余人；"血盟救国军"牺牲 20 余人，伤 16 人。详见王集才整理：《"血盟救国军"的斗争始末》，载中国人民政治协商会议吉林省通化市委员会文史资料研究委员会：《通化文史资料》（第 2 辑），内部发行，1989 年，第 184 页。

一月十八日："'血盟救国军'领导人应伪军于芏山部所邀赴三源浦谈判中计，总司令孙述周及其随行 30 余人惨遭杀害。当晚，伪军将'血盟救国军'驻地包围，救国军全军覆没。"柳河县志编纂委员会编：《柳河县志》，长春：吉林文史出版社，1991 年，第 12 页。

一月十八日："（公安十九中队——笔者按）一分队长吴德胜、二分队长姚喜胜、三分队长张文生等报称，职等会率警兵五十名，奉令赴濛江剿匪。于本年一月十六日晚十钟时，行抵濛江西箄子地方，与匪首奎首帮十五六名接触，激战二小时之久，毙匪五名，获八四一一号及七零五二号废坏七九枪二支（内有无拴一支）、扎枪一支，余匪见势不支，遂即溃散。尾追不及，当即收点各队，均各无恙。"临江县为报公安十九中队与'匪首'奎首帮接仗情形给奉天省政府的呈文及奉天省政府的指令（一九三二年二月二十三日）"，赵焕林主编：《东北抗日义勇军档案史料》（第 1 册），北京：线装书局，2015 年，第 194 页。

一月二十一日，哈尔滨专电："吉林伊通县发现义勇军，二十日守备队乘铁甲汽车往攻，磐石、舒兰亦有义勇军出现，声言讨伐熙洽。"《各地义勇军纷起声讨熙洽》，载《申报》，总 21122 期，1932 年 1 月 25 日，第 3 版。

一月二十七日："丁超、李杜率讨逆军击溃熙洽部于深澂军。"许蟠云：《东北义勇军与收复失地运动》，载《政治评论》，1932 年第 6 期，第 22 页。

是月："陈有年率抗日军攻打大东沟，夺取商会部分武器。"丹东市地方志办公室编：《丹东市志》（1876—1985）（1），沈阳：辽宁科学技术出版社，1993 年，第 61 页。

是月，团山子战役："在团山子战役的头一天晚上，有伪警备旅李秀峰营的高护目德山，亲身偷到第四军司令部送报军情，说明早 X 伪军大军进攻，须好好预备。首先第四军有些怀疑，经他涕泣诉说，并举出许多证据，第四军长官方相信了，并劝他在警备旅中运动反正。他说：'我早有此心，也有不少的知心合意的朋友，有机会我们一定变过来和你们一同抗 X。'他说完去了。第二天晓，果然敌人来攻，高护目又派人送信给第四军，并催民众送给养前去。两军作战到晌午的时候，四军因敌人炮火太猛，准备退却。高护目见四军有移动的形势，立即瞒着官长，冒着炮火枪弹的危险，又到四军司令部来，叫四军再坚持五十分钟，就可获得全胜。他说矮鬼们的枪弹已经不多了，机枪子弹是由兵士身上解下来的，不到三刻钟必然退去；X 军一退，警备旅亦必随着退，那时奋勇追击，必得大胜。果然战到中午时敌方溃退，四军大获全胜。"泳吉：《义勇军》，上海：上海现实出版社，1937 年，第 76—77 页。

二月

二月十五日，吉林抗日救国军攻打敦化县城："救国军成立之后，即召集军事会议，计划攻打敦化县城。敦化县城是日军修筑吉会路的据点，如能攻占该城，既破坏了日军筑路计划，又截断朝鲜到吉林的交通，战略意义十分重大。1932 年 2 月 15 日，救国军发起进攻，经过激烈争夺，救国军很快占领敦化城。后来，为了减少损失又撤出。"刘贵田等：《中共满洲省委史研究》，沈阳：沈阳出版社，2001 年，第 304 页。

二月十九日电："十九日起，通化形势大形严重，此严重之形势现在正发展中，通吉铁路间已小战事，二十日晨通化日兵为便衣队袭击，日兵已将该队击退，现有日兵一大队由吉林开往该处。"《国内大事记（自民国廿一年二月十八日至廿四日）》，载《中华周报》，1932 年第 17 期，第 16 页。

二月二十日，哈尔滨专电："义勇军二千余，十八出现吉敦路蛟河，拆毁铁路，交通断，日方派横泽大队往击。"《救国军攻延吉》，载《申报》，总21149 期，1932 年 2 月 21 日，第 6 版。

二月二十日："二月十七日，早一时许，吉敦路两处暗桥，被匪焚毁，以致列车一时不通，该项事件，发生后，讵于二十日，突有王德林'匪军'袭击敦化县城，日军出发痛击，该匪仍气势汹汹，致日军多数死伤。右两事件经吉林日本宪兵队，当局派员赴吉敦线调查，始得真像（相），该匪军固非故意思逞，缘被反吉暴徒所勾结之所致也，至日宪兵调查员缜密探查蛟敦两地，涉有重大嫌疑者陆续被捕，日夜鞫讯，结果与南京政府相连络，名为救国团，又称密察团体，阴谋破坏满洲。"《吉林同志殉难纪实》（日方公布之原文），载《血染白山黑水记》，吉黑救国义勇军军事委员会驻北平办事处编印，1932 年，第 21 页。（按：引文中原有编者注释语句，为保持日方史料原貌，予以删除）

就此事件经过，日方记录："上月（即二月——笔者按）十五日该匪军突攻陷蛟河以及黄泥河子，十六日焚烧铁桥，匪军准备入敦化城，由南西两城门出入，在城上悬灯，保卫团、商团虚意与匪对抗，向天空放炮，两无损伤，各持铜证以识别，而于二十日不备之际，匪军攻进城，用干部名号，协议结果，当时日本屯驻军兵数增加，尚有野炮数门，以匪军入城不可能之事，一时中止，城内日军警备极严重，遂派连（联）络员，向沙河沿警告匪军，双方进路相远，讵意二十日匪军袭取敦化城。"《吉林同志殉难纪实》（日方公布之原文），载《血染白山黑水记》，吉黑救国义勇军军事委员会驻北平办事处编印，1932 年，第 24 页。

王德林部攻打敦化城之经过，中方报告为："二月十三日下动员令，内部组织非常周密，纪律严明，信号神速，袖标皆书'不怕死不扰民'六字，系红白二色，大意谓吾热血……通知敦化党员及响应之民众，手持铜元为证，组织交通队，破坏吉敦路，烧毁拉法与黄泥河两处桥梁，并将电线切断，阻止伪军来敦抵御。定于十七日攻击敦化县城，不料山道积雪六七尺，步行艰难，以致延至二十日晨始到达。日人已将焚毁之桥梁搭成浮桥通车，运来日兵五百人，机关枪八架，平射炮四尊。敦化曲团长，又将外镇驻兵全数调回，亦有五百余名之多。后经国民党员疏通，西南二面之各军，颇明大义，表示救国军到时，决不抵抗。二十日拂晓，救国军共九百人，分兵两路进攻，以三百名攻城南面，齐呼'同胞不要打同胞，省着枪子打日本人。'于是在南门军队百名，即将督催该军之日本人九名，用绳缚捆，连同日本人之机关枪一架，一同夺去，投入救国军。其余之救国军六百名，由城之西面潜入，分为二路，以三百人攻十字街，打死日人十八名，伤日人两名，以三百名向南门内兜击，日军用机关枪扫射，经救国军奋勇挺近，活捉日人十二名，并得机关枪一架。救国军死伤十名，经农民自动用爬犁，送往山里医治。嗣以敌人火力猛烈，将已得之半城，仍然退出，招收保卫团、公安队、商团共三百名。"《王德林刘万魁抗日救国之经过》，载《血染白山黑水记》，吉黑救国义勇军军事委员会驻北平办事处编印，1932 年，第 48—49 页。

陈彬龢所著《东北义勇军》对二月二十日吉林救国军王德林部进攻敦化县城之战事有详细载道：

"时日伪军在县城内，轻重机关枪四架、平射炮二架，余皆置于车站。救国军十九日晚，集中于距敦化城东四十里之沙河沿，为避免与曲团之兵冲突计，故绕山道而攻城之西面与西南面，因此两方面之队长，皆深明大义，经国民党员疏通妥协不抵抗也。至二十日拂晓五点钟，救国军共九百名，分两路进攻，以三百名攻城之南面，齐声高呼'同胞勿打同胞，省着弹子打日本人。'于是在南门之军队百名，即将督催该军之日本人九名，用绳缚捆，连同日本人之机关枪一架，一同夺去，投奔救国军。至其余之救国军六百名，由城之西面潜入，又分两队而进，以三百攻十字街，打死日本兵五名，打死东门内日本兵二名，打死南满公所门首日本兵十一名，伤两名。以三百向南门内兜击，日本兵开机关枪扫射，经救国军奋勇挺进，活捉十二名，并得机关枪一架。但救国军亦死八名，伤两名，由农民自动用爬犁送往山内调治矣。嗣以日本兵之机关枪扫射太烈，为保存实力，兼恐商民受害，故虽占城一半，仍然退去。此次战事，保卫团公安队商团等兵加入二百名，其他军队加入百名，计是役救国军又添三百名。"（民国）陈彬龢：《东北义勇军》（第 1 集），北京：生活书店，1932 年，第 160—161 页。

进攻敦化县城一战，其战果据王德林通电报告："敦化一战，击毙日兵十八名，伤二名，活捉二十名，夺机关枪二架，又复得反正兵士三百名。"《王德林通电》，载《血染白山黑水记》，吉黑救国义勇军军事委员会驻北平办事处编印，1932 年，第 86 页。

根据王德林部通电所称，吉林救国军进攻敦化县城一役，战果为："敦化一战，击毙日兵十八名，伤二名，活捉二十一名，夺机关枪二架，又复得反正兵士三百名。"（民国）陈彬龢：《东北义勇军》（第 1 集），北京：生活书店，1932 年，第 163 页。

二月二十日："6 时，攻城开始。吴义成部攻西门，李延禄部攻南门，戴凤龄部担任东郊警戒，北门由柴世荣督战部队担任截击，王德林指挥所设于城外 25 公里的大荒沟。攻城战斗一打响，补充团连附史忠恒率领战士搭上云梯，首先越过高墙，冲入城内。在伪警署开战后，纵火围攻。吴义成部从西门攻入十字街，接着冲入'南满公所'。柴世荣部截击从北门溃逃的日军。把守南门的伪军曲部官兵立即将督战的 9 名日军缴械，会同攻进城来的救国军，与日军展开巷战。激战 1 小时许，日军残部从西门溃退，救国军占领敦化城。此战，救国军阵亡士兵 30 余人，缴获机枪两挺及一部分步枪，击毙日军 18 人，伤 2 人，俘 11 人。9 时许，退至敦化西北山上的日军，开炮向城内轰击。此时，城内清点官银钱号 30 多万公款和一大笔募捐款的工作尚未结束。救国军戴凤龄独立营少数不法分子砸开北大街一家钱庄，抢走 4000 元现金，引起万茂森的反感和误解，加上日军不断加紧炮轰，万茂森深恐日军反攻进城后对自己施加报复，遂改变初衷拒绝交款。救国军鉴于时机紧迫，不宜久留，遂放弃取款，断然下令撤出敦化。"吉林省地方志编纂委员会编纂：《吉林省志·军事志》，长春：吉林人民出版社，1996 年，第 233 页。

二月二十二日："驻大荒沟的民国吉林省警察队第十八分队 37 人起义，携械抗日。"珲春市地方志编纂委员会编纂：《珲春市志》，长春：吉林人民出版社，2000 年，第 28 页。

二月二十四日："王德林部救国军攻克额穆县城。"《东北抗日联军大事记（1931.9—1945.11）》，载《东北抗日联军史料》编写组：《东北抗日联军史料》（上册），北京：中共党史资料出版社，1987年，第250页。

二月二十五日："窃查贼匪邓铁梅，于十八日向本处商务会送致胁迫信件，又向第一分局长以胁迫的手段，劝诱与贼匪合帮，复在县治内白旗左近地方肆行抢掠中。""凤城县自治指导委员会为邓铁梅'胁迫'商务会及第一分局长与其'合帮'事给奉天省政府的报告及奉天省政府的密令（一九三二年二月二十五日）"，赵焕林主编：《东北抗日义勇军档案史料》（第1册），北京：线装书局，2015年，第215页。

二月二十七日，伪清原县呈报："清原县警务第八区分局长白春芳于民国二十一年二月二十七日

勘验：管境福禄村自卫团被匪抢去枪械子弹，并绑去队长、团丁各情形。

生事日期：民国二十一年二月二十六日晚十二点钟时。

生事地点：第八区福禄村，距县八十五里，距区四十五里。

生事处所及状况：该处系第八区管界，福禄村自卫团设立张家堡子，此处系南北沟，顺沟有车道一条，自卫团居住道西，向南草正房三间，周围柴杖，由房东头向北开大门，该匪由大门闯入院内，由房门进入屋内，抢毕，由大门向西逃去，并将队长张鹏举、未遂团丁杨盛芳、刘珍等三人绑去，所勘是实。""清原县为报福禄村乡团团丁吕述贤等'勾匪'掠械请通缉事给臧式毅的呈文及臧式毅的指令（一九三二年三月二十七日）"，载赵焕林主编：《东北抗日义勇军档案史料》（第3册），北京：线装书局，2015年，第57页。

二月二十八日："原吉林省边防军第二十七旅第六七六团王德林宣布抗日，成立国民抗日救国军，先后攻打额穆索、蛟河、新站、老爷岭一带，并于是日攻克蛟河镇。"吉林市地方志编纂委员会：《吉林市志》（大事记），长春：吉林人民出版社，2002年，第137页。

二月二十八日："王德林部救国军攻克蛟河县城。"《东北抗日联军大事记（1931.9—1945.11）》，载《东北抗日联军史料》编写组：《东北抗日联军史料》（上册），北京：中共党史资料出版社，1987年，第251页。

蛟河之役："九一八事变后，日军北指，叛逆熙洽及其党羽，均主全体迎降，独冯激于义愤，深不为然，只以势力单弱，不能明示反对，故于日军开到

之日，冯即率部整装开赴五常界之山河屯，临行之际，并密将军械库所存枪械子弹，择优尽量运载，冯部原属卫队，人数充实，军械尤较他部精良，今又将库存械弹运走甚多，故虽名为一团，而实则与一旅相似。冯军开抵山河屯后，闻宫长海、姚秉乾已在舒兰组织救国军，乃亲往连络。宫、姚两司令慕其豪侠，因即开诚相见，甘愿听冯指导，是为冯、宫、姚三人结合之始。冯任卫队团长时，慷慨好义，交游甚广，至是，吉林各县之公安局长率警甲乡团来投者，接踵而至。复以劝导方法，收取民间枪械甚多，故其抗日实力日益雄厚。是时吉林伪政府已告成立，熙洽自任长官，郭恩林任军政厅长，遂相继编练所谓新吉军，刘宝麟任警备第一旅长，李文炳任第二旅长，马锡麟任第三旅长，军械悉由日本供给，每旅有日人监视部队一小队，每队人数约合我国一排之数。日本在吉林任指挥之天野旅团长，闻知宫、姚组织救国军，声势浩大，乃派平拼所指挥之联队赴舒兰往击，日军在蛟河下车时，冯氏即约同宫、姚两司令，取三面围攻形势，日军被困垓心，一筹莫展。是役夺获日军枪械三百枝，子弹八万粒，日军死伤甚众，狼狈逃归吉林，是为冯军实行抗日之始。"《冯占海抗日经过》，载《血染白山黑水记》，吉黑救国义勇军军事委员会驻北平办事处编印，1932 年，第 39—40 页。

是月："梁希夫于向阳镇池大地的'四铺炕'组织 300 余人的大刀会进行抗日，转战于柳河、新宾、抚顺一带。"柳河县志编纂委员会编：《柳河县志》，长春：吉林文史出版社，1991 年，第 13 页。

三月

三月三日："抗日救国军孔广义团部，以其大部兵力包围邱山日本领事馆警察分署，派一部兵力搜索反动的'朝鲜人民会'，另一部兵力阻击从龙井、头道方面增援的日军。在这次战斗中，打死日本外务省巡查部长井平濂沽、加藤一马等高级警官，烧毁警察分署和'朝鲜人民会'会址，杀伤了一批敌军警。"和龙县地方志编纂委员会编：《和龙县志》，长春：吉林文史出版社，1992 年，第 215 页。

三月五日："日军滨本联队进攻一面坡，天野旅团向宁安开拔，自卫军王德林部奋力迎战，卒以弹药缺乏，自动撤退。"《吉林自卫军发表抗日战记》，载"国史馆"印：《东北义勇军——第二次中日战争各重要战役史料汇编》，台北："国史馆"，1981 年，第 298 页。

三月六日、七日："王德林、刘万魁率部，分攻宁安及海林之日军。"《吉林自卫军发表抗日战记》，载"国史馆"印：《东北义勇军——第二次中日战争各重要战役史料汇编》，台北："国史馆"，1981年，第298页。

三月八日："海林日军溃退为我军斩获无算，日军退守宁安城。"《吉林自卫军发表抗日战记》，载"国史馆"印：《东北义勇军——第二次中日战争各重要战役史料汇编》，台北："国史馆"，1981年，第298页。

三月十二日："月初，义勇军抗日救国军总指挥王德林率军北上，进入宁安县，在棺材脸子村召开军事会议。会议决定在镜泊湖南头山区的'墙缝'地区伏击日军。'墙缝'地势险要，有条由敦化通往宁安的通商古道，也是日军入侵宁安的必经之地。王德林令所属李延禄、戴凤龄率1000余人设伏歼敌。

3月12日拂晓，日军先头部队进入伏击阵地。设伏部队在5里长的狭路枪炮齐发。日军仓促应战，并先后向救国军发起4次冲锋，但均被击退。战至下午2时，日军损失惨重，停止进攻。田野少将率残部退回瓦房店村，救国军也撤出战斗。这次战斗消灭日军300余人，缴获大批枪支弹药。"黑龙江省地方志编纂委员会：《黑龙江省志·军事志》，哈尔滨：黑龙江人民出版社，1994年，第149页。

三月十三日："3月初，救国军转移到宁安县镜泊湖山区。为阻止日伪军从敦化北上进犯，在敦化与宁安间的通商古道上，救国军利用额穆以东被称之为'墙缝'的天然狭路，设兵伏击日伪军。第一补充团埋伏在'墙缝'狭道的崇山峻岭中；戴凤龄独立营为掩护部队，部署在西山岭，以防日伪军从口子外包抄伏击部队的侧后，并堵截日伪军在口子内的败退回窜。

深怀抗日救国抱负的镜泊湖山区猎手陈文起，得知救国军设伏后，为帮助救国军歼灭日军，于3月12日夜到瓦房店探听动向时，不慎被日军抓获。当陈摸清日军急欲寻觅向导的意图后，假意答应为日军引路。13日拂晓，日军小川松本大尉率领所部，以伪满军曲宝珩团1个营为先头部队，向镜泊湖山区进犯。当陈文起将日伪军全部引入'墙缝'救国军补充团伏击区内时，连长史忠恒打响了伏击战的第一枪，隐蔽在巨石后面的救国军官兵一跃而起，向猝不及防的日伪军猛烈射击，手榴弹沿着两公里半长的狭路同时纷纷抛出，枪声、爆炸声、喊杀声震撼山谷。日伪军连续组织4次反冲锋均未奏效。激战两小时后，伪满军大部举手投降，日军小川率残部回窜时被击毙。'墙缝'伏击战，击毙小川大尉以下 120 人，缴获日伪军给养车 17 辆，辎重车 25 辆，救国军阵亡官兵 7 人，负伤 9 人。猎手陈文起被日军俘获后不幸牺牲。"吉林省地方志编纂委员会编纂：《吉林省志·军事志》，长春：吉林人民出版社，1996 年，第 234 页。

三月十二日，哈尔滨路透电："据闻丁超部队有复向一面坡进攻之意，大军已至距一面坡八里地点，中东路东攻之形势，复趋恶化。昨由一面坡至石头河子间之各站，均被丁超部队袭击云。"《东北士兵纷起反日反满州国》，载《红色中华》，1932 年第 4 期，第 2 版。

三月十八日："李延禄率救国军补充团在宁安县墙缝一带伏击日军上田支队，毙敌百余名，缴获大量军需品。19 日，又在镜泊湖西岸伏击日军，歼敌一部。"《东北抗日联军大事记（1931.9—1945.11）》，载《东北抗日联军史料》编写组：《东北抗日联军史料》（上册），北京：中共党史资料出版社，1987 年，第 251 页。

三月十九日："张海川联合赫甸城孙广厚部、宽凤边界蔡文耀部大刀队共 300 余人攻打宽甸县城。与县公安大队及驻县城省防军 2 个连发生战斗，夺取长短枪 31 支，子弹 2300 发。"丹东市地方志办公室编：《丹东市志》（1876—1985）（1），沈阳：辽宁科学技术出版社，1993 年，第 61 页。

三月二十日："3 月 19 日，日军铃木旅团一部佯攻'墙缝'，山谷支队集结于额穆以东地区，妄图乘救国军主力转向'墙缝'之际，绕道偷袭南湖头救国军后方基地。救国军察知日军企图后，急令姚振山团主力与王育华营布防于小夹吉河东山，并派董祥连佯作出击姿态，诱日军深入；另以高凤岐部埋伏于小沙滩西山松乙沟口和镜泊湖东岸一带待命出击。

3 月 20 日拂晓，日军山谷支队进至小夹吉河中段，救国军董祥连发起攻击，战不多时，董连佯作败走，且战且退，日军紧追不舍。当日军进至镜泊湖西岸时，救国军姚振山团伏兵四起，围击环射，日军官兵死伤众多。铃木旅团长急调黄茂支队增援。在大炮、飞机火力掩护下，日军残部逃出重围。是役，击毙日军山谷支队长以下百余人，缴获机枪 6 挺，步枪 140 支，马 70 匹，辎重车 5 辆，俘日军伤兵 13 人。救国军阵亡 15 人，伤 2 人。战后，为防日军反扑，救国军迅速转移。"吉林省地方志编纂委员会编纂：《古林省志·军事志》，长春：吉林人民出版社，1996 年，第 234—235 页。

三月二十二日，伪金川县公安第五十七大队长姜树魁呈报："于本月六日行抵大西岔地方，据人报称，现有股匪三胜、二虎等帮在该处李金斗窝棚等处盘踞等语。乃于是日晚间，督率所属中、分各队，向李金斗窝棚处推进。讵匪等早已他窜，屋内见有年约十余岁之女子一名，言称姓于，年十二岁，家住柳河县孤山子街，因于旧历八月十四日同其母前往刘家大包家串门，刘大包系女母之义父，距孤山子南二十余里。不料行至路间，忽遇匪首三胜，就将女绑去勒赎，以后随匪人走了两三个月，带往各处，于本日午后将女领至此处等语。正在盘诘间，时已天明，由该处西北岗突来匪人五十余名，当时据报称，系匪首二虎帮，当即开枪射击，匪众登山，据险抵抗，我方各队奋勇兜剿，与匪酣战约二小时之久。匪众见势不支，越山逃窜。此时正值霜雾迷漫，并因二分队队兵张绪诰右腿膝盖下部匪击伤，弹尚未出，当即派人舁往凉水河子医治。旋复督队追剿至龙岗南哈泥河、煽子面、报马桥以及西龙岗等地方，探闻该匪等已窜往新宾县地方，未便穷追，于本月二十一日始行回防。此次与匪接仗，计二分队打耗七九子弹一百四十七粒、三十年式子弹五十六粒，三分队打耗七九子弹一百一十七粒、三十年式子弹五十一粒，炮分队打耗七九子弹一百零九粒、三十年式子弹六十二粒，本部打耗七九子弹七十二粒，中队部打耗七九子弹五十七粒，共计打耗两色子弹六百七十一粒。""金川县为报县警在大西岔地方与'匪首'三胜、二虎等帮接仗情形给奉天省政府的呈文（一九三二年三月二十五日）"，赵焕林主编：《东北抗日义勇军档案史料》（第2册），北京：线装书局，2015年，第392—393页。

三月二十八日："日军讨伐岐丰砚、三洞、昌新等地，中共党员吴德洙、金承国、郑昌焕、崔承德等人被捕。"吉林省图们市地方志编纂委员会编：《图们市志》（1644—1985），长春：吉林文史出版社，2006年，第12页。

三月二十八日："孔宪荣、吴义成指挥救国军一部轻取宁安县城，城内日军逃跑，伪军郭团1500余人反正，参加救国军。"《东北抗日联军大事记（1931.9—1945.11）》，载《东北抗日联军史料》编写组：《东北抗日联军史料》（上册），北京：中共党史资料出版社，1987年，第251页。

三月二十九日，长春电："吉林东面拉法与蛟河之间，昨早三时被吉自卫军袭击，吉敦路之铁桥及电柱被破坏。"《吉敦呼海两路大战》，载《中央周报》，1932年，总第205期，第3页。

三月二十日："县长（密山县——笔者按）商振邦召集会议，下令悬挂伪满洲国国旗。当日晚原县保卫团总队长单春霖，队长张宝和反对挂伪满国旗，占领县政府，拘押了县长商振邦，收缴了县政府的武器。"密山县志编纂委员会：《密山县志》，北京：中国标准出版社，1993 年，第 741 页。

三月下旬，辽宁民众自卫军第二十一路军关向阳所部攻打南山城子（即今辽宁省清原县东北南山城镇）。战事过程大略如下：

"南山城子是柳河通往清原的必经之路，这里驻有伪靖安军约一个营，加上警察、民团等反动武装共达千余人。某日半夜时分，关向阳指挥部队开始攻城，台枪、土炮、快枪顿时打得城内硝烟四起。交战四个多小时，天已大亮，关向阳率部撤离城边。后来采取白天围困、夜间偷袭的作战方针，战斗历时七天，守敌弃城而逃。"王集才：《龙岗北麓崛起的两支抗日劲旅》，载中国人民政治协商会议吉林省通化市委员会文史资料研究委员会：《通化文史资料》（第2 辑），内部发行，1989 年，第 151 页。

是月："凤城县沙里寨乡赵家炉的民众用排枪打落 1 架日本飞机，坠落大洋河中。邓铁梅部把坠机运到沙里寨河滩，组织群众参观，激发了抗日军民的斗志。"丹东市地方志办公室编：《丹东市志》（1），沈阳：辽宁科学技术出版社，1993 年，第 62 页。

是月："中共党员蔺秀义，于五道沟的大青沟组建抗日武装——柳河游击连，蔺秀义任连长，金山任政治指导员，在龙岗山区同日伪军警进行搏斗。"柳河县志编纂委员会编：《柳河县志》，长春：吉林文史出版社，1991 年，第 13 页。

是月："抗日救国军王德林部为阻止日本守备队从马鞍岭往上营铺设铁道，派第三支队化装成筑路工人，智袭日本守备队，拔掉牛头山炮楼，缴获机枪 3 挺，八二迫击炮 1 门，子弹 30 多箱，步枪 50 多支，以及全部筑路资材和粮食等物资。"吉林市地方志编纂委员会：《吉林市志》（大事记），长春：吉林人民出版社，2002 年，第 137 页。

四月

四月二日，中央社哈尔滨路透电："昨日下午二时，丁超军队三千人，突将石头河子车站及居留地占领，满洲军队迎敌大败，死伤甚众。今晨日军及满洲援军抵石头河子，丁军略事抵抗，即向横道河子退却，石头河子现大火。"《一周大事汇述（四月一日至四月七日）》，载《中央周报》，1932 年，总第 201 期，第 16 页。位于今黑龙江省尚志市亚布力镇石头河子乡（长白山山脉张广

才岭西麓）

四月四日，中央社哈尔滨路透电："抵哈之难民谈：丁超部队于本月二日，在绥芬河附近将中东路轨拆毁，致有日铁甲车一列出轨，当即炸毁，损失之程度尚不明了。其后日方派修理队前往修理，但以中国军队炮火猛烈，重复退还，现与俄属绥芬火车，已经不能通行。"《一周大事汇述（四月一日至四月七日）》，载《中央周报》，1932 年，总第 201 期，第 16 页。

四月二日，《时事新报》北平电："外息，延吉华鲜联合军，得绥芬河方面军火接济，围会宁，会宁日军单薄，将退清河，图们鸭绿两江流域鲜民，纷揭竿响应，鲜大革命之机已动，宇垣一日布全鲜戒严令，日军布防图鸭两江，力堵鲜独立党与东省义勇军呼应，日舰四艘，一日开土字碑中俄鲜交界处，阻联络。"《一周大事汇述（四月一日至四月七日）》，载《中央周报》，1932 年，总第 201 期，第 16 页。

四月四日，伪清原县公安队长宫士林等呈报："窃于二十三日，职督队随同杨营长率部出发，前至第六区夏家堡子，与常中队长、五区自卫团常总队附、六区刘总队附会面集议，原由三队长前在高家窝棚西小腰岭子与匪接仗之后，该匪即从上顶子北沟窜往邱家窝棚及红土庙子北王家堡子等处。职将自卫团刘、常总队附分令各由夏家堡子前进红土庙子，择要卡堵，职即带同常中队长，随同二营杨营长督率所部遂由双岭子前进蔺家堡子、王家堡子各处，分头堵击。东西方面，因有张旅（海鹏）骑兵约计二团，及韩大队长防剿，北面有曹团长追击，四面兜剿，匪势不支，当被张旅、曹团两部就近缴械，收匪五六百名（曹团约缴二百余名）。职队与二营杨营长争先与匪接仗，当场格毙匪人二名，生捉三名（均各受伤），搜获贼马八匹。其余溃匪一千余名，见势不支，窜往八棵树西南沟荒地一带。现有张旅、曹团围剿收编，谅可无形消灭。""清原县为会剿'股匪'赵亚洲等帮情形给奉天省政府的呈文及臧式毅的指令（一九三二年四月四日）"，载赵焕林主编：《东北抗日义勇军档案史料》（第 3 册），北京：线装书局，2015 年，第 157—158 页。

四月五日，伪满军李寿山函报："今日五时，职督率属部由凤界龙王庙出发，途经刘家堡子、曹家堡子，比至东土城子，适值邓铁梅党翼由此经过。职军蜂拥而上，该队以寡众不敌，并未抵抗，故未折冲，即被全队缴械，计大枪十六支、匪枪二支、八音枪二支、七星枪一支，子弹数百粒。验收后，即派妥员监押随队。复行前进，入西土城子，日已就暮，遂宿营于此。讯明，该犯人等共二十七名，并马一匹由中尉分队长刘忠泉、少尉张凤歧率领，游行侦探各处。""李寿山为报率队在东土城子将邓铁梅党羽二十七名缴械现均羁押军中事给臧式毅的函及臧式毅的指令（一九三二年四月五日）"，载赵焕林主编：《东北抗日义勇军档案史料》（第 3 册），北京：线装书局，2015 年，第 176—177 页。

四月五日："日本驻朝鲜罗南占领军第十九师团组成的'间岛派遣队'侵入珲春县城。"珲春市地方志编纂委员会：《珲春市志》，长春：吉林人民出版社，2000 年，第 28 页。

四月七日，中央社天津专电："吉林自卫军王德林部六日占领和龙、汪清二县，刻延边四县，已全入该军掌握，日军大部均退至清津港，是役日军死亡达八百余人。"《一周大事汇述（四月一日至四月七日）》，载《中央周报》，1932 年，总第 201 期，第 16 页。

四月七日："日机轰炸依兰，民房多被毁，旋为高射炮击退，王德林部占延吉、珲春、汪清、和龙四县。"《吉林自卫军发表抗日战记》，载"国史馆"印：《东北义勇军——第二次中日战争各重要战役史料汇编》，台北："国史馆"，1981 年，第 299 页。

四月八日，通化大捷，东北民众抗日自卫军孙秀岩率第十六路军收复通化县城。日伪方面派酒井绍二中队长，率二百余名警察前往镇压。孙秀岩等率部将日伪警察包围在横道河子，经激战，击败日伪军。此战是东北民众抗日自卫军正式成立后首次与日军大规模作战。详见郭景珊：《回忆辽宁民众抗日自卫军》，载中国人民政治协商会议吉林省委员会文史资料研究委员会编：《吉林文史资料》（第 5 辑），内部发行，1985 年，第 73—75 页。

四月八日："关率一部红字刀会二百余人潜入猴石镇，与东丰县横山指挥官（日人）及两名翻译相遇，当即将其砍死。驻该镇的 80 名伪公安队及在街内打尖的 60 名骑兵队闻讯向关向阳扑来，经过三个多小时的激战，红字刀会将他们全部击溃。此役缴枪 30 余支，毙伤伪公安队 20 余人。"王集才：《龙岗北麓崛起的两支抗日劲旅》，载中国人民政治协商会议吉林省通化市委员会文史资料研究委员会：《通化文史资料》（第 2 辑），内部发行，1989 年，第 152 页。

四月九日，伪军官李寿山报称："六日晨五时，由西土城子出发，抵陈家屯宿营，一路并无匪迹。探得匪窜已远，一时暂难追及，七日休兵一日。八日早五时，由陈家屯复行搜索前进，途经毛家堡子、朱家营子，探报前方山中有匪首王金山率匪约三百名盘踞，遂整队前进。比入小孤家子南方圈龙山，已午后一时三十分，与匪贼接触，嗣以猛烈射击，相持约二小时之久，毙匪九十余名，匪势力不支，溃队窜逃。跟踪追及，当场俘获匪人百六十余名，并击下抬杆枪九支、母猪炮一支、杂牌枪八十三支、子弹四百余粒、刺刀四把、指挥刀一把，其余匪翼以山深林密，故未追及，敝旅士卒并无死伤。""李寿山等为报在凤城小孤家子附近与'股匪'王金山部激战及邓铁梅帮在寇半沟宿营事给王参议等的函（一九三二年四月九日）"，载赵焕林主编：《东北抗日义勇军档案史料》（第 3 册），北京：线装书局，2015 年，第 232—233 页。

四月十日："吉林救国军前敌司令吴义成率领救国军一部，攻克额穆县城，伪县长张树珊携印逃至蛟河。"吉林市地方志编纂委员会：《吉林市志》（大事记），长春：吉林人民出版社，2002 年，第 138 页。

四月十三日："晚，自卫军陈东山团协救国军刘万魁部，袭方正成功，熙洽及日军长谷部退高力帽子，日机四架被焚。"《东北义军之进展》，载《平明杂志》，1932 年第 1 卷第 1 期，第 10 页。

四月二十三日："晚六时，驻通化县城炮中队第三分队长张琦率全分队及警察教练所 30 名长警士兵，骑兵分队赵永清率全部士兵同时反正。"李长奉、孙纪祥：《孙秀岩、姜中天与通化县地方武装哗变起义》，载中国人民政治协商会议吉林省通化市委员会文史资料研究委员会：《通化文史资料》（第 2 辑），内部发行，1989 年，第 122 页。

四月二十三日，丁超、李杜致国联调查团书内简述吉林自卫军与义军协力抗日概况如下：

"超等撤退后，日方复于二月十八、十九等日，由长春派出日机六架，轰炸宾县。自卫军总部因移方正，时日军迫同熙洽军，四出攻击自卫军，民众愤激，义军王德林部首先加入我军，二十日与日军在延吉、敦化激战，超等率部收复东铁哈绥线。二十二日克乌密河，进展至一面坡。二十四日占苇沙河，二十六日杜复率部向哈推进，时日方正酝酿伪组织，恐为击破，又派天野旅团，开向一面坡一带，超等不得不前进痛剿。三月一日，王德林部袭宁安、海林，击败日军。三月二十一日超等率部击破熙洽日军，围攻下城子，时各地义军来投，声势大振。乃日军欲消灭我国实力，掩中外耳目，又由宾县、珠河两路猛进，我军复作正当防卫，自三月二十六日至四月三日止，以全力抵抗，将日军击退。日复以飞机二十架，掩护作战，并在方正、依兰各县各村镇轰炸，投掷重二百五十磅之炸弹多枚，炸毙多人，损失极重。本军总部因由方正移依兰，四月五、六、七等日，日机又飞依兰轰炸，我方损失尤重。"《丁超、李杜致国联调查团书》（民国二十一年四月二十三日），载"国史馆"印：《东北义勇军——第二次中日战争各重要战役史料汇编》，台北："国史馆"，1981 年，第 108—109 页。

四月二十四日："早五时，驻通化县城炮兵中队第一、二两分队士兵，乘中队长李松林外出查勤之际，将第一分队长张义录击毙，第二分队长田鹏贵潜逃。一、二分队全副武装由西门、南门闯出县城，投奔了辽宁民众抗日自卫军。"李长奉、孙纪祥：《孙秀岩、姜中天与通化县地方武装哗变起义》，载中国人民政治协商会议吉林省通化市委员会文史资料研究委员会：《通化文史资料》（第 2 辑），内部发行，1989 年，第 122 页。

四月二十五日："哈日军东下，谋攻依兰，自卫军扼险防堵。"《吉林自卫军发表抗日战记》，载"国史馆"印：《东北义勇军——第二次中日战争各重要战役史料汇编》，台北："国史馆"，1981 年，第 299 页。

四月二十六日："日军村吉旅团攻石头河子，被自卫军包围，斩获甚众。"《吉林自卫军发表抗日战记》，载"国史馆"印：《东北义勇军——第二次中日战争各重要战役史料汇编》，台北："国史馆"，1981 年，第 299 页。

四月二十六日："（辽宁民众自卫军第 16 路军孙秀岩部——笔者按）进占通化县城。"通化县地方志编纂委员会编：《通化县志》，长春：吉林人民出版社，1996 年，第 901 页。

四月二十七日，新联社安东电："安东县通化方面形势极为吃紧，该地之领事分馆已与外方断绝通信连（联）络，安全堪虑。沈阳已派警官队若干名驰往，安东警官若干名昨夜已赴沈阳。又长白、临江方面之军队及公安队似亦发生暴动，目下鸭绿江上游一带，已陷于极度不安之状态。"《一周间国内外大事述评》，载《国闻周报》，1932 年第 9 卷第 17 期，第 6—7 页。

四月二十七日，电通社沈阳电："通化方面情势愈吃紧，通化领事分馆副领事兴津等十三名警官队，决死守该分馆。当地日总领署，刻正在讲求救护日侨四十名之对策。"《一周间国内外大事述评》，载《国闻周报》，1932 年第 9 卷第 17 期，第 7 页。

四月二十七日："日军三混成旅开向吉林东部。"《吉林自卫军发表抗日战记》，载"国史馆"印：《东北义勇军——第二次中日战争各重要战役史料汇编》，"国史馆"，1981 年，第 299 页。

四月二十七日："抗日救国军前方总指挥吴义成，率部在额穆城南和日军展开激战，战斗进行一整天，歼灭日军多人，击毙其指挥官一名，日军溃退。救国军乘胜攻打额穆县城。100 余名伪军巡游队被缴械，其余日伪军逃散，伪县长张树珊随日军逃走。"蛟河县志编纂委员会编：《蛟河县志》，长春：长春出版社，1991 年，第 236 页。

四月二十九日，路透社长春电："此间日军事当局今日侵晨接报，谓有游击队千人进逼通化，于是即由吉林派兵一队，前往迎击，后相值于途，乃相激战，日兵死伤各五人，现因交通阻断，其他详报未能探悉。日侨一百四十人现避居通化日领事署，今日发见吉通路线有桥二座为匪焚毁，一须修理一星期，一现由日兵严守。"《吉通交通阻断》，载《申报》，第 21218 期，1932 年 4 月 30 日，第 9 版。

四月，通沟截击战。是月下旬，"王凤阁部方春生团到达通沟街南门时，正同十余名逃跑的日本鬼子相遇。这些鬼子，后有王凤阁追杀，前有方春生部堵截，慌忙逃进一座高墙大院，闭门死守。方春生命小赵老师带两个队员破门。三人刚接近大门，便中弹身亡。方春生双眼冒火，高喊一声：'跟我上！'亲带 4 名队员冲到大门前，用手枪掩护队员用大斧砸开大门，冲进了大院，将敌人全部击毙，缴获枪十余支，子弹一千多发。"金林：《民众抗日将领方春生》，载中国人民政治协商会议吉林省通化市委员会文史资料研究委员会：《通化文史资料》（第 2 辑），内部发行，1989 年，第 84 页。

是月："蔺秀义率部埋伏在荆家店路旁的山中，截击日本军用汽车 3 辆（击毁 2 辆），缴获了全部军用物资。"柳河县志编纂委员会编：《柳河县志》，长春：吉林文史出版社，1991 年，第 13 页。

是月："（汪清——笔者按）县游击队在樟洞一带伏击石岘自卫团，打死一些敌人，缴获三支步枪。这些 从敌人手中夺来的武器，便成为游击队抗日武装的基础装备。"文虎甲：《汪清县游击队的建立发展及其反日斗争》，载《延边历史研究》（第 3 辑），延吉：延边历史研究所，1988 年，第 203 页。

是月："月末，张承焕（和龙县游击大队长——笔者按）又带领 30 名游击队员，同赤卫队配合，夜袭八家子伪警察署，缴获大量药品和布匹。"和龙县地方志编纂委员会编：《和龙县志》，长春：吉林文史出版社，1992 年，第 214 页。

四月底至五月初："中东路东段之情势，益趋恶劣，哈尔滨与横道河子（现位于黑龙江省海林市横道河子镇境——笔者按）间之铁桥两架，完全被毁，致交通又告断绝，闻此系反满洲国军所为，路局派修理车二辆，由一面坡及横道河子前往肇事地点，从事修理，但行之中途，突被袭击，致复驶回，被毁铁桥，目前势难加以修理。"《本周国内大事记（自四月二十七日至五月四日）》，载《中华周报》，1932 年第 27 期，第 15 页。

五月

五月一日，日联社沈阳电："日警官队二百六十人，赶赴通化救济该地日侨，本日正午在通化西方二十五里地点，被义勇军伏击，两军激战中。"《通化城西两军激战》，载《申报》，总第 21220 期，1932 年 5 月 3 日，第 7 版。

五月一日："4 月底，日本侵略者在占领了海龙、辉南、金川、柳河后，准备占领通化。辽宁民众自卫军第十六路军孙秀岩部前往阻击。5 月 1 日上午，孙秀岩率部埋伏在通化城北 10 余公里的过道河子（今二密河口），把敌人圈进了包围圈。经过一天激战，日伪军被死死地困在过道河子东山上，被迫派人持白旗下山，向自卫军道歉求和。最后双方达成协议：日军不进通化县城，退至柳河柞木台子，并将武器弹药全部交给自卫军；自卫军将日本领事馆人员和日侨送出城外。这次战斗击毙日军中队长皆岛以下 37 人，自卫军战士牺牲 18 人。"中共通化市委党史研究室编著：《通化革命遗址遗迹》，长春：吉林人民出版社，2012 年，第 183 页。过道河子，位于今吉林省通化县二密镇恒德村过河道子屯境内。

五月二日："4 月下旬，自卫军第十六路司令孙秀岩率部直逼通化城下。伪满通化县长裴焕星迫于大兵压境的形势，于 28 日迎孙秀岩部进驻通化城。日伪当局闻讯，急忙抽调日伪警察 260 余人，配备轻重机枪及步兵炮等火器，由关东厅警察官练习所主事酒井硕二为大队长，以救出领事和侨民为借口，向通化进击。孙秀岩率部在城西北 10 余公里的二密河口进行阻击。5 月 2 日 10 时左右，酒井大队被阻于二密河口，不能前进。激战一日，酒井大队龟缩在一座山头上顽守，自卫军将其重重包围。3 日，酒井组织数次突围均被击退。酒井部辎重车辆尽已丢弃,山上又无水源,绝水断粮,不得不向孙秀岩部求和。孙秀岩鉴于挫败日军夺取通化的目的已达,再战形势不利,遂同意停战谈判。最后达成协议:酒井部退至柳河柞木台子,自卫军将日本驻通化领事馆人员及侨民 54 人全部释放,领事馆武器全部留给自卫军。保卫通化战斗,击毙酒井大队 60 余人,自卫军伤亡 50 余人。"吉林省地方志编纂委员会编纂:《吉林省志·军事志》,长春:吉林人民出版社,1996 年,第 236 页。

五月一日:吉林抗日救国军开始由王德林指挥,进攻敦化,并破坏一面坡间的铁轨。曾子友:《九一八案与中国民族的争斗精神》,载《青年旬刊》,1932 年第 1 卷第 8—9 期合刊,第 7 页。

五月一日:"日本侵略军渡少佐部队袭击牡丹江,在放牛沟遭到抗日军队的抵抗。日本军金子大尉先头部队抢占在牡丹江站前公记号商店大院。2 日,王德林率部突袭。5 日凌晨,聚集的各路抗日军队,分别从铁岭河向西展开反攻,在火车站周围激战。击毙增援的日本军中村贞太郎少佐、井杉曹长等 300 多人。抗日军民伤亡也很严重,仅车站水塔附近就有 18 名中国勇士壮烈牺牲。7 日,我抗日军队继续顽强抵抗,但终因敌强我弱,日本军占领牡丹江站。"牡丹江市志编审委员会编:《牡丹江市志》(上卷),哈尔滨:黑龙江人民出版社,1993 年,第 18—19 页。

五月三日,伪军李寿山呈报:"于昨(二日)午前六时,由周家堡子出发,九时余行抵王家堡子南方,遥望邓铁梅匪队约四百名,即饬分路追击,当场擒匪十五名,毙匪三十一名,获匪马六匹,杂色枪六支。该队溃散,窜逃崇山峻岭,未能追及。""李寿山为报在王家堡子等处兜剿邓铁梅部情形给臧式毅的禀文(一九三二年五月三日)",载赵焕林主编:《东北抗日义勇军档案史料》(第 3 册),北京:线装书局,2015 年,第 308 页。

五月三日,电通社奉天电:"据由沈海线山城镇之警察队所发致沈阳警察署电报,谓日本警察队在方清台子与大刀会激战,日本警察死伤十五名,旋警察队占领东方高山,将数千之大刀会包围。"《日警察队救出通化日侨》,载《申报》,总第 21221 期,1932 年 5 月 4 日,第 7 版。山城镇,今位于吉林省梅河口市山城镇。

五月三日,哈尔滨专电:"大刀队义军三千攻通化,二日在城北二十里,与日警察千余名激战,日机三往助。"《通化驻军五百反正》,载《申报》,总第

21223 期，1932 年 5 月 6 日，第 5 版。

五月三日："马占山部，与哈绥线自卫军联络，攻克宾县。"许蟠云：《东北义勇军与收复失地运动》，载《政治评论》，1932 年第 6 期，第 23 页。

五月三日："日军由哈尔滨派江防军舰五艘进攻依兰，行至新甸，被自卫军击沉三艘，死士兵五六百人，重炮数门、枪百余枝，为自卫军夺获。"许蟠云：《东北义勇军与收复失地运动》，载《政治评论》，1932 年第 6 期，第 23 页。

五月四日，路透电："据长春消息，义军一大队攻击距长春东三十二哩吉林路线之夏九台（译音），杀死路警两名。"《呼海路铁桥炸毁数处》，载《申报》，总第 21222 期，1932 年 5 月 5 日，第 6 版。

五月四日："冯占海自卫军大刀队三千人，收复阿城，驻该地陈德才旅千七百名，兹复反正。"《一周间国内外大事述评——东北义军进展》，载《国闻周报》，1932 年第 9 卷第 19 期，第 6 页。

五月四日："日军沿牡丹江直下，进攻依兰，自卫军抗战极烈，旋于深澂等逆军亦加入协攻，炮火不断，损失过重，不得已放弃依兰。"《吉林自卫军发表抗日战记》，载"国史馆"印：《东北义勇军——第二次中日战争各重要战役史料汇编》，台北："国史馆"，1981 年，第 300 页。

五月五日："王德林军更分二队攻敦化，五日将城包围，城内驻军五百反正策应，业与日军关东军派援部接触。王军龙殿奎一部占小城子，一部占额穆，正会师前进，吉敦路蛟河处被破坏后，列车迄今不通。"《东北义勇军积极反攻》，载《平明杂志》，1932 年第 1 卷第 2 期，第 16 页。

五月八日："王凤阁率部攻入柳河县城，旧军政要员弃城而逃。当日 23 时，王凤阁将军于县电报局向全国发出抗日通电。"柳河县志编纂委员会编：《柳河县志》，长春：吉林文史出版社，1991 年，第 13 页。

五月八日："辽宁民众自卫军第十九路军王凤阁部攻占柳河县城，捣毁日本领事分馆。"辽宁省地方志编纂委员会办公室主编：《辽宁省志·大事记》，沈阳：辽海出版社，2006 年，第 171 页。

五月八日："第三军区第六路司令李春润部，将柳河县完全占领。由通化逃出之日侨及椽木台子警官队，因归路被截断，无法移动；同时山城镇小陷于危境。日军会同于芷山逆部来袭，被我军击退。"《辽宁义勇军最近战绩》（1932 年 4—7 月），载中央档案馆、中国第二历史档案馆、吉林省社会科学院合编:《日本帝国主义侵华档案资料选编:东北"大讨伐"》,北京:中华书局,1991年,第75页。

五月九日,北平专电:"唐聚五等组织辽宁民众义勇军,四月二十一日在桓仁誓师起义,同时桓仁、通化、临江、长白、抚松、安图、金川、辉南、柳河、新宾、岫岩、庄河、凤城等十四县,均挂青白旗,并派员来平通电全国,收复失地。"《唐聚五等誓师起义》,载《申报》,总第21227期,1932年5月10日,第5版。

五月九日,伪满委员陈玉铭报称:"宽甸原有军队两连,归桓仁唐团一营马营长节制,当宽甸不稳时即调回桓仁。该县公安局长时远岫已远走,现维持治安者,端赖该县公安李大队长及徐文海留下队兵二百名,连同公安队警察,共有八百人数,县城尚可维持。而最可虑者,四郊有李子荣大股千余,已至毛尔甸,据称假道宽甸赴桓仁集中,又有蔡为岳匪不下五六百。查其目的,似与桓仁连络,希图大举。如无具体计划,宽甸可保一时,持久恐不易也。如宽甸不保,凤城必受波及(宽凤距离一百八十华里)。且以地理观之,斯县均山岭峻峭,亘绵伏起,转瞬树叶封山,更为可虑。""委员陈玉铭给臧式毅的报告(一九三二年五月九日)",载赵焕林主编:《东北抗日义勇军档案史料》(第3册),北京:线装书局,2015年,第326—327页。

五月十日,伪东边保安司令于芷山函称:"奉久仁兄赐鉴,启为弟于五月□日进驻新宾县街,该处叛乱兵匪均向桓仁、通化方向溃退,地方警队自拔来归者甚多,适据报告,柳河县刀匪猖獗,当令靖安游击队与王殿忠两部,并本部卫队刘营(附骑兵两连)约两千人,分三路进剿,订于今(十日)夹攻柳河之贼,想此跳梁不难歼灭。""东边保安司令于芷山为报率队在新宾附近山里搜索'刀匪'事给臧式毅的函(一九三二年五月十日)",载赵焕林主编:《东北抗日义勇军档案史料》(第3册),北京:线装书局,2015年,第329页。

五月十日:"拂晓,方春生率400多人攻入样子哨,拉锯二三次,相持四五个小时,战斗十分激烈。战后,方部主动撤至鹿尾林休整。"辉南县志编委会办公室编:《辉南县志》,深圳:海天出版社,1989年,第135页。

五月十一日,北平专电:"四月二十八日,日武装警二百六十名,由山城子犯通化,与十六路义军孙秀岩部在城西开战。同时,总司令唐聚五自桓仁、十一路司令王桐轩自平顶山派队应援,三面围击,经十五小时,毙日兵百二十余，缴步枪百二十八枝、子弹二万余粒、轻机枪三挺，我仅伤亡三十余。"《东北抗日军情》，载《申报》，总第21229期，1932年5月12日，第6版。

五月十一日："大刀会袭击三道沟，杀死伪公安局第三分局巡警。日军当日火烧三道沟。"和龙县地方志编纂委员会编：《和龙县志》，长春：吉林文史出版社，1992年，第617页。

五月十二日，伪满军旅长王殿忠呈报："职率队于本月十日下午五时抵山城镇，是日宿营该地。十一日早六时，由山城镇出发，搜索前进，经过头八旦东太平沟老爷岭下水道子，以兵力疲乏，而宿营该村。十二日早五，由下水道子出发，搜索推进，经过香炉碗子，早八时至哈达岭，与五百余名之大刀匪接触，激战约二时，我军负伤二名，当场毙匪七十余名，毙匪马二十余名，并生擒二名。匪势不支，向柳河逃窜。忠督队追击，又经过砬门子、碱水河子，于十二时半克复柳河。现人民安居乐业，警察恢复设立。在柳河又生擒刀匪一名，于柳河大街正法，其余约千余名之大刀匪，由匪首王凤阁率领，出柳河南门，向上孤山子、歪石拉子一带逃窜而去。""王殿忠为报率队在山城镇哈达岭与'大刀匪'激战及'匪首'王凤阁活动情形给臧式毅的呈文（一九三二年五月十二日）"，载赵焕林主编：《东北抗日义勇军档案史料》（第3册），北京：线装书局，2015年，第340页。

五月十四日，伪辉南县县长高振武呈称："日前屡接金川魏县长告急电话，谓由通化窜来刀匪数百名，已占据柳河孤山子等处，与该县接近，请为应援等情。当由县长派去公安队一百名前往救护，并派员不时哨探。近接山城镇电话，谓刀匪已由我队击散，死伤颇重。金川亦电称，距边境稍近处有刀匪三五十人，不难扑灭。""辉南县县长高振武为派警助剿金川等处'刀匪'情形给臧式毅的函（一九三二年五月十四日）"，载赵焕林主编：《东北抗日义勇军档案史料》（第3册），北京：线装书局，2015年，第353页。

五月十五日，伪奉天省政府调查员陈玉铭与伪辑安县苏县长电话谈话："据称本月九日，住外乡荒沟三十七、八两中队突然哗变，李大队长由县前往剿抚之际，城内百余名公安队亦突然哗变，将监狱破开，又缴县署卫队之枪，遂一拥拉出城外。次日经各法团说合，始行归城。结果每名队兵增饷五元，暂时尚可敷衍现状，持久恐亦不易。四乡有招兵者，有称义勇军者，惟数不可胜计，至三十七、八两队，已流为胡匪，亦称义勇军矣。""委员陈玉铭为探得宽甸、辑安等地义勇军李子荣、红洲、海楼、黄宇宙等活动情形给奉天省公署的呈文（一九三二年五月十七日）"，载赵焕林主编：《东北抗日义勇军档案史料》（第 3 册），北京：线装书局，2015 年，第 366—367 页。

五月十六日："自卫军与日激战于依兰珠河间。"《吉林自卫军发表抗日战记》，载"国史馆"印：《东北义勇军——第二次中日战争各重要战役史料汇编》，台北："国史馆"，1981 年，第 300 页。

五月二十日："刘万奎率领抗日自卫军发动反击，一度收回牡丹江站，直逼海林、一面坡。日本侵略军调来大批增援部队对抗日自卫军发起强攻。21 日晨，日本军再次攻占牡丹江站。并占领了铁岭河。从此，牡丹江沦为殖民地。"牡丹江市志编审委员会编：《牡丹江市志》（上卷），哈尔滨：黑龙江人民出版社，1993 年，第 19 页。

五月二十一日，伪金川县县长魏运衡电称："奉天省长钧鉴，篠电，计达县属哈拉子公安队防所，于马晨被九标、胜军帮焚烧，转向小金川县城防所前进。如再无兵进剿，小金川、李大房等处防所九处，均在焚烧之列。倘任其猖獗，即样子哨镇亦恐不保。本县现驻兵数单薄，防守尚虞不足，应请钧属迅速派队，径向金川一带严剿为祷，金川县长魏运衡叩马。""金川县县长魏运衡致臧式毅的电文（一九三二年五月二十一日）"，载赵焕林主编：《东北抗日义勇军档案史料》（第 3 册），北京：线装书局，2015 年，第 381 页。

五月二十五日："凤城县伪警察骑兵队共 47 人，夜宿卡巴岭三义庙中。邓铁梅派李庆胜率部 49 人和 10 余名群众，将三义庙包围，用喊话和引燃爆竹的方法迷惑敌人，敌人误认为被抗日救国军包围，交枪投降。此役缴获机枪 1 挺、马步枪 40 余支、子弹 10000 余发，马 40 余匹。"丹东市地方志办公室编：《丹东市志》（1876—1985）（1），沈阳：辽宁科学技术出版社，1993 年，第 62 页。

五月二十八日："第十九路军集中 1700 余人，第二次攻打柳河县城。当行至县城南三道沟时，遭到伪公安大队长刘玉霖部的阻击，原县公安局长李邦祯会同伪军杨营长，带队前往增援。激战 7 小时，自卫军未能攻进县城，击毙伪军 1 人，俘 28 人，缴获枪械 32 枝，自卫军伤亡 30 余名。"柳河县志编纂委员会编：《柳河县志》，长春：吉林文史出版社，1991 年，第 534 页。

是月："月初，金川县公安大队长姜树魁率全部警察大队四百余人，于1932 年 5 月初投奔了王凤阁。这支队伍，武器弹药充足，除步枪外，还有两挺机枪一门迫击炮，王凤阁任命姜树魁为旅长，驻在辉南境内。"张荣显：《我在王凤阁总指挥部的见闻》，载中国人民政治协商会议吉林省通化市委员会文史资料研究委员会：《通化文史资料》（第2辑），内部发行，1989年，第72页。

是月："金明均、李光率领游击队（汪清游击队——笔者按）跟别动队汇合，在南蛤蟆塘桥头袭击了伪军运输车，歼灭了敌人，缴获了三十三支步枪，十八箱子弹，十多袋粮食，二百元现金。"文虎甲：《汪清县游击队的建立发展及其反日斗争》，载《延边历史研究》（第3辑），延吉：延边历史研究所，1988年，第203页。

是月："（和龙县——笔者按）游击大队兵分两路，一路由大队长张承焕率领10多名战士，转战在开山屯区、大砬子区，袭击日本警察署和大林、三合等地伪自卫团，消灭数十名敌人。另一路由政委车龙德率领10多名战士，在三道沟区一带，攻打南坪、车场子伪自卫团，袭击高岭警察分驻所。"和龙县地方志编纂委员会编：《和龙县志》，长春：吉林文史出版社，1992年，第214页。

是月："月初，田霖的部队在张连站以西用地雷，炸毁日军军用列车并消灭60余个日军，缴获大量枪支和其他军用物资。"蛟河县志编纂委员会编：《蛟河县志》，长春：长春出版社，1991年，第235页。

是月："下旬，驻扎安东的伪军姜全我和徐文海（原凤城公安大队长），受红袖头靖安军李寿山的气，便想离开安东夺取宽甸驻防。驻宽甸的自卫军十四路军司令时远岫，率部奋力死抵，终因敌我实力悬殊，队伍大部被缴械，宽甸失守。时远岫电告通化总司令部，唐聚伍令驻桓仁二户来的一路军唐玉振部驰援。唐玉振力战两昼夜，也因敌我实力悬殊，未克宽甸城。唐聚伍又派驻桓仁的五路张宗周部和七路军郭景珊部增援，并命令驻牛毛坞的王东山十三路军接应。各路军星夜赶到，张宗周任前线总指挥，把宽甸围的水泄不通。经过四个小时的鏖战，姜全我、徐文海已力不能支。不料王东山的十三路军，因武器不佳败退下来，一路、五路、七路被迫退了下来。直到两天以后，各路才又重新配合好，经过半天多的激战，才把宽甸重新攻下来。姜全我、徐文海乱中逃命。敌人被歼了一个营的兵力，而张宗周的参谋长宫声武英勇牺牲。"高华昌口述，高其昌整理：《高德隆的抗日活动及辽宁民众抗日自卫军始末补遗》，载中国人民政治协商会议吉林省委员会文史资料研究委员会编：《吉林文史资料》（第5辑），内部发行，1985年，第118页。

六月

六月二日，日军于奉天发特电："通化方面，鸭绿江对岸地方一带，最近义勇军横行，人心动摇，有波及朝鲜之势，我日军即准备讨伐，兹将义勇军驻在地及人数列之于左：

（一）临江西北方十里林子头，元八道沟公安队长指挥下义勇军五百名，三十一日向临江移动中。

（二）长白县八道沟公安队，二十七日夜暴动，改变为义勇军，企图袭取长白县城，又长白北方突现约三百名自卫军渐次南下云。

（三）辑安县二盆沟，二十七日晚举行民众示威运动，杀亲日派分子。因上之形势恐慌，同地方之朝鲜人，皆避难于朝鲜云。"无畏译：《最近日方各报所载义勇军之活动》，载《东方公论》，1932 年第 76、78 期合刊，第 10—11 页。

六月三日，日方某所电："东满各县的县城，除长白、临江县帽儿山两处外，悉归自卫军占领，帽儿山亦被元公安队长徐达三率六百自卫军所袭击，城内陷大混乱状态，日侨全部逃于鲜内云。又长白县元公安队长李魁五率六百名自卫军亦开始行动，袭击长白县城，城内亦陷大乱云。"无畏译：《最近日方各报所载义勇军之活动》，载《东方公论》，1932 年第 76、78 期合刊，第 11 页。

六月四日，哈尔滨特电："中东路东部帽儿山地方，吉林警备军百名，二日晨向阿城出发，往援阿城我日军，而阿城自卫军乘警备军开走之际，遂分五百人由阿暗中来帽，潜伏附近，三日午后三时与当地之步兵团相呼应，偷袭帽儿山。一队拆毁铁道，一队袭车站，当时车站大乱，掠夺一空。日方急报阿城某部队急速来援，而自卫军早向山间逃走而去云。"（位于今黑龙江省尚志市帽儿山镇境内）无畏译：《最近日方各报所载义勇军之活动》，载《东方公论》，1932 年第 76、78 期合刊，第 12 页。

六月四日："吕海亭领导大刀会，攻占新房子保甲，缴获十几支抬杆枪，树立起'救国爱民铁甲军'抗日救国大旗。"长白县志编纂委员会编：《长白朝鲜族自治县志》，北京：中华书局，1993 年，第 481 页。

六月四日，江界泽村特派员发电："北满一带，占一大势力，义勇军首领王德林，现在以大荒沟为根据地。在敦化东方，王德林军及大刀会等并联合其他自卫军组织红枪会，统率精锐部队一千名，且有重用基本军队约三千名。其

部下刘营长，联络不逞鲜人约百名，目下以西南头附近为根据，常与王德林联
络。刘营长命令部下，出动讨伐北满匪贼及日军，希一举剿灭之豪语。目下在
密山县方面活动，丁超、李杜、青天各部队合编成二万余之大部队，得中东路
苏俄职员之援助，计划破坏中东路之给水塔，及发电所等重要处。"无畏译：
《最近日方各报所载义勇军之活动》，载《东方公论》，1932 年第 76、78 期合
刊，第 11—12 页。

　　六月四日："徐达三率自卫军及大刀会，由八道江赶往临江阻击日军入侵。"
浑江市地方志编纂委员会编：《浑江市志》，北京：中华书局，1994 年，第 14 页。

　　六月六日，日军江界泽村特派员发电："东边一带情势益益严重化，王德
林部下三百名，六日占领临江县帽儿山，随后王海亭部下三百名联合骑兵队及
大刀会约千名入城，分宿各店，举行欢迎会。临江县长徐达三，五日晨即逃往
平安北道中江镇避难，而彼等义勇军悬赏大洋六万元，缉拿卖国逆徒，特派暗
杀员多名，散于鲜内。在辑安县，日本官宪侦探，朝鲜人二名，被义勇军杀
害，复占领通沟及县城，现在义勇军完全执行县内司法行政权。国境对岸各县
之县城，现在全部归义勇军掌握之中，我日军守备队警察官布置警戒水泄不
通。该义勇军与中央有相当联络，借东边之密林地带为潜伏地，预想夏季大举
活动，此极好之机会，我军讨伐极感困难云。"无畏译：《最近日方各报所载义
勇军之活动》，载《东方公论》，1932 年第 76、78 期合刊，第 12 页。

　　六月七日："零时，日军七十七联队一中队与日本宪兵队渡久一部，乘木
船自朝鲜一侧偷渡鸭绿江。王海亭部守卫江岸的哨兵李世发听到江中有划船的
击水声，便向自卫军营长李英奎报告，李营长命令李世发鸣枪警告。李世发向
江中开了一枪，随之日军便疯狂向我江沿阵地射击。接着，隐蔽在朝鲜一侧江
岸的日军 3 门迫击炮也向临江城内开炮，击中了乾泰丰、同合德等商号和师中
学校、阎玉亭驻地及卧虎山上我方炮兵阵地。自卫军在江岸与来犯日军激战了
一个多小时，日军船只便沿江顺流而下，在挡石沟登陆。然后兵分两路：一路
沿鸭绿江边渡过头道沟河，进攻南围子；另一路沿猫耳山根向韩家台子和卧虎
山进犯。在猫耳山下阻击日军的自卫军和大刀会，抵抗不住日军的机枪火力，
退到卧虎山上。扼守汀边的大刀会员们，与沿江来犯的日军展开短兵相接的白
刃战。当发现日军已占领了韩家台子时，才撤至头道沟河东，阻击日军的进
犯。此时，刘景山带领错草顶子大刀会赶到，拼力厮杀两个多小时，日军不能

前进一步。9时左右，日军重新集结兵力，用机枪、迫击炮开路，大刀会牺牲10余人，无力再战，只好边打边撤回二道沟里。徐达三部也撤至花山村。

日军攻占临江街时，放火烧毁150余间沿街的房屋。此后日军将指挥部设在南围子，分别在临江桥头、铧炉、卧虎山顶、韩家台子、采木公司、西后台等处设立据点。"浑江市地方志编纂委员会编：《浑江市志》，北京：中华书局，1994年，第271页。

六月七日，日军驻朝鲜第九师团于清津发表电报："鸭绿江、图们江对岸之一部，义军活动甚烈，形势恶化，渐次侵入鲜界，朝鲜军为边境防卫上计，国境守备队一部向对岸要地出动云。"无畏译：《最近日方各报所载义勇军之活动》，载《东方公论》，1932年第76、78期合刊，第12页。

六月八日，满浦镇泽村特派员发电："我日军讨伐东边一带义勇军，概况如下：我军首由中江镇、满浦镇、楚山、昌城四处，冒险渡河，进出于鸭绿江对岸，楚山部队三轮中佐七日午前一时三方围攻进占外岔沟。昌城部队江上大尉同七日午前占领永甸城。楚山、昌城两部队无死伤云。又惠山镇常盘井中佐部队，六日午前十一时渡江，同晚一举入长白县城。义勇军向八道沟方向退却云。"无畏译：《最近日方各报所载义勇军之活动》，载《东方公论》，1932年第76、78期合刊，第12页。

六月八日，日方于"京城"发电："军司令部发表与义勇军激战结果，我军在帽儿山战死三名，战伤死一名，负伤三名，在通沟负伤一名云。"无畏译：《最近日方各报所载义勇军之活动》，载《东方公论》，1932年第76、78期合刊，第13页。

六月八日，日方于"京城"发电："朝鲜军司令部发表由中江镇出动之第某某队，七日午前零时，由中江镇北方二基罗地点，步兵队开始活动，与敌小有接触。前一时半完全渡河，随后向帽儿山敌方进攻。敌方抵抗甚利，激战数时间，拂晓我军增援山炮兵合同接战，结果我军渐渐胜利。午前九时五十分帽儿山被我军占领，继续我飞行机某号飞机来助战，士气大振，扫荡残敌。此次结果，我军战死特务曹长一名，兵二名，负伤兵二名，敌方死伤多数，遗体而逃云。"无畏译：《最近日方各报所载义勇军之活动》，载《东方公论》，1932年第76、78期合刊，第13页。

六月八日，奉天发日本陆军省电："二日东京城附近激战结果罗南部队死伤者如下：战死者三名，重伤者四名，其他轻伤下士官十二名云。"无畏译：《最近日方各报所载义勇军之活动》，载《东方公论》，1932年第76、78期合刊，第13页。

六月八日，日方于"京城"发电："军司令部发表，由满浦镇出动第某某部队，七日午前零时，由满浦镇西侧，步兵部队首先开始渡河，敌方无大抵抗。二时二十分渡河毕，又俟拂晓山炮兵渡河终了，同向辑安前进。午前五时三十分进至辑安东方五百米地点，与大刀会约百五十名接触，交战数次，敌方退却。当时辑安大刀会及义勇军等四百名，携有迫击炮若干。我军乘胜进击，九时抵抗城门，十一时辑安城被我军占领。我军负伤中尉二名，敌方死伤甚众云。"无畏译：《最近日方各报所载义勇军之活动》，载《东方公论》，1932年第76、78期合刊，第13页。

六月八日："大刀队通过古城子、长岭子、马前寨三路冲进县街。驻防县城的伪军骑兵团见大刀队来势凶猛，抵挡不住，急忙逃回清原北山，丢下4门迫击炮。及至傍晚，敌人以较强的火力开始反击，大刀队伤亡100多人。王彤轩和梁锡福等率部退出县街。第二天，伪军继续追击大刀队，梁锡福率队进行反击，杀死伪军多人，伪团长邵本良被砍伤，狼狈逃回县街。"清原县志编纂委员会办公室编：《清原县志》，沈阳：辽宁人民出版社，1991年，第437页。

六月九日，日方哈尔滨发特电："八日晨三时三十分，由哈尔滨发装甲列车，同十一时三十分达一面坡，前行之粮秣列车到达乌吉密附近，突然被六百敌军所袭击，同列车护送队员与地方应战，激战三时间，我军陷重围苦斗。一面坡装甲列车接急电，急开列车增援应战，敌方溃走。我军战死五名、负伤十名，敌方死伤四十名云。"无畏译：《最近日方各报所载义勇军之活动》，载《东方公论》，1932年第76、78期合刊，第13页。

六月九日："6月上旬，救国军姚振山旅乘敦化伪满军外出剿讨，城内相对空虚之际，挥师攻打敦化。

姚旅攻城部队兵力虽号称万人，但多数是手持大刀、红缨枪的'红枪会'、'参茸会'和'大刀会'成员，使用步枪、机枪者少。姚的警卫队二三百人是王德林起义时'老三营'的底子，装备有步枪和少数机枪。姚旅基层干部一部分是原东北军军官，多数是会道门的术士、法师；士兵多数是宁安、延吉、敦化一带的农民。他们在法师的指挥下，耍枪炼道，多数人认为自己是炼成了刀枪不入的'金身'。攻城部署为：于宪睿率大刀会占领驼腰子山担任阻击；时晓东、唐玉率参茸会、红枪会攻打北山；姚振山率主力部队从西南方向攻打敦化城。6月8日夜，部队进入准备位置，9日拂晓发起总攻。姚振山主力部队与日军森尻大佐的出击部队相遇，双方激战于城西。此时，攻打北山的部队挥舞大刀、红缨枪，投击鹅卵石，奋勇冲上北山主峰。日军急调骑兵一部迁回北山翼侧进行反扑，救国军不得不沿小石河向西撤退。北山的得而复失给攻城主力带来困难，只好逐步退却，撤离战斗。"吉林省地方志编纂委员会编纂：《吉林省志·军事志》，长春：吉林人民出版社，1996年，第235页。

六月十日："4时，青沟子大刀会与殷功部首先向韩家台子日军据点发起进攻；马兴山、王海亭两旅向卧虎山、后台两处据点冲杀。这两支队伍都被日军的火力压住，未能冲进据点。八道江大刀会法师刘青山，率80余名会员，在临通路大街与日军展开白刃战。刘青山接连刺死5个日军，杀进临通门后，与增援后台的驻朝鲜咸镜北道巡查部长森本昌京率领的一小队日军相遇，激战中刘青山手刃森本昌京，又一枪刺死一个日本兵，最后不幸身中数弹壮烈牺牲。刘景山、徐洪梅率领的大刀会沿兴隆街冲至采木公司附近，也被敌人火力封住，不能前进。

徐达三、李兆年率部攻击南围子，因南围子增加了从朝鲜中江镇调来的增援部队百余人，火力凶猛使自卫军不能前进。当日夜，大刀会冒雨又袭击采木公司据点，砍杀日兵90余众，也未夺下据点，第一次夺城失败。"浑江市地方志编纂委员会编：《浑江市志》，北京：中华书局，1994年，第271—272页。

六月十日，日军平壤发电："十日，救国军二百名袭击辑安县之树林子江口，敌军分为二队，每队百名，其一队在市外，其他一队由新川警察署驻在所对岸山上向驻在所开始前进，午后一时五十分一齐动作，至三时犹未停止。我方为防卫应战起见，由苏山警察署调来八名，渭原警察署调来六名，渭原宪兵分遣所二名云。"无畏译：《最近日方各报所载义勇军之活动》，载《东方公论》，1932年第76、78期合刊，第14页。

六月十日，北平专电："吉林磐石义军连日攻打伊通路，进袭双河镇，已进至老爷岭夹皮沟方面采取守势。"《磐石义军进袭双河》，载《申报》，总21256期，1932年6月11日，第4版。

六月十一日，日军奉天特电："一面坡村井某团长，为扫荡红枪会，特派宫崎少佐指挥，在乌吉密河与三百名红枪会接触后，同九时复退至一面坡。结果毙敌数百名，我方战死下士一名，负伤四名云。"无畏译：《最近日方各报所载义勇军之活动》，载《东方公论》，1932 年第 76、78 期合刊，第 15 页。

六月十二日，北平专电："吉林义军副军长郝振声，率部由吉海、吉敦各路攻吉林，前日下总攻令，各路均发生激战。"《吉义勇军下总攻令》，载《申报》，总第 21258 期，1932 年 6 月 13 日，第 3 版。

六月十二日，北平专电："外讯，吉敦路方面，近有义勇军出没，日军无法应付，十一日上午，义勇一队袭击蛟河，毁路轨数处，该地公安局枪械悉被缴去。"《吉敦线义勇军出没》，载《申报》，总第 21258 期，1932 年 6 月 13 日，第 3 版。

六月十二日，电通社吉林电："十一日上午一时半，在本地与敦化间之蛟河地方，突发现二百五十名之兵匪，袭击公安局，并夺取军器子弹，放火烧毁民房六十户，并袭击铁道守路之事务所，破坏电报电话铁路轨道等。日本〇队接此急电，即向该方面开拔，兵匪早已逃走，并架去妇女小孩约三十名，日军现在追击中。"《吉敦线义勇军出没》，载《申报》，总第 21258 期，1932 年 6 月 13 日，第 3 版。

六月十三日，辽宁民众自卫军方春生部攻打样子哨（位于今吉林省通化市辉南县样子哨镇境内）。"当天夜间，方春生分兵两路：一路由于福洪率领，从马鞍山西麓沿三统河攻打南门；一路由方春生率领直取西门。晨七时许，于福洪一路首先与驻在于湖烧锅院内（兴顺成院）的伪军于营长的部队接火。方春生部迅速攻占了北十字街。于营长见此情形，急调兵去阻截方春生部。于福洪率队乘隙攻打伪商会大楼（今样子哨之通河桥北头处，已毁）。他第一个冲上楼顶，将一名正待射击的商团团丁推下楼摔死。其余团丁在逃命中被自卫军击毙 3 人，缴枪 5 支，于福洪负伤。

方春生一路在北十字街与敌军激战三个多小时，双方均有伤亡，仍然隔街互射成对峙的局面。方春生便令各部由原路撤出战斗，集结窝集沟后，转向鹿尾林休整。" 金林：《民众抗日将领方春生》，载中国人民政治协商会议吉林省通化市委员会文史资料研究委员会：《通化义史资料》（第 2 辑），内部发行，1989 年，第 85 页。

六月十三日，辽宁民众自卫军第十八路军林振清部联合第七路军郭景珊部，取得辑安夺城战大捷："6月间，日军林铣十郎率精锐军队，从满浦、渭源、楚山过鸭绿江，配合伪军汉奸李寿山部来进攻辑安，林振清和高德隆、李子元遂率部抵抗。因敌我兵力相差悬殊，日军又用飞机大炮向十八路军猛烈轰击，因此自卫军受挫惨重，只好撤离县城，在城北山城子、石灰窑、青沟子一带据险防守，辑安遂为日伪军占领。林振清为了夺回县城感到兵力不足，特发电致自卫军驻通化总部唐聚伍总司令，要求派兵增援反攻，夺回县城。唐聚伍接电后，立即派郭景珊为前敌总指挥，率本部七路军 600 余人，星夜从通化赶来应援。6 月 11 日，郭景珊率部进到辑安境内的石庙子，当夜在此召开了军事会议，制定作战方案，定于 6 月 13 日凌晨发起总攻，由郭景珊率第七路军一部攻打县城北门，另一部攻打西门，十八路军林振清率主力部队攻打东门，其余队伍作预备队策应各部。发起进攻后，日伪军正在熟睡，被炮声惊醒，仓促应战，虽有些惊慌，但辑安城内日军防备格外森严，郭景珊部攻城，均被敌人密集的炮火所阻；攻西门的部队，过河时被日军发现，以机枪猛扫，封锁河面，使其不得靠近西门，攻城也受阻。为扭转被动局面，林振清决定佯攻东门吸引敌人主力，实攻南门。因南门靠近鸭绿江，敌人设防不严。在激战中，林振清令团长王殿阳组织一个加强班，利用云梯，爬入城内，用闪电动作打死守门日军，终于打开了南门。自卫军蜂拥而入，向东、西、北三面冲击，冲得敌人乱成一团，急忙打开东西两门突围。从东门突围的敌人有些逃走了，而从西门突围的日军，因受河水阻隔，大部被击毙在河里，少数死里逃脱。郭景珊的七路军，在北门尽歼逃窜之敌。"高华昌、王毓宽：《第十八路司令林振清传略》，载中国人民政治协商会议吉林省通化市委员会文史资料研究委员会：《通化文史资料》（第 2 辑），内部发行，1989 年，第 131—132 页。

六月十三日，日军哈尔滨特电："十三日午前二时二十分，于敦图线大桥，警备军携迫击炮等利器，与义军二百名相激战二时间，敌方不支溃退。我军战死步兵二名，重伤野炮部兵一名，敌军死伤二十余名云。"无畏译：《最近日方各报所载义勇军之活动》，载《东方公论》，1932 年第 76、78 期合刊，第 16 页。

六月十五日，日军长春特电："十五日午前零时，东边好指挥二百五十名救国军，施行破坏伊通县营城子（公主岭东南二十中里）全市。同五时向磐石县方面移动，烧民家百户及电报局等官厅，通信完全断绝。营城子虽无日人，但有多数朝鲜人散在附近，安否不知云。"无畏译：《最近日方各报所载义勇军之活动》，载《东方公论》，1932年第76、78期合刊，第16页。

六月十五日："抗日自卫军又派雷富海部破坏清原附近的日伪军事设施和铁路桥梁，李大光率部300多人，拆毁南口前车站附近的铁路数里，并烧毁站房。"清原县志编纂委员会办公室编：《清原县志》，沈阳：辽宁人民出版社，1991年，第437页。

六月十五日，日军于吉林联合发电："十五日朝六时二十分，二百名义勇军袭击敦化东方大桥地方，我日军得报，携机关枪与其应战，敌方损失甚大，我方战死一名，负伤五名云。"无畏译：《最近日方各报所载义勇军之活动》，载《东方公论》，1932年第76、78期合刊，第16页。

六月十五日，日军于吉林联合发电："接敌袭军击炮台山，急电敦化守备队即时出动。在敦化西方二基罗地点，与救国军大刀会混合部队相接触，当即被我日军击退，正午我日军开回敦化，结果我军战死四名、负伤五名云。又到援军炮兵三、步兵二，合计不过五名，步兵二名急向本队报告，所余三名炮兵被三百敌军包围，众寡悬殊，结果皆战死云。"无畏译：《最近日方各报所载义勇军之活动》，载《东方公论》，1932年第76、78期合刊，第17页。

六月十六日："（抗日自卫军——笔者按）第17团长何俊彦率部在黑牛地区与日伪军600多人接触，敌伤亡200多人。"清原县志编纂委员会办公室编：《清原县志》，沈阳：辽宁人民出版社，1991年，第437页。

六月十六日："王彤轩和第一旅旅长刘克俭率部进攻清原。敌凭借工事，拼命据守。自卫军连攻三昼夜，冲锋11次，杀伤敌军200余人，伪军团长邵本良受重伤，抗日自卫军死伤300余人。"清原县志编纂委员会办公室编：《清原县志》，沈阳：辽宁人民出版社，1991年，第437页。

六月十八日，日军于吉林发特电："十七日午后三十分，敦化发蛟河行军用连络列车，搭乘伊藤军医以下十八名，该车行抵黄泥河子、威虎岭间，突来敌人百名，袭击列车，同时列车脱轨。我守备兵同时应战，该敌遂退，因此发敦化之列车达威虎岭，即返回蛟河。十八日午前恢复常态云。"无畏译：《最近日方各报所载义勇军之活动》，载《东方公论》，1932年第76、78期合刊，第17页。

六月十八日，日军平壤电报："吉江部队，十七日午后一时，我日军讨伐辑安城北方山城子附近驻屯之敌军，午后二时由桓仁方面进攻辑安。我军携有迫击炮四门，与敌二百冲突，敌方抵抗甚利，大激战约四小时。我军山炮弹命中敌军子药库，爆炸音响甚大，附近民户约二十户被烧。敌方死伤百五十名，向北方溃走，我军死伤四名云。"无畏译：《最近日方各报所载义勇军之活动》，载《东方公论》，1932年第76、78期合刊，第18页。

六月十八日："日军百余名，潜击宽甸县之永甸河韭菜沟一带，我第三军区第一路司令唐玉振部孙书田连与之接战。"《辽宁义勇军最近战绩》（1932年4—7月），载中央档案馆、中国第二历史档案馆、吉林省社会科学院合编：《日本帝国主义侵华档案资料选编：东北"大讨伐"》，北京：中华书局，1991年，第77页。

六月十八日，日军吉林特电："本日午后四时许，吉林吉敦线柳河车站，被系统不明二十余名兵匪所袭击，站长及助役皆备（被）带走，站内施以破坏，因此蛟河驻屯之守备队向该地急行警戒云。"无畏译：《最近日方各报所载义勇军之活动》，载《东方公论》，1932年，第76、78期合刊，第18页。

六月十八日："第三军区第十六路司令孙秀岩，自三元浦、椽木台等处，将已反正复叛之逆部廖骧忱团击退，越碗口岭向山城镇退却，我军追击，将山城镇占领。"《辽宁义勇军最近战绩》（1932年4—7月），载中央档案馆、中国第二历史档案馆、吉林省社会科学院合编：《日本帝国主义侵华档案资料选编：东北"大讨伐"》，北京：中华书局，1991年，第77页。

六月十九日："午前四时，日军越鸭绿江袭击帽儿山。我第三军区第八路司令徐达三，率部八百余人，奋勇应战。敌损害甚大，死将校二名，士兵二十余人，伤八名。"《辽宁义勇军最近战绩》（1932年4—7月），载中央档案馆、中国第二历史档案馆、吉林省社会科学院合编：《日本帝国主义侵华档案资料选编：东北"大讨伐"》，北京：中华书局，1991年，第78页。

六月二十日，日军平壤电报："我军死伤十二名。十九日拂晓，临江附近激战。详报如左：

同日午前四时三十分，徐达三部下敌军约四百五十名，携迫击炮及其他等利器，夺取我军占据之临江。敌军分为二队，一队三百名，由临江市北方头道沟进攻，一队由临江市外东西二道沟进攻，与我涩谷少尉部队冲突。敌军向我阵地猛烈射击，大刀会为先锋，持长枪突入我阵地，白刃相交，众寡悬殊，我军一时陷于苦战。激战二时许，敌死伤百名，向北逃走，我涩谷少尉、佐藤特务曹长战死，及其他士兵伤十余名，目下增援追击逃走之敌军云。"无畏译：《最近日方各报所载义勇军之活动》，载《东方公论》，1932年第76、78期合刊，第19页。

六月二十日："23时许，又一次夺城战斗，殷功、黄金传等率领的大刀会，摸上卧虎山腰，将站岗的日本哨兵刺死。大刀会员攻入据点，20多个正在酣睡的日军被砍死。兰法师率红土崖大刀会摸上卧虎山顶，把据点中10多个日军杀死，并缴了一门小钢炮。刘景山带领错草顶子大刀会员，自城东攻进采木公司据点，杀死日军多人，并占领了据点。黄金传率大刀会员打散了南围子的日军后，又袭击铧炉据点。卢志俊带领部分自卫军摸进后台据点杀死哨兵后，又消灭部分日军，占领了据点。拂晓，日军重新集结兵力进行反扑。在日军的强大火力下，大刀会与自卫军再次被迫撤出县城。此役激战4个多小时，击毙日军50余人，抗日军伤亡10余人。"浑江市地方志编纂委员会编：《浑江市志》，北京：中华书局，1994年，第272页。

据孙恩浩回忆："1932年夏季，王永诚司令联合他县自卫军，发起对临江日寇的攻击，曾攻入临江街内。但因指挥不力、武器不足，遭临江伪军的夹攻，未能取得胜利。我方滕营长阵亡，还有很多士兵伤亡。"万高潮等编：《血战东北——国民党高级将校抗日战争亲历记》，北京：中国文史出版社，2005年，第147页。

六月二十日："午后五时四十分，临江北三道岔附近，第三军区第八路司令徐达三，率部四百余名与敌军接触，毙其二等兵七名。"《辽宁义勇军最近战绩》（1932年4—7月），载中央档案馆、中国第二历史档案馆、吉林省社会科学院合编：《日本帝国主义侵华档案资料选编：东北"大讨伐"》，北京：中华书局，1991年，第78页。

六月二十日："王凤阁部抗日军在金川县样子哨（今属辉南县）至孤山镇的中途设伏，俘伪军400余人，乘胜前进，攻占金川县城，并于23日攻克辉南县城。"《东北抗日联军大事记（1931.9—1945.11）》，载《东北抗日联军史料》编写组：《东北抗日联军史料》（上册），北京：中共党史资料出版社，1987年，第254页。

六月二十日，伪军于芷山部下所属田德胜团，在金川、柳河交界的鹿尾林被王凤阁、方春生领导的自卫军消灭了一个营，大败而归，狼狈逃回样子哨。详见金云龙：《自卫军名将阚子祥》，载中国人民政治协商会议吉林省通化市委员会文史资料研究委员会：《通化文史资料》（第 2 辑），内部发行，1989 年，第 77 页。

六月二十日："王凤阁部的大刀队在鹿林截击伪军田德胜部的 1 个营。"柳河县志编纂委员会编：《柳河县志》，长春：吉林文史出版社，1991 年，第 13 页。

六月二十日，辽宁民众自卫军方春生部诱敌鹿尾林（今吉林省柳河县境内），巧歼伪军田团一个营。是日，方春生部集结在鹿尾林，佯装溃逃，伪军田德胜团以三营为前锋，开向鹿尾林。"当追到鹿尾林南山谷处，自卫军的踪影皆无，岗上有十几个农民三三两两挥锄铲地。伪军三营开上岗，向农民询问方部去向，对铲地农民毫无戒备。正在这时，突然三声枪响，杀声四起，只见锄地农民变锄为长矛，团团将敌军包围，敌军三营顿时全被缴械。一、二营闻听三营被歼，慌忙夺路回逃，鹿尾林至样子哨四十华里的大道上，敌军衣服、枪械扔了一道。方春生乘胜率自卫军扩大战果，于 6 月 21 日一举攻克了样子哨镇，缴获枪支百余。" 金林：《民众抗日将领方春生》，载中国人民政治协商会议吉林省通化市委员会文史资料研究委员会：《通化文史资料》（第 2 辑），内部发行，1989 年，第 86 页。

六月二十一日："王军部下姚振山，率队一万五千人，进攻敦化，日军二千人负隅死守，终以王军将士用命，破城而入，敌军狼狈向西溃退。是役毙日军五百余名，并将日寇修筑吉会路与牡丹江铁桥之器料，全数焚毁。"《王德林刘万魁抗日救国之经过》，载《血染白山黑水记》，吉黑救国义勇军军事委员会驻北平办事处编印，1932 年，第 50 页。

六月二十二日："午前二时，辑安县第三军区第十八路林振青部，用迫击炮向日军猛烈攻击，命中吉江讨伐队，炸死宪兵、医师各一名，将校十三名，重伤二名。"《辽宁义勇军最近战绩》（1932 年 4—7 月），载中央档案馆、中国第二历史档案馆、吉林省社会科学院合编：《日本帝国主义侵华档案资料选编：东北"大讨伐"》，北京：中华书局，1991 年，第 78 页。

六月二十二日："方春生与姜树魁率领几千自卫军东进辉南，紧紧围住了辉南县城。"金云龙：《自卫军名将阚子祥》，载中国人民政治协商会议吉林省通化市委员会文史资料研究委员会：《通化文史资料》（第 2 辑），内部发行，

1989 年，第 77 页。

六月二十二日："双河镇日军到龙水洞南沟讨伐，杀害了崔锋的儿子和二十三名群众。听到这一消息，县（汪清县——笔者按）游击队和别动队在龙水洞赤卫队的协助下，在大北沟口，阻击由罗子沟返回双河镇的日军守备队，击毙日军二十多人（其中有日军军官，伪县政府日军官二名），缴获数百发子弹和许多支枪。"文虎甲：《汪清县游击队的建立发展及其反日斗争》，载《延边历史研究》（第 3 辑），延吉：延边历史研究所，1988 年，第 204 页。

六月二十二日："辽宁民众自卫军第九路军司令包景华和第十六路军司令孙秀岩，探知近千名日伪军于 6 月 18 日集结在五人班附近后，便于 6 月 22 日晨，联合出击日伪军。包景华率两路军的主力，于青沟子和大庙屯隔河炮击日伪军阵地，以掩护大刀队渡河歼敌。日伪军以 10 余门迫击炮轰击自卫军，封锁河面。当孙秀岩率后续部队赶到时，日伪军也增加了兵力，双方激战多时，因日伪军过多，自卫军又无险可守，包景华与孙秀岩果断退兵，占据安口岭。是日中午，日伪军以飞机和重型武器轰击自卫军阵地，自卫军凭借有利地形，顽强阻击日伪军南进。下午 5 时，自卫军撤到三源浦河口南岸扼守，日伪军跟随至北岸广善村宿营。翌日拂晓，日伪军为解伪新京（今长春）之围，撤出阵地。"柳河县志编纂委员会编：《柳河县志》，长春：吉林文史出版社，1991 年，第 534 页。

六月二十三日："日军偕于芷山逆部向辑安我军驻区进攻。第三军区总指挥唐聚五电第十九路司令王凤阁应战，王探悉敌情，取包围形势，逆部四百人陷于重围，完全被缴械，收编二百人，余被遣散，毙日军三人。"《辽宁义勇军最近战绩》（1932 年 4—7 月），载中央档案馆、中国第二历史档案馆、吉林省社会科学院合编：《日本帝国主义侵华档案资料选编：东北"大讨伐"》，北京：中华书局，1991 年，第 78 页。

六月二十三日：伪军于芷山部所属阚子祥部占领了大肚子（今抚民镇）后，举起了一面绣着'阚'字的大旗宣布起义。原剿匪大队的五百多名士兵，加上杉松岗、大肚子等地收编的大刀会、红枪会一千多人，举行誓师大会。会后，阚子祥率队挺进辉南，与方春生、姜树魁部会师。详见金云龙：《自卫军名将阚子祥》，载中国人民政治协商会议吉林省通化市委员会文史资料研究委员会：《通化文史资料》（第 2 辑），内部发行，1989 年，第 77—78 页。

六月二十三日："方春生、阚子祥、姜树奎等部共 5000 多人，联合攻入辉南县城辉南街，5 天后撤出。"辉南县志编委会办公室编：《辉南县志》，深圳海天出版公司，1989 年，第 135 页。

六月二十四日："第三军区第十三路司令邓铁梅，与伪靖安队在岫岩三区接触。我军因刘景文参加实力充足，士气旺盛。激战一日，敌不支而退。是役计获步枪三四百支，给养车四十余辆，俘虏二百余人。"《辽宁义勇军最近战绩》（1932 年 4—7 月），载中央档案馆、中国第二历史档案馆、吉林省社会科学院合编：《日本帝国主义侵华档案资料选编：东北"大讨伐"》，北京：中华书局，1991 年，第 79 页。

六月二十四日："辉南县伪县长高振伍听到阚部起义的消息后，慌慌如丧家之犬，急率警团溜出县城，逃到朝阳镇。自卫军遂占领辉南镇。"金云龙：《自卫军名将阚子祥》，载中国人民政治协商会议吉林省通化市委员会文史资料研究委员会：《通化文史资料》（第 2 辑），内部发行，1989 年，第 78 页。

六月二十四日："伪县长高振伍得知阚子祥率部起义抗日，亦来参加攻城，守军信心顿失，慌慌如丧家之犬，急率警团溜出县城逃跑，方春生部乘机追杀，毙俘敌一百余人，自卫军遂占领辉南镇。"金林：《民众抗日将领方春生》，载中国人民政治协商会议吉林省通化市委员会文史资料研究委员会：《通化文史资料》（第 2 辑），内部发行，1989 年，第 87 页。

六月二十四日，哈尔滨专电："二十二日，敦化遭王德林部义军猛攻，日军往援，二十三战一日夜，义军退往蛟河。"《王德林军猛攻敦化》，载《申报》，总第 21271 期，1932 年 6 月 26 日，第 3 版。

六月二十四日，北平专电："日军以陆空军猛攻通化，南江岸自卫军总部被日机掷弹四五十枚，房屋一部被毁，自卫军事前有准备，损失不大，城内重要街市均被毁，唐聚五部死守城内，子弹缺，恐难持久。"《日陆空军猛攻通化》，载《申报》，总第 21270 期，1932 年 6 月 25 日，第 3 版。

六月二十四日："日军向宽甸进迫，我第三军第一路第一营营长李凯忱，率部秘密迎进。当将要塞占据，对敌取包围形势，自上午九时起至下午三时止，战斗激烈。我军奋勇，敌未得逞，卒向北退却，死亡三十余人。我获步枪三十余支，机枪两挺，子弹千余粒，死士兵二名。"《辽宁义勇军最近战绩》（1932 年 4—7 月），载中央档案馆、中国第二历史档案馆、吉林省社会科学院合编：《日本帝国主义侵华档案资料选编：东北"大讨伐"》，北京：中华书局，1991年，第79页。

六月二十七日，北平专电："通化自二十起，日机四五架在县城盘桓掷弹。迄今止，全城房屋除县署外，尽成灰烬，死伤七百人以上，其余避地洞内，或逃四乡。"《日机毁灭通化全城》，载《申报》，总第21273期，1932年6月28日，第4版。

六月二十七日："于芷山逆部受日方命令，进攻唐聚五部。在朝阳镇相遇，激战两日，双方损失甚众。"《辽宁义勇军最近战绩》（1932年4—7月），载中央档案馆、中国第二历史档案馆、吉林省社会科学院合编：《日本帝国主义侵华档案资料选编：东北"大讨伐"》，北京：中华书局，1991年，第79页。

六月二十九日："杨靖宇率部3000余人在宽甸截击日伪军120余名，击毙30余名，缴获汽车5辆。"辽宁省地方志编纂委员会办公室主编：《辽宁省志·大事记》，沈阳：辽海出版社，2006年，第172页。

是月："杨靖宇率部三千余人在宽甸截击日伪军一百二十名，击毙三十余人，缴获汽车五辆。同月，邓铁梅率部袭击龙王庙，击毙日伪军四十余名，占据龙王庙。"文史办整理：《丹东历史沿革初探——截止至新中国成立前夕》，载中国人民政治协商会议辽宁省丹东市委员会文史资料研究委员会编：《丹东文史资料》（第2辑），1986年，第5页。

是月："杨靖宇所部在宽甸地区消灭日伪军30余人。"《中共满洲省委大事记》，载刘贵田等著：《中共满洲省委史研究》，沈阳：沈阳出版社，2001年，第492页。

是月："牡丹江乜河南沟王润成、赵文瑞和关凤歧等40余人成立东北人民革命军，活动在小东沟（今跃进村）、营基屯（今桥头村）一带。缴获日本军步枪3支，打死日本军8人，收缴地主步枪30余支。"牡丹江市志编审委员会编：《牡丹江市志》（上卷），哈尔滨：黑龙江人民出版社，1993年，第19页。

七月

七月六日："第三军区总指挥唐聚五，命大刀队进击海龙，敌军三百应战。王家林子自卫团与义军取一致行动，声势甚壮，当将海龙县城包围，日人避难于领事馆，结果海龙被我军占领。"《辽宁义勇军最近战绩》（1932年4—7月），载中央档案馆、中国第二历史档案馆、吉林省社会科学院合编：《日本帝国主义侵华档案资料选编：东北"大讨伐"》，北京：中华书局，1991 年，第 79 页。

　　七月七日："濛江县被我第三军区第八路司令徐达三部包围，敌军努力防守，激战六小时。我军二千名，奋勇战斗，将该县城占领，伪县长携印逃。"《辽宁义勇军最近战绩》（1932 年 4—7 月），载中央档案馆、中国第二历史档案馆、吉林省社会科学院合编：《日本帝国主义侵华档案资料选编：东北"大讨伐"》，北京：中华书局，1991 年，第 80 页。

　　七月九日：晨，凤城邓铁梅部在大梨树与伪公安队及日军激战，结果毙敌甚多，后敌赶到，我军暂时后退。《东北国民救国军最近抗日情形》，载《华侨周报》，1932 年，第 1 卷第 11、12 期合刊，第 27 页。大梨树，位于今辽宁省凤城市西南大梨树村。

　　七月九日：辽南义勇军袭击安奉线汤山城车站。文史办整理：《丹东历史沿革初探——截止至新中国成立前夕》，载中国人民政治协商会议辽宁省丹东市委员会文史资料研究委员会编：《丹东文史资料》（第 2 辑），1986 年，第 5 页。汤山城车站，今位于辽宁省丹东市振安区汤山城镇。

　　七月九日："横头河子被义勇军攻击，数名俄人被义勇军认为警备军，故被枪决。当义勇军兵车向横头河子前进时，中途发生撞车惨剧，死伤二十人。横头河子刻在义勇军手中。"博敫：《最近东北义勇军的活跃及我们应有之努力》，载《东北月刊》，第 1 卷第 4 期，第 57 页。

　　七月十日：辽宁民众自卫军第二十一路军关向阳所部攻打东丰县城。"下午一时，关向阳率部千余人向东丰县城突然发起进攻，守敌慌忙抵抗，激战四小时，关向阳率部撤离。此后，城内秩序大乱，有钱大户纷纷出城外逃。"王集才：《龙岗北麓崛起的两支抗日劲旅》，载中国人民政治协商会议吉林省通化市委员会文史资料研究委员会：《通化文史资料》（第 2 辑），内部发行，1989年，第 152 页。

　　七月十日，奉天省警备司令部致奉天省公署代电云："吉省叛军、刀匪等已达数万，到处滋蔓不可遏，伊通、磐石两县尤为猖獗。东丰、西安与吉省毗连，计侵入该两县境内叛匪约有万余，以致二道河子等处，先后陷落。本军卫队杨营于七月三日，将占据二道河子之匪击退，毙匪百余名，向伊通方向溃窜。然潜伏于东丰一带之匪极多，本日正午，该匪之一部约千余名，分三路围攻东丰县城，当被我田司令率所属痛剿，生擒二十余名，毙匪七十余名，匪始稍退，闻仍拟反攻。似此匪势，如不以重兵猛剿，以绝根株，将来遍地皆成大帮。本军纵勇于缉捕，亦必疲于奔命。为此电请速电吉省派遣重兵进剿伊、盘两县之匪，与本部军队共同努力夹击，以盼早日肃清为盼。"《奉天省警备司令部致奉天省公署代电》（1932 年 7 月 10 日），载中央档案馆、中国第二历史档案馆、吉林省社会科学院合编：《日本帝国主义侵华档案资料选编：东北"大讨伐"》，北京：中华书局，1991 年，第 128—129 页。

七月十日："5 时，马清原率大刀会攻卧虎山东侧日军据点；刘景山、贺守提、徐洪梅、黄金传等带领大刀会员攻打卧虎山据点。抚松县大刀会在李贵有、滕选东带领下与兰法师率领的大刀会攻打韩家台子据点。自卫军各部作后援。这次战斗部署被赵黑狗子向日军告密，日军得知大刀会与自卫军要攻城的情报后，调集了兵力，并在各要道口处埋设地雷。战争打响后，日军在据点内用密集炮火和地雷封锁抗日军进攻道路。自卫军和大刀会几经冲杀，终难攻进，不得已退出县城。此役，自卫军和大刀会伤亡 200 余人，抚松县大刀会首领李贵有、滕选东及蚂蚁河大刀会首领马清原与其两个儿子，均在此战役中牺牲。"浑江市地方志编纂委员会编：《浑江市志》，北京：中华书局，1994 年，第 272 页。

七月十日："自卫军路承才部，进攻至依兰南三十里，发生激战。"《吉林自卫军发表抗日战记》，载"国史馆"印：《东北义勇军——第二次中日战争各重要战役史料汇编》，台北："国史馆"，1981 年，第 300 页。

七月十三日："阚子祥率 2000 多人再次攻克辉南县城，并建立了临时政权。"辉南县志编委会办公室编：《辉南县志》，深圳：海天出版社，1989 年，第 135 页。

七月十三日："冯占海部自卫军攻克舒兰县城。"《东北抗日联军大事记（1931.9—1945.11）》，载《东北抗日联军史料》编写组：《东北抗日联军史料》（上册），北京：中共党史资料出版社，1987 年，第 255 页。

七月十六日：辽东自卫军通电乞援，电文内容如下："各报馆公鉴：邦国不幸，倭奴入寇，窃据我土地，屠戮我人民，胁迫汉奸，成立伪国，种种暴行，罄竹难书！唐聚五等痛山河之破碎，悲同胞之流亡，椎心泣血，誓死捍患，潜在辽东，联络同志，数月之间，从者从云。遂于四月马日，刺血誓师，挥泪陈词，同时高揭义旗者十有四县。军民一致，共赋同仇。明知众寡不敌，强弱悬殊，但为国家争生存，为民族争人格，任何牺牲，均所不计。二三月来，在柳河、陵街、宽甸、柞木台、永甸、今外岔沟、临江等处，大小不下数十战，陈兵相薄，拔帜争登。惟赤血之可表，蹈白刃而不辞！士气旺盛，倭奴胆寒。惟一军孤悬，饷弹两缺，虽有三路直捣沈阳之企图，终未克如期实现，清夜扪心，深兹愧叛。今当青纱障起，草莽丛生，正倭奴与我争最后胜负之机，彼乃增调精锐之师，对我压迫益剧。旷日持久，终不免为敌所乘。聚五等以身许国，久置生死于度外，所不容恝置者，惟我辽东十四县之苦同胞耳。言念及此，无泪可挥！要知存辽东，即所以存东北；救东北即所以救中国！时势急矣，间不容发！所望全国同胞，共鉴艰危，急起应援，庶几数月之攻，不至废于一旦！临电迫切，无任主臣！辽东民众自卫军总司令唐聚五，率黄宇宙、黄育文、张维东、英若愚、张宗周、唐玉振、林振淮、常永安、邓铁梅、李春润、孙秀岩、徐达三、李开林、郭景玫、王桐辕、文殿甲、郑御凰、谭广海、孙耕九。暨全体将士同叩寒。"《时事摘要》，载《复兴月刊》，1932 年第 1 卷第 1 期，第 224 页。

七月十六日，"李、杜军三千逼近桦川，辽东义勇军克复濛江。"曾子友：《九一八案与中国民族的争斗精神》，载《青年旬刊》，1932 年第 1 卷第 8—9 期合刊，第 7 页。

七月十七日，国民社上海关电："顷接敦化七月铣（十六日）信，国民救国军指挥总监朱霁青，所辖任芳秋、杨静尘等统率之部队，屡联合抗敌，颇著战功。七月庚（八日）调五千人攻克吉会路蛟河镇，毙敌五十余，拆毁铁路数里，夺获大炮两尊，机枪四架，步枪六十余枝。旋敌援厚集，我军退至山林间，敌疑有埋伏，不敢前进。"《东北国民救国军最近抗日情形》，载《华侨周报》，1932 年第 1 卷第 11、12 期合刊，第 27 页。

七月十七日："邓铁梅部东北民众自卫军千余人袭击凤城车站。"辽宁省地方志编纂委员会办公室主编：《辽宁省志·大事记》，沈阳：辽海出版社，2006 年，第 173 页。

七月二十一日："义勇军计有一千五百名，且携有大炮数门，至安奉路凤凰城，围攻车站及邮局。"博敩：《最近东北义勇军的活跃及我们应有之努力》，载《东北月刊》，1932 年第 1 卷第 4 期，第 57 页。

七月二十四日，北平电："吉林救国军二十三日由苇沙河续进，克一面坡、亚库尼。二十三日夜与别动队夹攻乌吉密。自卫军宫长海部闻讯，自五常抽军，向乌吉密河进，协围乌吉密。该地日军正在拼命抗战。传自卫军二十三晚已入乌珠城，救国军大部陆续循中东路西发，王德林业由穆棱到海林。"《一周大事汇述》，载《中央周报》，1932 年，总第 217 期，第 3—4 页。

七月二十五日，哈尔滨电："日军冈村枝队，于念（廿）三日，在石头河子，与义勇军发生冲突。激战之结果，日军战死四名，负伤念（廿）二名。"《一周大事汇述》，载《中央周报》，1932 年，总第 217 期，第 4 页。

七月二十五日，北平电："哈电，念四，大队日军反攻一面坡，飞机七架助战。救国军大部在一面坡、鲁克土窝间。自卫军一部，在乌吉密河结成犄角，协抗日敌。"《一周大事汇述》，载《中央周报》，1932 年，总第 217 期，第 4 页。

七月二十五日，路透社哈尔滨电："自卫军在中东路东段异常活跃，现除海林及横道河子两站外，所有各站，已完全入反满军手中。昨日在石头河子附近，日满联军与义勇军，有激烈战事。结果日军取包抄形势，义勇军恐被包围，遂退却。"《一周大事汇述》，载《中央周报》，1932 年，总第 217 期，第 4 页。

七月二十八日："日军出动百余名兵力，用重炮袭击吊打沟的大刀会，使大刀会损失惨重，有 37 人被日军炮弹炸死，烧毁民房 30 多座，炸死无辜百姓 10 余人。"浑江市地方志编纂委员会编：《浑江市志》，北京：中华书局，1994 年，第 272 页。

七月三十日：北平电："一面坡、苇沙河、石头河子间，救国军与日敌近成混战状态，敌在二十六日争夺一面坡之役，死伤甚多，敌以全力阻救国军越一面坡西进，故不惜重大牺牲。二十六晚、二十七晨石头河子、西亚布落尼之战，敌死八十余名，伤近二百名。二十七日午时，救国军已恢复苇沙河以东阵地，救国军大刀别动队两次绕袭乌吉密，砍毙敌及白俄六七十，中东路车现由哈仅达乌吉密。"障平：《东北义勇军各路同时进攻》，载《国难半月刊》，1932 年第 3 期，第 70 页。

是月，舒兰讲攻战："7 月 4 日，救国军攻克五常。驻守五常的伪满军向南败退，救国军跟踪追击，乘胜进抵舒兰北部的水曲柳。此时，榆树的伪满军约 300 人向舒兰增援。救国军闻讯以一部前往迎击，歼灭其大部，残部败退。7

日，救国军逼近舒兰城下。守城有伪满军 1 个团，日军 500 余人，救国军围攻 5 日未克。日军出动战斗机十余架，连日飞临救国军阵地上空轮番轰炸，救国军伤亡百余人。冯占海将进攻兵力增至 3 个旅，合力围攻，官兵冒着空中的轰炸扫射和地面的炮火拦击，连续发起冲击，王锡山、孙鹤喜旅长亲临前线带头冲锋，终于在 13 日夜攻下舒兰县城。是役，救国军虽遭重大损失，但军心振奋，缴获迫击炮 1 门、轻机枪 3 挺和一部分步枪及子弹。23 日，日伪军纠集兵力发起反攻，救国军为避免更大损失，乃退出舒兰县城。"吉林省地方志编纂委员会编纂：《吉林省志·军事志》，长春：吉林人民出版社，1996 年，第 231 页。

是月：驻扎磐石县黑石镇的伪军第五旅第十四团一营宋国荣部，与从柳河、辉南方面沿着辉发河下来的大刀会一部接仗，大刀会因武器不佳，伤亡甚大。宋文瑞、宋凌云等口述：《第八路抗日救国军司令宋国荣》，载政协吉林省磐石县委员会文史资料研究委员会编：《磐石文史资料》（第 3 辑），内部发行，1989 年，第 41 页。

是月："三十多名县（汪清县——笔者按）游击队员，在小马鹿沟袭击伪军六十多人，打死十多人，缴获十多支枪。"文虎甲：《汪清县游击队的建立发展及其反日斗争》，载《延边历史研究》（第 3 辑），延吉：延边历史研究所，1988 年，第 204 页。

八月

八月二日，伪柳河县长陈玉铭给呈伪省公署文："呈为刀匪思逞，拟请痛剿，附具管见，伏祈鉴核示遵事：

窃县长自莅任以来，行将两月，地方渐见恢复，商民日有归来，小商店亦多开市，人心略觉安定，倘从此无大变动，前途殊多乐观。讵近据探报，刀匪近又思蠢，在通化会议，拟再祸柳。并闻拟定于八月一号举事，真伪虽不敢必，但考究其行动，亦确有作用。本月十七日，匪等结合七八百名，窜至县城东方驼腰岭左近，势将猛扑县街。县长闻讯，立即督带警队，会同驻军驰（驰）往迎击。匪等见势不佳，始行逃去，虽未接触，亦颇危险。现匪等探知官方防守严密，是以拟再大举，遂群集通化，约定八月一日破柳也。近日如距城较近地方之三源浦、柳树河子、钓鱼台、五道沟等处，各股匪节节前进，逼近县城，远者不过二十里，近者竟相距七八里，形势汹汹，未可忽视。县长守土有责，誓以死守，警队官兵，尚知效命，惟以武器不精，子弹缺乏，不无可虑。尤其匪众兵单，势力悬殊，据闻各股匪约共有三四千名，若非深受重创，决不能甘心而去。查柳河自受刀匪后，已十室九空，而刀匪犹日夜筹划攻柳者，盖其意非在柳河也。据探各股匪大体计划，在扰乱东边全区，而柳河介于海龙、东丰、西丰、西安、金川等县之间，为山城镇之咽喉，居沈海路梅西线之要路，如各股匪欲在各处扰乱，深恐柳河出兵抚其背而受夹攻之危，是以柳河与各邻县形成犄角之势，匪人必得柳河而后方能肆行无忌，此其所以甘冒不韪，协力攻柳有由然也。

县长待罪此间，目睹以上情形，遂会同驻军协力防御，昼夜梭巡，但以兵力单薄，仅足防守，如匪势增加，并防守亦恐不足，兼之目前青纱帐起，匪人利此时机欲在各处扰乱，势必出全力以图柳，俾遂其祸乱东边全境之私欲。为保全东边计，不能不妥筹通盘之计划。

查目前治标办法，惟有调重兵驻柳，一面防守，一面驻剿，盖能剿然后能守，此治标办法也。至治本办法，对于通化匪巢，如能其根本覆灭，则其余各股匪不难迎刃而解。惟际此时机，能否抽调大军剿覆其巢穴，或须缓图，均待钧署详加筹划。而目前急务，但期于可能范围内，详筹所以保全柳邑者，藉存东边之屏藩，庶免日后全局糜烂，难于收拾也，是为切要。县长管见所及，是否有当，理合具文呈请鉴核示遵。谨呈。"《伪柳河县长陈玉铭给呈伪省公署文》（1932 年 8 月 2 日，呈字第 47 号），载中央档案馆、中国第二历史档案馆、吉林省社会科学院合编：《日本帝国主义侵华档案资料选编：东北"大讨伐"》，北京：中华书局，1991 年，第 85—86 页。

八月三日，《时事新报》载："（电通社二日间岛电）今晨六时王德林军，大刀、红枪等之联合军，约二千名攻击敦化城，与日守备队在激战中，迄正午，义军方面死三百七十名，日军死伤亦达十九名，日军人数太多，现在苦战中。"《东北国民救国军最近抗日情形》，载《华侨周报》，1932 年第 1 卷第 11、12 期合刊，第 32 页。

八月三日："一区边门长岭子（城南方距城二十里），匪首不详，部下十余人。据警务局报告，本日上午十时许，城南长岭子地方，突发现步匪十余名，邻村仍无何动静，该匪适与日本乘压车子巡查守备队相遇，互相射击。当时将日守备队兵击伤二名，击毙开驶压车夫日人一名，驻凤警备队当即前往痛剿中。""奉天省警备司令部关于'匪首'东洋好等在凤城四台子武家沟一带活动并打死打伤日本守备队兵情形的情报（一九三二年八月十一日）"，载赵焕林主编：《东北抗日义勇军档案史料》（第 5 册），北京：线装书局，2015 年，第 14—15 页。

八月四日，《时事新报》载："（申时社三日北平电）外息，王德林军二日夜克敦化及太平岭，敦化至天宝山间铁路，即日方急极完成之吉会路，现被王军破坏六段，敌归路断，数月来日方苦心经营之工程，至此尽毁。按吉会路线所未成者，仅起敦化终天宝山一段，吉会路完成后，其在军事上之影响，为日一有事满洲，必出此道，以与南满安沈并进，形成犄角之势。盖日本虽据有南满路，而自日本向南满路运兵，由大阪至长春，长约需九十二时，如改向吉会路运兵，由大阪至长春，则五十一小时已足。现该路工程被毁，实予日方以重大之打击云。"《东北国民救国军最近抗日情形》，载《华侨周报》，1932 年第 1 卷第 11、12 期合刊，第 32 页。

八月五日："夜间，罗明星率七、八百人，攻破日本人开办的沐石河永衡当铺，缴获长枪 40 多支，当铺伙计、群众 100 多人加入罗部。"九台县地方志编纂委员会：《九台县志》，长春市地方志编纂委员会，2001 年，第 697 页。

八月六日，伪磐石县公安局六分局电话报告："五日晚十二时，会同保街第八队并屯会，在本街西首与匪首金五龙帮约五六十人接仗约一小时之久，匪势不支，纷纷向西南逃去。""奉天省警备司令部关于金五龙在磐石县与县警接仗及长青、还阳、孟尝君等在永吉县活动的情报（一九三二年八月二十三日）"，载赵焕林主编：《东北抗日义勇军档案史料》（第 5 册），北京：线装书局，2015 年，第 185 页。

八月七日，电通社长春电："六日午后六时，义勇军约三百名，袭击长春东方之下九台，准备沿吉长铁道进攻长春，日军探悉后，即派飞机前往轰炸。"《义勇军袭击下九台》，载《申报》，总 21314 期，1932 年 8 月 8 日，第 4 版。

八月七日："晚，文家堡子一带发见匪人十五六名，武装齐整，匪首不详，窜扰于文家大岭。""安奉地区警备司令部关于邓铁梅部下李庆盛、李福田等在凤城、安东等地活动的情报（一九三二年八月十七日）"，载赵焕林主编：《东北抗日义勇军档案史料》（第 5 册），北京：线装书局，2015 年，第 101 页。

八月八日："早三点钟，匪部李庆盛等率领匪一百六十余名，在红旗堡子与该县警察大队相遇，当即互相攻击，该县警察队安班长身被重伤，移时身死。击获匪人头目一名，匪势不支，遂即溃退。""安奉地区警备司令部关于邓铁梅部下李庆盛、李福田等在凤城、安东等地活动的情报（一九三二年八月十七日）"，载赵焕林主编：《东北抗日义勇军档案史料》（第5册），北京：线装书局，2015年，第101页。

八月八日："下午五时，鸭江区第一营第三连，在五人班南约十华里许行威力搜索，突来包司令所部刀匪百七八十名，当与接触，激战二小时，匪势不支，向南逃窜。当场击毙刀匪三名，俘掳一名，得七九步枪一支、扎枪二支。""奉天省警备司令部关于'刀匪'包司令、北斗等在鸭绿江五人班及山城镇等处活动的情报（一九三二年八月十二日）"，载赵焕林主编：《东北抗日义勇军档案史料》（第5册），北京：线装书局，2015年，第18页。

八月九日："磐石西太平屯发现胡匪一千余名、大刀匪二千余名，匪首张大卵子、梁少伯等。住磐石铁道守备队杨大队长带该队第一营全营及迫击炮连，于九日上午十二时由磐石出发，前往迎击。于下午四点行抵该处，与匪接触，匪势浩大，被匪抢去迫击炮两门、炮弹九箱，迫击炮连长吴连升受伤，该营第二连徐连长及三连赵连长与士兵共三十名，均无下落。杨队长率其余之各连，于晚十二点回磐石。""奉天省警备司令部关于'刀匪'张大卵子、梁少伯、大洛疙瘩、冯占海、宫长海等在吉林境内活动的情报（一九三二年八月十九日）"，载赵焕林主编：《东北抗日义勇军档案史料》（第5册），北京：线装书局，2015年，第128页。

八月十日："午后六时，安东县太湖村（距安东北方四十杆十万分之一），有匪首'靠山红'、'铁雷'率部下匪五六百名，该匪等在该地盘踞。已派守备队百余名及公安队三四十名前往剿捕。""奉天省警备司令部关于'匪首'靠山红、铁雷、李庆胜等在安东、凤城等地活动的情报（一九三二年八月十五日）"，载赵焕林主编：《东北抗日义勇军档案史料》（第5册），北京：线装书局，2015年，第55页。

八月十日："义勇军约万余人，突将凤城包围。"博敄：《最近东北义勇军的活跃及我们应有之努力》，载《东北月刊》，第1卷第4期，第59页。

八月十日："日军向岭西进攻，住新卉岭与自卫军李英奎、康荣贵营激战，日军被击毙10余人，自卫军营长康荣贵等20余人牺牲。"浑江市地方志编纂委员会编：《浑江市志》，北京：中华书局，1994年，第272页。

八月十日："宋国荣联合其他抗日武装共 4600 人围攻磐石县城，并攻入县城，后因日军援军到达，抗日军于 15 日撤出战斗，史称'磐石事件'。"吉林市地方志编纂委员会：《吉林市志》（大事记），长春：吉林人民出版社，2002 年，第 138 页。

八月十一日，伪清原县公署报告："午前十时，北三家驿西方黑石木村（距清原四十支里），有匪首逼累、镇北侯、海打等率领部下三百余名，由新宾县窜入黑石木一带，清原县公安第二队及第一分队，会同黑石木村乡团严防中。""奉天省警备司令部关于海打、镇北侯等在海龙、清原等地活动的情报（一九三二年八月十三日）"，载赵焕林主编：《东北抗日义勇军档案史料》（第 5 册），北京：线装书局，2015 年，第 30 页。

八月十三日，伪凤城县公署报："八月九日，红旗堡村（凤城西方约三十三杆）有匪首李庆胜率部下匪二百四十余名。该匪由四区蜊蛄沟方面窜来，刻在该村盘踞。警察大队长率步警一百零七名赴四区一带，于八月九日早三时行至该村，被该匪包围，警队猛勇抵抗，互战四小时之久，始将该匪击退。当场捕获匪首一名，我警队被匪掠去一三式大枪二棵，死亡一名。""奉天省警备司令部关于'匪首'靠山红、铁雷、李庆胜等在安东、凤城等地活动的情报（一九三二年八月十五日）"，载赵焕林主编：《东北抗日义勇军档案史料》（第 5 册），北京：线装书局，2015 年，第 55—56 页。

八月十三日，吉林永吉县乌拉街伪第二大队闫惠卿报告："八月十二日下午九时，宫匪部下二十八团匪首任全喜、田秀、费云青、草上飞、徐老九、耿三爷、平东、平海、中平等，共率匪三千余名，由北、东、南三面突然围攻乌拉街镇。赖我军警竭力抵抗，匪力不支，于十三日早三时向东北方舒蓝退去。""奉天省警备司令部关于'匪首'草上飞、占山好、耿三爷、平海、殿臣、任全喜、徐老九、平东等率众数千在永吉、辉南等县活动的情报（一九三二年八月二十一日）"，载赵焕林主编：《东北抗日义勇军档案史料》（第 5 册），线装书局，2015 年，第 164 页。

八月十三日，梅河口伪军骑兵六连张连长报告："昨（十二）日晚，突来刀匪二百余名，向我攻击，经我连竭力抵抗，并以一排由其左侧背行迂回攻击，匪势不支，纷向河南逃窜，当场获俘虏一名，得洋抬枪两枝、洋炮两枝。""奉天省警备司令部关于'刀匪'在黑山头、梅河口、海龙等地活动的情报

（一九三二年八月十六日）"，载赵焕林主编：《东北抗日义勇军档案史料》（第5册），北京：线装书局，2015年，第65页。

八月十三日，伪凤城县自卫团练长王渭东报告："五区四棵杨树（县西北一百六十里）村副刘士达率自卫警巡逻，行至方家隈（县西北一百六十里），由东方突来股匪三十余人，枪弹充足，均着灰色军服。当即开仗，战两小时之久，我方村副刘士达身先士卒，奋不顾身，致将颈部击伤甚重。该团练长王渭东闻讯，率自卫警百名赶至，将该股匪包围，现尚在击战中。""奉天省警备司令部关于'股匪'与凤城县自卫团交战情形的情报（一九三二年八月十九日）"，载赵焕林主编：《东北抗日义勇军档案史料》（第5册），北京：线装书局，2015年，第135页。

八月十三日："上午六时，殿臣匪二千余名，突由六区界闯进岔路河街，当时警团猛力抵抗，卒因众寡不敌，遂被攻陷，警团暂退街外。该匪进街后，由商号三合兴起，至东头大有金店止，因旁房间均被焚烧，分局、团所等处均成灰烬。""奉天省警备司令部关于'匪首'草上飞、占山好、耿三爷、平海、殿臣、任全喜、徐老九、平东等率众数千在永吉、辉南等县活动的情报（一九三二年八月二十一日）"，载赵焕林主编：《东北抗日义勇军档案史料》（第5册），北京：线装书局，2015年，第164页。

八月十三日："下午六时，海龙公安队在海龙东（约十余华里）沙河子，与胡匪接触（数不详），约战一时之久，将匪击退。""奉天省警备司令部关于'刀匪'在海龙山城镇及柳河一带活动的情报（一九三二年八月十四日）"，载赵焕林主编：《东北抗日义勇军档案史料》（第5册），北京：线装书局，2015年，第36页。

八月十三日："下午约七时许，在海龙河南岸（河在海龙南约二华里），发现刀匪（数不详），被我骑兵一团二四连击退。""奉天省警备司令部关于'刀匪'在海龙山城镇及柳河一带活动的情报（一九三二年八月十四日）"，载赵焕林主编：《东北抗日义勇军档案史料》（第5册），北京：线装书局，2015年，第36页。

八月十五日，伪清原县公署报告："八月十二日午前六时，城子镇（清原东方四十杆五十万分之一），有匪首'不股劲'率领部下匪一千余名，该匪首推举在新宾之李伪司令，并与海龙、柳河之各匪联络，拟于八月十五日为期，一齐击袭清原县城。""奉天省警备司令部关于'刀匪'王凤阁、王桐轩、常秀山等在朝阳镇等地活动的情报（一九三二年八月十五日）"，载赵焕林主编：《东北抗日义勇军档案史料》（第 5 册），北京：线装书局，2015 年，第 52 页。

八月十五日，伪清原县公署报告："八月十二日午前八时许，于新滨县界湾甸子、大苏河、转湘湖等处（距清原东南约四十杆），有匪首于溜子者，同大刀匪六百余名袭来，现下在该地盘踞中。""奉天省警备司令部关于'刀匪'王凤阁、王桐轩、常秀山等在朝阳镇等地活动的情报（一九三二年八月十五日）"，载赵焕林主编：《东北抗日义勇军档案史料》（第 5 册），北京：线装书局，2015 年，第 51—52 页。

八月十五日，伪凤城县公署报告："八月十四日，五区三道沟里小黑背（城西北方一百六十里），匪首不详，率部下三十余人。该匪十三日在四棵杨树方家隈子时，被我警团包围痛击，后待至晚间，乘隙奔至该处。练长王渭东跟踪追至，将该匪击散溃走。""奉天省警备司令部关于'匪首'长江好、平日好、小白龙、十二红、四海、扫北、雅东边、燕飞等率众在辽阳、本溪、凤城一带活动的情报（一九三二年八月二十二日）"，载赵焕林主编：《东北抗日义勇军档案史料》（第 5 册），北京：线装书局，2015 年，第 172 页。

八月十五日："早一时，匪首不详，率刀匪七八百余，向海龙县城围攻，反复冲锋数次。经我骑兵及公安队以猛烈火力痛击，激战三小时之久，匪势披靡，纷纷向西北及正南方向逃窜。""奉天省警备司令部关于'匪首'冯大法师、夏军长、赵锡九等率众数千、数百不等在东丰、梅河口、海龙等地与骑兵及公安队激战的情报（一九三二年八月十八日）"，载赵焕林主编：《东北抗日义勇军档案史料》（第 5 册），北京：线装书局，2015 年，第 115 页。

八月十五日，接伪鸭江地区杨参谋长报告：

"1. 据报，柳树河子、湾口沟子、青沟子等处处，均各有刀匪、胡匪五六百名，在该处盘踞。又据土民言，雷叛队长率刀匪千余名，拟于近一二日内围攻柳河县，现已由五道沟前进中。

2. 五奎顶子有救国军帮约五百余名，在该处盘踞。

3. 据派密探报告，三源浦之刀匪，刻密秘经大沙滩向北运动（似山城子方面）。""奉天省警备司令部关于'刀匪'王凤阁、大文子、救国军等在柳河、梅河口等地活动的情报（一九三二年八月十五日）"，载赵焕林主编：《东北抗日义勇军档案史料》（第 5 册），北京：线装书局，2015 年，第 57 页。

八月十五日，伪奉天省警备司令部行营周参谋报告：

"一、刻下有王凤阁率刀匪一千余名、王桐轩率刀匪一千余名、常秀山率匪五百余名、阚司令率匪千余名、白团长率匪五六百名，均在朝阳镇南二十余里平安川一带盘踞中，似有攻击朝阳镇、海龙之企图。

二、刻下，东丰附近有由辉南窜来之股匪约有两千余，其匪首不详。

三、鸭江廖司令于昨日（十四）早四时，对于柳河附近之刀匪实行出击，然该匪等均于十三日夜十一时退走，未能与匪接触，仍返原地。""奉天省警备司令部关于'刀匪'王凤阁、王桐轩、常秀山等在朝阳镇等地活动的情报（一九三二年八月十五日）"，载赵焕林主编：《东北抗日义勇军档案史料》（第 5 册），北京：线装书局，2015 年，第 51 页。

八月十八日，据东丰伪沈海地区司令部报告：

"1. 据探，于（十四）日晚，匪首冯大法师（二名）、夏军长、赵锡九、常司令等，率刀匪、胡匪约七千名（据俘获刀匪供称，实有一万五千人），集中于东丰县城东北双庙子一带，计议攻取县城。

2. 于十五日早七时，该匪等分三路（东北、正北、正西），向我县城围攻。我军竭力抵抗，匪等连续冲锋数次，一时呈极惨战斗，杀声震天，血战五小时之久。至午后一时，匪受我军重创，势极披靡，纷向城东山岗（距城约五里）一带溃窜。

3. 是役，俘掳刀匪七名，击毙刀匪一百零九名，伤二百余名，我军阵亡军官一名、士兵四名，伤二十一名，得获扎枪八十余支，杂色步枪七支。

4. 十五日早七时，东丰激战最酷，特由西安卫队杨营增援步兵二个连，行抵渭津车站，突来胡匪二百余名，我军当即下车，迎头痛击剿，匪受我军猛攻，纷向辽河源一带窜去。该两连遂复登车，开至东丰。""奉天省警备司令部关于'匪首'冯大法师、夏军长、赵锡九等率众数千、数百不等在东丰、梅河口、海龙等地与骑兵及公安队激战的情报（一九三二年八月十八日）"，载赵焕林主编：《东北抗日义勇军档案史料》（第 5 册），北京：线装书局，2015 年，第 114—115 页。

八月十八日，据梅河口伪骑兵一团三连张连长报告："十五日早三时，突来胡匪百余名，袭击我阵地，被我守兵以强硬火力击退，当场击伤刀匪数名，我军伤二名。""奉天省警备司令部关于'匪首'冯大法师、夏军长、赵锡九等率众数千、数百不等在东丰、梅河口、海龙等地与骑兵及公安队激战的情报（一九三二年八月十八日）"，载赵焕林主编：《东北抗日义勇军档案史料》（第5册），线装书局，2015年，第115页。

八月十八日："金山好、李殿、薛百等部，率领救国军三万余人，于十八日进攻山城镇、草市、英额门等处，于十九日全行占领。"《一周大事汇述：东北义军抗日近讯》，载《中央周报》，1932年，总第222期，第4页。山城镇，今位于吉林省梅河口市西南部。

八月二十日，北平电："辽东自卫军十八夜攻克辽海路距海龙九十里之梅河口。十九，西迄东丰县，东迄柳河县，义军已联成一气，即向海龙推进。已捕杀日侨五十五名、汉奸念余名，漏网者望风窜逃。日敌以海龙为沈海、吉海两路缩毂，集中死守。"《辽东义军声势复振》，载《中央周报》，1932年，总第221期，第5页。

八月二十日："拂晓，自卫军发起攻击，大刀会会员庄洪发手拎大铡刀首当其冲，吓得敌人丧魂落魄，争先逃窜。与此同时，李大光率部攻击斗虎屯车站，三排长杨青山和张德钦等摸进炮楼，活捉日军1名，伪军10余名，缴获三八马枪8支。刘克俭部俘伪公安队中队长高发及士兵83名，缴枪80余支，又收降金山雨部1分队士兵60余名，击毙日军官兵数十名。自卫军伤亡200余名。"清原县志编纂委员会办公室编：《清原县志》，沈阳：辽宁人民出版社，1991年，第437页。

八月二十日，电通社长春电："今日下午五时四十分，吉敦路额穆六道河间之铁桥，被王德林军炸毁；日军用列车抵该处后，立即停车，与义军交战，日军败溃，遗尸甚多。"《王德林炸吉敦路铁桥》，载《华侨周报》，1932年，第1卷第11、12期合刊，特载第28页。

八月二十日："午后十时许，刀匪约五百余名，围攻梅河口。我守兵极力抵抗，激战三小时之久，卒被我军击退。适铁甲车开到车站，轰击三炮，但匪已退去，仅伤百姓男妇小孩三人。此役计毙匪十余名，伤数名。""奉天省警备司令部关于清原日军于'匪'激战四时及窦虎屯、英额门等处铁轨被'匪人'拆毁中断情形的情报（一九三二年八月二十二日）"，载赵焕林主编：《东北抗日义勇军档案史料》（第5册），北京：线装书局，2015年，第175页。

八月二十一日，北平电："辽义军抗日战，现以沈海线最烈。辉南、西安两县，念日续被救国军及大刀会占领，海龙陷三面胁逼中。沈日军因铁路断，无法进援，念日、念一日迭派飞机多架，往柳河口、西安间轰炸，义军并不稍却。"《辽东义军声势复振》，载《中央周报》，1932 年，总第 221 期，第 5 页。

八月二十一日："自卫军第 6 路军一部袭击南口前火车站，颠覆货车一列。"清原县志编纂委员会办公室编：《清原县志》，沈阳：辽宁人民出版社，1991 年，第 437 页。

八月二十二日，伪凤城县公署报告："八月十五日晚十时，一区大堡（城东方四十五里），匪首不详，率匪徒三百余名，将驻该屯日本警察十余人包围。日警勇猛攻击，将匪击退，阵亡日本巡察山崎一名，匪无伤亡，绑去王朝栋等共十八名。""奉天省警备司令部关于'匪首'长江好、平日好、小白龙、十二红、四海、扫北、雅东边、燕飞等率众在辽阳、本溪、凤城一带活动的情报（一九三二年八月二十二日）"，载赵焕林主编：《东北抗日义勇军档案史料》（第 5 册），北京：线装书局，2015 年，第 172 页。

八月二十二日，日联社东京电："唐聚五指挥之朝鲜国境附近东边境义勇军，与大刀会成立联络，日来在沈海铁路沿线活动，破坏铁路、电线等，杜绝交通机关。二十日晚营盘守备队主力出动后，大批义勇军忽来攻破营盘，击破公安队，占领市内，日留守部队十六人誓死应战。"《辽东义军声势复振》，载《中央周报》，1932 年，总第 221 期，第 5—6 页。营盘站，位于今辽宁省清原县营盘村。

八月二十二日，日联社沈阳电："沈海线营盘车站昨日被义勇军占领，该地公安队已被解决。日军接到急报，派飞机侦察，义勇军包围日守备队猛击，守备队与外部之连（联）络割断，陷于孤立状态。昨晚以后之消息未详，日满联合军赶赴救援。"《辽东义军声势复振》，载《中央周报》，1932 年，总第 221 期，第 6 页。

八月二十二日："王凤阁部独立第一补充团团长施宝贵，率大刀会 800 余人第三次攻打柳河县城。队伍行至柳树河沟口时，与敌交战失利，伤亡 10 余人而撤退。"柳河县志编纂委员会编：《柳河县志》，长春：吉林文史出版社，1991 年，第 534 页。

八月二十三日："刘克俭、王彤轩部第 4 次攻打清原。自卫军用榆木炮开路，敌人纷纷后撤。接着，大刀队员一片喊杀声向敌群冲杀，巷战、肉搏达数小时。最后，伪军邵团被迫龟缩在炮台里死守。后因敌人来了援军，自卫军才撤出。"清原县志编纂委员会办公室编：《清原县志》，沈阳：辽宁人民出版社，1991年，第437页。

八月二十五日："方、阚率6000多人猛攻朝阳镇，重创守敌，后因伤亡过大，放弃阵地退至城外休整。"辉南县志编委会办公室编：《辉南县志》，深圳海天出版公司，1989年，第135页。

八月二十五日夜，王凤阁所部辽宁民众自卫军第十九路军所属阚子祥部、姜树魁部、方春生部围攻海龙县朝阳镇："在阚子祥的指挥下，方春生从南门攻城；姜树魁从西门攻城并负责占领火车站；阚本人率部从北门攻打。攻城战斗打响了，炮火满天，机枪吼鸣，东南西北处处都是喊杀声。阚子祥亲率突击队带头冒死冲锋决战。该部大刀会王大法师手举令旗，领着刀牌队冲向北山。伪军金川警团、护垦队在日军的一个中队配合下在朝阳镇北侧街道和北山下集中火力死死封锁北山口。自卫军倒下一批，又上来一批，阚子祥亲自端起机枪向日军猛扫。战斗一直打到第二天早晨，整个朝阳镇，炮声隆隆，硝烟弥漫，飘散到十几里之外。阚子祥部消灭了金川警团大部，击败了日军一个中队后攻入城内，一直打到北十字街姑子庙一带。正值两军一时难分难解、相持不下之际，忽有几架日机飞来向自卫军轰炸扫射。自卫军各路兵马遭受天上、地下火力夹击，伤亡惨重，进攻受挫。阚子祥只好派联络员到方部、姜部了解战况。不一时，联络员回来报告，姜本人受重伤，被敌人捕去，部队溃散；方春生部五次攻城，均未成功，死伤五百余人。阚子祥感到形势严峻，如不及时撤出战斗，有全军覆灭的危险。于是命令部队立即撤出朝阳镇，折路东进，寻找新的战机。"金云龙：《自卫军名将阚子祥》，载中国人民政治协商会议吉林省通化市委员会文史资料研究委员会：《通化文史资料》（第2辑），内部发行，1989年，第79—80页。

八月底至九月初，辽宁民众自卫军第十九路军王凤阁管下方春生旅，会同姜树魁旅、阚子祥旅、白锡五旅围攻通化朝阳镇。朝阳镇围攻战中，方春生旅战斗情况大抵如下：

8月25日，各路自卫军开始攻城，方春生部负责攻打城南门。他首先率部从郭船口渡河直取向安堡占领该地后，又经过四个多小时激战，自卫军击退守敌伪金川县公安大队，攻占了南门。接之，方春生指挥部下猛杀猛打，毙敌十三人，缴枪十余支，子弹一千六百多发。上田见城南门被自卫军攻占，十分惊恐，急调西北守敌伪辉南县队救援，两股敌军在日军督战下，疯狂向南门反扑。方春生两面迎敌，十分吃力，又兼三架敌机在空中扫射，自卫军死伤二百余人，方春生只得令部队边打边撤，从原路退回驻地。

九月初，方春生又率部两次攻城，均未成功。守城日军见方春生部攻城士气已经衰，便乘机反扑，将方春生司令部包围。方春生见状，急令团长于福洪组织突围。于率部两次强突均被敌人阻回。方春生第三次命令于福洪说：'蹚着血也要打出去。'于福洪甩掉上衣，一手挥刀，一手持枪，大喊一声：'跟我冲！'带领部下冲出大门，不幸被日寇机枪打断右腿，队员要抢救，他坚定地说：'不要管我，把枪带上，快保护方司令突围！'随即举枪自尽。方春生得知于福洪阵亡，大喊'给我杀，为于老师报仇！'一跃跳出大院，带队杀开一条血路，冲出了包围。自卫军这次突围战异常激烈，共伤亡二百多人。方春生率部撤到样子哨时，全旅只剩八十多人。金林：《民众抗日将领方春生》，载中国人民政治协商会议吉林省通化市委员会文史资料研究委员会：《通化文史资料》（第 2 辑），内部发行，1989 年，第 88 页。

朝阳镇围攻战中，姜树魁旅战斗情况大抵如下：

姜树魁率领装备精良的部队猛攻西门，片刻就破门而入，当攻入镇西侧三道街时，董营、商团拼命顽抗，敌人的《奉警情》一八一号战报也承认，'经反复冲击，鏖战四小时。'双方伤亡都很大，姜部无法扩大战果，就在这个时候，火车站的日本守备队又来增援，董营、商团乘机组织反击，姜部受到两面夹击，伤亡惨重，被迫退出西门。在撤退过程中，姜树魁为了掩护部队的撤退，不幸受重伤被俘。姜兴国：《忆前锋将军姜树魁》，载中国人民政治协商会议吉林省通化市委员会文史资料研究委员会：《通化文史资料》（第 2 辑），内部发行，1989 年，第 94 页。

八月二十七日，伪磐石杨县长电："为报荞麦轮站袭击列车之股匪，已派队三百余名出击矣。"《奉天省警备司令部通报》（1932 年 9 月 5 日，奉警情第 163 号），载中央档案馆、中国第二历史档案馆、吉林省社会科学院合编：《日本帝国主义侵华档案资料选编：东北"大讨伐"》，北京：中华书局，1991 年，第 130 页。

八月二十七日："（王凤阁部独立第一补充团团长施宝贵——笔者按）调集兵力 1500 余人，分路再行攻城（柳河县城——笔者按）。伪军借助工事，防守严密，以 50 余挺轻、重机枪封锁大刀会进攻要道，激战半日未能破城，大刀会伤亡 150 余人，撤回孤山子。"柳河县志编纂委员会编：《柳河县志》，长春：吉林文史出版社，1991 年，第 534 页。

八月二十七日，北平电："逆军刘宝麟旅驻舒兰一带之张杜蒋三营，顷突反正，投冯占海，且携去枪千八百，及野炮机枪等。日敌以刘部两次反正，失大批械，怒而押刘。"《一周大事汇述：东北义军抗日近讯》，载《中央周报》，1932 年，总第 222 期，第 6 页。

八月二十七日，秦皇岛电："救国军王德林、刘万魁部左路第一旅，近以密山县白泡子地方为根据地，向东路哈绥线扩展，并编铁血队五百名，秘入各枢要地点活动，以暗杀破坏为急务，颇多鲜民投入工作。"《一周大事汇述：东北义军抗日近讯》，载《中央周报》，1932 年，总第 222 期，第 6 页。

八月二十九日，伪磐石米旅长艳电报称："本午开奉客车在靠山屯南遭遇匪劫，职立派往磐石守备队一部驰往剿救等情。"《奉天省警备司令部通报》（1932 年 9 月 5 日，奉警情第 163 号），载中央档案馆、中国第二历史档案馆、吉林省社会科学院合编：《日本帝国主义侵华档案资料选编：东北"大讨伐"》，北京：中华书局，1991 年，第 130 页。

八月三十一日，电通社长春电："三十日午后八时，满载日本伤病兵之列车通过吉敦线蛟河拉法间时，线路□部为义勇军破坏，列车颠覆，机车破坏甚巨，机关手一名即死、二名重伤。"《日伤病兵列车颠覆》，载《申报》，总第21338 期，1932 年 9 月 1 日，第 3 版。

是月，苗可秀出兵岫岩城，俘虏日本顾问版鬼。文史办整理：《丹东历史沿革初探——截止至新中国成立前夕》，载中国人民政治协商会议辽宁省丹东市委员会文史资料研究委员会编：《丹东文史资料》（第 2 辑），1986年，第 5 页。

是月："金活带领十多名（汪清县——笔者按）游击队员，袭击北蛤蟆塘王地主家，夺取二支枪，十六发子弹。"文虎甲：《汪清县游击队的建立发展及其反日斗争》，载《延边历史研究》（第 3 辑），延吉：延边历史研究所，1988年，第 204 页。

是月："一天，六合堂李家响窑被破。当年的李家是五世同居的大户，共三个三合院，院中仅李氏家人就有一百五十多口，还有为避乱世来的外人一百余口。院中有井，院墙设有垛口和炮台，很多门都用麻袋堵死，只留西院角门进出，防守严实，武力装备也强。当天一早，从刘家店那边窜来三股土匪，其中有号称大、小'海交'的，经柳树河子直奔六合堂响窑大户李家。土匪挟持两个当地人为其领路叫开李家大门，假冒抗日救国军伊通八连的名义，闯入李家院中，在一枪未动的情况下，抢走所有的枪支和马匹。"大南乡土志编纂委员会：《大南乡土志》，内部发行，1989年，第22—23页。

是月："月初的一天拂晓，驻蛟河日伪军200余人，向田霖驻地新街、瓜茄一带进犯。二团于百川部在第一道防线进行抵抗后撤退。敌人占领了新街以后，接着又向瓜茄田霖司令部进犯。田霖亲率警卫连沿瓜茄河西岸布好阵地，与日伪军展开激烈战斗，敌人两次冲过河西岸，均被击退，并且死伤10余人，逃回县城。"蛟河县志编纂委员会编：《蛟河县志》，长春：长春出版社，1991年，第235页。

是月："上旬，日本侵略军到烟筒砬子讨伐，岭南游击队在还击中歼敌十余名。"珲春市地方志编纂委员会：《珲春市志》，长春：吉林人民出版社，2000年，第29页。

九月

九月一日："是日起，日军七百余名、伪国军千余名，由佳木斯经土龙山进迫我三道岗、二道河子各防地，当经我军陆宗岱及念四旅一部迎头痛击。激战七昼夜后，我方二十六旅增援，敌势不支，遂向依兰溃退。"《吉省义军抗敌近讯》，载《中央周报》，1932年，总第230期，《一周大事汇述》第5页。

九月二日："九路军在高家粉房，与东丰县小城子伪区长李成之率领的保安队和民团相遇。九路军副司令任志远与李成之原系东丰师范同学，便约李成之面谈，劝其举旗抗日，未曾想李成之认友为敌，断然拒绝，其民团葛队长竟然口吐狂言，要与自卫军决一死战。为了教训这伙认贼作父的败类，自卫军在高家粉房东侧的公路上设下了埋伏，当这伙民团趾高气扬地路过此地时，大刀队突然跃起，挥舞大刀长矛，杀得他们哭爹喊娘，葛队长也作了刀下鬼。大刀队乘胜追至郑家大院，伪军据堡固守，大刀队才撤退回营。此战缴获步枪3支、手枪1支、子弹200多发，打死伪民团葛队长以下4人。九路军大刀队法师王松年不幸阵亡。"徐宏臣：《三统河畔民众抗日首领包景华》，载中国人民政治协商会议吉林省通化市委员会文史资料研究委员会：《通化文史资料》（第2辑），内部发行，1989年，第140页。

九月二日："吉林救国军吴义成部攻克安图县城，收编了该县的伪保安大队。"《东北抗日联军大事记（1931.9—1945.11）》，载《东北抗日联军史料》编写组：《东北抗日联军史料》（上册），北京：中共党史资料出版社，1987年，第256页。

九月四日："日本第二十师团第一守备队，夜晚由朝鲜葡坪越江进入八道沟袭击吕海亭领导的大刀会，会员死伤百余人，并纵火烧毁大批民房。"长白县志编纂委员会编：《长白朝鲜族自治县志》，北京：中华书局，1993年，第481页。

就此事，《长白朝鲜族自治县志》另详载道："9月4日，日军160多人分两路渡江偷袭八道沟大刀会。大刀会被日军三面包抄，处于被动挨打地位。在激烈的战斗中，大刀会员虽然个个奋勇当先，以大刀长矛与敌人激战，但是难以抵抗具有现代化武器装备的敌人，会员伤亡惨重，各炮台相继失守，最后退守西炮台。敌人对西炮台久攻不下，诱降不成，便采用火攻。在敌人密集的火力封锁下，炮台里的大刀会员有四、五人突围成功。这次战斗，大刀会员牺牲100多人，其余会员突出重围，撤到抚松县。第二天，日军又越江到八道沟再次清剿大刀会员。所到之处，烧杀、抢劫、奸淫妇女，放火烧毁街里房屋、学校、商店，成千的群众家破人亡，无家可归。"长白县志编纂委员会编：《长白朝鲜族自治县志》，北京：中华书局，1993年，第351页。

九月六日："上午，再次发起攻击（攻击朝阳镇——笔者按），消灭了守敌多人，终因武器落后而未克。"辉南县志编委会办公室编：《辉南县志》，深圳：海天出版社，1989年，第135页。

九月七日："辽宁民众自卫军分7路共6000余人，围攻牛毛坞伪军据点，激战3昼夜，攻克牛毛坞街。毙、伤伪军各百余人，俘500人。"丹东市地方志办公室编：《丹东市志》（1876—1985）（1），沈阳：辽宁科学技术出版社，1993年，第63页。

九月七日："日军侵占柳河县城。"柳河县志编纂委员会编：《柳河县志》，长春：吉林文史出版社，1991年，第13页。

九月七日："和龙、延吉两县游击队联合行动，在延吉县花莲里遭到日军袭击，23 名队员、50 多名群众牺牲。"和龙县地方志编纂委员会编：《和龙县志》，长春：吉林文史出版社，1992 年，第 617 页。

九月八日："8 月底，自卫军第二方面军总指挥孙秀岩率部逼近山城镇。山城镇是伪满军于芷山部的老巢，驻有日伪军数千人。孙秀岩先向三源浦、东丰各派一支队伍，阻止南北方向的伪满军增援，自率主力 5000 余人进攻山城镇。9 月 8 日凌晨 3 时许，攻城部队从东、南、西 3 个方向发起攻击。7 时左右，自卫军突破南门，冲入城内。日伪军退入市街各大商户炮台和巷口碉堡内顽抗。10 时许，于芷山率部在日军飞机及地面轻重火器的掩护下，将突入城内的自卫军驱出。此战，毙伤日伪军 30 余人，自卫军伤亡 70 余人，攻城失败。"吉林省地方志编纂委员会编纂：《吉林省志·军事志》，长春：吉林人民出版社，1996 年，第 238 页。

九月十日：成立不久的东北民众抗日救国军第八路军攻克日伪军占领下磐石县城。详见宋文瑞、宋凌云等口述：《第八路抗日救国军司令宋国荣》，载政协吉林省磐石县委员会文史资料研究委员会编：《磐石文史资料》（第三辑），内部发行，1989 年，第 42 页。

九月十日："黎明，各路抗日人马数千人，将磐石县城围得水泄不通。城之东南角有日军炮台，震耳欲聋的炮声不断。张胃子率领的大刀会怒气冲天，杀声迭荡，无数次地爬城猛攻。在兄弟队伍的配合下，终于攻陷了城池。守城日军蜷缩在东南炮台里死守不出。日军士兵被打死五名（城南墙下两名，文庙右侧三名）。其余日伪军警溃散一空。"沈友：《张胃子其人》，载政协吉林省磐石县委员会文史资料研究委员会编：《磐石文史资料》（第四辑），内部发行，1991 年，第 32 页。

九月十二日，中央社天津专电："辽宁东边道所属十四县均在义军总司令唐聚五势力范围，约三万人，与各地大刀会民团联络。日关东军司令部，认为第一劲敌。决全力对付，武藤全权，下令由十一日起开始军事行动。前锋部队在沈海县大南门与大刀会五百人发生激战，唐亦下令全部准备，战云密布，十四县区内，空前激战，将由兹开始。"《周人事汇述——东北义军抗日近讯》，载《中央周报》，1932 年，总第 228 期，第 9—10 页。

九月十二日，北平电：唐聚五军攻山城子，与日敌及于芷山、廖弼塵两逆部激战一昼夜，杀敌百余。廖部全包围缴械，遂克山城子，现越深海线北进中。海龙县所属各地，已悉入唐部手。《一周大事汇述——东北义军抗日近讯》，载《中央周报》，1932年，总第228期，第10页。

九月十三日："第八路抗日救国军第二支队傅殿臣部，于9月13日攻占了磐石北部烟筒山和西部吉昌、朝阳山等地，同时派部队将双河镇到取柴河一段铁路的铁轨掀翻，枕木烧毁，以迟滞日伪军的增援。" 宋文瑞、宋凌云等口述：《第八路抗日救国军司令宋国荣》，载政协吉林省磐石县委员会文史资料研究委员会编：《磐石文史资料》（第3辑），内部发行，1989年，第42页。

九月十四日电："李子阳部佳晨，在吉长路土门岭、河湾子两处拆毁路轨，割断电线，并将站中器物带走。"土门岭（位于今吉林省九台市境内）《东北国民救国军最近抗日战况续》，载《华侨周报》，1932年第1卷第13期，第29页。

九月十四日，北平专电："日机三架飞通化县城掷弹，经唐聚五部用高射炮轰击遁去，毁民房三间，并散放传单，末署奉天警备司令于芷山，语极荒谬。"《日机飞通化城掷弹》，载《申报》，总21352期，1932年9月15日，第3版。

九月十五日："凌晨，攻城战斗打响。担任攻取北山炮台任务的'时团'一线部队，首先冲上北山主峰，占领炮台，把炮瞄准具砸毁。吴义成带领攻城部队一部也到达城边。但是，担任两翼进攻的'单团'和'陈团'，只顾保存实力，攻城开始不久，'单团'就逃回安图去了；'陈团'在进至距敦化5公里的西小石河时，打了几炮就逃向桦甸去了。"吉林省地方志编纂委员会编纂：《吉林省志·军事志》，长春：吉林人民出版社，1996年，第235—236页。

九月十六日，《申报》载哈尔滨通信："本月二日，王亲率四千之众，进取敦化，当地日军一联队，于深夜突遭包围，狼奔豕突，走头（投）无路，混战达二时之久，大尉一名、曹长及军曹六名均战死，兵士死伤无算，遗下山炮两门、铁甲车一列，残部向黄泥河退却，王部即于三日晨入城。"《王德林攻敦化》，载《申报》，总21353期，1932年9月16日，第8版。

九月十六日，《申报》载："王德林攻敦化。王德林与宫长海两部联络已成，王部由东宁、宁安出兵，取敦化、蛟河，以断吉会路日军之联络，并破坏该路之建筑，策应宫长海军攻取吉林。王近延外国技师，在宁安、东京城间，设一兵工厂，制药弹枪械，并可造迫击炮，故近来军实甚充。本月二日，王亲率四千之众，进取敦化。当地日军一联队，于深夜突遭包围，狼奔豕突，走头（投）无路，混战达二时之久。大尉一名、曹长及军曹六名均战死，兵士死伤无算，遗下山炮两门，铁甲车一列，残部向黄泥河退却，王部即于三日晨入城。现东宁一带王部军队，仍向敦化输送中，将集中兵力向吉林进发。日军驻守吉林者，因宫长海军之牵制，对于敦化，无暇援助，故敦化自王军收复后，市面照常营业。又王军之攻敦化，前后约十数次，均以弹药缺乏，功亏一篑而退。查该地为吉东屏蔽，即吉会险要之一，兹既克复，吉林如断一臂矣。"《北满义勇军战况》，载"国史馆"印：《东北义勇军——第二次中日战争各重要战役史料汇编》，台北："国史馆"，1981 年，第 291 页。

九月十七日，路透社北平电："王德林部下军队与冯占海所统义勇军，夹攻吉林，故吉林海伦与吉林敦化之铁路交通，皆已中断，吉林满军大为狼狈。"《一周大事汇述》，载《中央周报》，1932 年，总第 225 期，第 12 页。

九月十七日，山海关电："攻吉林之王、冯部队，得吉省警卫军一营之内应，十四夜一度袭入永吉城郭，与日逆军全力恶战，至十五午始退出。是役歼逆无数，夺获战利品尤多。现我军仍集据四郊，包围省垣，日逆军固守省城，急待应援中。"《一周大事汇述》，载《中央周报》，1932 年，总第 225 期，第12 页。

九月十八日至二十一日：义军王德林部第一支队马德山，于九月十八日晚九点攻击大孤山（今吉林省伊通县境内——笔者按），与伪部李军及日军，接触三日夜，敌全部被我军包围。至二十一日早七点正式占据，及十二点，各界悬青天白日旗欢迎我军。此役杀敌千余名、伤五千余名，俘掳二十余名，获枪二百五十余枝、迫击炮二门，军用品甚伙。我军计阵亡兵士十七名，伤百余名。《吉省义军抗敌近讯》，载《中央周报》，1932 年，总第 230 期，一周大事汇述第 5 页。（注：此役中，义军马德山支报告队毙伤日伪军人数过多，当存在严重虚报现象。）

九月十八日，辽宁民众自卫军第二十一路军关向阳所部，配合孙秀岩部攻打山城镇。"晨三时许，关向阳、孙秀岩两路军各选精兵千余人，由东、南、西三面向山城镇发起了总攻。炮声隆隆，杀声四起，鏖战四小时，城未攻下，自卫军主动撤退。此役毙敌 20 余人。"王集才：《龙岗北麓崛起的两支抗日劲旅》，载中国人民政治协商会议吉林省通化市委员会文史资料研究委员会：《通化文史资料》（第 2 辑），内部发行，1989 年，第 152 页。

九月二十日，"上午，关向阳大刀队在山城镇西南二龙山村公所，截击了敌军的给养车。此战活捉伪军排长 1 人，毙伤 5 人，缴获步枪 4 支、手枪 2 支、乘马 6 匹以及若干给养。"王集才：《龙岗北麓崛起的两支抗日劲旅》，载中国人民政治协商会议吉林省通化市委员会文史资料研究委员会：《通化文史资料》（第 2 辑），内部发行，1989 年，第 152—153 页。

九月二十二日，北平专电："王玉东率部约三千余名，于奢岭等处向伊通县推进，由邓玉鹏指挥，与敌激战约十一小时，双方均有伤亡，该地因有前受义军委任之李润由、庄子耕两部在内响应，当将伊通县完全克复。"《辽北义军克复开通》，载《申报》，总第 21360 期，1932 年 9 月 23 日，第 3 版。

九月二十六日，北平专电："冯占海密函留平某军官，报告围攻吉林经过，略谓分五路直攻吉林：第一路向龙潭山吉敦路江桥方面进攻，第二路向小白山温德河进攻，第三路攻欢喜岭，第四路进攻吉长线之哈达湾小九站，第五路在尤家屯，对江为总预备队。吉林已被围，昨午敌机十四架，在渡河地点向我军掷弹，炸死支队骑兵一连。昨我全部总攻吉林，敌用飞机大炮顽抗，至深夜方止，计先后死我官兵五百余人，日军被我在株皮厂下九台之间手刃二百余人，活捉五十七人，内有中校参谋一、少校大队长一、上尉队长三。"《冯部进攻吉垣经过》，载《申报》，总第 21364 期，1932 年 9 月 27 日，第 3 版。

九月二十六日，北平电："唐聚五部李春润旅，念四在通化附近念里处，邀击敌南九联队，敌死伤三百余。复与大刀队包围伪靖安军，伪军降者五百。念四夜，唐与李协向通化返攻，天明夺回通化城。"《辽省义军抗敌近讯》，载《中央周报》，1932 年，总第 230 期，《一周大事汇述》第 6 页。

九月二十八日，北平电："义军一部于二十四日攻克吉长路之下久台车站（即九台车站——笔者按），当将站焚毁，日满军协同迎击，双方战争甚烈，吉长路已数日不通。"《义勇军行动愈积极》，载《红色中华》，1932 年第 36 期，第 5 版。

九月二十八日，北平专电："冯占海部二千余人，二十四日攻陷下九台车站，将车站焚毁，吉长路不通，伪国派武毓霖率保安队协同日军往击，刻战况不明。"《吉长路火车不通》，载《申报》，总第 21366 期，1932 年 9 月 29 日，第 3 版。

九月三十日，中央社北平专电："吉西义军王德林，前派第五旅由珲春取道钟城攻上峰，与该地日守备队遇，战甚烈。姚吉行部，由延吉攻龙和，将天图路至图们江路轨，完全破坏。"《吉义勇军围攻伪都》，载《中央周报》，1932年，总第 227 期，第 11 页。

九月，吉林城攻夺战："9 月 7 日，救国军主力，于其塔木（今天九台县东北约 45 公里）以东数处渡口抢渡松花江成功。9 日，兵临吉林城下。10 日凌晨，宫长海率部发起总攻。日伪军一面组织兵力抵抗，一面迭电新京（长春）请求援兵。救国军各路攻城部队，从拂晓战至午后，伤亡不少，第一天攻城未克。11 日，宫长海集中炮兵火力向城内守军轰击，掩护第一线部队攻城，终因守城日伪军火力猛烈，防备甚严，第二次攻城又受挫。12 日夜，宫长海挑选数百名精壮人员组成'敢死队'，在夜幕掩护下打开突破口，同日伪军展开争夺战，但因后续梯队受阻，'敢死队'孤军奋战，无力巩固既得阵地，大部队员英勇牺牲，余部撤出城外。"吉林省地方志编纂委员会编纂：《吉林省志·军事志》，长春：吉林人民出版社，1996 年，第 232 页。

是月："（汪清——笔者按）县游击队端了南蛤蟆塘伪军的炮楼，缴获六支钢枪。"文虎甲：《汪清县游击队的建立发展及其反日斗争》，载《延边历史研究》（第 3 辑），延吉：延边历史研究所，1988 年，第 204 页。

是月："乌拉街一带 12 股土匪（群众称绺子），火烧亚复、学古、北兰等屯和丰口世袭一等侯关家府邸。"永吉县志编纂委员会编：《永吉县志》，长春出版社，1991 年，第 11 页。

是月："一个黑夜，薛大法师调动从乌林沟、刘家店、池水等方面来的大刀会、月亮队和红枪会两千余人联合攻入蛟河。在来自舒兰老黑沟的红枪会员的配合下，把日军守备队团团围住，经过几次拼杀，挑死日军 10 余人，最后把他们仅仅逼进楼内。守备队从楼内向外射击，大刀会也死伤多人，后来终因抵挡不住敌人钢枪实弹的射击，于拂晓前分别撤离蛟河。"蛟河县志编纂委员会编：《蛟河县志》，长春出版社，1991 年，第 236 页。

是月："磐石县发生了一件极为震动人心的事，即原东北军磐石驻军一营宋国荣部举起了救国义勇军大旗，率领数千爱国民众，一举攻下了日本侵略者侵占的磐石县城。"政协吉林省磐石县委员会文史资料研究委员会编：《磐石文史资料》（第四辑），内部发行，1991年，第9页。

是月："下旬，抗日游击队与救国军第十五团孔宪琛部400多人联合攻打珲春县城，乘夜攻入，激战三小时退出。杀伤敌人30余名，缴获步枪20多支。"珲春市地方志编纂委员会：《珲春市志》，长春：吉林人民出版社，2000年，第29页。

是月："下旬，珲春县反日游击队与救国军联合，攻克珲春县城。"《东北抗日联军大事记（1931.9—1945.11）》，载《东北抗日联军史料》编写组：《东北抗日联军史料》（上册），北京：中共党史资料出版社，1987年，第257页。

十月

十月五日，北平电："王德林所属义军孔宪荣部骑兵一营、炮兵一营、工兵三营，上月二十九向吉林进攻，至近郭地方，与日军接触，激战一昼夜，日军溃退，获大枪三十余支，伤亡日军九十余名，刻已进抵龙潭山附近。吴义成步兵一旅机枪连两连，三十由防地越延吉进袭龙井村，由龙井村至上山峰间之火车铁轨五十余里拆毁，并将图们江铁桥炸断。嗣由么、刘两团协助，向一面坡推进与敌激战两日，刻仍在相持中。姚吉行部同时亦向前推进，已将头道沟、二道沟、三道沟占领，俘获日兵两大队，计九百余名。王德林刻正亲率所部猛攻延吉，该地日军迭被挫伤，敌气已馁，日内决可克复。"《吉义勇军围攻伪都》，载《中央周报》，1932年，总第227期，第11页。

十月九日："罗明星率部攻进九台县城，捣毁伪县公署，伪县长抱头逃遁，缴获枪支100多支，拆毁县城西部铁路轨道。"九台县地方志编纂委员会：《九台县志》，长春市地方志编纂委员会，2001年，第697页。

十月十一日，华联社天津电："安东义军朱子荣部约千余，冬（二日）晨攻占鸭绿江下游大东沟商埠，破坏各伪机关，与日军警激战，后退，另一队同时捣毁浑水泡日警所。"《朱子荣攻占大东沟》，载《华侨周报》，1932年第1卷第16期，特载第19页。

十月十一日："日军骑兵第一旅团兵分3路，向通化方向进犯。自卫军第二、第三方面军各部逐次进行抵御，且战且退。"吉林省地方志编纂委员会编纂：《吉林省志·军事志》，长春：吉林人民出版社，1996年，第238页。

十月十二日："日军高波旅团率两个骑兵联队、一个步兵营、一个炮兵中队，外加两辆坦克，总兵力约八百余人，于十月十二日下午五时进驻了柳河，意欲扑灭三统河畔的抗日烈火。"徐宏臣：《三统河畔民众抗日首领包景华》，载中国人民政治协商会议吉林省通化市委员会文史资料研究委员会：《通化文史资料》（第2辑），内部发行，1989年，第142页。

十月十三日："日军侵占三源浦。"柳河县志编纂委员会编：《柳河县志》，长春：吉林文史出版社，1991年，第13页。

十月十三日："日军突破第十九路军防地，五人班、安口岭先后失守。自卫军各部陆续向通化转移。第十六路军一部撤至二密附近时，被日军骑兵包围，自卫军官兵在参谋处长赵永明指挥下，顽强拼搏，终因寡不敌众，全部壮烈殉国。与此同时，日军第二师团一部也从临江方向向通化进逼。"吉林省地方志编纂委员会编纂：《吉林省志·军事志》，长春：吉林人民出版社，1996年，第238页。

十月十四日，鸭绿江地区伪军司令廖弼宸、中校参谋周良宪报告："日军东部高波兵团长率骑兵两联队（计六连）、步兵一营、炮兵一中队（野炮六门）、坦克车二辆（总计兵力约八百余名）于十二日下午五时到达柳河宿营。十三日晨，将集中柳河之兵力即行分进，命鸭江区司令部及所属各部队（欠第一营）附骑兵陶连，由东路经驼腰岭（柳河东十二公里）随日军兵团长向通化方向前进；其余鸭江区步兵第一营及骑兵第一团（欠陶连），由西路随日军骑兵第八联队，经五人班（柳河西南十三公里）、安口镇（柳河西南二十公里）向三源浦（柳河南二十五公里）方向前进。十三日午后三时，东路各部队将驼腰岭及五道沟（柳河东南二十三公里）等处之匪，均行驱除（得获枪炮甚多），至八时许到达三源浦附近，该处之匪已被击溃，遂将三源浦完全占领，其余残匪纷纷向通化方向逃窜（遗弃服装、炸弹、给养甚多）。"《伪奉天警备司令部情报》（1932年10月19日，第366号），载中央档案馆、中国第二历史档案馆、吉林省社会科学院合编：《日本帝国主义侵华档案资料选编：东北"大讨伐"》，北京：中华书局，1991年，第86—87页。

十月十四日，反日武装"北斗"、"天宝"等部，被日伪军围困于山城镇附近，旋解除武装收编。就此，《伪奉天警备司令部情报》内载：

"于十月十四日将该匪诱至头八呼（山城镇东一公里）地方，于该日夜间一时将匪包围，严密布置，迨天明，匪人察觉已无逃窜之可能，并晓以利害，允其收编，该匪即解除武装，听候点编，计人马各九百九十一员匹，步枪二百十七支，小枪六十三支，洋炮、抬枪五十余支，扎枪五百余支，子弹四千余粒。已将各种枪械、子弹全数缴收，所有匪人准其各带原马，有枪者每人发给现洋十元，无枪者每人二元，令其回家各安生业。"《伪奉天警备司令部情报》（1932 年 10 月 19 日，第 366 号），载中央档案馆、中国第二历史档案馆、吉林省社会科学院合编：《日本帝国主义侵华档案资料选编：东北"大讨伐"》，北京：中华书局，1991 年，第 87 页。

十月十四日，电通社沈阳电："往攻东边道义军之日满联合军，于东南西北四面包围义军，被包围者达三万人，总司令唐聚五尚图突围返通化，日满联军即将开始总攻。"《日讯传义军被包围》，载《申报》，总第 21381 期，1932 年 10 月 15 日，第 3 版。

十月十四日："日军占领通化东 30 公里的五道江。自卫军总司令唐聚五被迫下令各部向抚松一带撤退。"吉林省地方志编纂委员会编纂：《吉林省志·军事志》，长春：吉林人民出版社，1996 年，第 238 页。

十月十四日："（吉林自卫军）左路王德林部孔宪荣率队攻入宁安，日军负隅顽抗，卒因火力不敌，逾日即行退出。"《李杜、丁超报告吉林自卫军十月间抗日战况电》（民国二十一年十一月十二日），载"国史馆"印：《东北义勇军——第二次中日战争各重要战役史料汇编》，台北："国史馆"，1981 年，第 154 页。

十月十五日，《申报月刊》一卷四号载辽宁自卫救国军在东边道各县的抗日情况，报道称：

"唐聚五自四月下旬树自卫救国军旗帜，决心抗日，凭辽东山险，内则团结各县义军，外则向沈海路一带进攻日军。辽东的地方，东南两面接朝鲜，北面临吉林，为旧东边镇守使辖地。山脉纵横，为四塞之地。通化居其中，兴京控其西。北可与吉林义军取得联络，西可截沈海路中段，以攻抚顺，胁沈阳。唐氏原控制十四县，统辖十九路。经四个月活动的结果，最近已占有十八县，海龙、抚顺数战以后，声威大振，乃在通化开军民大会，即设立辽宁省政府，以示根本否认辽省为日人所有，并号召各县来归。唐聚五被推省政府主席。这是东边各地恢复的情形。不过东边各县数月来努力抗日，负担颇巨，筋力已疲。唐聚五通电乞各地同胞解囊救济，也是我们关内人民于兴奋之余所应注意的。"《义勇军奋斗的成绩》，载国史馆印：《东北义勇军——第二次中日战争各重要战役史料汇编》，台北：国史馆，1981 年，第 305 页。

十月十六日，北平专电："进攻伊通义军被日军包围数日，势极危险，驻双阳、桦甸之援军王玉东部，十二夜开到，内外夹击，日军十三拂晓溃退，伊通之围遂解，获敌械百余支，毙日军五十余名。"《围伊通日军被击溃》，载《申报》，总第 21383 期，1932 年 10 月 17 日，第 3 版。

十月十六日："旺起'红枪会'参加吉林省抗日义勇军总指挥冯占海所指挥的攻打驻吉林市日军的战斗。在战斗中红枪会员，英勇顽强，使敌望而生畏。终因敌我兵力悬殊，'红枪会'撤离。"永吉县志编纂委员会编：《永吉县志》，长春出版社，1991 年，第 11 页。

十月十六日："日本侵略军骑兵第十三联队（一个团的兵力）在星部队长的指挥下，攻破了辽宁民众自卫军第八路军在老岭（辉南、濛江两县的界山）的防线，于次日侵入濛江县城。"封志全主编：《抗联一路军在濛江》，长春：吉林大学出版社，1990 年，第 121 页。

十月十九日，北平专电："十四由新义州开来日军一千余人，即由安奉线开往凤城，并带有新式迫击炮二十门、炮弹多箱，闻桓仁、通化方面确有激战，但安东甚安谧。"《桓仁通化确有接触》，载《申报》，总第 21386 期，1932 年 10 月 20 日，第 3 版。

十月二十日："二十日晚，（邓铁梅部——笔者按）袭击了敌人刚刚占据的黄土坎营地，击毙伪营长李怀臣等 10 余人，李寿山逃回大孤山。"刘贵田等：《中共满洲省委史研究》，沈阳：沈阳出版社，2001 年，第 297 页。

十月二十五日，华联社北平电："中韩联军北路司令李青天，奉李总司令凌然命，开拔所部赴通化援唐，行至哈泥河，突被日军骑兵队由朝鲜开来五百余名袭击，李部用手枪野炮抵抗，日军死伤八十余名，李部得战马二十六匹，士卒伤亡百余人。"《李青天部开赴通化》，载《申报》，总第 21392 期，1932 年 10 月 26 日，第 3 版。

十月二十六日，《申报》刊载辽吉黑民众后援会上海办事处所接总部电云："据张光华报称该部工作情形：九月二十日，攻陷伊通县城，先是由大队长占喜山率部七百余人，于月之十三日围攻伊通县城，前后包围七日，至是该县长率警察反正，具城遂陷。是役毙敌二十七人、口参事一名，计夺大枪五十余枝，我方死队长一人、兵士十余人。"《义军张光华部作战详报》，载《申报》，总第 21392 期，1932 年 10 月 26 日，第 9 版。

十月二十六日，北平专电："日前日军第廿九联队约三千余人，偕同靖安游击队四千余人，分三路向通化进攻，在通化南廿余里某处，与唐聚五部李春润大刀队接触，李部旋退却，将敌一部诱进包围，杀伤三百余。敌援军续至，以机枪扫射，李部伏地佯作受伤，诱敌迫进，群起反攻，敌死伤甚众，伪靖安队反正者极多，余均溃散，获军械甚伙。"《李春润部诱击日军》，载《申报》，总第 21393 期，1932 年 10 月 27 日，第 3 版。

十月二十七日，吉林自卫军攻占宁安县城。战事梗概为："旋于二十七日四面猛攻，于午后三时，将县城克复，敌向海林站方面退却，仍有一部占据北火磨院内不出，我方得获野炮四门、械弹甚多。"《李杜、丁超报告吉林自卫军十月间抗日战况电》（民国二十一年十一月十二日），载国史馆印：《东北义勇军——第二次中日战争各重要战役史料汇编》，台北：国史馆，1981 年，第 154 页。

十月三十日，北平电："日军以飞机百余架、坦克车数十辆、军队万余人，连日轰炸通化，唐聚五在城内指挥军队应战，激战数日，双方死伤极重，因日机飞翔极低，被击落十二架，城内民房兵工厂大牢被轰毁，情形极惨，唐为保全民命，退出通化。"《唐聚五部退出通化》，载《申报》，总第 21397 期，1932 年 10 月 31 日，第 3 版。

十月三十一日，北平专电："月初，日军以五个师团、飞机百余架，猛攻通化，肆意轰炸，唐部弹绝势孤，尽弃通化、桓仁等十六县，退守安图、抚松、蒙江，待机反攻。十三日，唐率第一旅长高伯翔部五千余人，往横道河子督战，因日炮猛烈，我弹不济退却，高旅长阵亡，唐仍奋勇指挥，在苏土崖等处击落日机七架，日兵死四百余名，血战三昼夜。日方派马龙骧到部劝降，许予百万日金，唐将马监押，激励士兵誓死相拼，唐左目受创。"《唐部击落日机七架》，载《申报》，总第 21398 期，1932 年 11 月 1 日，第 3 版。

十月初："（汪清——笔者按）县游击队在老松岭伏击日军铁路警备队四十余人，俘虏了全部敌人，缴获了大批武器。"文虎甲：《汪清县游击队的建立发展及其反日斗争》，载《延边历史研究》（第 3 辑），延吉：延边历史研究所，1988 年，第 204 页。

是月："中旬，李光别动队四十余名队员配合（汪清县——笔者按）游击队，在牡丹池学校桥头袭击北蛤蟆塘伪军孟营部，打死十余人，俘虏数人，缴获十一支步枪、一支手枪，一百五十发子弹，一百五十袋粮食，八十口猪，四十头牛。"文虎甲：《汪清县游击队的建立发展及其反日斗争》，载《延边历史研究》（第 3 辑），延吉：延边历史研究所，1988 年，第 204 页。

是月："汪清反日游击队与别动队配合在南蛤蟆塘附近伏击伪军孟营，毙伤敌 20 余名，缴枪 13 支。游击队队长金哲不幸牺牲。"《东北抗日联军大事记（1931.9—1945.11）》，载《东北抗日联军史料》编写组：《东北抗日联军史料》（上册），北京：中共党史资料出版社，1987 年，第 258 页。

十一月

十一月五日，北平专电："吉林救国军王德林电□云：职部王旅占领宁安后，一日已向关家堡、八铺子一带推进，在刘家堡与敌小有接触，旋即溃去，夺获步枪数枝。"《王德林部继续推进》，载《申报》，总第 21403 期，1932 年 11 月 6 日，第 3 版。

十一月五日，北平专电："救国军第七路司令乐法章部现占领清源、伊通、东丰等地，约一万五千人。十月三日攻东丰，与伪国军警血战三日，卒攻克。十七日攻清源，毁沈海路，毙日兵十余名，得步枪二十三支，并烧毁日领馆。十月九日，与日军五百余战于西丰边鹅沟，日军被我包围，激战五小时，毙日军九十人，得步枪七十三支、机枪两架、手提机枪四架、子弹两箱。"《救国军克东丰等处》，载《申报》，总第 21403 期，1932 年 11 月 6 日，第 3 版。

十一月六日，北平专电："吉林国军王德林部集中横道河子，日军派飞机二十余架掩护步队攻击，激战中日机被攻下七架，双方死亡均重，日军溃退，王派吴彝成率部沿吉敦线向吉林进攻，前锋已达距吉林省城四十里之江蜜蜂地方，双方仍相持中。吉林已降大雪，王部衣弹两缺，作战艰难，吉敦路前被王部破坏甚多，日方正赶修，王部拟俟日军修复后再大举破坏。"《吉救国军沿吉敦线进攻吉林》，载《申报》，总第 21404 期，1932 年 11 月 7 日，第 3 版。

十一月七日，《申报》载："九月二十九日，日军由珲春开往宁安六百余马车，悉载给养火药等项，我军乘天未明之际，经吴司令义成率部将敌军截作三段，击毙日护军四百余名，我军死伤十余名，截获给养车四百辆，机关枪四十余架、步枪二十余枝、子弹十万余发、迫击炮五门、弹二百余发。我军即以此项军器进攻东京（宁）城镇，于初二□攻下。此役血战，我军死五十余人，敌军死百余名。初八日，孔司令宪荣攻宁安城未克。初十日，适日汽油车二十一列过萨拉河子站以西，被我军利用弹击，燃烧其汽油，火光冲天，卒将该路完全破坏。所有日给养车三列、木车十五列亦均焚毁净尽。统计是役焚车四十余列，暨火车头一个，致日援军不能接济。我军乘机于十六日拂晓，由孔司令宪荣率万余人攻克宁安城，敌我伤亡相等。王司令现在东宁设有兵工厂、被服厂，计有工人二百六十人，因财政困难，子弹缺乏，无法发展，切盼接济，以利戎机云云。"《吉林救国军王德林部攻克宁安经过》，载"国史馆"印：《东北义勇军——第二次中日战争各重要战役史料汇编》，台北："国史馆"，1981年，第310页。

十一月九日，北平特讯："某方面昨接辽宁东边救国会委员长王肖文由通化北柳河县转来本月一日所发报告云：日军于上月十一日向我自卫军施行总攻后，分三路来袭，我军亦分四面迎战，计驻兴京县城之李春润任西路总指挥，守抚顺、清源两防线；驻柳河之王凤阁部任北路总指挥，守山城镇及沈海路沿线；唐聚五自率所属，守通化南辑安、桓仁及鸭绿江上下游；徐达三守鸭绿江上游临江县北松树镇一带。日军总攻开始，西路军首先应战，上狭河一役，日军五百余名相继崩溃，我军始终坚守原防。十五日起，日军南北两路呼应，猛烈冲进。北路军王凤阁部，以六万兵力奋勇抗战，历经十数役，双方伤亡甚众，每当肉搏时，我大刀队冲锋陷阵，杀敌无数，日军对之不寒而栗，故截至现时止，王部仍守原防。南路由朝鲜界内攻来之日军，步空联合，加以骑炮，声势甚猛，我唐总司令（聚五）亲率所部奋勇抗战，但以日军炮火猛烈，数日来通化、桓仁等县城连遭日机轰炸，人民损失甚重，唐氏以日军器械精良、平原不易作战，为爱惜民命起见，遂于二十二日令南路各部将桓仁、通化两县城退出，沿通化东北二密小西岔一带，向金川、抚松、长白、安图山林中撤退。东路徐达三由临江县城撤出后，即据守蚊子沟岭、松树镇一带。"《唐聚五部计划三路反攻》，载《申报》，总第21406期，1932年11月9日，第8版。

十一月九日，北平电："辽吉黑民众后援会军息，顷据吉林特务专员电称，日方于上月二十六日派遣护路军五百名，载运木料工人，赶修吉会路线，经王德林部吴义成率领义军千余名在某地（电码不明）设伏截击，用手溜弹击中敌车汽油，当时暴发，日军逃逸，复被伏兵包围，激战经日，全部歼灭。是役计获敌机枪九挺，步枪九百五十余支，山炮二门，迫击炮四门，子弹十二箱。"《王德林部向淇河进》，载《申报》，总第21407期，1932年11月10日，第3版。

十一月九日，《申报》载东北民众抗日救国军第五路司令栾法章战报内云："敝部第一军九月三日进攻东丰，与伪国军警接触，职亲在前方指挥，血战三日，卒将东丰攻克。十七日，第一军一二两旅并骑兵一旅进攻清源，毁沈海路，占领一昼夜，旋复退出。"《抗日军司令栾法章最近所报战况》，载《申报》，总第 21406 期，1932 年 11 月 9 日，第 8 版。

十一月九日，北平特讯："乐法章，现占领清源、伊通、东丰等地。司令部下分参谋、副官、经理、军械、兽医、传达、谍报、秘书、军法、军医、交际、交通十二处，并设军委、财委、政委、地方四委员会。所辖共两军，六个步兵旅，两骑兵旅，并手枪侍卫队一队，卫队团一团，大刀队一队，约一万五千人。乐氏昨有战报到平，报告最近作战状况，原文如下：

敝部第一军九月三日进攻东丰，与伪国军警接触。职亲在前方指挥，血战三日，卒将东丰攻克。十七日第一军一、二两旅，并骑兵一旅，进攻清原，毁沈海路，占领一昼夜，旋复退出。"《东北国民救国军抗日战况》，载《华侨周报》，1932 年，第 1 卷第 21 期，第 33—34 页。

十一月十一日，华联社天津电："救国军邓铁梅部千余，一日夜十二时，在安奉路凤城高丽沙间施行破坏工作，焚毁桥梁，割断电线，拆毁路轨，同时一部潜入城内扰乱，并围击铁路地带，战甚烈，互有伤亡。二日晨六时，我军稍退，迄七日凤城附近仍被我包围。敌逆日夜戒备，日侨纷掘地洞避难。"《东北国民救国军抗日战况》，载《华侨周报》，1932 年，第 1 卷第 21 期，第 34 页。

十一月十三日，《申报》载："东北民众救国军第三十师师长曹震、副师长魏云台报告：一、九月在津领得子弹、战刀、炸弹等军用品，历尽万险千辛，始于九月二十四日安全运抵辽南目的地，当即分发各团营加紧工作。旋奉朱霁青总监密令，指示作战机宜，当于十月二日令王团长魁一率本部攻取孤山，与日军守备队及地方大同队战于九道沟。敌人兵力共约千人以上，并有飞机五架在空中助战，我军八百人，奋勇杀敌，血战终日，我王团长身先士卒，奋勇直前，因敌人炮火猛烈，身受重伤，犹高呼前进杀敌。旋因伤重，不及医治，我忠勇之王团长，遂含笑殉国。军队因失主官，退守黄土坎，飞报待援。是役毙敌三十余名，伤者甚众。我军因受敌机爆炸，阵亡官兵二十余名，伤十四名。震等接得报告后，当即率领本部及人刀队前往增援，与日兵大战于黄土坎。日机又来助战，我进士兵用水连珠大枪仰卧击退，敌军被我包围，敌遂突围，溃退庄河。是役战况甚烈，达十一小时之久，毙敌五十余人，获步枪三十五枝，子弹二千余粒，骡车两辆，军用品甚多。我军阵亡兵士九名，伤十四名。附近村庄均被日机炸毁，惨酷情形目不忍睹。但民众仰体朱总监志在救国，虽受牺牲，并无怨言。此地天气渐寒，各官兵均无棉衣皮氅，更兼乡村十室九空，给养困难，急盼有相当之接济也。二、辽宁安东县自九一八事变后，地方军政权经日本指派李逆寿山为伪司令，收编土匪流氓，共有两旅兵力，由日本供给枪械大炮，弹药非常充足，屡与义军作战，惨杀我同胞不可胜数。日皇嘉奖李逆能残杀中国人，特颁赐宝刀一柄，藉资本鼓励。李逆认贼作父，权威日重，于上月（十月）二十日亲率一混成旅会同日本守备队一联队开到大孤山向我军进攻，我方即派徐虎臣团长率领全团士兵前往抵抗，当在青堆子开火，激战尽日，双方俱有伤亡。震于二十一日黎明率本队赴援，士气大振，当场将李寿山之胞弟李营长（模范营，计有步兵四连，机关枪、迫击炮各一连）击毙，并击毙其他官兵五十余名，日兵十余名，伤二十余名，俘获步枪二十三支，骡马五十余匹，子弹军用品甚多。日逆两敌随即溃败，我军正在追击。原拟一鼓歼灭，不料日军飞机赶到，向我军轰炸，我为保存实力起见，只好下令撤退，至□□沟暂驻。因此地乃通岫岩便道，而将庄河、岫岩之日逆两军联络切断，岫岩刘县长兼民团大队长于二十四日派代表同我军接洽，实行反正，当经呈请朱总监委为救国军第三十六路司令。凤城县长邓候梅亦率队西来，与我合作，附近民众携枪归来者尤夥，不下十万人，军威大震。李逆率残敌退守大孤山，我军即于二十八日分三路将大孤山包围，待其粮尽弹竭必自溃灭，预料李逆消灭则辽南各县之收复自易矣。"黄土坎（位于今辽宁省丹东市东港市黄土坎镇境内）《义勇军在大孤山、辽阳、义县抗日血战记》，载"国史馆"印：《东北义勇军——第二次中日战争各重要战役史料汇编》，台北："国史馆"，1981年，第311—312页。

十一月十四日，上海时事新报节录报道东北国民救国军总司令王德林特遣通信员孙子龄赴上海报告最近王部在安东各属作战情形之报告。其报告云："前月十八日，安东金秀山，率领军队两团出发，于二十一日与日军开火，旋将大孤山敌军击退。当晚九时，战斗极烈，随将伪军李司令寿山包围在大孤山左近。适值其内部发生冲突，日方疑李司令有通我嫌疑，遂将李司令之弟任营长职者，立予枪毙。致李寿山决计倒戈归诚，先将其司令（日本人）张中南一名戕杀，后率军队来投，附带给养五百袋，由安东县甘龙小轮载运，送至我军司令部交纳。此役计毙敌军二百余人，我方阵亡连长一员、士兵三十七名，受伤者四十余人。"《一周大事汇述》，载《中央周报》，1932年，总第233期，第8页。

十一月十四日，上海时事新报节录报道曲庭福报告，报告内云："窃庭福奉派密赴前方侦查军情，于前月十七日由平出发，二十七日驰抵东宁县，面谒王总司令德林，蒙派得力人员，领视我军防区。布置极为严密，军心坚固异常。维时朔风已起，冰雪载途，我军虽多服单夹，极感痛苦，而攻守工作，迄未放松。嗣于十月初旬，开始动员，由孔副司令率军队与日军鏖战，奋激情形，愈趋愈烈。遂于次日攻入宁安县城，完全克复。日兵死亡二百余人，其余则力竭溃退，急调援军救应。我方复派郑营，在海林车站与横道河子之间八百里冈地方，伏兵截堵，并将铁路破坏。次晨日本援军开到，在该处双方攻击，日军几致倾覆，毙命于铁轮下者，达百余名。我军乘机合围杀截，共击毙日兵四百余人。夺获机枪九架，子弹七千余粒，重炮一门，步枪甚至夥。其他给养及军用品，亦为数不赀。"《一周大事汇述》，载《中央周报》，1932年，总第233期，第8—9页。

十一月二十日，北平专电："上月三日，（冯占海部——笔者按）第二十一旅长张锦，在永吉境其特木街附近，与由永吉前来逆日混合之敌千五百名激战一昼夜，将敌击退，毙敌一百余、内日人数十名，获步枪百余支、山炮二门，我军伤亡六十余。"《王德林部三路总攻》，载《申报》，总第21418期，1932年11月21日，第5版。

十一月二十一日，天津大公报北平通讯："十一月三日，我（冯占海部——笔者按）二十一旅旅长张锦，在永吉境之其特木附近，与由永吉西方前来中日混合之敌人约五百余名接触，激战一昼夜，将敌击退。是役击毙敌人二百余名，内有日人数十名，掳获步枪百支、山炮二门，我军伤亡亦六十余名。"《吉林义军抗敌近讯》，载《中央周报》，1932年，总第234期，《一周大事汇述》第3页。

十一月二十日，北平专电："（冯占海部——笔者按）第十六旅长田森，上月十四率部向吉敦路蛟河车站袭击，破坏铁道五六里，毙日人二百余，俘数十，获步枪数十支、轻机枪五挺。"《王德林部三路总攻》，载《申报》，总第21418期，1932年11月21日，第5版。

十一月二十日,北平专电:"(冯占海部——笔者按)十三旅长张时中,上月二十七率部攻乌拉街,翌晨由北门攻入,毙敌百余,伤无数,获步枪七十余、轻迫击炮二门、重机枪六挺,敌军赵团由舒兰来援,被我一并击退。"《王德林部三路总攻》,载《申报》,总第 21418 期,1932 年 11 月 21 日,第 5 版。

十一月二十一日,北平通讯:"我(冯占海部——笔者按)十三旅旅长张时中于上月二十七日亥刻,率部进攻乌拉街之敌人。至翌晨三时,由北门攻入,毙敌百余名,伤者不计其数。夺获步枪七十余枝,轻迫击炮二门、重机关枪六挺。迄早六时敌军赵团向舒兰来援,被我军一并击退。"《吉林义军抗敌近讯》,载《中央周报》,1932 年,总第 234 期,《一周大事汇述》第 3 页。

十一月二十一日,北平通讯:"我(冯占海部——笔者按)第十二旅长王戎武率该旅及邵旅之大部,于十一月三日向吉海路双河镇(位于今吉林省永吉县双河镇境内——笔者按)施行拂晓攻击,该处日敌约八百余名,凭险固守,炮火最为猛烈,敌飞机掷弹助战。迄至黄昏,我军利用时机进迫敌阵,前仆后继,至亥时将敌击退。我即占领该镇,构筑工事,以防敌之反攻。是役毙敌人百五十余名,俘虏七名,夺获重迫击炮数门,步枪百余支,我军伤亡百余名。第三十五团团长于耀中负重伤。"《吉林义军抗敌近讯》,载《中央周报》,1932年,总第 234 期,《一周大事汇述》第 3 页。

十一月二十二日:"10 月下旬,东北民众抗日救国军邓铁梅部第 28 路军,刘景文部第 56 路军,李子荣部第 35 路军与刘同先部庄河抗日救国军共 3000余人,围攻驻大孤山的伪靖安军李寿山部 3 个团。因敌依托坚固工事防御,多次强攻未克,围攻之战持续 28 天。被围伪军粮草不济,组织敢死队突围,但未得逞。至 11 月 22 日,日军天野部前去解围,救国军撤出战斗。"辽宁省地方志编纂委员会办公室主编:《辽宁省志·大事记》,沈阳:辽海出版社,2006年,第 175 页。

十一月二十四日,天津通讯:"罗(即国民救国军独立第十九支队罗明星部——笔者按)于十七日晚,亲率干部三千人,突由□□袭击吉长路之营城子车站,血战三小时,伪铁道守备队及公安队均被击溃,望风而逃,罗军遂占领车站,即将票房宿舍及各种设备全部扫除。同时另一部队,则将营城子下九台间铁桥一座,及下九台饮马河间铁桥两座,予以重大拆毁,并砍倒割断电杆电线十余处,以杜日军之交通。又一部队则攻入下九台街市中,该镇所住之日侨争先逃命，由长春赴援之日军铁甲车行至中途，因桥梁被毁，遂至出轨，倾覆两辆，死伤三十余人。吉长间电报电话完全不通，客货列车亦停止开行，伪政府闻讯异常震惊。直至十八日拂晓，罗军始自动退却，日逆乃得稍定惊魂。"《吉省义军浴血抗日》，载《申报》，总第 21424 期，1932 年 11 月 27 日，第 11 版。

十一月二十五日，北平专电："义军三江好部，十七夜率部四千余，占领下九台车站，现正与日军激战中。"《马占山至讷河指挥各路军事》，载《申报》，总第 21423 期，1932 年 11 月 26 日，第 3 版。

十一月二十七日，中央社讯："东北救国军王德林部分三路进攻吉垣，王自任中路，取江密峰；刘旅任左路，取河格什哈；张旅任右路，取高亮口。开始总攻，战事猛烈，敌方死伤甚众，不支溃退，王军进抵距吉林五十里地方等语。"《一周大事汇述》，载《中央周报》，1932 年，总第 235 期，第 12 页。

十一月二十七日，电讯社北平电："关外日来严寒，松花江下游现已冰冻，敌舰不能通过，情形非常狼狈。我自卫军乘隙进攻，奋战一昼夜，敌纷纷溃退，佳木斯遂为我克复。"《一周大事汇述》，载《中央周报》，1932 年，总第 235 期，第 13 页。

十一月二十八日，电讯社北平电："敌军松江联队，日前开抵吉林，深入自卫军警戒线内。及至佳木斯东南三里地方，山路险阻，正拟撤退间，我自卫军即以大刀队为先锋，继以步队，从森林冲出，与敌短兵相接，血肉相搏，战斗极烈。继续战至三昼夜，我义军积极增援，敌炮队完全失去效力。后路又为我义军截断，该队遂受包围。计已死二百余名，势将全部被歼灭。"《一周大事汇述》，载《中央周报》，1932 年，总第 235 期，第 13 页。

十一月二十九日，天津专电："吉省国民救国会代表王梦犟、孙铁民来津谈称，傅殿臣、罗明星、赵福瑞等部，久在吉长、吉海等路抗敌，近被大部日逆两军包围，在岔路河血战一天两夜，伤亡二千一百余名，被缴械千余人，日逆伤亡亦多，傅、赵两部已退安全地带，罗部攻吉长路饮马河、下九台、桦树厂，大施破坏，毙敌数百名，伪铁道守备队反正者千余名。现各部仍有两三万人，改用游击战略，四出袭击，急盼接济饷弹。"《吉长线义军改用游击战略》，载《申报》，总第 21427 期，1932 年 11 月 30 日，第 3 版。

是月下旬某日：午前二时，抗日军约六千来攻宁安城。"警备队（数与前同）在正午转入攻势。东城方面约有一千名抗日军，向东方牡丹江方面退却。警备队追击至江岸，打死抗日军约五十名，其他逃入江东的山中。该战斗，机关枪中队特集中火力向渡河处附近射击，给以相当地打击。"《高泽健儿笔供》（1954 年 7 月 10 日），载中央档案馆、中国第二历史档案馆、吉林省社会科学院合编：《日本帝国主义侵华档案资料选编：东北"大讨伐"》，北京：中华书局，1991 年，第 68—69 页。

是月某日："我为武力弹压队长（步枪一个中队及一小队，机关枪三个分队、山炮一个小队），乘黎明之机，突然袭击在宁安城东北方高地西边约三千米的小村（约二十户）宿营的一百名抗日军，约八十名退却，有二十名被屠杀，因为当时机关枪队从村庄两头攻击，抗日军逃走是困难的。接着，为占领该小村东方之高地而迅速前进，与占据该高地约二百名抗日军交战一小时后，占领了高地制高点。根据台上的血痕得知杀伤约二十名以上，并放火烧掉高地台上约六户的房子，此时听到哭声，始知一名老妇和房屋同时被烧死。当时是以扫荡抗日军根据地为理由，而放火烧毁了一百米以内分散的房屋约六户。"《高泽健儿笔供》（1954 年 7 月 10 日），载中央档案馆、中国第二历史档案馆、吉林省社会科学院合编：《日本帝国主义侵华档案资料选编：东北"大讨伐"》，北京：中华书局，1991 年，第 69 页。

是月：邓铁梅部在岫岩关门山歼敌千余人，生俘日军大佐。文史办整理：《丹东历史沿革初探——截止至新中国成立前夕》，载中国人民政治协商会议辽宁省丹东市委员会文史资料研究委员会编：《丹东文史资料》（第 2 辑），1986 年，第 5 页。

十二月

十二月一日，北平电："吉自卫军王戎五、王九江两部，二十二日占吉长路之下九台。伪县长马子福与倭指导官等皆逃，倭亟由长春调兵两列车及飞机六架来反攻。王部毁饮马河桥阻敌，现仍激战中。"《一周大事汇述》，载《中央周报》，1932 年，总第 235 期，第 13 页。

十二月三日，天津专电："榆关三日辰电称，救国军傅殿臣等部退出吉长线，会同自卫军唐聚五部，在桦甸集合准备反攻。日逆由朝阳镇、小城子、烟筒山三路来犯，自二十八至三十，浴血抗战，异常猛烈，传唐各派别动队迁回，日逆腹背受敌，遂溃退，遗军火甚多。"《傅唐两部击退日逆联军》，载《申报》，总第 21431 期，1932 年 12 月 4 日，第 3 版。

十二月五日，《申报》载天津通讯："（东北国民救国军第八支队——笔者按）马参谋长指挥，第一师长王海楼、第二师长朱鹏九各率全部官兵，前往波沱河子、段家屯、二道沟等地，会同第十九支队罗明星（绰号三江好）部协同动作，于十九日深夜占领下九台车站（伪国近拟改为九台县），并攻占街市，击毙日逆四百余名，缴获枪械七百余支，俘获逆军一千一百余名，获军需品甚多。二十日正午，日逆得附近之援队，向我反攻，我军即退出街市，在车站占领阵地，一面应战，一面选编别动队两队，一队派往饮马河破坏桥梁，一队攻占桦皮厂车站，日逆遂前后受敌，至二十一日正午溃逃，我军饱载而归。"《日伪大举进攻吉林义军》，载《申报》，总第 21432 期，1932 年 12 月 5 日，第 7 版。

十二月五日，《申报》载："东北国民救国军独立第七支队司令傅殿臣，于十一月十四日上午九时，据高级侦探报告，伪国总指挥少川中将（驻四平街），以四个师团（日兵）及逆军张海鹏部骑兵十万人，分步进攻各铁路线之义军。其对吉长、吉海两路极为重视，决以两个师团日兵及逆军六个骑兵旅，顷已动员。先发队为骑兵两旅及日兵两联队（约合中国两个混成团），向我支队所占地区急行展开。傅司令据报后，当即召开各高级军官会议，金谓我军苦战经年，系以游击战略，故能以少胜多。现当雪地冰天之际，将士缺乏御寒衣履，更兼所存弹药无多，一旦用完，不易补充；况日逆以重兵压迫，其势甚凶，故不如退让，以保实力。当经议决放弃不重要之地区，缩短防线，集中兵力，以便突破日逆之包围，而进至□□山里，休息整顿，以待援至后，再大举进攻。当即命令第一师长刘景春率领所部殿后（因该师长作战勇猛沉着，措置有方，械弹充足，兵壮马肥，士兵多属当地民众，山道熟悉。），第二师长林桂一率全部担任前卫（该师官兵多系齐鲁健儿，勇敢善战。），第三师长汪海山率领所部前往双河镇、桦皮河等地，牵制日逆侧翼，以掩护我一、二师退却时之种种便利。布置既定，傅司令即率领卫队团及司令部全体官佐并给养等要物，由岔路河先行退至八道河街，以待各师之集合。是夜风雪暴作，嘘气成冰，悲风萧萧，令人股栗，战士缺乏御寒之具，状殊凄惨。然念及强敌当前，枕戈待命，则又壮气百倍，人喊马嘶，以待大战之开始。十五日上午二时，据各路斥堠报告，日逆布置已妥，准备拂晓围攻，我第二师即下令动员，向吉海路以南攻击前进。日逆两军步枪、机枪、大炮齐发，隆隆之声，震耳欲聋，炮火威猛，殊非笔墨所能形容。我军则蛇行雀跃，且战且进，迫至拂晓，即冲出重围，诚为日逆出乎意料之外，故仍尾追轰击。八时余，我军退入山中，我第一师殿后，每占一山岭即布阵抵抗。至上午九时余，我军已深入崇山峻岭之中，日逆多已冻病，又恐中我伏兵，遂停止追击。我军正拟小作休息，整队缓行，不料日军飞机忽至，每三架为一组，掷弹轰炸，我军急急散开隐伏。日机初系低翔，我即发火箭射之，虽未命中，日机已甚畏惧，遂不敢低翔。我军眼见着弹之处，大树立摧，山石崩裂，惟因避飞机故，停止前进。日逆两军，又复袭来，激战至十六日下午，方集中于预定之安全地区。是役也，我军官兵，略有伤亡，又因两天一夜之剧战，弹药益形缺乏，现已退入□□山里，静候接济补充。"双河镇位于今吉林省永吉县南部；桦皮河，位于今吉林省永吉县双河镇桦皮河村；岔路河，位于今吉林省永吉县西岔路河镇境内。《吉海路救国军傅殿臣等部突围经过》，载"国史馆"印：《东北义勇军——第二次中日战争各重要战役史料汇编》，台北："国史馆"，1981 年，第 336—337 页。

十二月九日："日军飞机飞临岫岩城上空，散发传单，并在近郊投掷炸弹数枚。"岫岩县志编辑部编：《岫岩县志》，沈阳：辽宁大学出版社，1989 年，第 494 页。

十二月十三日："集结于海城、大石桥的日军第二师团第十五旅团（附有野炮及伪军两个营）由田野少将指挥，全路向岫岩进犯。"岫岩县志编辑部编：《岫岩县志》，沈阳：辽宁大学出版社，1989 年，第 494 页。

十二月十四日："（日伪军——笔者按）进至分水岭，遭到义勇军刘景文部阻击，当晚进至王家堡。"岫岩县志编辑部编：《岫岩县志》，沈阳：辽宁大学出版社，1989 年，第 494 页。

十二月十五日："晨，日军向大偏岭义勇军阵地攻击，激战中义勇军迫击炮膛炸毁，日军乘机发起冲击，突破义勇军防线。团长任福祥沉着指挥，利用各山头逐次抵抗。下午，义勇军退守滚马岭，夜晚撤出战斗。同日，来自大石桥的日军占领新开岭，侵入石灰窑。"岫岩县志编辑部编：《岫岩县志》，沈阳：辽宁大学出版社，1989 年，第 494 页。

十二月十六日："日军侵占岫岩城。"岫岩县志编辑部编：《岫岩县志》，沈阳：辽宁大学出版社，1989 年，第 494 页。

十二月十七日："义勇军刘景文部在哨子河、关门山附近伏击并歼灭日伪军 150 余人。"哨子河，位于今辽宁省岫岩县境内。辽宁省地方志编纂委员会办公室主编：《辽宁省志·大事记》，沈阳：辽海出版社，2006 年，第 176 页。

十二月十七日："自辽阳来犯的另一路日伪军，由辽阳伪县长杨显青带路，辽阳自卫团及日军一个小队在前，日军主力第六大队第二中队随后跟进，于 12 月 17 日午后 2 时进入黄花甸。由东北义勇军第二军团代理军团长李纯华统一指挥的王全一部、顾冠军部、刘景文部的孙多山团及宽甸义勇军第二十九路司令张海川率领的大刀队，预伏在黄花甸附近的磨盘沟、沙冈、周家堡、大沟等地。乘敌立足未稳，发起猛烈攻击。炮弹落在杨显青住所院内，杨惊慌逃窜，日伪军溃散，义勇军乘势追击，夺得辎重大车 30 余辆，日军小队逃回析木城，失踪士兵 5 名。设伏于黄花甸的王全一部，在激战中将日军长冈宽少佐、加藤伍长及士兵 6 名击毙，余众溃退至河岸树林中。"岫岩县志编辑部编：《岫岩县志》，沈阳：辽宁大学出版社，1989 年，第 494 页。

十二月十八日："日军 100 余人再次进入黄花甸，占据几处院落。当夜，义勇军向黄花甸敌军两次发起攻击。宽甸义勇军司令张海川率大刀队 200 余人，摸入日军驻地，展开肉搏战，砍死砍伤日军 40 余人。日军火烧民房，借火光射击。义勇军猛烈反击，掩护大刀队撤退。有 3 名大刀队员未及随队撤出，避于高福寿店内门后，砍死 2 名进屋搜查的日军，后因日军包围人多无法脱险，自刎殉国。这次夜袭，大刀队伤亡 40 余人，司令张海川在撤退时中弹牺牲。"岫岩县志编辑部编：《岫岩县志》，沈阳：辽宁大学出版社，1989 年，第 494—495 页。

十二月十八日："拂晓，日伪军进至安乐堡，义勇军南北高地伏军一齐开火。伪军队长马树三率队投降，日军及川小队被义勇军火力压缩于陈家堡葫芦头沟（今大房身龙门村境内）附近，据民房院墙顽抗。激战全下午四时许，义勇军第五旅旅长李双龙亲自督队向敌猛冲，展开肉搏战，不幸中弹牺牲。其弟双江接替指挥，战士奋勇拼搏，全歼日军及川小队。这次战役，击毙日军山岸指挥官及川中尉和士兵 30 余名。俘虏辽阳参事官成泽直亮及日军士兵 12 名，伪军 500 余人全部投降，缴获步枪 500 余支，机枪 3 挺，炮 2 门，电台 1 部，弹药及军需品甚多。义勇军阵亡旅长及以下官兵 30 余人。"岫岩县志编辑部编：《岫岩县志》，沈阳：辽宁大学出版社，1989 年，第 494 页。

十二月十八日至二十三日："东北义勇军第 2 军团代理军团长李纯华，指挥各路义勇军于岫岩黄花甸同自辽阳进犯的日伪军连续作战，击毙日军 50 余人，缴获机枪 120 余支。第 19 路军司令张海川于黄花甸街激战中牺牲。"丹东市地方志办公室编：《丹东市志》（1876—1985）（1），沈阳：辽宁科学技术出版社，1993 年，第 64 页。

十二月二十日："12 月中旬，苗可秀率自卫军军官学校学生 300 余人，经苏子沟沿大洋河向龙王庙护送弹药，途中接邓铁梅'着苗可秀率部阻击由凤城进犯之敌，掩护龙王庙侧翼'的命令，苗率队在日军必经的鹁鸪窝（在今凤城县境内）山口设伏。20 日午后 1 时，一路日伪军五六百人，进入鹁鸪窝山口，苗可秀指挥军官学校学生突然开火，毙伤日军数十人。敌后继部队展开后，用炮火掩护步兵进攻，苗可秀部奋力阻击。战斗持续到黄昏，日伪军被迫后撤。苗可秀部以少胜多，完成了阻击任务。"岫岩县志编辑部编：《岫岩县志》，沈阳：辽宁大学出版社，1989 年，第 495 页。

十二月二十日："驻屯大孤山之剿匪军，于二十日午后在黄土坎（大孤山东六公里）东北方约二日里官家店附近，与邓铁梅部下匪首九乐所率七百名之匪接触，激战二小时，匪势不支，向东方退去。计掳匪十五名，毙匪五十余名，得获步枪四十二支。我军阵亡第二营少校营长李怀宸、少尉排长马相臣、少尉差遣李广田等三员及阵亡兵四名，负伤者三名。"《奉天警备司令部情报》（1932 年 12 月 26 日，第 387 号），载中央档案馆、中国第二历史档案馆、吉林省社会科学院合编：《日本帝国主义侵华档案资料选编：东北"大讨伐"》，北京：中华书局，1991 年，第 104 页。

十二月二十二日："拂晓，（义勇军刘景文部——笔者按）攻入岫岩城东大街（今山城路），日军龟缩于城墙内固守待援。"岫岩县志编辑部编：《岫岩县志》，沈阳：辽宁大学出版社，1989 年，第 495 页。

十二月二十三日："日军飞机轮番飞临岫岩对刘部（刘景文部——笔者

按）义勇军投弹轰炸。义勇军多次攻城未克，侦知敌多路援军将至，24日夜撤出战斗，向西转移。"岫岩县志编辑部编：《岫岩县志》，沈阳：辽宁大学出版社，1989年，第495页。

十二月三十一日，伪凤城县长康济给臧式毅的报告云："职县各路讨伐情形，历经随时电报在案，兹准独立第四讨伐队通告各种情报如下：

（一）独立四大队主力于二十七日午前七时三十分，由大营子出发，向周家堡子附近讨伐。为保卫由凤城至白旗堡间之电话修理，以援助其附近之政治工作计，派国境警察队向该方面出发，预定由二十八日三日间之工作；

（二）国境警察队深井队长以下一百零一名，奉独立四大队命令，二十五日午后二时安抵凤城，川上中队亦归返凤城；

（三）独立第六、第三大队二十五日午前九时，入岫岩城。在岫岩城战斗之结果，敌匪遗弃尸体约三十余个，隈崎部队阵亡兵一名，负伤兵四名。又步兵三十团之渡边大队归至凤城，预定二十七日午后九时向奉天出发；

（四）闻匪首李子荣、顾润堂、于深海等，率部下三百余名，在拉古沟附近盘踞，但与邓铁梅有失联络。赵团长、李庆盛率部下三百余名，于前王家沟一带盘踞。又闻李子荣部下团长敖锡三于黄土坎附近被日军打死，团长陶乐三于龙王庙附近有被日军打死之风闻云云。"《伪凤城县长康济给臧式毅的报告》（1932年12月31日），载中央档案馆、中国第二历史档案馆、吉林省社会科学院合编：《日本帝国主义侵华档案资料选编：东北"大讨伐"》，北京：中华书局，1991年，第102—103页。

是月："警备队长指挥武力弹压队（步枪三个中队、机枪一个中队、山炮小队）对宁安城南方二道河子附近的抗日军约一千名进行武力镇压。机枪队主要协助武力弹压队的重点左面第一线中队，使之易于通过抗日军阵地前的洼地，迫使抗日军退却。抗日军死伤约一百名（根据血痕）。攻击前，翻译捕获携带抗日军连（联）络信的农民一名，按警备队长的命令，翻译将其打死。攻击后，警备队长命令步枪中队，以系抗日军根据地为理由，放火烧毁抗日军阵地南方平地的房屋约有二十户。当日夜间，武力弹压队宿营于该村。翌晨出发时，警备队长命令放火将该村全部烧毁，我烧了三户。"《高泽健儿笔供》（1954年7月10日），载中央档案馆、中国第二历史档案馆、吉林省社会科学院合编：《日本帝国主义侵华档案资料选编：东北"大讨伐"》，北京：中华书局，1991年，第69—70页。

民国二十二年（公元1933年）

一月

一月一日："李延禄率吉林救国军补充团千余人在中东路东部一带与日军作战。"《中共满洲省委大事记》，载刘贵田等著：《中共满洲省委史研究》，沈阳：沈阳出版社，2001年，第495页。

一月一日："李延禄率领吉林救国军补充团，在穆棱磨刀石与日军第39联队激战，痛击敌军后突围转移。"《东北抗日联军大事记（1931.9—1945.11）》，载《东北抗日联军史料》编写组：《东北抗日联军史料》（上册），北京：中共党史资料出版社，1987年，第259页。

一月一日："李延禄率吉林自卫军补充团和救国军十七团千余人，在中东路东部磨刀石（今属穆棱县）抗击日军第十师团三十九联队，被日军包围。李率部奋力突出重围，连夜撤往五河林。"林口县志编纂委员会编：《林口县志》（上卷），哈尔滨：黑龙江人民出版社，1999年，第22页。

一月一日："救国军王德林部，在兴原镇集结。李延禄、孟泾清率补充一、二团到达磨刀石火车站设伏，待机歼敌。1933年1月1日与日军展开激战，日军损失2个小队后，以重兵向义勇军进攻，义勇军沉着应战，敌军炮击时，就进入工事中，敌军冲锋时，就以机枪火力和手榴弹进行阻击。激战一天，接连打退日军4次进攻，后终因寡不敌众，突围退向宁安五虎林。"黑龙江省地方志编纂委员会：《黑龙江省志·军事志》，哈尔滨：黑龙江人民出版社，1994年，第150页。

一月五日："吉林自卫军总司令李杜，率部队撤至密山。"密山县志编纂委员会：《密山县志》，北京：中国标准出版社，1993年，第15页。

一月五日："日本军进占绥阳、绥芬河。驻绥芬河二十一旅旅长关庆禄率部下2000多人投降，在车站北广场集体缴械，全部官兵被运至呼兰县遣散。"东宁县志办公室：《东宁县志》，哈尔滨：黑龙江人民出版社，1989年，第16页。

一月五日，丁超、李杜致国民政府电："近来日军分三路进犯：一由珠河、方正窥勃利；一由中东线海林站犯八面通；一由铁岭河攻磨刀石。于岁前三十日，我左路应、郭两旅在磨刀石与敌接触，日伪两军约二千余人，激战两昼夜，获得山炮两尊，机枪数挺，毙敌百余人，当时该路线山洞破坏，截敌来路。卒因敌由两翼抄袭包围我军，炮火极为激烈，更用飞机五架轰炸。我军子弹告竭，年来军需艰窘；服装多未完备，值此严寒，士兵昼夜应敌，冻伤大半，遂无力久持。敌于冬日已冲过我左路防地，经下城子，同时八面通已不守。现抽调生力部队，在梨树镇布防，拟与坚持抵抗。闻敌方此举系有全盘计划，消灭各类抗日军队，期达其侵略政策。职等誓与抗衡，以保存东北民气。除俟有何情形随时电报外，谨电奉闻。"八面通，位于今黑龙江省穆棱市八面通镇境内；铁岭河，位于今黑龙江省牡丹江市铁岭镇境内；磨刀石，位于今黑龙江省穆棱市磨刀石镇境内。《丁超李杜致国民政府电》（1933年1月5日），载中央档案馆、中国第二历史档案馆、吉林省社会科学院合编：《日本帝国主义侵华档案资料选编：东北"大讨伐"》，北京：中华书局，1991年，第62—63页。

一月六日："日军竹本率队攻占密山，未遂。"密山县志编纂委员会：《密山县志》，北京：中国标准出版社，1993年，第15页。

一月八日："日军松尾联队进占密山地区，在赵家店向县城炮击。单春霖、张宝和都主张与日军一战，被密山汉奸所阻，个别汉奸前往赵家店迎接日军，日军乘80余辆汽车进密山。"密山县志编纂委员会：《密山县志》，北京：中国标准出版社，1993年，第741页。

一月十日，"磐石游击队总队部在桃山东边的泉眼沟遭到了以呼兰三区高锡甲为首的伪自卫团的偷袭，红军牺牲了20多人，特别是磐石游击队总队的领导几乎全部牺牲。"杨青云：《支援红军抗日救国》，载政协吉林省磐石县委员会文史资料研究委员会编：《磐石文史资料》（第3辑），内部发行，1989年，第34—35页。

一月十日："日本军进占东宁县城（三岔口），王德林率救国军司令部人员，撤至苏联境内。"东宁县志办公室：《东宁县志》，哈尔滨：黑龙江人民出版社，1989年，第16页。

一月十一日：磐石游击队继任总队长王兆兰、政治委员初向辰等领导人，在磐石官马大泉眼屯战斗中牺牲。详见崔巍：《磐石人民的抗日斗争》，载政协吉林省磐石县委员会文史资料研究委员会编：《磐石文史资料》（第一辑），内部发行，1987年，第9页。

一月十一日："南满游击队在磐东大泉眼北石门子遭到伪军绿杠队和地主武装高希甲部袭击，政委初向臣、继任总队长王兆兰牺牲。部队内部产生动摇情绪。"吉林市地方志编纂委员会：《吉林市志》（大事记），长春：吉林人民出版社，2002年，第139页。

一月十一日："磐石游击队在磐石东部排子受到高希甲反动武装的袭击，继任总队长王兆兰、政委初向臣牺牲。"《东北抗日联军大事记（1931.9—1945.11）》，载《东北抗日联军史料》编写组：《东北抗日联军史料》（上册），北京：中共党史资料出版社，1987年，第260页。

一月十八日："天刚蒙蒙亮，敌人从三道区、头道区、二道区、龙井等地调集了三百多名日伪'讨伐队'，带着机枪和迫击炮杀气腾腾地直奔渔浪村而来。去王云坪一带巡逻的二小队队员在路上突然发现了敌人的脚印，立刻鸣枪报警，但'讨伐队'已经包围了整个村子。

'敌人来了'，喊声打破了清晨的宁静，惊醒了熟睡的人们。这时村里只有一小队的10来名队员。为了掩护县、区干部和群众突围，队员们以队部为中心，兵分三路阻击敌人。中队长金世、政委金××和战士安兴元三人为了引开敌人的注意力，一边开枪还击，一边奋力向村西山坡跑去，以吸引敌人的火力，掩护县委和群众的转移。

一小队队长李九熙率领柳泽珪、俞万吉、李吉元、郑斗浩、金国镇等五名队员向村东冲去。很快、李九熙和柳泽珪一起反回队部，以房做掩体向冲上来的敌人射击。墙被子弹打穿了，他们就用炕石板堵上，这时，房子已经起火，他们又向西南方向冲去。县党委军事部长方相范指挥四名队员在队部前的空房子里阻击敌人，仇恨的子弹带着愤怒的火焰射向敌人，敌人纷纷倒下。房子被打着了火，他们只好冲出屋门，倚在石垒院墙后面继续战斗。

此时，村西方向也传来了激烈的枪声。方相范等五名同志为了分清敌我，举起红围巾摇晃，对面也举起了红布条。这时，金世中队长一跃而起，愤怒地喊到（道）：'狗日的，不怕死的就来吧！'同时举起匣子枪连连射击，五个敌人应声倒下。游击队员们越战越勇，但由于敌强我弱，游击队伤亡很大。战斗结束后，敌人的三十多具尸体横七竖八地倒在阵地上。我方幸存下来的方相范等五人和二小队队员们从山上返回村子时，天已近黄昏。他们在各处找到了金世、金政委、安兴元、李九熙、柳泽珪、俞万吉、李吉元、郑斗浩、金国镇等九位同志的尸体和县委书记崔向东等四位同志以及其他队员的尸体，还有他们砸断的枪支。"李光仁：《和龙县游击队长——金世》，载《延边历史研究》（第 3 辑），延吉：延边历史研究所，1988 年，第 249—250 页。

一月二十一日："拂晓，杨靖宇、李红光带领红军突然包围了蛤蟆河子，攻破了'会兵'的炮台，缴获'快枪'40 多支。因未抓到'会兵头子'高秀清（高老五）和土豪李显庭，即将高老五的大儿子、二儿子及高老五的兄弟高老七、高老九和土豪李显庭的兄弟老七、老八还有两个侄子逮住做人质，关押在大生菜沟游击队的看押所里，等待高、李两家来赎人。"中共通化市委党史研究室：《民族精魂——杨靖宇年谱》，长春：吉林文史出版社，2004 年，第 108 页。

一月二十九日："日帝国主义军队率领新投降的胡子'东江好'及'毛团长'，共马队三四百人，于上午十一时向红军游击队的游击区域玻璃河套进攻。当时红军游击队已往海龙县三十一户，解决那里的'会长'（是投降日本帝国主义地主富农的武装）。日军进入玻璃河套后，枪毙共产青年团团员领袖刘遇风一名，杀死韩国老妇两名，强奸韩国少妇两名，强奸后，又把她们打伤。看见农民便残酷的拷打，临走又抢去许多财物。屠杀、拷打、强奸、抢掠，这便是日本帝国主义强盗的惯技！"《南满赤色游击队的新胜利》，载《斗争》，1933 年第 26 期，第 18 页。

一月三十日："南满游击队于三棚砬子附近遭到日伪军围攻，经奋力反击，接连打退南、北两个方向的伪满军，毙伤伪满军 10 余人，活捉 1 人。南满游击队牺牲 1 人，伤 1 人。"三棚砬子，位于吉林省磐石市境内。吉林省地方志编纂委员会编纂：《吉林省志·军事志》，长春：吉林人民出版社，1996 年，第 243 页。

一月三十日："磐石游击队在磐石山棚砬子粉碎了敌伪 1000 余人的围攻，歼敌 20 余人。"《东北抗日联军大事记（1931.9—1945.11）》，载《东北抗日联军史料》编写组：《东北抗日联军史料》（上册），北京：中共党史资料出版社，1987 年，第 260 页。

一月三十日："红军游击行抵大坑（是一个山岭）驻下，在这里便受到日帝国主义一千多人的'围攻'。先是上午十时，在正北方面发现'东江好'所带的六七百人向游击队驻地攻来。我哨兵见势，即鸣枪响警，队员们当即赶快的准备好。'东江好'部队当下拉开散兵线，先用步枪射击。红军方面当亦还击，同时红军方面呐喊声大起，高呼'士兵不打士兵'、'红军是穷人的队伍'、'你们不是穷人吗，哗变过来，杀死你们投降日本帝国主义的走狗长官，投向红军来！''我们劳苦兄弟联合起来去打共同的敌人——日本帝国主义！''只有红军才是彻底抗日武装！'……等等口号。这样红军游击队英勇气概和猛烈的射击，便把敌人击退了。敌人一直退往三棚拉子地方。红军游击队仍瞄准射击，伤敌多人。

几乎是同时，南面又有毛团的本部和他部下的'四季好'共约三百人，用机关枪等向我军阵地猛烈射击，红军游击队沉着应战，随时也向敌方士兵作宣传工作。

在这应战的同时，游击队另一部，向拐子坑转过去，包围三棚子的敌人'东江好'。乘敌人之不备，围上去猛烈射击，敌死伤多人，落荒逃走，一直退至红石拉子（山名）的东北。这样，来包围的敌人，反被游击队包围击溃。游击队占领三棚拉子后，便与总部方面的大坑打通，全队人员益发兴奋。

这面毛团主力等不断机关枪扫射，但游击队方面未受丝毫损失，敌虽屡次冲锋，都给他迎头痛击，终不得逞。后毛团得悉'东江好'被击退，便令白连携机关枪等向游击队主力包围，同时并进击三棚子。

后来，西面又有'会兵'四五十人由二道岗进攻，西南又有三栋顶子来的'会兵'进攻，可见敌人是有计划的要包围游击队，而想'一战歼灭'之。但游击队毫不畏惧，占好地势，沉着与敌应战。

一直到下午三点钟，枪声仍不住。后'四季好'由杨木冈经拐子坑与白连汇合，向游击队射击。三棚拉子的一部份游击队，因地势关系，退到山巅应战。天时渐晚，敌方见势不逞，损失又钜，渐渐收兵，游击队也和三棚拉子方面的一部分汇合。

又'会兵'进击时，游击队也向他们高声宣传，当时有'会兵'问道：'你们真是红军吗？'同时枪声大稀。可见他们下级士兵，大部分接受'穷人不打穷人'的口号了。后'会兵'方面长官不准士兵说话，强迫继续开枪。

　　不一会天晚了，游击队拐子坑，转向红石拉子，天明各部汇合于玻璃河套的大生菜地方。激战的那天晚上，红军游击队的手枪队，并去袭击正在烤火的敌人，活捉敌之连副一人，敌人大哗，一时陷于混乱。

　　这次敌人的进攻，是有日军多人指挥的，总计敌方千余人，激战了一整天，敌方连死带伤的共有连长、连副等二十多人（内计死八人，伤十余人），损耗弹药无数，机关枪也被游击队打坏。而游击队方面只死一伤一，别无其他损失。"《南满赤色游击队的新胜利》，载《斗争》，1933 年第 26 期，第 18—19 页。

　　二月

　　二月八日："山林队张雨廷、李玉年、张兆奇等部起而抗日，攻打密山县城，经过一天激战，县城被攻陷，日伪机关迁入平阳镇。"密山县志编纂委员会：《密山县志》，北京：中国标准出版社，1993 年，第 741 页。

　　二月十日："李延禄率抗日救国游击军在宁安团山子屯与日、伪军作战。"《中共满洲省委大事记》，载刘贵田等著：《中共满洲省委史研究》，沈阳：沈阳出版社，2001 年，第 496 页。

　　二月十日："李延禄率救国游击军在宁安东南团山子打退日军守备队及伪军 300 余名的进攻。"《东北抗日联军大事记（1931.9—1945.11）》，载《东北抗日联军史料》编写组：《东北抗日联军史料》（上册），北京：中共党史资料出版社，1987 年，第 261 页。

　　二月十二日："和龙县鱼浪村抗日游击根据地军民与进犯的 500 余名日伪军展开激战，歼敌 60 名，和龙反日游击队也受相当损失。"《东北抗日联军大事记（1931.9—1945.11）》，载《东北抗日联军史料》编写组：《东北抗日联军史料》（上册），北京：中共党史资料出版社，1987 年，第 261 页。

　　二月十二日："夜，日军侵略军纠集三道沟、二道沟、头道沟、龙井等地的日本守备队、伪警察和武装自卫团 360 人，袭击渔浪村抗日根据地。游击中队长金世闻讯立即部署兵分三路，分头突围。激烈的战斗持续了 6 个多小时，向南突围的方相范趁敌转移火力点之机，掩护向北突围，其余向西突围、向东突围均未成功。经根据地军民的浴血奋战，毙伤日伪军数十人。县委书记崔相东、中队长金世、政委'金嫂'和游击队员在战斗中壮烈牺牲，涌现出著名的十三勇士。"和龙县地方志编纂委员会编：《和龙县志》，长春：吉林文史出版社，1992 年，第 215—216 页。

二月十二日："拂晓，延吉、和龙两县的日本守备队、伪满警察及武装自卫团共 360 余人，分南、北两路，向中国共产党和龙县委员会（以下简称'和龙县委'）驻地渔浪村进行偷袭。

日伪军的偷袭行动被正在汪芝坪执勤的和龙游击队哨兵发现，哨兵立即鸣枪报警。游击队员从睡梦中惊醒，仓卒进行迎战准备。游击队中队长金世和政委金嫂，指挥当时在队部的第一小队，边抗击边互相掩护突围。激战中，金世等 9 人相继牺牲。在渔浪村另一处突围的和龙县委书记崔相东也在战斗中牺牲。6 小时后，陆续有 4 名游击队员与和龙县委军事部长方相范从村北突围，翻越蘑菇岭，向马鹿沟方向转移。

此战，击毙日伪军 18 人，伤 20 多人。"吉林省地方志编纂委员会编纂：《吉林省志·军事志》，长春：吉林人民出版社，1996 年，第 240 页。

二月十三日："延吉县反日游击大队打退日伪军向三道湾张芝营抗日游击根据地的进攻，歼敌数十名。"《东北抗日联军大事记（1931.9—1945.11）》，载《东北抗日联军史料》编写组：《东北抗日联军史料》（上册），北京：中共党史资料出版社，1987 年，第 261 页。

二月二十一日："张雨廷等部又攻打平阳镇（今黑龙江省密山县境内——笔者按），战斗十分激烈。"密山县志编纂委员会：《密山县志》，北京：中国标准出版社，1993 年，第 741 页。

二月二十七日："工人自卫队第一队队长曹国正，奉杨靖宇政委之命，于永宁站'劫票车'，会同列车上扮成旅客的南满游击队二大队政委朴四平，及 100 多名游击队员，将日军坪井联队一个中队（乘火车潜往烟筒山要偷袭红军的）200 名士兵，全部俘获，并缴获所有装备武器。"中共通化市委党史研究室：《民族精魂——杨靖宇年谱》，长春：吉林文史出版社，2004 年，第 112 页。

二月二十八日："磐石游击队在磐石浅草沟粉碎了 600 余名伪军的围攻，歼敌 30 余名。"《东北抗日联军大事记（1931.9—1945.11）》，载《东北抗日联军史料》编写组：《东北抗日联军史料》（上册），北京：中共党史资料出版社，1987 年，第 261 页。

二月二十八日："在浅草沟附近，经近 3 小时的战斗，游击队冲出伪满军包围，毙伤伪满军 30 余人。游击队牺牲 1 人，伤 1 人。"吉林省地方志编纂委员会编纂：《吉林省志·军事志》，吉林人民出版社，1996 年，第 243 页。

二月二十八日，日伪军发起第二次围攻磐石红军游击队战事。战事经过，据史料载："红军游击队二十七日本驻砖庙子，后又移驻于砖庙子对面浅草沟一带，所以二十八日敌人来进攻时还先向砖庙子方面去。我红军游击队卡兵见有敌经过队伍所驻地方，便开枪告众袭击，这时敌人也向我开枪。

这次敌人有日人所率领的烟筒山之'东江好'和吉昌镇之毛团等六七百人。先把红军游击队的小部分包围，这一小部分，因地势关系，为保障胜利，便有计划的后退，一直退至山巅。同时其他部队也都登山，突然冲锋，猛烈射击，敌人虽亦屡次冲锋，但都被我红军游击队击退。共激战三小时，敌方死十二人，伤十余人，游击队方面，敌人虽用机关枪及手提式等猛烈射击，使死伤各一人。"《南满赤色游击队的新胜利》，载《斗争》，1933 年第 26 期，第 19 页。

二月二十八日："下午三时许，在杨靖宇指挥下，将日军出动的搜查昨日客车出事沿线的铁甲车，拦在老爷岭隧洞北口，用'王铁匠'王世奎制造的'烈性土雷'给炸'趴了窝'，击毙日军官兵 9 人，缴获一挺重机枪，两支手提式，还有其他武器和大量弹药。"中共通化市委党史研究室：《民族精魂——杨靖宇年谱》，长春：吉林文史出版社，2004 年，第 112 页。

是月："抗日救国军以王玉振为首的官兵 1270 人向日本侵略军投降。其中 400 余人被日伪改编为延边清乡游击队，队长祖耀宗仍驻马滴达、春化一带，其余 800 余人被遣散。"珲春市地方志编纂委员会：《珲春市志》，长春：吉林人民出版社，2000 年，第 29 页。

是月："延吉县反日游击大队在王隅沟伏击日伪'讨伐队'，歼敌 20 余名。"《东北抗日联军大事记（1931.9—1945.11）》，载《东北抗日联军史料》编写组：《东北抗日联军史料》（上册），北京：中共党史资料出版社，1987 年，第 261 页。

是月："在警察队长指挥下，对东宁南方老黑山附近约四百名抗日军予以武力镇压，（由绥芬河增加步枪二中队、机枪中队、山炮分队）向在老黑山北侧小村宿营的二百名抗日军进攻，打死十名，其余向东南方洼地撤退，我部队立刻追击。翌日，返回东宁时，警备队长派部队将老黑山北侧的小村庄放火烧毁。"《高泽健儿笔供》（1954 年 7 月 10 日），载中央档案馆、中国第二历史档案馆、吉林省社会科学院合编：《日本帝国主义侵华档案资料选编：东北"大讨伐"》，北京：中华书局，1991 年，第 71 页。

三月

三月一日："李延禄率部与日、伪军在宁安八道河子一带展开激战。"《中共满洲省委大事记》，载刘贵田等：《中共满洲省委史研究》，沈阳出版社，2001 年，第 497 页。

三月一日："东北抗日救国游击军痛击四五百名日伪军对宁安八道河子抗日游击根据地的进攻，歼敌 37 名，缴获大量武器弹药。"《东北抗日联军大事记（1931.9—1945.11）》，载《东北抗日联军史料》编写组：《东北抗日联军史料》（上册），北京：中共党史资料出版社，1987 年，第 262 页。

三月八日："高玉山、张宝和等山林队又攻打县城（今黑龙江省密山县——笔者按），未克。"密山县志编纂委员会：《密山县志》，北京：中国标准出版社，1993 年，第 741 页。

三月九日："深夜，分散各地的救国军余部，联合攻入县城，将日伪军压缩到三岔口街西北角，坚持 3 天，因弹药不继而撤出。救国军撤出后，日军纵火烧毁三岔口前街数百户民房，同时进行大搜捕，逮捕了 100 多群众，在县城西门外用刺刀刺死。"东宁县志办公室：《东宁县志》，哈尔滨：黑龙江人民出版社，1989 年，第 16 页。

三月十日，救国军吴义成等部攻打东宁县城："3 月 9 日（农历二月十四日）深夜，救国军各部已云集三岔口城外，切断了东宁与外地联系的电话线。10 日拂晓，抗日队伍发起攻击，一举攻进县城，首先包围了警察署，劝说署内 20 名警察反正，接着又劝降伪保卫团百余人。驻北大街长发祥院内的 30 名日本军，睡梦中被枪声惊醒，未及逃跑就被全部消灭。

救国军进城后，控制了南火磨和益盛和两个制高点，架起机枪居高临下控制了城内主要街道。日军龟缩在县城西北角农会老爷庙兵营内和西山炮台。

日军在强大压力下，准备逃走，伪项团长劝阻说：'救国军系乌合之众，缺少后援，待子弹打光后必然退出，要坚守以待。'

3 月 11 日晨，日伪军组织反攻，在中大街首先强占德顺利，在东华书局附近与救国军展开激战。

救国军在利兴福房上架机枪，控制着西面街口，阻止日军前进。这时，西山炮台突然开炮，将利兴福房屋炸塌，房上两名救国军机枪射手牺牲。已投降的伪军见日军出动又调转枪口向救国军射击。西山炮队又将南火磨炸毁，在楼上的 20 名战士牺牲，救国军与日本军展开巷战，争夺每一栋房屋。

3 月 12 日拂晓，救国军组织力量展开强大攻势，再次将日伪军赶至城西北，龟缩在军营和西山炮台，坚守不出。

3 月 13 日，救国军探知日军援兵已至万鹿沟，恐腹背受敌，分批撤出县城（日军系用信鸽与绥芬河联系的）。"东宁县志办公室：《东宁县志》，哈尔滨：黑龙江人民出版社，1989 年，第 166—167 页。

三月十日至十二日，抗日武装进攻东宁县城。此次日方守城大致情形是：

"十日午前二时，有抗日军五千名，为解放人民来攻东宁县城。其中一部约一千名，主要从南面向城内进攻。警备队长（步枪二个中队、机枪一个中队、山炮小队）将警备队分成山上守备队、预备队、南北扫荡队，在城内进行扫荡。我被命令为北部扫荡队长（步枪二个小队、机枪小队），密切配合南部扫荡队，于正午开始行动，到傍晚时扫荡市街中央、南、北门的战线。十一日黎明前在抗日军向城外南方后退的同时，命令南北扫荡队集结到山上守备队附近，警察队配合以上扫荡。十一日黎明后，在城内担任检查工作，抗日军在城内遗尸体约五十具（警察队报告），放火烧毁南、北扫荡区，约有五十户（亲眼所见）。十二日午前二时，几乎与十日的时间相同，抗日军又来进攻。警备队长采取了与十日完全相同的部署。我仍然担任北部扫荡队长，从午前九时开始行动，到傍晚，扫荡了北部的大部分地区。十三日黎明前，在抗日军向城南后退的同时，警备队长命令我带一部分兵力守备东宁，命警察队检查城内，并以主力向东宁西南方追击。抗日军在城内遗尸体约一百五十具（警察队报告），在北部扫荡区放火烧毁一户（我的命令），南部扫荡区二户，北部区破坏房子约十户，战斗后的二三天，市内听到葬仪的乐器声音，因此确认居民也有若干死伤者。"《高泽健儿笔供》（1954 年 7 月 10 日），载中央档案馆、中国第二历史档案馆、吉林省社会科学院合编：《日本帝国主义侵华档案资料选编：东北"大讨伐"》，北京：中华书局，1991 年，第 70—71 页。

三月十八日，伪桦甸任团长永和电："职派张营长、冯副官等带队于六日去桦属江东剿匪，已于元（十三日——笔者按）代电禀报在案。该营等删（十五日——笔者按）午行抵二道漂河地方，与著名悍匪殿臣及救国军司令高洪杰等千余名接仗，匪众据险死力抵抗，激战至天黑，匪向敦化县退却。是役计阵毙殿臣部伪营长一名，匪夥六十三名，伤匪无数，得获大枪十支，手枪十支，手榴弹一枚，赃马三匹。我军负伤九名。"《奉天省警备司令部通报》（1933 年 3 月 30 日，奉警情第 186 号），载中央档案馆、中国第二历史档案馆、吉林省社会科学院合编：《日本帝国主义侵华档案资料选编：东北"大讨伐"》，北京：中华书局，1991 年，第 134 页。

三月二十二日，吉林警备司令部通报："据吉林省公署警务厅情报处通知，以磐石牛心顶子地方附近为根据地之匪首天合一帮之匪众三百余名，横行该地，经烟筒山驻在皇军及刘东坡军包围讨伐，殆已全灭，当场击毙匪首天合，其部下均四散。近由天合之甥刘聚合率天合之旧部及其他小帮胡匪约三百名，以牛心顶子、细鳞河地方为中心，横行无度，欲与匪首殿臣及三江好各匪部有联络之举。"《奉天省警备司令部通报》（1933 年 3 月 22 日，奉警情第 168 号），载中央档案馆、中国第二历史档案馆、吉林省社会科学院合编：《日本帝国主义侵华档案资料选编：东北"大讨伐"》，北京：中华书局，1991 年，第 133 页。

三月二十二日至二十八日，抗日救国军吴义成部进攻驻扎于汪清县罗子沟的伪满军驻地。战事经过大致如下：

"三月下旬，在罗子沟的伪满步兵第八团第六连连长闻长仁探知救国军的吴义成部逐渐在附近集结，有进攻的模样，就和迫击炮连长缪延光计议防守之策，修缮了营舍的围墙和炮台，在院墙作成射击的设备，选定了迫击炮放列位置和观测所。救国军隐蔽地占领了罗子沟周围、附近各地，遮断了伪满军内外的交通和连络，闻长仁所派出的侦察队和斥候（尖兵）已都被压缩在营舍内了。二十二号日吴义成以一部在正面作佯攻，以主力沿右侧高地背后，向罗子沟背后高地迂回行进中，被伪满军瞭望哨发现。闻长仁命令迫击炮开始射击，击中吴义成前进的部队，死伤二十余名，使其当即退回。这时救国军已集结兵力五百余名，形成完全包围形势，吴义成劝告闻长仁缴械，闻不应，并不时用迫击炮向救国军集结地射击，因此妨碍了吴部接近阵地。廿八日吴义成使用大部队进攻，逐渐接近，闻长仁以死守难免被敌所制，就派出兵力一排，由营后洼地隐蔽前进，抢占右侧高地，由侧面射击敌人。吴义成部队正进攻中，不意遭受敌人射击，误认为增援部队来到，于是停止了进攻，仓皇撤退，罗子沟营舍得以保全。"《佟衡笔供》（1954年8月6日），载中央档案馆、中国第二历史档案馆、吉林省社会科学院合编：《日本帝国主义侵华档案资料选编：东北"大讨伐"》，北京：中华书局，1991年，第137页。

三月二十五日，华联社沈阳电："东边道各路义军乘日逆近在长城各口遭打击，即集合各路计六百余名，于十八日一齐进击通化北方二十余里之三房间。日逆警备队闻讯，即开大队应战。我义军凭险沉着与之接触，激战一昼夜，毙敌士官五名、士兵十三名，伤三十余人。截至二十日晨，始抽回东边道。"《东边道义军袭击通化一带》，载《申报》，总第21533期，1933年3月25日，第19版。

三月三十日："汪清游击队联合救国游击军打退日伪军对中共东满特委所在地汪清县小汪清的进攻，歼敌20余人。"《东北抗日联军大事记（1931.9—1945.11）》，载《东北抗日联军史料》编写组：《东北抗日联军史料》（上册），北京：中共党史资料出版社，1987年，第262页。

就此战事，《童长荣烈士传略》载：三月三十日，在敌人绝对优势兵力面前，游击队和自卫队经过终日激战，打退了敌人的猛扑。在这次战斗中，共歼敌三百余人，缴获大小枪支二百五十九支、迫击炮四门、子弹两万余发。详见黑龙江省社会科学院地方党史研究所、东北烈士纪念馆编：《东北抗日烈士传》，哈尔滨：黑龙江人民出版社，1980年，第104页。

是月底，日伪军发起第三次围剿磐石红军游击队的战事。战事经过如下："这次敌人动员了更大的力量，用各种最新式的武器如迫击炮、大炮、机关枪、手提式等，企图'澈底'的'剿灭'红军游击队，敌人带这些武器，自磐石县城、小城子等出发玻璃河套，向我红军游击队包围。红军游击队见敌人来到即便布开阵势应战，游击队的阵线共长二十余里。敌人用两尊大炮、四五架机关枪集中火力向我游击队猛烈射击。敌人并在大炮掩护之下，向我猛烈冲锋。游击队在大炮隆隆声中，从容妥布阵势，向冲向前来的敌人瞄准射击，敌人纷纷应声而倒。这样猛烈的激战，从下午一点钟起，直到天黑，敌见大势已去，全部溃退。这次空前猛烈的战争，予敌人以更大的损失，红军游击队的方面连一个受微伤的都没有，敌则死者有十几人，连受伤的计算，一共有二十多人，其中被打死的还有一个日匪守备队的队长，所以打到后来，敌人便狼狈而逃了。"《南满赤色游击队的新胜利》，载《斗争》，1933 年第 26 期，第 19 页。

是月："下旬，磐石游击队在磐石玻璃河套至杨宝顶子 20 余里的战线上，迎击日伪军的进攻，歼敌 20 余名。"《东北抗日联军大事记（1931.9—1945.11）》，载《东北抗日联军史料》编写组：《东北抗日联军史料》（上册），北京：中共党史资料出版社，1987 年，第 262 页。

是月："月底，日伪军围攻南满游击队驻地磐石以北杨宝顶子。南满游击队从午后一直打到入夜，日伪军死伤 20 余人后缩回磐石县城。"吉林省地方志编纂委员会编纂：《吉林省志·军事志》，长春：吉林人民出版社，1996 年，第 243 页。

四月

四月十七日："伪军三千多步兵和骑兵，采取稳扎稳打的战术向小汪清游击根据地大举进攻。县游击队采取转移群众，避敌主力，个（各）个击破的战术，组成小分队转入敌后，放火烧毁敌人营房，扰乱敌人后方。经三天战斗，歼灭日、伪军四〇〇多人，缴获大小枪支二百五十多支，迫击炮四门，子弹两万多发。"文虎甲：《汪清县游击队的建立发展及其反日斗争》，载《延边历史研究》（第 3 辑），延吉：延边历史研究所，1988 年，第 205—206 页。

四月二十一日："吉林日人大会在致日本首相电报中说：'三月二十五日至今，仅两旬间，吉海、吉敦两铁路，由于列车被袭，日本人已经牺牲 20 余人。'"吉林市地方志编纂委员会：《吉林市志·大事记》，长春：吉林人民出版社，2002 年，第 139 页。

四月二十七日：义勇军杨靖宇部联合'大忠厚'、'毛团'、'八方'、'海蛟'、'宋营'、'常占'等义勇军和山林队共 2000 多人，结成联合阵线，攻占了磐石西北的吉昌镇。中共通化市委党史研究室：《民族精魂——杨靖宇年谱》，长春：吉林文史出版社，2004 年，第 114 页。

四月底，日伪军发起第四次围攻磐石红军游击队的战事。战事经过如下：

"这次战事又更加猛烈，敌人用了三尊迫击炮、七八架机关枪，从小城子出发，向红军游击队的驻地萝葡地包围。

但红军游击队的行动是神出鬼没的，敌人哪知游击队已移住萝葡地附近的大泉眼了。所以敌人向萝葡地开进时，途中于大泉眼地方即遇到红军游击队的意外射击，时在十二点钟。

这样战事便开始了，敌人架起机关枪迫击炮等向我们驻地轰击。游击队方面，也瞄准射击，敌人方面当即死伤多人。

游击队方面同时又派了一部分马队，去抄袭敌人的后路，准备包围夹击，又有另一队到敌人出路埋伏，准备敌人逃窜时堵击。

敌人见正面冲锋既不得逞，又受到侧面包围袭来，势将陷入重围，便急速集合夺路逃走。集合时，又受山中驻扎的另一部的猛击，更是狼狈，急急向磐石县城的去路落荒而逃。哪知不一会，忽遇我埋伏的一部分步队，予以迎头痛击，死伤很多。时天已入晚，敌人慌忙翻山逃走。

这次敌人方面打死了十余人，其中还有日人六名，连伤的计算，敌方共损失了三十余人。我游击队方面毫无死伤。"《南满赤色游击队的新胜利》，载《斗争》，1933 年，第 26 期，第 19 页。

四月二十九日：是夜，杨靖宇制定掏心战术，派李红光率领 19 名队员，化装成磐石日军指导官，通过蛤蟆河子双桥子封锁线，直捣敌军第四次围剿指挥中心，取得了擒贼先擒王的战绩。中共通化市委党史研究室：《民族精魂——杨靖宇年谱》，长春：吉林文史出版社，2004 年，第 115 页。

是月：（抗日救国军）攻安图大沙河，又攻占安图县城（今松江），并分兵进出桦甸及吉海线一带。《陈翰章生平大事记》，载中国人民政治协商会议吉林省延边朝鲜自治州文史资料研究委员会编：《敦化县文史资料》（第 1 辑），内部发行，1984 年，第 115 页。

是月："月末，磐石游击队在磐石大泉眼伏击日伪军，歼敌 30 余名。"《东北抗日联军大事记（1931.9—1945.11）》，载《东北抗日联军史料》编写组：《东北抗日联军史料》（上册），北京：中共党史资料出版社，1987 年，第 263 页。

五月

五月六日："杨靖宇在奔赴漂河口途中，指挥李明海教导队和'赵旅'、'马团'各一部，赶往桦甸横道河子北方地局子救援义勇军余部'老长青'。为此，在桦北连续破袭了伪军第二营白汉池部下两个连的据点。"中共通化市委党史研究室：《民族精魂——杨靖宇年谱》，长春：吉林文史出版社，2004 年，第 117 页。

五月七日："刘景文部营长庞益芳，率义勇军 300 余人转移至岫庄交界之棒槌沟。5 月 7 日，被日伪军千余人包围。庞益芳率队奋勇抗击，激战 4 个小时，击毙日军 13 名，义勇军也遭重大伤亡。庞命令部队突围，自任掩护，英勇牺牲。"岫岩县志编辑部编：《岫岩县志》，沈阳：辽宁大学出版社，1989年，第 496 页。

五月八日："东北抗日救国游击军包围宁安县东京城。伪军 1000 余人哗变，其中有 200 余人参加了抗日队伍。"《东北抗日联军大事记（1931.9—1945.11）》，载《东北抗日联军史料》编写组：《东北抗日联军史料》（上册），北京：中共党史资料出版社，1987 年，第 263 页。

五月十一日："5 月 10 日，县游击大队政委车龙德率领金昌善等 10 多名游击队员，由渔浪村根据地到牛腹洞一带执行任务。途中，在四仲村宿营，被伪自卫团密探发现，给太平村大地主刘依贤报信。刘依贤一面派自卫团暗中监视，一面派人到三道沟伪警察署报告。11 日晨，刘依贤领 30 多名自卫团进犯四仲村。9 时许，三道沟警察署长鹤岗带警察和自卫团 100 多人，包围四仲村。

车龙德一面指挥队员反击敌人，一面扒开坑板石作掩体机智地向敌人还击。敌指挥鹤岗求胜心切，配合密集火力发起一次次攻势，当即被游击队击毙，吓得敌军拖起鹤岗的尸体，慌忙逃至三道沟据点。

战斗中，打死敌人 30 多人，游击队战亡 2 人，车龙德负重伤。"和龙县地方志编纂委员会编：《和龙县志》，长春：吉林文史出版社，1992 年，第 216 页。

五月二十九日："驻烟筒山伪警备第五旅第十四团迫击炮连的 60 名爱国士兵在共产党员曹国安、宋铁岩、张瑞麟等领导下起义，携带迫击炮一门、步枪 40 余支，加入磐石游击队，编为迫击炮大队。"崔巍：《磐石人民的抗日斗争》，载政协吉林省磐石县委员会文史资料研究委员会编：《磐石文史资料》（第 1 辑），内部发行，1987 年，第 9 页。

是月："我游击队（汪清游击队——笔者按）在八人沟一带发现了驻三叉口的日军骑兵队百余人，便埋伏在途中。日军到达神仙洞洞口时，枪声四起，日军二十多人被击毙。"文虎甲：《汪清县游击队的建立发展及其反日斗争》，载《延边历史研究》（第 3 辑），延吉：延边历史研究所，1988 年，第 206 页。

是月："抗日游击总队 50 余人在汪清县罗子沟与日伪军交战，毙伤敌人多名，缴枪 30 余支。"珲春市地方志编纂委员会：《珲春市志》，长春：吉林人民出版社，2000年，第30页。

六月

六月七日："日伪军出动1800余人，围剿在磐石、伊通等地活动的红军游击队和毛团、殿臣等抗日军。"吉林市地方志编纂委员会：《吉林市志》（大事记），长春：吉林人民出版社，2002年，第140页。

六月十日："磐石游击队进攻磐石县东北岔烧锅（内驻有200余名伪军），发迫击炮弹7发，敌军惊恐异常，游击队声威大振。"《东北抗日联军大事记（1931.9—1945.11）》，载《东北抗日联军史料》编写组：《东北抗日联军史料》（上册），北京：中共党史资料出版社，1987年，第265页。

六月十五日："磐石游击队联合抗日军'马团'、'赵旅'等共300余人，进攻伊通县大兴川，敌军弃营逃走，死伤10余名。"《东北抗日联军大事记（1931.9—1945.11）》，载《东北抗日联军史料》编写组：《东北抗日联军史料》（上册），北京：中共党史资料出版社，1987年，第265页。

六月十六日："吴义成、周保中率领吉林救国军攻下安图县城，不久安图失守，吴义成率救国军一部东去，周保中率一部至大蒲柴河设立留守处，组织辽吉边区军。"吉林市地方志编纂委员会：《吉林市志·大事记》，长春：吉林人民出版社，2002年，第140页。

六月十七日："大兴川驻有伪满军近百人，距中共磐石中心县委驻地玻璃河套约20余公里。为摆脱威胁，南满游击队联合'马团'、'赵团'等抗日武装，于1933年6月17日拂晓，进攻大兴川。伪满军依托兵营后山顽抗。进攻部队经一天激战，未能攻下。入夜，又发动攻击，仍未攻下。伪满军惧于进攻部队的锐气，于18日晨弃营逃往营城子。进攻部队乘胜将伪满军兵营烧毁。"吉林省地方志编纂委员会编纂：《吉林省志·军事志》，长春：吉林人民出版社，1996年，第243页。

是月："抗日游击总队在三道沟抗击日军'讨伐队'，歼敌10余名。"珲春市地方志编纂委员会：《珲春市志》，长春：吉林人民出版社，2000年，第30页。

是月："珲春与和龙两支反日游击队分别在三道沟和二道沟袭击日军讨伐队，予敌以较大杀伤。"《东北抗日联军大事记（1931.9—1945.11）》，载《东北抗日联军史料》编写组：《东北抗日联军史料》（上册），北京：中共党史资料出版社，1987年，第265页。

是月："驻牡丹江日本守备队 10 余名士兵，怀揣抗日部队散发的宣传品，进入深山寻找抗日队伍被日本守备队追捕杀害。"牡丹江市志编审委员会编：《牡丹江市志》（上卷），哈尔滨：黑龙江人民出版社，1993 年，第 19 页。

七月

七月八日，华联社沈阳电："据此地日文报称，日伪联合军总攻辽东之军事，已于七月五日开始军事行动，两军集中于通化及桓仁两地方，因日军不堪炎热，日间不敢行军，择夜间炮击，因此无辜之民众多吃日军之亏。义军乘间夜神出鬼没，军事行动甚感困难，日守备队司令官井上中将与逆军司令官于芷山，于六日上午乘飞机赴前线指挥云。"《辽东义军歼敌》，载《申报》，总第 21637 期，1933 年 7 月 9 日，第 8 版。

七月十一日：在杨靖宇、李红光指挥下，联合各路抗日军约千人兵力，于夜间攻克伊通县营城子的伪军据点。中共通化市委党史研究室：《民族精魂——杨靖宇年谱》，长春：吉林文史出版社，2004 年，第 121 页。

七月十二日："磐石游击队联合抗日军'宋团'、'毛团'、'殿臣'、'马团'、'赵旅'等约 1000 人，攻占伊通县营城子。"《东北抗日联军大事记（1931.9—1945.11）》，载《东北抗日联军史料》编写组：《东北抗日联军史料》（上册），北京：中共党史资料出版社，1987 年，第 266 页。

七月十二日："南满游击队联合宋团、毛团、殿臣、马团、赵旅等抗日军 1000 余人攻打伊通县营城子，次日凌晨攻占该镇。"吉林市地方志编纂委员会：《吉林市志·大事记》，长春：吉林人民出版社，2002 年，第 140 页。

七月十二日："夜，南满游击队联合抗日军'宋团'、'殿臣'、'毛团'和'赵团'等部共 1000 余人，向营城子发起猛烈进攻。伪满警察抵抗一阵后，于 13 日晨逃走。联合军占领营城子，俘伪满警察 6 人，缴获银元数千元及很多军需物资。"吉林省地方志编纂委员会编纂：《吉林省志·军事志》，长春：吉林人民出版社，1996 年，第 243 页。

七月十五日："天虎部队在东丰蝎蚆子山，与日倭指导官指导下之伪军警相遇，激战五小时，伤伪军十余人，指导官亦负伤，我军亦伤兵三名，耗费子弹一万余粒。"张松筠：《一九三三年之东北》，载《外交月报》，1934 年，第 4 卷第 2 期，第 120 页。

七月十五至十七日：杨靖宇指挥抗日联合军部队北上，发动吉林海路取柴河至荞麦愣子之间沿路的抗日群众，军民一体，协同动作，一昼夜之间，毁坏敌人的铁路线 120 余华里。而后，东出桦甸北部，势头勇猛，攻占了桦北重镇八道河子，威慑伪军，并敦促伪军连长刘占林，率部战场起义。中共通化市委党史研究室：《民族精魂——杨靖宇年谱》，长春：吉林文史出版社，2004 年，第 121 页。

七月十八日："磐石游击队与各抗日军联合，破坏袭击吉海铁路。"《东北抗日联军大事记（1931.9—1945.11）》，载《东北抗日联军史料》编写组：《东北抗日联军史料》（上册），北京：中共党史资料出版社，1987 年，第 266 页。

七月十八日："夜，南满游击队与'马团'袭击并破坏小城子至老爷岭之间的铁路，同时将驻小城子和老爷岭的伪满军兵营包围。日军闻讯急向两地增援，围攻部队遂迅速转移。"吉林省地方志编纂委员会编纂：《吉林省志·军事志》，长春：吉林人民出版社，1996 年，第 244 页。

七月二十日："南满游击队又联合各部抗日军 1500 余人进攻吉林七区五里河子。"吉林市地方志编纂委员会：《吉林市志·大事记》，长春：吉林人民出版社，2002 年，第 140 页。

七月二十日："磐石游击队联合'毛团'、'马团'、'赵旅'、'韩团'、'殿臣'等抗日军共 1500 余人，向永吉南部第七区进攻。在此期间，磐石游击队与各抗日军成立了联合参谋部，由杨靖宇担任政治委员长。"《东北抗日联军大事记（1931.9—1945.11）》，载《东北抗日联军史料》编写组：《东北抗日联军史料》（上册），北京：中共党史资料出版社，1987 年，第 266 页。

七月二十八日："早三时半，连长率全连及迫击炮一门，由小洋河子出发，赴第五区老古庙西北高地搜索前进，于八时半到达老古庙，该地并无匪情遂于午前十时返防。于十一时行至三岔口（距县西行二十四公里），在各山岭上发现匪人二百五十余名，匪首系刘景文部下伪副司令于显廷、云海清、姜护国等，向我射击，我军当即迎击，互战二小时，毙匪一名，伤匪数名，匪势不支，分三路向西南罗圈沟一带逃窜，搜获匪人委任一纸（系吴成仁大队长）。此役计我方迫击炮连伤兵一名，于午后七时归还小洋河子防地。"《奉天警备司令部情报》（1933 年 8 月 9 日，第 334 号），载中央档案馆、中国第二历史档案馆、吉林省社会科学院合编：《日本帝国主义侵华档案资料选编：东北"大讨伐"》，北京：中华书局，1991 年，第 110 页。小洋河子，位于今辽宁省东港市境内。

七月二十九日："田霖率队伍转战至海龙县山城镇附近吉东乡四马沟与日军激战中牺牲，终年 33 岁。"蛟河县志编纂委员会编：《蛟河县志》，长春：长春出版社，1991 年，第 849 页。

七月三十一日，伪满军方电告："今早据北井子苗连长报告，李春润确由窟窿山登岸，以三个帆船运来迫击炮四门、重机关枪五挺、手提式八支、手枪三百余支、步枪二千余支、子弹甚多。职率步兵五十名在外游击，于二十六日至高家堡子与运械弹千余名之匪遭遇，激战一时，以寡众关系，遂向北井子引避，匪向椽木山子窜去，等情。"《奉天警备司令部情报》（1933 年 8 月 1 日，第 328 号），载中央档案馆、中国第二历史档案馆、吉林省社会科学院合编：《日本帝国主义侵华档案资料选编：东北"大讨伐"》，北京：中华书局，1991 年，第 108 页。

是月："日伪军突然包围和袭击李延禄领导的抗日救国军军部所在地郝家屯。抗日救国军同日伪军进行了英勇的战斗，军部突击转移，连长张永富等 15 名战士英勇牺牲。"密山县志编纂委员会：《密山县志》，北京：中国标准出版社，1993 年，第 741 页。

是月："共产党员李春根、金伯万等，在哈达河伏击地主崔老四，打死崔老四，缴获手枪 1 支。同月下旬，他们又伏击哈达河大排队队长于红江等，击毙 4 人，缴获步枪 5 支，手枪 1 支。"密山县志编纂委员会：《密山县志》，北京：中国标准出版社，1993 年，第 741 页。

八月

八月二日："8 月 1 日，刘部义勇军任福祥率队到东上坡（今东沟县境内）迎敌。2 日晨，日伪军 400 余人进入义勇军阵地前的开阔地，遭到突然袭击，伤亡惨重，向北溃逃。同时李春光部义勇军在龙王庙以东解家岭阻击安东来援的日军 400 余人。义勇军不顾日军飞机扫射轰炸和北井子海域日本军舰的炮击，奋勇冲杀，激战到午后 2 时，将敌人打退。"岫岩县志编辑部编：《岫岩县志》，沈阳：辽宁大学出版社，1989 年，第 496 页。

八月四日，伪满军杨团长报告："当日午前五时同赤城支队在白家堡子与李匪接仗，激战七小时之久，匪势不支，向大李家堡子一带溃去。是役匪人伤亡约三四十名，我部伤兵三名，友军伤亡兵各一名。"《奉天警备司令部情报》（1933 年 8 月 9 日，第 334 号），载中央档案馆、中国第二历史档案馆、吉林省社会科学院合编：《日本帝国主义侵华档案资料选编：东北"大讨伐"》，北京：中华书局，1991年，第109页。

八月六日，伪满军杨团长报告："李匪经该部与赤城支队痛击后，约有七八百名之匪，驰向大李家堡子、台沟一带窜去，当协同友军跟踪追剿。第一连在上午六时进至大李家堡子，与该匪激战二时，余匪向轧车岭方向逃去。当率所部尾追五里许，因周围均系友军，恐生误会，遂令集结于大李家堡子。台沟之匪同时亦被击退，向伊家堡子溃去。"《奉天警备司令部情报》（1933年8月9日，第334号），载中央档案馆、中国第二历史档案馆、吉林省社会科学院合编：《日本帝国主义侵华档案资料选编：东北"大讨伐"》，北京：中华书局，1991年，第109—110页。

八月十三日："南满游击队联合抗日军毛团、马团、赵旅、韩团、吴团、殿臣等部1600余人，围攻磐东呼兰集场子（呼兰镇）3天3夜。守敌伪自卫团总高希甲率地主武装和一部分日军、伪警察进行顽抗。敌军增援，抗日军截击不利，先行撤退。南满游击队在连续击退敌人3次反扑后撤走。这次战斗，击毙伪团长高希甲、日本军官中岛等9人，伤16人。"吉林市地方志编纂委员会：《吉林市志·大事记》，长春：吉林人民出版社，2002年，第140—141页。

八月十三日："抗日军联合参谋部在政治委员长杨靖宇主持下召开军事会议，决定进攻磐东重镇呼兰。参加队伍除南满游击队外，还有'殿臣'、'常占'、'毛团'、'宋团'、'马团'、'赵团'、'许团'、'林团'、'吴团'、'乐子'、'金山'、'三江好'、'四季好'、'串江龙'和曹格飞部共1600余人。发起攻击后，镇内的日伪军急向磐石求援。15日，有200余名援兵赶来。由于'马团'堵击不利，援军步步逼近，镇内守军也乘机反攻。此时，'殿臣'部和其它抗日军纷纷后退。南满游击队接连打退日伪军3次反攻，终因各抗日军陆续退走，南满游击队不得不撤离战场。此战，击毙日军军官中岛和反动地主武装头子高希甲等9人，伤16人。南满游击队牺牲3人。"吉林省地方志编纂委员会编纂：《吉林省志·军事志》，长春：吉林人民出版社，1996年，第244页。

八月十七日："李春润率义勇军300余人在塔沟一带活动，保护隐藏的军火。8月17日10时许，日军500余人分路将李部包围，义勇军奋力抗击，战斗到黄昏，义勇军突围转移。此次战斗，日军伤亡10余名，义勇军伤亡营长以下官兵20余人，李春润腿部负重伤。"岫岩县志编辑部编：《岫岩县志》，沈阳：辽宁大学出版社，1989年，第497页。

辽宁民众自卫军李春润部，于凤城与日伪军激战情形："是日（八月十七日）午前八时在沙金厂发见日军三百余名，挺向义军进展，此时义军仅有邵统带之一部步兵数百名，均于本月十五日奉命赴沙力寨、哨子河一带肃清日伪驻军，以期与岫岩刘司令连络一气，并破坏四台子、凤凰城、高丽门、汤山城附近各种建筑物之工作。既侦得敌情后，即率队前往迎击，于午前十时在塔子沟地方与日军冲突，相持两小时许。日军由安东飞来爆炸机三架，战斗机三架，向义军猛烈爆炸，用机关枪循环扫射。同时又由大李堡方向，开到日军二百余名。浑水泡方面开来日军三百余。经义军猛力抵抗，至午后三时许李总指挥（春润）亲率所部卫队百余名，向敌左侧攻击。双方战斗，异常激烈。日伪不支狼狈溃退。义军阵亡官兵约廿余名，内有少校官一员，附官二员，负伤官兵十余名。李总指挥缘身先士卒，奋不顾身，正在指挥冲锋之际，被敌人手榴弹炸伤左腿上部，深约三寸许。骨拆肉飞，血流不止，因潜伏无定，医药罔效，竟于本月（九月——笔者按）十四日为国捐躯。……查此次战役经过，虏获敌人大小枪四百余支，伪毙日军少将司令官武泽一名，中佐一名，负伤士兵不计其数，得获零星战利品无数，给养车数辆。"《义军李春润部之壮烈牺牲》，载《黑白半月刊》，1933年第1卷第11期，第32—33页。

八月二十四日："高司令青山率部五百人，在吉海路靠山屯（今吉林省磐石市靠山屯乡），将铁路拆毁，与伪军大战，因敌势重大，将我军包围，我军奋勇死战，不但将敌军击退，且获得大枪四十余支、子弹八百余粒。"张松筠：《一九三三年之东北》，载《外交月报》，1934年第4卷第2期，第120页。

八月二十六日："驻团山子（黑龙江省宁安市东南团山子）之救国军（高玉山部）第十二团团长王鸿部下士兵五名，于八月二十六日夜返还团山子，与敌军八十余名骑兵战。翌日二时将寇军击退，嗣因敌大部到来，始安然退却。"张松筠：《一九三三年之东北》，载《外交月报》，1934年第4卷第2期，第122页。

八月二十八日："午前六时，四台子保线区工场，工人日人一名，满人十一名，于凤城四台子间，修理由安东起点之六十八启罗米突之路线工事作业中，突遭我义军小部游击队十余名之袭击，得获日工人手枪一支，掠去工人等向凤城逃避，及敌军装甲汽车到达时，已逃之多时矣。"张松筠：《一九三三年之东北》，载《外交月报》，1934年第4卷第2期，第120页。

八月二十八日："正午，20 号道拨工人在取柴河车站拔除部分道钉，使从吉林南开的日伪军车脱轨。南满游击队发起冲锋与守车日军激战，击毙日军 4 人。"高庆山：《吉海铁路磐石区段铁路工人的抗日斗争》，载政协吉林省磐石县委员会文史资料研究委员会编：《磐石文史资料》（第 4 辑），内部发行，1991 年，第 13 页。

八月二十八日："吉海路第七次列车于八月二十八日正午，在取柴河双阳镇间脱轨，为我义军攻击两小时，伪路警与日军应战，结果，伪警廿名被解除武装，日军被击毙伍长一名，士兵二名，重伤十七名云。"张松筠：《一九三三年之东北》，载《外交月报》，1934 年第 4 卷第 2 期，第 117 页。取柴河，今吉林省磐石市取柴河镇；双河镇，今吉林省永吉县双河镇。

长春特讯：攻击双河镇："吉海路双河镇附近之第七号列车，亦有义军百余名埋伏，发炮攻击，死伪国巡查二名、日人乘客一名、华人乘客四名，共计七人。乘客及乘警全部被擒去，真相不明。日方得悉此项消息，至为焦急，已协议对策中。吉海路交通有断绝之虞，日装甲列车，已出动警戒。"《一周大事汇述》，载《中央周报》，1933 年，总第 276 期，第 15 页。

八月二十八日："我义军于八月廿八日午后二时，袭击吉海线西阳、双河镇间之十二号保线所，破坏路线，绑去日人六名，因日军警备装甲车开来，始行退去。"张松筠：《一九三三年之东北》，载《外交月报》，1934 年第 4 卷第 2 期，第 117 页。西阳镇，今吉林省永吉县西阳镇；双河镇，今吉林省永吉县双河镇。

是月："抗日游击队进攻敌军驻地哈达门，缴获步枪 30 余支。"珲春市地方志编纂委员会：《珲春市志》，长春：吉林人民出版社，2000 年，第 30 页。

九月

九月四日："救国军余部联合延边游击队第二次攻占三岔口（当晚撤出）。"东宁县志办公室：《东宁县志》，哈尔滨：黑龙江人民出版社，1989 年，第 16 页。

九月四日："拂晓，抗日联合部队向三岔口发起攻击，很快突破前沿阵地，接近西山炮台，日军冲出堑壕，展开了白刃战。经过半天的激战，抗日联合军占领了县城大部，将日伪军压缩到城西北角。日军一面向绥芬河求救，一面出动全部兵力，进行反扑，战斗持续到夜晚，抗日队伍因弹药接济不上，趁黑夜撤出县城。"东宁县志办公室：《东宁县志》，哈尔滨：黑龙江人民出版社，1989 年，第 167 页。

九月六日："吉林救国军吴义成部联合其它抗日军共 3000 余人，围攻东宁县城，此役共击毙日伪军 150 余人，伤 70 人。汪清、珲春两支反日游击队参加了这一战斗，作战顽强勇取，贡献突出。"《东北抗日联军大事记（1931.9—1945.11）》，载《东北抗日联军史料》编写组：《东北抗日联军史料》（上册），北京：中共党史资料出版社，1987 年，第 268 页。

九月六日至八日，王德林部围攻东宁县城，与守城之日伪军激战。战斗详情为："九月六日晨二时，各部即照原议开始总攻。我军徐徐前进，待至电网附近，始与敌哨接触，我军即将该哨击退。此时我勇猛之工兵队，于枪林弹雨之中，将四周电网割断，我军乘机前进。而敌军俱退至城内，至天明我西方柴部，即将敌战壕占领。东南北三部，亦进至距城四里许之河沟敌阵地。敌军持猛烈之机关枪扫射，又倚西山坚固之炮台，并以飞机盘旋其间，施以爆炸。我军终以器械不敌，虽经数次搏击，终未成功。"《一周大事情汇述》，载《中央周报》，1933 年，总第 282 期，第 17 页。

激战东宁县城第二时段，麦秆填壕，炮火肉搏："是晚（九月六日——笔者按）八时我西方炮兵，以猛烈之炮火，射击西山炮台。此时敌则由东南北各方抽调大部来援。西山刘、张二司令，则乘隙攻城，并选取死军五百，每人背麦秆五捆，填塞壕内，壕沟几满。刘司令即饬所部匍匐前进，爬过水壕。至七日早四时，城之东南角，即被刘部占领。此刻敌军颇形恐慌，俱集中西城，及西山炮台。十时许，敌军飞机十架，向我军投掷炸弹，炮火益形猛烈。城之东南角，民房焚毁殆尽。晚六时，我史仲衡团长，率兵二百，爬至炮台附近，准备焚烧炮台，又被猛烈之机枪击退。至八日午，敌由绥芬发来援兵六百，行抵方鹿沟，被我徐旅阻住。卒以敌之炮火充足，激战数小时，被其冲过，但被我军夺得军用品甚夥。此役我攻城军队，俱弹药用尽。况以敌之生力军六百，自后路抄来，无奈只得撤退，至菜营岭一带。"《一周大事情汇述》，载《中央周报》，1933 年，总第 282 期，第 17 页。

九月六日："汪清县游击队一百一十人，珲春县游击队一百人，与救国军吴义成、柴世荣、史忠恒，李三侠等部，三千多兵力，协同围攻日军一个师兵力驻守的东宁城。游击队攻占敌炮台，救国军攻占县城，激战了三个小时，击毙日军二百多人，缴获大批枪支弹药、布匹、粮食等军需品。"文虎甲：《汪清县游击队的建立发展及其反日斗争》，载《延边历史研究》（第 3 辑），延边历史研究所，1988 年，第 207 页。

九月六日："珲春抗日游击总队 100 余人参加吉林救国军吴义成部围攻东宁县城，击毙日军 150 余名，伤 70 余名。"珲春市地方志编纂委员会：《珲春市志》，长春：吉林人民出版社，2000 年，第 30 页。

九月七日，华联社沈阳电："辽东义军对日伪联合军决取攻势，昨夜义军一千五百人已迫近濛江县，取包围县城之阵势，闻城内亦有内应者，人心十分摇动，伪县长即电沈阳警备司令部请援，闻日伪军当局决派第七旅赴援救急，据传濛江县城日内可下。"《义军围攻濛江》，载《申报》，总 21698 期，1933 年 9 月 8 日，第 3 版。

九月十三日，《申报》载长春特讯："吉海路朝阳镇山屯间，第一百十号旅客列车，被义军约二百名射击，沿路日军及伪满路警即行应战，与义军激战一小时，旅客华人中弹死一名，此外伪满路警一名、车掌一名、搭客六名，共计八人均负重伤，车务员三名被义军擒去，义军仅伤亡二名。"《吉林义军吉海路》，载《申报》，总第 21703 期，1933 年 9 月 13 日，第 10 版。

九月十三日，《申报》载长春特讯："吉海路双河镇附近之第七号列车，亦有义军百余名埋伏，发炮攻击，死伪国巡查二名、日人乘客一名、华人乘客四名，共七人，乘客及乘警全部被擒去，真相不明。日方得悉此项消息，至为焦急，已协议对策中，吉海路交通有断绝之虞，日装甲列车已出动警戒。"《吉林义军进攻吉海路》，载《申报》，总第 21703 期，1933 年 9 月 13 日，第 10 版。双河镇，位于今吉林省永吉县境内。

九月十六日："9 月中旬，在平阳镇一带活动的人民抗日革命军军长李延禄得到情报：密山县城伪军骑兵四旅陶团已开赴饶河一带，城内兵力空虚。李延禄决定利用这一有利战机，攻打密山县城。

密山县城郊有一条经半截河镇到达密山的公路。李延禄决定采取佯攻半截河，实取密山城的作战方案。他先以人民革命军的名义，给半截河伪商会下达通知书，限期为部队准备好冬装和粮食，'逾期不交以武力解决'。接着，又派一支小部队在半截河四周出没，给敌造成错觉。半截河及平阳镇的日伪军得悉后，各自加强防守，日夜加派双岗警戒。就在半截河、平阳镇日伪军忙于防备之际，人民抗日革命军则于 9 月 16 日夜连续行军，进袭疏于防范的密山县城。这次战斗由一团团长杨太和指挥。午夜 12 时，总攻开始，密山县城四门枪声大作。守西门的伪地方官张保董见攻城声势很大，便急忙寻找退路，隔着城门高喊愿开西门，请攻城部队让路撤退。杨太和下令停火，闪开中路，张保董大开西门后，率队逃出。

杨太和指挥部队由西门入城后，直扑伪警备队，将猝不及防的伪军全部缴械。此时，其他各门也相继突破，但部队在进攻县公署时，遭日军机枪火力阻击。杨太和决定不与敌纠缠，派一部分部队将日军封锁在院内，命其他部队分头收缴汉奸商号、日伪仓库。17 日凌晨 3 时，部队将缴获的各种物资运出城后，全部退出。这次战斗，人民抗日革命军战果甚丰，共缴获步枪 134 支、短枪 4 支、子弹 1 万余发，及大量其他军用物资。"黑龙江省地方志编纂委员会：《黑龙江省志·军事志》，哈尔滨：黑龙江人民出版社，1994 年，第 152 页。

九月二十日："延吉反日游击队在八道沟符岩洞反击日军'讨伐'队，歼敌数十名。"《东北抗日联军大事记（1931.9—1945.11）》，载《东北抗日联军史料》编写组：《东北抗日联军史料》（上册），北京：中共党史资料出版社，1987 年，第 269 页。

九月二十一日，《申报》刊载吉林义军暂编第二军军长宋国荣之代表张济东乞援函，来函内云："敬肃者，本军自去年八月，奉辽吉后援会朱会长命令，委宋国荣为东北义勇军第八路司令（防区磐石、伊通、双阳、桦甸、长春、吉林），于八月九日誓师磐石县黑石镇，未数日连下磐石、伊通、双阳、桦甸等县，相继来投者四万余名，枪马齐全，声势浩大，伪京撼动。日满军见势不佳，遂调集大部队伍，压迫十余日，血战二十余次，双方互有伤亡。后以弹药缺乏，士兵服装单薄，给养无着，时至严冬，伤亡士兵又无医药棺椁，实难支持，乃将队伍化整为零，分头工作。"《张济东来函》，载《申报》，总第 21711 期，1933 年 9 月 21 日，第 10 版。

九月二十三日："独立师在杨靖宇、李红光指挥下，联合'毛团'、'宋团'（'宋营'新编）共 1000 兵力，击溃磐石、双阳两县的伪'警察队'与伪'自卫团'的进攻，而后向西安（今东辽）境内推进。"中共通化市委党史研究室：《民族精魂——杨靖宇年谱》，长春：吉林文史出版社，2004 年，第 124 页。

九月二十七日："东北人民革命军第一军独立师第三团在吉海路取柴河至烟筒山段伏击伪军第十四团巡逻队，歼敌 8 名，缴枪 10 支。"《东北抗日联军大事记（1931.9—1945.11）》，载《东北抗日联军史料》编写组：《东北抗日联军史料》（上册），北京：中共党史资料出版社，1987 年，第 269 页。

九月二十九日："'殿臣队'、'赵旅'、'马团'、'天虎'共 1600 人的队伍，第二次攻打磐东的重镇'呼兰集场子'街，历三天三夜未能攻克。"中共通化市委党史研究室：《民族精魂——杨靖宇年谱》，长春：吉林文史出版社，2004 年，第 124 页。

九月二十九日：1933 年九月成立不久的东北人民革命军第一军独立师，化整为零兵分两路，由磐石西部向磐石东部转移。二十九日下午，所部某连 40 多名指战员，在独立师书记刘用国率领下，行进至小红石砬子沟，在一骆姓人家休息。遭遇从磐石县城开来的日军一队的袭击，战斗持续一个小时。是役中，独立师书记刘用国与另一战士阵亡。详见苏景隆搜集整理：《革命烈士刘用国》，载政协吉林省磐石县委员会文史资料研究委员会编：《磐石文史资料》（第 4 辑），内部发行，1991 年，第 25—26 页。

是月："上旬，第十联队在吉林省九台县一带，进攻三江好抗日游击队。"《中村正名口供》（1954 年 8 月 9 日），载中央档案馆、中国第二历史档案馆、吉林省社会科学院合编：《日本帝国主义侵华档案资料选编：东北"大讨伐"》，北京：中华书局，1991 年，第 138 页。

是月："罗明星率部攻入九台县城，捣毁伪县公署，夺得一批枪支弹药。"九台县地方志编纂委员会：《九台县志》，长春市地方志编纂委员会，2001 年，第 949 页。

是月："抗日游击总队在六道沟袭击日军两辆汽车，歼敌 3 名，缴步枪 10 支，手枪 2 支，大米、白面等数十袋。"珲春市地方志编纂委员会：《珲春市志》，长春：吉林人民出版社，2000 年，第 30 页。

十月

十月二日：杨靖宇、李红光率领人民革命军独立师第三团韩浩所部和南满游击队第一中队杨俊衡所部，共计二百余人，于磐石县东部之呼兰集场子外伏击日伪援军，战斗中击毙高锡甲，同时击毙日军军官中岛以下八名。详见中共通化市委党史研究室：《民族精魂——杨靖宇年谱》，长春：吉林文史出版社，2004 年，第 124 页。

十月十一日："辽南抗日义勇军一部在安东附近与日伪军激战，俘虏日指导官清水以下 40 余人。"《东北抗日联军大事记（1931.9—1945.11）》，载《东北抗日联军史料》编写组：《东北抗日联军史料》（上册），北京：中共党史资料出版社，1987 年，第 269 页。

十月十四日："王凤阁部抗日军袭击通化。"《东北抗日联军大事记（1931.9—1945.11）》，载《东北抗日联军史料》编写组：《东北抗日联军史料》（上册），北京：中共党史资料出版社，1987 年，第 270 页。

十月二十四日："王凤阁部七百余人行抵通化县南白旗堡子，会通化之伪军正向吉境进发，王部以为县城空虚，可以乘机攻陷，遂于夜深十时分兵环攻通化，日军守备队及伪警队等，临时集合，仓猝应战，终被王部痛击而无所措手云。"《东北义勇军最近之苦斗》，载《黑白半月刊》，1933 年，第 1 卷第 3 期，第 39 页。

游击于临江之义军双胜等百余名，于（1933）十月廿四日午前七时，在帽子山东方八十里处，遇敌军（驻屯临江混成第七旅部）六十名，激战三小时，击伤敌军官一名，士兵二名云。《日俄交恶声中东北义勇军之乘机活跃》，载《黑白半月刊》，1933 年第 1 卷第 4 期，第 19 页。

是月："日军守备队去崔庄子'讨伐'，杀害抗日大刀会员 24 人，村民 5 人。"清原县志编纂委员会办公室编：《清原县志》，沈阳：辽宁人民出版社，1991 年，第 16 页。

是月："王凤阁率部在大庙沟猛击伪警察署长纪大作的警察队，打死 30 余人，俘虏 80 余人。"通化县地方志编纂委员会编：《通化县志》，长春：吉林人民出版社，1996 年，第 902 页。

就此战事经过，《吉林省志·军事志》载："通化县伪警署署长纪大作，率伪满警察 200 余人到大庙沟扫荡。王凤阁将主力调至挠头沟、果松川岭顶与大庙沟接连处待机。当纪部进至大庙沟里时，自卫军迅速冲下山来，将伪警分割包围，歼灭过半，纪大作于混战中仓惶乘马逃走。此战，击毙伪警 30 余人，俘 80 余人，缴长短枪 80 余支，子弹 5000 多发。"吉林省地方志编纂委员会编纂：《吉林省志·军事志》，长春：吉林人民出版社，1996 年，第 239 页。

是月："侯国忠在珲春县马滴达率 20 多名士兵，从日伪清乡游击队中哗变举旗抗日，报号'四季好'，当年 11 月集体加入珲春县抗日游击总队。"珲春市地方志编纂委员会编：《珲春市志》，长春：吉林人民出版社，2000 年，第 30 页。

十一月

十一月一日，"苗尔农部进攻凤城，日方伤亡数人。"思白：《最近两月东北义军之苦战》，载《行健月刊》，1933 年第 2 卷第 1 期，第 227 页。

十一月一日："车龙德率领 10 多名战士，在青头沟打伏击，痛击日军守备队，炸毁日军卡车，打死 30 多名日军。"和龙县地方志编纂委员会编：《和龙县志》，长春：吉林文史出版社，1992 年，第 216 页。

十一月二日，广州电："东北义勇军近来仍十分活跃，日本东宫少佐九月廿日指挥吉林满军二营向宝清进发，至夹心子、柳树河间高粱地中，突受义军陈东山部百余名伏兵袭击，结果大受损失，几乎全军覆没。据满洲国情报处统计，八月份在辽东一带义军即活动了九百四十次。"《东北义勇军仍在艰苦的斗争中》，载《红色中华》，1933 年第 124 期，第 4 版。

十一月五日："独立师一部在金川旱龙湾附近被伪混成六旅独立第三营营长、伪东边道游击大队长邵本良带队包围，金伯阳在掩护部队突围时英勇牺牲。"辉南县志编委会办公室编：《辉南县志》，深圳：深圳海天出版公司，1989 年，第 135 页。

十一月八日："某部义军六十名，于十一月八日午前十一时，将鸭绿江下游安东缉私局分所占领，击毙日人福岛及伪职员一名。"《日俄交恶声中东北义勇军之乘机活跃》，载《黑白半月刊》，1933 年第 1 卷第 4 期，第 19 页。

十一月十四日："吉林义军王德林所属孔宪荣部攻入宁安，旋即退出。"思白：《最近两月东北义军之苦战》，载《行健月刊》，1933 年第 2 卷第 1 期，第 227 页。

十一月十五日：东北人民革命军第一军独立师第三团在金川汉龙湾地方与伪军遭遇，激战三小时，打死十三名敌人，缴枪七支。详见《曹国安烈士传略》，载黑龙江省社会科学院地方党史研究所、东北烈士纪念馆编：《东北抗日烈士传》，哈尔滨：黑龙江人民出版社，1980 年，第 90 页。

十一月十五日："第一军独立师主力于南进途中，在金川县碱水顶子（今属辉南县）北方与伪军邵本良部遭遇，歼敌 13 名。在战斗中，省委常委、巡视员金伯阳英勇牺牲。"《东北抗日联军大事记（1931.9—1945.11）》，载《东北抗日联军史料》编写组：《东北抗日联军史料》（上册），北京：中共党史资料出版社，1987 年，第 270 页。

十一月十五日："路经金川县旱龙湾（今辉南县碱水顶子北）时，突遭伪满军邵本良部第八连的袭击。独立师指战员奋勇还击，毙伪满军 7 人，伤 6 人，获步枪 7 支。独立师牺牲 4 人，伤 3 人。"吉林省地方志编纂委员会编纂：《吉林省志·军事志》，长春：吉林人民出版社，1996 年，第 245 页。

十一月十五日："义军某部约三四百名，于十一月十五日在敦化南方桦甸县境，击破日军太田部队，死日军数名。"《日俄交恶声中东北义勇军之乘机活跃》，载《黑白半月刊》，1933 年第 1 卷第 4 期，第 22 页。

十一月二十四日：义军某部二百五十余名在柳河县三间房一带活动，其先头部队二十余名，在三间房附近遭遇自通化调查朝鲜侨民被杀事件之归途中伪奉天日本总领事馆警察署长及检事六名，当即开火痛击。适伪军游巡骑兵四十名经过，加入战斗，始获保护脱险。廿五日该部全部到达，开始总攻，激战颇利，伪军死伤甚重。详见《日俄交恶声中东北义勇军之乘机活跃》，载《黑白半月刊》，1933 年第 1 卷第 4 期，第 22 页。

十一月二十四日："杨靖宇率东北人民革命军第一军独立师乘虚攻入三源浦，中共党员刘山村不幸牺牲。"柳河县志编纂委员会编：《柳河县志》，长春：吉林文史出版社，1991 年，第 14 页。

十一月二十四日："杨靖宇率领第一军独立师主力攻占柳河县三源浦。"《东北抗日联军大事记（1931.9—1945.11）》，载《东北抗日联军史料》编写组：《东北抗日联军史料》（上册），北京：中共党史资料出版社，1987 年，第 270 页。

十一月间，杨靖宇所部攻打柳河县重镇三源浦，活捉了三源浦缉查局长和两名伪军官，砸毁了铁路工程局和警察署，烧掉拘留所和伪军营房，缴获了许多药材、布匹、粮食、鞋、棉花、盐等物资。详见《抗日英雄李红光》，载黑龙江省社会科学院地方党史研究所、东北烈士纪念馆编：《东北抗日烈士传》，哈尔滨：黑龙江人民出版社，1980 年，第 78—79 页。

十一月二十四日："夜，独立师一部 200 余人，乘伪满军大部外出未归之机，秘密接近三源浦，从南、北、东 3 个方向突入，未遇大的抵抗即占领全镇。击毙伪满警察 1 人，还将日本驻通化总领事馆的总稽查和另 3 名汉奸处死，缴日伪机关大批财物，可满足独立师一冬的需用。战斗中，属于独立师序列的南满第一游击大队（苏营）政委刘山春牺牲。为防日伪军报复，独立师迅即撤离三源浦。"吉林省地方志编纂委员会编纂：《吉林省志·军事志》，长春：吉林人民出版社，1996年，第245—246页。

是月："中旬，日本侵略军400余人进犯县大荒沟抗日根据地，当地游击队与群众奋起抵抗，杀伤日军40余人。日军占领大荒沟达20余日后撤退。"珲春市地方志编纂委员会：《珲春市志》，长春：吉林人民出版社，2000年，第30页。

十二月

十二月六日，电通社沈阳电："五日，自通化出发之长途汽车□行抵金斗家（译音）之际，突遭朝鲜人八十名之袭击，乘客中日人二名被杀，目下警官队出动，在追击中。"《朝鲜人袭击通化长途汽车》，载《申报》，总第21787期，1933年12月7日，第7版。

十二月十四日，吉林救国军周万清部进占佳木斯，官兵冒弹冲锋，巷战两昼夜，毙敌一百余人。翌日克复桦川，缴逆军一团枪械。思白：《最近两月东北义军之苦战》，载《行健月刊》，1933年第2卷第1期，第227页。

十二月十五日，吉林救国军破坏高岭子（位于今黑龙江省尚志市高岭子屯）铁路，敌兵车一列脱轨，死亡七十余人。思白：《最近两月东北义军之苦战》，载《行健月刊》，1933年第2卷第1期，第227页。

十二月十八日："十二月初旬，日伪军向义军五路进攻，十八日，义军邓铁梅部在黄花甸子与日伪军相持五昼夜，我军伤亡一百余人。"思白：《最近两月东北义军之苦战》，载《行健月刊》，1933年，第2卷第1期，第227页。

十二月二十三日："东北人民革命军第一军独立师，在杨靖宇的率领下，联合抗日军'老长青'，袭击了凉水河子。"柳河县志编纂委员会编：《柳河县志》，长春：吉林文史出版社，1991年，第14页。

十二月二十三日："杨靖宇率第一军独立师主力并联合'老长青'等抗日军，智取邵本良伪军的老巢凉水河子。"《东北抗日联军大事记（1931.9—1945.11）》，载《东北抗日联军史料》编写组：《东北抗日联军史料》（上册），北京：中共党史资料出版社，1987年，第271页。

十二月初："赵尚志率珠河游击队在火烧沟与日伪军作战，歼敌20余人，击毙敌大队长1人。"《中共满洲省委大事记》，载刘贵田等：《中共满洲省委史研究》，沈阳：沈阳出版社，2001年，第501—502页。

民国二十三年（公元 1934 年）

一月

一月三日："珠河游击队与伪军作战，歼敌 20 余人。"《中共满洲省委大事记》，载刘贵田等：《中共满洲省委史研究》，沈阳：沈阳出版社，2001 年，第 502 页。

一月十七日："杨靖宇率部于暴马桥与伪军讨伐队邵本良部发生激战，转移中与大部队失去联系，被抗日军青林军所接应，随后在老长青等抗日军内活动半月余。"《抗联一路军和杨靖宇在濛江活动大事记（1930—1941）》，载封志全主编：《抗联一路军在濛江》，长春：吉林大学出版社，1990 年，第 259 页。

一月十七日："夜，杨靖宇以联合军总指挥名义，指挥独立师和抗日军等，兵分 3 路，进攻八道江。第一路指挥李红光，由西向镇中进攻；第二路指挥刘子尧，负责阻援；第三路指挥苏剑飞，由东向镇中进攻。伪满军依托镇内炮台顽抗。联合军几经猛攻，终因缺乏重火器无法摧毁炮台，激战通夜未能攻下。天明前，联合军主动撤离八道江。"吉林省地方志编纂委员会编纂：《吉林省志·军事志》，长春：吉林人民出版社，1996 年，第 246 页。

一月十八日："杨靖宇率东北人民革命军第一军独立师与苏剑飞南满游击队、臣军等部，联合攻入八道江，取得军需物资后，随即撤出。"浑江市地方志编纂委员会编：《浑江市志》，北京：中华书局，1994 年，第 15 页。

一月十八日："杨靖宇率第一军独立师和南满游击队（'苏营'），联合抗日军'臣军'等部，攻占八道江，与守敌激战 5 小时后，主动撤出该地。"《东北抗日联军大事记（1931.9—1945.11）》，载《东北抗日联军史料》编写组：《东北抗日联军史料》（上册），北京：中共党史资料出版社，1987 年，第 272 页。

一月二十二日："第一军独立师在报马桥与伪军邵本良部激战。战斗中，杨靖宇等 5 人与大部队失掉联系，在抗日军'老长青'，'青林'等队中活动半个月左右。"《东北抗日联军大事记（1931.9—1945.11）》，载《东北抗日联军史料》编写组：《东北抗日联军史料》（上册），北京：中共党史资料出版社，1987 年，第 272 页。

是月："下旬，独立师在板石河、四岔等地与邵本良伪军多次激战。"辉南县志编委会办公室编：《辉南县志》，深圳：深圳海天出版公司，1989 年，第135 页。

二月

二月三日："吉东义军击破倭兵于饶河，擒其将长濑，斩之。"寿珊：《菊露纪日》，载《大道》，1934 年第 1 卷第 5 期，第 1 页。

二月三日："某抗日特务团体，活动于辽吉交界之海龙西安（属辽宁省）磐石桦甸（属吉林省）境内，神秘异常。二月三日于磐石县内茶尖岭（磐石县四区界内）地方，劫获由桦甸县开往磐石县之长途汽车一辆，大肆收索，约四十分钟，未伤乘客，仅将汽车毁坏。五日复于影壁垒子（属磐石县三区），劫获自用汽车一辆，枪杀乘客中之桦甸县警察队教官（日人），及桦甸县警察大队长。其余警察四名，均令各负微伤，略示警诫云。"《叛徒僭帝声中东北义勇军之活跃》，载《黑白半月刊》，1934 年第 1 卷第 10 期，第 56 页。

二月六日："一九三四年二月中，我和联队共同在密山附近清乡，驻于该地。我的中队（临时配备一门山炮）于二月五日奉联队命令，搜查密山东约二十六公里的地点附近。二月五日傍晚由密山出发，二月六日拂晓到达了指定地点附近，搜查的结果，知道有兵力不详的抗日军，因而进行了攻击。抗日军发觉日本军进攻后，以若干部队抵抗，主力向北方退却了。

抗日军的兵力约一百二十名，战场遗弃尸体五具，俘虏二名（战斗后枪杀了），破坏房屋一处（用山炮弹打的）。"《太田寿男笔供》（1954 年 8 月 3 日），载中央档案馆、中国第二历史档案馆、吉林省社会科学院合编：《日本帝国主义侵华档案资料选编：东北"大讨伐"》，北京：中华书局，1991 年，第 139 页。

二月十二日："午前九时，通化境内义勇军第七军区所属义军首领王殿阳，率部八十余名，于通化西北方，遭遇日军风间部队原田少尉率领之骑兵队五十名，激战甚烈，毙日军一等兵原田勇男一名，重伤中田喜七等四名。至十二时许，始安然退去。"《王殿阳袭击日骑兵》，载《黑白半月刊》，1934 年第 1 卷第 10 期，第 54 页。

二月十三日："图宁（吉省图们江及韩境会宁）全线多在韩境，向来日韩警备森严，最近吉东义军联合韩国独立军组成小组特务团体，积极向图宁线活跃，拟破坏其交通。二月十三日于大荒沟小岔口间，劫获图宁线警备员松本及组员五名，获枪一枝，子弹百粒。"《叛徒僭帝声中东北义勇军之活跃》，载《黑白半月刊》，1934 年第 1 卷第 10 期，第 54 页。

二月十四日："某领袖所统率之义军，十四日午后，与倭是泽中尉所领之部队权遇于柳河附近，倭军将我军四面包围，殆欲全数消灭，幸我军努力冲突，继以肉搏，始得解围，双方续战二小时，我军奋勇百倍，倭军不支，渐向后退，我军追击，毙倭是泽中尉而回。"《一月以来义勇军战史》，载《大道》，1934 年第 1 卷第 5 期，第 3 页。

二月十四日，杨木岗附近的战斗："我和联队在密山附近清乡，共同驻扎于该地，我中队二月十三日奉联队的命令，搜查杨木岗（密山东方约二十四公里）附近。

日本军兵力：太田骑兵中队（临时配备山炮一门）。

满军骑兵约二百名（密山当时驻有满军骑兵五百名）。

行动概要：

二月十三日半夜，由密山出发，十四日早晨到达杨木岗西方约一千公尺的森林地带，搜查发现前方村庄（杨木岗地方当时有四五户人家）有抗日军，进行攻击。

抗日军兵力概数约一百五十名——二百名（多半是骑马的）。

战场上遗弃尸体约三十具。"《太田寿男笔供》（1954 年 8 月 3 日），载中央档案馆、中国第二历史档案馆、吉林省社会科学院合编：《日本帝国主义侵华档案资料选编：东北"大讨伐"》，北京：中华书局，1991 年，第 139—140 页。

二月十七日："杨靖宇率独立师主力向南进发去本县湾沟，在湾沟镇外遇到阻敌，浴血奋战了整整一天，后又向北转回原路。"封志全主编：《抗联一路军在濛江》，长春：吉林大学出版社，1990 年，第 58 页。

二月十九日，"义将邓铁梅，讨凤城逆破之，进迫龙王庙，军势大振。"寿珊：《菊露纪日》，载《大道》，1934 年第 1 卷第 5 期，第 25 页。

二月二十日："（汪清游击队——笔者按）在大肚川附近的森林中，同日军松井讨伐队激战，消灭一部分日军。"吉林省地方志编纂委员会编纂：《吉林省志·军事志》，长春：吉林人民出版社，1996 年，第 242 页。

是月："汪清游击队联合'万顺'、'万军'等抗日武装千余人，在老母猪河附近袭击日伪'讨伐'队，予敌以重创。"《东北抗日联军大事记（1931.9—

1945.11)》，载《东北抗日联军史料》编写组：《东北抗日联军史料》（上册），
北京：中共党史资料出版社，1987年，第273页。

三月

三月一日："下午四时，在清原与柳河之间，有义军百余，向沈海铁路进
军，意在袭击铁路与倭军守备队，高木部队得讯，调大七前往进攻，义军与之
剧战三时，毙高桥军曹、伤十数人，后因众寡不敌，暂退后方。"《一月以来义
军战史》，载《大道》，1934年第1卷第6期，第1页。

三月十日："日军饭塚部队十日在依兰团山子附近，与义军首领李华堂、
张恒等部发生激战，饭塚大佐、铃木少尉以下十八名均被击毙。"《叛徒僭
帝声中东北义勇军之活跃》，载《黑白半月刊》，1934年第1卷第10期，
第53页。

三月十日："午后，驻扎三姓的日军第十师团第三十三旅团步兵六十三联
队的一个中队在联队长饭塚朝吉的率领下，连同伪军一营，攻打土龙山义军，
与义军遭遇接仗，经过三小时激战之后，一个中队的倭军全车覆灭，联队长饭
塚朝吉被打死，中队长铃木实也自然不得活，其余的几乎没有逃脱性命的。"
《一月以来义军战史》，载《大道》，1934年第1卷第6期，第4页。

三月十九日："为饭塚部队长复仇之平冈部队，三月十九日在土龙山附近
与一千二三百名之义勇军发生激战。此战斗由午后零时半至午后十时左右止。
日军受重大袭击，北川大尉以下战死者二十余名，吉田中尉以下轻重伤者五六
十名云。"《平冈部队为饭塚复仇》，载《黑白半月刊》，1934年第1卷第11
期，第60页。

三月十九日："倭军平冈部队，昨于十九日深夜，在依兰东方约十四里之
香心集地方，与义军冲突，激战结果，双方俱伤，倭军北川大尉以次计二十四
人阵亡、负伤者亦有六十人。"《一月以来义军战史》，载《大道》，1934年第1
卷第6期，第4页。

三月二十一日："中共东满特委书记童长荣率队在汪清十里坪庙沟附近的
北大沟与日伪军激战中壮烈牺牲。"《东北抗日联军大事记（1931.9—
1945.11)》，载《东北抗日联军史料》编写组：《东北抗日联军史料》（上册），
北京：中共党史资料出版社，1987年，第274页。

三月二十九日："延吉游击队在八道沟的三上村与藏财村之间，伏击八道

沟警察队和伪满自卫团 33 人，击毙日本警察巡察部长大塚武等数人。"吉林省地方志编纂委员会编纂：《吉林省志·军事志》，长春：吉林人民出版社，1996年，第 242 页。

三月二十九日："延吉游击队在延吉八道沟三上村与藏财村之间，与八道沟伪警察队、自卫团交战，击毙日籍巡察部长大塚武及等数人。"《东北抗日联军大事记（1931.9—1945.11）》，载《东北抗日联军史料》编写组：《东北抗日联军史料》（上册），北京：中共党史资料出版社，1987 年，第 274—275 页。

三月三十一日："一、日军土龙山分遣队，于三月三十一日夜一时左右，于王童山南方约十杆丁家堡子附近，与义军首领谢文东指挥之七百余名抗义甚剧。自四月一日夜半迄二日未明，义军始向勃利方面退却。此役日军战死特务曹长以下三名，负伤七名。

二、日军安部部队于三月三十一日拂晓，于大西川附近与当地红枪会及大刀会约六百名激战五小时半。日军死九名，负伤十四名。"《依兰民众抗日续讯》，载《黑白半月刊》，1934 年第 1 卷第 15 期，第 52 页。

是月："上旬，抗日义勇军曹国仕部由岫（岩）辽（阳）边境，经南马峪、一棵树岭，向得站（今偏岭包家堡一带）移动时，行至三间房北沟，岫岩、王家堡两地日军闻讯赶来，沿沟底摸索前进。占据制高点的曹部，予以迎头痛击。激战约 1 小时，当场击毙日军 2 人，击伤四五人，日军仓惶败逃。"岫岩县志编辑部编：《岫岩县志》，沈阳：辽宁大学出版社，1989 年，第 498 页。

是月："密山游击队成立后，在杨树河子与 150 多名伪军遭遇，激战 6 小时，击毙伪军营长、副连长各 1 人，击伤伪军十余人。在撤离战场时，伪军出身的队长张宝山率 14 人逃走，受到队员反对，县委派人追回大部人、枪，仅张宝山携 3 支枪逃走。"密山县志编纂委员会：《密山县志》，北京：中国标准出版社，1993 年，第 741 页。

是月："独立师在三岔、平岗等地与伪军发生多次战斗。"辉南县志编委会办公室编：《辉南县志》，深圳：深圳海天出版公司，1989 年，第 135 页。

四月

四月一日："驻长白县四区伪军某队三十余人，于四月一日午前突然哗变，将伪县长击毙，捣毁日人采木公司，遂即开抚松县境与该处义勇军联络"。《东北义勇军战报》，载《黑白半月刊》，1934 年第 1 卷第 14 期，第 63 页。

四月三日："日伪军'讨伐'队进攻绥宁反日同盟军驻地平日坡，同盟军奋力抵抗，击毙伪警察队长以下 30 余名敌人后撤离平日坡。"《东北抗日联军大事记（1931.9—1945.11）》，载《东北抗日联军史料》编写组：《东北抗日联军史料》（上册），北京：中共党史资料出版社，1987 年，第 275 页。

四月三日："密山附近之义军六百余名，与日军某队接仗，双方互有死伤。"《东北义勇军战报》，载《黑白半月刊》，1934 年第 1 卷第 14 期，第 63 页。

四月六日："安东守备队川田特务曹长率日军三十名，于县西十六杆之大佛爷岭南方山中，与义军敖锡三部下五十名战。敖锡三部占据岩窟，猛烈抵抗，约一时间退却。此役日军战死二等兵宗政武夫，重伤降旗正人，轻伤八名。"《敖锡三累败倭军》，载《黑白半月刊》，1934 年第 1 卷第 15 期，第 50 页。

四月十日："晚，反满军五十余名，突袭六道河子，当毙日人一名。"六道河子（位于今黑龙江省尚志市亚布力镇冷山村）《东北义勇军战报》，载《黑白半月刊》，1934 年第 1 卷第 14 期，第 63 页。

四月十五日："（汪清县——笔者按）游击队袭击了小百草沟集团部落。"文虎甲：《汪清县游击队的建立发展及其反日斗争》，载《延边历史研究》（第 3 辑），延吉：延边历史研究所，1988 年，第 207 页。

四月十六日："（汪清县游击队——笔者按）袭击了大肚川。"文虎甲：《汪清县游击队的建立发展及其反日斗争》，载《延边历史研究》（第 3 辑），延吉：延边历史研究所，1988 年，第 207 页。

四月十六日："磐石县属东北大蕃麦垄子地方，本月十六发现义勇军数百，首领未露名，倭军派堀江小队往击，为义军击败，竟迁怒民村，谓为匪军屏障，纵火将全村火毁，民众逃出者则为迎头枪杀，死伤百姓数百。"《一月以来义勇军战史》，载《大道》，1934 年第 2 卷第 1 期，第 4 页。

四月十八、十九日："（汪清县游击队——笔者按）袭击了龙新坪部落。"文虎甲：《汪清县游击队的建立发展及其反日斗争》，载《延边历史研究》（第 3 辑），延吉：延边历史研究所，1988 年，第 207 页。

四月二十二日："正午，曹国仕率部五六十人，在岫岩七区明子峪遇上追击的日伪军。伪军兵力约一个营，配有机关枪、迫击炮各 1 个排，后有日军督战。曹部很快被敌军包围，在兵力众寡悬殊情况下，激战 3 小时后，曹部利用敌人包围圈的薄弱环节，从东突围。曹部阵亡 7 人，被掳去杂牌大枪 5 支。"岫岩县志编辑部编：《岫岩县志》，沈阳：辽宁大学出版社，1989 年，第 498 页。

四月二十二日："图宁线大荒沟地方，遭某部义军二百名袭击，当地日军应战二小时，坦克车及装甲车机关车，均被破坏，死军士十一名，重伤五名，轻伤二十余名。"《图宁线义军战绩》，载《黑白半月刊》，1934 年第 1 卷第 15 期，第 51 页。

四月二十三日："明子峪战斗后，曹部突围东撤，日军命令另一部伪军跟踪，于 4 月 23 日又在二道河子遭遇，激战数小时，曹部向苏子沟方向退去。曹部阵亡 15 人，被俘 19 人，损失步枪 26 支。"岫岩县志编辑部编：《岫岩县志》，沈阳：辽宁大学出版社，1989 年，第 498 页。

四月二十三日："东北满洲救国军联合反日山林队攻克驼腰子矿，歼灭日伪军 60 余人并缴获大量武器。"《中共满洲省委大事记》，载刘贵田等：《中共满洲省委史研究》，沈阳：沈阳出版社，2001 年，第 504 页。

四月二十三日："东北民众救国军与'明山'队联合，攻占驼腰子金矿，歼灭日伪军 60 余人，缴野炮 1 门、轻机 4 挺、重机 1 挺、步枪 200 余支、沙金 400 余两。"《东北抗日联军大事记（1931.9—1945.11）》，载《东北抗日联军史料》编写组：《东北抗日联军史料》（上册），北京：中共党史资料出版社，1987 年，第 276 页。

四月二十三日："大刀会六百多人以长矛大刀血战日军于团山子，终因武器落后，大刀会多数成员壮烈牺牲。"九台县地方志编纂委员会：《九台县志》，长春：长春市地方志编纂委员会，2001 年，第 777 页。

四月二十八日："东北人民革命军第一军独立师，攻占临江县林子头村（今石人镇）。"浑江市地方志编纂委员会编：《浑江市志》，北京：中华书局，1994 年，第 15 页。

四月二十八日："第一军独立师攻占临江县林子头（今属浑江市）。"《东北抗日联军大事记（1931.9—1945.11）》，载《东北抗日联军史料》编写组：《东北抗日联军史料》（上册），北京：中共党史资料出版社，1987 年，第 276 页。

是月："苗可秀率第一、第二大队于岫凤边境一带游击，在沙里寨与日伪军遭遇。战斗两个小时，日军伤亡 10 余人，铁血军官兵伤亡 4 人。"岫岩县志编辑部编：《岫岩县志》，沈阳：辽宁大学出版社，1989年，第498页。

是月："放牛沟团山子孔家店'大刀会'与日军200多人在团山子一带交战，大刀会组织者孙殿文等壮烈牺牲。"九台县地方志编纂委员会：《九台县志》，长春：长春市地方志编纂委员会，2001年，第949页。

是月："王凤阁探知驻临江十二道沟伪满军从小街据点领取枪支弹药的消息后，遂组织自卫军一部，埋伏在临江境内老岭东坡十八盘之下的七十二道河子。待伪满军钻进包围圈，伏兵四起，枪声大作，自卫军战士勇猛冲击，将伪满军全部缴械，获各种枪数百支。"吉林省地方志编纂委员会编纂：《吉林省志·军事志》，长春：吉林人民出版社，1996年，第239页。

是月："月初，（东北人民革命军第二军独立师——笔者按）一团一部30余人，袭击伪满汪清县百草沟新安村自卫团，缴枪20余支。"吉林省地方志编纂委员会编纂：《吉林省志·军事志》，长春：吉林人民出版社，1996年，第250页。

是月："（东北人民革命军第二军独立师——笔者按）二团主力奔向安图，初战攻克车厂子。"吉林省地方志编纂委员会编纂：《吉林省志·军事志》，长春：吉林人民出版社，1996年，第250页。

五月

五月一日："独立师少年营和一团三连消灭了伊通二道沟壮丁团，缴获长短枪20余支。"吉林省地方志编纂委员会编纂：《吉林省志·军事志》，长春：吉林人民出版社，1996年，第247页。

五月二日，华联社长春电："据关东军息，若山部队田村支队于四月三十日上午六时半，在横道河子附近被义军千五百名袭击，剧战之后，日军阵亡吉田中尉以下七名、伤十数人。"《东北义军袭击新到日军》，载《申报》，总第21924期，1934年5月3日，第7版。

五月二日，华联社长春电："昨晨六时，井村特务曹长以下十六名，警备军火及食粮马车十六辆，由柳河往通化，忽在通化西北方七里之处被义军六十名袭击，军火食粮均被义军掳去，井村受伤、其余日军后退。通化日伪军闻讯，于上午九时急往应援，但已未见义军只影。"《东北义军袭击新到日军》，载《申报》，总第21924期，1934年5月3日，第7版。

五月二日："第二军独立师独立团和第二团经过四天激战，攻克安图县大甸子（今万宝）。"《东北抗日联军大事记（1931.9—1945.11）》，载《东北抗日联军史料》编写组：《东北抗日联军史料》（上册），北京：中共党史资料出版社，1987年，第276页。

五月二日："（东北人民革命军第二军独立师二团——笔者按）围攻安图县大甸子，激战4天后撤离。"吉林省地方志编纂委员会编纂：《吉林省志·军事志》，长春：吉林人民出版社，1996年，第250页。

五月二日，中央社南京电："驻长白县廿四区伪军某队三十余名，于四月一日午前突然哗变，将伪队长击毙，捣毁日人采木公司，随即开入抚松县境内。"《东北义军袭击新到日军》，载《申报》，总第21924期，1934年5月3日，第7版。

五月二日，中央社南京电："驻连山关之日军某队，于四月六日，在五龙背南方乌飞金地方，与反满军一百五十余名交战，历数小时，日军受伤者数名。"《东北义军袭击新到日军》，载《申报》，总第21924期，1934年5月3日，第7版。（注：五龙背，位于今辽宁省丹东市振安区境内。）

五月二日，中央社南京电："三胜之旧部下约三百名之红枪反满军，于四月八日午后，突来袭击桦川县，因人少未下，当晚又有一千数百名来援，九日晓遂占领该县，同时汤原亦陷于危。"《东北义军袭击新到日军》，载《申报》，总第21924期，1934年5月3日，第7版。

五月二日，中央社南京电："四月十日晚，反满军约五十余名来袭六道河子（距宁古塔约七基罗）山本组工程事务所，死日人一名。"《东北义军袭击新到日军》，载《申报》，总第21924期，1934年5月3日，第7版。

五月七日："（东北人民革命军第二军独立师——笔者按）三团一部联合救国军史忠恒部，解除了在汪清境内活动的伪满壮丁团马贵林部的武装，缴枪33支。与此同时，珲春的四团联合史忠恒部另1个连，在东宁二道沟口与伪满军激战，毙伪满军30余人，俘百余人，缴获迫击炮1门，重机枪1挺，步枪60余支。"吉林省地方志编纂委员会编纂：《吉林省志·军事志》，长春：吉林人民出版社，1996年，第250—251页。

五月八日："绥宁反日同盟军所属工农义务队与抗日军'占中华'部联合，攻占宁安县东京城。"《东北抗日联军大事记（1931.9—1945.11）》，载《东北抗日联军史料》编写组：《东北抗日联军史料》（上册），北京：中共党史资料出版社，1987年，第276页。

五月九日："（东北人民革命军第二军独立师——笔者按）一团一部联合抗日山林队袭击正在三道湾修筑'集团部落'村的伪满军，俘虏17人，缴枪11支。"吉林省地方志编纂委员会编纂：《吉林省志·军事志》，长春：吉林人民出版社，1996年，第250页。

五月九日："第二军独立师第一团一部袭击延吉县三道湾'集团部落'，迫使17名伪军投降，缴枪11支。"《东北抗日联军大事记（1931.9—1945.11）》，载《东北抗日联军史料》编写组：《东北抗日联军史料》（上册），北京：中共党史资料出版社，1987年，第276页。

五月十日，《申报》载东北社沈阳通讯："辽东方面，义军苏子余部，联合绿林红等，于清原县境东北七道河子地方，袭击日军佐拨部队，剧战三时有半，毙日军曹高桥祐次郎一名，重伤日兵四名。"《辽热义军活跃》，载《申报》，总第21931期，1934年5月10日，第9版。

五月十日，《申报》载东北社沈阳通讯："三角地带义军首领邓铁梅，正与伪奉天混成第二旅对抗，大油盘沟一役，日军板津部队被击毙一等兵一名，饭田部队被击毙一等兵二名，负重伤之伪军甚多。"《辽热义军活跃》，载《申报》，总第21931期，1934年5月10日，第9版。大油盘沟，位于今辽宁省东港市长安镇杨家村境内。

五月十日："苗可秀部在凤城县大岔沟袭击日军，击毙日军中队长以下30余人。"辽宁省地方志编纂委员会办公室主编：《辽宁省志·大事记》，沈阳：辽海出版社，2006年，第183页。

五月十日，《申报》载东北社沈阳通讯："铁路总局之营业汽车由通化向山城镇开行中，于日伪护路之装甲列车距离较远之区，为王凤阁部义军所劫，死路警数名，乘客全被拉去，汽车亦焚毁。"《辽热义军活跃》，载《申报》，总第21931期，1934年5月10日，第9版。

五月十日："义勇军王殿扬部四百名，突于五月十日午前五时袭击四道江街，四面包围，声势浩大。驻该街伪步兵第九连申排长，及四连崇排长，分头迎击。激战约四五小时，伪军死六名，伤三十余名。"《东北义勇军战报》，载《黑白半月刊》，1934年第1卷第14期，第64页。四道江，位于今吉林省通化市二道江区四道江村境内。

五月十日：吉林安图县伪参事及警务指导官等由沈赴任，于五月十日在延吉安图境内山林中，被义军二百余名袭击失踪。《一月以来义勇军战史》，载《大道》，1934年第2卷第3期，第4页。

五月十一日，《申报》载沈阳通讯："又王永诚系义军唐聚五部，自降伪国编为抚松县公安大队长后，已近二年，对于东边义军军火，时常接济。近因日人一再限令缴收枪械，遣散该部，王乃突率全部警团三百余人反正，出驻抚日军之不意，将其包围缴械，获枪百余枝。复进攻吉林濛江县，颇予日军以重创。现正与某救国团体特派员联络，与王凤阁、邓铁梅、任福祥各部义军，准备在今夏青纱幛起大举进攻。"《辽宁伪军警反正声势浩大》，载《申报》，总第21932期，1934年5月11日，第8版。

五月十二日，东北社长春讯："延寿县属兴隆镇，于月之三日突来义军千余名，首领绰号平满，率全部将该镇包围，与驻防日军田村、中谷两部队发生激战，日军即电吉求援，当被义军将此两部队击退，而伪警及保甲均被义军缴械，迨日军援队驰至，而义军早已全部退出矣。"《四个月来东北义军活动实况》，载《东北消息汇刊》，1934年第1卷第1期，第5—6页。

五月十三日，东北社长春讯："义勇军王凤阁部下高团长率部一百六十余名，与驻防通化伪军混成第一旅战于通化西北之杨皮沟。"《四个月来东北义军活动实况》，载《东北消息汇刊》，1934年第1卷第1期，第6页。

五月十三日，东北社长春讯："吉东义勇军某部一百三十余名，在大肚川东北之拉子沟地方，与日军第十师团所属曾根崎部队及伪自卫团剧战三小时，毙日军三名、重伤数名，伪军警亦重伤数名。"《四个月来东北义军活动实况》，载《东北消息汇刊》，1934年第1卷第1期，第6页。

五月十四日："牡丹江江面上，抗日义勇军击沉一艘日本运水泥船，4名日本人和8名伪职员被俘虏。"牡丹江市志编审委员会编：《牡丹江市志》（上卷），哈尔滨：黑龙江人民出版社，1993年，第20页。

五月十七日："第二军独立师一部与抗日军秦文元部联合，袭击安图县城。"《东北抗日联军大事记（1931.9—1945.11）》，载《东北抗日联军史料》编写组：《东北抗日联军史料》（上册），北京：中共党史资料出版社，1987年，第277页。

五月十八日，东北社哈尔滨通讯："义军某部三千余人，突于本月八日包围吉林省之延寿县，日伪军虽合力抵抗，终为义军击退，当夜占领该县，并缴得伪军警械弹甚多，该义军纪律颇严，对地方并未焚掠，现已退出延寿。"《四个月来东北义军活动实况》，载《东北消息汇刊》，1934年第1卷第1期，第11页。

五月二十日，《申报》载东北社辽宁通信："吉东义勇军某部一百三十余名，在大肚川东北之拉子沟地方，与日军第十师团所属曾根崎部队及伪自卫团剧战一小时，毙日军三名、重伤数名，伪军警亦重伤数名。"《东北各地义军活动状况》，载《申报》，总第21941期，1934年5月20日，第9版。

五月二十日，中央社天津电："伪组织筑路队十七日在伊通县伊巴屯村外正在修筑，突来义军二百余，向其袭击，毙队工十人。"《义军袭击伪筑路队》，载《申报》，总21942期，1934年5月21日，第6版。

五月二十日，《申报》载东北社辽宁通信："义勇军王凤阁部下商团长，率部一百六十余名，与驻防通化伪军混成第一旅战于通化西北之杨皮沟。"《东北各地义军活动状况》，载《申报》，总第21941期，1934年5月20日，第9版。

五月二十二日，东北社讯："日本第一、第二两批武装移民团抵吉省佳木斯后，强迫当地居民缴地照，引起武装民团反抗，该民团又与红枪会五千余人联络，攻击日军中尉指挥官横山所率之部队。是役计毙横山及日武装移民团员十余人。"《四个月来东北义军活动实况》，载《东北消息汇刊》，1934年第1卷第1期，第13页。

五月二十五日："（东北人民革命军第一军独立师一部——笔者按）进攻康大营时，将伪满海龙县警察署长当场击毙。"吉林省地方志编纂委员会编纂：《吉林省志·军事志》，长春：吉林人民出版社，1996年，第247页。

五月廿六日，吉林伪国道局员被击毙。就此，1934年6月二十日报："上月廿六日，义军首领绰号天虎、东四季、战东洋、等联合而成六百余众之义军，突然袭击伊通县东北之伊巴丹，当即占领该地。日方派赴该处修筑道路之伪国道局局员、日人五名亦被包围，警备员松井本吉氏（二四岁）闻报，自恃骁勇，即携机枪并率领兵士五人急往应战。卒以头部着弹，立即毙命，局员日人五名，亦同被击毙。公主岭警察部长渡边熊雄氏，亦受重创，同时，该地迪信机关均被义军破坏。"《四个月来东北义军活动实况》，载《东北消息汇刊》，1934年第1卷第1期，第24页。

五月二十七日，东北社沈阳讯："辽宁救国军总司令齐占久部属之高兴亚、徐国梁（别字海宽）、王惠民各旅长，及毛长山团，于月前由长山谷东退，集中于辽东三角地带，与东路义勇军邓铁梅取得联络，彼此援应，声势复振，颇为日伪当局重视。故于四月一日调于逆芷山部一旅、山砲一连，由安东开来野炮一营及日伪联队四中队，再加伪军于逆琛澂部，共计日伪军二万余名，向我军进攻，酣战一昼夜。我军因无险可据，遂退守中奎寺（位于今辽宁省东港市长山镇境内——笔者按）。日伪军仍前进围攻，我军复剧烈应战，血搏六昼夜，旅长高兴亚、徐国梁等身先士卒，屡摧敌军前锋，三军感愤，前仆后继，军威陡振。七日晨，敌军不支，纷纷退却。我军适因高旅长阵亡，更因连日应战，均极疲困，故亦不欲追击。是役，我军计阵亡旅长高兴亚、团长毛长山各一名，连长高庆余、孙振书二名，士兵一百四十七名。伪军于琛澂部死亡一百十名，他部亦均有伤亡，惟日军仅亡数名，每次冲锋，均系伪军在前，日军殿后，实施以华攻华之毒策。据日寇声称，自进占东北后，义勇军之军官督战，若高某之勇烈者实不多睹，亦足见我义勇军将士死后犹寒贼寇之胆也。"《辽宁救国军在中奎寺之战》，载《东北消息汇刊》，1934 年第 1 卷第 1 期，第 15 页。

是月："（辽宁民众自卫军第十九路军所属阚子祥——笔者按）率 20 余人，化装成伪军混入濛江县城，袭击伪警察所和日本人医院，缴获了大批武器、弹药和药品，然后乘城内大乱之机顺利地撤出县城，安全地回到了驻地。"金云龙：《自卫军名将阚子祥》，载中国人民政治协商会议吉林省通化市委员会文史资料研究委员会：《通化文史资料》（第 2 辑），内部发行，1989 年，第 81 页。

是月："铁血军北进至尖山窑以东的大岔沟，同 500 名伪军交战，战斗半日，毙伤敌军 20 余人。"岫岩县志编辑部编：《岫岩县志》，沈阳：辽宁大学出版社，1989 年，第 498 页。

是月："和龙县游击大队长金浩哲率领 20 余名小分队，诱敌深入，在叉子岩附近一举歼灭日军骑兵先头部队 60 余人。"和龙县地方志编纂委员会编：《和龙县志》，长春：吉林文史出版社，1992 年，第 216 页。

是月："游击队在哈达河组织山林队会议，日军得到消息后进行讨伐。游击队与之发生激烈战斗，击毙日伪军多人，打死敌人小队长 1 人。日伪军逃到地主张家大院。在攻打张家大院时，朱守一不幸被敌弹击中头部牺牲。"密山县志编纂委员会：《密山县志》，北京：中国标准出版社，1993 年，第 741 页。

是月："第二军独立师第三、四两团联合救国军第十四旅史忠恒部一个连，在东宁县二道沟口与伪军发生激战，歼敌 30 余名，俘敌 100 余名，缴获迫击炮 2 门、重机枪 2 挺，步枪 100 余支。"《东北抗日联军大事记（1931.9—1945.11）》，载《东北抗日联军史料》编写组：《东北抗日联军史料》（上册），北京：中共党史资料出版社，1987 年，第 277 页。

六月

六月一日，天津电："依兰县民众，现集中壮丁七八万人，扼守险要地点，与日军对峙，日军已派飞机四十五架，前往轰炸，该地民房屋宇大部炸毁，民众尚坚决抵抗，誓死抗日云。"《依兰县民众七八万人扼守险要与日军对峙》，载《红色中华》，1934 年第 199 期，第 4 版。

六月二日，天津电：据中东路石头河子站（今黑龙江省尚志市石头河子乡境内）二十里的西划沟地方，忽发现义勇军五百余名，现正围攻石头河子车站，日军驻军因势利薄弱，已向沈阳请派队援助。《义勇军截断日军交通正围攻石头河子车站》，载《红色中华》，1934 年第 199 期，第 4 版。

六月四日："晚，日军 200 多人开进放牛沟，准备翌日攻打大刀会的总指挥部——孔家店。当夜，大刀会会员聚集 700 余人，第一方面由范德聪、孔宪宝等人把守会堂，第二方面由孙殿文带领 200 多人到孔家店西北 5 里处的何家店设埋伏圈伏击敌人，第三方面由永吉县前来参战的许德胜和玉兰、凤姐两位女将带领 200 多人直接迎敌，第四方面由彦老果、刘殿跃带领 200 人埋伏到贾家屯一带。翌日天亮，日军刚开出，许德胜手提匣枪率众杀向敌人。日军来不及开枪，叫着往回跑，大刀会的会员追出 200 多米。日军架起机枪扫射。战斗一直持续到中午。这次战斗打死日寇 10 余人，但在日军机枪、步枪射击下，有 200 多名大刀会会员壮烈牺牲。"九台县地方志编纂委员会：《九台县志》，长春：长春市地方志编纂委员会，2001 年，第 697—698 页。

六月六日，电通社吉林电："吉林省濛江县之本田参事官与警务指导官二名，三日于由辽吉路朝阳赴濛江途中，在辽宁省境被树有青天白日旗帜之六百义军袭击，至今生命莫卜。"《辽吉交界出现青白旗》，载《申报》，总第 21958 期，1934 年 6 月 7 日，第 3 版。

六月十二日，甲车颠覆，日军受创。据报："日军森田部队于本月十二日，乘军用列车，向中东路东部之梨树镇驰行。午后三时行至三道河子北方约四基罗地点，中义军所预定之列车颠覆计划，装甲列车一经颠覆，则五百余名之武装整备义军，四起痛击。日军突遭列车颠覆，伤损已属不堪，再受围袭，愈觉手足无措。双方激战数时，日方死伤甚众，至翌日（十三日）午前十时许，日方始判明死伤四十余人，被义军掳获机枪五挺、大枪六十余枝，子弹无算。"《四个月来东北义军活动实况》，载《东北消息汇刊》，1934 年第 1 卷第 1 期，第 23—24 页。（注：三道河子，位于今黑龙江省宁安市桦树川水库电站附近。）

六月十六日："（汪清县——笔者按）游击队又袭击转角楼集团部落，破坏了敌人实行的'归村并屯'政策，拖延敌人'集团部落'工程的施工。"文虎甲：《汪清县游击队的建立发展及其反日斗争》，载《延边历史研究》（第 3辑），延吉：延边历史研究所，1988 年，第 207 页。

六月十六日："在密山县界石头河子，与大队日军浴血战局，相持一昼夜，日军大败，此役击毙日军七十余名，生擒日军大队长杉木一名，夺获战利品无算，我军仅伤亡十三名。"《吉省义军苦斗》，《中央周报》，1934 年，总第327 期，《一周大事汇述》第 7 页。

六月二十二日，华联社沈阳电："据关东军息，二十日有日本国际运输公司马车队，驰往公主岭东方吉省南部伊通时，忽在途上被义军二百余名袭击，马车七十二辆及军械食粮均为义军截获，日人被俘数名，日军大队昨日由公主岭开往攻义军。"《伊通义军袭击日运输队》，载《申报》，总第 21974 期，1934年 6 月 23 日，第 3 版。

六月二十三日："以第二军独立师第三、四团和绥宁反日同盟军一部为主力，联合救国军史忠恒、孔宪荣等部共 1000 余兵力，围攻汪清大甸子（今罗子沟），经过七昼夜的激战，曾攻占该镇部分地区，占领了伪警所，歼敌一批。后因敌援军开到，围攻部队始主动撤退。"《东北抗日联军大事记（1931.9—1945.11）》，载东北抗日联军史料《编写组》：《东北抗日联军史料》（上册），北京：中共党史资料出版社，1987 年，第 278 页。

六月二十五日，哈尔滨电："东北义军以现正值青纱帐起，乃为决好对日伪军之作战时期，本月二十三日由绥芬出发之国际列车在太平岭通过中，忽被义军袭击，当与日伪军发生激战，因沿线日伪军云集，故未得活动云。"《东北消息》，载《外交周报》，1934 年第 2 卷第 3 期，第 9 页。

六月二十六日："东满派遣队联合其他抗日武装共 600 余人进攻大甸子街获胜。"《中共满洲省委大事记》，载刘贵田等著：《中共满洲省委史研究》，沈阳：沈阳出版社，2001 年，第 504 页。

六月二十六日："（东北人民革命军第二军独立师——笔者按）三、四团另一部主力与绥宁反日同盟军和救国军史忠恒、孔司令、蔡司令、李三侠等部共600 余人，联合进攻汪清大甸子镇（今罗子沟镇），日伪军凭工事据守，经 7 昼夜奋战，抗日联合部队攻占该镇一角，后因日伪军援军将至，遂主动撤出战斗。"吉林省地方志编纂委员会编纂：《吉林省志·军事志》，长春：吉林人民出版社，1996 年，第 251 页。

就此战事，1934 年《一月以来义勇军战史》则载："吴义成所指挥之救国军武装义军联合军人数约千名，于二十六日夜包围罗子沟街道，袭击当地伪军本部及警察，满洲伪军因众寡不敌，曾经苦战，警察则被解除武装。二十八日晨，该军已完全占领该街道，旋经伪军进攻，遗弃旅长以下巨魁五名、兵八十九名之尸体后退却。"《一月以来义勇军战史》，载《大道》，1934 年第 2 卷第 3 期，第 4—5 页。

六月二十七日，辽宁电："日人垂涎之辉南石栅沟金沟，已得关东军特务部之许可，月之二十四日派日人绿川、盐谷二人赴辉考验，归还途中被义军某部击毙，并将护送伪警五人掳去云。"《东北消息》，载《外交周报》，1934 年第2 卷第 3 期，第 10 页。

六月二十五日，哈尔滨电："二十四日午后三时许，义军破坏穆棱附近路轨，第九十二号货物列车出轨颠覆，义军当与押车之日伪军激战，伙夫及伪军官士兵七人被掳去，义军复搜索多数之军用物品，方从容退去云。"《东北消息》，载《外交周报》，1934 年第 2 卷第 3 期，第 9 页。

六月二十八日："抗日军赵团、吴团 300 多人，袭击中央堡街。"辉南县志编委会办公室编：《辉南县志》，深圳：深圳海天出版公司，1989 年，第 135 页。

六月二十九日："第一军独立师第一团一部，联合其它抗日军共 500 余人，在伊通县二道沟击溃伪军刘团'模范骑兵连'，缴马枪 12 支。"《东北抗日联军大事记（1931.9—1945.11）》，载《东北抗日联军史料》编写组：《东北抗日联军史料》（上册），北京：中共党史资料出版社，1987 年，第 278—279 页。

是月："倭报载，吉林义军活跃，近迫辉南教城，倭守备队四十九名，已陷重围。"《一月以来义勇军战史》，载《大道》，1934 年第 2 卷第 3 期，第 4 页。

是月："（东北人民革命军第二军独立师二团——笔者按）联合抗日山林队进攻桦甸县大蒲柴河，缴枪 20 余支。"吉林省地方志编纂委员会编纂：《吉林省志·军事志》，长春：吉林人民出版社，1996 年，第 250 页。

是月："二军独立师一部在大六道沟和小六道沟一带伏击日军，歼敌 40 余人，缴获一批物资。"珲春市地方志编纂委员会：《珲春市志》，长春：吉林人民出版社，2000 年，第 30 页。

是月："吉林濛江县之本田参事官，与警务指导官二名，由奉吉路朝阳赴濛江途中，在奉天省境，被树有青天白日旗帜之六百义军袭击，至今生死莫卜。"《一月以来义勇军战史》，载《大道》，1934 年第 2 卷第 3 期，第 4 页。

是月："吉省镜泊湖附近义军势力浩大，倭人自去年来在湖边强占民地，设一所谓镜泊学园，系为移民学校，收容学生约二百名。去月底该校师生被义军设阱颠覆其所乘汽车，后加以猛击，致倭兵及该校总务山田等师生死伤十余人。由日本新到学生五十名，及教员八名，在倭伪兵百余名保护下，由敦化分乘汽车八辆往镜泊湖校址，后再换车到南湖头西方三里之处，又有义军数百名出而攻击，剧战二小时许，倭兵死五名、重伤数名，教员死二名，学生受伤数名，后因大批倭军来援，义军即退去。"《一月以来义勇军战史》，载《大道》，1934 年第 2 卷第 3 期，第 5 页。

七月

七月一日，伪满军制改革开始施行。改革后，长白山地区伪满军队驻扎情况如下：

第一军管区司令官于芷山上将，第一地区警备司令部（凤凰城）司令官王殿忠中将。

第一混成旅旅长，王殿忠中将兼任，担任警备县——凤城、安东、岫岩、庄；

第二混成旅旅长吕衡上校，担任警备县——通化、桓仁、辑安、宽；

第三混成旅旅长李寿山少将，担任警备县——长白、抚松、濛江、临江；

第二地区警备司令部（奉天）司令官廖弼宸中将。

第六混成旅旅长董国华少将，担任警备县——清原、海龙、柳河、金川、辉南、东丰、西安、西丰。详见《最近奉天伪军之大改革》，载《黑白半月刊》，1934 年第 2 卷第 3 期，第 53—54 页，略有删节。

七月二日，沈阳电："东北一带义军苦战：辽宁省属东边之通化、金川、柳河、临江、辑安等县，义军声势浩大，日伪军剿不胜剿，自义军领袖邓铁梅氏被捕后，王殿阳氏起而代之，联络王凤阁等部共万余人，横行于三角地带中，此次日伪军调动大队人马，已于上月底下出发东边一带，计伪军混成第二、三、五、六四个旅，及二十四旅之二营、教导队第三营三个营，骑兵二个连，及多数之日军，配以机枪大炮、飞机等新锐武器，连日在金川、临江等地与义军激战，义军利用深山密林，声东击西之政策，以少数队伍采取游击方式，日伪军甚不得手，现正考虑其他办法云。"《东北消息——东北义军声势浩大》，载《外交周报》，1934 年第 2 卷第 4 期，第 14 页。

七月五日，东北各地电："吉林省各县如依兰、濛江、永吉、方正、龙井村等地，义军尤为活跃，前曾一度占领舒兰县及罗子沟两处。"《东北消息——东北义军声势浩大》，载《外交周报》，1934 年第 2 卷第 4 期，第 14 页。

七月七日："7 月，日本侵略者以技术特种兵副司令冈少仁和地质专家门仓三能为首的 122 名日本人组成武装调查班（中朝工人 200 余名），由吉林出发，当时到达磐石，派 60 多辆马车。7 月 7 日开往桦甸，勘查以夹皮沟金矿为中心的长白山区的地下资源和抗联活动情况。调查班行至柳树河子（县城西），被提前设伏的李洪光游击队拦击。打死打伤日本调查班成员数十人，缴获轻机枪一挺、大枪 20 多支、手枪 2 支。战斗结束后，有 20 多名朝鲜工人加入游击队。"桦甸县志编纂委员会编：《桦甸县志》，长春：吉林人民出版社，1995 年，第 330—331 页。

七月九日："午夜，海龙游击队政委刘山春率领 90 多名抗日游击队员，潜进康大营伪警察署。他们兵分两路。一路由游击队长王仁斋率领，埋伏在康大营南侧通往海龙县城的公路两旁，准备阻击逃窜或来援之敌。另一路由刘山春率领，袭击伪警察署。抗联战士摸到警察署的西北角处，搭人梯翻墙而入，把正在睡梦中的东西厢房伪警察全部缴了械。"中共通化市委党史研究室编著：《通化革命遗址遗迹》，长春·吉林人民出版社，2012 年，第 43—44 页。康大营战斗，位于今吉林省梅河口市康大营镇境内。

七月九日："第一军独立师第一团一部夜袭海龙县康大营伪警察署，击毙伪署长，俘大批伪警，缴获长短枪 23 支，子弹 1870 发。"《东北抗日联军大事记（1931.9—1945.11）》，载《东北抗日联军史料》编写组：《东北抗日联军史料》（上册），北京：中共党史资料出版社，1987 年，第 279 页。

七月十二日，东北社长春讯："吉林现有正式红军组织计有三军，其组织份子多为中国人，次为鲜人，间有少数日人。第一军军长毛作斌、政治委员朱一鸣，人数约五千余，枪支四千余支（原多为傅殿臣旧部），去岁在磐石一带盘踞，至年底为日军压迫，向桦甸县属横道河子、大岗、漂河等处移动，现仍扼险固守该处，并时常派队四出游击宣传。第二军在饶河县，军长为李少满、政治委员为白虹，人数二千余，枪支约二千，妇女队四百，多为有训练鲜人。第三军在延吉，军政首领不详，人数万余，半数为朝鲜人，械弹充足，组织较为健全。此外有游击队四：第一游击队在延寿，七千余人；第二游击队，队长名压满洲，二千余人，在一面坡一带；第三游击队千余人，在桦川县南联珠岗一带，传其械弹多有来源。"《暴日造成东北隐忧（七月十三日）》，载《东北消息丛刊》，1934 年第 1 卷第 1 期，第 27 页。

七月十二日："于密山县界王家烧锅大锅盔，与日军输送队五百名激战，相持六小时，日军不支，纷纷败退。此役计毙日军三十名，夺获大盖枪三十枝，载重汽车五辆，马车二十八辆及粮秣弹药甚伙，我军仅伤亡七名。"《吉省义军苦斗》，《中央周报》，1934 年，总第 327 期，《一周大事汇述》第 7 页。

七月二十七日："独立师一团二连和少年营，在磐石县北笤条攻下敌伪据点清德隆烧锅，消灭日伪军 30 余人，缴获粮食 300 余石，牲口 30 余匹，还有部分枪支弹药。"吉林市地方志编纂委员会：《吉林市志》（大事记），长春：吉林人民出版社，2002 年，第 142 页。

七月二十七日："一团和少年营夜袭清德隆烧锅，全歼烧锅据点的反动武装 30 人，缴获长短枪数十支，并把缴获的 10 万余市斤粮食分给当地群众。"吉林省地方志编纂委员会编纂：《吉林省志·军事志》，长春：吉林人民出版社，1996 年，第 247 页。

七月二十七日："第一军独立师第一团一部攻下磐（石）北敌伪据点清德隆烧锅，歼敌 30 人，把缴获的 300 余石粮食分发给当地劳苦群众。"《东北抗日联军大事记（1931.9—1945.11）》，载《东北抗日联军史料》编写组：《东北抗日联军史料》（上册），北京：中共党史资料出版社，1987 年，第 279 页。

七月二十九日："在马鞍山一带的上家一号山头，罗明星部袭击长春开往图们的 201 次客车，击毙日军 2 人。"九台县地方志编纂委员会：《九台县志》，长春：长春市地方志编纂委员会，2001 年，第 949 页。

七月三十日，上海讯："于密山县界半截河，与护筑兵营之日军八百名，肉搏四小时，日军败退，此役计毙日军四十余名，夺获机枪两枝，钢盔二十五顶，木壳枪三十二枝，我军仅伤亡九名。"《吉省义军苦斗》，《中央周报》，1934 年，总第 327 期，《一周大事汇述》第 7 页。

是月："周建华率南满游击大队行军至铺板石岭时，与 100 多名日伪讨伐队遭遇，打死日伪军 40 多人，缴获长短枪 40 多支，机枪 2 挺。"辉南县志编委会办公室编：《辉南县志》，深圳：深圳海天出版公司，1989 年，第 135 页。

是月："中旬，为开辟安图县车厂子（今和龙县辖）抗日游击根据地。东北人民革命军独立师政治委员王德泰指挥二团和独立团一部联合其他抗日武装 800 余人，攻打安图大甸子。人民革命军包围大甸子后，先切断其同外界的联系，占领大甸子西侧的古城屯（今万宝乡古城村），后采取围而不打战术，诱敌出击。经 11 昼夜围困，使日伪军弹尽粮绝，军心动摇，弃城逃跑。"安图县地方志编纂委员会编著：《安图县志》，长春：吉林文史出版社，1993 年，第 523 页。

是月："中旬，独立师政委王德泰率独立团和二团一部并联合抗日义勇军 800 余人，围攻安图县大甸子 11 昼夜，伪满守军弃城而逃，王德泰部占领该镇达 1 个多月。"吉林省地方志编纂委员会编纂：《吉林省志·军事志》，长春：吉林人民出版社，1996 年，第 250 页。

是月："二百多个敌人护送装着军用物资的十几辆爬犁去罗子沟。接到这一情报后，反日部队配合革命军，在邵苗台消灭八十多个敌人，缴获了爬犁、粮食等许多物品。"文虎甲：《汪清县游击队的建立发展及其反日斗争》，载《延边历史研究》（第 3 辑），延吉：延边历史研究所，1988 年，第 208 页。

是月："二军独立师四团三连在春化梨树沟同日军发生战斗，敌死伤 4 人，三连缴获畜力运输车十二辆。"珲春市地方志编纂委员会：《珲春市志》，长春：吉林人民出版社，2000 年，第 30 页。

八月

八月七日："抗日军在朝阳镇至靠山屯间袭击吉海线列车，击伤 1 名日军和 1 名路警。"辉南县志编委会办公室编:《辉南县志》,深圳:深圳海天出版公司,1989 年,第 135 页。

八月十四日:八月,驻扎宁安的抗联第五军联合山林队合计千余人,拟于十五日会攻东京城。十三日下午,抗联军队于团山子举行联席会议后,得到日伪军前来讨伐的消息。第五军军长周保中当即部署战斗计划,拟于团山子西伏击日军。十四日下午三时,日伪军进入伏击圈后,双方接仗,抗联军队在打退日军两次冲锋后,从容退出战场。是役中,据抗联方面统计,日军损失惨重,日军第一次冲锋中,即阵亡四十余人;日军组织第二次冲锋中,被抗联击毙二十余人。详见柳一非:《东北抗日联军第五军的斗争之一幕》,载《文化批判》,1938 年第 5 卷第 1 期,第 48 页。

八月十五日:"王德泰率独立团和二团联合抗日义勇军猛攻安图县城,伤日军 15 人,俘 10 余人,并促使伪满军 300 余人起义。"吉林省地方志编纂委员会编纂:《吉林省志·军事志》,长春:吉林人民出版社,1996 年,第 250 页。

八月十五日:"独立团联合抗日义勇军攻打安图县城,歼灭日军 10 人,俘虏 15 人,迫使伪军 300 余人哗变抗日。"和龙县地方志编纂委员会编:《和龙县志》,长春:吉林文史出版社,1992 年,第 216 页。

八月十五日:"第二军独立师第二团、独立团联合抗日军一部攻打安图县城,击毙日军 10 名,俘虏 15 名,迫使 300 余名伪军哗变,其中一部加入独立师。"《东北抗日联军大事记(1931.9—1945.11)》,载《东北抗日联军史料》编写组:《东北抗日联军史料》(上册),北京:中共党史资料出版社,1987 年,第 280 页。

八月十四日,东北社长春讯:"吉林依兰县自今春日伪缴枪收地激成民变后,各地人民均极感恐慌,最近延寿县属之黑龙宫镇地方保甲队长富吉奎、张英等率部众百五十余名,恐受缴械之危险,乃采先发制人之策,突于上月下旬率队将亲日队常大队长(绰号常辘锅子之队伍)全数缴械,事后该县县长顾某同常大队长呈报民变,吉林伪省署派日伪军千余名,屠杀黑龙宫镇、大青川等处,该村镇人民均群起自卫,因无枪械,均持锄揭杆(竿),连合数十村镇农民万余,义军赵尚志等复率部三千余驰援民军,与日伪鏖战四昼夜,村镇居民房屋尽被焚毁,日伪被民军击毙二百余,农民伤亡千余,房屋变成炮灰,成为一片焦土,而百姓以无家可归,均相率从义军,任抗日工作,以期复仇而谋生路云。"《五个月来东北义军活动实况》，载《东北消息汇刊》，1934 年第 1 卷第 2 期，第 2 页。

八月十六日："午后五时，凤城县六区八岔沟伪第一军管区第一旅骑兵三连，与义军首领复东部百余人交战。结果毙敌四名，中有伪军排长王向武一名，负伤六名，义军亦伤亡四名。"《五个月来东北义军活动实况》，载《东北消息汇刊》，1934 年第 1 卷第 2 期，第 12 页。

八月十六日："独立师一部和'臣军'、'北海'、'邓法师'等抗日军共 500 人，在哈砬子与伪混成第六旅第六团、七团激战，毙敌 2 人、伤 6 人。"辉南县志编委会办公室编：《辉南县志》，深圳：深圳海天出版公司，1989 年，第 136 页。

八月十八日："辑安县西部潜伏之义军海国、国军等与朝鲜革命军合力抗日，率众约三百余名，于八月十日早袭击该县韭菜园子村。据伪军发表，义军曾烧去民房七十间，与伪军警接战时毙数名。"《五个月来东北义军活动实况》，载《东北消息汇刊》，1934 年第 1 卷第 2 期，第 12 页。

八月十九日，东北社沈阳讯电："义军首领秦文元率领部属千余名，由吉林南下，进至辽宁省之安图县境，与吴义成部取联络，其人数已达三千余人，攻击安图县城，取包围形势，城内自卫团均纷纷出城投诚，县城危机万分，旦夕即下。"《五个月来东北义军活动实况》，载《东北消息汇刊》，1934 年第 1 卷第 2 期，第 3 页。

八月二十二日："独立师一部 300 多人，攻入楼街，击毙伪团丁 1 人，缴获骡马 11 匹。"辉南县志编委会办公室编：《辉南县志》，深圳：深圳海天出版公司，1989 年，第 136 页。

八月二十三日，吉东自卫军总指挥周雅山报告称："自今春奋起吉东，号召民军三万余众，杀敌数月。……故事变迄今，与日寇鏖战五十余次，计阵毙日本驻东北六十三联队长大佐饭塚司令官、铃木大尉、中野上校团长、中尾大尉等九名，村上及西山指导官二名，中少尉十数名，统计阵毙日本官兵千余名，负伤者五百名。我军阵获野炮一门，轻迫击炮七门，马迫击炮四门，十一年式轻重机关枪四十余挺，三八式、捷克式步枪六百余支，击落飞机七架，阵掳载重汽车七十余辆。"《五个月来东北义军活动实况》，载《东北消息汇刊》，1934 年第 1 卷第 2 期，第 5 页。

八月二十三日，东北社沈阳讯："柳河县五区四道沟至柞木台，为日伪军队剿除义军必经之要道。因该地临近水田，修筑颇费手续，而日伪军队又急于早日修成，乃不顾该处农忙，竟强迫大户出丁二名、小户出丁一名，克期竣工。本月十七日午后二时许，伪警察署外勤局员于永和带同伪警十余名，督催工人进行工作之际，突由工人队中有数人出手枪向于局员及伪警射击。当将于局员击毙，同时伪警四名身负重伤，修道工人乘机四散逃命，丢锹弃镐，顿呈混乱状态。结果掠去伪警大枪五支，一般人民咸谓于局员之死，是帮同日寇压迫同胞应得如此报应云。"《五个月来东北义军活动实况》，载《东北消息汇刊》，1934 年第 1 卷第 2 期，第 4 页。

八月二十三日，东北社沈阳讯："凤城六区联村自卫团团长马万志，自事变后，效忠日寇，日伪官宪倚若长城。本月十六日，该团长督率团丁二十余名，赴背阴寺搜剿义军，路经胡家沟地方，突遇阎生堂部义军二百余名，当即接仗，终以寡不敌众，除团丁赵玉林当场毙命外，该团长身中三弹，即时昏倒，气息奄奄，于十八日晨刻故去。"《五个月来东北义军活动实况》，载《东北消息汇刊》，1934 年第 1 卷第 2 期，第 4 页。

八月二十三日："午前十一时，有义军二百名，袭取海龙县第六区日军方顶子联队部，当与日军双方激战至下午八时。结果日军死六名，义军亦伤亡数名。该部义军所持械弹均属极新式武器，故势甚雄壮。"《五月来东北义军活动实况》，载《东北消息汇刊》，1934 年第 1 卷第 2 期，第 12 页。

是月："上旬，（东北人民革命军第二军独立师——笔者按）二团联合抗日山林队袭击大沙河镇，毙伤伪满军 30 余人，俘 70 余人，缴枪百余支。"吉林省地方志编纂委员会编纂：《吉林省志·军事志》，长春：吉林人民出版社，1996 年，第 250 页。

九月："赵吉庆部在红旗营子以西的罗锅沟，将由苏子沟出动游击的伪军一个连包围。消灭其一部，俘虏 8 名，获步枪 8 支，子弹千余发。"岫岩县志编辑部编：《岫岩县志》，沈阳：辽宁大学出版社，1989 年，第 498 页。

是月：杨靖宇所部三百五十余人，于山城镇附近伏击日伪军汽车队。是次战斗打死了一名大佐和数名日本指导官，缴获步枪百余支、轻机枪一挺。详见《抗日英雄李红光》，载黑龙江省社会科学院地方党史研究所、东北烈士纪念馆编：《东北抗日烈士传》，哈尔滨：黑龙江人民出版社，1980 年，第 79—80 页。

是月："中旬，某夜少年连战士将霍家街村西的木桥桥桩锯断伪装后，点燃草垛，诱引三源浦日本守备队出动，进行伏击。击毙日军 12 人，俘虏 2 人。"柳河县志编纂委员会编：《柳河县志》，长春：吉林文史出版社，1991 年，第 14 页。

是月："东北人民革命军独立师二团团长车龙德误信青沟子屯仅有伪自卫团和伪军不过 30 人（实际守敌 100 余人），遂率 15 名战士偷袭。当 1 名战士翻土墙开城门时被伪军发现，中弹牺牲。车同其他战士冲进伪自卫团驻所，伪军却从暗道涌出，将车龙德等包围，车急忙指挥突围。终因寡不敌众，车龙德等 8 人牺牲。"安图县地方志编纂委员会编著：《安图县志》，长春：吉林文史出版社，1993 年，第 523 页。

是月："张奎带领游击队利用麦收为掩护，攻打张家大院，活捉了地主张老四，张老四坚持其反动立场，在逃跑中被击毙，其家中的武器和部分财产被没收充作军饷。"密山县志编纂委员会：《密山县志》，北京：中国标准出版社，1993 年，第 742 页。

九月

九月二日："独立师和'臣军'、'九彪'等抗日军在哈磁子俘虏伪金川县警察队曹分队长以下 17 人，击毙击伤各 1 人。"辉南县志编委会办公室编：《辉南县志》，深圳：深圳海天出版公司，1989 年，第 136 页。

九月三日："晨七时，由哈东开之火车一列，在乌吉密站（一面坡）附近，因轨道被义军拆毁，车头无盖车伪军用车及客车各一辆颠覆，义军三百名出而猛攻，伪军死伤无数，倭军急由一面坡乘铁甲车往援战。"《一月以来义勇军战史》，载《大道》，1934 年第 2 卷第 5 期，第 4 页。

九月三日，华联社哈尔滨电："由哈埠开往绥芬河之第九十二号货车，忽于今晨十一时，在高岭子与横道河子之间，因被义军拆毁轨道，火车一列出轨。伏于附近之义军，出而猛攻，日军死伤未明，闻该货车载大量日本军火。"《吉省义军苦斗》，载《中央周报》，1934 年，总第 327 期，《一周大事汇叙》第 8 页。高岭子，位于今黑龙江省尚志市高岭子屯。

九月五日："第一军独立师联合抗日车'老长青'等袭击柳河县柞木台子伪警察署，毙伤敌人 8 名，俘敌 10 余名。"《东北抗日联军大事记（1931.9—1945.11）》，载《东北抗日联军史料》编写组：《东北抗日联军史料》（上册），北京：中共党史资料出版社，1987年，第280页。

九月十日，晚九时左右：（吉林）距小城子五十英里芳水川子地方，韩人部落突然有义军三百余人来袭，虐杀韩人三十三人，掠取全部落物件后始退，脱险避难之韩人仅三人。《一月以来义勇军战史》，载《大道》，1934年第2卷第5期，第4页。

九月十二日："义军首领老长春、来山好、九彪等率众二百八十余名，于九月十二日午前四时，袭击（柳河）七区横通山子。该村伪警及驻该县伪军合力应战，结果义军虽伤亡较重，而伪军警亦阵亡四名，负伤十数名。此役计焚毁民房卅余间，居民亦伤亡三名云。"《义军实力遍布辽东》，载《东北消息汇刊》，1934年第1卷第2期，第11页。

九月十四日："革命军有计划有准备地袭击小城子守备队、伪警察所和武装自卫团，消灭了大批敌人，缴获许多军需品。"文虎甲：《汪清县游击队的建立发展及其反日斗争》，载《延边历史研究》（第3辑），延吉：延边历史研究所，1988年，第208页。

九月十六日："午前，突来义军四百余名，由清原三区南山城子前进，遇日伪军警及当地自卫团，当即应战，结果义军为保存实力，退往他县，日伪军警竟将义军经过村镇纵火焚烧，为状甚惨，民房被毁者达五六百间，伪警日军伤数名、阵毙五名，自卫团负伤四名，义军亦有数名伤亡云。"《五月来东北义军活动实况》，载《东北消息汇刊》，1934年第1卷第2期，第11页。

九月十六日："午前九时，通化县警局巡官日人志村质久以下七名乘载重汽车两辆，赴山城镇途中，在七区通新村，与义军百五十名相遇于途中，义军沿途预设伏兵数起，卒将该汽车击获。结果日人志村巡官、伪警一名，俄人路警二名，满人四名，乘客五名，共十三名均战死。另有俄人路警二名，阳海公路自动车司机三名，共十名负伤。义军亦伤亡十余名云。"《五月来东北义军活动实况》，载《东北消息汇刊》，1934年第1卷第2期，第11页。

九月十六日："晨，在杨靖宇司令和李红光参谋长的指挥下．韩浩率三团八、九两个连共160余人，埋伏在通化县二密河西岸西岔沟门剜眼子沟一带的公路旁边。上午9时许，在日伪军的护送下，敌21辆汽车从通化县城方向驶来，等汽车进入埋伏圈后，独立师发起进攻。此次战斗共打死日伪军14人（日军3人，白俄9人），打伤15人（日军9人），缴获步枪4支、机枪一挺、手枪 2 支。"中共通化市委党史研究室编著：《通化革命遗址遗迹》，长春：吉林人民出版社，2012 年，第 172 页。

九月十六日："杨靖宇率东北人民革命军独立师师部、警卫团、少年连共 300 多人，在二密北甸子村剜眼睛沟门，伏击了日、伪军汽车队，击毁汽车 10 余辆，打死打伤日、伪军 30 多人，缴获长枪 4 支、短枪 2 支、机枪 1 挺。"通化县地方志编纂委员会编：《通化县志》，长春：吉林人民出版社，1996 年，第 902 页。

九月十六日："独立师三团在通化七区通新村附近，伏击了装载汽油及电信器材等军用物资的汽车 21 辆，击毙日伪军 14 人，伤 15 人，缴轻机枪 1 挺，长短枪 7 支，焚毁车辆及所有物资。"吉林省地方志编纂委员会编纂：《吉林省志·军事志》，长春：吉林人民出版社，1996 年，第 247 页。

九月十九日，东北社哈尔滨通讯："本月三日，中东路东段，由鲍古拉所发之第三零三号货物列车，正行至小九站及蜜蜂站之中间，铁路预先为义军破坏，列车行抵此处，车头及货车四辆，均行颠覆出轨，潜伏两傍之义军遂一齐射出，乘务员、警察、护路日军守备队，均死伤甚众。当由哈埠及一面坡等发出援救车，急往该地营救，但由哈埠出发之营救车以误点之故，及其到时，义军已安然夺获而去。"《国难三周年中东北义军壮烈杀敌》，载《申报》，总第 22062 期，1934 年 9 月 19 日，第 9 版。（注：蜜蜂站，位于今黑龙江省尚志市蜜蜂村。）

九月十九日，东北社哈尔滨通讯："又拉宾线平安驿南方十二基罗之横泥河子，突发现绰号德林义军四百余名，日伪闻报，即由五常县派日军谷口部队，急往应战。五日夜，义军突围而出。结果，日军近藤五长、稻叶上等兵、梅崎一等兵皆战死，此外伊藤上等兵亦受重伤。"《国难三周年中东北义军壮烈杀敌》，载《申报》，总第 22062 期，1934 年 9 月 19 日，第 9 版。

九月十九日，东北社哈尔滨通讯："又本月八日午前六时，日人之近藤林业公司之东铁东段雅不屡尼之林区铁道修筑场，突被约有四十余名之义军袭击，林区支配人中村梯二郎氏重伤，技师长、自警团长及通信员等三名均被击毙。又同日午前七时，距离该处四十基罗之高岭及六道河子中间，突发现大批义军，九十一号列车亦被颠覆。"《国难三周年中东北义军壮烈杀敌》，载《申报》，总第 22062 期，1934 年 9 月 19 日，第 9 版。六道河子站，又名里道河子站，后名冷山站，站址位于今黑龙江省尚志市亚布力镇冷山村。

九月十九日，东北社哈尔滨通讯："又由辽宁东边道通河出发，驰向山城镇之长途汽车四辆，甫行至三间堡东南之二里地点，突受六十余名之义军袭击，日兵死伤兵十二名，战死者三名，松野、井上，另有日商人一名，负伤者九人（森村甚藏下大官及其他八名），俘去日商人吉见及满洲人二名。日伪闻讯，急由山城镇、通化及柳河方面派队驰往应援，激战后双方又互有死伤。"《国难三周年中东北义军壮烈杀敌》，载《申报》，总第 22062 期，1934 年 9 月 19 日，第 9 版。

九月十九日："（东北人民革命军第二军独立师——笔者按）一团二、三两连近百人袭击了老头沟镇伪满军。"吉林省地方志编纂委员会编纂：《吉林省志·军事志》，长春：吉林人民出版社，1996 年，第 250 页。

九月二十一日："东北人民革命军某部同柳河、金川、通化三县农民自卫队 300 多人，包围日本侵略军重要据点大荒沟村，与驻地日、伪军、警察进行激烈战斗，歼敌一部。"通化县地方志编纂委员会编：《通化县志》，长春：吉林人民出版社，1996 年，第 902 页。

九月二十一日："金川、柳河、通化、临江等县近 300 名农民自卫队队员，手持大刀长矛，围攻通化县大荒沟，坚持战斗三昼夜始撤。此役后，这些农民自卫队即改编为东边道游击队。"《东北抗日联军大事记（1931.9—1945.11）》，载《东北抗日联军史料》编写组：《东北抗日联军史料》（上册），北京：中共党史资料出版社，1987 年，第 281 页。

九月二十三日："绥宁反日同盟军所属工农义务队与宁安游击队配合，在团山子与日军作战，歼敌 18 名。"《东北抗日联军大事记（1931.9—1945.11）》，载《东北抗日联军史料》编写组：《东北抗日联军史料》（上册），北京：中共党史资料出版社，1987 年，第 281 页。

九月二十四日，东北社沈阳讯："凤城县西沟村距城八里地方，于本月十五日下午六时，突来义军百余人，闻系王大姑娘帮，适值亲日份子安惠民在该村组织保甲自卫团事宜，到场团丁等均系徒手，义军见有机可乘，群上包围，并将安惠民等十余名亲日重要份子绑掳以去。至城中军警得悉，星夜赶往，而该义军早已退去矣。"《五个月来东北义军活动实况》，载《东北消息汇刊》，1934 年第 1 卷第 2 期，第 11 页。

九月二十四日："第一军独立师后方指挥部率队在柳河大牛沟河桥附近伏击敌三源浦守备队，毙敌 17 名。是役后，伪柳河公安队哗变出一个分队，加入独立师。"《东北抗日联军大事记（1931.9—1945.11）》，载《东北抗日联军史料》编写组：《东北抗日联军史料》（上册），北京：中共党史资料出版社，1987 年，第 281 页。

九月二十五日："东北人民革命军 1 军 1 师 3 团及少年连共 300 余人，在八区三岔河村，将邵本良伪军、伪公安队、驻三源浦日军包围，经 3 个多小时激战，打死日伪军 30 多人。"通化县地方志编纂委员会编：《通化县志》，长春：吉林人民出版社，1996 年，第 902 页。

是月：东北人民革命军第一军独立师第三团曹国安部进入桓仁县境，在八宝沟打死打伤敌军二十余名，缴获步枪十五支，子弹千余发。详见《曹国安烈士传略》，载黑龙江省社会科学院地方党史研究所、东北烈士纪念馆编：《东北抗日烈士传》，哈尔滨：黑龙江人民出版社，1980 年，第 90 页。

是月："'濛江农民自卫队'在巡逻途中于巴里西岗与伪濛江县治安大队遭遇，发生激战，伤敌数十名。"《抗联一路军和杨靖宇在濛江活动大事记（1930—1941）》，载封志全主编：《抗联一路军在濛江》，长春：吉林大学出版社，1990 年，第 260 页。

十月

十月六日：午夜，东北抗日同盟军第四军杨太和部主力部队分成四路，同时攻打密山县县城四个城门。经过三个小时的激战，全部占领密山县城。是役，共缴获各种枪支一百三十八支，子弹万余发，及其它许多军用物资。详见《杨太和烈士传略》，载黑龙江省社会科学院地方党史研究所、东北烈士纪念馆编：《东北抗日烈士传》（第 1 辑），哈尔滨：黑龙江人民出版社，1980 年，第 201—202 页。

十月六日："10 月，李延禄领导的东北人民抗日革命军和密山游击队互相配合，在李延禄和杨泰和的指挥下，一举攻克密山县城。整个战斗打得非常漂亮，战前进行了周密的研究，确定了声东击西的战术，以攻打向阳为名，调动敌人。杨泰和带 300 人担任主攻，张奎带峦山游击队攻打北门，山林队赵挑水部攻打南门。10 月 6 日晚半夜战斗打响，凌晨 3 点攻占县城。缴获长、短枪 138 支，子弹万余发及大量的布匹、棉花等军需物资，在政治上造成了极大的影响，战斗中我军营长杨泰贵光荣牺牲。"密山县志编纂委员会：《密山县志》，北京：中国标准出版社，1993年，第742页。

十月八日："汪清三团由反日部队配合，袭击大兴沟，激战三个小时，杀伤大量敌人。"文虎甲：《汪清县游击队的建立发展及其反日斗争》，载《延边历史研究》（第3辑），延吉：延边历史研究所，1988年，第208页。

十月十二日："（汪清三团——笔者按）又一次袭击大兴沟。"文虎甲：《汪清县游击队的建立发展及其反日斗争》，载《延边历史研究》（第3辑），延吉：延边历史研究所，1988年，第208页。

十月十六日，北平专电："辽东通化、桓仁等县义军，近日活动甚力，王部因围攻通化失利，已改攻凤城。伪第一军现已全部向东边出动，义军因武器关系，已将通化之头道碗、老大磊石沟等地放弃，伤亡亦重。现伪军正向通化四区博当帽子地方进击中，沈阳日伪方宣传，谓东边各地为红区，谓义军为共匪，日伪并在东边各县散放传单，谓第一军之出动，纯为消灭共匪及朝鲜革命军。"《关外义军活动甚力》，载《申报》，总第22089期，1934年10月17日，第7版。

二十二日："密山地区，义军首领双山、张雨亭部三千余人，于十月二十二日与倭军谷〇团之上坪大田、芳村加藤各部队，在远家方面激战，胜负未分。"《一月以来义勇军战史》，载《大道月刊》，1934年第3卷第2期，第1页。

十月二十六日，中联社讯："日关东军菱刈，于本月十日派若山、满本两师团，长春日陆军第一航空大队，及伪江防舰队，由陆、空、江三方面大举进攻东宁、宁安、滨江、密山、依兰五县义军根据地。满本师团由哈尔滨出发，沿拉线进犯牡丹江以西义军根据地；若山师团由吉林出发，进犯牡丹江以北区域；松花、牡丹两伪江防舰队调集牡丹江上下游，协助日军；日军第一航空大队，以轰炸机开始大规模之轰炸。二万义军，各守其根据地，与敌军浴血奋战，历时一日之久。义军声势，仍旧浩大，日军伤亡，日有所闻，称为九一八事变以来之最大牺牲，足见义军忠勇抗敌之壮烈战绩也。"《日伪海陆空总动员吉省义军奋战》，载《东北消息汇刊》，1934年第1卷第2期，专载第35页。

十月二十六日，中联社讯："东宁方面，义军第二方面军孔宪承与日军吉本、斋藤两部三千余人，自十四日起开始接触；宁安方面李德林军，与日军谷口部接战；滨江帽儿山、向阳山一带，原由赵尚志军守备，日军安井部队五千人作包围计划，突被义军猛攻，不支而退，增加兵力再犯，一进一退，战争非常激烈，日军伤亡甚众。依兰寅山方面，战斗尤为壮烈，该道依抗日军总司令部兼第一方面军总指挥谢文东之根据，谢部将士均系身经百战之忠勇健儿，日军最怕该部，由吉本、田村两部六千人协同空军及伪江防舰队，大举直犯依兰地方，战斗之激烈，为空前所未有，日军松田、尾塚赤等高级将校多人阵亡，日军士兵伤亡无算。"《日伪海陆空总动员吉省义军奋战》，载《东北消息汇刊》，1934年第1卷第2期，专载第35页。

十月二十九日，中央社天津电："伪军于芷山部邵本良团，本月初率二千余人反正，会合韩独立党及义军共二万余人，将桓仁、通化、宽甸三县占领。于逆派二千人及伪军往剿，邵将伪军包围，完全歼灭。经于逆复派飞机往援，邵始退出，待机再起。"《辽东义军占领三县》，载《东北消息汇刊》，1934年第1卷第2期，专载第35—36页。

十月二十九日："午前六时，在东铁东部线穆棱下城子站间，突来义军百余名，袭击列车上日守备队。"贾介人：《一周来之东北（十月廿六日至十一月二日）》，载《外交周报》，1934年第2卷第19期，第5页。

十月三十一日电："暴日宪兵队近来收买朝鲜流氓，编练警备队，每人月饷二十五元，发给枪械，并让渡土地十余亩，实行屯兵制，此等警备队目下在暴日图们宪兵队中，实施积极之训练，预备将来与我义勇军搏战云。"《吉东救国军联合人民革命军并力杀敌》，载《东北消息汇刊》，1934年第1卷第2期，第15页。

十月三十一日，北平专电："通化以北大扬子沟，有义军王殿扬部三百余人，与第一军骑兵某连接触，结果骑兵十五名战死。"《关外义军作战不懈》，载《申报》，总第22104期，1934年11月1日，第11版。

十月三十一日，北平专电："金川县凉北河子，有朝鲜人民革命军八百余名，与第一军步兵某团相持十余日，现该朝鲜军已退，第一军士兵负伤者极众。"《关外义军作战不懈》，载《申报》，总第22104期，1934年11月1日，第11版。

是月："中旬，东北人民革命军独立师二团联合抗日山林队100余人，袭击安图县大沙河。大沙河守敌有伪自卫团团长李连科部 40 人，警察中队长李延岭部 100 余人。经几小时激战，晚 9 时守敌败退，人民革命军占领大沙河。此战毙伤伪军、警 100 多人，俘敌 10 余人。"安图县地方志编纂委员会编著：《安图县志》，长春：吉林文史出版社，1993 年，第 523 页。

是月："独立师在铺板石岭伏击濛江伪军运输队，缴获很多粮食、棉衣、枪支弹药等战利品。"辉南县志编委会办公室编：《辉南县志》，深圳：深圳海天出版公司，1989 年，第 136 页。

是月："自卫军王殿阳部在小庙沟伏击伪满军廖弼宸部，缴获军马 10 余匹，长短枪 50 余支。"吉林省地方志编纂委员会编纂：《吉林省志·军事志》，长春：吉林人民出版社，1996 年，第 239 页。

是月："倭军田中支队，在中东路东段东宁站西北方，被义军围攻，剧战一小时之后，支队长田中小尉殒命，另伤数人。"《一月以来义勇军战史》，载《大道月刊》，1934 年第 3 卷第 2 期，第 2 页。

十一月

十一月一日，北京专电："十月二十五午前，东边道西葫芦头村有救国军三百余，与伪第六旅长驹井部之第七团发生激战，救国军虽退，但伪军伤亡颇众。"《东边三角地带义军继续抗日》，载《申报》，总第 22105 期，1934 年 11 月 2 日，第 3 版。

十一月一日，北京专电："二十六，伪军第五旅步兵第三连，行抵辑安第八区当岗子地方，与朝鲜革命军发生遭遇战，双方死亡共四十余名。"《东边三角地带义军继续抗日》，载《申报》，总第 22105 期，1934 年 11 月 2 日，第 3 版。

十一月一日，北京专电："二十八午，清源县春地堡，有义军三百余人，与伪警察署长张连壁所指挥之伪警发生激战，义军当场击毙伪督察长一名、村长刘万祥一名、警士刘宝玉一名，义军退去后，伪警迁怒该村，竟将民房焚毁六十余间。"《东边三角地带义军继续抗日》，载《申报》，总第 22105 期，1934 年 11 月 2 日，第 3 版。

十一月二日："抗日武装破坏铁路，致使吉海线列车在朝阳镇至靠山间脱轨 11 节。"辉南县志编委会办公室编：《辉南县志》，深圳：深圳海天出版公司，

1989 年，第 136 页。

十一月二十日，《申报》报道："王凤阁部义军游击队，于通化附近夺得伪铁路总局长途汽车六辆，及军用汽车两辆，击毙伪护路警三名、日乘客二名，汽车焚毁。"《辽东义军活动近讯》，载《申报》，总第 22123 期，1934 年 11 月 20 日，第 8 版。

十一月二十日，《申报》报道："山城镇为某义军游击队于上月十八晚九时攻入，击毙日杂货商五反田保一名，获食物多种。"《辽东义军活动近讯》，载《申报》，总第 22123 期，1934 年 11 月 20 日，第 8 版。

十一月二十日，《申报》报道："活动于柳河县之某部义军游击队，于上月二十二日晚，联合数队约六十余人，突向四道沟日军阪胁队袭击，毙日军四名，轻重伤日军十余名。"《辽东义军活动近讯》，载《申报》，总第 22123 期，1934 年 11 月 20 日，第 8 版。

十一月二十五日："东北人民革命军第一军（以下简称'第一军'）司令部率一师三团、五团及少年营各一部，在通化三岔河把邵本良伪满军、伪满公安队及三源浦日军守备队各一部包围，击毙日伪军 30 余人后即转移。"吉林省地方志编纂委员会编纂：《吉林省志·军事志》，长春：吉林人民出版社，1996 年，第 248 页。

十一月二十五日："第一军司令部率第一师第三团、五团和少年连各一部在通化三岔河围攻伪军邵本良部和驻三源浦守备队，歼敌 30 余名。"《东北抗日联军大事记（1931.9—1945.11）》，载《东北抗日联军史料》编写组：《东北抗日联军史料》（上册），北京：中共党史资料出版社，1987 年，第 283 页。

是月："月末，东北人民革命军 1 师，在英额布庆生村棺材沟，伏击了伪国道局汽车，击毙日伪军 5 人，缴获长短枪 10 条支。"通化县地方志编纂委员会编：《通化县志》，长春：吉林人民出版社，1996 年，第 902 页。

十二月

十二月一日北平专电："关外讯：辽宁东边义军首领王殿扬率部近千人，近因日军及伪第一军之围剿，致所部死亡殆尽，不意于上月二十七日，王部复在通化北二道河子地方与伪军相遇，激战结果，王本人中弹阵亡，东边救国集团又弱一个。"《东边义军首领王殿扬又殉难》，载《申报》，总第 22135 期，

1934 年 12 月 2 日，第 4 版。

十二月三日："邓铁梅部某队四十余名，袭击安奉线丁场，当击毙该场满铁警备员（日退伍军出身）二名，重伤二名，获枪数枝，安然向山中退去。"《东北反日势力现况及其活动》，载《黑白半月刊》，1934 年第 1 卷第 6 期，第55 页。

十二月三日："一军司令部带领一师一部，奇袭伪满军邵本良部的老巢孤山子，毙伤伪满军 20 余人，缴获很多枪支弹药。"吉林省地方志编纂委员会编纂：《吉林省志·军事志》，长春：吉林人民出版社，1996 年，第 248 页。

十二月三日："第一军第一师一部奇袭伪军邵本良的老巢孤山子，歼敌20 余名。"《东北抗日联军大事记（1931.9—1945.11）》，载《东北抗日联军史料》编写组：《东北抗日联军史料》（上册），北京：中共党史资料出版社，1987 年，第 283 页。

十二月五日，北平专电："关外讯，辽宁通化以东三十余里之高丽城，于上月二十六日突被朝鲜革命军义勇队百名实行占领，当与通化县伪警七十名发生激战，经一昼夜后，又有救国军苏子余部二百余人加入战团，伪警不支败退，柳河方面日伪军闻讯后，亦开赴高丽城援助。截至发报时止，双方仍激战中。"《韩义军占领高丽城》，载《申报》，总第 22139 期，1934 年 12 月 6 日，第 8 版。

十二月七日："（东北人民革命军第一军——笔者按）在通化秃尾巴沟同日军井上部队及伪满军第二旅吕衡部队一部遭遇，激战 5 小时后，迅速脱离。"吉林省地方志编纂委员会编纂：《吉林省志·军事志》，长春：吉林人民出版社，1996 年，第 248 页。

十二月十四日，沈阳讯："通化县城于十二月九日午后七时，有义军四百余名，由三间浦北门外开至，并实行袭击通化县城，日伪驻军不敌，故一度遭义军攻入城内。至该夜十时半，日伪调来大军，双方剧战达拂晓，义军始退去。日伪军伤亡甚重，义军以精巧之作战方法，故未受损失。"《五个月来东北义军活动实况》，载《东北消息汇刊》，1934 年第 1 卷第 2 期，第 29—30 页。

十二月十七日，辑安讯："义军某部三百余名，枪马俱全，武装整齐，并携有机关枪四挺，战斗力极强，于十一月十五日在辑安县东北大青沟门，将辑安县伪警察队包围，激战三小时，伪警陷于苦战，乃以军用鸽向县城求援。午后四时，驻辑安日军守备队得报，即全体紧急出动，携带重火器，分乘装甲车二辆、汽车四辆，前往应援，驻太平沟伪军一连亦调往援助，双方剧战至夜十时五十分，义军始退。是役，伪警死廿五名、重伤卅余名，日军守备队死伤兵士十余名。"《五个月来东北义军活动实况》，载《东北消息汇刊》，1934 年第 1 卷第 2 期，第 30—31 页。

十二月十七日，通化讯："义军首领王凤阁，以日伪军合组之讨伐队大部复员，下令所部义军于通化北方老岭集中，为驻三源堡日军高田部队得知，前往攻击，当即接触，激战四小时。日队长高田清美（少尉，日本广岛本人）、一等兵松浦义家及宫本由五郎两名，均受重伤，王部始安然退入山里去。"《五个月来东北义军活动实况》，载《东北消息汇刊》，1934 年第 1 卷第 2 期，第 31 页。

十二月十八日，东北社沈阳讯："义军首领阎生堂部下六百余人，枪械齐备，自十一月二十四日在大李家堡子（位于今辽宁省凤城市境内——笔者注）南方，与伪骑兵第九团激战，因伪方军援大至，即向东方退去，游击于安东路一带，并拟向西方移动。伪军派混成第一旅以主力部队搜索铁路沿线一带，于二十八日在大油盘沟及西杨木沟（今辽宁省丹东市境内——笔者注）方面，即发生遭遇战，义军获胜。"《五个月来东北义军活动实况》，载《东北消息汇刊》，1934 年第 1 卷第 2 期，第 31 页。

十二月十八日，东北社沈阳讯："于十一月二十五日，辑安县城东北九十公里地方，突来义军五百余名，伪警察当即往击，义军依据机关枪六架，顽强抗战，伪警察大败。日守备闻讯，派三百余名日军赶往作战，仍失利，日伪急调大军前往。"《五个月来东北义军活动实况》，载《东北消息汇刊》，1934 年第 1 卷第 2 期，第 31 页。

十二月十八日，东北社沈阳讯："义军首领苏子余、四海山等部队八百余名，屯扎于离三源浦东南方十杆附近之元宝山顶山，于十一月二十六日事为日伪军探悉，即以驻三源浦之步兵第七团协同日军一小队，及柳河县警察队，开往激战，由上午十二时战至下午七时，伪援军增至，义军乘黑夜向东南方退入山林地带，日伪军未敢追出。是役伪军第七团死下士十二名、负伤十一名，警察队死八名、负伤五名，日军死一名、伤二名（此为日伪军之报告），义军亦死三十二名、伤二十四名。"《五个月来东北义军活动实况》，载《东北消息汇刊》，1934 年第 1 卷第 2 期，第 31 页。三源浦，位于今吉林省柳河县境内。

十二月十八日："约有骑马义军二百名，袭击北铁东部线之界限堡及杨河店二村落，珠河县警察接报后立即派出讨伐队，激战五小时，因义军人众致不敌，讨伐队反取守势。"《一月以来义军战史》，载《大道》，1934 年第 3 卷第 2 期，第 2 页。

十二月十九日，东北社哈尔滨讯："据日伪报载，吉林密山方面伪境，由伪军及日军担任警备，最近忽由密山南方发现靠近兴凯湖之西洋河附近第二十四号伪境标识不知被何人破坏，以致境界无形消没，因此苏联国境警备兵不时乘载货汽车侵入伪境领土内，并在密山半截河东方十二公里附近有苏联集团农村受苏联兵保护，侵入伪境内约百五十米突，开始威胁追放伪满之住民。"《五个月来之远东风云》，载《东北消息汇刊》，1934 年第 1 卷第 2 期，第 8 页。

十二月二十八日："驻老黑山的伪靖安军，探得长沟子和万宝湾有抗日队伍。日本人连长便率全连伪靖安军在当天傍晚开进长沟子屯。挨门逐户进行搜查，因没查到抗日队伍，便放火烧了居民房屋，然后奔向万宝湾村。

当晚抗日队伍正在长沟子西山宿营，看到屯里火光，知是日伪军在烧居民房屋，激起杀敌义愤。预料敌人去万宝湾，必经山下，于是就在山下埋伏好，当靖安军进入伏击圈，抗日队伍立即开火。在突击中，日本连长、翻译和战马当即被击毙，余众窜逃回老黑山老巢。"东宁县志办公室：《东宁县志》，哈尔滨：黑龙江人民出版社，1989 年，第 167—168 页。

是月下旬："邓铁梅旧部敖锡山所率领义勇军百余名，袭击宽甸县管内之长甸河口伪自卫团，夺取步枪三十二枝、机关枪一架，击毙伪团丁三名，受俘多名，伪自卫团长冯子益受重伤。"《一周大事汇述》，载《中央周报》，1935 年，总第 350 期，第 8 页。

抗联第二军延吉湾湾沟反讨伐之战：在民国二十三年多期的"讨伐"中，到延吉湾湾沟的"讨伐队"有七百多人，我们的军长王德泰那时任延吉游击大队部的政治委员，得到日寇进沟"讨伐"的消息，即准备迎敌。湾湾的地势非常险要，敌人要进沟，只有从沟堂中的大道同通过，而两旁的山，离大道至多不过四百米达。我们的军长只带着六十多名战士，在路两旁设下埋伏，每个山峰有两三名，很多民众也跑到山上助威。当寇军进入埋伏时，各山枪声四起，同时各山民众一齐呼喊和唱歌，各山互相回响，更如千军万马、天崩地裂。日寇背腹受敌，也不知道游击队到底有多少人，虽然日寇有许多机关枪和大炮，也无能为力。结果，日寇退至沟外宿营，我军则在沟里休息。我军知道日寇次日一定再来进攻，因此在夜间我军派了很少的队员到日寇营宿附近，游击扰乱，使之不得安寝。这样一连战了七日七夜，我军子弹用罄，先行退出，日寇亦精疲力竭，只烧了几间民屋便退往延吉。这七日夜激战的结果，游击队只阵亡一名，但敌人方面，则伤亡将士达一百二十多名。（民国）松五等：《东北抗日联军游击实录》，上海：上海杂志公司，1937年，第18—19页。

是月："倭军田中支队，在中东路东段东宁站西北方，被义军围攻，剧战一小时之后，支队长田中少尉殒命，另伤害数人云。"《一月以来义军战史》，载《大道》，1934年第3卷第2期，第2页。

民国二十四年（公元1935年）

一月

一月四日："义军李长山率所部百余人，与伪军第四旅王殿臣部下之一连交战于（吉东三角地带）孙家沟，约二时许，毙伪军排长一人，伤兵士数人，伪军全退。"《一周大事汇述》，载《中央周报》，1935年，总第350期，第8页。

一月六日："在通化县西北地方，有伪共荣公司长途汽车三辆，满载日军军需品，并有日军六名保护，行经该地，忽被义军包围，未及开枪，六名日军已全为俘虏，军需品亦为义勇军运去。"《一周大事汇述》，载《中央周报》，1935年，总第350期，第8页。

另据《蛟河县志》载："抗联五军一师奉命到敦化、额穆等地开辟新的游击区，师长李荆璞带着千余人的大队，从宁安出发直奔额穆。在队伍接近额穆县城的时候，截击日伪军三辆汽车缴获猪肉面粉等。接着又连夜攻进额穆县城，缴获留守伪军的步枪40余支和一部分衣物，第二天一早撤离额穆。"蛟河县志编纂委员会编：《蛟河县志》，长春：长春出版社，1991年，第237页。

一月六日："第二军独立师第一团袭击延吉县老头沟车站，歼灭伪警察一部，缴获物资甚多。"《东北抗日联军大事记（1931.9—1945.11）》，载《东北抗日联军史料》编写组：《东北抗日联军史料》（上册），北京：中共党史资料出版社，1987年，第284页。

一月七日："延吉东北人民革命军，于一月七日派便衣队二百四十人，持轻机关枪三架袭击老头沟，与日本警察保安队及伪警察游击队开火，激战约三小时之久，日军村崎完美等三人战死，伪军五名负伤。"《一周大事汇述》，载《中央周报》，1935年，总第350期，第8页。

一月八日："伪舒兰县公署参事官高比虎之助（日本人）与4名护卫警察前往吉林途中，被抗日部队拦截击毙。"吉林市地方志编纂委员会：《吉林市志》（大事记），长春：吉林人民出版社，2002年，第143页。

一月八日："日军胁坂支队和伪军1个连，在二密北甸子村小砬子沟门，被韩浩率领的人民革命军伏击，毙敌11人，伤敌9人，击毁汽车5辆，缴获机枪1挺、步枪5支、短枪两支。日军搜集的情报被当场缴获。"通化县地方志编纂委员会编：《通化县志》，长春：吉林人民出版社，1996年，第903页。

一月八日："第一军一师副师长韩浩率三团，在通化二密河附近，伏击日军胁坂支队一部及伪满军1个连。经4个多小时激战，毙伤日伪军20人，缴获轻机枪1挺，长短枪7支。"吉林省地方志编纂委员会编纂：《吉林省志·军事志》，长春：吉林人民出版社，1996年，第248页。

一月八日："第一军第一师第三团在通化二密河附近，伏击日军胁坂支队一部和伪军1个连，歼灭日伪军20名，缴获机枪1挺、长短枪7支以及日军的机密情报。"《东北抗日联军大事记（1931.9—1945.11）》，载《东北抗日联军史料》编写组：《东北抗日联军史料》（上册），北京：中共党史资料出版社，1987年，第284页。

一月十一日："杨靖宇率第一军司令部直属部队，在红土崖曲家营伏击去濛江（今靖宇县）换防的伪军混成第五旅第五团骑兵连。打死伪军19人，俘敌高连长以下30余人，缴枪40余支、战马数十匹。战斗中，东北人民革命军第一军参谋长朴翰宗牺牲。"浑江市地方志编纂委员会编：《浑江市志》，北京：中华书局，1994年，第16页。

一月十一日："杨靖宇率第一军司令部在临江县红土崖（今属浑江市）伏击伪军混成第五旅第五团骑兵连，打死伪军 19 名，俘敌 30 余名，缴获马枪、匣枪 40 余支、手提式 1 挺和大量子弹、马匹。在战斗中，第一军参谋长朴翰宗英勇牺牲。此役后不久，一军司令部及其直属部队由步兵改为骑兵。"《东北抗日联军大事记（1931.9—1945.11）》，载《东北抗日联军史料》编写组：《东北抗日联军史料》（上册），北京：中共党史资料出版社，1987 年，第 284 页。

一月十二日："第一军军长杨靖宇获得情报后率领司令部直属队，于 1 月 11 日夜急行军至红土崖东 15 公里处的险要地段设伏。12 日午，伪满军骑兵连进入伏击圈，杨靖宇一声令下，突然开火，当场击毙骑兵 10 余人，缴获马步枪 40 余支，战马数十匹。战斗中，第一军参谋长朴翰宗牺牲。"吉林省地方志编纂委员会编纂：《吉林省志·军事志》，长春：吉林人民出版社，1996 年，第 248 页。

一月二十八日："1935 年初，（日军——笔者按）唆使土匪头子'大仁义'进攻那尔轰。临近春节，他率 400 余名土匪住满家家户户，各沟各岔。并于一天夜晚堵截偷袭协助地方工作的抗联工作队，极其残忍地将工作队队长刘子尧活活扒心杀害，10 余名队员被缴械。消息传到抗联部队后，二师师长曹国安和大队长苏剑飞，为夺回根据地，为刘子尧报仇，亲自率领八九十骑兵于同年 1 月 28 日由龙泉镇赶回那尔轰，行至海清堂停放马匹。

然后兵分两路：一路是五连，由高丽沟子进那尔轰，先捣公议会；另一路为四连，向河东进攻匪指挥部。子夜，战斗打响。五连率先冲进公议会，抓住小土匪头目'爱国军'及伪董事阎××，缴获部分枪械。而四连进村受阻，当打跑阻击土匪冲进匪指挥部时，见室内空无一人。正诧异之刻，匪徒们如同地缝里钻出来的一样，蜂拥而至，越打越多。激烈战斗 1 个多小时方突出重围，撤出阵地。处决了'爱国军'和伪董事，赶走土匪，巩固了根据地。"封志全主编：《抗联一路军在濛江》，长春：吉林大学出版社，1990 年，第 42—43 页。

一月二十九日："密山县国境监视队一连伪军暴动，打死日军上尉权秀雄，中尉木本武夫、渡边正二。30 日又与日军讨伐队激战后，火烧营房，退入苏联。"密山县志编纂委员会：《密山县志》，北京：中国标准出版社，1993 年，第 17 页。

是月初，中央社唐山通讯："据关外来人谈：伪延吉省会（即间岛省），于数日前忽被董秀山军，联合各部团，及朝鲜独立党首领朴凤山等，约三千余众，围攻五日之久。嗣因日军各守备队救援，及伪第七旅力抗，双方伤亡极重，董及各部始退守珲春县境之母猪河大本营。彼时日伪各军，以该军已退，立即各归原防，乃董于上月十九日，率原部突将延吉占领，日方损失奇重，共死妇孺百四十余人（男子均逃）。驻延吉日宪兵队长原田少佐被杀，警察厅长失踪，指导官战死，伪省长蔡运升因赴长春幸免，总务、民众两厅长被掳，伪省署开办费，及其他各种存款七十余万元，全数收没，朝鲜银行失日票十三万余元。"《一周大事汇述》，载《中央周报》，1935 年，总第 350 期，第 8 页。

是月："苗可秀率铁血军 300 余人向安东方向游击，进至凤城县之猞猁沟，发现敌两辆汽车驶来。部队立即在大道两侧隐伏，敌汽车进入伏击圈，受设置的障碍物阻拦，速度减慢，铁血军突然开火，敌不及抵抗，全部被歼。打死凤城县伪警察大队长苗茨芬及副大队长李芙哲等以下官兵 11 名，其余被俘官兵经教育后全部释放。缴获机枪 1 挺，手提式机枪 1 支，步枪 50 余支，手枪 4 支。"岫岩县志编辑部编：《岫岩县志》，沈阳：辽宁大学出版社，1989 年，第 498 页。

是月："第二军独立师第二团在安图县车厂子反击日伪军的围攻，歼敌 40 余名，缴枪 20 余支。"《东北抗日联军大事记（1931.9—1945.11）》，载《东北抗日联军史料》编写组：《东北抗日联军史料》（上册），北京：中共党史资料出版社，1987 年，第 285 页。

是月：东北人民革命军王德泰所部在王德泰的指挥下，粉碎日伪军进攻车厂游击区的计划，日军伤亡四十余人。详见《王德泰军长》，载黑龙江省社会科学院地方党史研究所、东北烈士纪念馆编：《东北抗日烈士传》，哈尔滨：黑龙江人民出版社，1980 年，第 114 页。

是月："日伪军 100 余人分 4 路进攻车场子抗日根据地。驻守在根据地的东北人民革命军独立师第二团，采取破路和伏击的战术，勇猛抗击敌人，致使日伪军无法靠近，经过 2 小时战斗，日伪军被击退，敌伤亡 40 余人，革命军伤亡 5 人，缴获枪支 21 支。"和龙县地方志编纂委员会编：《和龙县志》，长春：吉林文史出版社，1992 年，第 217 页。

是月："日伪军分兵进攻安图车厂子抗日游击区。独立师二团以一部破坏道路阻击伪满军，主力伏击另一路日军，并切断日伪军之间的电话联系，使其不能及时靠拢合围，将日伪军分兵击溃。此战，独立师伤亡 5 人，日伪军伤亡

40 余人。"吉林省地方志编纂委员会编纂：《吉林省志·军事志》，长春：吉林人民出版社，1996 年，第 251 页。

是月："李延禄率四军军部和二团与日伪军作战后，转移到青山沟三团密营休整。"林口县志编纂委员会编：《林口县志》（上卷），哈尔滨：黑龙江人民出版社，1999 年，第 23 页。

二月

二月一日："第二军独立师一部夜袭延吉县八道沟伪警察分署和日资经营的金矿精炼所，烧毁金矿设备。"《东北抗日联军大事记（1931.9—1945.11）》，载《东北抗日联军史料》编写组：《东北抗日联军史料》（上册），北京：中共党史资料出版社，1987 年，第 285 页。

二月六日："第二军独立师第三团一部同伪军在汪清县腰营沟交战，歼敌 20 余名。"《东北抗日联军大事记（1931.9—1945.11）》，载《东北抗日联军史料》编写组：《东北抗日联军史料》（上册），北京：中共党史资料出版社，1987 年，第 285 页。

二月六日："李延禄命四军三团团长苏衍仁、独立营营长文荣率队攻打青山沟里日资木场——清水木业组合和军马场伪满森林警察中队。此战毙敌 7 人，余敌溃逃，夺得军马百余匹。战后，军马武装了四军骑兵，剩余马分给附近农户。伐木劳工纷纷报名参军，三团由建团时 115 人发展到近 300 人。"林口县志编纂委员会编：《林口县志》（上卷），哈尔滨：黑龙江人民出版社，1999 年，第 23 页。

二月十三日：是日，铁血军苗可秀、赵同登率部三百余人在凤城六区田家堡子宿营。凌晨，从西方丛家大沟突来五百余人日伪军，铁血军不愿与伪军正面冲突，一路后退，傍晚时分，退至赊里沟附近，得报南边隔十里处的汽车道上，发现敌援军兵车五辆。当即设伏，与敌交战约一小时，毙伤日伪军，缴获大批新式枪械弹药。详见泳吉：《义勇军》，上海：上海现实出版社，1937 年版，第 102—103 页。

二月十三日："义军李红光部二千余人，在长白山八道沟一带屡次同日军交战，曾一度以八十人突破日军严密之警备线，侵入东兴县，夺获军器甚多。"罗亭：《东北义勇军发展的动向》，载《中日论坛》，1936 年第 1 期，第 10 页。

二月二十四日，华联社东京电："又有山本军曹引率之日军一队，于十九日在永丰镇附近被义军袭击，剧战历五小时，日兵及翻译各死一名。"《通化东北义军剧战日军》，载《申报》，总第22211期，1935年2月25日，第8版。

二月二十四日，华联社东京电："据日军息，二月二十二日上午九时，义军约二百名在通化东北方头道沟附近，与日军剧战，是役日军死一伤三。"《通化东北义军剧战日军》，载《申报》，总第22211期，1935年2月25日，第8版。

二月二十五日："（李红光部——笔者按）在八道沟突袭伪军辎重队，截获粮食子弹无算，该部现极活动，农民携械来归者日以百计。"罗亭：《东北义勇军发展的动向》，载《中日论坛》，1936年第1期，第10页。

是月："铁血军第二、第三大队进至尖山窑以北地区，侦知中沟驻有伪军300余人，乘阴雨之夜，将敌包围痛击，击毙击伤20余人，缴获步枪5支。"岫岩县志编辑部编：《岫岩县志》，沈阳：辽宁大学出版社，1989年，第498页。

是月：东北人民革命军第一军曹国安部袭击了营城子伪军，缴获机枪两挺。详见《曹国安烈士传略》，载黑龙江省社会科学院地方党史研究所、东北烈士纪念馆编：《东北抗日烈士传》，哈尔滨：黑龙江人民出版社，1980年，第91页。

三月

三月九日："南满第一游击大队（苏营）和赵旅、曹团等抗日义勇军共300多人，袭击石道河子，与伪混成六旅骑兵九团发生激战。"辉南县志编委会办公室编：《辉南县志》，深圳：深圳海天出版公司，1989年，第136页。

三月十日："吉林、奉天两省伪军联合围攻蒙江（今靖宇县）、辉南、桦甸、磐石和抗日义勇军马团、赵团、天虎等部队。"吉林市地方志编纂委员会：《吉林市志》（大事记），长春：吉林人民出版社，2002年，第143页。

三月十四日："仁斋从情报中得知伪通化县长徐伟儒和日本参事官从安东（今丹东）开会回来的行动路线，便和第1师师长李红光率保安连150余人，埋伏在驼腰岭附近的大庙店公路两侧。上午10时，当敌人的汽车开进埋伏圈时，保安连突然出击，战斗中缴获长短枪16支，活捉了伪县长和日本参事官，烧毁两辆汽车。"清原县志编纂委员会办公室编：《清原县志》，沈阳：辽宁人民出版社，1991年，第574页。

三月十五日："东北人民革命军第一军一师师长李红光率保安连和少年连，于驼腰岭南麓截击并生俘伪通化县长徐伟儒及其随从人员，在撤退途中枪决了徐伟儒。"柳河县志编纂委员会编：《柳河县志》，长春：吉林文史出版社，1991年，第14页。

三月十五日："东北人民革命军师长李红光指挥，于柳河驼腰岭截击敌人汽车时，将伪通化县长徐伟儒俘虏，于15日处决。"通化县地方志编纂委员会编：《通化县志》，长春：吉林人民出版社，1996年，第903页。

三月二十日，北平专电："沈阳讯，伪通化县长徐伟儒，本月十五日乘汽车由柳河返通化，行至柳河东南驼股山地方，忽遇朝鲜人民革命军二百余人，将车包围，即当将通化警务局局员日人加藤富雄及警务员十二名全数击毙，然后将徐某绑至柳河县境五道沟，用枪击毙，弃尸于小五道江地方。十七晨始被发现，东边日伪军闻讯后，即由通化出动，鲜军已远去，徐之妻女、儿媳等三人亦同时被杀。"《伪通化县长徐伟儒被韩人击毙》，载《申报》，总第22235期，1935年3月21日，第3版。

三月二十五日，申报载："本月十五日，辽省柳河县附近，突发现义军三百余名，通化县伪县长适经该地，当被义军捕获，后经伪警搜查队在小五道江附近发现该伪县长已被枪杀，该搜查队于十六日午前始将伪县长之尸体运送通化。"《通化伪县长被义军枪杀》，载《申报》，总第22239期，1935年3月25日，第7版。

三月十五日："苗可秀率部在岫岩县汤沟附近消灭日伪军150余名，缴获枪支50余支和部分粮食、弹药。"辽宁省地方志编纂委员会办公室主编：《辽宁省志·大事记》，沈阳：辽海出版社，2006年，第187页。

三月十五日："东北人民革命军1军部、警卫团，在三棵榆树杨宝沟、栗家沟，与驻英额布日、伪军相遇，杨靖宇指挥，战斗3个多小时，毙敌8人，活捉9人，缴获机枪两挺，长短枪30余支。"通化县地方志编纂委员会编：《通化县志》，长春：吉林人民出版社，1996年，第903页。

三月十六日："第五军一部在宁安二道河子沟里石门子设伏击溃伪靖安军和日军宫藤部队各一部。击毙日伪军4名，击伤8名，俘虏5名，缴获轻机枪2挺、步枪5支、子弹2000发。"《东北抗日联军大事记（1931.9—1945.11）》，载《东北抗日联军史料》编写组：《东北抗日联军史料》（上册），北京：中共党史资料出版社，1987年，第286页。

三月十七日："第二军独立师一部袭击汪清县天桥岭车站，击毁敌军用列车，缴获大批物资。"《东北抗日联军大事记（1931.9—1945.11）》，载《东北抗日联军史料》编写组：《东北抗日联军史料》（上册），北京：中共党史资料出版社，1987年，第286页。

三月二十日："苗可秀率铁血军一部70余人，由五道河进至沟汤（今哈达碑乡境内）。下午，苗可秀正在小学校召开群众会，宣传抗日救国，哨兵发现日伪军百余人，向驻地袭来。苗令部队向后山转移，傍晚，日伪军进至沟汤，驻东西两个大院。苗可秀探明敌情后，乘夜率队返回，以一部占领后山，主力由第一联队长刘壮飞指挥，向日军驻地猛烈射击，东院伪军不战而逃。此次战斗，击毙日军西泽中尉以下7人，重伤1人，缴获轻机枪1挺，步枪8支，子弹千余发。铁血军阵亡班长1名，刘壮飞及4名战士负伤。"岫岩县志编辑部编：《岫岩县志》，沈阳：辽宁大学出版社，1989年，第498—499页。

三月二十二日："杨靖宇率军部直属队智取红土崖：先派便衣潜入伪保安队，与内线接头，然后派部队化装伪满军开入，里应外合，一枪未放，俘伪保安队40人，缴获全部枪支和弹药。"吉林省地方志编纂委员会编纂：《吉林省志·军事志》，长春：吉林人民出版社，1996年，第248页。

三月二十二日："杨靖宇率第一军司令部直属部队智取临江红土崖镇，俘敌40名，缴获其全部枪支和70发迫击炮弹。"《东北抗日联军大事记（1931.9—1945.11）》，载《东北抗日联军史料》编写组：《东北抗日联军史料》（上册），北京：中共党史资料出版社，1987年，第286—287页。

三月三十日："杨靖宇率200多人到达大椅山，正午在安子河附近与伪军战斗7小时，后向大坦平转移。"辉南县志编委会办公室编：《辉南县志》，深圳：深圳海天出版公司，1989年，第136页。

是月："复有义勇军在代马沟站与日军激战，结果日军长濑少尉阵亡，中岛枝队长及士兵负伤甚多。"罗亭：《东北义勇军发展的动向》，载《中日论坛》，1936年第1期，第10页。代马沟站，位于今黑龙江省穆棱市代马沟村。

四月

四月五日，北平专电："关外讯，辽吉二省东边各地义军，近因日伪军以最利武器节节进逼，现已退至辽吉省境濛江、辉南、桦甸、磐石等县，向悬青白旗国旗，据险固守。伪奉天第一军于芷山部，复于本月一日起向该各县总攻，惟以该各县均为深山峻岭，颇不易攻，日方复派伪军第二军管区司令官廖弼宸派队协助，二日起即与义军因太平部赵马两旅接触，迄发报时止，辽吉东边四县仍非日伪所有。"《伪军总攻东边各县义军》，载《申报》，总第 22251 期，1935 年 4 月 6 日，第 3 版。

四月五日："东北人民革命军第一军二师同南满第二游击大队联合，攻击桦甸夹皮沟金矿，缴获 10 余支枪支、伪币数万元，烧毁弹药数十箱。"吉林市地方志编纂委员会：《吉林市志·大事记》，长春：吉林人民出版社，2002 年，第 143 页。

四月五日："东北人民革命军第一军二师和南满第二游击大队联合进攻日本人经营的夹皮沟金矿，缴枪十余支、伪币数万元，烧毁敌人机枪 2 挺、子弹数箱。"桦甸县志编纂委员会编：《桦甸县志》，长春：吉林人民出版社，1995 年，第 14 页。

四月五日："二师与'臣军'部协同进攻桦甸夹皮沟金矿，缴枪 10 余支，得伪币数万元。"吉林省地方志编纂委员会编纂：《吉林省志·军事志》，长春：吉林人民出版社，1996 年，第 249 页。

四月十一日，天津电：鸭绿江沿岸义军人数九千，本月以来激战六十余次，日伪军伤亡甚多。东洋及上山屯等部义军联合出动，与鸭绿江下游义勇军及七道沟、五道沟、大青顶义军联合，现各义军声势浩大，九日攻占临江县，现在剧战中。陈崑山：《由东北义勇军之浴血奋战说到我们以后之救国大计》，载《文明之路》，1935 年第 9 期，第 10 页。

四月十二日："二师和第一、第二游击大队联合，又袭击了桦甸境内日本大同殖产株式会社经营的老金厂金矿，与日军警备队、伪警察交战，毙敌 2 人，伤 4 人，烧毁部分建筑和机器。"吉林市地方志编纂委员会：《吉林市志》（大事记），长春：吉林人民出版社，2002 年，第 143 页。

四月十二日："东北人民革命军一军二师和南满第一、第二游击大队共同袭击日本'大同殖产株式会社'经营的老金厂金矿，与日军警备队、伪警察交战，毙敌 2 人，伤 4 人，烧毁大批矿区建筑物和材料。"桦甸县志编纂委员会编：《桦甸县志》，长春：吉林人民出版社，1995 年，第 14 页。

　　四月十二日："凌晨，二师又同'苏营'、'臣军'部联合，袭击桦甸老金厂金矿，烧毁矿区建筑，毙伤日军 6 人，俘 2 人。二师伤、亡各 2 人。"吉林省地方志编纂委员会编纂：《吉林省志·军事志》，长春：吉林人民出版社，1996 年，第 249 页。

　　四月十四日："第一军第一师在通化县四道沟伏击敌人运粮大车 20 辆，俘虏伪警察 15 名，缴获 15 支枪和大批粮食。"《东北抗日联军大事记（1931.9—1945.11）》，载《东北抗日联军史料》编写组：《东北抗日联军史料》（上册），北京：中共党史资料出版社，1987 年，第 288 页。

　　四月十九日："苏剑飞率部攻打抚松县万良镇，转移途中，壮烈牺牲。同时遇难二三十人，其中大部分为南满游击大队第四支队干部战士，有韩成一、肖小胖等。"《抗联一路军和杨靖宇在濛江活动大事记（1930—1941）》，载封志全主编：《抗联一路军在濛江》，长春：吉林大学出版社，1990 年，第 262 页。

　　四月十九日："南满游击队在抚松县万良镇附近宿营时，突遭伪公安队的偷袭，队长苏剑飞以下 20 余名遇难。"《东北抗日联军大事记（1931.9—1945.11）》，载《东北抗日联军史料》编写组：《东北抗日联军史料》（上册），北京：中共党史资料出版社，1987 年，第 288 页。

　　四月十九日："当'苏营'在万良镇附近宿营时，突遭伪满公安队袭击，苏剑飞大队长以下 20 余人牺牲。"吉林省地方志编纂委员会编纂：《吉林省志·军事志》，长春：吉林人民出版社，1996 年，第 249 页。

　　四月二十七日："二军独立师四团四连袭击太阳村'集团部落'，缴自卫团步枪 19 支和一批弹药及其它军需品，并烧毁其防所。"珲春市地方志编纂委员会：《珲春市志》，长春：吉林人民出版社，2000 年，第 31 页。

　　四月二十七日："第二军独立师第四团一部袭击珲春县太阳村'集团部落'，俘伪自卫团员 19 人，缴枪 19 支，焚毁敌防所。"《东北抗日联军大事记（1931.9—1945.11）》，载《东北抗日联军史料》编写组：《东北抗日联军史料》（上册），北京：中共党史资料出版社，1987 年，第 288 页。

　　四月二十七日：东北抗日同盟军第四军何忠国率所部一师二团向青龙沟一带转移，途中经过依兰县重镇阁凤楼。这里是日伪当局伐木要道，镇内驻有伪警备连。何忠国部到达阁凤楼时，遭遇伪警备连阻击，何部还击。激战三小时后，占领阁凤楼，击毙伪军二十余人，缴获步枪三十余支。详见《何忠国烈士》，载黑龙江省社会科学院地方党史研究所、东北烈士纪念馆编：《东北抗日烈士传》（第一辑），哈尔滨：黑龙江人民出版社，1980 年，第 193—194 页。

是月：东北人民革命军王德泰所部进攻三岔口车站后，伏击敌军，当场击毙六十余人。详见《王德泰军长》，载黑龙江省社会科学院地方党史研究所、东北烈士纪念馆编：《东北抗日烈士传》，哈尔滨：黑龙江人民出版社，1980 年，第 114 页。

是月："第二军独立师第一、二团，在安图附近伏击伪军 1 个营，击毙伪连长 2 名，歼敌 50 余人，缴获大量军需物资。"《东北抗日联军大事记（1931.9—1945.11）》，载《东北抗日联军史料》编写组：《东北抗日联军史料》（上册），北京：中共党史资料出版社，1987 年，第 288 页。

是月："月末，独立师一、二团在安图境内伏击由延吉运送给养回来的伪满军警卫旅 1 个营，击毙连长 2 人，毙伤士兵 50 余人，缴获大批军需物品。"吉林省地方志编纂委员会编纂：《吉林省志·军事志》，长春：吉林人民出版社，1996 年，第 251 页。

五月

五月二日："第二军独立师第一团联合抗日义勇军'平日军'、'天良军'、'王连长'等部，在长图铁路哈尔巴岭至大石头间破坏了路轨，颠覆自朝鲜方面开来的 202 次'国际列车'，歼灭日伪军警 30 余名，俘虏日伪军政人员 13 人。"《东北抗日联军大事记（1931.9—1945.11）》，载《东北抗日联军史料》编写组：《东北抗日联军史料》（上册），北京：中共党史资料出版社，1987 年，第 288 页。

五月二日："5 月 1 日夜，第二军一团第五连联合抗日义勇军'明山好'、'平日军'及'天良军'等部 200 余人，经过事先侦察和协同，将部队组成 4 个战斗队，分别埋伏在京（新京）图（们）线哈尔巴岭与大石头车站间的 371 公里处铁路两侧。2 日 2 时许，当日伪军验道的装甲车驶过以后，伏击部队迅速将设伏地域内的铁轨拆毁。2 时 40 分，从朝鲜清津始发直达新京（今长春）的 202 次国际列车驶入设伏地域，突然一声巨响，机车颠覆，车厢脱轨倾倒，伏击部队立即开火。押车的日伪军遭到意外痛击。至 3 时 30 分战斗结束，伏击部队立即撤离战场。此战，毙伤日伪军政人员 30 余人，俘虏 13 人（含日本官员 4、伪满官员 5）。伏击部队有 4 人伤亡。"吉林省地方志编纂委员会编纂：

《吉林省志·军事志》，长春：吉林人民出版社，1996 年，第 252 页。

五月六日："赵尚志率东北人民革命军第三军与李华堂支队、谢文东民众救国军，联合'满天星'、'东来好'等山林队和王荫武救世军攻打三道通，火烧警察署。"林口县志编纂委员会编：《林口县志》（上卷），哈尔滨：黑龙江人民出版社，1999 年，第 24 页。

五月七日："活动在辽东地区的抗日义勇军阎生堂部，包围袭击凤城县一面山韩家村日军据点，击毙日军指导官清水以下 30 余人，俘伪军 100 余人。"辽宁省地方志编纂委员会办公室主编：《辽宁省志·大事记》，沈阳：辽海出版社，2006 年，第 187 页。

五月十一日："第一军第一师师长李红光在桓（仁）、兴（京）县境与日军交战中负重伤，次日牺牲。"《东北抗日联军大事记（1931.9—1945.11）》，载《东北抗日联军史料》编写组：《东北抗日联军史料》（上册），北京：中共党史资料出版社，1987 年，第 289 页。

五月十一日："东北人民革命军第一军第一师师长兼政委李红光在桓仁、兴京交界老岭沟与日军交战身负重伤，翌日在黑瞎子旺密营中牺牲，时年 26 岁。"辽宁省地方志编纂委员会办公室主编：《辽宁省志·大事记》，沈阳：辽海出版社，2006 年，第 187 页。

五月十一日："（东北人民革命军第二军——笔者按）二团留守部队袭击延吉县细鳞河'集团部落'。"吉林省地方志编纂委员会编纂：《吉林省志·军事志》，长春：吉林人民出版社，1996 年，第 253 页。

五月十二日："第二军一团主力在敦化县沙河掌一带，伏击尾追的日军吉良讨伐队，毙伤其 50 余人。"吉林省地方志编纂委员会编纂：《吉林省志·军事志》，长春：吉林人民出版社，1996 年，第 252 页。

五月十二日："第二军独立师第一团同抗日义勇军'明山好'、'王连长'、'天良军'等部，在敦化县沙河掌与日军吉良部队交战，歼敌 50 余名。"《东北抗日联军大事记（1931.9—1945.11）》，载《东北抗日联军史料》编写组：《东北抗日联军史料》（上册），北京：中共党史资料出版社，1987 年，第 289 页。

五月十六日："第一军司令部直属部队在桓仁歪脖望被 1000 余名日伪军包围，在杨靖宇的正确指挥和具有爱国思想的一部分伪军的暗助下，一军部队胜利突围。"《东北抗日联军大事记（1931.9—1945.11）》，载《东北抗日联军史料》编写组：《东北抗日联军史料》（上册），北京：中共党史资料出版社，1987年，第289页。

五月二十四日："（东北人民革命军第二军——笔者按）一团留守部队袭击安图车厂子伪满警察分驻所。"吉林省地方志编纂委员会编纂：《吉林省志·军事志》，长春：吉林人民出版社，1996年，第253—254页。

五月二十五日："晨，铁血军最高干部的一部遭受日伪军五千人之袭击，总司令苗可秀被炮弹所伤，幸赖赵同救护，得免于难。"泳吉：《义勇军》，上海：上海现实出版社，1937年版，第100页。

是月："王风阁率卫队营设伏于七道沟，击毁前来探矿的日伪军5辆汽车，毙日军3人，俘全部伪满军，缴长短枪30余支。"吉林省地方志编纂委员会编纂：《吉林省志·军事志》，长春：吉林人民出版社，1996年，第239页。

是月："杨泰和带领四军一团，摸入滴道河车站；将日军警备班全部消灭，破坏了铁路。"密山县志编纂委员会：《密山县志》，北京：中国标准出版社，1993年，第742页。

是月："四军三团和独立营连续袭击龙爪沟自卫团和日本人办的东稻田公司，共缴获步枪22枝、子弹一批。"林口县志编纂委员会编：《林口县志》（上卷），哈尔滨：黑龙江人民出版社，1999年，第24页。

是月："中旬以后，反日联合军第五军东部派遣队进入穆棱、林口地区开展抗日游击战。此间3次进攻林口，夜袭日军守备队，在马鹿（今马路）沟、大小杨木背（今上三阳、六合）、龙爪沟（今龙爪）等地多次与日伪军战斗。"林口县志编纂委员会编：《林口县志》（上卷），哈尔滨：黑龙江人民出版社，1999年，第24页。

是月："初，第五军第一师第一、三团各一部在镜泊湖东部庙岭与日军'讨伐'队遭遇，歼敌20名，缴获步枪7支。"《东北抗日联军大事记（1931.9—1945.11）》，载《东北抗日联军史料》编写组：《东北抗日联军史料》（上册），北京：中共党史资料出版社，1987年，第289页。

六月

六月一日："（东北人民革命军第二军——笔者按）一团另一部袭击图们江

大东口岸的伪满缉私队，缴获其全部武器。"吉林省地方志编纂委员会编纂：《吉林省志·军事志》，长春：吉林人民出版社，1996 年，第 254 页。

　　六月六日，华联社沈阳电："据日军息，昨晨零时半在通化县东北边，町野支队与义军五十名冲突，剧战后，日军死稳田一等兵一名。"《通化东北义军剧战日军》，载《申报》，总第 22311 期，1935 年 6 月 7 日，第 3 版。

　　六月七日："第一军某部与抗日义勇军'绿林好'联合，在石道河子与伪混成三旅的一个骑兵连交火。"辉南县志编委会办公室编：《辉南县志》，深圳：深圳海天出版公司，1989 年，第 136 页。

　　六月七日："第三军司令部率第一团联合抗日义勇军王荫武、谢文东、李华堂等部进攻牡丹江畔三道通，火烧伪警察署。"《东北抗日联军大事记（1931.9—1945.11）》，载《东北抗日联军史料》编写组：《东北抗日联军史料》（上册），北京：中共党史资料出版社，1987 年，第 290 页。

　　六月十三日："第二军留守部队联合'海龙'部，袭击延吉县头道沟镇伪满军。"吉林省地方志编纂委员会编纂：《吉林省志·军事志》，长春：吉林人民出版社，1996 年，第 254 页。

　　六月十三日："苗可秀、赵侗等率中国少年铁血军 200 余人在岫岩县杨家沟与日军激战。苗可秀受重伤。"《中共满洲省委大事记》，载刘贵田等著：《中共满洲省委史研究》，沈阳：沈阳出版社，2001 年，第 508 页。

　　六月十七日："南满第二游击大队（'臣军'）与抗日义勇军宋司令联合，在三岔子与伪军董履于团骑兵连交战。"辉南县志编委会办公室编：《辉南县志》，深圳：深圳海天出版公司，1989 年，第 136 页。

　　六月十八日："6 月 17 日，李天柱的'自来好'和何忠国率领的第四军 3 团一起活动，宿营在奎山附近的何家屯。次日清晨，7 个日军和 1 个翻译到此侦察。李天柱和何忠国车队撤到山上，待日军大摇大摆进村后，堵住敌人的退路发起进攻，打了敌人一个措手不及。此次战斗，除 1 个日军和 1 个翻译逃跑外，其余全被击毙，还缴获机枪 1 挺、掷弹筒 1 个、步枪 4 支、手枪 2 支，我方无一伤亡。"田守一：《依兰抗战纪实》，北京：中国文史出版社，2015 年，第 294 页。

　　六月十八日："晨，四军政治部主任何忠国率三团和'自来好'部在奎山附近何家屯消灭日军一个侦察小队，缴获机枪 1 挺、长短枪 6 枝、掷弹筒 1

个。之后，部队转移到马鞍山北沟刘家店休息。中午，日军奎山守备队乘汽车追踪而至，在突围激战中何忠国壮烈牺牲。"林口县志编纂委员会编：《林口县志》（上卷），哈尔滨：黑龙江人民出版社，1999年，第24页。

六月二十五日："（铁血军）苗可秀在凤城殉难。临死时作极有声色，极具民族意识的壮烈演讲。"泳吉：《义勇军》，上海：上海现实出版社，1937年版，第100页。

六月二十六日："南满第二游击大队与抗日义勇军'全胜'军联合，进攻楼街。"辉南县志编委会办公室编：《辉南县志》，深圳：深圳海天出版公司，1989年，第136页。

六月二十七日："南满第二游击大队与'双胜'部共100多人，在大吊鹿沟与日军松本小队和伪军董旅的3个骑兵连交战，毙敌1人、伤3人。"辉南县志编委会办公室编：《辉南县志》，深圳：深圳海天出版公司，1989年，第136页。

六月二十七日："双胜部与南满第二游击大队（臣军）100多人，在大鹿沟（今辉南庆阳乡境内）与日军松本小队和伪军董旅的三个骑兵连交战，毙敌1人，伤敌3人。"桦甸县志编纂委员会编：《桦甸县志》，长春：吉林人民出版社，1995年，第820页。

是月："中旬，第二军第三、四团各一部在东宁县老黑山，歼灭伪靖安军1个连，缴获迫击炮1门、重机枪1挺、轻机枪2挺、长短枪44支。"《东北抗日联军大事记（1931.9—1945.11）》，载《东北抗日联军史料》编写组：《东北抗日联军史料》（上册），北京：中共党史资料出版社，1987年，第290页。

是月："珲春游击队柴世荣部开进老黑山的头道沟，得知老黑山驻有伪靖安军，威胁着部队的活动。因无重武器，不便攻坚，于是派出十几名战士到老黑山附近活动，故意让敌人发现。由于天降暴雨，伪靖安军没出动。第二天早晨，伪靖安军一个连，沿昨天游击队战士活动路线出动，搜索游击队，伪靖安军刚进入头道沟伏击圈，柴世荣便发起攻击信号，全线开火，仅20多分钟就结束战斗。打死伪靖安军100多人，俘虏10人，缴获军民10匹和一批武器弹药。"东宁县志办公室：《东宁县志》，哈尔滨：黑龙江人民出版社，1989年，第168页。

七月

七月五日："6月，日本侵略者向七道沟铁矿派去了以日本人野田笃为首的采矿调查班。调查班到七道沟后，住在七道沟沟门义丰屯的烧锅院里，有武装'青愿警'护卫。7月5日晨．调查班的汽车离开烧锅大院，行驶到白硵子沟门时，埋伏在路两旁的辽宁民众自卫军第十九路军余部战士伏击了采矿调查班。此战共打死日本调查班18人（日本人4人）。"中共通化市委党史研究室编著：《通化革命遗址遗迹》，长春：吉林人民出版社，2012年，第185页。白硵子沟门，位于今吉林省通化县果松镇七道沟村境内。

七月五日："（东北人民革命军第一军第二师一部——笔者按）在磐东德祥沟与伪满警察第二分队交战，毙伤伪满警察12人，俘4人。"吉林省地方志编纂委员会编纂：《吉林省志·军事志》，长春：吉林人民出版社，1996年，第249页。

七月二十九日："黄昏，罗明星率400多人于（新）京图（们）铁路线营城子至土们岭间的马鞍山一带拆除3节铁轨右侧的道钉和铁板，颠覆201号国际列车，击毙日军军曹等11人。"九台县地方志编纂委员会：《九台县志》，长春市地方志编纂委员会，2001年，第697页。

是月："月末，李华堂支队在牡丹江西打死日军'讨伐'队20余人，缴枪10余枝、军马六七匹。"林口县志编纂委员会编：《林口县志》（上卷），哈尔滨：黑龙江人民出版社，1999年，第24页。

八月

八月三日，电通社长春电："据今晨长春宪兵队所接电，二日下午八时，'满国'骑兵第一团于九台县上河湾八基罗地点，发见袭击京图路列车之'匪贼'，经追击激战后，救出被绑之日满人十三名，'匪贼'损失甚伙。"《中东路之不靖》，载《申报》，总第22369期，1935年8月4日，第8版。

八月十九日："东北人民革命军二军一团一部，联合抗日义勇军海龙部共200余人，在长（春）图（们）铁路南沟至亮兵台间（今亮兵乡大西村东侧）将铁轨大钉拔掉，后埋伏于铁路一侧。晚9时30分，日军从长春发往图们的'291'次国际货车开来时，10节车厢有5节脱轨。人民革命军当即出击，大多数押运货品的日军被击毙，火车司机等2名被俘，缴获大批物资。"安图县地方志编纂委员会编著：《安图县志》，长春：吉林文史出版社，1993年，第523页。

八月十九日："21时30分，第二军一团一部联合抗日军'明山好'部共200余人，在京图铁路南沟至亮兵台间390公里处，破坏一段路轨，颠覆新京开往图们的291次货物列车，烧毁满载货物的13节车厢，缴获大批粮食、白糖、烟草和棉布等物资。"吉林省地方志编纂委员会编纂：《吉林省志·军事志》，长春：吉林人民出版社，1996年，第252页。

八月二十二日："（东北抗日联军第一路军军部——笔者按）在柳河黑石头大道两旁埋伏，袭击伪军300余人。"封志全主编：《抗联一路军在濛江》，长春：吉林大学出版社，1990年，第65页。

八月二十二日："杨靖宇率领军部及教导团，在柳河县黑石头大路两侧伏击伪满军300余人，经半小时激战，毙、伤、俘伪满军70余人，缴获迫击炮1门，步枪50余支。第一军牺牲7人。"吉林省地方志编纂委员会编纂：《吉林省志·军事志》，长春：吉林人民出版社，1996年，第248—249页。

八月二十二日："杨靖宇率领第一军司令部直属部队在柳河县黑石头伏击伪军和伪公安队，击毙击伤敌军60余名，俘虏10名，缴获迫击炮1门、炮弹8发、步枪50余支、子弹3000发。此次战后，有50余名伪军哗变。"《东北抗日联军大事记（1931.9—1945.11）》，载《东北抗日联军史料》编写组：《东北抗日联军史料》（上册），北京：中共党史资料出版社，1987年，第292页。

八月二十二日："1935年夏，东北人民革命军1军在杨靖宇军长率领下，转战于东丰、西丰、清原一带。敌邵本良派其6团尾追不放。我1军为寻找战机，与敌周旋，从东丰转入清原，向南山城地区挺进。而邵本良伪军则步步紧逼。当我军行至黑石头准备住下来休息时，伪军又紧追上来。杨军长立即改变计划，命令部队继续东进。8月21日傍晚，部队进入黑石头沟里罄岭山下后，杨军长又下令，停止前进，在小道两旁露天宿营。此时，杨军长详细地察看了地形。黑石头到罄岭是一条南北窄、东西长的深山沟。北面虎石砬子是一片悬崖陡壁，壁下临河。南面是大坡，山高林密，山下蒿草丛生，便于隐蔽。杨军长认定这是一个理想的伏击地，决定在这里设伏，歼灭来犯之敌。

8月22日早晨4点多钟，杨军长带领部队出发。当部队走到罄岭山顶时，杨军长在大庙前向全体指战员说：'敌人的追击已经四天了，我们想甩也甩不掉了，我们就在岭下虎石砬子埋伏起来，给敌人一次狠狠地打击，叫他们知道革命军不是好惹的'。杨军长讲完话，部队随即返回山下，进入埋伏地区。军指挥部设在何大望最高山头的下面。军部直属部队埋伏在虎石砬子对面山脚下，教导团埋伏在西面的草丛中，五团埋伏在最西部，以切断敌人的退路。一切安排就绪，全军700多人严阵以待。不出所料，早上7点多钟敌人真上来了。南山城警察队在前探路，中部是邵本良的伪六团，最后是日军，总共有700多人。还有20多台运送物资的大车和一些民伕。走在前边的敌尖兵被放过去了。当日伪军进入埋伏圈后，杨军长的指挥枪声响了，全线出击。机枪、步枪、手榴弹齐向敌群开火。日伪军遭到突如其来的袭击，乱作一团，到处逃窜。有的被击毙，有的举手交枪，有的隐藏在草丛中乖乖地作了俘虏。残敌四处逃窜。这次战斗共击毙伪军马连长、董连长以下40余人，活捉30余人。缴获迫击炮1门、炮弹12箱、重机枪1挺，'三八'式步枪50余支以及其他许多军用物资。"清原县志编纂委员会办公室编：《清原县志》，沈阳：辽宁人民出版社，1991年，第438页。

八月二十八日："第一军第一师师长韩浩在桓（仁）通（化）县境岗山二道沟刘家街附近与日军作战中壮烈牺牲。"《东北抗日联军大事记（1931.9—1945.11）》，载《东北抗日联军史料》编写组：《东北抗日联军史料》（上册），北京：中共党史资料出版社，1987年，第292页。

八月二十八日："东北人民革命军第一军第一师师长韩浩率卫队和第八、九连，少年连，在桓仁、通化交界二道沟刘家街附近与日军本田守备队作战，毙伤日军5人，韩浩不幸中弹牺牲。"辽宁省地方志编纂委员会办公室主编：《辽宁省志·大事记》，沈阳：辽海出版社，2006年，第189页。

八月二十八日："东北人民革命军1师师长韩浩率部在大泉源和平村刘家街，召集群众开会，被驻大泉源日军守备队和伪警察袭击，经两个多小时的战斗，打死日军两人，打伤多人。韩浩师长不幸中弹牺牲，时年30岁。"通化县地方志编纂委员会编：《通化县志》，长春：吉林人民出版社，1996年，第903页。

八月二十九日，华联社大连电："据军息，昨日下午三时有义军三百人，袭击通化三道沟，与本田枝队冲突，日死一伤四。"《义军攻三道沟》，载《申报》，总第22395期，1935年8月30日，第8版。

九月

九月八日："夜，苏子余与山林队四海山（原名任志山）共200余人，联合攻打了山城镇的日伪军。攻进山城镇后，将镇内电灯电话线路全部切断，造成全镇一片漆黑。日伪军吓得懵头转向，龟缩在营房院里胡乱射击。此次袭击还抓获通日人质23人。"清原县志编纂委员会办公室编：《清原县志》，沈阳：辽宁人民出版社，1991年，第572页。

九月十一日："杨靖宇率一军军部和一师部队在旱葱沟伏击了伪军邵本良部刘副官带的 1 枝给养队，除刘副官跑掉外，其余全部被俘。缴获步枪 11 支、子弹 13 箱和大量棉军装。"浑江市地方志编纂委员会编：《浑江市志》，北京：中华书局，1994 年，第 273 页。

九月十一日："第一军获悉邵本良部要从柳河孤山子移防八道江，军需给养运输队由该部刘副官带领 1 个连护送。杨靖宇决定在伪满军必经之路金川县旱冲沟（今属浑江市）设伏截击。当满载军需给养的 10 多辆大车进入第一军埋伏区后，伏击战士立即开火，把大车上的物资和伪满军军官眷属全部截获，只刘副官及部分士兵得以侥幸脱逃。这次战斗的战利品解决了第一军军部和教导一团的冬装不足的问题。"吉林省地方志编纂委员会编纂：《吉林省志·军事志》，长春：吉林人民出版社，1996 年，第 249 页。

九月十一日："杨靖宇率军部和警卫团，在大荒沟朝阳村伏击了伪军邵本良给养车队。经两个多小时战斗，缴获 10 多辆大车的全部物资及伪军官眷属（其中有邵本良的小老婆）。"通化县地方志编纂委员会编：《通化县志》，长春：吉林人民出版社，1996 年，第 903 页。

九月十一日："杨靖宇指挥第一军军部和第一师在金川县朝阳沟袭击伪军邵本良部队，截获该部运输大车多辆，缴得大量子弹和军需物资。"《东北抗日联军大事记（1931.9—1945.11）》，载《东北抗日联军史料》编写组：《东北抗日联军史料》（上册），北京：中共党史资料出版社，1987 年，第 293 页。

九月十三日："（东北抗日联军第一路军军部——笔者按）在金川县寒葱岭又截击了东边道讨伐司令、少将邵本良的部队，获大捷。"封志全主编：《抗联一路军在濛江》，长春：吉林大学出版社，1990 年，第 65 页。

九月十六日："第五军西征队在额穆县靠山屯伏击伪军一队骑兵，击毙敌连长、连附以下十数名。"《东北抗日联军大事记（1931.9—1945.11）》，载《东北抗日联军史料》编写组：《东北抗日联军史料》（上册），北京：中共党史资料出版社，1987 年，第 293 页。

九月二十三日："晓，由崔贤率领一个连的兵力，潜伏在长图线二道河子至黄松甸之间，颠覆了由图们开来的日本军用列车的机车和三节车厢。又击伤日军多人，使日军运输中断多日。"蛟河县民族志编纂组：《蛟河县民族志》，内部发行，1990 年，第 30 页。

九月二十六日："李延禄率四军军部、二团和三军一团联合谢文东、李华堂两部共 600 余人攻打南刁翎获胜，守备伪军段营起义参加谢文东部。28 日联合部队夜袭林口，29 日占领日军兵营，缴获军马百匹和一批粮食、弹药。"林口县志编纂委员会编：《林口县志》（上卷），哈尔滨：黑龙江人民出版社，1999 年，第 24 页。

九月二十六日："上午 10 时，三军一团、四军二团、独立第二旅及李华堂部、谢文东部共 600 余人，向南刁翎发起进攻。在各路部队的打击下，南刁翎地方警察大队 60 余人迅速被击溃，大部被歼。伪军守备队段营全部反正。"黑龙江省地方志编纂委员会：《黑龙江省志·军事志》，哈尔滨：黑龙江人民出版社，1994 年，第 153 页。

九月二十七日："同盟军在西北楞、大盘道一带与敌增援部队 500 余人遭遇，战斗进行 6 小时许，敌人撤走。"黑龙江省地方志编纂委员会：《黑龙江省志·军事志》，哈尔滨：黑龙江人民出版社，1994 年，第 153 页。

九月二十八日："五军东部派遣队和四军三团各派出一部分人，组成一支 34 人的小部队，到马鹿沟截击敌人货车，误入敌人伏击圈，截车未果。五军政治部主任胡仁率队赶来接应，实行内外夹击，打退敌人。"林口县志编纂委员会编：《林口县志》（上卷），哈尔滨：黑龙江人民出版社，1999 年，第 24 页。

九月二十九日，东北抗日联军第一军杨靖宇部在宽甸县牛毛坞、错草岭击毙日伪军四十多名，击毁汽车十二辆。文史办整理：《丹东历史沿革初探——截止至新中国成立前夕》，载中国人民政治协商会议辽宁省丹东市委员会文史资料研究委员会编：《丹东文史资料》（第 2 辑），1986 年，第 6 页。

九月二十九日："五军东部派遣队和四军三团留守部队与敌'讨伐'队再次激战数小时，毙敌 7 人。"林口县志编纂委员会编：《林口县志》（上卷），哈尔滨：黑龙江人民出版社，1999 年，第 24 页。

是月："东北人民革命军 1 军 5 团在南山城截击日军汽车两辆，缴获大批军衣。"清原县志编纂委员会办公室编：《清原县志》，沈阳：辽宁人民出版社，1991 年，第 16 页。

是月："下旬，李华堂支队在三道通到前刁翎之间设伏，消灭敌骑兵 15 人，缴获军马六七匹、枪 10 余枝。"林口县志编纂委员会编：《林口县志》（上卷），哈尔滨：黑龙江人民出版社，1999 年，第 24 页。

十月

十月一日："二军一部在珲春县密江附近伏击日军汽车，车上敌人全被消灭。"珲春市地方志编纂委员会：《珲春市志》，长春：吉林人民出版社，2000年，第31页。

十月七日："第三军第一团与李华堂支队在牡丹江畔克上克，截获伪军第二十九团运输船，缴得300余套棉军装、13支枪和大批现款。"《东北抗日联军大事记（1931.9—1945.11）》，载《东北抗日联军史料》编写组：《东北抗日联军史料》（上册），北京：中共党史资料出版社，1987年，第294页。

十月十日："日军讨伐队久保部队，于八道沟西方地区之梅花洞（位于今吉林省龙井市梅花洞）进行中，突为王部八十余名包围，苦战三小时，死伤甚众，几至全部覆没，适吉林伪警察队赶到，方始解围云。"《王德林部团攻日军》，载《东北通讯》，1935年第3期第18号，第9页。

十月十三日，沈阳电："以三角地牢（疑应为'带'——笔者按）及东边道一带为根据的义军各部共有四千余人，义军数月来积极采取反攻，四出游击，与日伪强盗统治以致命的打击，所以最近关东军，调一师以上军队，集结于三角地般（疑应为'段'——笔者按）周围，自十一日起开始大规模的'进攻'，与义军正在酣战中。"《东北义勇军消息》，载《华北评论》，1935年第6期，第19页。

十月二十二日，义军青山好、抗日好两部与日军守备队益森部队在桓仁北方大干沟山里激战。就此，桓仁特讯："青山好、抗日好两部一百余名，以日伪军'讨伐队'大举进攻，退据桓仁北方大干沟山里，凭险防。日军守备队益森部队，追踪邀击，于二十二日，双方接触，剧战至二小时之久，义军始向北退却。是役击毙日军军曹小西和一一名，重伤数名，义军亦战死三名。"《青山好剧战日军，毙日军曹小西和一》，载《东北通讯》，1935年第2卷第19期，第7页。

十月二十五日，驻五常县日军守备队追击义勇军某部，于拉滨线平安站附近发生激战。就此，吉林特讯："王德林部之连系部队某部二百余名，活跃于拉滨线沿路，迭次袭击车站，使日伪军疲于奔走，无法应付。驻五常县日军守备队长下之谷口率主力守备队一大队，决意跟踪追击，期在清除，于上月廿五日午后一时，在拉滨线平安站南方接触，激战甚烈，至晚义军安然退去。是役守备队被击毙伍长近藤、上等兵稻叶、一等兵梅崎等三名，重伤上等兵伊藤一名。"《守备队追击义勇军被击毙士兵三名》，载《东北通讯》，1935 年第 2 卷第 19 期，第 5 页。平安站，位于今吉林省舒兰市平安镇境内。

是月："在观月台（绥芬河北部），日伪军与苏联军队发生边境冲突。"东宁县志办公室：《东宁县志》，哈尔滨：黑龙江人民出版社，1989 年，第 17 页。

是月下旬："日本侵略军集濛江、桦甸、辉南三县日伪军警 400 余人偷袭那尔轰，血洗东北岔，捣毁根据地，那尔轰抗日政府被迫撤销。"封志全主编：《抗联一路军在濛江》，长春：吉林大学出版社，1990 年，第 39 页。

十一月

十一月一日："杨靖宇率部 300 多人，在头道沟与伪军王殿忠发生激战。"通化县地方志编纂委员会编：《通化县志》，长春：吉林人民出版社，1996 年，第 903 页。

十一月三日："第五军一部与第二军西部派遣队，在额穆县青沟子附近与一小队日军发生遭遇战，将日军全部围歼。缴获轻机枪 1 挺、长短枪 10 支和子弹 600 余发。"《东北抗日联军大事记（1931.9—1945.11）》，载《东北抗日联军史料》编写组：《东北抗日联军史料》（上册），北京：中共党史资料出版社，1987 年，第 295 页。

十一月十四日：东北抗日联军第一军杨靖宇部四平街至双山子之间的大佛爷沟口设伏，击毙日军水出少佐以下十五名。文史办整理：《丹东历史沿革初探——截止至新中国成立前夕》，载中国人民政治协商会议辽宁省丹东市委员会文史资料研究委员会编：《丹东文史资料》（第 2 辑），1986 年，第 6 页。

十一月十五日："东北人民革命军第三军第一师二团在珠河春秋岭与日、伪军作战。团长王惠同被俘（后被杀害）。政治部主任兼珠河道北区委书记赵一曼受重伤，23 日被俘。"《中共满洲省委大事记》，载刘贵田等：《中共满洲省委史研究》，沈阳：沈阳出版社，2001 年，第 509 页。

十一月二十四日："夜，二师一部远程奔袭伊通营城子，将伪满军十三团机枪连少数留守人员活捉，缴获重机枪两挺，长短枪 17 支，子弹万余发，还有许多军需被服。"吉林省地方志编纂委员会编纂：《吉林省志·军事志》，长春：吉林人民出版社，1996 年，第 249 页。

十一月二十四日："日寇步骑兵混合约五六十名，于正午 12 时前后从南方袭来，接近二百米之内时，方为东密营步哨发现，开始射击，敌人猛扑上来。这时，我营房内卫兵占领散兵壕阵地，猛烈抵抗，敌人不敢前进。命令三连出击，迂回敌人，但该连未按命令动作失去联络。这时敌人经东北方由北面猛攻而来。而我们无固守之必要，给敌人以有力的反击后撤退方为有利，故即行撤退。和我失连（联）络的人员到达西密营，在军部旧址集合各部。日寇的搜查进攻，分成三路以上的支队行动，每队力不少于六十名。贼寇已无余力向南面派兵。敌人虽已占领东密营，但受到我军反击. 死士兵二名，伤四名，烧毁东密营，仓惶撤走。于此东密营之战役，我珲春七连队员郭乐亭阵亡。"张绍萍、金尚培译：《周保中遗失日记（1935 年 9 月—1936 年 2 月）》，载周保中著：《周保中东北抗日游击日记》，北京：解放军出版社，2015 年，第 1053—1054 页。

十一月二十五日："第一军第二师一部袭击驻伊通县营城子伪军第十三团机枪连，缴重机枪 2 挺、步枪 10 支和 20000 发子弹。"《东北抗日联军大事记（1931.9—1945.11）》，载《东北抗日联军史料》编写组：《东北抗日联军史料》（上册），北京：中共党史资料出版社，1987 年，第 295 页。

十一月二十六日："第一军司令部与第一师联合抗日军左子元部，在宽甸县步达远河南钓鱼台，夹击宽甸县伪警察队 1 个中队，歼敌 14 名，缴获长短枪 25 支和大量子弹。"《东北抗日联军大事记（1931.9—1945.11）》，载《东北抗日联军史料》编写组：《东北抗日联军史料》（上册），北京：中共党史资料出版社，1987 年，第 295 页。

是月："下旬，赵同、白承润率 60 余人由凤城东部向葛藤峪前进，行至头道沟附近，发现西南方向敌人汽车驶来，立即埋伏于道旁，俟敌车靠近突然开火。击毙凤城县指导官西山四郎及日军 4 名，烧毁日军汽车。"岫岩县志编辑部编：《岫岩县志》，沈阳：辽宁大学出版社，1989 年，第 499 页。

是月："日伪军 800 余人进犯安图县奶头山抗日游击根据地，第二军一部连续奋战多日，予敌军以重创。"《东北抗日联军大事记（1931.9—1945.11）》，载《东北抗日联军史料》编写组：《东北抗日联军史料》（上册），北京：中共党史资料出版社，1987 年，第 295 页。

是月："日伪军 800 余人袭击安图县奶头山游击区。第二军军长王德泰指挥留守的两个连进行迎击，并把机关勤杂人员、男女医护人员、儿童团和轻伤员等都组织起来，占据有利地形，扼守险隘关口，打退日伪军的多次进攻。他们还派出夜袭小分队，不停地袭击日伪军的宿营地。王德泰指挥少量兵力，充分发挥熟悉地形的有利条件，在山区内同日伪军周旋，连续转战多日，反击日伪军的'讨伐'。"吉林省地方志编纂委员会编纂：《吉林省志·军事志》，长春：吉林人民出版社，1996年，第253页。

十二月

十二月七日："第五军一部与第二军西部派遣队攻占额穆县官地，并伏击来援之敌。"《东北抗日联军大事记（1931.9—1945.11）》，载《东北抗日联军史料》编写组：《东北抗日联军史料》（上册），北京：中共党史资料出版社，1987年，第295—296页。

十二月七日："第二军三、四团各一个连及五军一部共百余人从二道沟出动，进至官地街东口和河北口防所附近，突然用猛烈火力进行袭击，两个防所的伪满自卫团团员纷纷投降。镇中心的伪满警察中队在日军教官的督战下进行顽抗。第二军袭击部队于激战中将日军教官击毙，伪满警察缴械投降。驻通沟岗子的日军得知官地失守，立即派出200余人向官地增援。第二军袭击部队乘通沟岗子兵力空虚之机，分兵一部偷袭并占领了该地；该部主力埋伏在通沟岗子东北面日伪军增援部队必经道路两旁，将增援的日伪军击溃。第二军袭击部队在通沟岗子和官地驻扎3天后转移。"吉林省地方志编纂委员会编纂：《吉林省志·军事志》，长春：吉林人民出版社，1996年，第253页。

十五日："义军某部三百余名，枪马俱全，武器整齐，并携有机关枪四挺，战斗力极强，于十二月十五日在辑安东县东北大青沟门，将辑安县伪警察队包围，伪警乃以军用鸽向县城求援。驻辑安日军守备队及驻太平沟伪军一连，均调往援助，双方激战至夜十时五十分，义军始退。是役伪警死二十五名，重伤六十余名，日军守备队死伤兵士二十余名。"林华：《一周来之东北（十二月二十一日至二十七日止）》，载《外交周报》，1935年第3卷第1期，第13页。

十二月十八日："第一军第一师主力部队与抗日义勇军一部联合进攻凤城县赛马集，缴枪40余支。"《东北抗日联军大事记（1931.9—1945.11）》，载《东北抗日联军史料》编写组：《东北抗日联军史料》（上册），北京：中共党史资料出版社，1987年，第296页。

是月：反日联合军第五军一部二十余人在李光林率领下，活动到宁安江南山东屯。在征收给养中，由于当地一个汉奸向敌人告密。是月二十四日，伪军一个团将李光林部包围在尤家窝棚后面一间空房里。经过两小时激战，李部弹尽，牺牲过半，李光林等十三人被俘。详见《李光林烈士》，载黑龙江省社会科学院地方党史研究所、东北烈士纪念馆编：《东北抗日烈士传》（第1辑），哈尔滨：黑龙江人民出版社，1980年，第237—238页。

是月："下旬，赵同率铁血军一部，在岔路子截击由凤城开往岫岩的客车一辆，俘虏数名日本人。"岫岩县志编辑部编：《岫岩县志》，沈阳：辽宁大学出版社，1989年，第499页。

是月："抗联三军四师在师长郝贵林带领下，袭击了小八站的敌军运输大车队，当场缴枪14支，子弹300发，后又用缴获的木材换回子弹5000发。"密山县志编纂委员会：《密山县志》，北京：中国标准出版社，1993年，第742页。

民国二十五年（公元 1936 年）

一月

一月六日："（东北人民革命军第二军——笔者按）四团一部在汪清县罗子沟石头河子与伪满军驻罗子沟部队交战，毙伤其一部。"吉林省地方志编纂委员会编纂：《吉林省志·军事志》，长春：吉林人民出版社，1996年，第254页。

一月七日："中国少年铁血军白君实部在凤城县北部袭击日伪军，击毙日军川田大尉以下50余名，伪军30余名。"辽宁省地方志编纂委员会办公室主编：《辽宁省志·大事记》，沈阳：辽海出版社，2006年，第190页。

一月八日："东北人民革命军第二军、第五军西征部队，在额穆县黑石屯同日伪军激战，歼敌200多人。"吉林市地方志编纂委员会：《吉林市志》（大事记），长春：吉林人民出版社，2002年，第144页。

一月九日："第五军与第二军西部派遣队攻下额穆索镇。是役，共击毙日军官3人、宪兵6人，以及大量伪军，并缴获一批军需物资。"《东北抗日联军大事记（1931.9—1945.11）》，载《东北抗日联军史料》编写组：《东北抗日联军史料》（上册），北京：中共党史资料出版社，1987 年，第 296 页。

一月九日："二五军西征部队乘胜攻打额穆县城，击毙日军指挥官 1 人及日本教官、宪兵 8 人，毙伤伪军 50 余人，俘日伪军 380 余人。缴获轻重机枪 7 挺，步枪 380 余支和一批军用物资。"吉林市地方志编纂委员会：《吉林市志》（大事记），长春：吉林人民出版社，2002 年，第 144 页。

一月九日："第二、五军主力一部向额穆索镇发起攻击，伪满警察队关大队长率部顽抗。双方激战两小时，伪满警察支持不住，突围南逃。此战，击毙日军指导官 1 人，教官 2 人，宪兵 6 人，另毙伤伪满警察 10 余人，缴获一批枪支弹药及军用物资。"吉林省地方志编纂委员会编纂：《吉林省志·军事志》，长春：吉林人民出版社，1996 年，第 253 页。

一月十二日："杨靖宇率东北人民革命军 1 军宿营英额布小都岭。13 日晨，遭敌人攻击，不幸牺牲 7 名同志。撤到大泉源和胜沟里张家街时，又与驻大泉源的日军和伪警察进行激烈战斗，除 1 名日军侥幸活命，其余 11 名日军全部被击毙。"通化县地方志编纂委员会编：《通化县志》，长春：吉林人民出版社，1996 年，第 903—904 页。

一月十七日："拂晓，从英额布等地抽调的伪军和日本守备队包围了小都岭屯，杨靖宇率队经过 4 小时激战冲出包围圈，向南翻越马圈岭，来到通化县五区大泉源村西北的张家街。张家街处于两山夹一沟的地势，住有十几户人家，因张姓人家多而得名。杨靖宇带领 300 多名战士来到这里后，得到一个重要消息：驻扎在大泉源村的日本守备队几天前到桓仁拐磨子'讨伐'去了，村里只剩下 20 多个日本守备队员和 30 多个伪自卫团员。杨靖宇决定消灭这股敌人，于是让当地群众给鬼子报假信，说张家街来了几个拿土炮的胡匪，可以尽快来打。日本侵略者古井太郎和伪警察署长关增祥得信后，当即带领 12 个日本守备队员和 30 多个伪自卫团员前来'讨伐'。早已埋伏好的杨靖宇部队，等敌人进入包围圈后随即高喊'中国人不打中国人'的口号，警察署长关增祥带领伪自卫团员趴在山沟里放起空枪，日本守备队在东北人民革命军第一军的猛烈进攻下，慌不择路，四处乱窜，经过 2 小时激战，消灭了 10 个日本守备队员。"中共通化市委党史研究室编著：《通化革命遗址遗迹》，长春：吉林人民出版社，2012 年，第 169—170 页。

一月十九日："第二军一部进攻安图县两江口，与伪警察队发生战斗，毙敌 4 名，俘敌 22 名。"《东北抗日联军大事记（1931.9—1945.11）》，载《东北抗日联军史料》编写组：《东北抗日联军史料》（上册），北京：中共党史资料出版社，1987 年，第 296 页。

一月二十四日："王凤阁率部队，在十二道沟西约五公里处，与伪步兵第 5 团 1 部及 2 团两个连作战长达 11 小时，毙敌 1 人，伤敌 17 人。"通化县地方志编纂委员会编：《通化县志》，长春：吉林人民出版社，1996 年，第 904 页。

一月二十九日："东北人民革命军二军一团团长安凤学（后叛变）和抗日救国军姚团长带领 160 人，袭击驻安图县大酱缸（今永庆乡江湾村）伪军第七旅第八团一营三连第一排的兵舍。经 1 个多小时激战，毙敌 7 人，伤敌 14 人。"安图县地方志编纂委员会编著：《安图县志》，长春：吉林文史出版社，1993 年，第 524 页。

是月："赵同、白承润率铁血军卫队和第三路军各大队在鹅鹅窝附近游击，探知日军 500 余人由龙王庙北进，乃在山口附近设伏。接战后，铁血军勇猛冲锋，敌狼狈逃窜，后因敌援兵赶到，铁血军向北撤退。此役，击毙日军川田大尉等 10 余人，铁血军阵亡 4 人。"岫岩县志编辑部编：《岫岩县志》，沈阳：辽宁大学出版社，1989 年，第 499 页。

是月："抗联五军一师为解决粮食不足和衣着不佳的困难，决定三进额穆。一天晚上，一师把攻城的部队隐藏在珠尔多河岸的柳条丛里，又派少数战士去佯攻青沟子自卫团部。青沟子那边打响了，自卫团长李义就往城里打电话告急，请求城里派部队增援。原来城里日伪军主力都不在，抗联队伍抓住时机，从西门一直攻进城里，端了警察署和自卫团的老窝，日军守备队不知抗联队伍的实底，不敢冒（贸）然行动，只是龟缩在围墙里往外乱打枪。这时抗联战士已经缴获了大批粮食、布匹和衣物，连夜胜利回师。"蛟河县志编纂委员会编：《蛟河县志》，长春：长春出版社，1991 年，第 237 页。

是月：傅显明率领所部东北反日联合军第五军基干，以及东北人民革命军第二军一部，将宁安三道河子伪警备旅缴械，得步枪四十二支，轻机枪两挺，子弹两万余发，军需物资甚多。详见《傅显明烈士传略》，载黑龙江省社会科学院地方党史研究所、东北烈士纪念馆编：《东北抗日烈士传》（第 1 辑），哈尔滨：黑龙江人民出版社，1980 年，第 212 页。

二月

二月十七日：抗日联军五军二师所部六十余人攻打密山县黄泥河子煤矿，因对当地地理环境和群众不熟悉，被日伪军重兵包围追击。激战中，二师师长傅显明以下十九人阵亡。详见《傅显明烈士传略》，载黑龙江省社会科学院地方党史研究所、东北烈士纪念馆编：《东北抗日烈士传》（第 1 辑），哈尔滨：黑龙江人民出版社，1980 年，第 213 页。

就此，《密山县志》载："抗联五军二师师长傅显明带队攻打黄泥河子煤矿，在激战中傅显明等 19 名干部、战士壮烈牺牲。"密山县志编纂委员会：《密山县志》，北京：中国标准出版社，1993 年，第 742 页。

二月二十七日："拂晓，杨靖宇率军部和警卫团 150 多人，一举歼灭伪军邵本良团部，俘敌及伪警察 60 余人，缴获机枪 1 挺，长短枪 50 多支，子弹 1800 发，战马 4 匹和其它战利品。处决了民愤极大的刘副官（外号刘大绝户）。"通化县地方志编纂委员会编：《通化县志》，长春：吉林人民出版社，1996 年，第 904 页。

二月二十七日："第一军军长杨靖宇率领直属部队袭击驻通化县第二区热水河子伪军第二旅第七团团部，俘虏敌副团长、副官、伪税捐局主任及日人福岛力藏等 60 余人，缴获长短枪 36 支、子弹 1950 多发。"《东北抗日联军大事记（1931.9—1945.11）》，载《东北抗日联军史料》编写组：《东北抗日联军史料》（上册），北京：中共党史资料出版社，1987 年，第 297—298 页。

二月二十七日："杨靖宇率第一军直属队共 150 余人，袭击驻通化县热水河子伪满军邵本良部第七团团部。首先将西门的哨兵缴械，然后包围团部，全部解除伪满军武装，俘虏杨副团长、刘副官，日本顾问福岛力藏、县税捐局主任及县商务会会长以下 60 余人，缴获轻机枪 1 挺，长短枪 36 支。处决了民愤极大的刘副官。"吉林省地方志编纂委员会编纂：《吉林省志·军事志》，长春：吉林人民出版社，1996 年，第 249 页。

二月二十八日："第五军第一师在宁安县莲花泡与前来'讨伐'的驻东京城日军激战，击毙日军林田中佐以下官兵 72 名，击伤 20 余名。"《东北抗日联军大事记（1931.9—1945.11）》，载《东北抗日联军史料》编写组：《东北抗日联军史料》（上册），北京：中共党史资料出版社，1987 年，第 298 页。

二月二十八日："27 日夜，驻东京城的日军和伪军二十七团第三营向莲花泡秘密前进，伪军骑兵第三十三团自东京城上马莲河出发，向吊水楼以北地区迂回，准备包围第五军一师部队。次日拂晓，战斗打响。由于敌势较强，日伪军又使用化学武器，战斗对抗日联军呈不利形势，第五军一师虽多次展开攻击，但屡受挫折。下午，师部下令各团迅速分路突围。第一师主力撤出战斗后，掩护部队撤退的第二团四连马连长率领的 19 名战士，陷入敌军的包围中。马连长虽被毒气熏得处于半昏迷状态，仍顽强地率领战士潜伏在灌木丛中。当日军指导官林田中佐指挥日军搜索时，马连长突然开枪射击，将其击毙，其他战士也英勇拼搏。经激战，马连长和全体战士壮烈牺牲。莲花泡战斗中，击毙日军林田中佐以下官兵 70 余人，伤 20 余人。抗联部队也受到很大损失，牺牲 78 名，伤 45 名。"黑龙江省地方志编纂委员会：《黑龙江省志・军事志》，哈尔滨：黑龙江人民出版社，1994 年，第 153—154 页。

是月："铁血军第一、第三路军汇合，在凤城西部白家河沿同伪军激战一日，伪军伤亡 40 余人。"岫岩县志编辑部编：《岫岩县志》，沈阳：辽宁大学出版社，1989 年，第 499 页。

是月："铁血军第四路军曹国仕部在门楼沟（今前营乡境内）一带活动，在门楼沟口与伪军遭遇，战斗半日，伪军伤亡 10 余人，曹部阵亡 3 人。"岫岩县志编辑部编：《岫岩县志》，沈阳：辽宁大学出版社，1989 年，第 499 页。

是月："下旬，赵同、赵伟率铁血军一部沿凤岫边界南进。行至尖山窑附近，被敌人发现，铁血军且战且走，至王家堡附近，遭到预伏伪军的突然袭击，铁血军处于不利地位，退却中大队长自福田阵亡，参谋长赵伟负伤，铁血军向东转移。"岫岩县志编辑部编：《岫岩县志》，沈阳：辽宁大学出版社，1989 年，第 499—500 页。

是月："抗联一军二师和二军四师二团 250 人攻打桦甸会全栈，毙敌伤敌 50 余人。"吉林市地方志编纂委员会：《吉林市志》（大事记），长春：吉林人民出版社，2002 年，第 144 页。

三月

三月四日："第五军与第二军各部，将驻宁安县三道河子伪军警备旅第二十七团第三连解除武装，缴得步枪 53 支、轻机枪两挺、子弹 10000 余发。该连连长等 9 人参加了抗联部队。"《东北抗日联军大事记（1931.9—1945.11）》，载《东北抗日联军史料》编写组：《东北抗日联军史料》（上册），北京：中共党史资料出版社，1987年，第298页。

三月十二日："晚，（铁血军——笔者按）在蜊蛄沟召开各部代表会议，被日伪军包围，铁血军奋勇冲杀，突出重围，战斗中参谋长赵伟牺牲，战士伤亡20余人。"岫岩县志编辑部编：《岫岩县志》，沈阳：辽宁大学出版社，1989年，第500页。

三月十五日："东北人民革命军第一军攻下林子头村（今石人镇），并在该村成立反日会。"浑江市地方志编纂委员会编：《浑江市志》，北京：中华书局，1994年，第16页。

三月二十三日：桓仁县警备队所属友林大尉以下100人，分乘三辆大卡车从桓仁出发返回兵营。上午十一时左右，经过桓仁县第十区缺石岭时，东北人民革命军第一军第一师、中韩抗日同盟军所属朝鲜革命军第四中队长金见杰等部200余人，从公路两侧突然发起攻击，经过两个多小时的激战。友林大尉的警备队丢下60多具尸体仓惶逃跑。金劭睦、崔同雨：《中韩志士血洒白山》，载中国人民政治协商会议吉林省通化市委员会文史资料研究委员会：《通化文史资料》（第2辑），内部发行，1989年，第32页。

三月二十三日："（东北抗日联军第二军——笔者按）二师五团袭击图（们）佳（木斯）铁路三岔口车站。"吉林省地方志编纂委员会编纂：《吉林省志·军事志》，长春：吉林人民出版社，1996年，第257页。

三月二十四日："（东北抗日联军第二军二师五团——笔者按）在汪清县骆驼山击溃日军古贺部队。"吉林省地方志编纂委员会编纂：《吉林省志·军事志》，长春：吉林人民出版社，1996年，第257页。

三月三十一日："第六军一部在依兰县东南头道河子村与日军激战，毙敌10名，伤敌18名。"《东北抗日联军大事记（1931.9—1945.11）》，载《东北抗日联军史料》编写组：《东北抗日联军史料》（上册），北京：中共党史资料出版社，1987年，第299页。

是月："抗联三军四师师长郝贵林派人打入伪二十六团，组织士兵起义。经过2个月的工作，策反成功。郝贵林带领部队内外夹击，攻占伪团部，活捉伪团长，缴各种枪150余支，子弹数万发，抗联四军的一部分也参加了这次战斗。"密山县志编纂委员会编：《密山县志》，北京：中国标准出版社，1993年，第742页。

四月

四月四日："李华堂支队夜袭依兰县城，打死敌兵 5 名，打开了敌人弹药库，缴迫击炮 2 门、机枪 2 挺、步枪百余支。"《东北抗日联军大事记（1931.9—1945.11）》，载《东北抗日联军史料》编写组：《东北抗日联军史料》（上册），北京：中共党史资料出版社，1987 年，第 299 页。

四月五日："杨靖宇率领第一军司令部直属部队及第一师一部，在辑安县二道崴子伏击伪奉天骑兵教导团（3 个连），毙敌 10 余名，其余大部被俘，缴获轻重机枪 3 挺、迫击炮 1 门、长短枪 250 余支和其它军需物资。"《东北抗日联军大事记（1931.9—1945.11）》，载《东北抗日联军史料》编写组：《东北抗日联军史料》（上册），北京：中共党史资料出版社，1987 年，第 299—300 页。

四月五日："4 月 4 日晚，杨靖宇亲自率领抗联一军司令部和一军一师六团共 400 多人，埋伏在二道崴子、通化至集安公路旁的山坡下和苇沙河南岸鹿圈沟门等地。4 月 5 日上午 10 时许，敌奉天骑兵教导团约 300 人进了埋伏圈。杨靖宇当即下令消灭敌人，刹那间手枪、机枪、步枪一齐开火．打得敌人人仰马翻、乱作一团。整个战斗仅用了 15 分钟，击毙日本指导官以下 10 余人，俘敌 200 余人。共计缴获三号迫击炮 1 门、九二式机枪 1 挺、长短枪 300 余支、炮弹 6 发、军用电话 1 部．望远镜 2 架和战马数匹。"中共通化市委党史研究室编著：《通化革命遗址遗迹》，长春：吉林人民出版社，2012 年，第 74 页。

四月五日："杨靖宇指挥第一军司令部、教导一团及一师六团等部共 400 余人，在辑安县（今集安县）二道崴子伏击伪满军奉天骑兵教导团 3 个连，除击毙 10 余人外，俘虏其余大部官兵。缴获迫击炮 1 门，机枪 3 挺，长短枪 240 余支，战马数十匹。"吉林省地方志编纂委员会编纂：《吉林省志·军事志》，长春：吉林人民出版社，1996 年，第 249 页。

就此伏击战，四月十三日华联社长春电："伪军一营，于本月五日晨七时许，在东满辑安县二道崴子附近，为人民革命军第六团游击大队教导连及朝鲜革命军之联合部队约四百名包围激战，伪军全部覆没，义军缴得长短枪三百余杆，子弹无数，并俘获伪官兵三十八兵，驻通化之日军藤田部队闻讯驰至，亦因义勇军声势浩大，未敢接近云。"《伪军一营为义勇军歼灭》，载《申报》，总第 22613 期，1936 年 4 月 14 日，第 5 版。

四月八日："4 月 6 日，（东北抗日联军第二军——笔者按）三师佯攻大蒲柴河的战斗打响。7 日，敦化日军 500 余人和伪满警察 250 余人，向大蒲柴河增援。一师于 7 日夜迅速向敦化至大蒲柴河间的寒葱沟开进，8 日拂晓到达寒葱沟北山，做好伏击准备。9 时 30 分，日军尖兵分队进至寒葱沟口附近搜索，由于伏击部队隐蔽巧妙，日军尖兵分队未发现埋伏迹象。于是，日军在前，伪满警察在后，沿山路行进。到中午时分，完全进入一师伏击地域。伏击部队引爆地雷，各种火器一齐开火。日伪军在一片慌乱中抵抗。伏击部队以交叉火力猛烈射击，佯攻的三师两个团，立即封住沟口。这时，四面响起喊杀声，抗联战士勇猛地冲向日伪军，展开激烈搏斗。日伪军除少数人向马号方向夺路脱逃外，其余全部被歼。"吉林省地方志编纂委员会编纂：《吉林省志·军事志》，长春：吉林人民出版社，1996 年，第 255—256 页。

四月九日："邵本良纠集 1000 余伪军，把杨靖宇率领的东北人民革命军第一军部队包围在头道米架子村城墙砬子岭顶。伪第一军营区司令部接到邵本良报告后，立即派参谋长满良、顾问武田乘飞机赶赴现场指挥。经过一天的战斗，敌人多次进攻均被击退，杨靖宇率队突围也没成功。入夜，敌人在山下点起一堆堆篝火，杨靖宇也让战士们在城墙砬子峰顶燃起若干篝火迷惑敌人。午夜后，杨靖宇带领战士们按照白天看好的路线，从敌人包围的缝隙中悄悄地突出重围。"中共通化市委党史研究室编著：《通化革命遗址遗迹》，长春：吉林人民出版社，2012 年，第 75 页。城墙砬子。位于吉林省集安市头道镇米架子村十组沟里 3 公里处的山头上。

四月十日："第二军第一师攻克敦化县大蒲柴河镇。"《东北抗日联军大事记（1931.9—1945.11）》，载《东北抗日联军史料》编写组：《东北抗日联军史料》（上册），北京：中共党史资料出版社，1987 年，第 300 页。

四月十日："拂晓，一、三师乘胜奔袭大蒲柴河镇。主力部队直逼大蒲柴河镇东口，攻下日伪军防所；另一部攻占大蒲柴河小街西北防所。在抗联部队的猛烈攻击下，守城日伪军支撑不住，伪满警察大队长少数人沿富尔河向上游方向逃跑，抗联部队随即占领大蒲柴河镇。"吉林省地方志编纂委员会编纂：《吉林省志·军事志》，长春：吉林人民出版社，1996 年，第 256 页。

四月十日，抗联柴副军长派遣传令军官报告："日前八号，以敌人换防之后，防守空虚，副军长亲率一团一、二两连及二军四团第一连，以卧龙屯警察自卫团为目标，施行夜袭，将自卫团击走，得枪二十枝，子弹三千余粒，敌方并伤亡五名以上，警狗死守巢穴不敢出。

我方耗弹药五百余粒，四团第一连长负伤，一团金班长等二名负伤。我方以粮食征发为主要目的，将素常倚仗日寇作护符之亡国奴地主，逮捕三十二名为人质，进行交换粮食。"周保中著：《东北抗日游击日记》，北京：人民出版社，1991年，第18页。

四月十五日："杨靖宇又率部袭击了辑安县台上警察署和花甸子警察分所，缴枪30余支。"吉林省地方志编纂委员会编纂：《吉林省志·军事志》，长春：吉林人民出版社，1996年，第249页。

四月十五日："杨靖宇指挥第一军直属部队和第一师第六团袭击辑安县台上伪警察署和花甸子伪警察分驻所，缴枪30余支。"《东北抗日联军大事记（1931.9—1945.11）》，载《东北抗日联军史料》编写组：《东北抗日联军史料》（上册），北京：中共党史资料出版社，1987年，第300页。

四月二十六日："东北人民革命军第1师少年营、3团，攻打伪宽甸双山子警察署驻地崔家大院，激战1夜未克，牺牲22人，伤22人。"丹东市地方志办公室编：《丹东市志（1876—1985）》（1），沈阳：辽宁科学技术出版社，1993年，第68页。

四月二十九日："老北风占领凤城县。"虎啸：《一九三六年东北义勇军大事记》，载《文摘》，1937年第1卷第4期，第113页。

四月三十日："杨靖宇指挥第一军教导团、第一师第六团和少年营，在凤城县梨树甸子歼灭伪军邵本良部1个营，毙伤敌人80余名，缴获迫击炮1门、轻机枪2挺、长短枪百余支。"《东北抗日联军大事记（1931.9—1945.11）》，载《东北抗日联军史料》编写组：《东北抗日联军史料》（上册），北京：中共党史资料出版社，1987年，第300页。

是月："铁血军第二路军指挥赵庆吉率40余人，在尖山窑以北四方砬子宿营，被日伪军包围。赵庆吉负伤，由参谋长关世英（女、赵庆吉的妻子）掩护突围，关饮弹自尽。"岫岩县志编辑部编：《岫岩县志》，沈阳：辽宁大学出版社，1989年，第500页。

五月

五月八日："赵尚志便衣队侦探五十名，在依兰以外活动，敌大恐慌。"虎啸：《一九三六年东北义勇军大事记》，载《文摘》，1937年第1卷第4期，第

113 页。

五月十九日："阎生堂在宽甸斗岭子激战,日军死八名。"虎啸:《一九三六年东北义勇军大事记》,载《文摘》,1937 年第 1 卷第 4 期,第 113 页。

五月二十一日："第二军第一师及抗日军一部,在蛟河县东北部与前来'讨伐'的日军交火,歼敌 6 名。"《东北抗日联军大事记(1931.9—1945.11)》,载《东北抗日联军史料》编写组:《东北抗日联军史料》(上册),北京:中共党史资料出版社,1987 年,第 301 页。

五月二十八日,专报:"南湖头方面我军最近与敌接战一次,击毙寇贼日本军官一名,寇兵及走狗二十七团官兵死伤多名。"周保中:《东北抗日游击日记》,北京:人民出版社,1991 年,第 39 页。

是月:"抗联第二军三师七团同伪满军骑兵 30 多人在抚松县境小汤河附近发生战斗,毙伤伪满军 10 余人,缴枪 10 余支。小汤河战斗后不久,该团袭击西岗屯'集团部落',派一支小分队化装成农民,在群众掩护下进入西岗屯,突然袭击伪满军营房,40 多名伪满军未及反抗就被俘虏。七团缴枪 40 余支。"吉林省地方志编纂委员会编纂:《吉林省志·军事志》,长春:吉林人民出版社,1996 年,第 256 页。

六月

六月一日:"某义军诱袭依兰日伪警,全部俘去。"虎啸:《一九三六年东北义勇军大事记》,载《文摘》,1937 年第 1 卷第 4 期,第 113 页。

六月三日:"胡仁袭穆稜煤矿铁路客车,死伤日大尉二名,兵三十。"虎啸:《一九三六年东北义勇军大事记》,载《文摘》,1937 年第 1 卷第 4 期,第 114 页。

六月四日:"第三军一部在依兰县土城子伏击押送劳工的敌警备队,俘虏警备队长日人金泽等多人,解放劳工 300 余名。"《东北抗日联军大事记(1931.9—1945.11)》,载《东北抗日联军史料》编写组:《东北抗日联军史料》(上册),北京:中共党史资料出版社,1987 年,第 301 页。

六月六日:"(东北抗日联军第二军——笔者按)三师一部百余人抵近西南岔。先派数名精壮战士化装成农民,缴了伪满警察岗哨的枪,随后抗联战士一拥而入,迅速冲进伪满警察分所。有两名伪满警察企图反抗,立即被抗联战士击毙,其余 16 名警察和自卫团员举手投降。这次战斗仅用十几分钟,缴枪 18

支。"吉林省地方志编纂委员会编纂：《吉林省志·军事志》，长春：吉林人民出版社，1996年，第256页。

六月六日，确讯："二道河子、影壁砬子附近，我军与寇贼激战竟日，夺获敌人给养车十二辆，击毙日贼及走狗军官兵甚多，系我柴副军长直接指挥者。"周保中著：《东北抗日游击日记》，北京：人民出版社，1991年，第42页。

六月六日："赵尚志袭依兰日军，大胜。"虎啸：《一九三六年东北义勇军大事记》，载《文摘》，1937年第1卷第4期，第114页。

六月十一日："阎生堂在临江战日军，敌死三名、伤七名。"虎啸：《一九三六年东北义勇军大事记》，载《文摘》，1937年第1卷第4期，第114页。

六月十五日："日军在辽宁东边道太平林被袭击，毙十三名。"虎啸：《一九三六年东北义勇军大事记》，载《文摘》，1937年第1卷第4期，第114页。

六月十七日："（东北抗日联军第一军第六团——笔者按）刘仁凤团长带领抗联小分队到头道区米架子村沟里，征集粮草。因汉奸告密，被敌人包围，除一名抗联炊事员早起去河套挑水，幸免于难外，其他抗联小分队战士30余名，在刘团长带领突围中，全部壮烈牺牲。"中共通化市委党史研究室编著：《通化革命遗址遗迹》，长春：吉林人民出版社，2012年，第60页。米架子村，今位于吉林省集安市头道镇米架子村。

六月十九日："日岩崎部队在北满二道沟子被义勇军围攻，重伤五名。"虎啸：《一九三六年东北义勇军大事记》，载《文摘》，1937年第1卷第4期，第114页。

六月二十日："抗联部队接到日本守备队山崎指导官要到八家子活动的情报，东北人民革命军第二军第一师一、二团100余名战士在安凤学师长的带领下，为了严惩这个强盗，于深夜11点钟攻进八家子。战士们，先在警察署和自卫团总队门前架上了机枪，突袭了警察署，10余名警察从后窗狼狈逃跑。从抓到的警察口中得知，山崎指导官当日傍晚坐车回了蛟河。自卫团一直龟缩在营房里没敢反抗。这次战斗虽然没有抓到山崎指导官，但是缴获警察署的长、短枪10余支，还有大量的面粉布匹和胶鞋。"蛟河县志编纂委员会编：《蛟河县志》，长春：长春出版社，1991年，第238页。

六月二十三日："（东北抗日联军第二军二师——笔者按）五团200余人在

敦化县小荒沟与伪满军部队交战，毙伤伪满军数十人。"吉林省地方志编纂委员会编纂：《吉林省志·军事志》，长春：吉林人民出版社，1996 年，第 257 页。

六月二十八日，华联社长春电："日警二十名、日军十名，于本月十九日由伪奉天省抚松县赴临江县之途中，被不明番号之义勇军百余名截击，结果全部歼灭云。"《日军警一队遭义勇军袭击》，载《申报》，总第 22687 期，1936 年 6 月 29 日，第 8 版。

是月："五军副军长柴世荣率一师和军部教导团第二队袭击三道通，歼灭日军 150 余人，俘虏 25 人；击伤击毙伪军 10 余人，缴获其全部武器装备。"林口县志编纂委员会编：《林口县志》（上卷），哈尔滨：黑龙江人民出版社，1999 年，第 25 页。

是月："月末，白承润、赵庆吉率第二、第三路军，在一个黑夜向驻守鸡冠山之日伪军袭击。铁血军冲入街内，日伪军据守碉堡和车站顽抗，激战 4 小时，拂晓铁血军撤走。缴获步枪 18 支，子弹 2000 余发。"岫岩县志编辑部编：《岫岩县志》，沈阳：辽宁大学出版社，1989 年，第 500 页。

是月："第一军某部 100 多人行军至徐家炉时，被从濛江跟来的警察讨伐队撵上，战斗一下午，敌逃走，我军乘胜转移。"辉南县志编委会办公室编：《辉南县志》，深圳：深圳海天出版公司，1989 年，第 136 页。

七月

七月八日："（东北抗日联军第一路军西征部队——笔者按）分 3 路向桓仁游击区撤退：师部和保卫连由一师师长程斌带领（宋铁岩因严重肺病已被护送返回和尚帽子游击区），三团由团政治主任李铁秀率领，少年营由营长王德才带领。"吉林省地方志编纂委员会编纂：《吉林省志·军事志》，长春：吉林人民出版社，1996 年，第 259 页。

七月八日："日本守备队和伪森林警察队共两个排，到白家堡子一带的山林中毁坏抗联以备药用和换取弹药、给养而种植的'大烟'。东北人民革命军第一军在此设下埋伏，击毙日军 11 人。"中共通化市委党史研究室编著：《通化革命遗址遗迹》，长春：吉林人民出版社，2012 年，第 142 页。白家堡子，位于今吉林省通化县兴林镇朝阳村境内。

就此战事，《东北抗日联军史料》（上册）内载："七月上旬，杨靖宇率领第一军直属部队和第二军机枪班在金川县白家堡子（今属通化县）东北方伏击进山'讨伐'的日军屋岛队，将屋岛以下 10 余名日军全部打死，缴轻机枪 2 挺、步枪 10 余支。"《东北抗日联军大事记（1931.9—1945.11）》，载《东北抗日联军史料》编写组：《东北抗日联军史料》（上册），北京：中共党史资料出版社，1987 年，第 302 页。

七月十五日："（东北抗日联军第一路军第一军——笔者按）一师师部回师途中于摩天岭伏击尾追的日军驻连山关守备队第二中队，当场击毙队长今田大尉，并将日军 30 余人全歼。"吉林省地方志编纂委员会编纂：《吉林省志·军事志》，长春：吉林人民出版社，1996 年，第 259 页。

七月十五日："阎生堂袭东宁日军，死敌十多名。"虎啸：《一九三六年东北义勇军大事记》，载《文摘》，1937 年第 1 卷第 4 期，第 114 页。

七月十六日："五龙袭安奉线鸡冠山日军，毙敌廿余，缴械无算。"辽宁省凤城市境内。虎啸：《一九三六年东北义勇军大事记》，载《文摘》，1937 年第 1 卷第 4 期，第 114 页。

七月二十四日："赵尚志击溃通化日军。"虎啸：《一九三六年东北义勇军大事记》，载《文摘》，1937 年第 1 卷第 4 期，第 114 页。

七月二十四日，华联社长春电："驻防通化县之园部部队，十八日午前一时，在通宁岭南方被义勇军赵尚志部游击队所包围，激战甚久，结果日军死小林幸公等十余人云。"《东北义军活跃》，载《申报》，总第 22713 期，1936 年 7 月 25 日，第 9 版。

七月二十四日，华联社长春电："十七日午前八时许，有阎生堂部义勇军百余人，袭击兴原县（当为'清原县'——笔者按）瓦人沟，与日军交战两小时，缴获枪械甚多。同日下午九时，又在下湾子集结三百余人，乘胜包围日伪军，击毙日军酒井虎三橘藤作等数人云。"《东北义军活跃》，载《申报》，总第 22713 期，1936 年 7 月 25 日，第 9 版。

是月："白承润率第三路军与第一路军阎生堂部汇合，乘夜将驻在沙里寨的岫岩伪警察大队百余人包围。战斗 3 个多小时，拂晓前铁血军发起猛攻，将敌击溃，伪警察大队长弃队逃跑。共打死打伤和俘虏伪警察 20 余人，缴获枪支 20 支，子弹 4000 余发，炮弹 4 箱。铁血军伤亡 4 人。"岫岩县志编辑部编：《岫岩县志》，沈阳：辽宁大学出版社，1989 年，第 500 页。

是月："抗联二军一师，在蛟河县大青背屯南的路上，截击日本运送军用物资的大车 14 辆，缴获机枪 5 挺，步枪 30 余支及大批给养。驻蛟河日军得悉物资被截后，立即派兵'讨伐'，又在碗架沟遭到抗联突袭，被打死 27 人；被缴获机枪 2 挺，小炮 2 门，步枪 30 余支。"吉林市地方志编纂委员会：《吉林市志》（大事记），长春：吉林人民出版社，2002 年，第 144—145 页。

是月："驻蛟河日军守备队，得知由蛟河去横道子的军用给养被抗联部队劫走，于是调动蛟河警察大队和当地自卫团丁 200 余人，组成搜索队开到大青背，兵分几路，严密封锁各个交通道口，四处搜山，追寻抗联队伍的踪迹，结果多日奔波，一无所得。

日军守备队长木村不死心，决计要亲自找到抗联队伍。他带着 32 个日军，钻进大青背沟里的大林子里继续搜索。搜索到罗圈崴子里的碗架子沟时，天色已晚，日军架起帐篷，就地宿营。

战斗在横道子、青背一带的抗联二军二师一、二团，侦察准确日军守备队的宿营地。午夜时分，抗联队伍赶到碗架子沟，悄悄地把日军守备队的帐篷包围起来。守备队日军正在熟睡中，猛听见枪响忙爬起来，连衣服也没穿上，就被打倒了。经过 20 多分钟的战斗，除了乘天黑跑掉 2 个日军外，其余的全被歼灭（含木村队长）。"蛟河县志编纂委员会编：《蛟河县志》，长春：长春出版社，1991 年，第 238 页。

是月："抗联二军一师一部袭击桦甸县八家子屯，毙伤伪自卫团十余人。"霍燎原：《王德泰与抗联二军》，长春：吉林教育出版社，1994 年，第 122 页。

是月："抗联二军四师诱引日本讨伐队去朝阳岭交战，杀伤日军多人。"蛟河县民族志编纂组：《蛟河县民族志》，内部发行，1990 年，第 126 页。

八月

八月一日："抗联二军一师一部在蛟河镇南方横道子附近，击退了一股伪军对一师密营的进攻，随后北上，奔袭蛟河镇北方的新站火车站，给敌以重创。"霍燎原：《王德泰与抗联二军》，长春：吉林教育出版社，1994 年，第 122 页。

八月二日："阎生堂袭安东凤城伪军，敌死伤累累。"虎啸：《一九三六年东北义勇军大事记》，载《文摘》，1937 年第 1 卷第 4 期，第 115 页。

八月四日："杨靖宇率东北抗联 1 路军、警卫团 300 多人，在四道江村北大转湾子截击伪军邵本良给养车队。激战 1 个多小时，击毙日本指导官英俊志雄等 10 余人，邵本良化装逃跑。"通化县地方志编纂委员会编：《通化县志》，长春：吉林人民出版社，1996 年，第 904 页。

八月四日："杨靖宇率第一军直属部队在通化县四道江大拐弯子伏击伪军邵本良部，毙敌 30 余名，俘虏 20 余名，日本指导官英俊志雄被击毙，邵本良化装潜逃。此役缴获轻机枪 1 挺、步枪 50 余支。"《东北抗日联军大事记（1931.9—1945.11）》，载《东北抗日联军史料》编写组：《东北抗日联军史料》（上册），北京：中共党史资料出版社，1987 年，第 303 页。

八月四日："杨靖宇率领第一军军部南下途中，在通化县四道江附近的大拐弯子设伏，待机伏击伪满军邵本良部的以 50 辆军车组成的军需给养运输队。当日上午，邵部车队进入伏击区。邵本良带几名骑兵卫士同尖兵队伍行进。由于车队行进列队较长，整个车队一时难以完全进入伏击区，加上先头车辆上押车的伪满军士兵下车到黄瓜地里摘黄瓜，偶然发现伏兵而惊呼，致使伏击队伍不得不提前开火。邵本良闻听枪声，急忙跑进一朝鲜族人家抢件衣服化装而逃。未进入伏击区的军车也掉头逃脱。此战，击毙日军指导官英俊志雄及伪满军 20 余人，伤 30 余人，缴获轻机枪 1 挺，步枪 50 余支，还有大量其它军用物品。"吉林省地方志编纂委员会编纂：《吉林省志·军事志》，长春：吉林人民出版社，1996 年，第 258—259 页。

八月八日："阎生堂包围大堡日警岩隈部，击毙岩隈等数十名。"虎啸：《一九三六年东北义勇军大事记》，载《文摘》，1937 年第 1 卷第 4 期，第 115 页。

八月九日："东北抗联第 1 路军军部、警卫团 300 多人，在杨靖宇指挥下，于大荒沟雷家沟门小坎，伏击了日军，击毙日军屋岛小队长等 11 人。"通化县地方志编纂委员会编：《通化县志》，长春：吉林人民出版社，1996 年，第 904 页。

八月十六日："夜，为配合主力部队攻打抚松县城，曹亚范同志按照上级指示，带领部队攻打抚松县的松树镇。翌日凌晨二时左右，攻克该城，缴枪二十余支，并获大批给养。"霍燎原：《坚忍不拔、威武不屈，东北抗联第一路军第一方面军指挥曹亚范烈士事迹》，载政协和龙县文史资料研究委员会编：《和龙文史资料》（第 2 辑），内部发行，1986 年，第 5 页。

八月十七日："第二军第六师主力部队联合'万顺'、'万军'、'青山好'

等抗日军共 2000 余人，围攻抚松县城达三天之久，重创守敌后主动撤退。"
《东北抗日联军大事记（1931.9—1945.11）》，载《东北抗日联军史料》编写组：
《东北抗日联军史料》（上册），北京：中共党史资料出版社，1987 年，第 303 页。

　　八月十七日："凌晨 3 时，以第二军六师为主力，联合'九战'、'万顺'、
'万军'、'李司令'等抗日军共 2000 余人，围攻抚松县城。首先攻占了城东南
的东山炮台，控制了制高点，接着向小南门发起攻击。日伪军集中优势兵力防
守南门，数挺机枪架在南门上，封锁围攻部队的前进道路，并组织反冲击，企
图夺回东山炮台。抗联第一路军副司令兼第二军军长王德泰亲自指挥火力组，
奋力阻击日伪军的反扑，连续打退日伪军的多次反冲击。战斗持续一整天。此
时，协同作战的一部分抗日军先行撤退，致使六师侧翼受到威胁。王德泰根据
战场形势的突变，判定破城已无可能，主动撤出六师部队，迅速在撤退道路两
侧设伏，待机歼灭追击的日伪军。守城日伪军果然追了上来，王德泰指挥伏击
部队发起突然袭击，日伪军的追击部队死伤过半，残部急速缩回。"吉林省地
方志编纂委员会编纂：《吉林省志·军事志》，长春：吉林人民出版社，1996
年，第 262 页。

　　八月十八日："赵尚志袭依兰日丽谷部，毙日军七名、伪军数十名，获子
弹多粒。"虎啸：《一九三六年东北义勇军大事记》，载《文摘》，1937 年第 1 卷
第 4 期，第 115 页。

　　八月二十六日，华联社长春电："阎生堂部义军千余，十七日晨包围辽宁
抚松县城，日伪军应战，损伤奇重，十八日派机往援，义军利用森林掩护，无
从侦察，迄昨晚义军仍占该县东北方高地。"《阎生堂义勇军包围辽宁抚松县
城》，《边疆半月刊》，1936 年第 1 卷第 2 期，第 76 页。

　　八月二十七日："第六军一部在夏云杰率领下，与日军高桥、松本两支部
队在依兰县大碴子地方发生战斗，歼敌 15 名。"《东北抗日联军大事记
（1931.9—1945.11）》，载《东北抗日联军史料》编写组：《东北抗日联军史料》
（上册），北京：中共党史资料出版社，1987 年，第 303 页。

　　是月："铁血军集中第一、第二、第三路军由白承润率领，乘敌不备，拂晓
前攻入龙王庙街，将驻守该地的伪军缴械。获步、手枪 40 余支，子弹 3000 余
发。"岫岩县志编辑部编：《岫岩县志》，沈阳：辽宁大学出版社，1989 年，第
500 页。

是月："第二军一部在抚松县东岗碱场密营与敌人发生战斗，二军政治部主任李学忠不幸牺牲。"《东北抗日联军大事记（1931.9—1945.11）》，载《东北抗日联军史料》编写组：《东北抗日联军史料》（上册），北京：中共党史资料出版社，1987年，第303页。

是月：（抗联陈翰章部——笔者按）袭击了中东铁路得马沟火车站的日军运兵车，缴获了大量物资。《陈翰章将军生平大事记》，载政协吉林省延边朝鲜自治州敦化县委员会文史资料研究委员会编：《敦化县文史资料》（第1辑），内部发行，1984年，第117页。

是月：抗联二军五师五团一部，在宁安县湾沟与一股伪军相遇，经过激战，歼敌15名，缴轻机枪1挺，步枪20余支。霍燎原：《王德泰与抗联二军》，长春：吉林教育出版社，1994年，第119—120页。

是月："抗联二军一师某部，在桦甸大蒲柴河与伪军八十人交战，击毙伪营长一名，日本指导官一名，士兵二十余名，缴获轻机枪一挺，步枪五支。"霍燎原：《王德泰与抗联二军》，长春：吉林教育出版社，1994年，第122页。

是月："（抗联第一路军二军四师一部——笔者按）在片石砬子袭击了日军，打死日军军官1人，毙伤日军12人。战后，二军四师还对无恶不作的杉松自卫团进行了袭击，焚烧了自卫团防所和炮台。"蛟河县民族志编纂组：《蛟河县民族志》，内部发行，1990年，第30页。

九月

九月一日："抗联二军六师主力部队在二道岗大德水与日伪军发生第一次激战，重创敌人。"长白县志编纂委员会编：《长白朝鲜族自治县志》，北京：中华书局，1993年，第482页。

九月一日："驻二道岗的伪军和朝鲜惠山警察署的日本部队200多人攻击抗联六师部队。六师在大德水布下埋伏，痛击敌人。毙日伪军40余人，缴获机枪1挺、步枪40余支。"长白县志编纂委员会编：《长白朝鲜族自治县志》，北京：中华书局，1993年，第341页。

九月五日："安奉铁路列车被义勇军阻击，毙日伪军卅多名。"虎啸：《一九三六年东北义勇军大事记》，载《文摘》，1937年第1卷第4期，第115页。

九月十二日："第二军第五师第四团和第五军留守处部队并联合反日山林队'海山'部共400余人，在穆棱县九站至代马沟间截击日军用列车，使敌工兵部队死伤 130 余人，缴获军马 60 余匹，以及大量军需品。"《东北抗日联军大事记（1931.9—1945.11）》，载《东北抗日联军史料》编写组：《东北抗日联军史料》（上册），北京：中共党史资料出版社，1987 年，第 303 页。

九月十二日："东北抗日联军五军一师和二军五师联合部队，在代马沟以东峡谷埋伏，在当地铁路职工秘密配合下，拆除 40 米长的铁轨。22 时伏击日军 970 次列车，激战两小时，击毙击伤日军 180 余名，缴获一批军用物资。"牡丹江市志编审委员会编：《牡丹江市志》（上卷），哈尔滨：黑龙江人民出版社，1993 年，第 21 页。

九月十二日：晚八时三十分，抗联二军五师四团和五师警卫营一、三连，在侯国忠等率领下，联合反日山林队，共五百余人，于代马沟车站附近设伏，通过破坏铁轨，致列车前半部脱轨，旋经过二十分钟的激战，打死日军九十八人，重伤四十余人，歼灭日军一个工兵连。详见《侯国忠烈士传略》，载黑龙江省社会科学院地方党史研究所、东北烈士纪念馆编：《东北抗日烈士传》，哈尔滨：黑龙江人民出版社，1980 年，第 122 页。

就此战事，林维在《从血战中发展起来的东北抗日第二军》一文内详细记述道："（东北抗日第二军——笔者按）第四团团长侯国忠与张主任中华同志带着一百多人，在中东路东段穆棱站附近活动。他们初到那里，人地生疏，所以多半是靠着新联合的山林部队和民众去从事侦查。某日据山林部队员报告，次日夜间十一时，有一趟客车经过，押车的军队不过四十人，并说，打几枪，喊口号，那些'靖安军'便可缴械。第二天夜间，我军与山林队二十多人同到九站台马沟之间，拆断路轨，设下埋伏，两翼卡子各三十多人，各有轻机关枪一架，堵截敌人援军，中央部队五十多人，有轻机关枪一架，埋伏在铁道旁的水沟中。不久火车到来，在铁轨被拆的地方停止。侯团长立即下令射击，有数分钟光景，车中没有动静，遂下令停射，大声喊口号，也没有回答。侯团长此时已经判明这不是客车，而是日本鬼子的兵车，遂即下令猛烈射击，不许寇军下车，车内日本鬼子亦开始还击。激战多时，因我军据险射击，目标清楚，弹多命中。一部份日兵跳入车底，有一个徒手的日本兵从车里猛力向外一跳，落在我军一个队员的身上，刚要夺枪，却被另一个队员一枪打死。那时车上已没有枪声；但在车底下的日兵四十多名，则强顽抵抗，我们一面打着，一面派人上车搜查，搜了五六个车箱，都是白米面粉，罐头盒子和日本衣服。这时战事非常激烈，我军子弹快要用尽，只得携带轻便物品，退到林子里。这役我军七连连长张彦明同志与二位队员英勇殉国。到战后三天，听到被日寇迫去抬埋日寇尸骸的老百姓说，日寇这次死了一百名以上，伤四十名左右，车上日军二百名，只剩下五十多名。林维：《从血战中发展起来的东北抗日第二军》，载《文化批判》，1938 年第 5 卷第 1 期，第 38 页。

九月十三日："杨靖宇指挥第一军直属部队和第十一独立师伪装成敌军占领了宽甸县大荒沟，将 30 余名伪军警全部缴械。"《东北抗日联军大事记（1931.9—1945.11）》，载《东北抗日联军史料》编写组：《东北抗日联军史料》（上册），北京：中共党史资料出版社，1987 年，第 303 页。

九月二十五日：在宁安县南湖头一带坚持战斗的二军五师五团三连袭击了南湖头湾沟集团部落，将驻在部落内的伪军警备旅二十七团二营六连缴械，得轻机枪 1 挺，步枪 22 支。详见霍燎原：《王德泰与抗联二军》，长春：吉林教育出版社，1994 年，第 121 页。

九月二十九日："杨靖宇率领部队在宽甸牛毛坞错草沟伏击日军军车 11 辆，击毙日军 19 人，打伤 7 人，缴获物资若干。翌日，日伪军将错草岭下民房烧光，杀害群众 3 人。"丹东市地方志办公室编：《丹东市志（1876—1985）》（1），沈阳：辽宁科学技术出版社，1993 年，第 68 页。

九月二十九日："杨靖宇率第一军直属部队和抗日义勇军于万利等部，在宽甸县第四区大错草沟伏击日军牛岛部队中熊汽车队，击毙日军 19 名，击伤 7 名，击毁敌汽车 9 台，缴获了车上装载的许多军事给养。"《东北抗日联军大事记（1931.9—1945.11）》，载《东北抗日联军史料》编写组：《东北抗日联军史料》（上册），北京：中共党史资料出版社，1987 年，第 304 页。

是月："铁血军第二、第三、第四路军联合北进，乘夜将凤城境内长山嘴子附近铁路破坏，伏击当晚 11 时北上的敌军用列车。手枪队长王福斗及两名战士首先登车，与护运的敌兵交火，战斗两小时，敌军逃窜，铁血军拂晓前撤出战斗。缴获步枪 23 支，铁血军大队长周福海阵亡，伤战士 2 名。"岫岩县志编辑部编：《岫岩县志》，沈阳：辽宁大学出版社，1989 年，第 500 页。

是月·抗联二军一师改编为四师后，于安图县四道白河与伪军 200 人交战，歼敌 20 余人，缴步枪 9 支。详见霍燎原：《王德泰与抗联二军》，长春：吉林教育出版社，1994 年，第 123 页。

是月：王德泰率领东北抗日联军第一路军第二军一部，在抚松小汤河袭击了伪靖安军，经过激战，将一百五十名敌人全部消灭，缴获步枪一百五十一支、轻机枪两挺、掷弹筒一个及其它军用物资甚多。详见《王德泰军长》，载黑龙江省社会科学院地方党史研究所、东北烈士纪念馆编：《东北抗日烈士传》，哈尔滨：黑龙江人民出版社，1980年，第117页。

十月

十月十日："第二军第四师在安图县南部东清沟与伪军第七旅第十团激战，击毙敌上校石川隆吉和中校河村以下数十名。"《东北抗日联军大事记（1931.9—1945.11）》，载东北抗日联军史料《编写组》：《东北抗日联军史料》（上册），北京：中共党史资料出版社，1987年，第304页。

十月十日："第二军四师200余人，由蛟河经敦化进至安图县东清沟，与日伪军讨伐部队第七旅十团相遇，双方展开激战。十团凭借有利地形，架起重机枪猛烈向四师射击。抗联战士利用沟岔迅速摸到日伪军重机枪阵地附近，以突然动作夺下重机枪，掉转枪口向日伪军猛烈射击，日伪军慌乱溃逃。此战，击毙伪满第二军管区日军上校石川隆吉和中校河村以下数十人。"吉林省地方志编纂委员会编纂：《吉林省志·军事志》，长春：吉林人民出版社，1996年，第263页。

十月二十八日："抗日义勇军'王大姑娘'和'华北军'所部约130人，在凤城县第2区荒沟和成沟之间，与日本关东局警察'讨伐队'和日军牛岛部队北村队发生战斗。"丹东市地方志办公室编：《丹东市志（1876—1985）》（1），沈阳：辽宁科学技术出版社，1993年，第69页。

十月二十九日，华联社沈阳讯："辽宁通化县日军山田部队，昨日亦遭阎生堂部义军之猛袭，经激战三时，义勇军始因众寡悬殊，自动退却，结果日军民佐佐木、多贺谷等官兵共七名，义军亦微有损伤。"《辽吉义军活跃日军疲于奔命》，载《申报》，总第22809期，1936年10月30日，第4版。

是月：抗联二军五师六团所部在师长史忠恒率领下，于图佳铁路沿线老松岭截击日军列车，战斗中消灭敌人多名，但师长史忠恒身负重伤，后护送苏联境内治疗，无效，阵亡。详见霍燎原：《王德泰与抗联二军》，长春：吉林教育出版社，1994年，第122页。

是月："二军四师300人攻打红石砬子镇，打跑了自卫团，缴获布匹、鞋、粮食等军需物资。"桦甸县志编纂委员会编：《桦甸县志》，长春：吉林人民出版社，1995 年，第 14—15 页。

是月："抗联二军五师四团二连，在依兰县西北岭伏击日军骑兵部队，歼敌二十余名。"霍燎原：《王德泰与抗联二军》，长春：吉林教育出版社，1994年，第 121 页。

十一月

十一月三日："安东义军刘武林部与日军抗战，敌死伤数名。"虎啸：《一九三六年东北义勇军大事记》，载《文摘》，1937 年第 1 卷第 4 期，第 116 页。

十一月四日："王德泰等率第二军军部和第四师一部攻打临江县大阳岔沟，解除两个连伪军的武装，缴机枪 2 挺、步枪 100 余支。"《东北抗日联军大事记（1931.9—1945.11）》，载《东北抗日联军史料》编写组：《东北抗日联军史料》（上册），北京：中共党史资料出版社，1987 年，第 305 页。

十一月五日："抗联五军二师四团在大盘道伏击伪满警察队骑兵。打死伪警 3 人，伤 5 人，其余溃逃。"林口县志编纂委员会编：《林口县志》（上卷），哈尔滨：黑龙江人民出版社，1999 年，第 25 页。

十一月七日：凌晨，日伪当局纠集伪军骑兵第七团和部分教导队共计 600余人，在日本指导官与伪骑兵第七团邴团长带领下，向驻扎在小汤河村的抗联二军一部发起攻击。这次战斗从早 7 时一直到下午 3 时，共击毙敌军 60 余名，击伤 10 余名，伪七团邴团长也被击伤。抗联方面，二军军长王德泰头部中弹牺牲，另有 10 余人牺牲。详见霍燎原：《王德泰与抗联二军》，长春：吉林教育出版社，1994 年，第 128—129 页。

就此战役经过，抗联二军四师二团的董崇彬回忆："10 月初、九月底，王德泰军长率领我们由临江县大阳岔来到抚松县小汤河一带活动。由于此前我们拔除了敌人的大阳岔据点，日伪军恼羞成怒，在小汤河布下圈套，纠集松树镇、抚松城、濛江等地的伪军骑兵七团和部分教导队六七百人，在我军将要转移之际，赶来偷袭小汤河村。战斗打响后，敌人依仗兵力多、火力强，抢先占领了高地阎王鼻子山头，向我军防守的小汤河南山进攻，王德泰同志沉着地指挥我军进行反击。他非常勇敢，身为军长，率先士卒，亲自带领一个机枪班冲在前面，与敌人展开了激烈的战斗，顶住了敌人的进攻。在这个战斗中我们缴获了很多武器。当时我们部队的武器不太多，有的连根本就没有机关枪。这次战斗缴获轻重机枪约有 30 多挺，基本上每连一挺机枪都配备齐全了。击毙伪军数 10 人，伤敌 10 数人。但是我军也付出了重大代价，那就是王德泰军长不幸牺牲了。"董崇彬：《回顾我在抗联的战斗生活》，载封志全主编：《抗联一路军在濛江》，长春：吉林大学出版社，1990 年，第 156 页。

就此战事，《吉林省志·军事志》则载："下旬，王德泰率第二军军部和四师主力、六师一部转移到抚松县松树镇附近的小汤河村。日伪军侦知后，迅速集中松树镇、抚松县城及濛江等地的伪满军骑兵第七团和第一教导队一部共 600 余人，乘夜突然包围小汤河村，并占领村南制高点阎王鼻子。日伪军依仗兵力多，火力强，又占据了有利地形，向第二军发动猛烈攻击，王德泰指挥不足 300 人的部队进行抗击。同时以 1 个连从小汤河西南草爬子沟迂回到伪满军侧后发起突然袭击，伪满军腹背受敌，伤亡 70 余人，遂边战边退。王德泰率军追歼逃散伪满军时，不幸中弹牺牲。"吉林省地方志编纂委员会编纂：《吉林省志·军事志》，长春：吉林人民出版社，1996 年，第 263 页。

《浑江市志》则载："11 月 27 日夜从敌人的电话中得知'讨伐队'纠集了濛江（今靖宇县）及松树镇等地的伪军准备围攻小汤河。王德泰立即派出三路岗哨：一路到长英岭；一路到阎王鼻子制高点；一路到汤河沟门的山梁上。11 月 28 日黎明，阎王鼻子岗哨报告：'敌人自松树镇方向已向阎王鼻子逼进'。王德泰指挥一部分部队越过小汤河占领南山；派机枪扼守长脖沟山头；郎连长带队占领西南方的山头。王德泰率队迎击敌人。300 余名抗联战士与 600 余人的伪军展开激战。王德泰见敌人兵多、火力猛，虽然敌军被阻击在半山腰，可是我军火力有限，不宜久战。于是王德泰派郎连长绕过黑瞎子沟，迂回至敌后夹击敌人；又派元金山连撤到汤河北岸，占领北方的山头做预备队。此时，敌人已发现了王德泰指挥部，便集中火力向指挥部进行猛烈射击。指挥部的机枪射手中弹牺牲。八团政委金山浩拿过机枪向敌人扫射，不幸中弹牺牲。王德泰拿过机枪向敌群猛射，不幸身中数弹也壮烈牺牲，年仅 28 岁。此时，郎连长率部迂回到敌后，两面夹击将敌军击败。此役，毙敌百余人，缴枪百余枝，抗联一路军副总司令王德泰等五人牺牲，伤 7 人。"浑江市地方志编纂委员会编：《浑江市志》，北京：中华书局，1994 年，第 274 页。

十一月八日："藤岛部队主力配合皇军片野部队之堤队，于十一月八日下午四时，在郭家堡子与王大姑娘、春秋好之合股匪约 80 人交战 40 分钟，射杀匪贼 3，逮捕匪首东北侠，缴获步枪 1，子弹 49，手枪 1，子弹 12，夺回人质 5 名，匪向北方溃退。"《1936 年秋季关东局警察队讨伐概况》，载中央档案馆、中国第二历史档案馆、吉林省社会科学院合编：《日本帝国主义侵华档案资料选编：东北"大讨伐"》，北京：中华书局，1991 年，第 122 页。郭家堡子，位于今辽宁省丹东市境内。

十一月九日："王大姑娘和春秋好的合股匪约 80 名，潜伏于苇山河落沟的村庄中。藤岛部队长于十一月九日上午二时，根据日前逮捕之匪首东北侠（旧宽甸县第八区讨伐队长杨雨林）的供述，自岫岩县出发搜索王匪，并与长驱追踪之皇军片野部队之堤队密切配合，半夜开始行动，午前六时开始向敌急袭。敌匪虽用轻机关枪和依靠险地进行顽抗，企图死守，但在我友军果敢猛击下，激战二时余，溃走。在战斗中，匪遗弃副头目等尸体十六，负伤多人，缴获机关枪（巴黎式十八号）一架，子弹 50 发，步枪 6 支，子弹 165 发，毛瑟手枪 1 支。我警察队无损伤，皇军堤队长指挥之治安队负伤一（大腿部被射穿）。"苇山河落沟，即苇山河沟，位于今辽宁省凤城市境内。《1936 年秋季关东局警察队讨伐概况》，载中央档案馆、中国第二历史档案馆、吉林省社会科学院合编：《日本帝国主义侵华档案资料选编：东北"大讨伐"》，北京：中华书局，1991 年，第 122 页。

十一月九日："王凤阁率部队在六道沟大南岔东南高地与伪靖安军激战两个多小时。"通化县地方志编纂委员会编：《通化县志》，长春：吉林人民出版社，1996 年，第 904 页。

十一月九日："抗联五军二师四团在大盘道伏击日军中村守备队 45 人。经半小时战斗，毙伤敌兵 9 人，其余 30 余人不支而逃。四团缴获马 28 匹、无线电台 1 部、子弹 900 发、伪币 3763 元、地图 40 余张和其他军用物品。"林口县志编纂委员会编：《林口县志》（上卷），哈尔滨：黑龙江人民出版社，1999 年，第 25—26 页。

十一月二十四日："藤岛部队于十一月二十四日午前六时，急袭潜伏在栗家堡子（大堡东南 20 公里）之王人姑娘、春秋好之合股匪约 30 名，并长驱追入宽甸县，在房东沟、松树沟、土门子给予歼灭性打击。在连续的战斗中，射杀敌匪 8 名，夺回人质 5 名，缴获步枪 5 支，子弹 181 发，被服等 20 余套，其他物品甚多。"栗家堡子，位于今辽宁省凤城市境内。《1936 年秋季关东局警察队讨伐概况》，载中央档案馆、中国第二历史档案馆、吉林省社会科学院合编：《日本帝国主义侵华档案资料选编：东北"大讨伐"》，北京：中华书局，1991 年，第 123 页。

十一月二十七日："抗联五军一师在大盘道截获伪军二十九团二连 37 人武装保护的货运车 9 辆，俘敌 3 人，缴枪 3 枝、子弹 300 发、马 57 匹和大量给养。"林口县志编纂委员会编：《林口县志》（上卷），哈尔滨：黑龙江人民出版社，1999 年，第 26 页。

十一月二十八日："国武游击队之鹈木队于十一月二十八日午前三时，在大李树村包围了潜伏中之匪首王金芝等约 14 名，逮捕匪贼 4 名，缴获手枪 2 支，子弹 38 发。"《1936 年秋季关东局警察队讨伐概况》，载中央档案馆、中国第二历史档案馆、吉林省社会科学院合编：《日本帝国主义侵华档案资料选编：东北"大讨伐"》，北京：中华书局，1991 年，第 123 页。大李树村，位于今辽宁省凤城市境内。

十一月二十八日："国武游击队的松尾队于十一月二十八日上午八时，在大亮子沟包围潜伏中之匪首保国部约 10 名，交战 40 分钟，毙匪 3 名，逮捕匪首保国以下 3 名，缴获毛瑟手枪 1 支，子弹 24 发，村田式手枪 1 支，子弹 8 发。"《1936 年秋季关东局警察队讨伐概况》，载中央档案馆、中国第二历史档案馆、吉林省社会科学院合编：《日本帝国主义侵华档案资料选编：东北"大讨伐"》，北京：中华书局，1991 年，第 124 页。大亮子沟，位于今辽宁省凤城市大堡镇境内。

十一月三十日："田上游击队的杉原队于十一月三十日拂晓，在大家沟急袭潜伏中之匪首阎生堂部约 10 名，交战 40 分钟，射杀匪贼 1，逮捕 1，缴获手枪 1，子弹 70。"《1936 年秋季关东局警察队讨伐概况》，载中央档案馆、中国第二历史档案馆、吉林省社会科学院合编：《日本帝国主义侵华档案资料选编：东北"大讨伐"》，北京：中华书局，1991 年，第 124 页。大家沟，位于今辽宁省丹东市振安区境内。

是月：月初，王德泰率队攻击大阳岔伪军据点。是次战斗，共毙伤敌人 67 名，缴获 3 挺机枪、100 余支步枪，并摧毁了敌人的据点。详见霍燎原：《王德泰与抗联二军》，长春：吉林教育出版社，1994 年，第 126—127 页。

是月："王德泰指挥二军军部和四师一团、二团三连等部，将据守在临江县枫树岭下大阳岔的两连伪满军包围，在政治攻势的配合下，迫使伪满军投降，缴获机枪 2 挺，步枪百余支，及部分军需品。"吉林省地方志编纂委员会编纂：《吉林省志·军事志》，长春：吉林人民出版社，1996 年，第 263 页。

十二月

十二月一日："国武游击队之松尾队于十二月一日午前十时，攻击潜伏在原家堡子附近山地之王大姑娘匪约 15 名，逮捕匪贼 1，射杀 1，缴获步枪 1、子弹 27、手枪 1、子弹 11。"《1936 年秋季关东局警察队讨伐概况》，载中央档案馆、中国第二历史档案馆、吉林省社会科学院合编：《日本帝国主义侵华档案资料选编：东北"大讨伐"》，北京：中华书局，1991 年，第 124—125 页。原家堡子，即袁家堡子，位于今辽宁省凤城市境内。

十二月二日："国武游击队之鹅木队于二日拂晓，急袭潜伏在何家堡子之匪首吴殿臣部约 30 名，毙匪 2 名，逮捕 2 名，缴获步枪 1，子弹 15，手枪 1，子弹 55。"《1936 年秋季关东局警察队讨伐概况》，载中央档案馆、中国第二历史档案馆、吉林省社会科学院合编：《日本帝国主义侵华档案资料选编：东北"大讨伐"》，北京：中华书局，1991 年，第 125 页。何家堡子，位于今辽宁省凤城市境内。

十二月三日："抗联二、三、五军步骑兵 237 人，路经大通沟时与由林口出来的日伪军 270 人的'讨伐'队遭遇。激战一昼夜各自撤退。此战击毙日军 8 人、伪军两人，俘日军 3 人、伪军 5 人，缴获全鞍马 7 匹、子弹 500 发、手榴弹 9 颗；抗联战士牺牲 3 人，负伤 4 人。"林口县志编纂委员会编：《林口县志》（上卷），哈尔滨：黑龙江人民出版社，1999 年，第 26 页。

十二月三日："第二、三、五军和抗日军各一部在依兰县刁翎大通沟与日伪军激战，毙伤日伪军 19 人。"《东北抗日联军大事记（1931.9—1945.11）》，载《东北抗日联军史料》编写组：《东北抗日联军史料》（上册），北京：中共党史资料出版社，1987 年，第 306 页。

十二月八日："抗联一军二师师长曹国安率领 100 多人，于十三道沟同伪靖安军仐泽部队发生激战。"长白县志编纂委员会编：《长白朝鲜族自治县志》，北京：中华书局，1993 年，第 482 页。

十二月八日："抗联一军二师师长曹国安率部百余人，在桃泉里与尾追的伪靖安军金泽游击队激战，毙敌数 10（十）人，缴获步枪 10 支和粮食给养等。"长白县志编纂委员会编：《长白朝鲜族自治县志》，北京：中华书局，1993 年，第341 页。

十二月八日："二师师长曹国安指挥部队身穿白大衣，手持武器，埋伏在十三道沟沟里。中午，伪满靖安军金泽游击队数百人进入埋伏圈，战斗立即打响。二师指战员猛打猛冲，打乱了伪满军的战斗队形。受到突然袭击的伪满军顿时慌乱一片，在雪地里到处乱窜。此战，击毙伪满军数 10（十）人。"吉林省地方志编纂委员会编纂：《吉林省志·军事志》，长春：吉林人民出版社，1996 年，第 261—262 页。

十二月八日："抗联二军六师二团四连 40 余人，在十五道沟里与伪靖安军激战，毙敌营长以下 40 余人，缴获一批弹药和军用品。"长白县志编纂委员会编：《长白朝鲜族自治县志》，北京：中华书局，1993 年，第 341 页。

十二月二十一日："曹国安师长在七道沟河上游高丽堡子与日伪军激战负伤后牺牲。"长白县志编纂委员会编：《长白朝鲜族自治县志》，北京：中华书局，1993 年，第 482 页。

十二月二十一日："第一军第二师与第二军第四、六师联合在长白县七道沟附近，与伪靖安军金泽游击队及临江县伪治安队交战，歼敌 300 余名。战斗中第一军第二师师长曹国安身负重伤，不幸牺牲。"《东北抗日联军大事记（1931.9—1945.11）》，载《东北抗日联军史料》编写组：《东北抗日联军史料》（上册），北京：中共党史资料出版社，1987 年，第 306 页。

十二月二十一日："伪满靖安军金泽游击队及临江县伪治安队共 1000 余人又追了上来。二师与四、六师一部联合作战，在靠七道沟的大道甩弯处选一险要地段埋伏下来，战斗一打响，伪满军依仗人多势众，顽强抗击，抗联伏击部队歼灭其 300 余人后迅速转移。战斗中，二师师长曹国安身负重伤后牺牲。"吉林省地方志编纂委员会编纂：《吉林省志·军事志》，长春：吉林人民出版社，1996 年，第 262 页。

是月："抗联二军四师在东代露河与日本讨伐队交战，打死打伤日军多人。"蛟河县民族志编纂组：《蛟河县民族志》，内部发行，1990 年，第 126 页。

是年春："赵尚志率抗联三军 300 余名骑兵在大盘道东山与日军'讨伐'队百余人激战，日军溃败，三军缴获敌满载军需物资的爬犁 40 余张。"林口县志编纂委员会编：《林口县志》（上卷），哈尔滨：黑龙江人民出版社，1999年，第 25 页。

是年冬："杨靖宇将军为粉碎伪军的围剿，率领东北抗日联军第一路军 400余人，故意在回头沟南金山庙附近暴露目标。邵本良调集 2000 余名伪军前来围剿。此时，杨靖宇和曹国安，已将战士每 20 人编成一队，在回头沟至金山庙途中人们称为'鬼门关'的山坡上，每 30 米设一埋伏。上午 7 时许，当邵本良部进入埋伏圈时，遭到抗日联军的突然袭击，伪军乱作一团，邵本良惊慌地带领伪军逃回老巢。"柳河县志编纂委员会编：《柳河县志》，长春：吉林文史出版社，1991 年，第 535—536 页。

是年冬："我们（抗联二军四师——笔者按）在抚松附近公路上行军，与伪靖安军遭遇了。靖安军也叫红袖头子队，装备比满军好，战斗力也强。战斗打响后，我们迅速抢上两面山头伏击敌人，结果歼灭一部分，跑了一少部分，缴获一大批武器。其中有一门小炮，有的人叫做撸管炮。我们当时谁也不认识这个武器，被敌人丢弃在公路中央，大家打扫战场，围上去看，这是什么玩意呢？因为他有八个炮筒，谁也说不出是个什么东西。战士们你看看，我看看，你动动，我动动。反正是打扫战场，所有的东西都拿着，我们就把它带下来了。

带下来后，大家都好奇，就问俘虏兵：这是什么武器？他们说是小炮。又问这个小炮怎么使用，他们就给做示范，教给我们怎么使用。"董崇彬：《回顾我在抗联的战斗生活》，载封志全主编：《抗联一路军在濛江》，长春：吉林大学出版社，1990 年，第 157 页。

是年：东北抗日联军第一路军杨靖宇所部，在通化大荒沟伏击了日本守备队 200 余人。参见黑龙江省社会科学院地方党史研究所、东北烈士纪念馆编：《东北抗日烈士传》（第 1 辑），哈尔滨：黑龙江人民出版社，1980 年，第 59 页。

参考文献

1. 档案类

赵焕林主编：《东北抗日义勇军档案史料》（全 13 册），北京：线装书局，2015 年。

周保中：《周保中东北抗日游击日记》，北京：解放军出版社，2015 年版。

中央档案馆、中国第二历史档案馆、吉林省社会科学院合编：《日本帝国主义侵华档案资料选编：东北"大讨伐"》，北京：中华书局，1991 年。

辽宁省档案馆编：《奉系军阀档案史料汇编》（全 12 册），南京：江苏古籍出版社；香港：香港地平线出版社，1990 年。

《东北抗日联军史料》编写组：《东北抗日联军史料》，北京：中共党史资料出版社，1987 年。

国史馆印：《东北义勇军——第二次中日战争各重要战役史料汇编》，台北：国史馆，1981 年。

2. 正史实录类

（元）托克托等奉敕撰：《辽史》，载《景印文渊阁四库全书》（第 289 册），台北：商务印书馆，1986 年。

（朝鲜）郑麟趾等撰：《高丽史》，韩国国立汉城大学奎章阁档案馆藏本。

（元）脱脱等撰：《金史》，北京：中华书局，1975 年。

（明）宋濂等撰：《元史》，北京：中华书局，1976 年。

（宋）宇文懋昭撰，崔文印校证：《大金国志校证》，北京：中华书局，1986 年。

（明）陈邦瞻撰：《元史纪事本末》，北京：中华书局，1979 年。

著者不详：《元高丽纪事》，北平：文殿阁书庄，1937 年。

（明）官修：《明宣宗实录》，台北："中央研究院"历史语言研究所，1962 年。

（明）官修：《明英宗实录》，台北："中央研究院"历史语言研究所，1962 年。

（明）官修：《明孝宗实录》，台北："中央研究院"历史语言研究所，1962 年。

（明）官修：《明武宗实录》，台北："中央研究院"历史语言研究所，1962 年。

（明）官修：《明世宗实录》，台北："中央研究院"历史语言研究所，1962 年。

（明）官修：《明穆宗实录》，台北："中央研究院"历史语言研究所，1962 年。

（明）官修：《明神宗实录》，台北："中央研究院"历史语言研究所，1962 年。

（明）官修：《明熹宗实录》，台北："中央研究院"历史语言研究所，1962 年。

（清）官修：《清太祖武皇帝实录》，载《清入关前史料选辑》（第一辑），北京：中国人民大学出版社，1984 年。

（清）官修：《清太宗实录》，北京：中华书局，1985 年。

3. 报纸类

《顺天时报》

《申报》

《益世报》

《民意日报》

《民权报》

《政治评论》

《京报》

《京话日报》

《东方公论》

《晨报》

《红色中华》

4. 杂志类

《黑白半月刊》

《东北月刊》

《东北消息汇刊》

《东北通讯》

《国难半月刊》

《中央周报》

《中华周报》

《军事杂志》

《青年旬刊》

《行健月刊》

《边疆半月刊》

《大道》

《平明杂志》

《国闻周报》

《外交月报》

《复兴月刊》

《满蒙月刊》

《众议院公报》

《政府公报》

《斗争》

《文化批判》

《华侨周报》

5. 方志类

（民国）邢麟章、王瀛杰修，李耦纂：《东丰县志》，卷 2 政治志《兵事·铁公鸡匪窜扰县境始末》，载《中国地方志集成·吉林府县志辑》（10），南京：凤凰出版社，2013年。

吉林省地方志编纂委员会编纂：《吉林省志·军事志》，长春：吉林人民出版社，1996年。

吉林市地方志编纂委员会：《吉林市志》（大事记），长春：吉林人民出版社，2002年。

九台县地方志编纂委员会：《九台县志》，长春市地方志编纂委员会，2001年。

永吉县志编纂委员会编：《永吉县志》，长春：长春出版社，1991年。

蛟河县志编纂委员会编：《蛟河县志》，长春：长春出版社，1991年。

蛟河县民族志编纂组：《蛟河县民族志》，内部发行，1990年。

桦甸县志编纂委员会编：《桦甸县志》，长春：吉林人民出版社，1995年。

吉林省延吉市地方志编纂委员会编：《延吉市志》，北京：新华出版社，1994年。

韩俊光等编写：《延边朝鲜族自治州概况》，延吉：延边人民出版社，1984年。

吉林省图们市地方志编纂委员会编：《图们市志》（1644—1985），长春：吉林文史出版社，2006年。

珲春市地方志编纂委员会：《珲春市志》，长春：吉林人民出版社，2000年。

和龙县地方志编纂委员会编：《和龙县志》，长春：吉林文史出版社，1992年。

龙井县地方志编纂委员会编：《龙井县志》，延吉：东北朝鲜民族教育出版社，1989年。

安图县地方志编纂委员会编著：《安图县志》，长春：吉林文史出版社，1993年。

浑江市地方志编纂委员会编：《浑江市志》，北京：中华书局，1994年。

吉林省文物志编纂委员会：《浑江市文物志》，内部发行，1987年。

长白县志编纂委员会编：《长白朝鲜族自治县志》，北京：中华书局，1993年。

通化县地方志编纂委员会编：《通化县志》，长春：吉林人民出版社，1996年。

辉南县志编委会办公室编：《辉南县志》，深圳：深圳海天出版公司，1989年。

柳河县志编纂委员会编：《柳河县志》，长春：吉林文史出版社，1991 年。

《红石砬子镇志》，内部发行，1986 年。

大南乡土志编纂委员会：《大南乡土志》，内部发行，1989 年。

辽宁省地方志编纂委员会办公室主编：《辽宁省志·大事记》，沈阳：辽海出版社，2006 年。

丹东市地方志办公室编：《丹东市志（1876—1985）》（1），沈阳：辽宁科学技术出版社，1993 年。

岫岩县志编辑部编：《岫岩县志》，沈阳：辽宁大学出版社，1989 年。

清原县志编纂委员会办公室编：《清原县志》，沈阳：辽宁人民出版社，1991 年。

黑龙江省地方志编纂委员会：《黑龙江省志·军事志》，哈尔滨：黑龙江人民出版社，1994 年。

牡丹江市志编审委员会编：《牡丹江市志》，哈尔滨：黑龙江人民出版社，1993 年。

东宁县志办公室：《东宁县志》，哈尔滨：黑龙江人民出版社，1989 年。

密山县志编纂委员会：《密山县志》，北京：中国标准出版社，1993 年。

林口县志编纂委员会编：《林口县志》，哈尔滨：黑龙江人民出版社，1999 年。

6. 文史资料类

中国人民政治协商会议吉林省委员会文史资料研究委员会编：《吉林文史资料》（第 5 辑），长春：内部发行，1985 年。

中国人民政治协商会议吉林省通化市委员会文史资料研究委员会：《通化文史资料》（第 2 辑），内部发行，1989 年。

政协吉林省磐石县委员会文史资料研究委员会编：《磐石文史资料》（第 1 辑），内部发行，1987 年。

政协吉林省磐石县委员会文史资料研究委员会编：《磐石文史资料》（第 3 辑），内部发行，1989 年。

政协吉林省磐石县委员会文史资料研究委员会编：《磐石文史资料》（第 4 辑），内部发行，1991 年。

政协吉林省延边朝鲜自治州敦化县委员会文史资料研究委员会编：《敦化县文史资料》（第 1 辑），内部发行，1984 年。

政协和龙县文史资料研究委员会编：《和龙文史资料》（第 2 辑），内部发行，1986 年。

安图县政协文史资料研究委员会编：《安图文史资料》（第 4 辑），内部发行，1990 年。

中国人民政治协商会议辽宁省丹东市委员会文史资料研究委员会编：《丹东文史资料》（第 2 辑），1986 年。

7. 著作类

（民国）陈作樑著：《东省韩民问题》，燕京大学政治学系，1931 年。

（民国）陈彬龢：《东北义勇军》（第 1 集），北京：生活书店，1932 年。

《血染白山黑水记》，吉黑救国义勇军军事委员会驻北平办事处编印，1932 年。

（民国）华企云著：《满洲与蒙古》，成都：黎明书局，1932 年。

（民国）陈彬龢著：《满洲伪国》，北京：生活书店，1933 年。

（民国）松五等著：《东北抗日联军游击实录》，上海：上海杂志公司，1937 年。

（民国）泳吉：《义勇军》，上海：上海现实出版社，1937 年。

李洁非著：《东北小史》，重庆：中国文化服务社，1942 年。

国立东北大学编：《东北要览》，国立东北大学出版组，1944 年。

黑龙江省社会科学院地方党史研究所、东北烈士纪念馆编：《东北抗日烈士传》（第 1 辑），哈尔滨：黑龙江人民出版社，1980 年。

温永录主编：《东北抗日义勇军史》，哈尔滨：黑龙江人民出版社，1987 年。

《延边历史研究》（第 3 辑），延吉：延边历史研究所，1988 年。

封志全主编：《抗联一路军在濛江》，长春：吉林大学出版社，1990 年。

（日本）中山四郎执笔，（中）王贵忠译：《奉郭战争重要日志》，载中国社会科学院近代史研究所近代史资料编辑组编：《近代史资料》（总第 80 号），北京：中国社会科学出版社，1992 年。

霍燎原：《王德泰与抗联二军》，长春：吉林教育出版社，1994 年。

刘贵田等著：《中共满洲省委史研究》，沈阳：沈阳出版社，2001年。

中共通化市委党史研究室：《民族精魂——杨靖宇年谱》，长春：吉林文史出版社，2004年。

万高潮等编：《血战东北——国民党高级将校抗日战争亲历记》，北京：中国文史出版社，2005年。

中共通化市委党史研究室编著：《通化革命遗址遗迹》，长春：吉林人民出版社，2012年。

后 记

    长白山地区，向为满洲及其先民的发祥地。笔者从事清代东北民族史、满文文献翻译工作已有十余年，期间对历代统治者对长白山地区的经略状况，乃至长白山地区历代战事的爆发、善后及其影响诸问题，也有一定的思考。2017年，本人有幸成为由姜维公教授主持的吉林省科技厅主题引导项目"长白山边疆地区族群变迁与自然环境响应关系研究"（项目编号：20170101012JC）的课题组子课题负责人，负责该项目子课题"长白山边疆地区历史上的战事与自然环境互动关系研究"。此后的两年间，本人协同子课题组成员张文霞等人，集中对长白山地区历代爆发的战事史料进行了辑录。

    全书分为上、下两册。上册为"辽代至清入关前（关外时代）"，发生在广义长白山地区的若干战事，从军备、边务、边军粮饷、战事冲突、招降纳叛等方面进行了史料辑录。因辑录的史料均系原典，向无标点，故辑录的史料均加注了标点。受各类因素制约，本书上册辑录的史料涵盖面仍较狭窄，用力最勤的《明实录》部分，也仍未能全面辑录，以致《明太祖实录》《明成祖实录》《明宪宗实录》内相关史料未能收入本书。

    下册为"民国至伪满时期专辑"，主要是将该时期的档案、报纸、期刊，以及陆续问世的方志、文史资料内所收录的民国元年至民国二十五年间发生在广义长白山地区的战事史料进行了辑录和整理。其中，辑录的伪满洲国时期的战事史料，下限至民国二十五年年底。下册是以"西安事变"的爆发年份为终结点，故此后的长白山地区武装抗日等斗争史料未收入本书。下册辑录的史料中，第七章"日伪时期长白山地区战事"（合计 18.9 万字）部分，俱由课题组成员张文霞老师辑录，再由付永正复核。

　　本书编纂过程中，尽管谨慎处理史料，但囿于学术能力有限，全书中势必存在诸多不足，甚至是讹误之处，敬请读者批评指正。本书辑录的史料，若能唤起学界对长白山地区，乃至整个中国东北地区历代战事给予更多的关注，并为学界同仁研究长白山地区各个历史时期的战事问题提供史料参考和问题线索，本书作者心愿遂矣。

长白永正

敬书于长春